Stefano Dei Rossi

"UNA CURIOSITA' VENEZIANA PER VOLTA."

I primi cento post … e più … e altro.

01

Venezia 2016

Dedicato a tutti i Veneziani come me di ieri, oggi e domani: *"Stème bèn !"*

"UNA CURIOSITA' VENEZIANA PER VOLTA."

Indice

- **Per iniziare**: a pagina 07 e 08.
- **Arsenale, Mude e Galee:** da pagina 09 a 10.
    - Proteste dei lavoratori in Arsenale nel 1500_____ pag 10-12.
- **Arti, Mestieri, Schole e Devozioni:** da pagina 13 a 57.
    - Il testamento di Giacomo Brentella Forner a San Tomà___ pag 14-18.
    - Altro che pacifici Devoti Veneziani ! ... nel 1550_____ pag. 19-26.
    - Stioreri, Semolini, Gallineri e Buttiranti_____ pag 27-34.
    - Imbriagoni & Mercanti da Vin_____ pag 35-50.
    - L'Orefice addormentato di Rialto_____ pag.51-59.
- **Chiese e Contrade di Venezia:** da pagina 60 a 233.
    - Vecchie Contrade Veneziane dimenticate_____ pag.61-69.
    - La spiaggia e i lunedì di Santa Marta_____ pag.70-72.
    - Dai Santi Biagio & Catoldo al Molino Stucky della Giudecca___ pag.73-75.
    - Gondole e Sestieri_____ pag.76-77.
    - San Boldo o Sant'Ubaldo & Agata_____ pag.78-82.
    - L'Angelo della Fama a Santa Maria Zobenigo_____ pag.83-90.
    - Una chiesa invisibile, nascosta a Rialto_____ pag.91-96.
    - Sapresti riconoscere questa chiesa Veneziana ?_____ pag.97-102.
    - San Sebastiano ... un bijoux con una storia_____ pag.103-110.
    - A proposito di Sant'Agostin a Venezia_____ pag.111-119.
    - Sant'Angelo di Concordia alla Giudecca_____ pag.120-126.
    - In Contrada di Sant'Aponàl_____ pag.127-137.
    - Il Santo Sepolcro ... ma a Venezia_____ pag.138-152.
    - In Contrada di San Provolo_____ pag.153-165.
    - San Giovanni Novo o in Oleo_____ pag.166-183.
    - Chi ha fregato cavallo e mantello di San Martino ?_____ pag.184-199.
    - E' caduto il campanile di Santa Ternita !_____ pag.200-217.
    - I Paolotti de Castèo_____ pag.218-233.

- **Doge, Politica e pettegolezzi di Palazzo:** da pagina 234 a 248.
    - *Qualità politica a Venezia fra 1500 e 1600* _____ pag.235-237.
    - *Antiche notizie ... fra Venezia e Mestre* _____ pag.238-246.
    - *Due opinioni del 1400 sui Veneziani* _____ pag.247-248.
- **Feste e Tradizioni di Venezia Serenissima:** da pagina 249 a 307.
    - *Che c'è sotto allo zatteròn segreto della chiesa della Salute ?* ___ pag.250-280.
    - *Faville a Levante o a Ponente ?* _____ pag.281-287.
    - *Fra baloni e foghi ... torna el Redentor* _____ pag.288-295.
    - *San Marco in bòcolo* _____ pag.296-303.
    - *La Festa della Sensa e lo Sposalizio del Mare* _____ pag.304-307.
- **Foresti, Ghetti, Ebrei e Armeni:** da pagina 308 a 335.
    - *Casa sora casa ... i Ghetti di Venezia compiono 500 anni* ___ pag.309-323.
    - *Bepi del giazzo e gli Armeni a Venezia* _____ pag.324-335.
- **Fra Ville e Riviere** da pagina 336 a 343:
    - *La fame Verde della Serenissima* _____ pag.337-343.
- **Giustizia, Prigionieri, Galeotti e Criminali:** da pagina 344 a 375.
    - *Stupro di fanciulle* _____ pag.345.
    - *Sforzati al remo o galeotti* _____ pag.346-350.
    - *Prigioni a Venezia fra 1500 e 1700* _____ pag.351-355.
    - *Il corso della Giustizia a Venezia alla fine del 1600* _____ pag.356-357.
    - *Un'ingiustizia a Venezia nel 1700* _____ pag.358-359.
    - *Condanne capitali di due anni a caso a Venezia: 1623 e 1625* ___ pag.360-364.
    - *Un paio di Veneziani troppo vispi nel 1714* _____ pag.365-367.
    - *Un inseguimento notturno in Laguna ... nel 1150* _____ pag.368-375.
- **Il passaggio dei Templari a Venezia:** da pagina 376 a 403.
    - *Cavalieri Templari a Venezia* _____ pag.377-379.
    - *San Giovanni dei Templari a Venezia* _____ pag.380-384.
    - *I luoghi dell'Umiltà e della Trinità dei Templari e Teutonici* ___ pag.385-403.
- **Inquisizione, Streghe, Diavoli, Eretici e Libri Proibiti:** da pagina 404 a 419.
    - *I Libri del Prete Cicogna di Sant'Agostin* _____ pag.405-407.
    - *Questo si può dire* _____ pag.408.
    - *Le streghe di Marcòn* _____ pag.409-410.

- Il permesso di scrivere _____ pag.411.
- Ancora sui libri _____ pag.412.
- Retata di Librai nel 1570 _____ pag.413-414.
- Un libro da bruciare nel 1527 _____ pag.415-416.
- Giansenisti a Venezia ... chi l'avrebbe detto ? _____ pag.417-419.

- **Lazzaretti, Pestilenze e Pizzegamorti:** da pagina 420 a 467.
  - Anno 1630 _____ pag.421.
  - I Pizzegamorti e la danza della Morte che balla _____ pag.422-431.
  - Venezia fra pozzi, Santi, Peste, Preti e giochi _____ pag.432-437.
  - Il Lazzaretto Nuovo _____ pag.438-447.
  - Il Lazzaretto Vecchio ?... funziona ancora _____ pag.448-467.

- **Le Isole e la Laguna:** da pagina 468 a 598.
  - Fisolo ... persa in fondo alla Laguna _____ pag.469-472.
  - L'isola della Madonna del Monte _____ pag.473-474.
  - Mazzorbo, San Francesco del Deserto, Burano ... e via _____ pag.475-483.
  - San Francesco del Deserto ... una visione _____ pag.484-493.
  - Sant'Ariàn ... isole, isole ... _____ pag.494-502.
  - La strega di Santa Chiara di Murano _____ pag.503-507.
  - So andà a Buran e ... _____ pag.508-542.
  - L'isola di Poveglia _____ pag.543-556.
  - Il porto di Torcello inghiottito dalla Laguna _____ pag.557-568.
  - Ci ritroviamo in piazza ad Ammianella ! _____ pag.569-578.
  - San Bortolomio di Mazzorbo _____ pag.579-584.
  - L'isola di Sant'Angelo del peccato _____ pag.585-598.

- **Nobili e Palazzi:** da pagina 599 a 645.
  - Il Casino Venier al Ponte dei Baretteri _____ pag.600-603.
  - Le sorelle Foscarini a San Lorenzo di Castello _____ pag.604-607.
  - Lobbie di potere al tramonto della Serenissima _____ pag.608-616.
  - Rumors sui Nobili Grimani _____ pag.617-630.
  - I Nobili Girardi, un Patriarca avvelenato (?), la Nave Girarda e San Saba degli Stioreri _____ pag.631-645.

- **Piazza San Marco:** da pagina 646 a 690.

- *I segreti dei mosaici di San Marco* _____pag.647-652.
- *Piazza San Marco ... in filigrana* _____pag.653-690.
- **Conclusione** a pagina 691.

PER INIZIARE

Nel mare infinito di splendide e sontuose pubblicazioni su Venezia, Lagune e Isole non c'era affatto bisogno di aggiungerne un'altra. Tanto più che questa non possiede nulla di assimilabile ai saggi, né alle ricerche erudite e scientifiche, né tantomeno assomiglia agli splendidi portfolio fotografici di cui è ricco il mercato editoriale.

"E' un peccato che le tue curiosità su Venezia rimangono sparse e sperse nel mare infinito e incerto senza indirizzi e vago del WWW ... Perché non le raccogli insieme ?"

A dire il vero non ci avevo mai pensato spinto e appagato dalla smania di condividere e basta queste note in semplicità nei miei blog su Internet. Poi ci ho pensato ... Perciò eccomi qua.

Il mio è un semplice libercolo, uno Zibaldone che raccoglie notizie e curiosità sbocconcellate e raccolte qua e là nel tempo leggendo, appuntando, ascoltando e osservando per anni la mia città che è anche quella di molti di voi.

Ho mescolato il tutto con quelle che possono essere le emozioni, i sentimenti e le pulsioni di un Veneziano qualsiasi come me, innamorato da sempre di queste Lagune che ospitano una Storia antica ricchissima e singolare, tanto importante quanto considero quella mia personale ... che è quel che è.

Il risultato è questo: un grumo di notizie che spero curiose, un'accozzaglia di note da poter leggere quando si sta distesi al sole in spiaggia senza sapere che cosa fare, oppure distesi sopra a un Verde prato d'alta montagna, ma anche quando si va a rinchiudersi nel gabinetto ... anche lì non rassegnati a voler sciupare il proprio tempo.

Queste semplici pagine si potranno leggere e assumere come un'aspra quanto utile medicina da autosomministrarsi un poco al giorno sperando risulti essere salutare almeno un poco. Spero accada proprio così ... che questa ***"medicina Veneziana"*** c'induca non solo a sonnecchiare per la noia di leggermi, ma anche ad amare di più la nostra Venezia con la sua splendida quanto fragile Laguna.

Insomma, mi auguro siano pagine utili a farci cogliere e condividere un po' di più le curiosità e la preziosità nascosta della nostra Venezia ... magari con un sorriso disincantato e allo stesso tempo un po' goliardico, cordiale e sereno come è quello dei Veneziani.

Buona sbirciata e lettura allora ! ... e grazie che mi leggete. Alla prossima occasione ... se ci sarà.

Stefano Dei Rossi

Arsenale, Mude e Galee
- *Proteste dei lavoratori in Arsenale nel 1500.*

PROTESTE IN ARSENALE DI VENEZIA ... FRA 1500 e 1600

Nella *"Chaxa granda"* dell'Arsenale di Venezia, il primo di ottobre 1500, si raddoppiò il salario da 3 a 6 ducati al mese a *"... Mastro Thomasin Proto Mastro de la polvere da bombarda, considerato che con ducati 3 al mese che avea de salario et provisiò, el dicto non se puol sostentar ..."*

Il 13 febbraio 1543, stavolta furono i **Marineri e i Vogadori delle Galee** Veneziane ormeggiate sul Molo di San Marco a protestare vivacemente. I **Provveditori all'Arsenale** si scrissero fra loro messaggi preoccupatissimi: *"E' necessario che domattina l'Officio nostro all'Armamento habbia danari per satisfar le ciurme delle fuste venute a disarmar, quale ogni mattina cridano et molestano alle porte del Collegio nostro ..."*

Nel 1583, invece, fu il turno d'aumentare la paga dei **Segadori** perché era rimasta immutata dal 1536, ossia da più di cinquant'anni.

Nel seguente 1591, lo **Scrivano dell'Arsenale** registrò 120 nuovi assunti, il che poteva significare lavoro per la manodopera artigiana e di fatica di Venezia.
Gli **Arsenalotti** non prestavano solamente servizio dentro all'Arsenale, ma s'imbarcavano anche per lunghi mesi nelle **Galee da mercato e da guerra**. Ma non solo, perché prestavano anche servizio di guardia personale al Doge, ed erano disposti a lavorare in trasferta nei **Boschi della Serenissima**, oppure, come nel 1597, eseguivano l'ordine di acconciare strade e il **Ponte di Rialto**, ma anche *"... le strade e i ponti di Portogruaro e Cordovato, per le quali transitano persone e mercanzie che vanno e vengono di Germania..."*

Nel 1558 si aumentarono anche i salari degli **Officiali alla Tana**, ossia il grande opificio della Canapa dove si costruivano cordami, da 5 a 15 ducati mensili, per la difficoltà di trovare qualcuno a Venezia che accettasse l'incarico, perché troppo poco retribuito.

Ma proseguendo, dieci anni dopo, nel giugno 1601, ci fu un caso di rivolta di **Antonio de Zuane Remer** che incitò i propri compagni a protestare davanti al *Provveditore dell'Arsenale Tommaso Duodo* mentre distribuiva le paghe.

Secondo i documenti dell'epoca che ricordano la vicenda, il Remer diceva: *"...che i danari havevano tochati allora erano pochi, et che ne volevano et meritavano di più ..."*

Non si limitò alle proteste, ma buttò il denaro in faccia al Procuratore Duodo, davanti a tutti: *"... biastemando chi li aveva dati li denari, et chi più serviria la Caxa del Arsenal..."*

Dopo breve processo, fu semplicemente condannato a morte, raccomandando di procedere *"con misericordia"* verso gli altri Arsenalotti che si erano uniti alla protesta.

L'anno dopo, *Giovanni Battista Contarini* scriveva che ogni settimana venivano puntualmente pagati dall'Arsenale 1.500 persone fra *Marangoni, Calafati, Remeri, Alberanti e Tagjeri*.

Infine, nel 1643, *Polo Contarini* ricordava che secondo il numero delle maestranze iscritto in apposito rollo, ogni giorno entravano all'Arsenale 2.239 persone di cui:

- 512 *Mastri Marangoni* con 439 Garzoni e Fanti per fissare il fasciame sull'ossatura delle Galee.
- 549 *Mastri Calafatti* con 316 Fanti per applicare pece e stoppa.
- 233 *Remeri* che costruivano ogni anno circa 1500-2500 remi da *Galia sottil* e 300-600 remi da *Galia grossa*, con legni provenienti dall'Alpago, dalla Carnia e Friuli, dal Mantovano, da Rovereto, Trento e dal Cadore.
- 37 *Alboranti* per costruire alberi e posizionare vele, antenne e sartie.
- 153 *Facchini o Bastazi* per scaricare burci, tirare su dall'acqua i legnami, depositare i Roveri e trasportarli alle seghe.
- 100 tra *Fabbri e Segadori*, spesso di origine Trentina per la scarsità di numero, esentati dal pagare la *Benintrada (iscrizione obbligatoria)* di 20 ducati alla loro Arte-Corporazione.
- 2.329 donne *Velere*, che tagliavano e *"pontavano"*, ossia cucivano le vele presso gli *Hospedali dei Mendicanti* e degli *Incurabili*. Le Velere

usavano tele da Viadana e Mantova o fustagni bianchi prodotti dai **Bombaseri** di città, o Canovazzi Vercellesi.
Arsenale quindi ricco e formicolante di vita e attività, quella volta a Venezia, invidiato e imitato da tutta Europa, anche se con diritti del lavoro e della Giustizia *"un po' così"*.

***

_____*Il post su Internet è stato scritto come: "Una curiosità veneziana per volta." - n° 19, e pubblicato su Google nell'aprile 2013.*

Arti, Mestieri, Schole e Devozioni

- *Il testamento di Giacomo Brentella Forner a San Tomà.*
- *Altro che pacifici Devoti Veneziani ! … nel 1550.*
- *Stioreri, Semolini, Gallineri e Buttiranti.*
- *Imbriagoni & Mercanti da Vin.*
- *L'Orefice addormentato di Rialto.*

TESTAMENTO DI GIACOMO BRENTELLA FORNER A SAN TOMA'

Sapete ormai bene che m'incuriosiscono le vicende di Venezia e della sua Laguna, in particolare modo le notizie sulla **Ca'Granda dei Frari**. Mi sono perfino inventato il romanzo **"UN NIDO"** per metterle tutte insieme.

Nonostante questo, sto ancora continuando a leggere e cercare altre notizie sul quanto è accaduto dentro e intorno a quello straordinario sito veneziano, che per me è davvero speciale, e perciò frugando ancora fra libri e carte ho trovato altre due-tre notizie, mirabilmente presentate da serissimi ricercatori e studiosi, che voglio mettere insieme a tutte le altre che ho raccolto per mia esclusiva curiosità personale.

Eccole !

Fin da giugno1645 e per ben 13 anni consecutivi ogni sera dopo Compieta, nella chiesa della **Ca'Granda dei Frari** di Venezia, si sono cantate processionalmente: *"... con torci et doppieri accesi le Litanie Maggiori intorno alla chiesa ad implorare la protezione divina (contro i Turchi) le quali se concludono con tutta la Comunità dei Frati e dei fedeli prostrati a terra dinnanzi alla Reliquia del Preziosissimo Sangue del Cristo ..."*

Ve la immaginate un po' *"la cosa"* ? No, forse non ci riusciamo, perchè abbiamo una sensibilità e una mentalità ormai troppo diversa rispetto a quella di un tempo.

Altro che serate comodamente rilassati in divano davanti alla televisione, o a girovagare per Internet e su Facebook seduti al computer. Per molti anni uomini e donne Veneziani di ceto diverso delle Contrada limitrofe alla Ca'Granda dei Frari, uscivano da casa di sera e si recavano in chiesa per processionare, cantare e buttarsi a terra a pregare per provare in quel modo a salvare Venezia dal pericolo dell'invasione dei **Turchi Musulmani**.

Erano davvero molto diversi da noi i Veneziani del 1600.

La seconda notizia che ho trovato e letto è l'antico testamento del 1652 del **Fornaio Giacomo Brentella**.

Era impiegato come **Fante del Dazio da Vin**, e abitava al **Ponte della Frescada in Contrada di San Pantalon**, mentre in **Contrada di San Tomà** adiacente alla Ca'Granda dei Frari, era proprietario di un forno con inviamento.

Il 6 aprile1652, Giacomo fece contattare **Gerolamo De Cappi**: Pubblico Notaio Veneto con *"scriptorium"* presso Rivo Alto e Notaio dei **Quattro Ospedali Pubblici e dei Luoghi Pii della città di Venezia**, e gli dettò le sue disposizioni testamentarie.

Vivendo con la moglie **Cecilia Contento** ma senza figli, dispose di lasciare a lei l'usufrutto delle sue sostanze e del forno di San Tomà con la porzione di casa sopra al forno nei pressi di **Ca'Contarini sul Canal Grande**. Sempre alla moglie, insieme a tutto il vino, la farina e le *"robbe magnative"* presenti alla sua morte, lasciò il godimento degli interessi di un livello-capitale di 200 ducati dato a **Valentin Fornaio a San Moisè**, e gli interessi di un altro capitale da lui investito nella **Fantaria del Dazio del Vin**.

Al fratello **Giovanni** lasciò il bene di un *"livello"* in **Piove di Sacco**, e ai suoi 4 nipoti 25 ducati da ricevere con la maggiore età per i maschi o col matrimonio o la monacazione per le femmine.

Ricordò inoltre anche due prestiti che aveva fatto: uno di 200 ducati a suo nipote **Francesco Furian** che era *"Orese all'insegna del Prete"* in **Calle della Gallia a Rialto** per la quale pagava affitto di 25 ducati annui all'**Avvocato Regin** ... e un altro prestito, invece, di 600 ducati concesso alla **Nobil Donna Orsa Contarini** *"sua principale"* da scontarsi pagandogli 70 ducati annui.

Comandò inoltre ai suoi due Commissari Testamentari *(ossia la moglie Cecilia e il Causidico Giovanni Battista da San Fermo che poi rifiutò l'incarico)* di vendere il resto dei suoi mobili al miglior offerente, e che il ricavato dovesse essere investito nel migliore dei modi insieme ai 200 ducati di debito di Valentin Fornaio e ai 200 ducati di Francesco Orese.

In realtà *Valentin Fornaio a San Moisè* fallì e non poté restituire i 200 ducati ricevuti a prestito, mentre *Francesco Orese* morì presto, riducendo anche lui la possibilità di vedere restituito il prestito.

Il buon *Fornaio Giacomo Brentella* dispose infine: *"… che alla morte della moglie tutti gli utili da lei incassati vadano a beneficio della Ca'Granda dei Frari per fare una pisside d'oro massiccio di 30 once, in sostituzione di quella d'argento, da esponer la Reliquia con l'ampolla del Preziosissimo Sangue durante la Domenica di Lazzaro come consueto …"*

La moglie morì a 80 anni nel 1673 in *Parrocchia di San Barnaba*, dopo *Anzolo Biavarol della Contrada di San Moisè* e *Francesco Ruberti di San Barnaba*: i due mariti con cui si era risposata.

Sempre nel medesimo testamento, il *Fornaio Giacomo Brentella* precisò che il rimanente del suo capitale dopo aver eseguito il manufatto-Reliquiario d'oro, doveva andare ai nipoti maschi di suo fratello *"… con il terreno e i sette carati e mezzo dell'inviamento da forno di San Tomà"*.

Mancando eventuali eredi maschi, il forno doveva andare al Fornaio che si troverà a lavorare in quel momento con l'obbligo di continuare a vita il mestiere di Fornaio, e di far dire due *Messe Solenni da Morto* nella chiesa di San Tomà in perpetuo per il *Fornaio Giacomo Brentella*. Secondo le stime dell'epoca, l'inviamento da Forno di San Tomà fruttava ducati 23 annui, mentre i 600 ducati e 9 grossi di Capitale depositati nella Pubblica Zecca con interesse del 3%, dovevano fruttare 18 ducati annui. Ossia quel capitale nell'insieme procurava un guadagno netto di 41 ducati annui.

Giacomo Fornaio precisò ancora, che il rimanente dagli affitti incassati dalla moglie, doveva essere dato alla *Parrocchia di San Tomà* per costruire la nuova facciata della chiesa, o per costituire doti per *"maridàr donzelle povere"*.

Essendo il testamento a favore e tutela di una Reliquia, passò secondo le leggi della Serenissima sotto la gestione dei *Procuratori di San Marco De Supra*, che fra gli altri avevano il compito della tutela di tutte le Reliquie di Venezia.

La moglie mise in pratica scrupolosamente le indicazioni del testamento di **Giacomo Brentella Fornaio a San Tomà**, e nel 1661 fu costruita una pisside d'oro di 595 grammi, alta 25 cm, per la Reliquia dei Frari.

Fu pagata circa 240 zecchini ossia 3.960 lire dal **Nobil Homo Pietro Donà Cassiere della Procuratoria di San Marco De Supra**, in ottemperanza del lascito di **Giacomo Bretella Forner**, all'**Orefice Hieronimus Manara**, originario di Cremona e abitante in Contrada di San Salvador, che aveva bottega *"All'insegna Della Benevolenza"* in *Calle delle Acque in Contrada di San Zulian vicino a San Marco*.

In quegli stessi anni erano *Procuratori di San Marco*: *Antonio Bernardo, Pietro Donà che fungeva da Cassier, Giovanni Battista Corner, Francesco Morosini, Leonardo Pesaro, Silvestro Valier, Alessandro Contarini, Ottavio Manin, Giovanni Sagredo, Giulio Giustinian e Alvise Mocenigo IV.*

Infine la terza notizia racconta che durante la **Guerra di Candia** del 1645-69, Venezia Serenissima era più che mai affamata di soldi per finanziare le sue imprese guerresche. Le pensava tutte pur di raggranellare risorse da investire in guerra fra vittorie e sconfitte.

Pensò anche di ammettere a un club esclusivo per soli **Cento Nobili** coloro che erano disposti a sborsare mille ducati per aderirvi, mentre per i figli per succedervi avrebbero dovuto sborsare ben 10.000 ducati. In questa maniera, la Signoria di Venezia pensava di poter racimolare almeno un milione di ducati inventandosi un **Ordine Cavalleresco del Preziosissimo Sangue di Cristo**, la cui Reliquia di riferimento, guarda caso, fu proprio quella interessata dal testamento del **Fornaio Giacomo Brentella** di cui dicevamo prima.

"Tesoro infinito che si custodisce per Divina Gratia in questa Serenissima Dominante, antemorale della Cristianità ..."

L'iniziativa tuttavia fallì, forse per mancanza di Nobili Veneziani disposti a privarsi facilmente di tali capitali in nome della Devozione ... e degli interessi della sola Serenissima senza poterne ricavare niente. Gli affari erano affari, e i Nobili Veneziani erano spesso abili Mercanti ... Perciò se in cambio non se ne derivava nulla ... Quel manufatto prezioso frutto e donazione del testamento del **Fornaio Giacomo**, contenente la **Reliquia del Preziosissimo Sangue del Cristo** depredata o comprata come il solito dai Veneziani in Oriente, esiste ancora oggi in quel che resta della *"mitica"* **Ca'Granda dei Frari**, ed è passato quasi indenne attraverso la bufera e la devastazione Napoleonica.

Curioso notare quanto accadeva un tempo a Venezia attorno a certe realtà devozionali. Saremmo capaci noi oggi di gestualità simili ?

***

_____*L'articolo originariamente è stato scritto come: "Una curiosità veneziana per volta." - n° 41 e pubblicato su Google nel novembre 2013.*

ALTRO CHE PACIFICI DEVOTI VENEZIANI ! ... NEL 1550

Spulciando le cronache e i testi antichi rinascimentali, leggendo le vicende, le storie, e guardando i dipinti, si prova l'impressione che la gente fosse spesso devota e tranquilla, talvolta quasi ingenua. Viste le numerose manifestazioni religiose a cui si assoggettavano e vivevano quotidianamente, sembra fosse un mondo tutto *"casa-chiesa"*, in cui il Sacro e l'Ordine costituito delle cose regnavano sovrani e del tutto incontrastati. La Religione sembrava essere di norma la Regola della vita, tanto più che esisteva lo spauracchio di una certa Inquisizione, che teneva ben salde insieme l'ortodossia del Credere e del Vivere ... comminando qualche torturata convincente qua e là, e accendendo qualche rogo ogni tanto, dove le pareva che qualcuno avesse osato un po' troppo. Una società un po' credulona e devota, mantenuta tale con le buone o con le cattive ... almeno ufficialmente.

Ma non è accaduto proprio sempre così ... Sentite un po'.

Incominciamo ricordando che il 23 maggio 1551: l'Inquisizione di Ferrara mandò a morte come eretico un Monaco Teologo Benedettino, considerato: *"visionario entusiasta e perfetto"*: si trattava di **Giorgio Rioli detto Siculo** convinto di avere la missione di riformare l'intera Chiesa.

Figuriamoci, se Papa e Inquisizione lo lasciavano fare !

Già nel 1537 aveva conosciuto in Sicilia il confratello mantovano **Benedetto Fontanini detto Benedetto da Mantova**, fuggito da Venezia perché inquisito per utilizzo di libri proibiti dalla Chiesa e perché era sostenitore di pericolosissime tesi eretiche Luterane. Inoltre contestava Riti e Sacramenti seguendo gli insegnamenti di **Juan de Valdés**, altro pericolosissimo eretico. In seguito, nel 1543, il Siculo s'era trasferito nel monastero di **San Benedetto in Polirone**, dove ritrovò l'eretico **Benedetto da Mantova**.

Tutta quella questione era come fumo fastidioso negli occhi dell'Inquisizione, che non perse tempo e fece piazza pulita di tutti.

Esattamente un anno dopo, si passò a Venezia, in *"casa nostra"*, dove il 5 agosto 1552 nella Canonica di San Moisè vicino a Piazza San Marco morì un certo Frate Francescano: **Matteo da Bascio ossia Maffeto Serafini** considerato il primo Generale dell'Ordine dei Frati Cappuccini. Subito venne ritenuto a furor di popolo Beato, quasi Santo. E fin qui, direte, niente di speciale ... se non che attorno a quella morte accaddero cose un po' insolite.

Innanzitutto nacque una bella baruffa tra il Pievano di San Moisè: **Baldassare Martini** e i **Frati di San Francesco della Vigna di Castello** per tenersi e seppellire il Frate defunto.

Uno voleva tenerlo in un sepolcro della sua chiesa, gli altri nella loro che stava adiacente al Convento. La questione non fu affatto banale, soprattutto perché quel Frate era amatissimo e venerato dai Veneziani, e quindi dovunque fosse andato a finire quel corpo avrebbe attirato un notevole e continuo afflusso di gente e di popolo ... con relativi benefici e sommovimenti spirituali, ma soprattutto buone entrate economiche. La gente, infatti, era già accorsa in massa al capezzale del defunto, e diede letteralmente l'assalto al corpo del Frate per procurarsi sue Reliquie considerate già miracolose.

Il **Nobil Homo Pietro Gradenigo da Santa Giustina** scriveva nei suoi *"Casi Memorabili Veneziani"* che *"... Fra Matteo da Bascio soleva percorrere la città predicando, e riempiendola di rumori, e che un giorno nell'ora di terza, quando sogliono i Nobili assistere ai loro Tribunali, fu veduto con una lucerna e un pennello camminare per le sale, come se cercasse qualche cosa perduta. Interrogato che facesse, rispose: "Cerco la Giustizia!"*

Perciò venne bandito da Chioggia.

Ma tornato dopo due anni, un giorno che si era congregato il **Consiglio dei Quaranta al Criminale**, si fece avanti intrepidamente e con voce orrenda esclamando: *"All'Inferno tutti quelli che giustamente non amministrano la Giustizia ! ... All'Inferno tutti i potenti che per forza opprimono i* *poverelli ! ... All'Inferno tutti quei giudici che condannano gl'innocenti a morte ! "*

Questa volta venne cacciato dalla sala, e se la sarebbe di certo vista brutta se non fosse intervenuto il suo amico **Sebastiano Venier**.

Frate Matteo era quindi un eremita e povero che non aveva paura di compiere gesti eclatanti e clamorosi. Per questo piaceva alla gente di Venezia, soprattutto al popolo, che stravedeva per lui in quanto seppure minaccioso predicava bene. Lo considerava fin da vivo davvero un Santo miracoloso.

Beccadelli Nunzio del Papa a Venezia scrisse preoccupatissimo a Roma al **Cardinale Innocenzo Del Monte** il 13 agosto 1552. Le gerarchie ecclesiastiche si dimostrarono fin da subito ostili nei confronti della devozione popolare dimostrata verso Fra Matteo da Bascio considerandole: *"... solo esibizioni e beghe fratesche o similari, ma in ogni caso pericolose in quanto capaci di disturbare l'ordine delle buone cose..."*

Scriveva ancora il Nunzio a Roma: *"... Fra Matteo che andava gridando in giro "All'Inferno ... All'Inferno" ... è morto a questi di in Vinetia ... Il popolo gli ha stracciato la veste da dosso et quasi brusati i piedi con le candele et i suoi Frati con i Preti sono stati in differenza per haver il corpo, il qual ho fatto dare ai Frati, ma l'ho ancho fatto sepellir sotto terra ove sono gli altri Frati, et se là farà miracoli, come dicono, lo vedremo ..."*

Sempre lo stesso Nunzio, per il quale il da Bascio non era neanche un *"predicatore da pulpito"* ma soltanto uno che andava gridando *"All'inferno!"* annunciato dalle campane per le vie, senza regole e girando liberamente per strade e città, scriveva ancora all'Inquisizione Romana il 5 nov 1552: *"... quanto a Fra Matteo et al romore che si da de' miracoli non sono stato negligente; ma per non irritare il popolo, ch'è un certo animale che volentieri si oppone alle prohibitioni, sono andato destro, sperando col beneficio del tempo di mitigarlo; né con li Frati ho mancato del debito mio, et finalmente n'ho fatto legittimamente un processo et fattolo leggere in presenza di molti valenthuomini, che hanno iudicato quelli non essere miracoli et potersi facilmente indurre i popoli a superstizione. Talchè mi son resoluto, siccome più pienamente scrivo a Mon.Rev.mp Santa Croce, di levare se potrò, il corpo di Fra Mattheo dalle mani de' Zoccolanti et ponerlo come in sequestro in qualche luogo nascosto sino a tanto che la verità si conosca meglio dalli Rev.mi Signori dell'Inquisizione, o mi sia ordinato quello che più gli piacerà ..."*

Alla fine, i Frati di San Francesco della Vigna vinsero la contesa col Piovano di San Moisè e il corpo **"Frate miracoloso"** finì nel cimitero dei Frati di Castello. Nel frattempo i **Frati Francescani Osservanti** si premurarono di dare subito alle stampe una lista di miracoli operati da fra Mattheo nell'opuscolo: **"La morte et miracoli"**, facendone risaltarne la buona Ortodossia e Santità.

"Ecco dunque come il Fator del Mondo opra sì stupendi e maravigliosi miracoli, dico in quelli che caminano per le figure, et sante pedate della Santa Romana Chiesa, e non in quelli che corrono precipitosamente per le false e sporche semite della infelice Europa; opra dico, in quelli che si vestono di poveri et vili panni et non in quelli che s'adornano di preciose gemme et si vestono di porporate vestimenta ..."

Meno fortunato di Fra Francesco da Bascio, fu uno dei suoi nipoti finito anni prima a Bologna sotto l'occhio e l'orecchio attento, e la maniera spiccia ed efficace dell'Inquisizione.

Nel maggio1533, *l'Inquisizione di Bologna* aveva fatto fare una bella ed efficace retata di eretici. Davanti all'**Uditore del Tribunale Criminale Bolognese detto il Torrone** comparve un gruppo composto di *"... furbos, frufantes, calcagnos et mariolos ..."* accusati di aver forzato delle botteghe e rubato dalle borse a Medicina. Fra questi c'era uno in abito da Frate, o meglio: *"da romito"*, **GiovanBattista da Bascio di Urbino**, nipote del Cappuccino Veneziano e fratello di **GiovanAntonio**, che nella Quaresima precedente andava anche lui per Bologna acclamando *"All'Inferno !"* *(come lo zio Matteo da Bascio di Venezia).*

Per far questo, aveva ricevuto una speciale patente direttamente dal Papa e dal Duca d'Urbino, che gli era stata però rubata insieme a certi libri da un suo discepolo. Affermò di non essere apostata di nessun Ordine, ma di aver avuto mandato da suo zio Mattheo, che gli aveva comunicato: *"...io voglio andar a morir a Venezia che Dio me lo ha ispirato. Non pigliar sacro nessun fino al cinquantacinque, che saranno gran travagli, ma vivi libero et va facendo quel poco bene che puoi ..." et poi lui montò sul suo mantello in mare et sopra a quello per miracolo andò a Venezia, et ha fatto molti miracoli morto e vivo ..."*

Inoltre, il GiovanBattista dichiarava all'Inquisitore: *"...Tanto fo quanto m'ispira Yesu Chrysto: mangiamo temperatamente et digiuniamo spesso, et ho digiunato dalla Ephifania fino a Pasqua, et mi do la disciplina una volta la settimana, cioè il mercore, con questa corda che ho cinta senza altro ... Io sono innocente nella carne et vergine come nacqui ... Io non ho moglie, et questa donna* (una vedova di nome Laura di 55-60 anni incontrata a Faenza "...nello spedale de fuora de Sant'Antonino, portata dietro e lasciata a Bologna per andare a Modena, e ritrovata a Budrio ...) *che vi è stata messa inanci, quel poco ben che li ho fatto l'ho fatto per amor di Dio, et non che mai habia havuto che a che fare con lei, et se mi farete mal alcuno lo sopporterò per lo Amor di Dio ... Io andai a Modena perché bestemmiano et sono Lutherani, et dissi al Duca che facesse un bando della bestemmia et lo fece, et mangiai con lui et me volse dar dinari et non ne vuolsi ..."*

L'Inquisitore non gli credette, e dopo l'udizione di una teste: **Caterina Macagni detta la Franceschetta**, proprietaria di un albergo per poveri che lo aveva ospitato, mise il GiovanBattista sotto tortura il 6 maggio successivo. Torchiato per bene, il Frate confessò subito di aver avuto rapporti sessuali con Laura e di averle manifestato l'intenzione di sposarla al più presto. Ammise anche di aver finto una santità solo apparente e di aver terminato da tempo il suo voto religioso.

Soddisfatto, l'Inquisitore commentò: *"... ne mundus decipiatur in similibus hipocritis viciosis ..."* Cioè pensò che più che visionari quei Frati erano viziosi.

Si riferiva al fatto che spesso la gente vedeva negli eremiti e nei falsi profeti solo quello che gli sarebbe piaciuto vedere, e non la Verità.

Il *"povero"* GiovanBattista pesto, a differenza di altri finiti abbrucciacchiati o dimenticati a vita in qualche prigione, concluse il suo conflitto con l'autorità ecclesiastica con una lieve condanna e col marchio pubblico ignominioso di: *"Ipocrita"*.

A Ginevra, intanto, il 27 ottobre 1553 il Teologo, Umanista e Medico Spagnolo **Michele Serveto** fu mandato al rogo dai Calvinisti realizzando la così detta: *"tragedia Servetana"*. Il Serveto non era affatto uno sprovveduto perché oltre che di Bibbia, s'interessava anche di Scienze, Astronomia, Meteorologia, Geografia, Giurisprudenza e ovviamente di Anatomia e Matematica. Ma venne considerato lo stesso: *"Homo Haereticus quam pericolosus"* quanto bastava.

Tutti perciò si sentirono minacciati e in pericolo di vita, perché sia a Roma che in giro per il mondo, si usava facilmente processare, torturare, bruciare ... sempre in nome della Verità che ciascuno intendeva a modo proprio. Bastava solo una piccola e opportuna denuncia al Tribunale della Santa Inquisizione e ...

E fu quanto accadde nel 1590 anche in Friuli, precisamente a Udine.

La madre di una ragazzina professa in un Monastero denunciò presso il **Vicario di Udine Jacopo Maracco** almeno dodici **Monache Francescane del Monastero di Santa Chiara di Udine** con la loro Badessa a capo. Dall'inchiesta dell'Inquisizione venne fuori che da più di quarant'anni le Monache elaboravano indisturbate idee e atteggiamenti nicodemitici ed ereticali. Sembrò addirittura che a metà secolo ci fossero nel Monastero delle **Monache Luterane avviate all'Anabattismo da Nicola da Alessandria**.

Risultò dagli atti dell'inchiesta e del Processo che le Monache tenevano contatti epistolari regolari con **Bernardino della Zorza**, noto Anabattista Udinese, e con **Alessandro Jechil da Bassano**. **Suor Camilla Sacchia** suonava e cantava all'arpicordo delle canzoni modificate traendo versi e canti da libri considerati ereticali, come la *"Ficta Religio"* e le *"Lettere Volgari"*.

Le Monache erano toste, senza peli sulla lingua, e cantando finivano col condannare e dire:

- *"... la falsa Religione vestita di purpureo habito adorno ... seduta su un trono a dare da bere alle turbe una bevanda amara e fella ... rendendole ebbre e pronte a farsi ingannare ..."*
- *"Cristo non è Dio ma solo un uomo ..."*
- *"In Dio non si trova Trinità di persone, et però non si deve credere nel Figlio o nel Spirito Santo ma solo nel Padre Eterno ..."*
- *"Roma è una Babilonia et venirà un Angelo Biondo che taglierà il capo al Papa ..."*

A causa di queste contestazioni le Monache cercarono anche di uscire e fuggire dal *"serraglio del Monastero"* per recarsi in Moravia dove farsi ribattezzarsi come Anabattiste, ma la cosa non riuscì per l'opposizione di alcune famiglie, per evitare scandali di tipo carnale e amoroso, e per non essere costrette a vivere lavorando o *"pitoccando"*. L'Inquisizione di Udine preso atto delle accuse fece ispezionare le celle delle Monache, che gridarono d'essere state monacate per forza, e le portò tutte negli Uffici e carceri dell'*Inquisizione di Venezia* per processarle.

Si giunse ad allestire un elenco da presentare a Processo con ben *"**44 preposizioni-affermazioni ereticali affermate dalle Monache**"*.

Ma per fortuna le loro Nobili e potenti famiglie riuscirono a farle rilasciare indenni ... a suon di raccomandazioni e di *"eque corrisponsioni in moneta"*.

Trenta anni dopo, le Monache erano ancora convinte delle loro idee, e non solo. Si raccontava che si divertivano a mettere aceto al posto del vino sul calice del Prete che celebrava la Messa, e che svolgevano un deciso proselitismo in giro per la città di Udine. Inoltre, speravano nelle possibilità di Enrico IV re di Francia, *"l'Ercole Gallico"*, di sovvertire l'ordine costituito della Religione Italica e Cattolica.

- *"... mi disse che il Re di Francia haveria vinto et che lui non vuole né Frati né Monache, né chiese, et che serà un solo Re che governerà tutto il mondo, et una sola campana ..."*
- *"E' bene tagliare la testa al Papa et a tutti Cardinali et a tutti li Vescovi"*
- *"La Messa è cosa da burla"*
- *"Il Papa è un serpente ... i Preti e i Frati fariano meglio andar a lavorare ..."*
- *"I Monasteri e i Religiosi meritano d'essere distrutti."*

Altro che tranquille Monachelle !

Un po' (tanto) trasgressive e libertine sì ... ma anche bellicose per altri versi ... Quindi in quell'epoca nelle Terre Venete non c'erano solo bigotti ed eremiti semplicetti intenti a meditare, digiunare e pregare.

La Storia come si può notare, nasconde e rivela spesso prospettive e situazioni interessanti dove vale la pena di andare ogni tanto a curiosare ...

***

_____*Il post è stato scritto su Internet come: "Una curiosità veneziana per volta." - n° 43, e pubblicato su Google nel febbraio 2014.*

STIORERI, SEMOLINI, GALLINERI E BUTTIRANTI ... A VENEZIA

I Veneziani di un tempo di certo non mancavano d'iniziativa e ingegno, e dove non esisteva un mestiere andavano a inventarselo spesso dal niente facendolo diventare piano piano un'Arte riconosciuta e regolata dalla Serenissima.

Una di queste era la curiosissima **Arte degli Stioreri** che riuniva gli artigiani che fabbricavano: *stuoie, cannucci, corde di paglia, sporte e sedie impagliate*. Era di certo un'Arte povera, nata dall'idea di *"arrangiarsi per sopravvivere"*. Infatti, andare a raccogliere in Laguna e nel fango delle barene canne palustri per poi intrecciarle era considerato un lavoro infimo, faticoso e di poco profitto.

In realtà era un'attività con poca spesa viva per procurarsi le materie prime, bastava la disponibilità a vogare e tagliare canne e *"scjore"*, e l'unica difficoltà eventuale poteva essere rappresentata dalle: *"... saltuarie schioppettate caricate a sale se per caso si entrava a frugare e prendere canne nelle acque dei Canonici, delle Monache o del Vescovo ... Ma si metteva nel conto anche quello."*

Gli **Stioreri** perciò si consociarono in **Arte** e si riunirono in **Schola** davanti a un loro Altare nella chiesa di **San Silvestro** a due passi dall'**Emporio di Rialto**, dove ancora nel 1790 versavano ogni anno: 8 lire ciascuno d'iscrizione.

A dire il vero, l'Arte inizialmente si congregava obbligatoriamente l'ultima domenica di ogni mese nella chiesa della **Contrada di San Antonìn nel Sestiere di Castello** di cui infatti assunse **San Saba** come Protettore.

Dichiarava il **Piovano di San Antonìn** nel 1564: *"... la casa della residenza antichissima è tutta marza ... in una parte della quale è situata la Scola del Santissimo et San Sabba quale son tutte due una Scuola istessa, la qual mi da ducati 4 all'anno con questo carico di tener continuamente una lampada accesa dinanzi San Sabba et di dirgli due Messe alla settimana..."*

Sembra però che la prima *Fraglia degli Stioreri* sia nata nel lontano 1399 forse nell'estrema *Contrada di Santa Ternita* in fondo al Sestiere di Castello: una delle più povere e periferiche dell'intera Venezia ... Nel giugno 1610, l'*Arte delle Stuore* pagava 700 ducati annui per 10 anni per mantenere la *Flotta da Mar* della Serenissima ... prolungati prudentemente dalla Signoria per altrettanti 10 ... Ancora nel 1634 ogni giovedì gli Stioreri facevano celebrare una Messa Esequiale all'altare di San Saba a Sant'Antonin per tutti i loro Morti.

Nel 1773 a Venezia esistevano ancora 55 persone che praticavano l'*Arte dello Stioriere* in 43 botteghe, di cui 3 erano Garzoni di almeno 12 anni d'età, e 52 Capimastri. Erano ancora associati in Arte e Scuola con tanto di Gastaldo, Vicario, Scrivano e 10 Decani, per associarsi pagavano una *"Benintrada"* iniziale di 1 ducato, e versavano in seguito 16 Soldi annui più 8 Soldi di *"Luminaria"* per pagare le spese delle candele usate nelle Funzioni religiose e nell'accompagnate i Morti durante i Funerali.

Quella degli Stioreri tuttavia non era l'unica Arte-Mestiere povero di Venezia ...: Ce n'erano diverse altre con caratteristiche e iniziative simili, sempre senza gloria e con poca Storia illustre. Arti da *"contadini e campagnoli"* dicevano i Veneziani di un tempo, poco Veneziane ... ma che in realtà avevano una precisa fisionomia e utilità dentro al poliedrico Emporio di Rialto e soprattutto negli equilibri economici e vittuari del sostentamento popolare dell'intera città lagunare.

Oltre agli *Sturieri*, esisteva ad esempio anche la *Scuola dell'Annunziata dei Gallinài o Gallinèri e Buttirànti o Pollaioli, Pollaròli o Polamèri o artigiani Venditori di Uova o Ova* che s'occupavano anche di procurare: oche, cacciagione, e ovviamente burro e affini. Anche questa era un'Arte legata non solo alla Terraferma e all'allevamento di bestiame minuto da cortile, ma soprattutto era un'Arte collegata a quella di andare a cacciare con l'arco in laguna o nelle valli da pesca. Per farlo si usavano barchette leggere dal fondo piatto, oppure si cacciava *"uccellando"* ossia stendendo delle reti sugli alberi o sui cespugli delle isole o delle barene.

Un'antica legge Veneziana del 1173 vietava l'acquisto della selvaggina dagli *"uccellatori forestieri"* per poi rivenderla, anche se la cacciagione proveniente dal Trevigiano non pagava Dazio per entrare in città.

L'acquisto e vendita era prerogativa riservata ai **Gallinai e Gallinarie di Venezia** che poi rivendevano nelle loro botteghe ... dove tuttavia i pennuti e i Gallinacei non potevano essere tenuti al chiuso e al coperto, ma solo sotto a cesti o *"Caponarie"* obbligatoriamente aperti sui lati.

Già dal 1312, secondo quanto racconta la **Promissione Dogale del Doge Giovanni Soranzo**, Galineri e Ovetari *(venditori di uova)* avevano l'obbligo di fornire e omaggiare il Doge con: *"... un paio di buone oselle grandi e 30 denari a Natale, una buona gallina a Carnevale, e una buona colomba di pasta farcita con 14 uova a Pasqua ..."*

Gallineri e Buttiranti erano considerate e classificate come un'**Arte di Vittuaria**.

A Capodistria nel 1347, le Galline si compravano a 2 Soldi l'una, i Polli a 1 Soldo e le uova a 1 denaro l'una, mentre fra 1459 e 1464, secondo un listino ufficioso del **Mercato di Rialto**:

- *Un paio di Colombi costava: Soldi 15, mentre un solo Colombo grosso valeva: Soldi 5.*
- *Un paio di "anitrotti": Soldi 16.*
- *Un'anitra domestica o un paio di Anitre da cortile: Soldi 17.*
- *Un paio di Polli piccoli ma grassi: Soldi 13.*
- *Un'Oca viva e grassa costava Soldi 12, ma morta e spiumata ne costava 13 perché: "... il tempo è sacro"*
- *Una Gru morta e grassa valeva: Soldi 16, mentre una Pollastra grassa poteva valere da 7 a 8 Soldi.*
- *Un'Anitra selvatica: Soldi 6.*
- *Un Cigno magro: Soldi 10, un Gallo selvatico morto: Soldi 1,09, un Faggiano: Soldi 1,06.*
- *Un solo Francolino costava: Soldi 18, mentre 6 ottimi Tordi ne valevano 10 di Soldi.*
- *Un paio di Quaglie valevano: Soldi 9, mentre un paio di Colombe selvatiche ne valevano: 4, un paio di "Capponelli": Soldi 17, un paio di ottime Pernici: 19 Soldi, due "Arcaze" grasse: Soldi 10, due Pollastrelle: Soldi 9, un paio di "Gallinacce": Soldi 12, un paio di Pavoncelli: Soldi 5, un paio di Totani: Soldi 3.*

Negli stessi anni, e sempre nell'Emporio di Rialto:
- **5 uova costavano: Soldi 2**, ma in anni di magra con la stessa cifra potevi portarne a casa solo 3. Se tuttavia ne compravi **20 spendevi solo 1 Lira**. A fine giornata, poco prima di chiudere bottega, **50 uova potevano valere in tutto: 10 Soldi invece di Soldi 18.** L'importante era che fossero uova fresche e non stantie o addirittura secche ossia: **"ovis non rezentibus et siccis"**, altrimenti il prezzo precipitava in basso.

I controlli della Serenissima erano severi, mentre le multe erano salatissime anche al solo rifiutarsi di aprire la porta per un'ispezione ... Tuttavia, i Fanti che si presentavano a controllare si potevano in qualche maniera **"addolcire e ammorbidire"** ... *(ieri come oggi).* Si raccontava che un **Pestrinaio di Santo Stefano** fosse furibondo contro i Fanti per le loro **"cerche e indagini interessate"**, e li avesse minacciati di ferrarli come i suoi cavalli, mentre quelli di rimando gli avrebbero risposto che l'avrebbero volentieri annientato.

Nel giugno 1502 si decretò: *"... i venditori di ova o Gallineri non possano vendere cose simili appresso la Pescheria Vecchia in Rialto, permesso soltanto ad uomini e donne forestieri quali capitano alla giornata ..."* precisando nel novembre di quattro anni dopo che: *"... venderigoli e venderigole non possano vendere altre ova che fresche ..."*

Come per gli Stioreri, quei lavoranti progressivamente si fecero riconoscere come Arte, e si consociarono anch'essi in una loro Schola d'Arte con sede in **San Giovanni Elemosinario** proprio nel cuore dell'Emporio Rialtino a pochi passi dall'omonimo Ponte.

Negli ultimi anni del 1500 le Cronache e i documenti cittadini ricordano che i Gallineri: ***"...ottennero licenza dal Consejo dei Diese di poter fondare la loro Schola e far Mariegola con un loro: Gastaldo, Aggiunti, Sindici e Scrivano ..."***, e il **Doge Marino Grimani** firmò la concessione alla stessa *"... dell'uso dell'Altare dell'Annunziata, il primo a "man sanca" entrando in chiesa di San Zuane de Rialto, e dell'arca (tomba) ricavata ai suoi piedi dove poter accompagnare i loro Confratelli Defunti ..."*

Lì potevano celebrarvi la Festa Patronale il 25 marzo: *"... **dando in cambio al Dose ogni anno doi para de fasani"**.*

Nel 1649 la *Giustizia Vecchia* approvò la decisione assunta dal *Capitolo dei Gallineri* di contribuire alla spesa per l'acquisto dei damaschi per ornare la chiesa di *San Giovanni Elemosinario* ... e il 27 novembre 1727: dopo che il *Collegio della Milizia da Mar* aveva suggerito per incrementare il gettito fiscale di dividere le due Arti, un decreto dell'Eccellentissimo Senato di Venezia rilasciato in Pregadi a Palazzo Ducale confermò l'unione delle due Professioni che componevano *l'Arte de Galineri e Butiranti*.

Non si voleva provocare un incremento dei prezzi di quei generi di largo consumo in città soprattutto da parte della porzione più povera dei Veneziani.

"Sopra il zelante suggerimento del Collegio della Milizia da Mar per coglier qualche profitto nella rinnovazione della Tansa Insensibile sopra l'Arte de Galineri col separar questi dalli Mercanti e Venditori di Ovi e Buttiri, si sono intese le informazioni de Magistrati e Proveditori alla Giustizia Vecchia e Giustizieri Vecchi. Da quanto però resta in esse esposto, come non trova la Prudenza Pubblica motivo d'alterar ciò che anticamente fu stabilito dal Colleggio dell'Arti e da tanti giudizi dell'unione di quelle due Professioni, ma bensì di confermarla. Ben certo poi questo Consiglio che il Collegio della Milizia da Mar nell'incontro d'esaminare la Ritansa all'Arte stessa si regolerà bensì col riflesso al Pubblico interesse, ma col riguardo insieme alle forze della mederna, onde con un maggior aggravio non venga ad alterarsi l'abbondanza nella Città di tal specie di Vittuaria ..."

Nel luglio 1752 il sodalizio dei *Gallineri* venne abolito e soppresso a causa di una sfacciata e scandalosa speculazione dei prezzi di vendita sul mercato da parte dei *Confratelli Gallineri*, ma fu riattivato subito dopo, nel maggio seguente, dichiarandolo: *"Arte aperta a tutti."*, ossia si liberalizzò l'offerta e la vendita in città di quel genere di prodotti da parte di chiunque.

Nel 1773 si contavano in 308 *Gallineri-Polameri e Butiranti* sparsi per Venezia con 27 Garzoni, 86 Lavoranti e 195 Capimastri attivi in ben 198 botteghe che erano a volte dei negozietti graziosi e lindi, e altre, invece, botteguzze scure o poco più dei sottoscala bassi, bui e odorosi e luridi.

Sul finire della Storia della Serenissima, gli iscritti all'Arte erano diventati perfino: 446, e tenevano il proprio *Capitolo Generale annuale* nei locali della *Schola degli Oresi di Rialto*, versando un contributo per l'uso e un piccolo compenso al *Masser dei Oresi* per *"assettar il luogo"*.

Dal *"Libro cassa dell'Arte dei Gallineri e Buttiranti"* si evince che pagavano tutti regolarmente la loro *"Benintrada"* d'iscrizione, e una *"Luminaria"* annuale di lire 4 ciascuno ... Nella Festa Patronale annuale dell'Annunciazione ciascun Confratelli riceveva *"pan et butiro"* invece che il tradizionale *"pan et candela"* usato dalle altre Arti cittadine ... e al posto dell'antico omaggio annuale al Doge di *"due paia di fagiani"* gli versavano la più comoda e utilizzabile somma di 99 lire e 4 soldi.

Non pensate in ogni caso che quelle antiche Associazioni popolari siano state accozzaglie di lavoranti cenciosi e morti di fame. Recenti documenti scovati nell'*Archivio di Stato di Venezia* raccontano che anche i Buttiranti e Gallineri erano devoti e generosi.

Alla fine della Storia della Repubblica erano stati in grado di trarre dal loro *"Scrigno"* e di fornire per le esigenze della declinante Serenissima *(stava ormai iniziando il saccheggio Francese)* un lingotto d'argento del peso di 346 once proveniente dalla fusione dei beni che i Confratelli della Scuola avevano offerto all'altare della **Madonna di Pietà Annunziata** della chiesa di San Giovanni Elemosinario e dai rivestimenti d'argento con cui avevano coperto il **Libro della loro Mariegola**.

Ancora nel 1825 si usava vendere nelle botteghe di Venezia cacciagione a *"màzzo"* o a *"mazzòn"* ma anche in giro per le strade. Un insieme, un solo *"màzzo"* comprendeva:

- *2 Masorini o Anare*
- *1 Oca granda selvatica*
- *1 Oca Faraonsina o Granaiola*
- *1 Sarsegna o Alzavola*
- *2 Chersi o Valpoca*
- *2 Bajanti o Strolaghe (giudicati dalla carne infima e troppo amarognola, ma messi insieme per far numero).*
- *2 Serolòn o Smergo Maggiore*
- *3 Cavriole o Svasso Maggiore*
- *3 Sèrole o Smergo Minore*

- *3 Asià o Codone*
- *3 Arcàse o Chiurlo Maggiore*
- *3 Ciossi o Fischioni*
- *4 Campanèle o Quattrocchi femmina*
- *3 Campanàti o Quattrocchi maschi*
- *3 Monàri o Moriglioni*
- *3 Penacini o Moretta o Magassetto Penacin*
- *3 Magassi o Moretta Tabaccata*
- *3 Pignòle o Canapiglie*
- *4 Fòfani o Mestoloni*
- *4 Morèti o Moretta o Orcheto Marìn*
- *4 Magassèti o Gobbo Rugginoso o Magassetti foresti o Moretta Codona*
- *Da 4 a 6 Fòlaghe se erano troppo magre.*
- *3 Garzi o Aironi Bianchi, Cinerini o Rossi.*
- *3 Torobusi o Tarabusi*
- *Da 4 a 6 Pissagù o Anzolèti o Muneghette grosse o piccole ossia Pescaiole femmina*
- *6 Sarsègne o Alzavole*
- *6 Crècole o Marzaiole.*
- *6 Barùsole o Pivieresse.*
- *6 Paònsine o Pavoncelle*
- *8 Sgambirli o Cavalieri d'Italia.*
- *12 Totani o Pettegole.*
- *24 Bisignini o Piro-Piro o Piovanelli.*

Non c'è che dire ! Una vera e propria intera cacciagione per ogni **"mazzo"**. Erano in tanti a recarsi **"in Valle"** nella Laguna di Venezia, soprattutto Nobili per divertirsi a sparare e cacciare. Pagavano profumatamente per quelle prede e per gli accompagnatori che li seguivano nelle **"battute"**, e facevano a gara a chi ne abbatteva di più ... cercando il record sensazionale.

Tornando alle *"Arti così dette povere"*, non vi ho detto ancora tutto. Poco distante, proprio sui primi gradini del Ponte di Rialto, in **San Giacometto** esisteva la già più rinomata e considerata **Schola degli Scalchi** ossia degli **Aiutocuochi e Interni di Cucina**, così come nella stessa chiesa di **San Zuanne Elemosinario di Rialto** si riuniva anche la **Scuola Beata Vergine del Carmine dei Biavaroli**, e la **Scuola della Natività di Maria dei Semolini e Cruscaroli** che raccoglievano e vendevano crusca per Venezia soprattutto presso un **Fonteghetto de la Farina** che si trovava inizialmente in **Contrada di San Fantin**, distribuendola e vendendola in seguito ovunque, fino in Terraferma.

Ancora nel 1797 i **Semolini** iscritti all'Arte erano 41, con un loro giovane Garzone-Apprendista e 40 Capimastri. In quegli anni a Venezia l'Arte dei Semolini era considerata ormai inutile, posta sugli ultimi gradini dei Mestieri di Meccanismo, ormai aperta a libero mercato e destinata a sciogliersi e sopprimersi per sempre.

Ci sarebbero ancora tante altre cose curiose da ricordare, potremmo continuare ancora molto ... ma le righe scritte per oggi sono ormai tante per non dire troppe ... Venezia è come sempre un pozzo senza fondo.

***

_____*Il post è stato scritto su Internet come: "Una curiosità veneziana per volta." - n° 66, e pubblicato su Google nel febbraio 2015.*

IMBRIAGONI & MERCANTI DA VIN

Mentre in Inghilterra si stendeva ancora la paglia sui panconi dove dormiva il Re di passaggio, a Venezia nel 1270 si obbligavano gli Osti a tenere non meno di 40 letti forniti di coltri e lenzuoli, pena 100 soldi per ogni letto di meno, vietando loro allo stesso tempo: *"... d'alloggiar meretrici, aver più d'una porta pubblica, né vendere altro vino che quello dato dai tre Giustizieri."*

Quando la differenza conta ... e trascorsero secoli.

Il libretto *"Il gran maestro dei forestieri"*, una specie di Guida turistica del 1712 spiegava: *"... eccoti dunque, amico passeggiere, giunto felicemente alle sponde dell'Adria, dove, tosto mirando con occhio curioso, vedi sorgere mezzo spatiosa pianura d'acqua l'inclita città di Venetia.*

Eccoti, appena posto piedi a terra dal calesse o cavallo, circondato da numerosa folla di mercenari, che ricercano di servirti con importune esibizioni per islegare le tue valigie e porre il tutto nella piccola barca, o vogliam dire gondola, che sta per tragittarti alla città. Infine avanti di partire dal Lido si vede, confuso dalla voce di molti, che chiedono pagamento del preteso prestato servizio, nello slegare i tuoi arnesi, onde tosto ti conviene contendere a chi havessi comandato d'operare.

RICORDATI BENE: per liberarti, dunque, da tale importuno intrico, avanti di slegar cosa alcuna, chiamerai a te il solo padrone della barca, che tragittar ti deve a Venetia, et ordinargli in persona, o facendogli assistere dai tuoi servi, et in questa forma sarai esente da tali temerarissime ciancie, e sarà fedelmente custodita la tua robba, senza spesa veruna.

Sei miglia in circa devi passar d'acqua, per ordinario placida, et assisi nel picciol legno, discorrendo con li tuoi compagni, o rammentandoti da te solo gli accidenti de' viaggi passati, stupirsi nel veder sorgere una sì maestosa città in mezzo al mare. Così dopo lo spazio di un hora in circa ti vedo giunto in città, dove ti sento ordinare ai Barcaroli di condurti a qualche alloggiamento; da questi sarai informato trovarsi diverse Osterie che alloggiano forastieri d'ogni grado e condizione ..."

Venezia era già Venezia ... molto simile ad oggi, comprese le angherie e gli imbrogli nei riguardi di turisti e ospiti che riempiono le cronache ancora in questi nostri giorni a distanza di secoli da quelle descrizioni. La vicenda degli intrallazzi e ruberie nel **Garage San Marco di Piazzale Roma** è proprio notizia fresca di ieri.

Volevo però parlare d'altro ...

Onestamente, anche se Venezia ha sempre posseduto belle vigne soprattutto nelle isole di Sant'Erasmo, Mazzorbo, Lido, e poi anche nel Litorale e nella Terraferma, e perfino nel centro storico come le Vigne delle Monache di San Lorenzo e San Zaccaria, o quella che c'era nell'attuale Piazzale Roma; ebbene il vino Veneziano non è mai stato un granchè buono, né mai considerato pregevole. Colpa forse della terra salmastra, o dell'eccesso d'umidità, o di chissà che cos'altro, sta di fatto che il vino di Venezia è sempre stato un po' sapido, amarognolo, poco gradevole al palato. Non un gran vino, insomma.

Comunque a Venezia come altrove, il vino è sempre stato considerato per millenni come panacea e rimedio per diverse situazioni e molti mali. In mille modi e maniere diverse si finiva sempre per darlo a bambini, vecchi e malati ... e che sia stato forse per l'effetto vasodilatante dell'alcol, o perché il vino infonde sempre quel senso di calore e sa far dimenticare la fatica, sta di fatto che i Veneziani hanno sempre assunto la loro dose quotidiana ... magari annacquata se avevano le *"tasche bucate"*. Pescatori, Marinai, Facchini, Artieri, Popolani, Mercanti, Cittadini e Nobili di ogni tipo ... e perché no ? Anche Frati, Preti e Monache di ogni Convento e Chiesa ... Tutti per secoli hanno preteso e ottenuto la loro razione quotidiana di vino.

"Ah ! Quale limpida e fervida devozione !" *si compiacque un giorno la Badessa Donata Morosini con la sua Vicaria la Monaca Caterina Badoera."* si legge in un'antica cronachella. *"Sentivano, infatti, provenire dal basso dei chiostri del Convento di San Lorenzo di Castello le voci* *leggiadre, allegre e canterine di alcune delle Monache del prestigioso Monastero.*

Meno entusiasta fu in seguito la stessa Badessa di costatare che, trascorse le ore e giunta l'ora del Vespro, inspiegabilmente erano assenti dalla recita delle Orazioni del Coro diverse Consorelle. Mancavano sia la Monaca Ortolana, la Canevaria, la Lavandera, e perfino l'austera Madre Maestra con due delle sue giovani ed esuberanti novizie. Non era mai accaduta una cosa del genere.

"Quale sospetta beatitudine !" Esclamò stavolta la Badessa alla sua Vicaria costatando che tanta gaiezza, che non stava affatto scemando, proveniva dalla Caneva del Convento.

Allora terminato il rito, la Badessa e la Compagna si risolsero a scendere le scale di sotto per andare a vedere oltre la Corte, in fondo al giardino. Giunte che furono finalmente alla Caneva del Monastero, sospinta la grezza porta, si trovarono davanti uno spettacolo che non fu affatto divertente. Le Monache assenti al canto del Vespro cantavano tutte prese non da "Spirito Divino", ma da un più basso e trasfigurante "Spirito di Vino", in quanto s'intrattenevano ... e non solo ... in compagnia degli homeni dei Trasportatori e Travasadori da Vino, e con i Bastazi-Facchini e Barcaroli che avevano rifornito il Convento ... Tutti erano presi da inebriante e bacchica frenesia canora e danzante ... e quel che non può raccontare la parola lo videro gli occhi.

Nei giorni seguenti le Monache ispiritate e goliardiche del San Lorenzo cantarono ancora, ma stavolta in maniera meno angelica, ma di pena e d'afflizione per le ristrettezze procurate dalla squallida cella-prigione in cui furono per settimane rinchiuse a vivere "a pane et acqua" dentro al Campanile del Monastero ... Lo "Spirito di Vino" insegni !"

E' solo un esempio ... A Venezia è sempre esistita una grossa attività e un intenso lavorio intorno al vino.

I principali fautori, si sa, furono gli **Osti**, i **Caneveri**, i vari acquisitori e venditori del piacevole quanto *"fatale"* liquido capace anche di *"aprire a* *verità"*, ma avvenne anche un intensissimo movimento di trasportatori con navi, barche e carri, con una folla di misuratori e assaggiatori, confezionatori, cantinieri e conservatori, e c'era perfino chi andava in giro a servire e rifornire *"porta a porta"* o *"casa-palazzo"*. Attorno al vino, ad esempio, ruotava l'attività di tanti *"Mastri"* delle Arti e dei Mestieri dei **Botteri** e dei **Cerchieri** che sapevano inventarsi barili, mastelli e contenitori di ogni forma, tipo e capienza ... ma c'erano anche i **Boccaleri**, i **Travasadori** e i **Misuradori** che provvedevano a mescere, vendere e distribuire nella maniera migliore ... ciascuno congregato in specifiche, rinomate ed esclusive quanto apposite *"Schole"*.

A Venezia si vendeva, acquistava e beveva vino in mille posti e maniere diverse: nelle **Malvasie** dove si vendeva vino pregiato portato a Venezia da galee armate provenienti da Cipro, Grecia e Puglia, nelle **Furattole**, **Caneve**, **Ostarie** che si chiamavano anche *"Sanmarchi o Sanmarchetti"* per l'insegna Marciana con cui si fregiavano davanti alla porta, e poi ancora in: **Bettole**, **Bàcari**, **Cantine** fino ai pessimi **Bastioni** e **Magazzini** dove si smerciava lo scadente *"vino da pegni"* usato dai popolani come moneta di scambio per prestiti. Si otteneva una parte in vino e un'altra parte in soldi. Il Vino si vendeva anche sfuso, *"al palo"*, eccetto che da maggio a ottobre per la troppa calura. Succedeva a **Rialto**, **San Marco** e **Giudecca** da dove venne presto revocata la vendita perché alcuni Veneziani sfuggivano con troppa insistenza al **Dazio sul Vino**.
Dal 1551, la vendita del Vino all'ingrosso era consentita dalla misura del *"Secchio"* *(ossia 10,7 litri)* ad oltre usando le capacità di: *"Burcio"* *(cioè 60 Botti)*, *"Botte"* *(cioè 10 Mastelli)*, *"Anfora"* *(4 Bigonce)*, *"Bigoncia"* *(2 Mastelli)*, *"Mastello"* *(7 Secchie)*, *"Barile"* *(6 Secchie)*, *"Secchia"* *(4 Bozze)*, *"Bòssa"* *(4 Quartucci)* e *"Quartuccio"* *(ossia 4 Gotti)*.

Sono d'accordo ... era una bella confusione, un gran casino di misure ... ma tutto era preciso e controllato, e si misurava il Vino con apposite *"misure vitree bollate dal Governo"*, e secondo le antiche consuetudini era permesso venderlo sulle due "rive" di **Rialto** e **San Marco**: *"... anche nei giorni festivi e nelle domeniche, eccetto che a Natale, Pasqua, Pentecoste, Corpus Domini, Ascensione, Annunciasion e alle Feste Benedette della Madonna dea Salute e del Redentor."*

Già nel 1330 si rivendevano a Venezia 2000 anfore di Vino l'anno comprandole a 8 lire l'anfora, e facendone un *"grosso guadagno"* di 9-10 lire l'una. Una legge apposita ricordava a tutti che: *"... Osti e Bastioneri possino tuor pegni ed anco il gabàn a chi avesse mangiato e bevuto senza pagare ..."*

Alcuni dei nomi degli Osti di Venezia che ci sono giunti sono curiosi: **Almerico della Stella, Chiara ed Elisabetta figlie di Meneghino Trombettiere, Pietro dal Gallo, Marchesino Trevisan detto Merlitio, Manfredo dell'Osteria delle Monache di San Servolo, Almerigo di Fraganesco dell'Hosteria da Comun, Biagio de Ripa, Bartolomeo Pizegotto** ... altro Oste dell'Osteria appartenente alle Monache di San Lorenzo *(quelle della storiella citata sopra)*, **Marco Montanario, Pietro Quintavalle, Giacomo da Mestre, Francesco Quintafoya, Filippo Barba de becho, Paolo cambista, Graziolo Domafollo, Matteo Sermede** ... e molti altri.

Ciascuno vendeva **Vino di Romania, Candia, Malvasia, Arbe, Dalmazia, Schiavonia, Ribolle d'Istria, Vino Tribiano o di Toscana e del Papa, e Vino della Marca, da Bassano, dal Cenedese** (Vittorio Veneto e Valdobiadene), dall'**Abruzzo**, da **Barletta, Otranto e Monte Angelo di Puglia, "da Neapoli, Siciliae et Gaietam de Calabriae", da Forlì e Imola** ... Era consentito allungarlo con l'acqua per diminuirne il prezzo, e quando una notte di letto in Locanda costava da quattro a sei lire di piccoli ... si era costretti a pagare un Dazio per anfora di Vino di quattordici lire di piccoli.

I Veneziani comunque non si scoraggiavano, anzi, erano industriosi, perché esistevano perfino alcune Osterie galleggianti *"poste su peate"* col permesso di sostare oltre al ponte di Rialto e nel Canale di San Marco per vendere piccole quantità di Vino sfuso ad uso familiare ... Su questi improbabili navigli galleggianti nel 1344 la Serenissima concesse il permesso a **Frate Pietruccio d'Assisi** di elemosinare vino *"a favore delle Balie dello Spedale della Pietà"*, e all'eremita **Andrea del Birro: "a favore di carcerati e poveri permettendo loro di tenerne una parte a loro personale vantaggio"*. Il Maggior Consiglio tuttavia, revocò presto il permesso di vendere Vino presso San Marco, perché intorno alle barche:

"Ogni giorno venivano commessi omicidi e troppo rumore intorno alle vendite pubbliche del vino."

Venezia era sempre Venezia, insomma, c'era Vino per tutte le situazioni, per tutti i gusti e palati, e per tutte le tasche, tanto che il Vino venne considerato un bene necessario e di prima necessità come il sale, la farina e l'olio.
E come: *"due più due fan quattro, il Vino venne perciò soggetto a Dazi … e nacquero perciò di conseguenza li contrabbandi".*

Nel giugno 1459 infatti, il Senato deliberò di costituire *"un manipolo di Cavalieri addetti alla sorveglianza dei luoghi, strade maestre e secondarie dirette a Mestre …"* per tentare di ridurre il contrabbando di Vino verso la Laguna e lungo i canali che portavano a Venezia.

*"… Perché el vien fato molti contrabandi al nostro Dacio del Vin in le parte de Mestrina verso Tesera, Champoldo, San Martin de Strata et altri luoghi che deschore verso el Sil, et etiandio per la via del Botenigo chome ha inteso i nostri Governdadori, i quali per questa ragione sono stadi fora.
Et el sia iusto che hognun paga i dacii limitadi et consueti.
Landerà parte che per iditi Governadoti, sia electo uno Chavo de Chavalari, el quale abbia homeni 4 appresso de lui chon altri 4 Chavi, in summa 5 persone, habia de salario al mexe ducati 13 d'oro, e sia tegnudo star a Mestre chon iditi soi compagni, non sia homo del Mestrin, né Trevisan, né Padovan. Sia el dito obligato andar per el Mestrin dala parte de Tesera et verso el Sil, et su Trevixan, et verso el Botenigo verso la parte de Miran, zercar et inquisir tuti queli conduxe vini verso quelle parte, si chon chari chome con barche et burci, i qual non havesse bolete de condur iditi vini a Mestre, over a Venexia de i luoghi dove i torà iditi vini, queli liberamente sia perduti chon ichari, over barche, burchi et buo, et havendo etiamdio bolete, se i se laserà trovar fuor dele strade maistre over chanali che vegna verso Mestre et Venexia, sia intexo chassi perduto come se inon havesse bolete … Et azio iditi luoghi de Tesera, San Martin, Champoldo, Terzo e verso Botenigo et altri luogi habia tanto vin faza quanto isia bastevoli per lo viver suo, damo sia prexo chel Podestà de Mestre e idacieri ogni ano 2 volte debia limitar a iditi luogi quello i sarà*

de besogno: e non essendo dachordo iditi Podestà e Dacieri, entra i Governdadoti; e sel sarà acusando algun di diti luoghi nominadi de sopra haver venduto alcun vin et habiasse la verità, chaza del lire 500 la qual sia ½ del acusator laltra metà a eser partida ut supra; la qual parte sia cridada a Treviso, Mestre et altri luoghi in li zorni di marchado... Le palade veramente di diti luoghi e a ichanali sia provisto segondo aparerà a iditi Governadori si de palificarii, cheme de chassar iditi palatieri over chambiarli et zonzer ..."

I Dazieri della Serenissima avevano fama d'essere temibilissimi e molto scaltri: *"Se i contadinotti di Mestre, Tessera e Campalto sono furbi ... si sappia che i Gabelotti Dazieri della Serenissima lo sono mille volte di più ... Se loro mettono i salami sotto alla barca per non farli trovare e saltare di pagare il Dazio ... i Gabelotti passeranno una corda sotto tutte ogni barca per vedere se il fondo è davvero piatto del tutto ... E se una botte vuota non suonerà come dovrebbe, significherà che anche se all'occhio sembrerà tale, in realtà non sarà vuota ma celerà qualcosa ... Anche la barca non affonderà sotto al livello dell'acqua se trasporterà soltanto cose senza peso ... ma se si vedrà spingere faticosamente vogando in quattro sul canale di ritorno dal Molendino de la Laguna, verrà da pensare che un "Niente" trasportato non farà sudare così copiosamente ... ma ci dovrà di certo essere nascosto in qualche sottofondo del fresco macinato o della buona farina."*

Visto che era considerato un bene irrinunciabile e di grande profitto, a Venezia non era affatto cosa semplice vendere il Vino perché il Governo sovraintendeva del tutto alla sua gestione avendone creato un vero e proprio monopolio.

Un po' come si fa ancora oggi con le sigarette, i liquori, i valori bollati e anche il sale. La Serenissima attraverso i suoi Giustizieri trattava direttamente le partite di vino da commerciare con i **Mercanti da Vin**: ne *"tastava"*, stimava la qualità assaggiando le *"mostre"*, e se soddisfatta comprava il vino che rivendeva agli Osti che a loro volta lo dovevano vendere a prezzo calmierato alla gente e agli avventori-clienti. La differenza di prezzo ovviamente l'intascava lo Stato.

Ma non è tutto, perché il Senato in persona si preoccupava di concedere permessi speciali *"d'incanovare il vino"*, e appositi **Magistrati al Vino** controllavano in giro per Venezia le rivendite, i *"Travasi"* perché il vino non venisse *"battezzato"*, o adulterato e annacquato ossia *"reducatur acquam oltre misura"* da Osti e Taverniери.

I **Magistrati al Vin** facevano suggellare botti, barili e bottazzi, e perquisivano a sorpresa con i loro Fanti: Caneve, Malvasie e Osterie e tutto il resto ricavandone una percentuale del 10-12% di soldi di piccoli per ogni anfora venduta.

E non accadeva come spesso succede oggi che Magistrati-Controllori intascassero sempre e comunque e facilmente la mazzetta. Accadeva sì qualche volta, ma la Serenissima vigilava attentamente perché nel settembre 1331, ad esempio, la differenza ricavata dalla vendita di Stato sul Vino dell'intera isola di **Murano** venne utilizzata per riparare le rive e scavare il canale della **Contrada di Santo Stefano** della stessa isola ... Nel settembre 1370, invece, si decretò la proibizione per tutti i Veneziani di andare a bere vino dentro al **Fontego dei Tedeschi** dove i Mercanti Allemanni avevano un'Osteria a loro riservata ... con prezzi *"speciali"* a favore dei Mercanti da Vin ... Nell'agosto 1388 col guadagno pubblico sulla vendita del Vino si provvide a pagare la riparazione di un campanile di Venezia colpito e bruciato da un fulmine ... Nell'aprile 1398, il Senato Serenissimo concesse al Signore di Padova: *" ... di far transitare per le acque e i porti nostri del Friuli senza pagare Gabella: venti botti di Vino Pignolo per proprio uso e per la Sanità della sua gente"* ... Nel giugno 1409, i **Signori di Notte al Civil** con apposito *"Capitolare"* deliberarono: *"... d'infliggere una multa di 500 lire, la perdita del vino e dell'esercizio mercantile a chi aveva condotto e venduto vino a Venezia dal Trevigiano e dalla Marca falsandolo "cum melatio et rucchetta". Il barcarolo sarebbe stato condannato alla pubblica berlina per un giorno, e la sua barca bruciata facendogli pagare una multa di 100 lire"* ... Nel novembre 1458 la Serenissima comprò all'ingrosso vino rosso e bianco e mosto pagandolo in contanti da **Bertolin fiòl de Ser Zan Piero de Gonza de Vicenza** che vendeva sulle *"Zatre in San Basilio"*.

Venezia avevano perciò tutto l'interesse che il Vino fosse effettivamente buono e di qualità e quantità giusta.

Il Dazio in *"Entrada e Insida"* del Vino all'ingrosso a Venezia era enorme, così com'era grande un secondo Dazio che si doveva pagare sul *"vino a spina",* ossia sul consumo spicciolo e al minuto del vino *(gli Osti avevano quindici giorni di tempo per pagarlo dal momento in cui veniva loro consegnato il carico).* La gestione dei **Dazi del Vin** veniva concessa dal Governo in appalto ai più ricchi dei Mercanti **(Malipiero, Soranzo, Morosini, Donà)** che potevano permettersi di sostenerlo pagando ingenti somme biennali alla Serenissima. L'appalto del Dazio del Vino di Venezia per un anno costava circa **70.000 ducati**, e corrispondeva a un terzo dell'intero patrimonio dei **Nobili Pisani** che per non rischiare troppo, ne acquistavano di solito solo una parte.

Il Dazio sul Vino venduto imposto a **Pellestrina** come a **Torcello** era più basso e ridotto, e gli Osti del posto dovevano andare a chiedere la *"lettera d'uso e permesso per vendere"* al **Podestà di Poveglia** che avrebbe provveduto a controllare e stimare le qualità e quantità, e a suggellare e bollare vasi e botti ... Nel marzo 1423 *l'***Oste Andrea de Robabellis** che gestiva *"l'***Hosteria da Comun de la Serpa"***,* vicino a Piazza San Marco, pagò oltre 1100 ducati di Dazio per 80 anfore di vino provenienti dalla Romania, Malvasia, Tribiano, Ribolla e Marca ... ma gli venne concesso di cambiare senza pagare Dazio due anfore che si erano guastate diventando aceto.

A Venezia, comunque, non è accaduto solo questo, ma come sempre è successo ben di più.

In **Contrada di San Silvestro**, precisamente proprio attaccato al fianco della chiesa, muro con muro, *"sora el portego de la chiesa",* c'era e c'è ancora quella che è stata la sede della **Schola della Santa Croce dei Mercanti da Vin**, la cui nascita e **Mariegola** venne autorizzata dal **Consiglio dei Dieci** e dal **Patriarca di Grado**, e approvata dai **Provveditori da** Comun e dai **Giustizieri Vecchi** fin dal novembre 1565.

Due anni dopo, la stessa Schola stipulò un accordo col **Capitolo di San Silvestro** ottenendo l'assegnazione in chiesa di quattro Arche *(tombe)* per seppellire i Confratelli, e l'uso dell'altare *"della Madoneta"*, il primo a destra entrando in chiesa *"su cui potevano celebrare in esclusiva solo i Preti di San Silvestro"*. I Confratelli provvidero subito a rifarlo con **Damiano Massa** cambiandone il titolo in quello *"della Croce o di Sant'Elena"*, abbellendolo con una pala del **Porta Salviati**.

Dieci anni dopo, la Schola ormai divenuta affermata e stimata in tutta Venezia, decise di costruirsi un vero e proprio ambiente privato su due piani a ridosso del campanile: **Cappella** a pianoterra, ed elegantissima **Sala del Capitolo** di sopra con bel soffitto e pareti dipinte con *"Storie della Croce"* forse da Gasparo Diziani e Gasparo Rem.

Dentro alla Schola dei Mercatanti da Vin *"si faceva insegnar el di de lavoro et la festa a 20 alunni"* al *"Rasonato"* Bartholomeus Partenius di Augustino di 45 anni, e a Blasius Pellicaneus di 32 anni da Treviso, che insegnavano a: *"Leger, scriver, abbaco e tenìr conto et a qualchiun che non è troppo capace: librii doppii ... et el Salterio, el Donado, el Fior de Virtu', la Vita de Marco Aurelio Imperador ... et c'è chi legge sul Legendario de Santi, Epistoli, Evangelii vulgari, la vita de diversi Santi ... Ghe ne anche di quelli che leze l'Ariosto..."*

Visto il successo dell'Associazione-Fraglia, in seguito, nel 1609, si consociarono ai Mercanti da Vin anche i **Travasadori e Portadori de Vin** che fuoriuscirono dalla loro primitiva sede al pianterreno di **Ca' Barbarigo in Calle del Gambaro**. Infatti nel 1677 si legge nella Mariegola: *"Gli iscritti anche della Schola dei Travasadori e Portadori da Vin possono servirsi nei funerali indifferentemente del manto dei Travasadori o di quello dei Mercanti da Vin."*

L'Arte dei Mercanti da Vin riuniva soprattutto i venditori di vino all'ingrosso venduto a Rialto, in **Riva del Carbon e Riva del Ferro** diventata poi **Riva del Vin**, ed era costume dei venditori: *"raccomandare di miscelare il Vino con droghe e aromi per migliorarne e variarne il sapore ... e anche l'effetto."*

Nel 1773 i Confratelli dei **Mercanti da Vin** erano ancora: 18, e gli iscritti nel 1797, alla fine della Repubblica Serenissima, erano ancora 42.
La Congrega o Schola celebrava annualmente il 3 maggio con ben 12 Messe solenni la **Festa della Santa Croce** di cui ovviamente possedeva una preziosissima Reliquia, ma era devota anche ad altri numerosi Patroni come **San Adriano e San Giobbe**, mentre **San Bartolomeo** era Patrono dei Travasadori e Portadori da Vin, e non si disdegnò ... già che c'erano ... di *"devozionare"* adeguatamente anche **San Giorgio, San Girolamo, Sant'Andrea e San Nicolò** ... *"Non si sa mai, tutto potrà tornare utile ... ogni Santo sarà buono per proteggere la nostra Benedetta Schola."*

Ancora nel 1800, una *"cronachetta veneziana da sacrestia"* raccontava di alcuni *"scherzetti fatti col Vino"* proprio in chiesa a San Silvestro: *"... il Nonsolo-Sacrestano mise del Rum dentro all'ampolla per la Messa sull'altare del nostro Piovano. Lo fece perché quello gli aveva fatto per primo l'imbroglio di mettergli olio da lampade nella bottiglia del "Vin Santo da Messa" che quello andava spesso ad assaggiare e tracannare ... Entrambi per pura coincidenza erano abituati a trangugiare e bere d'un colpo solo, con una gran sorsata, "d'una sola fiata", "con un'unica siàda" ... Immaginatevi perciò l'effetto e la sorpresa in cui intercorsero entrambi: il Nonsolo andò avanti a sputare schifato per tutto il giorno ... mentre il Piovano sull'altare davanti ai suoi devoti fedeli e nel bel mezzo del Sacro Rito, fu indotto diventando paonazzo ad emettere un potente rutto e un grido di sorpresa sentendosi avvampare la gola e poco dopo anche tutto il corpo ... con grande euforia."*

Sempre nella stessa Contrada e chiesa di San Silvestro, sorgeva poco distante anche la **Schola de San Tommaso de Canturbia o di Canterbury dei Barileri e Mastellai o Mastelleri o Galederi o Gadeleri**. Si riuniva fin dal 1282 nel *"locho da basso"*, in *"una caxa de muro coperta di coppi situata et posta appresso la chiesa et il campaniel ... in via publica"* condivisa con la **Schola dei Trombettieri e Sonadori**.
In seguito anche questi ottennero il solito permesso di costruirsi lì davanti all'altare le proprie Arche per i Confratelli. Nel 1595 quell'Arte riuniva 104 Artigiani o Artieri *(di cui 12 perennemente riconosciuti inabili al lavoro ... Già allora si usava così ?)*: *"... **Fabbricavano barili da 1/4 di bigoncio**

e botesele da massimo 1/2 bigoncio; nonchè mastelli e tinozze per il bucato, zangole per fare burro, conche e catini di legno ... Botti, barilotti, secchi e zangole venivano poi passati all'Arte dei Cerchieri per l'assemblamento finale."
Sempre secondo la solita statistica del 1773, l'**Arte dei Barileri e Mastellai** contava 73 iscritti con 45 CapiMastri, 13 Garzoni e 15 Lavoranti distribuiti a Venezia in 21 botteghe, e organizzava una solenne processione per tutta la Contrada di San Silvestro prima di far celebrare a proprie spese *"una Messa solennissima dai sussiegosi quanto avidissimi Preti del Capitolo di San Silvestro ... che volevano sempre essere pagati in anticipo."*

Poco distante da San Silvestro, di fronte alla stessa Schola dei Mercanti de Vin, sorgeva anche la **Fraglia e Tragheto dei Barileri, Tragheto "de çitra"** con diciotto *"libertà" (licenze di voga e trasporto di persone e cose)* lungo la **Riva del Vin**, dove si accatastavano in arrivo o partenza un gran numero di Barili sottoposti al pagamento del solito apposito Dazio.

Dentro a questo gran giro di Vino, non poteva mancare e non esistere in Venezia la **Schola di San Giovanni Battista del Corpo dei Canaveri o Osti o Cameranti e Locandieri e Calamieri e Vinai in seguito comprendente anche gli "infimi Bastioneri",** che vennero autorizzati ad associarsi dal Consiglio dei Dieci fin dal giugno 1355, quando le Osterie a Venezia: *"... erano 24 con 960 posti letto e con cavalli e stalle, dove per 6 soldi di piccoli al giorno si dava fieno, paglia e anche un quartarolo di biada."*
La Fraglia-Associazione degli Osti cambiò sede da San Mattio di Rialto *"... contrada in per le strade sordide e sporche e le meretrici che non permettevano la processione ..."* portandola *"sull'area dal cantòn dell'organo al muro della cjesa sora il campo"* della vicina Contrada *"onestissima"* di San Cassiano dal 1488, quando un'altra Schola di Osti *"concorrente e indipendente"* veniva ospitata a San Filippo e Giacomo dall'altra parte delle città, nei pressi di San Marco.
Alla firma del contratto tra **Capitolo dei Preti di San Cassian** e **Scuola degli Osti** erano presenti da una parte il **Piovano Francesco Ungano o Cingano, Tommaso de Nicolo' de Alexio Procuratore del Capitolo, Bortolomio de Girardenghi e Varisco di Serotti dalla Giudecca** Preti titolati in rappresentanza del Capitolo dei Preti, mentre dall'altra c'erano: il **Gastaldo**

Carlo de Zuanne Oste "Al segno della Spada a Rialto", il Vicario Ser Antonio Sarasin quondam Guglielmo Oste "Alla Campana", lo scrivano Alessandro Sinefine figlio del defunto Filippo, e i "Compagni": Maffio de Cristoforo d'Aurera, Marco de Zuan lazin de Agnellina e Jacomo de Nonio in rappresentanza della Schola.

Come il solito, la **Schola degli Osti di San Cassiano** venne in seguito autorizzata ad innalzare un muro all'esterno della porta maggiore della chiesa, fino al ***"ponte de piera, ad facendo tre Arche una vicina all'altra nel portego de la chiesa"***.

I conduttori d'Osterie o Cameranti con 135 uomini a salario, tenevano aperte le Osterie-Locande di Venezia, e dipendevano dagli **Ufficiali della Giustizia Nuova** che erano *"... sopra le Hostarie et facevano ràson a li Hostieri contra quelli havesse manzato in le Hostarie et non volesse pagar..."*

Le Ostarie erano soggette a controlli dette *"cerche"* da funzionari detti *"Ministri delle Albergarie"*, mentre gli *"Ufficiali dei Cai de Sestier"* pretendevano ogni sera un registro con i nomi delle presenze nelle Osterie di Rialto e San Marco, e comminavano pene e condanne esemplari se i loro Fanti trovavano persone non date in nota.

Come da disposizioni della Mariegola, alla Schola di cui facevano parte gli Osti, potevano associarsi anche Fantesche e Massere che pagavano 20 ducati di *"Benintrada"*, ossia iscrizione, mentre i figli degli Osti ne pagavano 1 solo.

Si pagava anche la tassa annuale della *"Luminaria"*: *"... per tenere sempre acceso un cesendelo ad ardere perennemente davanti all'altare, e far chiaro giorno e notte allo Missier Santo Zuanne Benedetto ... dove il giorno della festa del Patrono Titolare veniva distribuito a tutti li Compagni "pan et candela et un disnàr (un pranzo) o al suo posto 1 ducato in premio".*

La Schola degli Osti era retta da un Gastaldo e da 12 Degani, e i *"Confratelli del Vino"* si ritrovava ogni lunedì *"... per celebrare una Messa per le Aneme, et in remission de tutti i peccati di fradeli e sorele di dicta Confraternita."*

E per non dimenticare di far memoria di qualcuno dentro a quel variopinto mondo di Veneziani che pulsavano in Rialto e nelle Contrade che gli sorgevano appresso, va menzionata ancora la frequentatissima e rinomata **Schola dei Botteri** che intorno al *"Mercato del Vino"* comprendeva tanta gente e forza lavorante di Venezia.

Le prime riunioni o *"Capitoli"* dell'**Arte dei Bottai o Botteri o Bottiglieri da Vin e Olio** sono segnalate già nel lontanissimo 1271. Nella Mariegola della Schola si segnalarono e trascrissero le memorie di ben 119 *"Capitoli"* in totale.
Il Capo dell'Arte dei Botteri era sopranominato anche: *"Gastaldo della Madonna",* in quanto la Festa annuale della Schola si celebrava il 2 febbraio giorno della **Madonna delle Candele o Candelora**.
Secondo il *"Capitolo"* del 1486, in quel giorno annuale di festa patronale: *"... tutti i compagni devono essere presenti, ricevendo "pan et candela", e partecipare alla processione e non andarsene fino alla licenza del Gastaldo in persona."*
Secondo un altro *"Capitolo"* del 1483, invece, si stabilì: *"... che tutti li Compagni debbano vegnir a la Schola et levar tolella ogni seconda domenica del mese ... A nessun Boter sarà consentito di iscriversi alla Schola dei Barileri."*

Nel maggio 1611, l'**Arte dei Botteri** di Venezia pagava per 10 anni prolungati di altrettanti: 700 ducati l'anno per contribuire all'allestimento e mantenimento della flotta navale della Serenissima ... La maggior parte dei Botteri abitava in **Contrada di San Cassian** poco distante dall'Emporio di Rialto e della Riva del Vin, dove in Calle dell'Arco poi dell'Occhialèr si giunse anche a sagomare le porte e gli stipiti dei magazzini per far passare più agevolmente le botti ... **Marin Sanudo** nei suoi famosi Diari raccontava nel gennaio 1511 che: *"... fino alle tre ore di notte fu fatto a San Cassian in Calle dei Botteri una cazza di quattro tori, et poi certe momarie pur con homeni senza maschera justa la crida fatta per i Cai del Consejo de Diese, et fu fato alcuni balli, et fo assai persone ..."*

Nel solito 1773 si contavano a Venezia 176 Botteri distinti in 130 CapiMastri, 24 Garzoni e 22 Lavoranti, mentre alla fine della Serenissima con l'arrivo dei guastatori Napoleonici, i Botteri iscritti all'Arte erano 216 attivi in 54 botteghe.
Per i Botteri era proibito il lavoro notturno al lume di candela per il pericolo frequente d'incendi … Ogni botte doveva portare *"sul cocchiume"* il marchio del Mastro che l'aveva costruita, e poteva essere venduta solo di sabato a Rialto o a San Marco … dove le botti rinvenute senza marchio distintivo, sarebbero state riportate a Rialto e poi bruciate … Per evitare incette del *"legname da botte"* nei Capitolari dell'Arte si stabilì un limite massimo di 1500 doghe per Mastro Bottaro … Si stabilì inoltre che le doghe e i fondi delle botti dovevano essere di Rovere, d'Abete o di Castagno … e si proibì fin dal 1278 l'acquisto di doghe da rivenditori che compravano materiali fuori dalla Serenissima.
Nel 1284 si ordinò anche che si doveva acquistare le doghe di Rovere solo dal ***Gastaldo dell'Arte del Traghetto di Santa Sofia*** e dai rivenditori tra il Traghetto e il Ponte di Rialto, mentre le doghe in Abete si potevano comprare solo in ***Barbaria delle Tole nel Sestiere di Castello***, o in ***Contrada di San Basilio nel Sestiere di Dorsoduro*** … I Mastri Botteri, infine, dovevano riparare gratuitamente le botti del Doge che però doveva fornire loro i cerchi per le botti e il vitto giornaliero a Palazzo Ducale durante tutto il tempo della lavorazione … che fatalità: ***"durava sempre non poco … e di più che per una normale botte.***

A Venezia, insomma, il vino è sempre andato alla grande, anzi, alla grandissima come dimostrano studi raffinatissimi al riguardo. Venezia è sempre stato crocevia Mediterraneo ed Europeo di commerci di ogni tipo, per cui importare ed esportare anche il Vino di ogni qualità è sempre stato di grande rilevanza … così come l'abitudine di consumarlo.
Venezia poi, per la sua naturale configurazione di città festaiola, carnevalesca e goliardica, ha sempre goduto e offerto quell'atmosfera di cordiale compagnia tipica delle Osterie, delle Locande, e del buon bicchiere condiviso insieme.

I Veneziani in genere sono sempre stati ***"Boni da gòtto"***, assidui frequentatori di ogni tipo di ***Bàcari e Bettole***, capaci di condividere allegria e socialità, e spesso maestri e signori nell'offrire convivialità ospitale e festosa ... nonché qualche bella *"inbriagadura"* ... e quelle grandi *"balle da vin"* i cui effetti sono sempre difficili da dimenticare e da passare sotto silenzio.

***

_____*Il post su Internet è stato scritto in origine come: "Una curiosità veneziana per volta." - n° 86, e pubblicato su Google nel gennaio 2016, mentre in precedenza avevo già scritto una "Piccola nota su San Adrian dei Mercadanti da Vin" nel settembre 2014.*

L'OREFICE ADDORMENTATO DI RIALTO

Venezia come il resto dei posti è quasi invasa dai *"segni e frutti"* di quest'ultima stagione di crisi economica. Fra questi ci sono i mille negozietti spesso ambigui e chiacchierati dei **"COMPRA-VENDO ORO"**, che con tutto rispetto per chi lavora, a me e non solo a me fanno molta tristezza. Dico questo perché qui da noi a Venezia, sotto ai Portici e ai piedi del Ponte di Rialto si sapeva non bene, ma benissimo che cos'era l'**Oro** e gli **Oresi** o **Orefici**, così chi erano e che cosa sapevano creare e vendere i **Diamanteri da Duro e da Grosso**, e i **Giogelieri o Zogielieri**.

Di tutto quel mondo ricco, scintillante e un po' fabuloso di Artieri provetti dalle manine letteralmente d'oro, oggi a Venezia sopravvivono solo le ombre ... o forse gli sbadigli.

C'è ancora una botteguccia nei pressi di Rialto che osservo ogni tanto, mi colpisce ogni volta per la sua curiosa scena. Illuminata da una tenue e fredda luce al neon sembra un ambiente smunto, quasi pallido e malato, un po' dimesso. L'unica luce buona più intensa e sempre accesa è quella posta sopra al desco da lavoro posto in un angolo accanto al massiccio bancone. Sopra lì stanno abbandonati monocoli, pinzette, piccoli cacciaviti e tutta una serie di minuscoli quanto strani martelletti.

Sempre lì dentro e sopra al bancone fuori moda, proprio in mezzo, campeggia una bilancia di precisione con i piatti ossidati, mentre in corrispondenza proprio di sotto sul pavimento sta sempre un vecchio cane acciambellato intento a sognare tempi migliori. L'Orafo è sempre presente **"da mane a sera"**, ed è un po' come la sua bottega. Se ne sta con gli occhiali posti sopra alla punta del naso a leggere il quotidiano di cui ogni giorno sviscera tutto fino all'ultimo annuncio ... La giornata è lunga da trascorrere, e il tempo non gli manca ... Quel che manca sono i clienti, oltre che i capelli sulla testa volati via insieme agli anni.

La moglie, avvenente commessa un tempo, rimane per gran parte della giornata seduta accanto al marito con le gambe gonfie alzate sopra ad uno sgabelletto ... Anche lei se ne resta muta e placida intenta a sferruzzare all'infinito per i nipotini.

E sembrano quasi in pendant: una volta l'uno, e una volta l'altra ... Lui ogni tanto *"pisola"* ciondolando di qua, mentre lei *"gli fa il verso e il ritornello"* appoggiando il mento sopra il petto prosperoso russando a sua volta di là.

"C'è un'umidità perenne sotto a queste volte basse dove non arriva mai a battere il sole ... Dopo tanti anni ci è penetrata dentro fin nel più profondo delle ossa ... Ci fa quasi compagnia al posto dei rarissimi clienti..."

"Non abbiamo più in vetrina quella merce ambita, sofisticata e "di buona mano" che un tempo richiamava acquirenti da ogni parte di Venezia, della Laguna e anche da fuori ... Oggi c'è solo un po' di "roba" firmata, tutta uguale, proveniente da altrove, qualche patacca e qualche orologio di marca ... e poi la solita paccottiglia di cinturini, bigiotteria e collanine senza pretese buone per ogni tasca."

"Credo che perfino ai ladri non interessiamo più ... e qui dentro siamo tutti a turno come quello là ..." e mi hanno indicato un gatto pasciuto, indifferente e addormentato in un angolo, proprio sotto *"alla mostra"* della vetrina. *"Anche lui è stanco d'inseguire i topi che non ci sono più ... Anche lui non ne ha più per nessuno, non ha più motivi per darsi da fare ... come noi che siam qui veci e stanchi e in attesa d'essere "bonificati"."*

"Se voleste potrei e saprei ancora costruirvi di tutto ... Basterebbe solo che tiraste fuori i soldi per pagare." ha aggiunto ironico l'anziano Orese un po' rassegnato alla fine dei discorsi. *"Ormai sono quasi "cotto" e da pensione ... e penso che fra poco chiuderò baracca e burattini lasciando il posto a un altro bugigattolo che venderà souvenir provenienti da Taiwan e dalla Cina ... Ormai a rimanere qui non c'è più alcuna convenienza ... anche perché l'affitto da pagare è diventato quasi una specie di bestemmia ..."*

Eppure lì da quelle parti e sotto alle volte di quei stessi portici, nella **Ruga degli Oresi di Rialto** un tempo è passato *"il Mondo"*, ossia molti di quelli che contavano ... L'*Imperatore Federico II* ordinò a *Marino Nadal* Orefice di Venezia l'esecuzione di una corona aurea ornata di perle e gemme, e in seguito anche il suo ricchissimo trono ... ma non lo pagò mai. L'Orese perciò si rivolse al Governo della Serenissima che semplicemente mise e mantenne l'Imperatore in debito e mora finchè pagò per intero tutto il dovuto ... Il *Re d'Ungheria*, invece, commissionò a Venezia preziosi paramenti dorati per la sua corte ... *Carlo II di Napoli* arricchì il tesoro di San Nicola di Bari con vari oggetti *"ad opus venetianorum"* ... e perfino dal lontano *Monte Athos* della Grecia, l'unica Repubblica Monastica e Teocratica del Mondo, un potente Archimandrita ha attraversato il Mare Egeo, il Mediterraneo e risalito tutto l'Adriatico per giungere fino a Venezia a bussare nelle botteghe degli Oresi de Rialto per ordinare Reliquiari cesellati e preziosi per contenere i *"Sacri Resti del Giardino della Madonna"* ossia la Penisola Athonita dei Monaci Ortodossi.

Nel 1495: *Paolo Rizzo* che aveva bottega sotto ai Portici d Rialto *"All'Insegna della Colombina"* stimò le gioie date in pegno alla Repubblica di Venezia da *Lodovico il Moro* ... Negli stessi anni *Domenego Orese* vantava crediti da personaggi come *Mattia Corvino Re d'Ungheria*, la *Regina Beatrice, Ferdinando Re di Napoli, Innocenzo VIII, Lorenzo e Giuliano dei Medici*, e dai *Signori di Pesaro* ... Durante il 1500 *Pascià Ulug-Alì* che combattè a Lepanto come Comandante della flotta Turca, ordinò all'*Orefice Battista Rizzoletti* con bottega a Rialto *"All'Insegna del Gesù"*, un cofanetto d'argento per gioie destinato alle Sultane ... Lo stesso noto *Diarista Veneziano Marin Sanudo* raccontò di aver venduto a Rialto: *"... un anello d'oro, sopra al quale è un horologio bellissimo, qual lavoro dimostra le ore et sona, et quello vuol mandare a vendar a Costantinopoli..."*

A metà del secolo seguente l'Orese Rialtino *Ortensio Borgisi* tagliò a forma di *"rosa"* la famosa pietra preziosa *"Gran Mogol"* appena scoperta ... e nella stessa epoca *Antonio Maria Cavalli*, facoltoso uomo d' affari e *Priore del Pio Luogo delle Zitelle*, intrattenne rapporti commerciali con Orefici e Mercanti di *Napoli, Roma, Bologna, Firenze e Cremona*. Tra i suoi clienti c'erano le *Nobili Famiglie Memmo, Pesaro e Borghese*, e il *Conte*

Mortsin Gran Tesauriero di Polonia che si rivolse a lui per incastonare una partita di preziosi.
L'***Arte Orafa*** di Venezia eccelleva insomma nell'intero mondo d'allora, e i più grandi Signori d'Italia volevano avere *"... le cose rare et divinae lavorate da Paolo Rizzo che si firmava Paulus Ageminus, ageminatore finissimo delle botteghe di Ruga degli Oresi dove splendevano anelli, collane, braccialetti, cinture, bottoni, catene, cibori e ogni altro oggetto da chiesa ..."*

L'Emporio di Rialto era una miniera d'oro e preziosi, una fucina inimmaginabile di creazioni meravigliose, e allo stesso tempo luogo di abili compravendite, creste sui prezzi, valutazioni azzardate, liti e controversie e grandi arricchimenti per qualcuno.

Nel marzo 1532, i figli del Bailo Veneziano a Costantinopoli si consorziano per ordinare a due famosi Oresi di Rialto: ***Lodovico Caorlino e Vincenzo Levriero***, un oggetto preziosissimo da mandare a Costantinopoli per venderlo al ***Sultano***. Il manufatto era: *"... un elmo con quattro corone tempestato di gioie, pennacchio d'oro lavorato exelentissimamente con ligati 4 rubini, 4 diamanti grandi et bellissimi, valeno li diamanti ducati 10.000, perle grosse de carati 12 l'una, uno smeraldo longo et bellissimo, una turchese grande et bellissima, tutte zoie de gran pregio; e nel pennacchio v'era una pena de uno animal che sta in aere et vive in aere fa pene sottilissime et de vari colori venute de India, val assai denari ..."*.
L'originale gioiello venne affidato al ***Mercante Marcantonio Sanudo*** dandogli subito 2.000 ducati per favorirne la vendita, e promettendogli il 2% sul ricavato finale. Sansovino racconta che ***Solimano II*** rimase stupefatto di fronte a quella meraviglia, e che committenti e Mercante Veneziani divennero ricchi.

Si fa ancora memoria che ***Re Enrico III*** desiderasse molto possedere uno scettro d'oro ornato con pietre preziose esposto nella vetrina degli ***Oresi Dalla Vecchia di Rialto***, e che questi abbiano rifiutato la sua offerta di 26.000 scudi d'oro per averlo giudicandola insufficiente.

Furono inoltre ricchissimi ma soprattutto abili gioiellieri del 1600 Veneziano: ***Marco Imberti*** che aveva bottega *"All' Insegna del San*

Michiel", e fu anche Priore dell'Arte degli Oresi nel 1631; e l'*Orese Andrea Balbi* con bottega *"Al Cappello"* in Contrada di San Moisè.

L'*Arte-Mestiere degli Oresi* era fra quelli scolpiti sugli *Arconi* della Basilica dorata di San Marco e sui *Capitelli* di Palazzo Ducale ... Faceva parte di quelle Arti e Mestieri che avevano fatto grande la Serenissima al pari del suo gran darsi da fare e Mercanteggiare sopra e dentro ai Mari del Mediterraneo e lungo le Carovaniere dell'Asia e dell'Africa e del lontano Oriente e Occidente Europeo.

La *Zecca della Serenissima* apponeva sugli oggetti preziosi prodotti a Venezia ben cinque bolli e punzoni: quello del *Maestro*, quello della *Bottega*, i marchi di controllo settimanale sulla purezza dell'oro e a caccia di frodi dei *Tastadòri e Tocadòri Ufficiali de Zecca*, e il punzone di *"garanzia e qualità"* ossia il *Sigillo di San Marco* con il Leone Marciano *"in moleca"*.

I *Tocadòri della Serenissima* duravano in carica due mesi, ricevevano dall'Arte stessa un compenso simbolico, e dovevano mettere per iscritto l'esito delle loro ispezioni. Erano quattro divisi in due gruppi: i *"Tocadòri de Dentro li Ponti"* che visitavano le botteghe al di qua del Canal Grande, e i *"Tocadòri de Fora de li Ponti"* che ispezionavano le botteghe poste al di là del Canal Grande e del Ponte di Rialto.
Nel gennaio 1340, l'*Orese Leonardus Rosso* vendette come autentica e di qualità dell'argenteria fatta in lega d'argento scadente. Confessato il crimine, venne condotto legato con un cartello al collo da *San Marco a Rivoaltum* attraverso la *Ruga degli Oresi* proclamando la sua colpa. Non potè più esercitare la sua professione, e venne condannato a un anno di carcere.

Altri tempi ! ... che sembra non siano neanche mai accaduti.

La maggior parte degli Oresi di Venezia teneva bottega soprattutto a Rialto in *Ruga Vecchia di San Giovanni* detta anche *Ruga dei Oresi o degli Anelli*, e assieme agli Intagliatori di Diamanti, i *Diamanteri* Veneziani erano super specializzati nel lavorare a cesello, bolino e sbalzo, *"a filigrana"*, e a intarsiare ad *"agemina"* applicando su metallo altri metalli diversi, cristallo di monte, smeraldi, rubini, diamanti, granati e smalto realizzando: collane, bracciali, monili o entrecosei *(intrigosi)* in raffinata maglia d'oro che vendevano a Rialto o esportavano ovunque con gran puntualità e in gran segreto.

Oresi e Diamanteri producevano anche i famosi **Manini** o **Armille** d'oro tempestati a volte di preziosi, cioè quelle lunghissime catenelle formate da anelli minutissimi che formavano vere e proprie matasse d'oro.

Fin dal **Capitolare degli Oresi del 1233** era vietato per gli Oresi incastonare pietre false o di vetro, e proibito il commercio di ori, argenti e gemme da parte degli Strazzaroli e degli Ebrei ... Dopo la metà del 1500 la Schola degli Oresi acquistava *"1.000 corbe annue de carbon"* e le dispensava gratuitamente ai Compagni Oresi più poveri perchè risparmiando su quella spesa potessero lavorare e commerciare più serenamente.

Nel 1601 il **Doge Marino Grimani** concesse agli Oresi con l'onere di offrire ogni anno al Doge due pernici il giorno di Santo Stefano, di poter costruire un loro Altare dedicato a **Sant'Antonio Abate**, Patrono dell'Arte degli Oresi, *"a man sanca de la porta granda"*, e di mettere un Banco di rappresentanza nella di **San Giacometto ai piedi del Ponte de Rialto in Ruga degli Oresi** dove varie volte l'anno, ma soprattutto il Giovedì Grasso si teneva *"la caccia dei tori"*.

Esiste una nota curiosa redatta fra 1599 e 1605 in cui si attesta che l'**Altare degli Oresi** costruito in San Giacometto di Rialto venne fabbricato acquistando marmi e colonne dell'antica chiesa dell'**Isola di Poveglia** spendendo complessivamente lire 2315 e soldi 12.

"Si fa nota in questo libro a perpetua rei memoria, de tutte le spese che fu fatto nel far l'Altar nostro de Zoiolieri et Oresi nella chiesa de San Jacomo de Rialto in Venetia ... per spesi in gondola si andò a Povegia per veder una quantità di pietre serpentine et altre in chiesa de Povegia ... per spese in gondola si andò a Povegia con persone dell'Arte a veder le sopraditte pietre ... per spese in gondola si andò a Povegia con un Protto e un Tagjapiera ... per contadi a Messer Zuane Tagjapiera per sue mercede, vene a Povegia per conseggiar delle dette pietre ... per contadi similmente a Messer Domenego Tagjapiera per conseggiar delle ditte ...

per contadi al Clarissimo Sjor Tomaso Zustinian per pagamenti d'un safil azuro, fu comprà per donar al Reverendo Prior di Povegia acciò consentisse di vender ditte pietre ... Per spesi in far acconzar detto safil ... Per contadi al Sjor Gerolamo dal Stendardo Orese per l'ammontar d'un secchiello d'arzento da donar, et fu donato insieme col safil al detto Reverendo Priore de Povegia ... per spesi in gondola si andò a Povegia per comprar dal detto Reverendo Prior due collone de marmoro ..."

Il **Priore dell'Arte degli Oresi** rimaneva in carica per un anno, e veniva scelto ed eletto una volta fra gli **Oresi della Ruga Granda de Rialto** e la volta successiva fra quelli della **Ruga degli Anelli**.

Nel 1630 dopo la grande pestilenza che devastò l'Europa e accoppò metà dei Veneziani, la Schola degli Oresi de Rialto commissionò ai suoi Oresi un prezioso quadro-icona d'argento con **"il Crocifisso, San Rocco e San Sebastiano da una parte e Sant'Antonio Abate dall'altra tutti in rilievo e con soàze (cornici) di ebano e foglie d'argento"**, che veniva portato *"in procissiòn traversando Venesia fino alla giesja de San Rocco il giorno de San Bastian in rengraziamento per la scampada pestilenza."*
Parallelamente l'Arte si costruì fin dalla fine del 1600 per le proprie riunioni e convocazioni un *"Alberghetto de la Schola"* in Campo Rialto Novo *(all'anagrafico odierno San Polo 554)* foderato all'interno con dossali in legno, dove sulla lunetta in ferro battuto sopra la porta, sono visibili ancora oggi le iniziali: *"S.O."* ossia **Schola degli Oresi**.

Nel 1552 e 1553: la Schola ingaggiò ben due Compagnie di Cantori per celebrare la festa del Titolare: quella di **Pre' Alvise delle Villotte Cantore di San Marco**, e quella di **Messer Pre' Marco Moschatello Piovano di San Silvestro**, ossia le migliori Compagnie di Cantori di Venezia ... Nel 1596 si concesse all'Arte degli Oresi e dei Marzeri il privilegio di esenzione dal servizio personale come *"vogadori"* nelle galee di Stato pagando sostituti come facevano gli iscritti alle Scuole Grandi di Venezia.

Fin dal 1379 gli Orefici distribuivano alle *"figlie povere dell'Arte"* doti di 106,1 ducati in media e altre da 35 a 200 ducati ... e ancora nel 1600 per incrementare il Fondo d'assistenza per i *"poveri dell'Arte"*, gli Oresi depositarono 100 ducati con interesse del 4% presso i **Monaci Benedettini di San Giorgio Maggiore** … **Santo Zambelli di Bernardo** Orefice in città *"Al Segno del Santo Iseppo di Rialto"* lasciò nel 1667 all'Arte degli Oresi un Legato di 1500 ducati da investire in perpetuo e destinarsi come dote per quattro fanciulle figlie di Confratelli Oresi da maritare o monacare. Lasciò inoltre altri 150 ducati perché fossero fatti *"… nel tempo de mesi doi un paro de candelieri d'argento per uso della Schola … come segno de devotion, e a suffragio de la me Anema …"*

Nonostante nella Storia di Venezia ogni tanto si decretasse a favore dell'Austerità e della Morigeratezza e contro il lusso degli abiti, delle acconciature e dei gioielli, come nel maggio 1529 quando si proibì ai Nobilhomeni e Nobildonne d'indossare: *"Alcun lavoro fatto per man di Orese, ma possino portar scuffia d'oro o d'argento … al cabezo possino portar gorgiere o camisole …"*; ancora nel 1733 gli Oresi che si contavano a Venezia, iscritti regolarmente alla loro Schola erano 416 attivi in 122 botteghe insieme a 204 **Gioiellieri da Falso** *(bigiotteria)*, e 101 **Diamanteri da Duro e da Tenero** … Una piccola folla di più di 720 Artigiani specializzatissimi, creativi, scaltri e operosi quasi tutti assiepati sotto ai **Portici e alle Volte di Rialto**.

Trovarne qualcuno adesso !

Nel dicembre 1757 la **Zecca della Serenissima** elencò in un proclama a stampa le leghe consentite agli Oresi, i prezzi, i controlli e le garanzie per i compratori. Si distingueva la produzione di Oresi, Diamanteri e Gioiellieri in: *Capi Voluttuosi o di Lusso e Capi Comuni*.
Erano considerati Capi voluttuosi o di Lusso: le *"Bozzette da spiriti"* tutte d'oro e di cristallo con oro, le *"Catene d'orologlio"* per donna e uomo, gli *"Equipaggi per dame"*, i *"Sigilli-Matrici"* tutti d'oro e con cristalli e corniole, i *"Bossoletti per attacar alli orologlii"*, le *"Scatole"* decorate grandi e piccole, i *"Cerchi o Soàze"* per scatole e ritratti, le *"Guarniture e Taccuini"*, i *"Pomoli da baston"*, le *"Casse e sopracasse lavorate per gli ororlogli"*, le *"Bruitole"*, i *"Tirabusoni, guarniture e cartellini per frutti"*, i *"Calamaretti da scarsella"*, le *"Fiube lavorate"*, e i *"Bottoni da camisa a filo d'oro ad uso di Francia"*.

Ogni oggetto venduto doveva essere **"saggiato"** preventivamente in Zecca, ed essere accompagnato da una polizza sottoscritta dall'Orefice come certificato di garanzia.

Venezia è stata, insomma, e lo è ancora oggi in parte, una miniera di **"Ori"** d'ogni sorta. Sparsa per chiese e musei si conserva ancora una montagna di Calici, Ostensori, Reliquiari, Pissidi, Paci, collane, posate, coppe, candelabri, Cartegloria, anelli, ex voto, pugnali, monete, paramenti, corone, vasellame, scudi, bottoni di filo dorato, e decorazioni d'oro d'ogni tipo.

Anche a me personalmente è toccato più volte nel passato l'onore-onore di rivestire e ingioiellare con le mie mani la **Madonna della Salute** il giorno della sua festa il 21 novembre ... Ogni anno la si ricopre letteralmente d'oro ... o meglio: di quell'oro che Napoleone ha *"gentilmente"* lasciato ai Veneziani.

Infatti, tutto ciò che ho provato a raccontarvi è accaduto fino al 1804 ... quando si è presentato a Venezia quell'ometto piccolo ma potente ... che ha intascato tutto e disfatto malamente tutto il resto.

La **Schola degli Oresi** secolarizzata e spogliata si scorge ancora oggi in **Campo di Rialto Novo** ed è servita o serve ancora come deposito sussidiario dell'Archivio di Stato di Venezia, mentre nella chiesa di San Giacometto accanto al Ponte di Rialto è ancora visibile il bell'**Altare della Schola degli Oresi** con l'austera statua nera di Sant'Antonio Abate di **Gerolamo Campagna** ... poco distante il vecchio Orese continua a *"pisolare"* i suoi sogni beati.

***

_____Il post su Internet è stato scritto in origine come: "Una curiosità veneziana per volta." - n° 99, e pubblicato su Google nell' aprile 2016.

Chiese e Contrade di Venezia

- Vecchie Contrade Veneziane dimenticate.
- La spiaggia e i lunedì di Santa Marta.
- Dai Santi Biagio & Catoldo al Molino Stucky della Giudecca.
- Gondole e Sestieri.
- San Boldo o Sant'Ubaldo & Agata.
- L'Angelo della Fama a Santa Maria Zobenigo.
- Una chiesa invisibile, nascosta a Rialto.
- Sapresti riconoscere questa chiesa Veneziana ?
- San Sebastiano ... un bijoux con una storia.
- A proposito di Sant'Agostin a Venezia.
- Sant'Angelo di Concordia alla Giudecca.
- In Contrada di Sant'Aponàl.
- Il Santo Sepolcro ... ma a Venezia.
- In Contrada di San Provolo.
- San Giovanni Novo o in Oleo.
- Chi ha fregato cavallo e mantello di San Martino ?
- E' caduto il campanile di Santa Ternita !
- I Paolotti de Castèo.

VECCHIE CONTRADE VENEZIANE DIMENTICATE

La televisione sopra al frigorifero è accesa ... calzettoni di lana, camicia bianca da notte, e capelli inguardabili sparati in aria da Medusa. Il tendalino del ristorante è disteso sopra i tavolini sparecchiati ... La porta del retrobar sulla riva di fronte al di là del canale è illuminata, stanno già preparando tramezzini e panini per la giornata, mentre di fronte la serranda è ancora abbassata del tutto e le luci in sala sono soffuse. Lungo le Fondamenta e le Calli deserte, intorno a molti bordi di scuri chiusi s'accendono contorni di luce ... Per molti Veneziani sta iniziando un'altra giornata ... Nella hall disertata di uno dei tanti alberghi di Venezia una TV elegantemente incorniciata e travestita da quadro barocco trasmette una serie di foto civettuole sulla città lagunare ... non c'è nessuno che le stia osservando. Nel suo cantuccio il portiere *"pisola"* disteso nella penombra dietro al bancone ... Un'altra notte è quasi trascorsa.

Qualcuno sta frugando nel buio dentro a una barca ormeggiata *"da notte"* alla riva. Un'anziana signora di un umido e scrostato pianoterra con le finestre spalancate sta curva sulla tazza della colazione armata di grossi biscotti ... con la mano sinistra accarezza un grosso gatto paffuto e baffuto bianco e nero che s'ingozza con la testa dentro alla sua ciotola.

Una guardia carceraria passeggia felpata e lentissima sui muri di cinta della Prigione addormentata di Santa Maria Maggiore. Da dentro al recinto illuminato non proviene un suono, una voce, un ronzio ... Tutti gli ospiti dormono dietro alle finestrelle dalle sbarre a quadretti. **Santa Maria Maggiore** era un Monastero vivissimo e bellissimo dei tempi che furono. Lì dentro ne sono accadute tante ... le Monache ne hanno fatte di tanti colori. Anche quelli che adesso vi sono dentro ne hanno fatte tante e di tutti i colori ... La storia in qualche modo continua e si prolunga imitandosi, ripetendosi ...

Attraverso il **Rio Terrà dei Pensieri** ... Già il nome mi piace tantissimo ... Le chiome degli alberi producono un gioco di chiaroscuro e di ombre curiose ... Non vedo più le donne che un tempo si raccoglievano sotto alle fronde con le loro seggioline impagliate. Ciabatte e galosce, vestaglie consunte, larghe e fiorite, *"da casa"* ... Rimanevano ore intere sedute a chiacchierare e spettegolare, mentre lavoravano a *"impirare perle"* o stavano a sferruzzare a lana con i gomitoli che ballavano dentro alla busta di plastica posta per terra. Restavano là, pacifiche e beate, senza sentire il bisogno di muoversi e andare in giro chissà dove. Lì avevano tutto il loro microcosmo, che bisogno c'era di muoversi e spostarsi in giro per Venezia?

Mia suocera, ch'era donna genuina della Contrada dell'Anzolo, mi raccontava che ai tempi in cui era bambina il solo recarsi dall'altra parte di Venezia era una gita abbastanza rara. Un viaggio considerato spesso inutile, un limite da superare se proprio fosse stato necessario ... Intorno al pozzo o alla fontanella della sua Corte o del Campiello c'era già tutto quello che serviva per vivere ... Compreso il lavoro, che oggi tanto andiamo a cercare e bramiamo altrove e ovunque. I pescatori della Contrada tiravano in secco le loro **"battelle"** a pochissima distanza da casa sulla **"Spiaggia di Santa Marta"** ... spesso dopo una notte infruttuosa di pesca in Laguna o alle bocche di porto. Più che per guadagnare soldi la pesca serviva per mangiare e vivere ... e si arrostiva sulle braci e friggeva il pesce in compagnia davanti alla porta di casa, o in riva al vicino canale. Lo si vendeva anche a chi passava di là ... mangiandolo a *"scottadeo"* sulla soglia di casa ... seduti precariamente, in compagnia di qualcuno e di un *"gotto"* di vino più o meno di buona qualità.

Bastava alzare gli occhi, e compiere solo due passi, e si poteva accedere a tutti i servizi indispensabili per vivere. Tutta gente, esercenti e bottegai con cui si aveva confidenza, e che ti conoscevano fin dalla nascita. Il fruttivendolo con le ceste e il tendalino tirato sopra alle verdure e la frutta provenienti direttamente in barca dagli orti di **Sant'Erasmo**, la rivendita del Panettiere col garzone fischiettante che portava i dolci impilati in equilibrio sulla testa, e la gerla di pane profumato appena cotto e sfornato dal vicino Fornèr appena giù del ponte limitrofo. La porta seguente era quella del **"Biavaròl"** il pizzicagnolo, salumiere ... Proprio di fronte c'era il **"Becchèr"** il macellaio, che riceveva carne fresca *"de casada"* direttamente dagli zii, cugini, parenti contadini e piccoli allevatori di animali da cortile residenti in Terraferma. Nella calletta limitrofa, solo a due passi, c'erano aperte dall'alba al tramonto le cupe botteguccie del *"Fravo"* fabbro, del *"Caleghèr"* calzolaio che faceva magie riciclando all'infinito le stesse scarpe e ciabatte, del *"Marangòn"* falegname tuttofare capace di costruirti un letto, un armadio, una sedia e qualsiasi altra cosa ti passasse per la testa. Era uno dei mestieri che si trasmettevano di padre in figlio, e in fondo alla bottega stava anche il nonno con la matita rosso-blu sull'orecchio e la pipa o la perenne sigaretta accesa sulla bocca. Proprio in fondo alla calletta che si faceva sempre più stretta e buia, c'era anche lo *"Squero"* il piccolo cantiere delle barche di Contrada, che sapeva miracolosamente riattare barche e barchette e per arrotondare s'ingegnava anche a produrre remi e forcole di bassa fattura per quelli che s'accontentavano di possedere qualcosa di funzionale seppure non perfettissimo.

Superato solo un ponte, o più semplicemente aggirata una Fondamenta c'era la chiesa della Contrada dove si entrava e usciva per tutta la vita: in braccio alla madre appena nati ... e a gambe distese il giorno del funerale. Ma suonavano sempre per tutti le stesse campane, accomunando tutti nello stesso destino all'ombra di Dio, della Madonna e del patrimonio eterogeneo dei Santi ... e soprattutto del vecchio Piovano grasso e burbero, che ne sapeva però una più del Diavolo e conosceva i segreti di tutti.

Proprio di fronte alla chiesa c'era anche la **Spezieria** dove si potevano trovare i rimedi per tutti i mali, e anche per tutte le spossatezze e le malinconie che possono assaltare l'esistenza. La figlia prosperosa del vecchio farmacista **Ricardo** faceva anche l'*Ostetrica*, e aveva visto e fatto nascere sul letto di casa quasi l'intera Contrada. Quasi tutti erano *"passati"* per le sue abili mani. Tutte le donne della Contrada consideravano *"la Pia"*, così la chiamavano, come una sorella maggiore, e non avevano pudore e riserve a recarsi da lei in caso di bisogno a farsi controllare *"di sotto"* o le *"tette"* dietro alla tendina rossa e consunta del retrobottega della Spezieria.

Viceversa, dalla parte opposta della Fondamenta ci si recava al **Banco del Lotto**, un'altra specie di piccola chiesa e santuario di Contrada dove si andava a invocare la dea Fortuna a suon di *"palanche"* per provare a cambiare e alleviare in qualche maniera quel destino misero e comune in cui si viveva da sempre. Sognare non costava e non costa nulla, o meglio viene a costare parecchio se ti lasci prendere dal gioco … e qualcuno si giocava già a quei tempi anche la camicia … ***"Segna sul giazzo"*** dicevano a **Berto del Lotto** con la barba sempre sfatta e gli occhiali sulla punta del naso … E quello segnava i debiti su un suo quadernaccio unto e scuro. Tutti sapevano però che dovevano saldare entro fine mese, o al massimo per i più fidati entro quello successivo … perché altrimenti … C'era sempre una minacciosa paura per quello che sarebbe potuto succedere o era realmente accaduto a quelli che non pagavano quanto dovuto. Ogni tanto si vinceva, molto spesso si perdeva giocando un paio di numeri … un ambo, un terno su Venezia o su tutte le ruote … Non di più, visto che le tasche erano vuote.

Ci si divertiva con *"altro"* … C'era anche la **Marietta**, brutta come la fame, che in cambio di *"qualcosa dentro al letto"* era disposta a lavare e stirare per qualche giovane che non era capace d'arrangiarsi o non ne aveva voglia … E c'erano quelli che ci stavano … Non c'erano televisioni, radio, giornali … Solo pochi sapevano leggere e scrivere solo qualche pugno di decenni fa.

C'era anche **"el Relogèr"** orologiaio, con l'eterno monocolo sull'occhio, il suo cucù e gli orologi appesi ovunque in bottega che scandivano in continuità le ore più strampalate dell'intero Mondo … Vendeva anche **"ori"** a bon prezzo, più vantaggioso degli Oresi esosi e ricchi di Rialto. Ma quelli erano anche garanzia di qualità e bellezza … in Contrada invece, era oro un po' così … di seconda mano o di **"bassa lega"**. Più avanti e in fondo, vicino alla calletta stretta che portava allo Squero, c'è anche l'antro buio di **Edoardo** che vendeva legna e carbone, scope e scopette, saponi e i primi detersivi in polvere e a peso. In Contrada si lavava a mano fuori della porta di casa e dentro ai grandi mastelli di legno posti accanto alla fontana. Si stendevano i panni ad asciugare sulle corde tese da una parte all'altra della corte, issandole in aria con delle *"forcade"* di legno per tenerle alte sopra le teste di tutti. Ogni tanto il profumo di pulito e sapone si confondeva e sovrapponeva a quello del fritto, del pane, delle verdure, della pece dello Squero, e del salso umido della Laguna.

La Corte apparteneva a tutti, era il palcoscenico della vita quotidiana comune, dove s'inscenavano le notizie e i pettegolezzi sulle vicende di tutti coloro che vivevano nei dintorni e anche oltre. In una Corte si era tutti come una specie di grande famiglia allargata. Il passatempo più gradito delle mamme, ma anche delle nonne e di quasi tutte le donne era quello di rimanere lì a raccontarsela … magari lavorando a maglia, impirando perle di vetro per far collane, giocando a tombola, cantando qualche vecchia canzone e ripetendo all'infinito gli strambotti e i proverbi di sempre … e qualche sporadica *"orasiòn"*.

"Campieo campielletto …xe nato un porselletto …" e tutti si spupazzavano l'ultimo nato, legato stretto in fasce come un salame per farlo crescere robusto e dritto. Sulla corda tirata in corte s'assiepavano i *"ciripà"* per assorbire la pipì, lavati e messi ad asciugare … *"El xe piccolo … ma magna e beve, piscia e caga … come un drago …"* confabulavano le donne sghignazzando …

In Corte ci s'incontrava, ci si innamorava a suon di sorrisi e di sguardi insospettabili … Gli uomini tornando dal lavoro incontravano le donne sedute sulle loro seggiole impagliate col cuscino dei merletti in grembo.

Fiori e piante e rampicanti foderavano la Corte … ed erano di tutti, come di tutti erano i reumatismi per la muffa, la salsedine, e l'umido che penetrava ovunque fin dentro alle coperte. Ogni tanto l'acqua alta nottetempo entrava fin sotto ai letti … ed era normale spazzarne fuori le lordure il mattino dopo continuando a vivere come il solito. Non c'era il gabinetto, la doccia o la vasca da bagno … ma un comodissimo *"bocàl"* tenuto in un angolo, con la *"gamèla da notte"* di raccolta da vuotare nel canale più prossimo il mattino dopo fra le prime incombenze della giornata.

Quando moriva qualcuno moriva un pezzettino di se stessi ... Quasi tutti nella Contrada finivano con l'essere Padrini o Madrini di qualche *"fjosso o fjossa"*, o Comare e Compare a qualche matrimonio. Accadeva una tacita protezione e solidarietà reciproca durevole e solida, quasi scontata, il Campiello affratellava e univa fino a indurre alla condivisione. In Corte si giocava anche a *"mussa vegna"* saltando uno sulla groppa dell'altro formando la lunga catena umana ... oppure si faceva *"la carriola"* camminando sulle mani ... o si giocava con le *"balle de fragna"*, a *"sdoè"* e con le *"maròcche"* *(le bilie)* di vetro. Le bimbe giocavano a far da mamma con le *"piavole"* di pezza fatte in casa, con due bottoni per occhi, e un bel sorriso disegnato sul volto fatto di stoffa consunta.

Gli uomini invece frequentavano assiduamente l'Osteria per giocare con le carte bisunte e perdersi dentro ai bicchieri delle *"ombre"* di vino. Carte da gioco e pochi soldi che passavano di tasca in tasca, a volte fino a tornare in quella di partenza dopo un lunghissimo giro.

"In vino veritas", e *"Un gotto tira l'altro"* si ripeteva ... All'osteria veniva fuori di tutto, anche quello che a mente fredda non si avrebbe mai voluto dire: *"I politici sono tutti uguali ... Cambia solo il colore e il fazzoletto ... Sono tutti magnòni della vita e del sudore della povera gente ..."*

Per le grandi occasioni, invece, giù del ponte e dopo la calle c'era la Locanda nel Campo più grande ... dove si andava a celebrare il pranzo di matrimonio o le ricorrenze della *"Cassa Peòta"*.

"Te fasso un bon presso" diceva sempre l'Oste rubicondo e sorridente con lo stesso grembiulone bianco ocra sporco di cucina indosso .... E istintivamente si sfregava le mani che lavava raramente. I liberi gatti erano i veri padroni del posto ... più dei cani troppo obbedienti e sottomessi al padrone. Nelle gabbiette cantavano *"gli oseletti"* ... In mezzo alla Corte troneggiava il **Capitello** perchè ricorrere all'Altissimo e ai Santi era rimedio bon per ogni male ... Il Pronto Soccorso era come se non esistesse, e si rimaneva a casa sotto sequestro e in quarantena.

Circa una volta al mese passava il *"Guetta"* che stendeva per terra i suoi coltelli e gli ombrelli ... arrotava le lame di casa, aggiustava manici, faceva le cuciture difficili, e saldava le piccole falle domestiche delle *"caldiere"*.

In casa d'inverno si gelava con tutto un campionario di *"buganse"* e geloni. Si dormiva in due, tre, quattro per letto ... *"da pìe"*... Si stava stretti a letto a scaldarsi come l'asino e il bue nel presepio ... Se le donne avevano i loro mal di pancia si potevano posizionare la borsa dell'acqua calda per la notte ... La mia nonna me la passava nel letto per condividere un po' di tepore ... In un angolo delle camere basse e buie stava il *"cantonàl"* con le foto dei morti e dei giovani figli baldanzosi in divisa non più tornati dalla guerra o dal viaggio per nave.

Al mattino di buon'ora, con lo scialletto sulle spalle e indosso i guanti con le dita tagliate, si mettevano materassi, lenzuola e coperte a prender aria sulle finestre ... soprattutto quelli della nonna malata che aveva sempre la *"spissa, la grattariola e i brusòri"* dappertutto. E poi si usciva in giro per far la magra spesa ...

Il Biavaròl incartava lo zucchero nella *"carta da sùccaro"* blu, e vendeva l'olio travasandolo con *"l'impiria"* nella bottiglia apposita che si portava da casa. Non serviva lavare la tazza dopo la colazione, bastava porla sopra la mensola della *"nappa"* del camino, sopra al *"foghèr"* per chi ce l'aveva, per non sprecare lo zucchero ancora utile rimasto sul fondo.

Caleghèr, Curamèr, Pestrìnèr, Tagjapiera, Pistor, Fornèr, Bottèr, Scaletèr, Manganaro, Sartòr ... e c'erano tanti altri mestieri intorno ... Le donne s'industriavano in casa a far da sarta acconciando, allungando, rattoppando, girando colletti e polsini delle camicie che passavano di padre in figlio, di fratello in fratello ... Alle ragazze a volte si faceva la camicetta con la tela dei paracadute ... I più fortunati avevano una casa su due piani, o vivevano all'asciutto ai piani di sopra, salendo per irte e buie scalette dai gradini consunti dal tempo e mangiati dall'umido, dai tarli e dal tempo.

"A-B-H ... la maestra fa la cacca !"

"E' così che t'insegnano a scuola ?"

Ma quale cultura, scuola, obbligo scolastico, e università fuori corso fino a quarant'anni a carico dei genitori ? Qualche fortunato frequentava *"la seconda"*, i fortunatissimi fino *"alla quinta"* ... Molti sapevano fare il disegno della firma senza conoscere il significato delle lettere che percorrevano sul foglio: *"Non è importante saper leggere ... Basta saper far tornare il conto con i soldi ... Troverai sempre qualcuno che potrà spiegarti il resto ..."*

Quante mille altre cose sarebbero da dire e aggiungere su queste vecchie Contrade ormai scomparse. Oggi è deserto il Campiello della vecchia Contrada ... Non sembra neanche più lui, è come uno scheletro di quel che è stato e accaduto lì dentro. Non c'è un vaso di piante negli angoli o fuori delle porte, non c'è un solo panno steso ad asciugare, non una sola porta è rimasta socchiusa o lasciata aperta e incustodita.

"Tanto chi vuoi che venga a rubare quello che non c'è ? ... Tutto è di tutti, e le porte son sempre aperte, anche di notte ... Che cosa può accadere di brutto ? Che rapiscano la vecchia nonna malata dal letto di casa ?"

Ci si poteva quasi sempre fidare di tutti ... salvo qualche rara eccezione che non mancava: *"Perché la gente è viva ... e a chi vive capita di sbagliare. Chi sbaglia: paga ... e si perdona, e non se ne parla più ..."*

Anche le vecchie botteghe non ci sono più, c'è solo una lunga fila di saracinesche rugginose e abbassate, file di balconi di legno sbarrati che un tempo erano vetrine e mostre dei vari Mestieri e Artigiani ... Nella calletta non si sente più martellare né il *"Fravo"* sull'incudine e sui ferri, né in fondo gli *"Squerajoli"* sul fasciame delle barche ... Non si sente più piallare il *"Marangòn",* né picchiare freneticamente il *"Caleghèr"* ciabattino nel suo sottoscala odoroso. Non s'annusa più l'odore acre della pece, del legno, del pesce, ma solo quello della spazzatura abbandonata e del piscio negli angoli e nel sottoportico. Osservando dagli ultimi gradini viscidi di alghe verdi che sprofondano sull'orlo del canale, non si vedono più le barche rovesciate sugli scali del cantiere, né quelle di mille tipi cariche di reti e aggeggi da pesca ormeggiate sulle paline infisse nel fango. C'è solo un elegante cabinato coperto da un telone cerato blu ... mentre penzola in aria un cartello minaccioso: *"Area videosorvegliata. Proprietà privata: Divieto d'accesso a chiunque. Attenti al cane che morde."*

E quell'atmosfera familiare, cordiale e aperta da Contrada ? ... Non esiste più.

Sotto al **Capitello** buio e annerito dalle intemperie, coperto da una grata rugginosa e piena di ragnatele, sta una lampadina spezzata e divelta. Niente fiori, solo un vasetto vuoto di modesta fattura legato con un filo di ferro perché il vento non se lo porti via. Sopra al vasetto colmato dall'acqua piovana danza e volteggia una nuvoletta vorticosa di moscerini ... inconsapevole come molti di noi del tanto che in quel posto c'è stato e accaduto.

***

_____*Il post su Internet è stato scritto in origine come: "Una curiosità veneziana per volta." - n° 56, e pubblicato su Google nell'ottobre 2014.*

LA SPIAGGIA E I LUNEDI' DI SANTA MARTA

Nel 1316 *Giacomina Scorpioni* Monaca Benedettina di *San Mauro di Burano* fondò con l'aiuto di *Filippo Salomon* e *Marco Sanudo Torsello* la chiesa col titolo di *San Andrea e Santa Marta* e accanto un *"Hospeàl per Poveri e Pellegrini"*, col permesso del Vescovo di Castello *Giacomo degli Albertini*.

Nel 1318 la stessa Scorpioni litigò con i Preti di *San Nicolo' dei Mendicoli*, e cedette il complesso dell'Ospizio alle Monache che abbandonarono l'isola di *San Lorenzo di Ammiana* che stava per essere sommersa per sempre dalle acque del mare e della laguna. Queste convertirono l'Ospedale in Monastero.

In un documento del 13 luglio 1330, si legge che i possedimenti del *Convento di Santa Marta* si estendevano dalla palude dell'isola di *San Giorgio in Alga*, fino ad un orto lungo 20 passi e largo quanto vorranno giudicare giusto gli *Ufficiali del Piovego*, purchè non nuoccia al passaggio del vicino *Canale di Comenzera*.

Nel 1510, fu arrestata il 15 giugno, sul sagrato di Santa Marta, *Andriana Misani*, moglie di *Andrea Massario* Banditore, che era complice dell'uccisione del marito, eseguita da *Francesco figlio di Magro* Barbitonsore da Santa Ternita nel Sestiere di Castello col quale manteneva rapporto amoroso. Venne condannata al supplizio della *"cheba o gabbia"* appesa al campanile di San Marco, a morire di fame e sete, per sentenza dell'11 luglio dello stesso anno: *"... ma l'11 ottobre dello stesso anno riuscì a fuggire, e non si seppe altro di lei, né de' fatti suoi."*

Nel 1543 la *"Punta dei Lovi o dei Lupi di Santa Marta"* per effetto di altri apporti delle bocche dei fiumi che sfociavano in laguna, nonostante interventi di demolizione eseguiti, formava un amplissimo canneto che andava dalla Terraferma di Fusina fino a raggiungere 700 pertiche ossia 1460 metri da Santa Marta.

Nel 1554 il 27 luglio, i **Provveditori Sopra ai Monasteri**, fecero arrestare **Antonio Pellegrin** per aver conosciuto carnalmente una Monaca del Santa Marta. Fu condannato a 6 mesi di carcere e bando da Venezia e dal suo Dominio per 5 anni. Si era proposto di tagliargli la testa in Piazza San Marco ma non si ottennero i voti sufficienti dei Provveditori.

In questi anni nel Monastero c'erano 46 **Monache Agostiniane Conventuali** che spendevano ogni anno 24 ducati per la Festa di Santa Marta pagando: cantori, pasti e altre spese.

Nel 1581: in risposta ad una serie di suppliche delle stesse **Monache di Santa Marta**, il Governo della Serenissima stabilì che il sussidio annuale di legna fornito al loro Convento fosse aumentato da 8 a 24 cara o carretti., mentre nel 1592-1596 il **Patriarca Priuli** visitando il Monastero segnalò lì presenti alcuni *"innamoramenti importanti"*, fra **Orsetta Zorzi** e la **Monaca Lorenza Cappello** e fra **Adriana Corner** e la **Monaca Maria Bragadin**. Attribuì la colpa al fatto che c'era eccessiva promiscuità fra educande e Monache che occupavano le stesse stanze dormendo assieme alle Monache Maestre, e al fatto che le educande rimanevano nel Monastero ben oltre l'età permessa dei 15 anni.

Il Patriarca furibondo, ordinò di rispedire immediatamente a casa le educande adulte, dicendo: *"... le putte a spese sono di gran disturbo al Monastero e gli rendono più tosto danno che utile ... Siccome la maggior parte di esse danno solamente ducati 40 ... sono ancor tenute alcune di loro nelle celle delle medesime Monache Maestre a dormire, et vanno per il dormitorio e dove più le piace vagando senza alcuna regola. Et giocano alle carte la notte con grave scandalo ..."*

Il 5 maggio 1606, il **Senato Terra** fra le altre spese che autorizzò per costruire il Nuovo Bucintoro, permise il pagamento di ducati 30 alle Monache di Santa Marta: *"...per aver ricamato due batticoppa con le arme e li marchi della Serenissima."*

Nel 1626 **Suor Gradeniga Gradenigo Monaca Professa del Santa Marta** fu processata: *"per malefizio ai danni di alcune consorelle"*. **Suor Arcangela** *dei Anzoli*, invece, riscuoteva ogni anno 50 ducati in proprio, ossia l'equivalente del mantenimento di un anno, mentre **Suor Aurelia Querini** riscuoteva 36 ducati di rendita e **Suor Modesta Priuli** 20 ducati.

Sulla spiaggia di Santa Marta, si teneva la *"sagra notturna"*, che si faceva ogni anno nella vigilia di Santa Marta.

Si racconta che qui anticamente i pescatori arenavano le loro barche e cuocevano sulla sabbia il pesce sogliola, detto *"sfogio"*. In seguito si aggregarono a questi pranzi estemporanei alcune persone di classe che comperavano e mangiavano il pesce appena pescato facendolo cuocere al momento. Al pesce s'aggiunsero in seguito altre vivande, e se ne fecero laute cene imbandite sulla spiaggia e sull'acqua vicina: ***"... fra suoni e canti sopra a barchette guarnite e illuminate."*** Quelle *"sagre"*, si rinnovarono tutti i lunedì successivi del mese d'agosto di ogni anno, ed erano frequentatissime da tutti i Veneziani.

Nel 1805 il Monastero di Santa Marta fu soppresso e le monache furono concentrate con quelle del Monastero di Santa Giustina di Castello, ora Liceo Scientifico Benedetti. Gli edifici furono secolarizzati e consegnati alle truppe militari di terra, che lo usarono come magazzino per il foraggio dei cavalli. Tre anni dopo, il Monastero fu ridotto a magazzino e quindi demolito vendendo il pavimento a **Giacomo Florian e Pietro Rigaglia** per la chiesa di Montereale.

Infine nel 1883 la spiaggia contermine di Santa Marta fu occupata dalle fabbriche del **Cotonificio** e dai **Magazzini Generali** costruiti sull' **"Arzere di Santa Marta"** un tempo corroso e bagnato dalle acque amene della Laguna di Venezia.

***

_____*Il post su Internet è stato scritto in origine come: "Una curiosità veneziana per volta." - n° 11, e pubblicato su Google nel febbraio 2013.*

DAI SANTI BIAGIO & CATOLDO AL MOLINO STUCKY DELLA GIUDECCA

All'inizio dell'anno 1806 erano presenti nel **Monastero dei Santi Biagio e Cataldo della Giudecca**: 10 Monache, 5 educande e 14 Converse.
Era un Monastero con chiesa che oggi non esiste più. Sorgeva giusto in faccia a quello di **Santa Marta**, al di là del **Canale della Giudecca**, poco prima di **Sacca Fisola**, che a quell'epoca non esisteva ancora.

Un certo Napoleone, nella sua insana pazzia distruttiva che lo portava a voler affossare del tutto l'orgoglio della Serenissima, aveva nella mente di rendere la Giudecca l'ultima tratta ferroviaria di Venezia. Attraversando l'isola, il treno proveniente da Santa Marta sarebbe dovuto arrivare alla fine all'**Isola di San Giorgio Maggiore**, e attraversato il **Bacino di San Marco** su apposito ponte, sarebbe dovuto giungere al capolinea di **Piazza San Marco** la cui Basilica sarebbe diventata la **Nuova Stazione ferroviaria**.

In quel caso è stato proprio un imponderabile miracolo che ha salvato Venezia, la Giudecca e tutta Piazza San Marco.

Il posto in cui il treno doveva *"svoltare"* entrando sulla Giudecca, era proprio il luogo dove sorgeva il **Monastero dei Santi Biagio & Cataldo**.
Il progetto ferroviario partì alla lontana … per fortuna perdendosi lungo la strada.

Innanzitutto, il nuovo Governo Municipale, concentrò provvisoriamente nel San Biagio & Cataldo, le Monache dei Monasteri di **Ognissanti** *(l'Ospedale Giustinian)* e quelle di **San Mauro e dei Santi Vito & Modesto di Burano** *(entrambi soppressi e subito demoliti)*. Così che alla fine il Monastero della Giudecca ospitava in tutto: 26 Monache Professe e 39 Converse negli spazi dove di solito vivevano meno della metà.

Il 19 maggio 1809 giunse una strana denuncia al **Prefetto dell'Adriatico**, riguardo il Monastero e la chiesa della Giudecca: *"… viene rilevato … che **era stata trovata aperta la porta della chiesa e un bottegaio ha riferito***

alle autorità che era aperta da un mese, e che vi entrava a tutte le ore gente di ogni risma, soldati, marinai, sconosciuti di passaggio;
a due arche sepolcrali erano stati rubati i broccoli d'ottone che le tenevano chiuse e alcune tombe erano state scoperchiate, rappresentando rischio elevato per la salute pubblica ..."

In altre parole: il Monastero e la chiesa erano lasciati a se stessi, all'incuria, al disordine e alla rovina. Nell'aprile dell'anno dopo, infatti, si comunicò alla **Badessa Maria Luigia Contarini**, la soppressione del Monastero con passaggio della proprietà al Demanio, e subito dopo, nel luglio seguente, si costatò il furto di 23 inferriate dalle finestre, 16 porte dalle celle, 15 vetrate ed altri infissi.

Il 04 ottobre, **Domenico Diana** acquistò per 260 lire l'organo e la cantoria della chiesa, mentre **Silvestro Camerini** subentrò nelle proprietà del Monastero Giudecchino che un tempo possedeva anche un'altra chiesa ad **Albarea sulla Riviera del Brenta** assieme a diversi terreni, compresi i **Pra dei Cento di Fiesso**.
Nel dicembre 1811, **Giuseppe Baldassini** Perito del Demanio, stimò dodici angioletti di legno dipinto della chiesa: lire 36, e li vendette al **Parroco di Camponogara**, mentre nel luglio 1812 **Giuseppe Florian** acquistò per la chiesa di **Fratta in Polesine** quel che era stato l'**Altar Maggiore dei Santi Biagio & Catoldo** con le due statue laterali di San Benedetto e Santa Scolastica scolpite da **Giovanni Maria Morlaiter**, un gruppo di due angeli di marmo, e tutto il selciato e i gradini della chiesa per lire 1.200 in tutto.
L'anno dopo, sempre lo stesso Florian, acquistò per lire 175 per il **Comune di Bosaro di Rovigo** l'Altare della Madonna dei Santi Biagio & Catoldo, e per altre 175 lire altri due altari della stessa chiesa disfatta.
Nel 1816 l'**Abate Daniele Canal** ne acquistò il pavimento collocandolo nella chiesa di **Santa Maria del Pianto alle Fondamente Nuove** da lui riaperta.

Nel 1846 il complesso degli edifici dei Santi Biagio & Catoldo venne acquistato dalla ditta **Zucchello**, e tre anni dopo l'ex Convento venne adattato ad Ospedale per feriti e ammalati di malattie contagiose.

Nel 1855, si vendette di nuovo tutto il complesso alla ditta **Bordier & Fabbris di Londra**, e circa dieci anni dopo, una perizia su tutta la rimante serie degli edifici giudicata *"rovinosa"* stimò il valore dell'insieme: 10.300 fiorini. Fu perciò ceduto tutto il 12 agosto a **Gioacchino Wiel** che lo attrezzò a deposito di legnami.
Nel 1872 si demolì il campanile ormai inutile e cadente costruito a suo tempo dall'architetto illustre **Michele Sanmicheli**.
Infine nel fra 1880 e 1883, si acquistò tutta la zona per 70.000 lire, si demolirono gli antichi edifici cadenti, e si costruì l'edificio tuttora esistente dove s'installò un mulino a cilindri, che funzionava già dal 1867 a Treviso, gestito dall'industriale **Giovanni Stucky**.

Lo stesso anno, il **Parroco di Sant'Eufemia della Giudecca Don Leandro Lizza**, ricevette da Giovanni Stuky il vestibolo colonnato del 1596 appartenente alla ex chiesa dei **Santi Biagio & Catoldo** assieme ad altro materiale edile e d'arredo. Il Piovano inserì tutto sulla parete della chiesa di Sant'Eufemia verso il Canale della Giudecca sopra e davanti alla **Scuola degli Scorzeri** dove si può vedere ancora adesso.

Dal 1954 il mulino che dava lavoro a 500 persone venne abbandonato fino ai restauri del 2000-2004 durante i quali accadde quel *"misterioso"* incendio del 2003 che permise di mettere mano e modificare anche quell'ultimo pezzo storico rimasto. Da dopo i restauri splende l'attuale **Hilton Molino Stucky Venice**: grande albergo e centro congressi di notevole prestigio internazionale.

Del Monastero e chiesa delle Monache dei Santi Biagio & Cataldo non è rimasto che il titolo di una Fondamenta della Giudecca.

***

_____Il post su Internet è stato scritto in origine come: "Una curiosità veneziana per volta." - n° 13, e pubblicato su Google nel febbraio 2013.

GONDOLE e SESTIERI

Mi verrebbe da dire che su Venezia si è già detto tutto, e che non c'è più niente da scoprire e da aggiungere, ma non è così, non può esserlo.
Esistono persone e studiosi, non solo veneziani, che con grande passione, da diversi anni, si occupano di Venezia riscoprendone e valorizzandone la Storia, le Tradizioni e i reconditi meandri. Venezia è una miniera inesauribile di Storia, Arte e situazioni interessanti, e sa riempire di se stessa biblioteche e grosse parti anche di Internet.

Io come Veneziano curioso mi diletto ad aggiungere e condividere qualche pallida considerazione e qualche briciola saltuaria, come una goccia aggiunta a un mare già immenso, che però può renderlo maggiormente tale. C'è e ci sarà sempre qualcosa da *"dire e aggiungere"* circa la mia e nostra Venezia.

***

Una delle tante originalità di Venezia sono di certo i suoi Sestieri sui quali si potrebbero dire mille cose. Sono appunto sei, da cui il nome Sestiere: **Castello, Cannaregio, San Marco, San Polo, Dorsoduro e Santa Croce** a cui vanno aggiunte doverosamente la **Giudecca e le Isole**, soprattutto quelle di **Murano, Burano, Mazzorbo, Torcello e il Lido** ... non me ne vogliano le altre più piccole.

Quello che rimane oggi degli antichi Sestieri veneziani, è solo un pallido scheletro di quel che sono stati un tempo. La realtà veneziana fino all'epoca di Napoleone, all'inizio del 1800, era qualcosa di davvero magnifico, spettacolare. Una concentrazione d'Arte, Tradizioni, vite e socialità, Mestieri e persone davvero ricchissima, che neanche riusciamo oggi a immaginare quanto bella, complessa, multiforme e favolosa possa essere stata.

Esiste un oggetto d'uso abbastanza comune, che riassume e rimanda in una certa maniera all'immagine dei Sestieri Veneziani. E' il ferro della prua delle

Gondole che in maniera simbolica sintetizza l'esistenza di queste tipiche aree e suddivisioni quartierali tipicamente veneziane.

I Sestieri possono essere considerati sei ampie aree di Venezia, simili nel modello a quelle di altre città come Siena ad esempio. Ma i Sestieri Veneziani rappresentano ben di più, possiedono una valenza originale propria e inimitabile che si declina poi nella specificità interna della suddivisione in singole **Contrade**. Anche quelle entità minori e curiosissime sono oggi di fatto praticamente scomparse anche dalla sensibilità e dalla consapevolezza urbana dei Veneziani.

Venezia comunque rimane sempre sorprendente, una sorpresa nella sorpresa. Ed è piacevolissimo *(almeno per me)* "andare a caccia" di quel che c'era un tempo nelle singole Contrade e nei Sestieri, ed ora non c'è più. Si tratta di una preziosa memoria di una Venezia già accaduta che però appartiene ancora oggi un po' a tutti.

***

_____Il post su Internet è stato scritto in origine come: "Una curiosità veneziana per volta." - n° 17, e pubblicato su Google nel marzo 2013.

SAN BOLDO o SANT'UBALDO & AGATA

Si tratta, anzi, si trattava dell'antica Parrocchia e Contrada di Venezia dedicata e intitolata a **Sant'Agata**, quasi nascosta e dimenticata, presente in una delle zone più depresse e remote del Sestiere di San Polo.
La chiesa risultava già come edificata, presente e attiva in Venezia fin dal lontanissimo 864.
Incredibile: già centoquaranta anni prima del mille, ossia l'epoca in cui gran parte della Laguna di Venezia iniziò ad animarsi e organizzarsi diventando significativa e non più solo zona di salinari e pescatori.

Solo in seguito, a cavallo fra leggenda e storia, si racconta che la chiesetta venne finanziata e patrocinata da due Nobili Famiglie Patrizie Veneziane: quella dei **Giusto** o **Zusto o Zustinian** e quella dei **Tron**.
Se oggi andrete a cercare quella chiesa in giro per Venezia farete molta fatica a trovarla ... Infatti, non c'è più.
Ne è rimasto solo un campanile tozzo e monco e basta. Della chiesa nominata in seguito **San Ubaldo** al posto di **Sant'Agata** non c'è più alcuna traccia ... neanche il nome visto che i Veneziani preferirono storpiarlo in **San Boldo**.

Nei secoli trascorsi la chiesetta della Contrada dipendeva dalla chiesa principale o **Matrice di San Silvestro**, dove risiedeva il **Patriarca di Grado** che ormai da tempo abitava in Venezia vicino all'**Emporio di Rialto**.
San Boldo era una delle Parrocchie più povere di Venezia, per non dire miserevoli. A differenza di altre Piovanie di Venezia piene di Preti e con un Capitolo ben fornito di risorse, quella di **Sant'Agata-San Boldo**, riusciva a malapena a mantenere il solo Piovano, solo raramente riuscì a permettersi un Diacono e Suddiacono, e molto più solitamente s'accontentò d'avere solo un Prete Aiutante o un Sacrestano.

Già nel gennaio 1106 nel furibondo incendio che distrusse gran parte degli edifici della zona e molte chiese vicine anche a Sant'Agata bruciò tutto. Bruciarono insieme anche la vicina **San Cassiano, Santa Maria Materdomini, Sant'Agostin, San Stin**, e perfino **Santi Apostoli** al di là del

Canal Grande procurando un immane disastro in mezza Venezia. Sant'Agata venne in seguito riedificata con l'aggiunta di una più ampia Cappella Maggiore. Come non fosse bastato, solo quarant'anni dopo, nel 1149, accadde un nuovo grande incendio che coinvolse stavolta ben 13 Contrade di Venezia, e Sant'Agata andò di nuovo distrutta.

Finalmente, nel 1305, si riuscì a rifabbricarla un'altra volta, e al tempo della guerra della Serenissima contro i Genovesi, nel 1379, la gente della contrada di Sant'Agata, offrì al **Doge Andrea Contarini** i frutti di un'autotassazione della bellezza di lire 62.350. In zona abitavano ben 7 Nobili Patrizi dei quali uno offrì da solo ben 19.500 lire del totale, mentre un certo **Luca Da Canal** che di mestiere faceva il **Varoter** *(alcune pellicce si dicevano: Varote)* offrì lire 500, e **Piero Dolce Fattor** di professione, diede lire 300.

La Contrada visse allora un'epoca *"felice"* mostrando un certo prestigio, e il 19 dicembre 1395 i coniugi **Tommaso e Lorenza de Matteo da Firenze** fondarono nelle vicinanze di Sant'Agata ***"uno Spedale detto di San Ubaldo"*** per dare ospitalità a 12 povere donne o Pellegrine.

Nel 1400, qualcuno scrisse a graffito in maniera curiosa sui muri della chiesa di Sant'Agata:
"… Veniexia mata, la tua rason di Stato è causa della desfatta di tanti puoveri…"

Nel 1509 in Contrada di Sant'Ubaldo già *"arrotondato"* in San Boldo vivevano 397 o 400 persone.
Nel 1564 la Parrocchia veniva considerata *"ricca"*: perché poteva permettersi di pagare 3 ducati annui per un organista, aveva una rendita di 44 ducati annui con due **"Mansionerie di Messe"** che valevano 38 ducati annui, manteneva 3 Preti, e la Fabbriceria gestiva un bilancio annuo di 4 ducati … La chiesa era fornita di ben 4 altari e ospitava 3-4 Schole di Devozione.

Nel 1607 in Contrada vivevano, invece, 20 persone in più. L'8 marzo 1629 giunse anche a San Boldo l'avviso urgente del **Senato di Venezia** che aumentava le tasse per bisogni importantissimi e gravissimi di guerra. S'imponeva immediatamente 2 decime su Venezia e l'intero Dogado da pagarsi una: *"...da patroni sopra livelli perpetui, stati, invia menti de pistorie, magazeni, forni, poste da vin, banche di beccaria, traghetti, poste, palade, passi, molini, foli, sieghe, instrumenti da ferro, battirame. Moggi da carta ed altri, dadie, varchi che si affittano e si pesano, decime di biave, vini ed altre robbe, fornari, hosterie et ogn'altra entrata simile niuna eccentuata ..."*

L'altra decima era accesa: *"sopra tutti i livelli francabili fondati su case, campi o altri beni in qual si voglia luoco, fati con chi si sia."* Chi pagava entro aprile aveva in dono una riduzione di tassa del 10%, chi pagava più tardi un aggravio uguale. 8 giorni dopo si ingiunse a tutti un prestito obbligatorio sotto forma di 2 decime e 2 tanse da pagarsi in agosto e febbraio da tutti coloro che a Venezia erano soggetti a gravezze, in buona valuta o moneta corrente *"con il quinto de più"*, senza sconti né esenzioni.

Le Cronache raccontano che: *"Gran parte dei Veneziani finirono con i bùsi nelle scarselle ..."*

Nel 1647 in chiesa di San Boldo c'era una *"Madonna de legno"* vestita con 10 abiti per *"cambiarla e vestirla a festa"*, come ricordava con soddisfazione il **Piovan Antonio Caldoni**. Nel 1698 gli abiti erano diventati 24 per le donazioni delle donne della stessa Contrada.

Ancora nel 1712 nella stessa Contrada c'erano 2 botteghe attive, mentre cinque anni dopo alla Visita Pastorale del **Patriarca Barbarigo**, gli abitini preziosi della *"Madonetta"* si erano inspiegabilmente ridotti a 18 ...

Chi se li era venduti ? ... Non si seppe mai.

Nel 1713 sopra il **Ponte della Chiesa di San Boldo** abitava fin dai primi anni della sua vita, in uno stabile appartenente alla **Scuola dei Mercanti**, il **Sjor Cittadino Giacomo Modena figlio di Santo**, nativo di Chioza, di anni 77, negoziante in piazza, che gestiva in prossimità un *"magazzen da salumi tenuto ad affitto"* per il quale pagava *"... pigione alli eredi del quondam Zulian Paiton"*. Il 12 marzo 1750 Giacomo Modena venne chiamato qual testimonio all'**Ufficio dell'Avogaria** per dare informazioni circa una **Paolina Riosa**, la quale chiedeva d'essere abilitata, maritandosi con un Patrizio, a procreare figli capaci di entrare in **Maggior Consiglio**. Il **Ponte** e la vicina **Calle del Modena** ricordano questo personaggio quasi qualsiasi.

Nel 1735 San Boldo venne demolita perché cadente, riedificata in 4 anni su progetto del famoso architetto **Giorgio Massari**, e riaperta al culto il giorno di Natale del 1739, *"... quando Pre ZuanMaria Gregorin quondam Domenico era Piovan in San Boldo."*

Ancora nel 1745 in quella stessa zona abitava un 1/3 di casa, il pittore **Giuseppe Camerata** appena giù dal **Ponte Storto**, pagando un affitto di 16 ducati annui.

Cinquant'anni dopo, nella stessa Contrada che misurava 504 passi ed aveva 149 abili fra 14 e 60 anni con 7 padroni in 2 botteghe, abitavano in tutto 466 persone.

Nel settembre 1803 il **Patriarca Flangini** in Visita contò circa 500 abitanti, controllò le **Rendite della Cassa Fabbrica** della chiesa, e trovò un debito per entrate di 260 lire con uscite di 320 lire.

Il Parroco possedeva la sua casa di residenza, e come redditi aveva un'entrata di 70 ducati da una casa che affittava, e come uscite e spese annotava 67 ducati circa *"per Decime e Livelli"* che doveva pagare all'**Arte dei Luganegheri**. Nella Parrocchia c'era anche un altro Prete residente, che possedeva la rendita di titolato da 50 ducati d'entrata, ricavava dall' affitto della propria casa di residenza, e dichiarava uscite e spese di 4 ducati. Sempre intorno alla chiesa, ruotavano altri 8 Sacerdoti, fra cui alcuni **"Mansionari Altaristi"** che celebravano 2.157 Messe perpetue annue, 30 Esequie e Anniversari, 200 Messe Avventizie e altre 488 ancora in attesa d'essere celebrate ma già pagate dai Fedeli.

Nel 1806 era Piovano sempre di 500 persone, il Prete **Girolamo Dabalà**, e l'anno dopo in dicembre, la Parrocchia venne unita dai Francesi a quella di **San Giacomo dell'Orio**, l'ex Parroco venne disautorato e spedito a risiedere senza salario con i **Frati di San Salvador** vicino a San Marco, mentre lo Stato incamerò la rendita del *"Beneficio Parrocchiale"* soppresso di lire 85, 91 annue. La chiesa venne chiusa e demolita, e il campanile inglobato nelle abitazioni e trasformato in residenza. Rimaneva ancora attivo *"lo Spedaletto"*, ovverossia *l'Ospizio di San Boldo* che conservava ancora la sua primitiva destinazione assistenziale.

San Boldo è stato insomma un angolo Veneziano qualsiasi ma allo stesso tempo speciale ... Oggi quasi del tutto inghiottito dal Tempo.

***

_____*Il post su Internet è stato scritto in origine come: "Una curiosità veneziana per volta." - n° 24, e pubblicato su Google nel maggio 2013.*

L'ANGELO DELLA FAMA ... A SANTA MARIA ZOBENIGO

Già il nome è tutto un programma: **Iubanico, Iubanaico, Giubenico, Zubanico, Zobenigo, Zobenigi, Zobenaico** ... un quintale di variabili.

I Veneziani come il solito risolsero presto la questione, senza perdersi tanto in distinzioni, titoli e sofismi, interpretazioni storiche, araldiche e teologiche.

"Chiesa e Traghetto della Madonna del Giglio !", dissero ... Punto e basta ... e non se ne parlò più.

Secondo le cronache più antiche sulla zona, sembra che inizialmente nella contrada di Santa Maria del Giglio sorgesse in un tempo antichissimo, solo un povero *"Pestrìn"* ossia un mugnaio che macinava semi di lino e grano manualmente e con la forza dell'acqua della marea che saliva e scendeva.

In seguito, uno dei primissimi Dogi: **Pietro Tribuno**, fece costruire un muro di fortificazione per la neonata città lagunare, che dall'estremità di **Olivolo a Castello** giungeva fino *"al Giglio"*, appunto alla chiesa di **Santa Maria Zobenigo**. Qui, sembra si tendesse, dove ancora oggi sorge il Traghetto del Giglio, una grossa catena fino all'opposta riva del Canal Grande, in **Contrada di San Gregorio**, per sbarrare l'ingresso alle barche e navi di eventuali nemici.

La primitiva chiesa rivolgeva l'abside verso Oriente: *"... a significare che la luce del giorno che entrava ogni mattina era quella del Cristo, considerato Luce della Vita di tutti."* Era inoltre dedicata all'**Annunciazione**, che secondo l'iconografia antica, veniva indicata con l'Arcangelo Gabriele che visitava la Vergine portandole un **Giglio** in mano, simbolo di purezza, leggiadria e novità.

"Il Giglio" è una delle infinite chiese, più o meno secondarie di Venezia, stracolme di infinite storie e curiosità, perchè Venezia, come sapete, è davvero una miniera senza fine di sorprese buone per ogni stagione.

La chiesa e Parrocchia di Santa Maria del Giglio è stata famosa e interessante per molti motivi. Fra tutti, ad esempio, per la sua facciata principale esterna. Sembra un film di pietra che racconta le storie e gli splendori della **Famiglia Veneziana Patrizia dei Barbaro**.

A chi verrebbe in mente oggi di decorare una facciata di un grande monumento pubblico con la propria statua e quelle di tutti i propri parenti, rappresentarci inoltre sopra i posti in cui si è ricoperto qualche carica o impiego, illustrarci i viaggi che si sono fatti, i commerci economici intrapresi, e le lotte che si sono combattute per la propria Patria ?

Ebbene in facciata *"del Giglio"* c'è proprio tutto questo ... Andare a vedere e controllare per capire meglio.

Antonio Barbaro era figlio di **Carlo da Santa Maria Formosa**, e fu **Provveditore dell'Armata di Venezia**, nel 1688: **Consigliere Dogale**, poi **Provveditore Generale in Dalmazia**, e dal 1675 al 1678: **Ambasciatore a Roma** presso Papa Innocenzo XI, col quale litigò a lungo finchè la Serenissima fu costretta a richiamarlo a Venezia.

Quando stava per morire nell'ottobre 1678, lasciò un legato testamentario di 30.000 ducati per erigere su progetto di **Giuseppe Sardi** e in accordo con i **Preti del Capitolo di Santa Maria Zobenigo** il nuovo prospetto di facciata di Santa Maria del Giglio.

Quella nuova facciata, poco lontana dalla superba Piazza San Marco, doveva: *"Cantare in eterno la gloria della Nobile e Patrizia Famiglia Barbaro"*.

A sinistra della facciata, doveva campeggiare vistosamente *"La tromba dell'Angelo della Fama"*. Poi, si dovevano rappresentare a grandezza naturale: *"Cinque figure di Casato Barbaro famose per prestigiose azioni militari compiute."*

Sopra a tutti ci doveva stare lui: **Antonio Barbaro**, nato nel 1627, **Capitano e Provveditore della Flotta di Venezia**, sepolto nel sarcofago posto un poco più sotto. Sotto di lui, dovevano sorgere, fra cartigli, putti, corone e stemmi, le statue dei suoi fratelli: **Gianmaria**, che fu uomo di Stato,

Marino: uomo di Stato e Senatore, **Francesco**: anche lui Capitano della Flotta di Venezia, e **Carlo**: uomo di Stato pure lui.

Ai piedi della facciata davvero insigne, vennero inserite le mappe in pietra delle città governate e visitate da Antonio Barbaro: **Padova, Roma, Corfù, Spalato, Zara e Candia**. Accanto a queste, si aggiunsero quasi come in un film scolpito nella pietra: battaglie, navi e galee veneziane che stanziavano o uscivano dal porto, ingaggiavano lotte con i Turchi o veleggiavano in mezzo al Mediterraneo, e galeoni che facevano fuoco da terra e dal mare combattendo i nemici di Venezia.

Inoltre, **il Nobilissimo Antonio Barbaro** pensò bene di mettere al riparo il *"suo futuro"*, suffragando efficacemente la sua Anima. Ordinò nello stesso testamento di far celebrare per lui: 200 Messe in **Santa Maria del Giglio**, altre 150 Messe nella chiesa della **Madonna del Rosario**, altre 150 in quella di **San Francesco della Vigna**, 150 dai **Frati Carmelitani**, 150 nell'isola dei **Camaldolesi a San Clemente**, e per non farsi mancare nulla, ordinò anche una Messa quotidiana perpetua e supplementare ad uno degli altari dedicati alla famiglia Barbaro, fatti costruire dentro alla stessa Santa Maria del Giglio.

Nel luglio 1759, fatalità ... racconta **Pietro Gradenigo** nei suoi *"Notatori Veneziani"*, proprio la statua di Antonio Barbaro, in cima alla facciata, fu colpita da un potente fulmine, che l'annerì e la rovinò.

Fu pura coincidenza dal Cielo ... Fu forse l'eccesso di Messe celebrate ? Chissà ?

Sta di fatto, che al di là della battuta, la chiesa del Giglio venne abbellita da una delle facciate più belle, fastose e originali del Barocco Veneziano.

Ma non è tutto ... Santa Maria del Giglio, fin dall'antichità è stata sempre **Chiesa Afferente e Matrice**.

A Venezia se t'aggiri nel dedalo dei Canali: ne attraversi uno e ti trovi nel territorio di una chiesa Matrice, sorpassi un Ponte e ti ritrovi nel territorio di un'altra, passi per una Calle e ti ritrovi ad aver varcato i confini di un'altra

Chiesa-Parrocchia ancora, superi una Fondamenta o un Portico e di nuovo sei dentro a una Contrada diversa.

Venezia è tutta così, è appunto: Venezia.

Santa Maria del Giglio, fu Chiesa Matrice, ossia Chiesa da cui dipendevano ben 13 chiese cittadine sussidiarie del circondario che gravavano giuridicamente dal *"Giglio"*. Erano nelle vicinanze: **San Benedetto Abate** venezianizzato in *"San Benèto"*, **San Fantino Confessore** in *Veneziano meglio: "San Fantìn", San Maurizio e Compagni Martiri, San Vitale Martire o San Vidàl, San Michele Arcangelo o Sant'Angelo* e basta, **San Moisè e San Samuele** Profeti entrambi dell'Antico Testamento Biblico.

Curiosità dentro alle curiosità: gli ultimi due Santi Profeti, sono Santi dell'Antico Testamento non Martiri e Santi del Cristianesimo, come di solito si usa nel dedicare le chiese della Cristianità. A nessuno è venuto in mente, se non a Venezia, di dedicare chiese e parrocchie a costoro. A Venezia esistono, infatti, anche San Geremia, San Giobbe, San Zaccaria e c'era anche San Isaia ... e altro ancora.

Venezia è sempre Venezia.

Anche al di là del Canal Grande dipendevano dal Giglio le chiese-Parrocchie di **San Vito e San Modesto** per i Veneziani più sinteticamente: *"San Vio"*. E poi dipendevano anche **Sant'Agnese Vergine e Martire, San Gregorio Magno Papa**, e i **Santi Gervasio & Protasio** che i veneziani ottimizzarono in un più pratico: *"San Trovaso"*, **San Barnaba Apostolo**, e infine la chiesa-Contrada di **San Raffaele Arcangelo** detto sbrigativamente: *"L'Anzolo"*, dove per arrivarci si doveva camminare o vogare per mezz'ora finendo agli estremi confini di Venezia.
L'essere **Chiesa Matrice**, era tutta una questione di prestigio, giurisdizione, sudditanza e prevalenza, offerte e contribuzioni, che alla fine si esprimevano in tutta un'altra serie di gesti simbolici e segnali di coreografia, che nei secoli trascorsi veneziani furono importantissimi.

"... In cambio di tali riconoscimenti, Il Pievano di Santa Maria Zobenigo a tutti i sacerdoti sussidiari partecipanti della celebrazione Pasquale donava bussolai e faceva un gentile augurio ..."

Lui in cambio aveva il diritto di somministrare i Battesimi, cosa importantissima. Se a Venezia suonava una campana non era mai un caso, un eccesso o un evento qualsiasi. Un semplice campanone che a volte rintoccava era anche quello un privilegio, così come il vestito di un piovano più lungo o più corto, più rosso o con fasce o meno fasce, distintivi, anelli e cappelli. Era tutto un *"immenso circone scenografico e rituale"* di stampo religioso, che ha riempito con pro e contro interi secoli di storia.

A riprova di tutto queste prevalenze, prerogative e priorità, già nel 1190, **Benedetto Falier Piovano di Santa Maria del Giglio**, divenne **Vescovo o Primicerio della chiesa Ducale di San Marco**, e nel 1201 addirittura: **Patriarca di Grado**.

Ancora nel 1472, **Antonio Savina Piovano di Santa Maria del Giglio**, fu illustre Notaio, Cancelliere Ducale, Canonico Vicario di San Marco, Giudice sull'Esazione delle Decime, mentre quando era semplice Piovano di Santa Ternita in fondo al Sestiere di Castello, non contava niente. Nel 1496, divenne anche Vescovo di Chisamo in Candia mantenendo ugualmente la Parrocchia di Santa Maria del Giglio in commenda fino alla sua morte nel 1498.

Ma non vivevano solo Preti nella Contrada di Santa Maria del Giglio ... Nel 1379 nell'elenco degli allibrati all'Estimo del Comune di Venezia abitanti in Parrocchia di Santa Maria Zobenigo, c'era anche un certo **Sjor Michiel Steno**. Era un Patrizio Veneziano che intervenuto una sera del 1355 a una festa da ballo data nel Palazzo del **Doge Marino Falier**, venne cacciato dalla festa perché scrisse per scherzo sulla sedia del Doge: *"Marin Falier dalla bella mujer, tutti la gode, e lu la mantièn !"*

D'accordo ... Fu una scelta indecente, ma le storie raccontano, che vista la vita che conduceva la moglie del Doge, quella doveva essere stata la pura verità. Il Doge Falier *"un po' risentito"* avrebbe voluto condannarlo a morte o almeno a prigione perpetua prigionia.

Invece, destino volle che fosse proprio il Doge Falier a finire decapitato dopo accusa di congiura, mentre **Michel Steno**, che se l'era cavata per lo scherzo con una pena leggera, divenne lui stesso Doge nel 1400.

Nello stesso anno 1379, le case del **Piovan di Santa Maria del Giglio**, si valutarono nell'Estimo per 300 lire. In Contrada abitavano ben 26 Nobili Uomini e 2 ricche Nobildonne. Inoltre vivevano lì 8 contribuenti abbienti che prestarono allo Stato Serenissimo ben lire 55.850 per allestire la guerra contro i Genovesi. Vivevano presso la Contrada di Santa Maria del Giglio anche: **Donado Parasù** che versò lire 2.500, **Giacomo Marangon** che versò lire 1.200, e **Vielmo de Zuanne Fustagner** che versò allo Stato: lire 500.
Viceversa, nel 1442 **Rogerio Catoldo**, semplice Prete di Santa Maria Zobenigo, divenne **Arciprete** dell'importantissimo e potente **Capitolo di San Pietro di Castello**. Nel 1453 venne anche processato criminalmente e deposto dalla sua carica perché riconosciuto colpevole di furto nella camera del **Vescovo-Patriarca Lorenzo Giustiniani**.

Poi girò ancora la ruota del Tempo, e il 5 aprile del 1508 il Patriarca di Venezia scrive una minaccia di scomunica contro il Piovano di Santa Maria del Giglio, reo di aver permesso di svolgere più volte nella chiesa: *"... una rappresentazione della Passione con intervento di musicisti: vanissima, impudicissima, scandalossima con larvazioni, scurilità, intervento di persone turpi e meretrici ... con profanazione del Luogo Sacro, disonestazione del Culto, incorrendo in scomunica se verranno perpetuate ancora ..."* (mi ricorda qualcosa ...)

In quello stesso anno vivevano in Contrada di Santa Maria del Giglio 1.091 persone.

Nel febbraio 1519 le Cronache Veneziane ricordano: *"... a **Sancta Maria Zobenigo**, sul campo, fo fato una festa di cacce di tori, et di uno orso con altri fuogi, auctor Domino Zuane Cosaza che abita lì ... Vi parteciparono assai persone ... Anche certi oratori Francesi usciti dal Consiglio col Doge, andarono a vedere, et cadde da un soler, e si ruppe una gamba Zustinian di Sjor Hieronimo Procurator, che si trovava sopra detto soler ..."*

Ci sarebbero mille altre cose da raccontare ... Trascorsero secoli, e nel giugno 1811 Santa Maria del Giglio con la Succursale San Fantìn contava una popolazione di 4.190 Anime, e il Capitolo dei Preti usufruiva di lire 1.989,51 fra *"Rendite Fondiarie e Diritti di Stola"*.

Infine, nel oggi lontano 1820, dopo un po' d'anni dal passaggio per Venezia di un certo Napoleone, la **Fabbriceria di Santa Maria del Giglio**, ossia coloro che gestivano economicamente la chiesa, dichiararono un passivo di 428 franchi. Che triste caduta e rovina di un posto così celebre nel passato ...

L'anno dopo, il filo-Austriaco **Patriarca Pirker** nella sua Visita Pastorale contò, non si capisce bene, se 4.190 o 4.300 o 3.500 **Cittadini** e non più **Anime** (erano cambiati i tempi anche per gli Ecclesiastici) *"... per la maggior parte di civil ed aggiata condizione ..."*. Inoltre alcune Famiglie Nobili s'erano fatte tempo addietro delle chiesette private di famiglia e palazzo. Erano gli **Oratori Privati** dei vari Nobili: **Cappello, Andrighetti, Caotorta, Coletti, Cagliari, Emo, Sassallo, Todeschini, Trois, Visentin, Soranzo** che avevano il loro Prete-Cappellano che celebrava la Messa e le Funzioni solo per loro a domicilio, e già che c'era faceva magari anche da tutore e maestro per i figli ... ovviamente s'intende a pagamento.

Infatti, ben 18 Sacerdoti ruotavano economicamente intorno alla Parrocchia di Santa Maria del Giglio, mentre un Chierico frequentava il Seminario Patriarcale. Stavolta la Fabbriceria dichiara rendite per 5.757 franchi, compresi 300 di pubblica sovvenzione. Il Parroco usufruiva della *"congrua"*: una delle migliori ossia più ricche dell'intera città. *"Al Giglio"* si celebrano 1960 Messe Perpetue, 12 Anniversari e 1686 Messe Avventizie ... un bel patrimonio.

Un certo **Boscoli** *"... chiede che gli sia permesso di terminare di riedificare il campanile, essendovi una Compagnia di Devoti che concorrerebbero alla spesa prevista di 30.000 franchi ... permesso già invocato più volte e che non si è potuto mai conseguire ... tanto più che ci sono già le campane..."*

Qualcun altro, chiese *"... di far tramontare la Festa al Teatro dell'Arena ch'è molto scandalosa per la chiesa e la Parrocchia ... anche perché v'intervengono l'ultima feccia del popolo, cioè meretrici, ebrei e similari..."*

Infine, nel 1827 risultavano presenti in Contrada e Parrocchia di Santa Maria del Giglio, ben 634 poveri, di cui 81 godevano di sussidio giornaliero continuativo, e altri 283 di un sussidio straordinario di malattia e disoccupazione. In zona, non c'è nessuna scuola pubblica e nessuna levatrice.

Curiosità queste sottoposte alla vostra voglia di leggerle ...

***

_____*Il post su Internet è stato scritto in origine come: "Una curiosità veneziana per volta." - n° 28, e pubblicato su Google nel giugno 2013.*

UNA CHIESA INVISIBILE, NASCOSTA A RIALTO

La chiesa di **San Giovanni Elemosinario a Rialto** sembra una chiesa invisibile, nascosta. Una chiesa che non c'è. Non solo perché una grossa parte dei Veneziani non sa neanche che esista, ma anche perché è davvero mimetizzata dentro le case della Contrada che porta il suo stesso nome.

A sedici anni, da *"buon veneziano"*, mi sono riproposto di visitare tutti i monumenti, i musei, i palazzi importanti e le chiese di Venezia. Mi sono pure fatto una lista in un quadernino, che spuntavo meticolosamente. Dopo quaranta anni quella lista non è stata ancora evasa del tutto, perché certi luoghi, soprattutto certe chiese e monasteri, sono stati chiusi e abbandonati per sempre.

Durante i miei vagabondaggi per Venezia, della chiesa di San Giovanni Elemosinario vedevo solo il tozzo e severo campanile che spuntava sopra le case, ma non vedevo né trovavo la facciata e l'entrata, nonostante m'infilassi in tutte le callette intorno. La prima volta non sono proprio riuscito ad entrarci, anche perché non c'erano appesi i cartelli per i turisti come ci sono oggi.

Insistendo, girando e rigirando, la seconda volta ce l'ho fatta, e sono finalmente entrato dentro alla chiesa. Era un pomeriggio d'inverno verso Natale. La chiesetta era buia ma *"vestita a festa"*, come si usava fino a qualche tempo fa parare le chiese Veneziane *"per le Feste"* ricoprendole di velluti, drappi, soprarizzi e mille altre cose decorate e preziose che conferivano un senso di festosità agli edifici inducendo maggiormente alla devozione e al culto dei Fedeli.

Sono rimasto subito colpito dalle pareti avvolte nella penombra totalmente tappezzate e coperte di quadri. **San Zàn Elemosinario o de Rialto** è un gioiellino di chiesa nascosto, seppure immerso, e proprio a due passi dal vivissimo **Emporio di Rialto**. Un'oasi di tranquillità e bellezza infilata dentro alla kasbah del mercato Mediterraneo ed Europeo.

In contrasto con tutto questo, c'era dentro alla chiesa una sola vecchietta minuta, avvolta in un grosso scialle di lana nero, che *"rosariava"* a voce alta da sola, seduta su una delle panche antiche scure e intarsiate. L'unica luce flebile era quella di uno sparuto gruppo di mozziconi di candela accesi accanto all'Altare Maggiore.

Per me lì dentro c'era davvero un'atmosfera mistico-magica stupenda, non sarei più andato via, una sensazione emotiva che conservo ancora adesso, e che non ho provato più tornando lì dentro dopo che è stata riaperta e restaurata.

Poi c'è un'altra cosa che ricordo chiaramente e bene: lo sguardo davvero torvo e inquietante dell'anziano Parroco vestito di nero talare, col tricorno dal fiocco nero intesta, immobile sullo stipite della porta della minuscola sacrestia dentro al piccolo Presbiterio dell'Altare Maggiore. Avvolto anche lui nell'ombra, non mi ha perso di vista un solo istante. Nel buio i suoi occhi brillavano dietro ai suoi pesanti occhiali ... Non l'ho più dimenticato. Mi pare ancora adesso di vederlo fermo nel suo angolo da cui controllava quasi non visto e confuso col resto chi andava e veniva.

Vista la sensazione che ho provato, negli anni seguenti ci sono passato e ripassato diverse volte. Poi la chiesa è rimasta chiusa *"in restauro"* per decenni quasi dimenticata da tutti.

Ora da qualche anno è stata restaurata e riaperta. Si può entrare a visitarla pagando regolare biglietto, eccetto per i Veneziani che entrano gratuitamente documento di residenza alla mano. Ma non è più il **San Zàn Elemosinario** di un tempo: oggi è una chiesa-museetto pulita e luminosissima ... Non sembra neanche più lei, perché ha perso tutto *"il vissuto"* originale di allora.

Direte: *"La solita chiesuola veneziana ! ... Una delle tante."*

A Venezia quasi nulla è banale, anche le cose più piccole. Figuriamoci un posto così. **San Giovanni Elemosinario o San Zuane de Rialto** si trovava nell'antica **Ruga Vecchia o Ruga degli Oresi**, ed era una delle chiese dei

Dogi che ne eleggevano e nominavano direttamente Pievano e Preti Titolari.

Nel 1071 e verso la fine del 1300 a *San Zuane di Rialto* cadde il campanile dove c'era la campana chiamata *"Rialtina"* che suonò fino al 1848 da ottobre a Pasqua alla terza ora di notte dando il segnale di spegnere tutti i fuochi dell'Emporio di Rialto per la chiusura notturna.

Nel 1326 gli **Ufficiali Sopra Rialto** chiesero l'allontanamento dei *Bastazi ossia dei Facchini* delle aree del mercato di Rialto prossime alla chiesa di San Giovanni, per evitare l'eccessivo disordine, gli improperi e gli schiamazzi durante il lavoro.

Dal 1341, il *Notaio Omobòn* di Venezia divenne Piovano di San Zuane Elemosinarlo, e in seguito anche *Arciprete del Capitolo Vescovile di San Pietro di Castello*: era il massimo raggiungibile e desiderabile per un Prete di Venezia.
Arrivato il 1379 nella lista dei prestiti volontari per la guerra dei Veneziani contro i Genovesi, la cifra raccolta nella *Contrada di San Giovanni Elemosinario* fu molto elevata: lire 141.853. Il denaro proveniva soprattutto dalle persone del Mercato di Rialto: *Commercianti, Mercanti, Spezieri, Callegheri, Orefici, Beccheri, Naviganti, Banchieri e Notai.* Ma c'era anche persone qualsiasi della Contrada che offrirono contributi assieme ai 21 Nobilhomeni e 1 Nobildonna, e ai 7 contribuenti abbienti.

Fra 1398 e 1410 si costruì l'attuale campanile quadrato in stile gotico, che conteneva un famoso orologio a congegno creato da *Mastro Gasparo Ubaldini degli Orologi da Siena*.

"... sona le ore, et vene fora uno galo, el qual canta tre volte per ora".

L'orologio col gallo ritmava le attività del Mercato Rialtino, e segnalava le fasi dell'apertura e chiusura delle botteghe con l'inizio della sorveglianza notturna, la chiusura e apertura di chiavi e cancelli, il tempo in cui occorreva limitare lumi e candele. Il campanaro era anche il responsabile dei fuochi dell'area del Mercato, e la campana che *"... dava il segno delle veglie"* venne sostituita più volte perché a forza di suonarla si *"spezzava"* spesso.

Proprio nel luogo centrale del grande Emporio mediterraneo di Rialto, nel cuore di Venezia secondo solo a San Marco, c'era perciò quella chiesetta strategica e significativa. Lì sorgeva fin dal 1397 grazie ad un lascito testamentario di Tommaso Talenti il **Gimnasium Rivoaltinum** che esprimeva un Umanesimo detto Mercantile con un peso anche politico sull'intera vita politica, culturale e sociale della città. Si trattava della famosa **Scuola di Rialto** che il **Piovano Paolo della Pergola** amante d'Aristotele, cercò perfino di trasformare in **Università di Venezia** lottando contro il volere sospettoso della Serenissima che prediligeva e vedeva soltanto Padova come Studio e Università.

La **Scuola Realtina** era scuola di **Filosofia, Logica, Retorica, Teologia, Matematica e Letteratura** davvero prestigiosa. S'insegnava anche la **Mistica dei Numeri, Geometria, Astronomia e la Pratica delle Arti**.

Poco distante sorgevano i luoghi delle **Magistrature dello Stato**, che controllavano **Arti e Mestieri**, e s'architettavano e progettavano e assicuravano i capitali, le merci e i viaggi per il Levante e i posti più remoti dell'Asia, dell'Africa e dell'Oriente.

Non era un caso che esistesse un luogo del genere a Rialto, perché lì convergevano mercanti provenienti da mezzo mondo. E assieme alle merci, all'oro, le sete, i manufatti e le spezie portavano da posti lontani anche le idee, pensieri, modi e visioni del mondo e del vivere diversi che arricchivano e aprivano gli orizzonti culturali ed economici della Serenissima.

In questo Venezia è sempre stata non solo tollerante, ma anche aperta e curiosa nel conoscere, sapere e capire tutto ciò che era diverso, utile, potente e nuovo ... e possibilmente redditizio.

Anche il 10 gennaio 1514 accadde un grande incendio a Rialto descritto nei famosi **Diari di Marin Sanudo.** Perciò anche la chiesetta di San Zuàne Elemosinario che aveva il tetto tutto fatto di legno andò completamente distrutta.

"... tenendo una olla con fuoco in bottega, cadde una faliva che incendiò delle tele. Le guardie di Rialto non furono velocissime ad intervenire, per cui cominciarono ad ardere delle botteghe alle due di notte. Le botteghe di tele e di cordaruoli appiccicarono il fuoco l'un l'altra, per cui ci fu un grandissimo fuoco sostenuto da potente vento da grieco e tramonatana, con un freddo intollerabile ... Il fuoco crebbe, e in poche ore si bruciò tutta Rialto dalla parte del Canal Grande, le volte e gli uffici dei Camerlenghi, et di qua dove c'erano le scale che andavano di sopra ... Campana a martello suonava a San Zuanne (San Giovanni Elemosinario). E' una grandissima compassione a veder, né mai credo per foco sia stà visto tanta orribilità et però fo sì grande incendio, restò in piè il campaniel di San Zuane ..."

In seguito, fra 1527 e 1539, la chiesa fu rinnovata con ben 7 altari dall'architetto **Antonio Abbondi detto lo Scarpagnino**, sotto il governo del **Parroco Nicolò Martini**, e riconsacrata il 28 settembre 1572 per mano di **Daniel Vocazio Vescovo della Dalmazia**.

Nel 1633 si costruì un nuovo Altar Maggiore rialzato con una cripta sottostante, e in quell'epoca i parrocchiani erano in tutto solo 150 perché il territorio della Parrocchia era quasi tutto costituito da botteghe, magazzini, stazioni e volte del Mercato di Rialto. Fra 1661 e 1740, infatti, in Contrada si contavano fra 549 e 682 botteghe: la concentrazione commerciale Veneziana più significativa.

Il 28 aprile 1773, un altro grave incendio arse in *"**Ruga Vecchia di San Giovanni di Rialto**"* la bottega d'uno Speziale, di cui erano proprietari i Frati di San Nicolò del Lido.

Alla fine della storia della Serenissima, nel luglio 1796, la contrada misurava 3.596 passi, ed aveva 289 persone abili al lavoro fra 14 e 60 anni con 234 padroni in 682 botteghe.

Infine, nel dicembre 1807 con lo sconquasso portato a Venezia da un certo Napoleone Bonaparte la parrocchia con 2.000 persone venne abolita e unita a quella di **Sant'Aponàl**. Terminò così in maniera squallida la storia di quella chiesuola coccola nascosta agli occhi di tutti, fuorchè degli antichi Veneziani che l'apprezzavano e la frequentavano tantissimo.

San Giovanni Elemosinario, in definitiva e a mio parere, è un bijoux, un gioiellino letteralmente foderato di pitture e affreschi, un tesoretto nascosto con ogni tela e ogni pietra che racchiude una storia. Perfino il pavimento che si calpesta avrebbe mille cose da raccontare ... e quella **Cripta** scomparsa ad esempio ?

Provate ad andare a vedere, e capirete quel che vi vado dicendo e raccontando.

Vi sembrerà infine stupido, ma ancora oggi, ogni tanto e raramente, mi vado a ficcare dentro a quella chiesina perduta e nascosta. Rimango lì dentro dieci minuti, non di più. Me ne sto immobile, a godermi quella devastante quiete fuori dal Tempo. Solo in lontananza si odono le eco del mercato di fuori, e i soliti rumori dei turisti e della vita di sempre di Venezia ... Però in quell'angolo accanto all'altare mi sembra ancora di individuare quello sguardo torvo e inquietante di un Tempo ... che forse non se n'è mai andato, e aspetta di scrutare attentamente tutti coloro che entreranno ancora lì dentro.

***

_____*Il post su Internet è stato scritto in origine come: "Una curiosità veneziana per volta." - n° 36, e pubblicato su Google nel settembre 2013.*

SAPRESTI RICONOSCERE QUESTA CHIESA VENEZIANA ?

Solo le stelle rimangono immobili, sempre le stesse ... anche se non è proprio così neanche per loro. Di certo noi, *"di sotto al Cielo"*, siamo molto cangianti e transitori. Il tempo inesorabile spazza via e cancella buono e cattivo, lasciando solo pallide tracce e rovinose macerie.

Basta un pugno di anni di dismissione e abbandono di certi luoghi, che il posto decade e si trasforma vestendo presto il volto dello squallore.

Qualche giorno fa, per un colpo che considero fortunato, ho rivisto una chiesa di Venezia chiusa e dismessa da almeno trent'anni se non di più. Entrandovi, sembra vi sia esplosa dentro una bomba, e vi si sia istallato a viverci *"Sjor Squallore"*. L'impressione è davvero sconfortante, si prova l'impressione d'entrare dentro a un luogo morto oltre che rovinoso. Una specie di capsula temporale mangiata dal tempo e dimenticata dagli uomini. Eppure lì dentro di cose e storie ne sono accadute ... tantissime.

Quando si chiudono ambienti di quel tipo, fino a ieri frequentati e vissuti, incomincia a calare la polvere. Quella è la prima novità, il primo affronto, e tutto si coprirà sempre più di uno spesso mantello bianco impalpabile, che diventerà sempre più consistente e vistoso. A questo si aggiungerà il disordine progressivo, perché non ci sarà più nessuno che ricollocherà le cose al proprio posto mantenendo la solita armonia e compiutezza che possedeva quel luogo.

In seguito, il posto verrà privato ad ondate progressive delle cose che contavano e valevano di più. Sono spariti uno dopo l'altro i calici, gli argenti, le decorazioni di valore o perlomeno considerate tali. Ed è apparso così qualche buco e vuoto in quella che era la scenografia completa del solito ambiente vissuto e frequentato. Piano piano è accaduto uno smantellamento di tutto quello che c'era di prezioso e ancora riutilizzabile, o almeno si è rimosso e sottratto a mani profane e inabili le cose considerate più prettamente religiose. In quel contesto sono scomparse le suppellettili sacre, i libri liturgici, gli oggetti e i paramenti dei riti. Una parte di certo è stata collocata in deposito altrove, in qualche chiesa vicina, o presso qualche Monastero di Monache, oppure affidata a nuove chiese, o rifilata forse in qualche magazzino del Museo Diocesano. Un'altra parte ancora, quella meno preziosa, è finita di solito con l'essere alienata e asportata da visitatori e mani invisibili, che hanno provveduto a collocare "i pezzi" nel circuito anonimo degli antiquari e dei mercatini della città. Più di qualche volta a compiere questo ulteriore tristo svuotamento sono state persone *"di casa"* considerate affidabili e devote, che, invece, hanno attivato questo scempio e questa spogliazione facendo man bassa di tutto quel che potevano arraffare e riciclare. Parenti di Preti, conoscenti, opportunisti delle Parrocchie limitrofe, cacciatori d'occasioni e di arrotondamenti facili. Esiste tutta una gamma di persone del genere, che è inutile fingere non esistano, perché ogni volta capitano puntuali come sciacalli sulla malcapitata preda di turno.

A chi non è capitato di ritrovare sulle bancarelle di Venezia pezzi sparsi considerati di scarso valore e d'ignota provenienza, con ancora nome e cognome della chiesa o dei Preti scritto sopra ?

"Può capitare ..." è la spiegazione massima, che si ottiene di solito.

Accaduto questo, sono rimasti solo i muri e gli ambienti spogli, o perlomeno occupati da cose inamovibili o d'improbabile collocazione sul mercato. Chi vuoi che si vada a comprare una serie di *"banchi di chiesa"* o delle opere d'arte di artisti famosi catalogati dalle Sovrintendenze e segnalati in tutte le guide storiche e artistiche di Venezia ? Nessuno ... troppo rischioso, sono materiali che scottano e che è meglio lasciarli lì dove sono anche se andranno in rovina del tutto.

Assieme a questo, rimarrà ancora a disposizione delle ulteriori *"passate privatorie"* tutta una serie di materiali considerati accessori e *"di poco conto"*, che via via si assottiglieranno dopo ogni visita epurativa. Drappi, decorazioni, quadreria minore, lampade d'ottone, vasi, arredi devozionali, opuscoli e libri d'uso comune e quotidiano ... e molto altro ancora.

Intanto l'abbandono e il disfacimento a questo punto sarà più che iniziato e avanzato. Ci penseranno le intemperie, gli animali e l'incuria a procurare i primi guasti. Accadranno infiltrazioni piovane o dell'acqua alta che nessuno provvederà quasi mai a revisionare, ripulire e risanare. Attraverso le finestre contorte dal caldo-freddo, sfondate, o intaccate e marcite dall'umido, entreranno gatti, ratti e i colombi che imbratteranno e rovineranno progressivamente tutto quel che è rimasto scavando tane, costruendo nidi, e infarcendo tutto l'ambiente di escrementi, piume, pelo e molto altro ancora.

Potrà accadere anche che s'infiltri dentro a bivaccare qualche persona, che non si farà scrupolo, come è già accaduto, di svellere altre parti minute, bruciare qualche panca per scaldarsi, riutilizzare in maniera impropria e a piacimento oggetti inizialmente destinati all'uso della chiesa. Tempo fa, ad esempio, un vagabondo entrato in uno di questi luoghi s'è creato indisturbato una vera e propria capanna di legno confortevole utilizzando gli arredi di chiesa rimasti: parti di confessionali e rivestimenti lignei, dossali delle pareti, la porta della cantoria dell'organo, e altre cose del genere ... Nessuno l'ha mai fermato né disturbato.

Allo stesso tempo per qualcuno potrà tornare utile anche rimuovere tutta quella parte metallica che si potrà collocare agilmente presso qualche robe-ferrivecchio poco curioso, o presso qualche rivendugolo di minutaglia e bigiotteria. In questa fase spariranno dall'ex luogo sacro i cancelletti, le balaustrate, le serrature, le maniglie, gli anelli, gli infissi, le catene dei lampadari, le spranghe e i catenacci delle porte e perfino le sbarre delle finestre... Qualcuno è riuscito perfino a piazzare abilmente anche le lunghe corde delle campane ancora in buona condizione.

Poi, potrà accadere, ma non è detto, un momento di sosta in questo degradante declino progressivo. Qualche *"anima pia"* potrà tentare un provvidenziale recupero e il riutilizzo temporaneo degli ambienti nel tentativo estremo di arginare la rovina totale ormai incipiente. Dopo una sommaria pulizia dei calcinacci e di tutta la sporcizia accumulata e rimasta, e forse dopo un'imbiancata *"leggera e veloce"* di qualche parte dei muri inumiditi e chiazzati, si riuscirà a riaprire brevemente il posto, magari utilizzandolo come sede di qualche mostra estemporanea di pittura, o per ospitare qualche ciclo artistico della Biennale d'Arte di Venezia, o affidandolo all'estro di qualche artista, fotografo, o magnate di passaggio in vena di trastullarsi e cimentarsi in qualche forma artistica o presunta tale.

Per allestire questo s'ammucchierà alla rinfusa il poco rimasto in qualche magazzino o nella sacrestia della chiesa rovinosa. E lì quelle poche cose rimarranno praticamente per sempre accatastate e ingrovigliate in un caos indescrivibile e inestricabile privo di senso. Di solito, dopo la manifestazione provvisoria la spaziosa aula della chiesa rimarrà deserta e vuota, magari con i resti dell'ultimo allestimento lasciati lì a stridere davanti agli occhi con la loro incongrua presenza rispetto a quello che era lo stile artistico prevalente del monumento.

Poi si attraverserà un altro periodo prolungato d'assoluto abbandono, e accadranno ulteriori danni spesso strutturali dovuti all'incuria e all'azione del tempo. Inizieranno a cadere finestre e lucernari, cadranno intonaci e parti del soffitto, s'incrineranno travi portanti, sul vecchio pavimento divenuto a gobbe s'apriranno buche, si sfonderanno le antiche tombe a volte aperte a caccia di chissà quali tesori nascosti, e marmi e decorazioni scostati e rimossi acquisiranno collocazioni insolite, innaturali o accatastamenti approssimativi in qualche angolo. Si vedranno statue storte, qualche Crocifisso pendulo o privato del suo solito *"Illustre Ospite"*, quadri delle comunissime Via Crucis caduti a terra, col vetro sfasciato in mille frammenti sparsi ovunque, e qualche pala d'altare deposta per terra o distesa in un angolo, magari coperta da stracci e teli polverosi e coperti di sporco.

Mi piace talvolta immaginare questi ambienti com'erano stati un tempo. Magari fino all'ultimo giorno in cui sono rimasti attivi, frequentati e aperti al Culto e ai Devoti Veneziani. Penso solo per un attimo all'ora dell'ultima chiusura definitiva, quando si è andati a spegnere l'ultimo mozzicone di candela fumante, e sbarrare e chiudere a chiave per sempre il pesante portone d'ingresso, facendo sferragliare i catenacci ancora unti.

Immagino l'ultima Messa celebrata dall'ultimo Prete, gli ultimi suoni di campana, l'ultima suonata dell'organo, le ultime vecchierelle che accorrevano a ogni *"sbatacchio di chiamata", e* l'ultimo sacrestano che ha aperto, curato e chiuso per sempre la chiesa.

Poi è iniziata quella stagione di penombra silenziosa sempre uguale, ed è iniziata a scendere la polvere, silenziosa anche lei, sempre più soffice e abbondante. Mentre i giorni si sono susseguiti uno dopo l'altro identici, la luce del giorno ha fatto il suo solito giro entrando dalle finestre di una parte, e via via giungendo a spegnersi nel tramonto dalla parte opposta filtrando attraverso i vetri rotti e opacati ... senza che entrasse più nessuno.

Chi passa di fuori nota solamente la facciata smunta, sempre uguale a se stessa, racchiudente un qualcosa che la mente fatica sempre più a ricordare, o non ricorda proprio più. Nel solito spontaneo pensare distratto, s'immagina che possa contenere ancora qualche tesoretto, oppure quell'impasto di ambiente vissuto e caldo, quell'alone di spiritualità silenziosa, quel posto da Rito e Devozione, quell'ordinato e intenso vissuto lasciato chiuso dentro la sera dell'ultima chiusura.

Tutta sembra rimanere chiuso immobile come per magia, come dentro a un sogno fatato, finchè casualmente qualcuno riuscirà di nuovo a posarci dentro gli occhi, e ne scoprirà, invece, il desolante sconquasso e abbandono. Quel posto di un tempo non esisterà più ... e ti verrà da chiederti se possa mai essere esistito.

Non rimarrà che immaginarlo, ricostruirlo dentro se stessi assommando stralci di pagine, vecchie foto rare, pagine di Storia, qualche vecchia stampa o dipinto se c'è ancora in giro, e qualche notizia sparsa dentro alla miniera di cose veneziane vissute e molto spesso dimenticate.

Entrare in posti del genere suscita in me un senso di grande tristezza misto a nostalgia ... e anche un po' di rabbia, perché sento che lì dentro è andato perduto un altro pezzettino di Venezia, un'altra parte di quel tesoro preziosissimo inestimabile.

Forse ha ragione la vecchina con cui parlavo l'altro giorno.

"Venezia è una vecchia bella Signora ... ma piena di rughe e sdentata, che spesso lascia uscire da se un alito marcio di vita ormai trascorsa e vissuta..."

***

Il post su Internet è stato scritto in origine come: "Una curiosità veneziana per volta." - n° 38, e pubblicato su Google nel settembre 2013. Se non sospettate ancora quale possa essere la chiesa a cui mi riferisco, è San Beneto a pochi passi da Rialto.

SAN SEBASTIANO ... UN BIJOUX CON UNA STORIA

La chiesa di San Sebastiano è di certo un bijoux, un altro dei grandissimi gioielli carichi d'arte e storia veneziani. Esistono splendide edizioni specialistiche che ne decantano le bellezze e ne sciorinano la storia, e quindi non tocca certo a me descriverne lo splendore. Però fra le righe delle tante cose ben dette e ben scritte esiste una piccola *"terra di nessuno"* piena di briciole e di notizie che son di tutti. E' lì che si colloca quest'ennesima *"Curiosità Veneziana"*.

All'inizio delle sue vicende, circa nel 1380, il piccolo sito all'incrocio fra il **Rio de San Bastiàn** e il **Rièlo de San Bastiàn** oggi interrato è stato il luogo di una classica storia veneziana di devozione, carità e riconoscenza ... l'ennesima. Un nuovo tipo di fraticelli austeri i **Gerosolomini** dal nome contorto e quasi impronunciabile, fondati dal **Beato Pietro Gambacorta da Pisa**, si affacciarono in laguna in Contrada dell'**Anzolo Raffael** incontrando subito le simpatie dei Veneziani che li chiamarono *"I Romiti di San Girolamo"*.
Nel 1393 si unì ai Romiti un certo **Frate Angelo da Corsica** del Terzordine Francescano che possedeva un **Ospizio** in contrada dell'Anzolo oltre a molti altri luoghi in Romagna. Fu così che due anni dopo sorse un primo Ospizio per i poveri, seguito dopo altri due anni da un piccolo Oratorio intitolato a *"Santa Maria Assunta piena di Grazia e di Giustizia"* con i contributi versati dal Nobile Patrizio Veneto Sacerdote **Leonardo Pisani** e delle elemosine di **Frate Giovanni da Ravenna**.

Fra 1405 e 1455 si iniziò a costruire *"con grande concorso di popolo nel sostegno della spesa"* una nuova chiesa più grande con annesso capiente Monastero. I lavori terminarono tredici anni dopo e la nuova chiesa orientata verso Est fu dedicata alla Madonna ma aggiungendovi anche San Sebastiano dal quale gli abitanti della Contrada si sentirono protetti e salvati durante la peste del 1464. Tanto è vero che in parecchi si riunirono nel 1470 in una Confraternita devota ospitata nella stessa chiesa e intitolata allo stesso San Sebastiano.

Ma fu solo nel 1505 che i Gerosolomini vollero ricostruire tutto di nuovo e innalzare il grande complesso monastico che è giunto quasi intatto fino a noi. Esiste ancora la raccolta dei documenti che hanno registrato le donazioni dei fedeli e le spese intraprese per demolire la vecchia chiesa e realizzare il nuovo capolavoro orientato stavolta verso Ovest realizzato dall'architetto **Antonio Abbondi detto "lo Scarpagnino"** astuto commerciante in pietre e capo-gestore a distanza di una nutrita schiera di tagliapietre, muratori, decoratori e fadiganti.

Tre anni dopo s'iniziò a costruire accanto il nuovo convento, e solo nell'estate di cinque anni dopo si giunse a ricoprirlo col tetto completando l'opera, mentre nella chiesa si continuò fino al 1534 con un nuovo ciclo di lavori di completamento delle tre cappelle maggiori.

Fu negli otto anni successivi, fino al 1542, che accadde una lunga stasi dei lavori in San Sebastiano *"... perché i Romiti si scatenarono"* come molti degli altri Preti, Frati e Monache della società di Venezia e dell'intera Europa di quell'epoca. Nel convento accadde un vero e proprio bailamme.

La crisi cominciò nel 1535 quando fu eletto **Rettore Generale Fra Mansueto da Tiberiaco** che si dimostrò essere un fomentatore formidabile di disordini e scandali con gravi problemi disciplinari. La Congregazione dei Gerosolomini affrontò la questione quando fu eletto Pontefice **Paolo III** che dispose immediatamente una serie di visite ispettive. Le relazioni del 1534 non lasciarono dubbi raccontando: *"Nel Monastero sono presenti trenta Frati Eremitani di San Girolamo senza contare i forestieri che continuamente vanno e vengono ... Si pagano 12 ducati per un Maestro di Grammatica che abita in Monastero ed altri 12 ducati a un organista ... Soprattutto i Frati sono girovaghi, discoli, scillerati e inobedienti ... la Congregazione è corrotta e confusa, non vive più una vita ispirata all'originario ascetismo ... ma è eccessivamente mondana e libertina, senza rispetto per la disciplina ecclesiastica, senza timore di Dio e senza onore ... in cui i pochi frati buoni, se ce ne sono, sono screditati dalla moltitudine dei cattivi..."*

La reputazione dei **Frati di San Bastiàn** a Venezia era pessima, rovinata, e di conseguenza crollarono le entrate, le elemosine e i lasciti al convento. Addirittura attorno al convento di San Sebastiano, si creò un clima incandescente. La popolazione della Contrada dell'Anzolo e di Venezia manifestò vigorosamente contro i Frati e i loro comportamenti sconvenienti giungendo ad affiggere in giro dei manifesti raffiguranti *"... demonii depinti et frati incatenati ..."*

Finalmente nel 1539 **Papa Paolo III** si decise e destituì Fra Mansueto da Tiberiaco lanciando l'interdizione e la scomunica contro la chiesa e il convento di San Sebastiano.

Al suo posto nominò Vicario Generale Apostolico un certo **Fra Bernardo Torlioni da Verona** nato nel 1494 incaricandolo di ricoprire il Generalato vacante e di riformare la Regola della Congregazione allo sbando, cosa che questi fece prontamente nel 1541 riformando le antiche *"Costituzioni dei Romiti di San Girolamo"*.

La nuova regola suscitò controversie e discussioni tra i Frati e nel Capitolo Generale del 1542 la carica di Rettore Generale della Congregazione andò al più tollerante **Fra Remigio da Villafranca**, mentre Fra Torlioni fu relegato a Priore del solo convento di San Sebastiano a Venezia dove rimase per ben ventitrè anni fino al 1570.

Ed è qui, al centro di tutto quel *"casotto storico"*, che si collocò fra storia e leggenda la vicenda dell'illustrissimo pittore **Paolo Caliari sopranominato il Veronese** sepolto ancora oggi in San Sebastiano. Aveva incominciato a dipingere a Venezia nel 1550 realizzando una pala d'altare per la **Cappella dei fratelli Giustinian in San Francesco della Vigna**. Riconosciuto come *"... artista e pittor abile, original et bravo ..."*, negli anni 1553-1554 fu chiamato a dipingere i soffitti delle sale del Consiglio dei Dieci, in Palazzo Ducale.

In seguito, secondo la tradizione, Paolo Caliari detto il Veronese, di 27 anni, fu indotto a vivere in San Sebastiano come in prigione per un certo tempo e fino alla morte per aver offeso un potente, e aver ucciso un insultatore.

Fu lì quindi che il determinato Priore Torlioni divenne il principale committente di Paolo Veronese per la splendida decorazione della chiesa e della sagrestia che possiamo ammirare oggi.

Fra **Bernardo Torlioni** aveva in mente un programma iconografico semplice e chiaro: la decorazione pittorica dell'intera chiesa di San Sebastiano seguendo il tema allegorico del **Trionfo della Fede sull'Eresia**.

Si iniziò con la decorazione del soffitto della sacrestia con *"Scene dell'Antico Testamento"*, a cui seguì fino al 1556 la decorazione in tre scomparti del soffitto a cassettoni della navata della chiesa ispirata al **Libro di Ester** pagato con 240 ducati al Veronese.

Fra il 1543 e il 1549 furono completati gli arredi lignei della sagrestia, fu eretto il campanile su disegno dello Scarpagnino ornato con cuspide a cipolla e con mattonelle invetriate colorate, si portò a termine la facciata col rivestimento in pietra d'Istria e si lavorò all'ampliamento dell'originario coro pensile che correva lungo la controfacciata interna della chiesa.

Per finanziare tutte quelle opere Fra Torlioni aveva bisogno di molti soldi, perciò il 26 novembre 1542 concesse al **Nobile Patrizio Veneto Marcantonio Grimani** di costruirsi una cappella privata in San Sebastiano. Fra i testimoni del solenne giuramento con cui i Frati del Capitolo di San Sebastiano s'impegnavano nella Sala Capitolare davanti al **Notaio Antonio Maria de Vincenti** a custodire e curare in perpetuo la Cappella di famiglia Grimani con i suoi ornamenti in cambio di una ricca Mansionaria quotidiana e perpetua c'era il pittore Paolo Veronese. Marcantonio Grimani figlio di Francesco, non era un Nobile qualsiasi, era un **Senatore** famoso e attivissimo nella scena politica veneziana schierato a favore della pace con i Turchi. Fu inoltre **Savio di Terraferma, Podestà di Padova, Procuratore de Ultra** e perfino ballottato nel concorso per diventare Doge. Quando morì a 78 anni nel febbraio 1566 fu seppellito sotto la predella del suo altare in San Sebastiano che aveva beneficiato per gran parte della vita.

La pensata della cappella privata concessa ai Grimani fu geniale, perché fu la prima di una serie di sei costruite e concesse in San Sebastiano fra 1542 e 1554 ai **Nobili Pellegrini** e altri garantendo un bel flusso d'entrate e capitali nelle casse del convento: *"… in cambio di Messe e Orazioni celebrate dai Frati in suffragio e per la salute delle anime dei Nobili Patrizi…"*

Nel 1557 si realizzò la pavimentazione della chiesa, e dal 1558 Paolo Veronese riprese a lavorare agli affreschi della chiesa superiore, e nello stesso anno realizzò i disegni per i complementi architettonici della Cappella Maggiore: l'altare, le finestre e la cassa dell'organo con 10 registri a una tastiera realizzato in ottobre da **Alessandro Vicentino**.

In un anno Veronese dipinse le portelle dell'organo e il parapetto con la *"Presentazione di Gesù al Tempio"*, la *"Piscina Probatica"* e la *"Natività"*. Nel 1559 Veronese fu un fiume in piena: decorò con affreschi la parte superiore della navata centrale con i *"Padri della Chiesa"*, *"Profeti"*, *"Sibille"* e diversi personaggi biblici, e consegnò il disegno per i sedili del coro dei Frati che decorò con episodi della **Vita di San Sebastiano**.

Non pago e domo, quasi febbricitante … fra 1559 e 1561 eseguì la pala per l'Altare Maggiore: *"Madonna in gloria con San Sebastiano e Santi"*, mentre nel 1562 dopo la fine dei lavori di sistemazione del Presbiterio ne affrescò la cupola.

Il 19 aprile dello stesso anno la chiesa di San Sebastiano fu consacrata da **Gianfrancesco Rossi Vescovo di Osseno** e l'altar maggiore da **Michele Jorba Vescovo Arcusense in Tracia**.

Nel 1564 il monastero registrò il pagamento di 12 ducati annui per l'organista, la spesa di 15 ducati per la festa di San Sebastiano, e la concessione di un nuovo pagamento a Veronese per due tele laterali del Presbiterio: *"San Marco e San Marcellino condotti al martirio"* e *"Martirio di San Sebastiano"*.

Non ancora stanco di dipingere, nel 1567 disegnò per il Refettorio dei Frati i banchi, i tavoli, e il grande quadro con *"La Cena in casa di Simone"* pagato nel 1570 e terminato forse tre anni dopo.

Nel 1581 i Frati chiamarono **Giulio Soperchio Vescovo di Caorle** a consacrare altri nuovi altari, e nel 1588 l'antico Oratorio della Beata Vergine della Pietà incorporato nella chiesa venne concesso al **Nobile Paolo Lolin** che commissionò una tavola a mosaico con la *"Conversione di San Paolo"* e si fece poi tumulare dentro insieme al fratello Giovanni.

Nel 1600 le vicende di San Sebastiano ebbero ancora qualche sussulto. Accaddero continue discordie con il clero dell'Anzolo Raffael che il Papa in persona ricompose stabilendo un contributo annuo obbligatorio da parte dei Gerolomini di ½ libbra di cera bianca e di una rendita a favore della Parrocchia dell'Anzolo.

Non s'interruppero i lasciti e le donazioni a favore di San Sebastiano. Si racconta dei lasciti testamentari da parte della **Nobildonna Patrizia Veneziana Lucrezia Corner** che volle essere vestita in morte con l'abito delle francescane di Santa Croce, a cui lasciò 20 ducati, e altri 20 ducati annui a sua sorella Suor Prudenzia Monaca nello stesso Monastero. Volle inoltre essere accompagnata alla sepoltura dalle Monache di quel convento che nominò sue esecutrici testamentarie, e chiese anche di essere seppellita nella chiesa di San Sebastiano con suo marito lasciando una somma destinata a celebrare 1 Messa di Suffragio due volte la settimana nella stessa chiesa

La zona dei Frati, che in quel secolo e fino alla fine del seguente possedevano a Venezia rendite annue d'affitto d'immobili per 255 ducati, rimase turbolenta. Nel febbraio del 1615 **Ser Pietro Vitturi** figlio del defunto ZuanBatta, fu ucciso con un'archibugiata di notte a San Sebastiano, mentre se ne tornava a casa: *"... et fu detto esser stato un suo Prete di casa con sospetto che fosse partecipe con Caterina Marcello sua moglie..."*

Fra 1625 e 1630, anno della tremenda peste Veneziana ricordata dal voto della Basilica della Salute, *"... la Signoria e il Collegio della Serenissima ebbero di nuovo da considerare e sedare nuovi contrasti tra il Generale dei Gerolamini di San Sebastiano e alcuni suoi Frati disobbedienti ... per la maggior parte effetti di fattioni e passioni de' religiosi ... e per la concessione a loro in enfiteusi di 80 campi arativi, prativi e boschivi da tempo abbandonati ..."*

Nel corso del 1700 la storia di San Sebastiano, invece, è solo noia totale. Si nota solamente che nel 1756 si tolsero dalle volte del chiostro del convento le tele con soggetti sacri dipinte da **Simone Forcellini detto Simoncino**, e s'intonacarono di bianco i muri al loro posto, e che in seguito all'inizio del 1800 in occasione del Concistoro in isola di San Giorgio Maggiore per eleggere il Papa Pio VII, l'illustrissimo **Cardinale Caraffa** trovò alloggio presso i Monaci Girolamini di San Sebastiano.

Ci pensò la bufera Napoleonica, tanto per cambiare, a ravvivare gli eventi, spegnere la ricca quiete devota, e rovesciare e ribaltare tutto di nuovo.
Nel 1806 si trasferirono e concentrarono nel convento di San Sebastiano i **Padri della Vittoria di Verona** che non si sapeva più dove collocare.

Nel 1810, invece, si chiusero a Venezia altri 14 conventi-monasteri. Nel solo Sestiere di Dorsoduro furono soppressi e chiusi: **Gesuati, Redentore, La Salute, i Carmelitani Scalzi dei Carmini e i Girolamini di San Sebastiano** con 17 Monaci dentro. Tutti gli ambienti con le loro ricche biblioteche, eccetto quella degli Armeni di San Lazzaro in isola, passarono in proprietà al Demanio che svendette tutto a poco prezzo. In realtà nella gran confusione molti libri di pregio e manoscritti famosi erano già stati rubati, nascosti o venduti dagli stessi Frati.

Due anni dopo, nel settembre 1812 furono venduti all'asta come *"scarti"* per 6.900 lire a **G.S.B.Ferro** 21.738 volumi *"dei Frati di Venezia"* fra i quali c'erano 1.238 libri della **Biblioteca dei Girolamini di San Sebastiano** assieme ad altri 6.150 degli Scalzi dei Carmini e 3.681 dei Frati Cappuccini del Redentore.

Il dipinto della *"Cena"* di Paolo Veronese fu strappato dal Refettorio del Convento e portato a Milano dove oggi fa ancora parte della **Pinacoteca di Brera**.

Dalla chiesa di San Sebastiano sparirono anche una *"Madonna di Pietà"* con quattro abiti, e dalla sacrestia una *"Beata Vergine"* dentro ad una nicchia di cristallo con guardaroba di sette abiti pregiati e quattro veli in tessuto di grande valore.

Nel 1821 il **Patriarca austriaco Pirker** in visita a San Sebastiano consigliò di abbattere la chiesa e di spostare tutti i dipinti del Veronese nella vicina chiesa succursale di **Ognissanti** *(l'attuale ex Ospedale Giustinian)*. Per fortuna non lo ascoltarono.

Si pensò bene, invece, fra 1851 e 1856 di riattare l'ex Convento di San Sebastiano introducendovi la sezione femminile dell'**Istituto Manin** sotto la direzione delle **Suore Figlie di San Giuseppe del Caburlotto**. La scuola-convitto-orfanatrofio proseguì la sua opera fino al 1921 quando venne chiusa e conglobata con l'Istituto delle Zitelle in fondo alla Giudecca.

Le Suorine completarono l'opera acquistando il terreno del vecchio squero accanto alla chiesa e costruendovi sopra il loro nuovo palazzo: la **Casa Madre Generalizia, Convento, Noviziato, Collegio** trasferendosi a fianco della chiesa di San Sebastiano.

Ultimissimo atto: nel 1971 l'Università degli Studi di Venezia acquistò *"il complesso dell'ex convento dei Romiti di San Girolamo"* come li chiamavano i Veneziani e delle Suorette Canossiane per ospitarvi la facoltà di **Lettere e Filosofia**. Durante i lunghissimi restauri si rinvennero i resti di alcuni corpicioli di bimbi seppelliti e celati nei muri e nel giardino. Furono le tracce delle solite storie dei Monasteri e degli orfanatrofi dove le maternità scomode e i rapporti equivoci sono sempre stati all'ordine del giorno.

La chiesa di San Sebastiano, invece, venne affidata a un Rettore intramontabile, quasi eterno, e subì le vicende di tantissime altre chiese veneziane: *"chiusa, aperta, chiusa, aperta"* con qualche raro e provvido restauro per conservarle in piedi.

La chiesa di *"San Bastiàn"* per molti anche dei Veneziani oggi è poco più che un nome, una delle tante chiese davanti alla quale si tira dritto. Se ci entri sembra d'entrare in una bomboniera, in una di quelle scatoline cesellate, decorate e preziose in cui un tempo si tenevano le gioie preziose. Ci si emoziona e ci si scalda la pelle solo al tenerle strette in mano.
"Non ci sono mai entrata ... Dovrò farlo." mi ha detto di recente una che abita lì vicino da una vita intera.
Siamo alle solite ...

***

_____*Il post su Internet è stato scritto in origine come: "Una curiosità veneziana per volta." - n° 46, e pubblicato su Google nel giugno 2014.*

A PROPOSITO DI SAN AGOSTIN A VENEZIA

Secondo le *"Consuetudines Ecclesiae Sancti Agostini"* del 1500 ... la chiesa si chiamava: *"Sant'Agostin e Santa Monica"*, e nel suo piccolo ospitava diverse Scuole di Devozione e Mestieri molto attive ... soprattutto quelle dell'*Arte dei Conzacurami* e dell'*Arte dei Mercanti da Ogio e Saoneri*.

La chiesa però aveva origini antichissime collocate circa intorno all'anno 1000 come una grossa fetta di Venezia, e a cavallo fra storia e leggenda, sembra sia sempre stata affiliata alla vicina chiesa **Matrice di San Silvestro** ma con dipendenza dal Vescovo di Castello con quale litigava di frequente per il diritto di autoeleggersi liberamente il proprio Piovano.

Alla fine si giunse al compromesso che il Prete di Sant'Agostin doveva essere *"... istituito per autorità del Vescovo e volontà dei vicini ... (ossia i parrocchiani)."*

L'avevano avuta vinta, insomma, quelli di Sant'Agostin.

Nel gennaio 1106 e nel 1149 la chiesa e tutta la Contrada subirono due incendi gravissimi che coinvolsero ben 13 Contrade di Venezia distruggendole. La prima volta furono intaccate dalle fiamme anche le vicine chiese e **Contrade di Santi Apostoli, San Cassiano, Santa Maria Materdomini, Sant'Agata ossia San Boldo e San Stin**. La seconda volta, invece, furono coinvolte anche le chiese e le **Contrade di San Basegio, dell'Anzolo Raffael, San Nicolò dei Mendicoli, San Zan Degolà, San Stae, San Giacomo dell'Orio, Santa Croce, San Simeon Grande e San Simeon Piccolo**.

Niente male come rogo ... andò bruciata mezza Venezia.

Durante il 1200 la Contrada di San Agostin era contraddistinta dalla presenza di una delle tante *"piscine"* o ampie zone acquatiche veneziane che sarebbero state presto imbonite e strappate alla laguna. In ogni caso la zona si trovava vicina all'Emporio di Rialto, e fu fin da subito zona di mercanti, artigiani e faccendieri.

" ... *Domenico Aldoino del Confinio di Sant'Agostin fa quietanza a Tommaso Viaro del Confinio di San Maurizio di lire 100 di denari veneti prestatigli nel luglio 1199 e sino alla Muda d'inverno o di Pasqua per commerciare fino al Alessandria nel viaggio con la nave Paradiso ... nel giugno 1203 fa ancora quietanza allo stesso di lire 110 di denaro veneto prestategli nel 1202 novembre 7 per commerciare lungo le sponde dell'Adriatico con la nave del padrone Bartolotto Gritti e nel novembre 1204 di altre 200 di denari veneti dategli per commerciare lungo le sponde dell'Adriatico fino a Brindisi e Durazzo con la nave Leoncello del padron Angelo Vendelino ..."* mentre ancora nell'aprile 1243 **Marino Balbi**, sempre del Confinio di Sant'Agostin, faceva quietanza alla moglie Margherita della sua dote consistente in lire 200 di denaro veneto.

Nel 1310, invece, *"... a mezo del mese delle ceriese ..."* in Contrada di Sant'Agostin in **Campiello del Remer** venne atterrata la casa dell'**ex Doge Jacopo Tiepolo** congiurato con i **Nobili Querini** contro il bene della Repubblica.

Qualche anno dopo, **Leonardo Vendelino** di Venerabile Famiglia Patrizia, Notaio in Venezia, era Pre' in Sant'Agostin dove i Preti si davano molto da fare con i prestiti: **Pre' Nicolò** prestò 100 lire di grossi ad **Andrea Coto** da investire in una *"Colleganza marittima"*, mentre **Pre' Lorenzo della Torre** prestò 100 lire di grossi a un residente in Contrada di Santa Maria Formosa, e **Giovanni fruttivendolo** a Sant'Agostin prese a prestito 5 ducati dal **Pre' Damiano** della stessa chiesa.

Negli stessi anni, **Muzzola** che era Tintore con bottega a Sant'Agostin venne multato perché **"tingeva di guado"** certe *"sergie"* fornitegli da Nobili clienti invece di tingerle a Murano come da regole vigenti.

Nel 1368 **Gasparino Favaccio**, che aveva due fratelli abitanti poco distante, in Contrada di San Giacomo dell'Orio, divenne **Plebanus** della Contrada di Sant'Agostin che offrì nel suo insieme alla Serenissima lire 42.100 per finanziare la guerra contro i Genovesi al tempo del **Doge Andrea Contarini**.

All'inizio del 1400 la rivendita del pane della Contrada era gestita da **Valentin**, e **Pietro Zane** era Plebanus con casa in proprio della Collegiata dei quattro Preti di Sant'Agostin che percepivano 140 ducati di stipendio,12 lire provenienti da incerti di stola, e celebravano 11 Mansionerie guadagnando altri 203 ducati, mentre la Fabbriceria della chiesa gestiva un gruzzoletto di altre 15 lire.

Tanti soldi !

Infatti vennero processati e condannati **Pre' Michele De Leonardi e Pre'Giorgio Furtelli** per gravi irregolarità patrimoniali associate a vizi carnali e di gioco.

Esattamente un secolo dopo, in Contrada Sant'Agostin abitavano 628 persone e il Piovano di Sant'Agostin distribuiva ogni volta in media 400 Comunioni, ma si lamentava per la scarsezza delle elemosine raccolte in chiesa: *"... quando era i boni tempi adesso non se observa per che le oblation non se fa più come se soleva, ma solum el se a reservado la offerta de la domenega de Ressurection, la qual el Piovan si a la mità de quella offerta ..."*

Aveva ragione a lamentarsi perché la chiesa era piena di spese da pagare: 5 ducati all'organista, altri 2 ducati per accordare l'organo, e 10 ducati per smontarlo e pulirlo dalla polvere, 5 ducati per i cantori e strumentisti per la Festa nel giorno di Sant'Agostin, e tutte le spese da pagare per le cere e le candele, e per *"conzar la chiesa"* dove c'era una *"Madonna con Bambino"* vestita con 4 abiti molto preziosi.

All'inizio del 1600 il numero delle persone che abitavano la Contrada era più o meno lo stesso: 715 o 724, e in Campo Sant'Agostin, a venti metri dal *"pistor-forner"* sorgeva la famosa stamperia di **Aldo Manuzio** con l'**Accademia Aldina**, prima di spostarsi in Contrada di San Paternian vicino a San Marco.

I Preti in chiesa fecero dipingere per l'Altar Maggiore da **Bernardino Prudenti** una: *"Madonna con Bambino e Sant'Agostino e Santa Monica"*, ma finirono sulla cronaca cittadina e Veneta perché il **Prete Michiel**

Cicogna Titolato e Confessore presso la chiesa di Sant'Agostin fece stampare con le illustrazioni di **Suor Isabella Piccini** ben 11 *"Libri Quietisti"* tutti immediatamente condannati dal Sant'Offizio dell'Inquisizione con ben cinque condanne esemplari.

Il Prete andò ad abitare in Contrada di Santa Margherita dove morì in giorni otto, a 75 anni circa, ammalato da apoplessia, come attestato dal **Medico Zerbin**, e seppellito da suo nipote a Santa Teresa vicino ai Mendicoli *"… con processione e torzi otto accesi"*.

Fino dal 1638 quando fu aperto quello celebre in Contrada di San Moisè, esisteva in Contrada di Sant'Agostin un *"Ridotto",* ossia un locale notturno-diurno dove la Nobiltà si ritrovava per incontrarsi, distrarsi e divertirsi con propri simili. Nella zona, infatti, abitavano diverse prestigiose famiglie Nobili: **Soranzo, Pisani, Contarini e i Morosini** di cui un antenato **Domenico** nel 1204 ruppe accidentalmente una zampa dei *quattro cavalli in bronzo dorato* predati a Costantinopoli, posti prima in Arsenale e poi collocati sul davanzale della Basilica di San Marco. La zampa rotta la collocò proprio sulla facciata del suo palazzo di Sant'Agostin.

L'anno dopo, la chiesa venne distrutta per la terza volta da un incendio, ma fu subito ricostruita dal pievano **Niccolò Formentini**, e riconsacrata dal **Patriarca Giovanni Badoer** con cinque altari, pavimento rifatto a spese di *Girolama Lomellini*, campanile e canonica *"veramente degna per un Piovano"* su disegno di Francesco Contin, lo stesso progettista di Sant'Angelo, Sant'Anna di Castello e Santa Maria del Pianto sulle Fondamente Nove.

"… l'altar maggiore era bello per disegno, per marmi, per ornamenti di figure d'intaglio et altri lavori …"

Si ricollocarono i quadri della vecchia chiesa salvati dall'incendio:

Un *"Ecce Homo"* di **Paris Bordone** accanto alla porta di destra, una *"Madonna con un Santo"* della Scuola del Tiziano di fronte, un'altra *"Madonna con bambino, Sant'Agostino e San Carlo, San Francesco dalle stimmate e San Francesco di Paola"* di **Pietro Mera** Fiammingo da

Bruxelles *(che si chiamava precisamente Pieter van der Meyer)* collocata in un tabernacolo esterno alla chiesa. Nell'occasione si aggiunsero quattro tele con *"Storie di Sant'Agostino"* di **Antonio Molinari**, mentre **Giuseppe Nogari**, fratello del Pievano di Sant'Agostin, dipinse per l'altare di San Cristoforo un *"Martirio di Sant'Agostino"* e **Francesco Zugno** la *"Purificazione della Vergine"*.

Infine, per completare l'opera, la ricca e **Nobile famiglia Zane**, che aveva palazzo lì vicino, fece costruire una sua Cappella privata, imitata dal **Nobile Senatore Jacopo Da Lezze** che si fece costruire una Cappella di Famiglia collocandovi una pala dipinta dal **Cavalier Liberi** rappresentante un *"Crocefisso con San Francesco e altri Santi"*.

Niente male come chiesetta secondaria di Contrada!

Nel 1661 quando in contrada di Sant'Agostin c'erano 16 botteghe, **Michiel da Valan Forner** pagava: *"lire una e soldi uno e denari dieci di tasse"*, mentre il Capitolo dei Preti di Sant'Agostin pagava *"lire zero, soldi due e denari otto"*.

Quando nel 1684 **Paolina Airoldi Marchesini** chiese all'Avogaria di Comun d'essere abilitata a *"... collocarsi in persona Nobile, et a procrear figli capaci di entrare a far parte del Serenissimo Consiglio ..."*, venne chiamato come testimone *"... Antonio Sarcinelli Spicier nella bottega "Al Calice" a Sant'Agostin presso il Ponte del Calice ... all'imboccatura della Calle del Scaleter ..."*

Nel 1700 la Contrada di Sant'Agostin misurava 637 passi, e vi abitavano circa 624 persone, di cui 307 persone abili al lavoro e gli altri invece Nobili viventi di rendita. 16 padroni lavoravano in 20 botteghe, in un inviamento da Forno con casa e bottega, e in una Pistoria. Il tetto e il soffitto della chiesa minacciavano di crollare e vennero restaurati a stucchi e pitture. A più riprese, infatti, i **Proto Andrea Tirali e Giovanni Scalfarotto** rilasciarono scritture e ricevute per un restauro di 250 ducati e poi 490 ducati per la chiesa e la Cappella Maggiore di Sant'Agostin.

Nel dicembre 1777: *"... a fonditori di piombo in Salizada a San Giovanni Crisostomo, in Contrada San Lio et appresso la chiesa di Sant'Agostin è permesso fondere piombi nelle situazioni nelli quali s'attrovano, dalla mezza notte però sino al levar del sole nell'inverno, dalle 5 sino alle 9 d'estate, sempre però in fornelli possibilmente appartati con la canna alata e situata in modo da non inferire incomodo e pregiudizio ad alcuno."*

E siamo già al 1800.

Il 6 settembre 1803 il **Patriarca Flangini** visitò la chiesa e la Contrada di Sant'Agostin di 800 Anime circa.

Fece notare e scrivere che nella chiesa non esisteva un registro di ***"Cassa Fabbrica",*** che la Sacrestia possedeva una rendita e entrate per 43,7 ducati provenienti da legati e doti di Mansionerie, ma spendeva 47 ducati in uscita indebitandosi col Parroco Piovano per 23 ducati circa.

Il Piovano **Niccolo' Druizzi** in persona possedeva come Rendite: la casa di residenza, ed entrate per 512 ducati provenienti dall'affitto di 8 case e 1 negozio in Venezia, e da incerti di stola per altri 100 ducati, con spese in uscita per 292,13 ducati dovute a spese per cere, candele per la Festa della Purificazione, e un'altra spesa di 60 ducati in candele per la Festa del titolare Sant'Agostino e per la Dedicazione della chiesa.

Intorno alla chiesa di Sant'Agostin ruotavano ben attivi 15 Preti e 1 Chierico, fra cui alcuni specializzati in celebrazioni di Messe Mansionarie a pagamento. Uno di questi faceva anche il Cappellano nell'isola della Grazia, e alcuni Preti provenivano perfino dalla lontana isola di Modone o da Udine. Questo piccolo esercito di Preti celebrava 3.091 Messe Perpetue, e rimanevano in attesa d'essere celebrate ma già pagate altre 3.777 Messe fra cui 18 Esequiali ed Anniversari e 1.139 normali Messe Avventizie ... e tenevano una casella per le elemosine per celebrare altre Messe di Suffragio e una questua per comperare arredi sacri nuovi e riparare i capi vecchi.

Di buono c'era che i Preti facevano l'Esposizione del Santissimo nei Venerdì e nelle feste di Quaresima, celebravano le feste di Sant'Agostino e Santa Monica, predicavano ogni domenica e annualmente il Quaresimale, mentre al sabato tenevano un'istruzione per la gioventù che tuttavia andava per la Dottrina nella vicina chiesa di San Zan Degolà i maschi, mentre le ragazze frequentavano nella chiesa di San Stin.

Nel 1806 moriva il 12 maggio in Parrocchia di Sant'Agostin **Gianbattista Gallicciolli** autore delle **"Memorie Venete"**, come ricordava il **Medico Santo Bianchi** nel Necrologio Parrocchiale: *"… Sjor Domino Gio. Battista Gallicciolli figlio di Paolo, Veneto di anni 73, da nove giorni colto da emiplegia dal lato sinistro con febbre continua, remittente, mista a sintomi di lenta nervosa, questa mattina alle ore 11 circa finì di vivere per stasi cerebrale. Il suo cadavere dovrà essere tumulato al mezzo giorno circa … e fu portato in San Cassan …"* di cui era *"Alunno di chiesa"* e dove gli fu dedicato un busto con iscrizione.

L'anno dopo, ossia nel 1807, i Decreti eversivi del Regno d'Italia istituito da Napoleone, procurarono la soppressione della Parrocchia di Sant'Agostin che divenne *"succursale sussidiaria"*, e gli abitanti inglobati nella Parrocchia di San Stin e poi in quella di San Polo. Alla caduta della Repubblica Serenissima di Venezia si contavano 170 edifici religiosi. Fra 1806 e 1810 il governo francese ne fece distruggere e abbattere ben 70, adibendone molti altri per usi profani.

Nei verbali del 10 marzo 1808 si legge: *"… la chiesa soppressa di Sant'Agostin possiede una casa di residenza, circa 1500 lire venete annue, circa 1000 messe per legati particolari; tutto ciò rilevato dalla Commissione Ecclesiastica, al netto degli aggravi e colla sottrazione del 33%, ossia di lire 253,01, dovrà continuare a beneficio del Parroco dimesso di Sant'Agostino e in di lui mancanza riunirsi al Parroco di San Polo salvo il mantenimento del Vicario Curato …"*

Nel 1810 la chiesa venne chiusa e indemaniata, e quasi tutte le sue opere d'arte sparirono senza lasciare traccia. Il 18 settembre 1811, il pittore **Lattanzio Querena** acquistò dal Demanio quattro vecchie tele di Sant'Agostin stimate complessivamente 16 lire dal perito demaniale Baldassini … una statua lignea policroma di Sant'Agostin finì nella vicina chiesa di San Polo, mentre un'altra in pietra rappresentante Sant'Agostin benedicente finì inserita nella facciata dell'abitazione della **Nobile Famiglia Lippomano in Salizada di San Polo.**

Due anni dopo a causa del blocco commerciale e di navigazione imposto a Venezia, una terribile carestia, un terremoto in Friuli Occidentale e la conseguente fame, il **Podestà di Venezia Bartolomeo Girolamo Gradenigo** scrisse una lettera al Direttore del Demanio Antonelli chiedendogli la temporanea consegna di sei edifici, tra cui la chiesa di Sant'Agostin e quella di San Nicoletto della Lattuga, per trasformarli in mulini per macinare grano per il pane dei Veneziani.

Nel 1821 il **Patriarca Pirker** visitò quel che rimaneva delle ex chiese di San Stin e Sant'Agostin *"... ormai chiuse e quasi demolite ..."*, mentre sette anni dopo, **Monsignor Pietro Pianton** comperò per la sua chiesa di Santa Maria della Misericordia a Cannaregio le 12 croci di marmo di Sant'Agostin.

Dal 1839 quel che restava della chiesa di Sant'Agostin fu usato insieme alla Scuola di San Giovanni Evangelista e alla Commenda dell'Ordine di Malta come deposito di materiali e marmi di risulta provenienti da edifici sacri demoliti. I marmi residui di Sant'Agostin furono trasferiti nella chiesa di Santa Margherita.

Nel 1852 una tela proveniente dalla chiesa di Sant'Agostin raffigurante *"Mosè che spezzava le Tavole della Legge"* dipinta da *"... un veneto moderno..."* finì nel settimo lotto di opere d'arte spedite in Austria e destinate a Leopoli ad uso delle chiese povere della Bucovina nella Galizia absburgica. Tuttavia in un documento del 1868 si legge che l'antiquario Bodin acquistò dal Demanio 208 dipinti fra cui *"Mosè che spezza le Tavole"* di ignoto dalla chiesa di Sant'Agostin stimato lire 25, censito fin dal 1812 nel deposito di opere sacre della chiesa di San Lorenzo a Castello.

Nel 1868, **A.Mori** del Regio Ufficio Costruzioni stese una perizia di stima su quel che rimaneva della chiesa di Sant'Agostin: *"... L'edificio occupava 0,454 pertiche censuarie considerabili come rendita veneta di lire 140.40 ... Presenta persistenti infiltrazioni d'acqua sia dal soffitto che dalle finestre prive di vestri e scuri ... è in grave abbandono e deterioramento, i 5 gradini del portale d'ingresso sono deteriorati in più punti. Si conta: un affresco sul soffitto, 18 capitelli di marmo, 10 quarti di capitello, 4* *finestroni e 6 finestre, il campanile manca di copertura e ha 7 rampe di scale inservibili ..."*

Il Prefetto di Venezia, il Sindaco e due Assessori con un utile del 5% sul capitale costituirono una Società Anonima apposita e acquistarono prima un'area a Santa Ternita a Castello, e nel 1869 per 2.600 lire un antico Ospizio con 17 camere a San Giacomo dell'Orio. Il 25 novembre 1870 comperarono anche Sant'Agostin per 5.507 lire destinandolo provvisoriamente a deposito di legnami e magazzino erariale. Si decise di demolire il campanile e liberare l'intera area destinandola all'edificazione di 40 case popolari per operai costruite in 18 mesi sulle fondamenta dell'antica chiesa. La porta laterale della vecchia chiesa divenne il portone d'accesso condominiale, mentre la vicina Calle dei Preti a fianco della chiesa di Sant'Agostin cambiò nome con quello di **"Calle del *remer*"**.

Dell'antico Campo e Chiesa di Sant'Agostin rimane oggi solo la vera da pozzo rotonda a otto sfaccettature per la raccolta dell'acqua piovana **"... con l'emblema del Vescovo Sant'Agostin con mitria e pastorale"**

Infine, nell'ottobre del 2000 due muratori, collocando delle vasche di depurazione delle acque fognarie condominiali, incontrarono le fondazioni della chiesa del 1600, e due basamenti dei pilastri con quattro tombe contenenti 20 corpi dell'epoca della prima chiesa antica di Sant'Agostin dell'anno 960 ... Sant'Agostin non si rassegna ad essere dimenticato del tutto ... per questo ne faccio un po' memoria.

***

_____*Il post su Internet è stato scritto in origine come: "Una curiosità veneziana per volta." - n° 47, e pubblicato su Google nel giugno 2014.*

SANT'ANGELO DI CONCORDIA ALLA GIUDECCA

Qualche giorno fa ci siamo lambiccati in diversi, quasi per scherzo, nel provare a riconoscere da alcune vecchie foto altrettante chiese veneziane dimenticate o scomparse. Ne sono uscite delle belle ... e dopo diversi tentativi abbiamo riconosciuto in alcuni di quei vecchi *"biancoenero"* le poche tracce della chiesetta di **Sant'Angelo di Concordia alla Giudecca in Venezia.**

C'è subito da dire che esiste un po' di confusione nei documenti e nei testi, perché in molti confondono la chiesuola della Giudecca con l'isoletta di **Sant'Angelo delle Polveri o di Caotorta** che sta dietro e in fondo nella Laguna verso il Lido e Malamocco.

In questi giorni si parla molto di quest'ultimo nome, perché è anche quello del canale omonimo che si vorrebbe allargare e scavare per far passare in laguna le Grandi Navi dirette alla Marittima di Santa Marta evitando il bacino di San Marco e appunto il Canale della Giudecca.

Oggi l'intera grande isola veneziana della **Giudecca** è di fatto gestita dall'isola di San Giorgio Maggiore *(dove sopravvivono pochi Monaci Benedettini, solo pallido riflesso dell'antica prestigiosa Abbazia di un tempo)* fino a **Sacca Fisola** di fronte alle banchine del Porto di Venezia dai soli Frati Cappuccini del Redentore che prestano il loro servizio religioso a tutti i Giudecchini e agli abitanti di Sacca Fisola.

Le Parrocchie di **Sant'Eufemia** e **San Gerardo Sagredo** sono resistite come hanno potuto fino a qualche anno fa avendo a disposizione un loro Prete-Parroco. Ora però la carenza cronica di Preti e la diminuzione vistosa della frequenza religiosa hanno indotto la Diocesi di Venezia ad accorpare e riorganizzare le poche forze rimaste tentando una gestione d'insieme più consona con i tempi che viviamo.

Un tempo non fu così.

Fino all'arrivo del solito micidiale Napoleone & C, la Giudecca al pari di tutte le altre Contrade veneziane era ricchissima di chiese, Monasteri, Oratori e Istituti religiosi ed assistenziali di ogni tipo. E' interessante elencarli e

provare a riconoscerli nelle scarse tracce rimaste di alcuni o in quelle più vistose rimaste di altri.
Partendo appunto dall'*Isola di San Giorgio Maggiore* di fronte a Piazza San Marco, osservando subito dopo il taglio del canale che porta nella Laguna aperta, dove oggi sorge la Caserma della Guardia di Finanza, esistevano un tempo la **Chiesa e Monastero di San Giovanni Battista**. Poco distante sorgevano **Chiesa e Convento di San Giacomo di Galizia detta anche Santa Maria Novella gestita dai Frati Serviti,** e poco più avanti il complesso delle **Zitelle** ossia **Santa Maria della Presentazione cioè il Pio Istituto per le Fanciulle Povere** rimasto in piedi a tutt'oggi.
Poco prima della grande chiesa devozionale e votiva per la peste del **Redentore** sempre condotta dai Frati Cappuccini, sorge ancor oggi seppure dimenticata e quasi non vista, la **Chiesa e Monastero delle Monache Benedettine della Santa Croce**, oggi Casa di Lavoro Circondariale Femminile *(se non sbaglio)*. Dietro al Redentore, invece, verso la Laguna sul retro dell'Isola c'era appunto **Sant'Angelo di Concordia** che è il luogo che c'interessa, mentre più avanti, subito dietro alla **Parrocchiale di Sant'Eufemia o San Femia**, sorgevano un tempo altri due Monasteri: quello delle **Monache Benedettine dei Santi Cosma e Damiano,** e quello sempre di **Monache Benedettine dei Santi Biagio e Cataldo** che sorgeva dove oggi c'è il rinato **Hilton Molino Stucky Hotel**.
Fra l'uno e l'altro, in seconda fila, sul canale interno della Giudecca, sorge ancora oggi l'altro complesso di **Santa Maria Maddalena delle Convertite** da molto tempo diventato Penitenziario Femminile. E infine, dopo il lungo ponte moderno, sull'estrema punta della Giudecca fra i palazzi della relativamente neonata **Sacca Fisola**, sorge la chiesa moderna relativamente recente di **San Gerardo Sagredo**, una delle ultime ad essere costruita a Venezia. *(credo che l'ultimissima sia quella di* **Cristo Re** *alla Celestia nel Sestiere di Castello accanto all'Arsenale.)*

E' questo, quindi, il quadretto della presenza religiosa che si è sviluppata lungo i secoli nell'isola della **Giudecca**. Sarebbe strepitoso e secondo me bello soffermarsi su ciascuno di questi siti, perché ciascuno possiede mille storie e curiosità da raccontarci, purtroppo spesso quasi dimenticate, o perlomeno lasciate all'attenzione dei così detti *"studiosi e addetti ai lavori"*.

Non è possibile ... almeno per ora.

Ritornando e soffermandoci, invece, e solo per qualche riga e attimo, semplicemente e senza pretese, su **Sant'Angelo di Concordia**, bisogna dire che si è rivelato essere nel suo piccolo un microcosmo non privo di sorprese curiose ... sempre secondo per me.

Era situato all'estremo limite della Giudecca di allora, dove forse si trovava uno **"Stazio"** o traghetto di barche e gondole. Sembra che **Sant'Angelo** sia stata denominata così dalle tre sorelle della famiglia **Zuccato** che furono le prime a vestire la così detta **"concordia"** dell'abito di San Benedetto nel monastero fondato da **Angelo Zuccato** loro padre ... o più facilmente si chiamava forse così per la figura d'un Angelo scolpita sulla facciata del Convento e ritrovata in precedenza sul posto.
Non si sa bene ... e poco importa.
Dopo alterne vicende un po' vaghe che ricordano periodi di probabile benessere economico con annessioni di proprietà e di lasciti, il **Convento di Sant'Angelo** fu rifabbricato nel 1600 e la chiesa consacrata da **Raffele Iviziato Vescovo di Zante e Cefalonia** col titolo di **"Gesù Cristo nostro Salvatore"** pur mantenendo il vecchio nome di **Sant'Angelo di Concordia**.

Quel che è certo, è che nel maggio 1635 i **Carmelitani Scalzi dell'Ospizio di San Canciano di Cannaregio** passarono in questo chiostro e fondarono il nuovo **Hospitale di Santa Teresa di Venezia** adattando il convento a piccole celle con officine, oratorio e orto-giardino. Il Conventino però non doveva navigare molto nella prosperità economia e nell'agiatezza, perchè nel luglio 1643 il Priore fu costretto a chiedere aiuto alla Signoria Serenissima di Venezia per indurre la Congregazione Mantovana dei Carmelitani di appartenenza a versare i contributi necessari a mantenere in vita il Monastero Veneziano. L'immediata esortazione Ducale non deve aver sortito però grande successo, perché cinque anni dopo i Carmelitani si trasferirono a **San Gregorio** lasciando solo qualche religioso a Sant'Angelo della Giudecca.

Qualche anno dopo ancora, in un lunedì di febbraio1666, il conventino tornò ad apparire nella cronaca dei fatti di Venezia perché alcuni Frati di

Sant'Angelo della Giudecca si ferirono a coltellate fra loro lasciandone uno moribondo.

Nel 1697 i Frati di Sant'Angelo erano 8, e all'inizio del 1700 **Marco Ferrando**, **"Scorzer"** di mestiere, eresse a sue spese un nuovo Altar Maggiore. Costui ebbe un figlio di nome **Zuane**, anch'egli **"Scorzer"** che secondo l'Anagrafe Sanitaria morì il 5 aprile 1767 alle ore 18 a 67 anni: *"... spasmodico e chachetico con febbre ... assistito dal Medico Zuccharelli di Sant'Eufemia"*.

Secondo una mappa del 1763 il piccolo complesso di Sant'Angelo di Concordia, costruito in pietra e in parte in tavole di legno, si estendeva per cica 30 passi di fronte alla Laguna sul retro della Giudecca su cui aveva un suo pontile privato per le barche. Dalla parte di terra era quasi circondato dalle proprietà di **Antonio Venerando**. Possedeva un ampio orto con frutteto, 4-5 stanze per lato, e un ampio dormitorio per parte che sorgevano intorno a un chiostrino lastricato di masegni col pozzo in mezzo. Alla chiesetta che possedeva un suo bell'organo, si accedeva lungo una Fondamenta con lo stesso nome e attraversando un campiello antistante. La chiesetta doveva essere essenziale ma non tanto brutta, aveva tre altari con dipinti di **Odoardo Fialetti** e il soffitto con due dipinti del **Petrelli**: *"Paradiso"* e *"Madonna che da l'abito a San Simone Stoch"*.

Nella chiesetta di Sant'Angelo di Concordia erano presenti e attive ben tre **Scuole Piccole di Devozione**. La **Compagnia di Sant'Alberto** fondata nell'agosto 1739, che contava 50 Confratelli nel 1760, e pagava i Frati perché venisse celebrata 1 *"Messa cantata"* e da 5 a 12 *"Messe basse o lette"* per i propri associati. La Compagnia faceva pagare ogni anno agli iscritti della Schola: 3 lire + 10 soldi raccogliendo in totale il piccolo capitale di 21 ducati e 21 grossi da spendere per le funzioni dell'Associazione. Infatti contribuivano d'affitto ai Frati di Sant'Angelo di Concordia: 15 ducati e 12 grossi annui, e nella Sacrestia della chiesetta giunsero a conservare 478 once d'argento in oggetti sacri fino alla soppressione della Compagnia che avvenne nel 1754.

La seconda Schola ospitata dai Frati di Sant'Angelo di Concordia in **Fondamenta della Palada** era quella della **Beata Vergine del Rosario**, un'Associazione di Devozione a cui partecipavano i pescatori della Giudecca, che fino al 1758 celebravano ogni anno una festa pomposa con una solenne processione in giro per l'isola. I *Giudecchini* entusiasti cantavano e sparavano per far festa colpi di moschetto in aria ... ma in quell'anno venne ucciso un bambino con un colpo accidentale.

La terza e ultima Schola di devozione presente in Sant'Angelo di Concordia fin dal luglio 1607 era quella della **Beata Vergine del Carmelo**, che dopo la chiusura della chiesetta si trasferì presso la chiesa di **Sant'Eufemia** nel 1784. La Schola accoglieva al massimo 200 iscritti-confratelli che pagavano annualmente 20 soldi. Commissionava una Messa mensile al Frati ogni prima domenica del mese, oltre alla grande festa annuale del Carmelo del 16 luglio, e pagava 80 lire a uno o più persone perché andassero in pellegrinaggio ad Assisi o a Loreto per far celebrare Messe in suffragio per le Anime dei Confratelli.

Gli associati della Schola erano molto affezionati alla loro chiesetta, per la quale sotto il **Guardiano D.Francesco Baldio Procuratore e Compagni**, fecero fondere due nuove campanelle ... Ed erano anche molto gelosi delle loro *"cose di chiesa"* non volendo che fossero prestate ad altri: " ... *né la croxe, né i candelieri d'argento e la paxe della Schola ...*"

Solo nel 1762 il **Capomastro Pietro Fabbris** e il **Tagiapjera Martino Cossetti** eseguirono per lire 9.905 di piccoli un restauro radicale della chiesetta di Sant'Angelo di Concordia. Fatalità poco prima che il Convento venisse soppresso e indemaniato nel settembre 1768.

Nello stesso contesto storico, venne anche depredata, dispersa e svenduta la **Libreria dei Frati di Sant'Angelo**, ossia la **Biblioteca della Congregazione Riformata dei Carmelitani di Mantova** residenti nel Convento di Sant'Angelo di Concordia alla Giudecca. Contava poco più di 350 opere di valore divise tra *"latine e volgari"* con una discreta scelta di scrittori classici e di edizioni Basileesi e Parigine dei Padri della Chiesa. Conservava inoltre una copia dell'***Istitutio Catholica del Gropper***, diversi volumi di letteratura ascetica tradizionale del tempo, un settore di libri di oratoria sacra, diversi volumi della Scolastica Spagnola, e ... **UDITE UDITE !**

La bibliotechina dei Frati di Sant'Angelo conservava anche testi di eretici e personaggi poco ortodossi: un testo gioachimitico: "*l'Expositio in*

Apocalypsim" dell'*Abate Florense*, i *"Libri de Secreti"* e la *"Magia Naturalis"* del *Della Porta* con reminiscenze del Platonismo rinascimentale, e i *"Problemata in Scripturam Sacram"* di **Francesco Zorzi**. A noi forse questi titoli suggeriscono ben poco ... ma vi posso garantire che l'Inquisizione di Roma del tempo avrebbe fatto un bel falò in piazza e trascinato in galera più di qualcuno ... ma ci si trovava a Venezia ... e a certe cose, a torto o ragione, non badava quasi nessuno.

E siamo già alla fine della breve storia della Chiesa e del Conventino della Giudecca che vennero chiusi e venduti all'asta nel 1806.
Ancora nel 1840 la chiesetta e i luoghi erano proprietà di **Alvise Cogo** che la riaprì al culto come Oratorio non sacramentale benedetto dal **Patriarca Jacopo Monego** col titolo di **Santa Maria del Carmelo**. Proprio accanto, sui luoghi dell'ex Convento, il Cogo attivò un capannone per la fabbricazione di cordami.
In seguito la chiesetta passò di proprietà in proprietà con diverse chiusure e riaperture al culto, finchè nel 1867 la ditta **Battisti** istallò nell'ex Convento un'officina di vetri e conterie.
Nel 1900 tondo tondo, l'ex Convento di Sant'Angelo di Concordia era deposito e cantiere dei **Pompieri di Venezia**, mentre otto anni dopo la chiesetta venne comperata dalla Parrocchia di Sant'Eufemia della Giudecca per merito e finanziamento di **Giovanni Stucky**. Di nuovo venne chiusa e riaperta, e poi nuovamente richiusa finchè nel 1933 l'ultimo proprietario l'Ingegner **Giancarlo Stucky** la donò in perpetuo al **Piovan di Sant'Eufemia Don Antonio Poloni** che cinque anni dopo, in seguito a un radicale restauro, la riaprì per l'ennesima volta al culto.
Fu l'ultima, perché nel febbraio 1943 la chiesetta venne ceduta allo **Stabilimento Junghans del Ministero della Guerra** che doveva allargarsi per costruire armi, bombe e spolette. Venne subito abbattuta, e i tre altari di marmo, le iscrizioni e le suppellettili liturgiche rimaste vennero depositate nella chiesa di Sant'Eufemia.
Infine, nel 1980 risultavano ormai da tempo scomparsi i due angeli dorati provenienti da Sant'Angelo di Concordia posti accanto all'altar maggiore di Sant'Eufemia, e ancora visibili collocati al loro posto nelle nostre vecchie foto. Ma questa è la storia di tante chiese veneziane, che pezzo dopo pezzo, chiusura dopo riapertura hanno perso sempre più i loro tesori, le cose

preziose ... e con le nebbie del tempo e della dimenticanza anche i ricordi delle loro Storie.

Mi piace terminare questa post citando uno scritto famoso di **Sansovino**: *"Ora tutti i narrato luoghi sacri, come di chiese come di ogni altro sacrario edificato in questa città, è impossibil cosa a narrare, quali ricchezze habbiano et in quanta copia per amministrar gli offici che s'appartengono a sua Divina Maestà. Oltra che tutte le chiese, per picciola che sia, hanno il campanile, l'organo, et la piazza o per fianco o dinnanzi. Et ogni piazza ha il suo pozzo pubblico ... Sono parimenti in tutte le chiese, Sacerdoti secondo al convenienza del luogo, i quali assiduamente attendono al carico loro. Et tutte le cere che si consumano dal Clero per qual si voglia occasione, sono bianchissime come neve, et le gialle non sono in conto alcuno. Appresso questo ogni chiesa ha qualche provento, chi più, chi meno, et i Piovani d'esse sono creati da cittadini et popolani che posseggono stabili nelle Contrade, per via di suffragii et approbati et confermati dal Patriarca. In somma la qualità delle ricchezze et del governo loro è di così fatta maniera che ogni chiesa di Venezia può dirsi con ogni ragione un picciolo Vescovado ..."*

Anche il Conventino e la chiesetta di Sant'Angelo di Concordia alla Giudecca erano proprio un po' così ...

***

_____*Il post su Internet è stato scritto in origine come: "Una curiosità veneziana per volta." - n° 54, e pubblicato su Google nell'ottobre 2014.*

IN CONTRADA DI SAN APONAL

Sapete com'è ... da cosa nasce cosa. Giorni fa alcuni amici Veneziani di Facebook fra i tanti post inseriti ogni giorno ne hanno messi alcuni sulla chiesa di Sant'Aponàl nell'omonima Contrada di Venezia. Dopo un po', mi son detto ... *"Che potremmo condividere in più di curioso su questa zona di Venezia ? ... La chiesa è un altro dei tanti gioiellini chiusi accanto alla quale spesso transitiamo per gli affari nostri rimanendo ogni volta col naso all'insù ... Come sempre questi monumenti di Venezia sono uno scrigno più o meno ridotto male, che contengono una Storia vissuta ... sempre curiosa ..."*

Perciò ho frugato fra le mie cartacce virtuali ed ecco qua qualche piccola nota ... per saperne e condividerne tutti un pochino di più.

Sant'Aponàl è ovviamente *Sant'Apollinare* detto alla veneziana, ed è stata una delle chiese più antiche di Venezia. Come il solito, a cavallo fra Storia e Leggenda, si racconta che sia stata fondata nel 1034 dalle Nobili Famiglie *Sievolo* e *Rampàn* provenienti da Ravenna. Quel che è interessante notare è che Sant'Aponàl si trova a due passi dall'Emporio di Rialto, anzi ne è il naturale prolungamento, di conseguenza quindi è sempre stata una zona vivissima dove fervevano tutte le caratteristiche della Venezia Mercantile e Mediterranea.

Per la vicinanza di un solo centinaio di metri con la chiesa di *San Silvestro*, sede secolare del *Patriarca di Grado*, ne ha spesso subito l'influsso e la giurisdizione da chiesa Matrice, sebbene in altro tempi Sant'Aponàl sia dipesa, invece, dal *Vescovo Veneziano di San Pietro di Castello o Olivolo*.

Nel gennaio 1106 e nel 1149, Sant'Aponal per una *"botta di c ... o di fortuna"*, oppure quasi miracolosamente si salvò per ben due volte dagli immensi roghi e incendi che bruciarono gran parte di Rialto e una notevole fetta di Venezia. In quelle occasioni andarono distrutte o subirono ingenti danni le Contrade e le chiese di *Sant'Agostin, San Cassian, Santa Maria Materdomini, San Zan Degolà, San Stàe, San Giacomo dell'Orio, Santa*

Croce, San Simeòn Grande e San Simeòn Piccolo, Sant'Agata (ossia San Boldo), San Stìn, e perfino *Santi Apostoli* al di là del Canal Grande ... ma furono anche raggiunte dal vento le lontane Contrade di *San Basègio, Anzolo Raffael e San Nicolo' dei Mendicoli*. Autentici disastri per l'intera Venezia dell'epoca.

Nel luglio 1177 quando proprio a Venezia si stipulò la pace fra l'*Imperatore Barbarossa ed il Papa Alessandro III*, si racconta che il Papa fuggiasco, sporco e malandato abbia trovato rifugio a Venezia mettendosi a dormire sotto al *Portico detto della Madonna* proprio accanto a Sant'Aponàl, prima di andare a chiedere ospitalità e conforto in incognito ai *Canonici di Santa Maria della Carità* ossia l'attuale *Accademia*. La leggenda racconta perfino che il Papa sia rimasto lì nascosto per almeno sei mesi svolgendo le umili mansioni di Cappellano o perfino quelle di uomo di fatica e lavapiatti. Solo dopo gli venne riconosciuta identità e titolo e fu perciò accolto a Palazzo Ducale e ospitato nel palazzo del Patriarca di Grado a San Silvestro a due passi da Sant'Aponal finchè alla fine del conflitto andò a firmare la pace sotto gli archi della Basilica di San Marco.

Leggende, fatti ... miscuglio di leggende e fatti.

A memoria di tutto questo, i Veneziani per secoli hanno tenuto sempre acceso un lumino nel Portico della Madonna a Sant'Aponal dove si rappresentò una statuetta con un *"prelato dormiente"*. Il Papa riconoscente definì il luogo *"degno e adatto"* per lucrare l'Indulgenza Plenaria recitando un Pater Noster e un'Ave Maria ... e magari aggiungendo un buon obolo d'elemosina per i poveri di Venezia.

Andate a guardare sul posto in *Calle e Corte del Perdòn a Sant'Aponàl* ! C'è ancora quasi tutto nel *"Capitello del Dormi, Papa Dormi ..."* sotto al Portico della Madonna ... anche se un poco trasandato e dimenticato.

Nel 1186 accadde una furibonda lotta per questioni di Decime da percepire fra i *Canonici di San Pietro di Castello* e i *Piovani di San Pantalon, San Giovanni Crisostomo, San Silvestro* e appunto *Sant'Aponal* ... Dovette addirittura intervenire il **Papa Urbano III** per sedare la vera e propria lotta e ripristinare diritti e doveri dei *"buoni e devoti"* Preti di Venezia.

Nel settembre di quattro anni dopo, i coniugi **Domenico e Garsa Vidal** abitanti nel **Confinio di Sant'Aponal** donarono una loro proprietà presso il **Rio Piccolo** ad **Amabile Badessa di San Giovanni Evangelista di Torcello**.

Le cronache veneziane antiche continuano raccontando che nel marzo 1224 **Johannes Storlato del Confinio di San Thomà** presentò fidejussione per **Jacobo Galvano del Confinio di Sant'Apollinaris** per acquistare 10 miliaria di fichi da spedire a Brescia ... oppure ricordano che nel settembre 1252 davanti a **Marino Notaro e Prete di Sant'Apollinaris, Nicola Sirano del Confinio di San Martino di Gemini** ricevette a prestito lire 200 da **Martino Gisi del Confinio di San Geremia** per commerciare ovunque dietro corresponsione di ¾ dell'utile.

Dieci anni dopo, il **Papa Urbano IV** residente a Orvieto, designò con lettera proprio **Pietro Correr Piovano di Sant'Aponàl** in Venezia per difendere i beni del **Monastero di San Maffio nell'isola di Costanziaco** da alcuni Chierici e Laici che se n'erano impadroniti impunemente ... Doveva essere abile e sveglio il Piovan Correr, perché in seguito divenne Canonico di Verona, Rettore di San Maurizio e infine addirittura Primicerio della chiesa Dogale di San Marco.

Dal secolo 1300 si viene a sapere di un brutto periodo economico che attraversò la chiesa e Parrocchia di Sant'Aponal finita come Commenda in mano del **Vescovo Giovanni di Caorle** che ne percepiva le rendite disinteressandosi completamente del resto. Fin dall'inizio del secolo nella chiesa di Sant'Aponal si iniziò ad ospitare la **Schola dei Santi Quattro Martiri Coronati dell'Arte e Fraglia dei Tagiapiera** e la **Schola di Santa Maria dei Mercanti** ... mentre solo a fine secolo si aggiunse la **Schola di San Gottardo** che in seguito divenne Patrono Protettore dell'**Arte dei Mandoleri** di Venezia.

Nel settembre 1342, il **Maggior Consiglio** graziò di metà della pena l'**Oste Nicoletto Moro di Sant'Aponal** condannato a pagare due multe di 3 e 10 lire perché teneva in osteria *"... foresto e un recipiente di vino non bollato dal Comune ..."*

Al tempo del **Doge Andrea Contarini** e della guerra di Venezia contro i Genovesi che invasero e presero Chioggia, gli abitanti della Contrada di Sant'Aponal contribuirono alle spese di guerra della Serenissima offrendo nell'insieme lire 185.500. In quell'epoca in Contrada risiedevano 14 Nobili Homeni, fra cui **Sjer Zuanne Corner** che offrì allo Stato 20.000 lire, **Sier Federigo Corner quondam Andrea** che contribuì con 40.000 lire, e **Sier Lunardo Falier** e fratelli che versarono 24.000 lire.

E' interessante notare che anche altre 26 persone della Contrada furono considerate abbienti e degne di nota per l'eventuale contribuzione *"volontaria"*. Fra questi c'erano: **Maffio Giuda, Albertin Dente,** il **Varrotter Agostino de Pellegrini,** lo **Spicjer Alberto da Vola,** il **Coltrer Bonaventura, Francesco Spader, Lorenzo Roso Pelizzer, Maffio di Lazzaro Cimador, Nicolo' de Rizardo dalla farina, Nicolo' Bochesin Frutarol, Piero dalle Stagliere, Zuanne Corteler, Julio Miedego**, e i fratelli **Laneri di Zuanne di Bello.**

Bel quadretto dell'epoca !

D'altra parte in Contrada abitavano diverse famiglie Nobili di Venezia con i loro palazzi: **Cà Bernardi, Cà Bollani** fin dal 1296, **Cà Bonomo Albrizzi** Casato Nobile di 2° classe come i **Barzizza**. Dal 1365 c'era anche **Cà Coccina Tiepolo poi Papadopoli**, nobili di prima classe ... e i vari **Diedo** dal 1345 che furono spesso Guardian Grandi della Scuola dei Mercanti, i **Donà della Madoneta**, i **Molin Cappello** nella cui casa nacque nel 1548 la famosa **Bianca Cappello** che sposò **Francesco De Medici** morendo avvelenata con lui, i **Salviato** Banchieri Fiorentini del 1500, e i **Valier**, i **Pepoli** poi andati in Contrada di San Vidal oltre il Canal Grande .. e anche i **Tamossi,** i **Sansoni** e i **Todeschini.**

Quando a Sant'Aponal venne conferito il titolo di *"Collegiata"* con tre Preti titolati, un Diacono e Suddiacono, fra 1407 e 1430 i **Piovani Francesco Pavoni e Marco De Piacentini** restaurarono la chiesa ponendovi sei nuovi altari e fecero erigere anche il campanile ... in Contrada, intanto, la rivendita del pane era gestita da **Antonio de Zane**, e sempre in Sant'Aponàl s'inaugurò una stranissima Scuola di devozione quasi unica nel suo genere dedicata a **San Giona**, quello della Biblica Balena ... *(andatevi a vedere la storia curiosissima)*.

Sappiamo che nel 1509 in Contrada di Sant'Aponal vivevano 1.858 persone, e l'anno dopo il solito famoso **diarista Marin Sanudo** raccontò che in dicembre: *"... Adi 19 fo portato in Collegio uno mostro nato qui in Venexia in Campiello di Santo Aponàl da uno povero erbaruol ... Erano uno puto et una puta che si tienevano insieme davanti, con do teste, quattro braxe et quattro gambe ... el qual nacque et vixe una hora, et furono batezati la femena col nome de Maria, el puto Zuane ... Furono portati poi dal Patriarca et in Collegio Serenissimo, et cussì molti andono a caxa a vederli, et pagavano uno soldo, et furono imbalsamati. Et, cossa mostruosa, hanno un corpo solo ..."*

Nel 1529 il Piovano di Sant'Aponal **Giacomo Grassolario Notaio nella Cancelleria Dogale** venne citato dal **Patriarca Querini** per non aver ottemperato alla sua proibizione di utilizzare nelle chiese durante le feste dei titolari e dei Patroni delle Scuole: *"... suonadori con trombe et corni, con canti inonesti ..."*
Erano quelli degli uomini e **Confratelli della Scuola della Natività di Santa Maria** dell'**Arte dei Farinanti o Fontegheri Venditori da Farina** ospitati in Sant'Aponal fin dal 1529 quando fecero dipingere da Palma per il loro altare la *"Nascita di Maria"*.

Nel 1536 il Piovano di Sant'Aponàl spese 15 ducati per far sistemare l'organo, al cui organista si pagavano di solito fra 8 e 12 ducati annui, mentre si dava 1 ducato al putto che *"menava i foli per l'aria"*, e altre spese si facevano per stipendiare cantori e strumentisti per la festa patronale.
Nel giugno 1581 alla Visita Apostolica eseguita in Contrada di Sant'Aponàl, si rilevò che gli abitanti erano 1.889 con 2 *"inviamenti da forno"* con casa e bottega. In chiesa c'erano il Piovano, altri 3 Preti, 1 Diacono e 1 Suddiacono che percepivano annualmente 285 ducati ed altri *"incerti di stola"* non quantificabili, e l'utilizzo di una casa.

Nella stessa chiesa di Sant'Aponal, dove si conservavano e veneravano con i Pellegrini diretti in Terrasanta alcune preziose **Reliquie della Passione** con soprattutto una **Spina della Santa Corona del Christo**, molte ossa dei **Santi Innocenti Martiri Bambini**, la testa del **Profeta Giona**, il dito di **Santa Caterina** e il braccio di **San Sigismondo Re**, e parte dei Precordi di **San Filippo Neri** ... presenziavano e officiavano anche altri 7 Chierici, e si celebravano 8 Mansionerie per 78 ducati e ½ annui. Si ospitavano i devoti e i Confratelli e Consorelle aggregati nella **Schola del Santissimo**, in quella della **Santissima Croce**, dell'**Annunziata**, e in quella del **Redentore dell'Arte dei Mercanti da Cordoani**.

Il 5 maggio 1606, quando in Contrada vivevano 2.016 persone, il **Senato Terra** autorizzò il pagamento di ducati 24, 19 grossi, e 10 piccoli a **Mastro Alvise Stramasser** a Sant'Aponàl per confezionare *"... 24 stramazzetti di cordami damaschini e 4 di raso cremesin pontadi, fiochadi e distesi compreso spago, cordon da inserire nel Nuovo Bucintoro del Doge ..."*
Tre anni dopo, nella stessa Contrada morì da febbre in giorni otto il pittore **Alvise Benfatto detto Dal Friso** nipote di Paolo Veronese ... Giunti al gennaio 1616, il **Magistrato alle Acque** ordinò: *" ... Si levi la scoazzera a Sant'Aponàl ... ed allargata quella di San Silvestro ... servirà per l'una e per l'altra Contrada..."*

Era accaduto che in quel *"luogo quadro e aperto"* di Contrada dove si era soliti raccogliere a cielo aperto la spazzatura pubblica poi evasa fuori città dai *"Burchieri"*, posto squallido più di qualche volta fonte di timore per i popolani, ci fossero alcuni giovanotti capricciosi che s'inventarono la presenza di un *"Orco"*, o per divertirsi si fingessero fantasmi.

Nel luglio 1630 dopo la famosa peste che strapazzò Venezia, si riconsacrò la chiesa da parte del **Patriarca Giovanni Tiepolo** ... in Contrada esistevano 76 botteghe ... e si consumarono 4.489 stara di farina nella Pistoria di Sant'Aponàl ... mentre in chiesa esisteva una **Madonna del Carmine** di legno vestita con abiti preziosi e molti oggetti d'oro ... Nell'attuale **Corte Petriana** proprio accanto a Campo Sant'Aponàl, dal 1651 al 1660 si eseguirono *"Opere in musica"* nel Teatro di Contrada Sant'Apollinare o Sant'Aponàl.

E siamo già al 1712, quando **Angelo Tassi Piovan di Sant'Aponal** era **Conservatore dell'Officio della Bolla Clementina** e imponeva controlli sull'elezione dei Capitoli e la gestione dei Benefici e delle Commende in Venezia ... in Contrada esistevano sempre 76 botteghe ... e la *"Gallinera"* ossia **Angela Trevisan** esercitava in zona *"l'antica professione"* in maniera così spudorata da ricevere insieme in casa sua: *"... **Cristiani, Ebrei e perfino le Figlie del Pio Ospedale della Pietà"** ...* il **Proto Giovanni Scalfarotto** rilasciò una scrittura di spesa di 3.250 ducati per la rifabbrica di alcune case a Sant'Aponal in Calle del Campanile, e il **Murer Poppo GiovanniBattista** ne rilasciò un'altra per la spesa di 2.500 ducati per la stessa rifabbrica.

Nel 1725 presso il **Ponte dei Meloni a Sant'Aponàl** aveva bottega il barbiere **Bartolammeo Baggietta** che venne accusato da un suo garzone d'aver tagliato col rasoio la testa a un forestiere, e d'averla poi seppellita nella bottega gettando il cadavere in Canal Grande. Il barbiere fu messo subito in prigione, ma scopertolo innocente, si procedette ad arrestare il garzone calunniatore.

Nel dicembre 1758, invece, **Giovanni Millerti da Capodistria** di anni 45 **Sartor da donna** a Sant'Aponal in Calle del Volto, fu preso in *"contraffazion di bando"* per aver privato di vita **Antonia Bardi** sua benefattrice rubandole tutto ... Per questo fu decapitato e squartato per ordine del **Consiglio dei Quaranta** ... Quattro anni prima, nel giugno 1754, **Pietro Gradenigo** nei sui *"Notatori"* e P. Cecchetti annotavano: *"... Si lavora la cantoria per il nuovo organo di Sant'Aponal dopo terminate varie cavillose differenze tra Clero di quella chiesa e Scuola del Santissimo ... il disegno è di Angelo Soavi, e l'istrumento dei fratelli Bazzani. Costo nel complesso lire 7.000 ... le portelle furono dipinte da Alvise Del Friso con fuori: "Madonna nel deserto" e dentro: "Sant'Apollinare e San Lorenzo ..."*

Tutto verrà disperso nel 1810.

Alla fine del 1700, in Contrada vivevano 1.816 persone compresi i Nobili, di cui 719 fra 14 e 60 anni erano abili al lavoro, esclusi i Nobili ... Si restaurò ancora la chiesa di Sant'Aponàl che ospitava i devoti del **Suffragio della Beata Vergine del Carmine,** quelli della **Confraternita dei Sacerdoti di San**

Filippo Neri, e quelli della ***Compagnia di Sant'Adriano, detta di Sant'Eufemia di Mazzorbo*** ... In Contrada c'erano sempre 70 padroni in 73 botteghe ... in Campo Sant'Aponàl era attiva la ***Spezieria da Medicine "Li tre Monti"*** ... Per aiutare Venezia a difendersi dall'arrivo dei Francesi, ***Gian Domenico Tiepolo*** di Sant'Aponàl offrì alla Serenissima 18.000 ducati ... mentre in chiesa il ***Piovan Don Inchiostri*** il giorno di Pentecoste interpretò i principi democratici portati dai Francesi alla luce del Vangelo invitando i Veneziani ad osservarli in quanto Società e Religione potevano benissimo convivere insieme.

Pochi giorni dopo, fu costretto a far recitare un'omelia di ringraziamento da un Alunno di chiesa perché invece ci fu il ritorno degli Imperiali Austriaci a Venezia, e dal pulpito sottolineò: *"... le ragioni dei mali e le cure necessarie per liberarsi dagli errori perniciosissimi e tanto dannosi ..."* proposti dai Francesi.

Corsi e ricorsi storici ... Ieri come oggi si faceva presto a ***"Cambiare bandiera"***.

E' del settembre 1803 l'ultima immagine viva della Parrocchia di Sant'Aponàl. Il ***Patriarca Flangini*** visitandola la descriveva così: *"Contrada di 2.000 abitanti, con 2 levatrici ... I Giuspatroni della Fabbriceria di Sant'Aponal sono i proprietari degli stabili ... La Fabbriceria della chiesa possiede annualmente in entrate per 56 ducati e spende 38,08 ducati in uscite ... i Preti possiedono rendite per 458,06 ducati ... la Sacrestia di Sant'Aponal ha rendite per 620 lire, e spende 316 lire per il vino, ostie, particole, incenso e carbone ... Il Piovano Bartolomeo Dr. Fulici possiede entrate di 994,12 ducati da affitto di 13 case e 6 botteghe e da "incerti di stola", con uscite di 437,08 ducati di cui 40 spesi per restauri, 121 in tasse, 30 per cere della Festa della Purificazione... i Chierici percepiscono 132,03 ducati, 12 ducati si danno al Maestro di Canto e 50 ducati ai chierichetti per frequentarne la scuola. 21 Preti fra cui alcuni Mansionari frequentano la chiesa ... Alcuni provengono da San Giacomo di Rialto, dai Frari e da fuori diocesi: 2 sono piemontesi e 1 è Modenese ... In Sant'Aponal si celebrano 5.172 Messe Perpetue, e restano 19.758 lire per Messe ancora* *da celebrare; 42 sono le Esequie e gli Anniversari di Morte, e 2.677 le Messe Avventizie ..."*

Su alcuni Chierici di Sant'Aponàl il Patriarca precisava: *"... il Diacono del Capitolo Don Marcoliano Gabriele di anni 52 celebra la Messa troppo in fretta: 8 minuti con scandalo dei presenti ... il Piovano ne sollecita il richiamo ..."*

Tutto questo accadde fino a quando i Francesi giunsero a bussare alla porta di Sant'Aponal con l'intento di scassarla: lì dentro si gestivano ancora i proventi e le rendite provenienti da diverse **Commissarie** come quelle di **Don Carlo Gavazzi, Don Bernardino Gavazzi e Don Ottavio Ziliolo** legate all'obbligo soprattutto di celebrare tutta una serie di Messe ... mentre ancora nel 1770 i **Padri di Santo Spirito in Isola** si portavano fino a Sant'Aponal per *"officiare"* una certa Mansionaria lasciata e pagata da un certo **Serafini**.

Come ben sapete, infine, nel 1807 accadde il *"Napoleonic Storm"*, e Sant'Aponàl cessò d'essere Collegiata venendo incorporata inizialmente alla ex Parrocchia di San Giovanni Elemosinario di Rialto.
Nel 1810 in una seconda concentrazione di chiese, Contrade e Parrocchie, Sant'Aponàl venne definitivamente soppressa come Parrocchia, il territorio inglobato a quello di San Silvestro, e la chiesa chiusa al culto e spogliata di ogni suo opera. Fu convertita e utilizzata prima come ricovero notturno per poveri, poi divenne officina, magazzino di mobili, sede di mulini a mano durante la carestia del 1813-1814, falegnameria, carcere per detenuti politici, deposito e spaccio di carbone, infine bottega di rigattiere di **David Zacuti**.

Dopo il 1840, quando in Contrada di Sant'Aponàl venne interrato il *"Rio della Scoazzera"*, il Demanio Austriaco pose all'incanto come bene rovinoso quel che restava dell'antica chiesa di Sant'Aponàl. Fu comprata per 8400 lire da **Angelo Vianello di fu Carlo detto Chiodo**, che la rivendette ad una Pia Società sorta con l'intento di recuperare il monumento e riaprirlo al culto. E così accadde che nel giugno 1846 Sant'Aponàl fu riconsacrata da **Giovanni Antonio Farina Vescovo di Treviso**, e riaperta al culto rioffrendola ai Veneziani della Contrada.

Giacomo Bazzani costruì un nuovo organo e lo collocò sulla porta d'ingresso ... Il **Cardinale Jacopo Monico Patriarca** di Venezia benedì nuove campane ricollocate sul campanile ... Nella stessa occasione si collocò sulla porta centrale un arco lombardesco tolto dalla chiesa di Sant'Elena, parte di un monumento del 1480 dedicato al **Generale da Mar Vittore Cappello**. Il Comando della Marina tramite l'Ingegner Casoni portò a Sant'Aponàl lo splendido Altar Maggiore in marmo della ex chiesa di **Santa Giustina di Castello** ... Alla provvisoria e illusoria riapertura, più di qualcuno si adoperò per riabbellire e riaddobbare e arredare i muri vuoti della chiesa ... La **Contessa Loredana Morosini Gattemburg** fece dipingere da **Lattanzio Querena** e offrì alla chiesa il *"Martirio di Sant'Apollinare"*. Pietro del Turco offrì un altro quadro per una cappella di sinistra ... Un'altra Contessa, **Clementina Spaur Mocenigo** dipinse e regalò una *"Natività di Maria"*, mentre la **Contessa Teresa di Thurm** dipinse e offrì *"San Ferdinando di Castiglia"*. Jacopo Treves de Bonfili donò una statua di *"Mosè"* di Gaetano Ferrari, e su commissione di Giuseppe Antonelli, Azzola eseguì una copia di un *"San Lorenzo Giustiniani"* del Pordenone. Lattanzio Querena aggiunse un suo *"San Pietro Orseolo"*, e un omonimo moderno di Giovanni Bellini realizzò un' *"Assunta"*. Infine, si collocarono e aggiunsero un pulpito di Angelo Soavi, una *"Madonna"* in marmo di Gaetano Ferrari, e una *"Vergine del Carmelo"* di Giambattista Carrer.

Ancora nel 1853 in Sant'Aponàl ogni mercoledì' pomeriggio si recitava il Rosario con le *"Allegrezze della Beata Vergine Maria"* e durante la Quaresima si predicava quotidianamente con gran afflusso di gente *"il Quaresimale"* come in altre 37 chiese di Venezia ... Nel luglio 1860 Sant'Aponàl venne ridotta e declassata a solo Oratorio Sacramentale con esclusione e trasporto del Santissimo nella vicina San Silvestro.

Il resto delle vicende di Sant'Aponàl ... la chiusura definitiva al culto, il magazzino e archivio comunale sgomberato in questi ultimi anni per motivi di sicurezza statica ... sono notizie che sapete già.

Finisco ... ricordando quel che fra 1861 e 1865, **W.Dean Howells Console Americano** presente nella Venezia austriaca diceva: *"... Ogni campo a Venezia è una piccola città, chiuso in se ed indipendente. Ognuno ha una sua chiesa, della quale, nei tempi più remoti, esso era anche cimitero; e ciascuno entro i suoi confini, comprende uno speziale, un merciaio, un negozio di tessuti, un fabbro ed un calzolaio, un caffè più o meno elegante, un erbivendolo e un fruttivendolo, una drogheria ... No, c'è anche un negozio di oggetti usati dove si compra e si vende ogni sorta di cose vecchie al minimo prezzo. Ci sono di sicuro un ramaio ed un orologiaio, e quasi certamente un falegname intagliatore e doratore, mentre nessun campo potrebbe preservare la sua integrità o tenersi informato delle novità del giorno, sociali e politiche, senza un barbiere ..."*

Così era anche nella Contrada di Sant'Aponàl di un tempo ... e così è rimasta oggi, ma solo nella nostra fantasia e vaga memoria.

***

_____*Il post su Internet è stato scritto in origine come: "Una curiosità veneziana per volta." - n° 61, e pubblicato su Google nel gennaio 2015.*

IL SANTOSEPOLCRO ... MA A VENEZIA

Esistono a Venezia certe zone per la verità scarsamente o per niente accessibili, e in un certo senso un po' *"top secret"*. Niente di misterioso e arcano, vi deludo subito, ma solamente aree di pertinenza oggi militare, quindi precluse ai comuni mortali e in un certo modo anonime e quasi assenti.

Ciò non significa però che quei posti non siano esistiti affatto, e che soprattutto in altre stagioni storiche non abbiamo vissuto momenti importanti e ospitato eventi davvero significativi ... e come piace dire a me, appunto: *"curiosi e da ricordare"*.

Fra i tanti posti finiti ormai da secoli totalmente *"in pasto"* al Demanio ossia allo Stato, ve ne cito un paio che si trovano proprio nel cuore di Venezia, a pochi passi dalla mitica Piazza San Marco. Mi riferisco al complesso del **Monastero di San Zaccaria**, e al vicino **ex Convento del Santo Sepolcro**.

Di San Zaccaria, oltre alla splendida chiesa ancora fruibile e aperta, si sa e si è detto tantissimo, anche se i suoi splendidi chiostri rimangono preclusi, non visitabili, e riservati ai soli militari. Si sa molto bene che il Monastero di San Zaccaria era uno dei più ricchi e potenti Monasteri Femminili di Venezia, forse il primo in assoluto, dove le famiglie Nobili più in vista e lo stesso Doge amavano ed erano soliti rinchiudere *(per modo di dire)* le loro prestigiose fanciulle in ritiri doratissimi, spesso comodi ... e talvolta licenziosi e trasgressivi.

Il secondo posto, invece, ossia il **Santo Sepolcro**, era un **Convento** anch'esso Femminile. Fin dalla titolazione comprendiamo che apparteneva ad una categoria di posti per Monache di levatura economica, politica e sociale sicuramente di rango inferiore. Non era un Monastero ma un Convento ... quindi: una specie di gradino più in basso nella rigorosità, nell'assiduità e nella determinazione nell'interpretare le scelte Religiose ... Ma in fondo non c'era molta differenza, le **Francescane Clarisse del Santo Sepolcro** non erano di certo delle morte di fame, ma sfiguravano ... e di molto, a confronto con le *"toste e pingui"* **Monache Benedettine** di secolare e potente memoria residenti nel **San Zaccaria**. Quelle stavano di certo a un livello superiore, anzi, qualche livello ancora più su.

Posto adatto per le figlie del Doge e dei maggiori Senatori della Serenissima … dici niente !

Ma che cosa possedeva di così curioso quell'*ex Convento del Santo Sepolcro* ? … Provo a scrivere qualcosa per ricordarlo.

Venezia Serenissima è sempre stata maestra, al pari di altre città Italiane e straniere, nel ricreare al di qua del mare Mediterraneo le atmosfere, *"le qualità e le vestigia della Passione del Christo"*, le copie, delle *"clonazioni locali in Occidente"* dei **Luoghi Santi e dei Riti** che si potevano visitare, incontrare ed esperimentare andando fino all'agognata Terrasanta … ammesso che fosse possibile arrivarci. Perché spesso per i Pellegrini era quello il vero problema: non bastava essere disponibili a spendere e spandere diversi soldi per partire e andare attraversando mezza Europa, ma c'erano molte incognite che trasformavano quel *"Santo Viaggio"* in una vera e propria impresa talvolta ai limiti dell'impossibile.

Non a caso la maggior parte delle persone che *"andavano Pellegrini"* prima di partire si preoccupavano di fare debito testamento presso un buon Notaio.

Oltre il viaggio spesso impervio per terra valicando le Alpi, c'era da aggiungere il lungo e faticosissimo camminare per Ostelli e Locande pieni di incognite dove fra Osti maledetti. Banditi da strada e opportunisti vari c'era di che rimetterci la pelle oltre che il portafoglio. Si dovevano poi aggiungere i disagi del vivere all'aperto: pioggia, freddo e caldo, neve e gelo, acqua dei fiumi da guadare … fame, sete, e malattie e pestilenze … e città a volte inospitali o pronte a spremere i viandanti che erano spesso anche piccoli Mercanti con appresso un qualche gruzzoletto da spillare e di cui approfittare.

Pellegrinare era quindi un'immensa incognita … però devota, perché sullo sfondo di tutto c'era sempre, o quasi, quel senso religioso *"dell'andare"*.

Anche se i Pellegrini mica sempre erano ***"stinchi di Santo"***: a volte venivano costretti a pellegrinare come pena, o lo facevano per mestiere al posto o in rappresentanza di altri. I Pellegrini quindi erano talvolta anche gente rissosa, un po' avventuriera e a caccia di espedienti ... Un po' anche creduloni in cerca di novità e sensazionalismi eclatanti. Non di rado finivano anche per ubriacarsi, andare a donne, esagerare col cibo, furfanteggiare e intrallazzare in varia maniera con la gente che trovavano nei posti che attraversavano durante il loro cammino. A volte i Pellegrini, non tutti eh ... finivano con l'essere dei veri e proprio girovaghi che come meta finale puntavano ad arrivare a Roma e poi ai Porti dove imbarcarsi per la Terrasanta ... fra cui Venezia.

Immaginatevi poi se i Pellegrini erano Pellegrine: diventava tutto più complesso e difficile, perché sapete bene qual'era la considerazione e il rispetto in cui incorrevano le donne in quei secoli. Se l'esperienza del Pellegrinare per un maschio era una mezza avventura, per le femmine si può ben dire che lo era per intero.

Infine ... se Dio voleva, accadeva che i Pellegrini arrivassero nei luoghi adatti come Venezia per imbarcarsi. E qui non era ancora finita la faccenda per diversi motivi: primo fra tutti perché non è che ci si potesse imbarcare ogni giorno e in ogni stagione per la Palestina, serviva il periodo giusto. Secondo, accadeva più di qualche volta che i Pellegrini arrivassero a quell'appuntamento dell'imminente imbarco già spossati, provati, se non malridotti e squattrinati. Non sempre potremmo dire che si trovavano nelle migliori condizioni psicofisiche ed economiche per intraprendere la grande traversata via nave del Mediterraneo che avrebbe riservato ulteriori difficoltà.

Perciò esisteva un espediente ben studiato, anche dai furbi Veneziani, per andare in una certa maniera incontro alle esigenze di questi ***"Santi camminatori in cerca delle Cose di Dio"***. In altre parole, se Maometto non va alla Montagna, sarà lei a venire da Maometto, ossia se il Pellegrino non avrà più modo o quasi di intraprendere la traversata, perché non fargli trovare in loco, a Venezia per esempio, una copia esatta di *"ciò di Santo"* e dei luoghi che stava oltremare ?

Senza bisogno di affrontare la difficoltà sostanziosa della traversata impervia del mare, si potevano trovare a Venezia *"montagne"* di **Buone Reliquie**, con tutto quanto era loro concesso in termine d'Indulgenze da lucrare e spezzoni di Salvezza da conseguire per se e per altri, ossia per i Defunti e a favore di chi li aveva inviati in Pellegrinaggio.

Non dimentichiamo, ad esempio, che i Pellegrini erano entusiasti di recarsi fino a Venezia, perché lì trovavano anche le insigni **Reliquie di San Marco**. Per chi l'avesse dimenticato, San Marco era il numero *"2"* nella gerarchia dei Santi importanti della Cristianità, era l'Evangelista più anziano, il Primo, e veniva subito dopo **San Pietro** ossia *"il braccio destro del Christo"*. *(Guarda caso subito dopo la gloriosa Roma del Papa con San Pietro … che furbi i Veneziani !).*

Roma comunque non temeva affatto la concorrenza di Venezia, perché batteva tutti in quantità di Reliquie originali e importanti. Possedeva, prima fra tutte, la famosissima *"Veronica"* che attirava da sola migliaia di Pellegrini da ogni parte d'Europa … ma questa è un'altra storia.

Dal punto di vista devozionale e logistico quindi, recarsi a **Venezia in Terra di San Marco** non era una faccenda di secondo piano, ma per diversi motivi era certamente una convenienza, e di certo un gran privilegio.

Si aggiunga poi, che passare per Venezia era estremamente comodo per i Pellegrini anche per almeno altri due o tre motivi. Primo e importante, un notevole taglio della strada da percorrere a piedi o per i pochi fortunati a cavallo. Andarsi a imbarcare per la Terrasanta a Venezia significava tagliar fuori dal proprio itinerario praticamente tutto *"lo stivale"* della penisola Italiana … e non era poco per chi proveniva da molto lontano, dal Nord della Germania e dell'Europa o dall'Inghilterra, o dall'Irlanda.

Il secondo motivo per passare per Venezia era sostanzialmente un motivo di sicurezza.

Venezia oltre ad essere splendida e fabulosa, era organizzata e sapeva ospitare lungamente e degnamente i Pellegrini proteggendo adeguatamente anche i convogli delle Galee che li trasportavano fino in **Siria e Palestina**, oppure fino ad **Alessandria d'Egitto**.

Si sapeva bene che i Veneziani non regalavano niente e non offrivano grandi comodità rispetto gli altri ... Però visto che pur partendo in fondo dell'Italia, giù in **Puglia** e a **Bari, Otranto, Brindisi e Taranto**, in ogni caso si doveva viaggiare almeno trenta giorni per mare per raggiungere la stessa meta di Alessandria, tanto valeva farlo con i Veneziani, insieme a una certa sicurezza d'arrivarci almeno intatti e con la testa ancora sul collo, sebbene con le tasche mezze o del tutto vuote.

Non era stato certamente un pettegolezzo la vicenda corsa di bocca in bocca fra le folle dei Pellegrini d'Europa, e puntualmente scritta nei suoi **Annales da Lamberto di Herfeld,** che raccontava di un'occasione in cui una comitiva di 7.000 Pellegrini Tedeschi guidati dal **Vescovo di Bamberga** erano partiti ingenuamente per la Terrasanta seguendo la **Via Balcanica e Anatolica di Terra**.

Il Pellegrino disse e scrisse, che: *"... i Pellegrini furono molestati dagli Ungheresi, attaccati dai Bulgari, messi in fuga dai Turchi ... insultati dagli arroganti Greci di Costantinopoli. E giunti in Asia, la loro vicenda finì tragicamente perché molti di loro finirono uccisi dalla furia rabbiosa dei Cilici, e poi nei pressi di Cesarea divennero preda di un'orda di fanatici Infedeli che ne uccise ancora altre centinaia ..."*

Il racconto e l'immagine non erano certamente incoraggianti per i futuri Pellegrini. Perciò: *"passare per Venezia sarebbe stata in ogni caso buona cosa ..."* dicevano le guide scritte dell'epoca, anche per via di quell'intesa mercantile e politica che i Veneziani coltivavano da sempre col **Turco** interessato a cui i Pellegrini pagavano in ogni caso un *"testatico"* di una moneta d'oro per entrare in **Gerusalemme** ... E chissà, forse anche con i pirati del Mare e del Golfo Adriatico i Veneziani avevano qualche *"tramaccio"* e qualche cosa a che fare ... per cui affidarsi direttamente a loro: era meglio.

Non dispiaceva, infine, considerare quella voce che s'era sparsa in giro per l'Europa, che a Venezia certi armatori di Galee erano ben disposti verso i Pellegrini bisognosi, tanto da trasportarli ugualmente oltremare a una tariffa ridotta di soli 30 ducati *"pro capite"*, tutto compreso e andata e ritorno *(significava in ogni caso quanto era guadagnabile in un anno di lavoro da parte di un lavoratore o artigiano medio).*

Precisato tutto questo, torniamo ai posti e ai luoghi di Venezia di cui andavo dicendo.

Le Monache Veneziane che fondarono il **Convento del San Sepolcro** l'edificarono … fatalità … proprio a pochi passi da**l Molo di San Marco** da dove partivano le Galee per la Terrasanta, in quella che oggi si chiama ancora la **Riva degli Schiavoni**. Un luogo del genere non poteva che essere una vera e propria *"manna"* per i Pellegrini di ogni genere giunti fino a Venezia.

Già nel gennaio 1410 **Elena Celsi vedova di Marco Vioni** lasciò per testamento presso il Notaio Gaspare di Mani, una casa grande sulla Riva degli Schiavoni ed altre prossime casette in **Contrada di San Zuane in Bragora** perché dovessero servire in parte ad abitazione di alcune povere, e in parte a Ospizio per le pellegrine dirette o di ritorno dalla Terrasanta.

Solo nel 1482 però, le due Patrizie Veneziane **Beatrice Venier e Polissena Premarin** fuggite da Negroponte conquistata dai Turchi e rifugiate a Venezia diventando **Pizzòcare di San Francesco**, si trasferirono da San Francesco della Vigna ad abitare nell'Ospizio dando origine al primo nucleo del **Convento del Santo Sepolcro**.

Furono loro due ad avere l'idea di costruire nel 1484 in mezzo all'Oratorio: *"… un Sepolcro in marmo e pitture, in tutto simile e misura, e a imitazione di quello presente in Gerusalemme …da aprirlo alla visita devota dei Pellegrini giunti in Venetia …"*

Immaginate per un attimo la scena Veneziana: era come dire e sbattere in faccia ai Pellegrini provati, un po' scassati e disorientati, ma sempre desiderosi di provare *"le cose Sante"* in attesa d'imbarco anche per mesi sul Molo di San Marco: *"Ma dove andate ? A che vi serve andare fino là in fondo ? Guardate qua ! Avete già tutto: l'esatta copia di quel che trovereste laggiù dopo tanta fatica e incontrando chissà quali pericoli. Perché non fermarsi qui ? Perché non pensare che Venezia sia una specie di Nuova Gerusalemme un po' al risparmio ? Qui non vi mancherà nulla al riguardo: a Venezia si celebrano gli stessi riti che in Terrasanta, avrete la possibilità di venerare le stesse preziose Reliquie, pellegrinando e processionando per chiese, Schole, Calli e Campielli potrete ripetere gli stessi gesti della Via Crucis della Terrasanta, ricevere le stesse Indulgenze, Meriti e Perdonanze, ed effettuare le stesse elemosine ... Perchè quindi andare oltre e rischiare così tanto ? ... Fermatevi qui a Venezia !"*

Capite da soli che la tentazione di fermarsi in Laguna era grandissima, anche perché a Venezia c'era di tutto e di più per ogni tasca, anche per quelle ormai mezze vuote ... e poi c'era anche la gran **Fiera della Sensa** che durava molti giorni e in cui si potevano vedere *"cose meravigliose et singolari"* senza infilarsi dentro a grandi rischi e ai pericoli rappresentati da quelle scomode navi ormeggiate che beccheggiavano incerte sopra alle acque.

Su tutto e tutti poi avrebbe vigilato la Serenissima che era garanzia di tranquillità, tolleranza e benevolenza per chiunque. Perciò ...

Diciamocela tutta: la cosa era stata ben pensata dalla Serenissima, e non solo da lei.

Le **Monache del Santo Sepolcro di Venezia** quindi, fecero le cose per benino, e affidarono la commissione a **Tullio Lombardo**, un artista fra i migliori dell'epoca e di buonissima fama. Il **"Sepolcro sul Molo di San Marco a Venezia"** riprodusse quindi in tutto e per tutto il disegno dell'edicola del **Santo Sepolcro sito in Gerusalemme**, ed era costituito da un'enorme finta grotta in pietra grezza a grandi blocchi. Dentro alla "grotta" si trovava sorretto da quattro Angeli **"un altarolo"** di marmo policromo, e ancora più all'interno della "grotta" si scendeva sotto per una scaletta fino a un ipogeo, considerato il *"Sepolcro"* vero e proprio. Lì c'era disposta una figura del *"Cristo Passo"* ossia morto dopo la **Santa Passione** ... proprio come in **Terrasanta**.

Quel posto fu da subito considerato una *"meraviglia"* dai Pellegrini che passarono per Venezia, e la fama di quel *"Special Sepolcro del Christo posto in Venetia"* si diffuse presto per tutta la Cristianità incrementando ulteriormente l'afflusso in Laguna qualora ce ne fosse stato bisogno.

Qualcuno secondo voi si è fermato a Venezia senza partire più per la Terrasanta? ... Sì.

Sulla porta d'ingresso del **Santo Sepolcro Veneziano** stava scritto: *"QUALE ITER AD CHRISTI TUMULUM ? SI SCIRE LABORAS LUMINA CIRCUNFER, MOLES INSCRIPTA LOQUETUR ..."*

S'insinuava il dubbio ... fatalità ... su quale potesse essere l'autentico Sepolcro del Christo che valeva la pena di visitare. Non era forse sufficiente e più conveniente contornare quello di Venezia con tutte le sue storie raccontate, senza doversi recare per forza fino in fondo in Palestina ?

Di certo l'input dell'indecisione dubbiosa veniva percepito dai Pellegrini ospiti in Laguna, visto tutto ciò che vedevano, provavano, toccavano, veneravano, pagavano, compravano, elemosinavano, pregavano e lucravano durante la loro lunga permanenza a Venezia.

Giunto il secolo 1500, le Monache ottennero chissà perché da **Papa Alessandro VI** la facoltà d'ingrandire Convento e Chiesa ... In **Contrada di San Cassian** presso Rialto vendettero 2 case che erano state lasciate al Monastero assieme a 15 campi di terra a **Camposampiero**, comprando tutta una serie di edifici e botteghe attigue al Convento, fra cui per 2000 ducati il *"Palazzo Molin dalle Due Torri con Corte et Horto"*. Già che c'erano, le Monache ottennero dallo stesso Papa anche l'esenzione dall'obbligo di dar ospitalità alle pellegrine tradendo perciò lo scopo originario del luogo ... Ma c'era ben di più a disposizione che gestire solamente quattro letti pulciosi per le poche donne di passaggio per Venezia ... Perciò il posto si trasformò **da Ospizio in Convento** mantenendo aperta e attiva la *"Visita al Santo Sepolcro"* ... e iniziò così anche la lunga trafila dei lasciti dei Veneziani a favore del neonato *Convento o Monastero del Santo Sepolcro*.

Girolamo Gabriel Patrizio Veneto, lasciò per testamento a *Prete Alvise* suo figlio naturale, e a *Paola Paradiso* sua cugina, alcuni stabili posseduti in *Contrada di San Marcuola*, che dopo la loro morte sarebbero diventati proprietà del Monastero a patto che si celebrassero 2 belle Messe quotidiane per la sua Anima ... I Preti della vicina chiesa Parrocchiale di *San Giovanni in Bragora*, ingolositi dal *"giro"* spirituale dei Pellegrini, o forse più dal giro d'affari che si stava realizzando intorno al *Santo Sepolcro Veneziano*, pretesero di avere giurisdizione sulla chiesa e sul Convento delle Monache, e fecero perfino ricorso direttamente al Papa per ottenerlo.

Alla fine, facendola breve, il *Patriarca Donà* sentenziò che il Monastero del Santo Sepolcro doveva rimanere autonomo e libero, e che San Giovanni in Bragora si sarebbe dovuto accontentare solo di un *"censo annuale di quattro doppieri di cera bianca"* offerto ogni Venerdì Santo da parte delle Monache del Santo Sepolcro.

Che disdetta per San Giovanni in Bragora ... e che affari per le Monache divenute ormai 60 di numero ! Nell'occasione s'allargarono ulteriormente non senza una certa acuta furbizia ... Per ottenere, ad esempio, l'ultima casetta vicina al Monastero, le Monache presero come Monaca la figlia del *Nobil Homo Zan Andrea Morosini* proprietario dello stabile, percependo invece dei previsti 300 ducati di *"dote monacale"*, solo 70 ducati e la casetta che a loro interessava.

Nel 1546, il Convento passò dalla dipendenza giuridica ma non economica dei *Frati Minori di San Francesco della Vigna* a quella diretta del *Nunzio e Legato Apostolico Papale* residente in Venezia ... Lo zampino a Venezia del lontano Papa si faceva sentire, quando c'era nell'aria il *"profumo della santità"* e l'odore di qualche grosso guadagno ... Infatti piovevano le donazioni sul Santo Sepolcro di Venezia: *Giacomo Gajetano Dottor Fisico* lasciò suo erede il *Nobil Homo Piero Cocco* con l'obbligo per lui di pagare per far celebrare Messe quotidiane al Santo Sepolcro dove volle essere sepolto, e dare 12 scudi d'oro annui al Cappellano che le celebrerà investendo il capitale al Monte del Sussidio che gli pagherà le rendite ... Accadde così nel 1577, quando nel Sepolcro vivevano ormai stabilmente 80 Monache Clarisse, che **Piero Cocco** offrì al Monastero per pagare quel Mansionario di Messe senza fine, la proprietà di 2 casette a pianoterra in **Contrada di Sant'Antonin in Corte del Diner**, dalle quali si poteva percepire un affitto annuo di 7 ducati ciascuna ... E così anche le Messe furono pagate adeguatamente alle Monache.

Anche **Girolamo Mezzalingua di fu Damian**, di professione: **Calafato in Arsenale**, volle essere sepolto in chiesa al Santo Sepolcro. Per procurarsi questo, lasciò alle Monache gli affitti della sua casa grande e di altre piccole case attigue che possedeva in **Contrada di Sant'Antonio di Castello**. Prima ne avrebbero usufruito i suoi famigliari e parenti in vita, e poi metà delle proprietà sarebbero andate al **Santo Sepolcro**, e l'altra metà, invece, alla **Scuola di San Giorgio degli Schiavoni**.

Nel 1567 nacque un putiferio nel Monastero.

Si destituì la Priora cercando di eleggere **Suor Daria Navager** candidata presentata non dalle Monache ma dai **Frati di San Francesco della Vigna** rifattasi avanti e sotto nella gestione spiritual-economica del Sepolcro. Si riteneva doveroso il cambio della Badessa, perché quella in carica **Michaela Beltrame** andava considerata responsabile della fuga di una giovane Meneghina dal Convento del Santo Sepolcro, e inoltre aveva litigato con la Nobile Famiglia Navager a causa della costruzione di un balcone privato che andava ad aprirsi sulla clausura del Convento. I motivi sembravano tutto compreso banali, ma si raccontò di prepotenze e pressioni dei Frati per intimorire il Capitolo delle Monache, di Monache che abbandonavano l'assemblea conventuale rifiutandosi di rientrare, di Frati che strapparono il velo dalla testa delle Suore nel gesto di volerle destituire ... Un gran casino, insomma, finché si giunse all'eccesso dell'eccesso. Fu rimossa la vecchia Badessa **Michaela Beltrame** che venne rinchiusa nella sua cella *"... perché l'andava facendo intender ogni cosa a seculari ..."*; e i Frati s'intrattennero nel Convento per ben 17 giorni banchettando lautamente, mentre le monache *"contrarie"* stavano relegate in penitenza e ristrettezze: **"... caponi, colombini, torte, cui de late, malvasia e vin dolce ... contro fagioli e olio grezzo che i Frati disdegnavano..."**

Le cose andarono a finire come spesso andavano a terminare a Venezia ... A un certo punto si presentò un messo del Doge accompagnato da un paio di robusti Fanti, che consegnando un bigliettino di poche parole ai Frati, sussurrò agli orecchi di qualcuno le paroline giuste.

In breve tempo tutto fu risolto rimettendo ciascuno al posto che meritava. La vecchia Badessa continuò a governare il Monastero, i Frati in fretta e furia rientrarono a casa propria ... e la giurisdizione e il controllo diretto sul Santo Sepolcro finì nelle mani del **Patriarca** in persona ... *(togliendolo oltre che ai Frati anche all'influenza diretta del Papa).*

Chissà che cosa avrà mandato a dire il Doge in quella circostanza ?

Intanto, oltre ai fiumi di umani Pellegrini che transitavano per il Santo Sepolcro di Venezia, **"... atquisendo Santo Merito per l'Animo ogni giorno ..."**, anche il **Medico Giambattista Peranda** ucciso da un parente per gelosia sul Ponte dei Greci che allora si chiamava **Ponte della Madonna di San Lorenzo**, lasciò un'altra ricca Mansioneria da celebrare al solito Convento del Santo Sepolcro ... Le Monache fecero un prestito considerevole girando una partita di banco a Rialto a un abitante di **Villorba nel distretto di Camposampiero** ... Il **Patriarca Priuli** in visita alle Monache del San Sepolcro si indignò non poco, perché alcune Monache allevavano galline che scorrazzano liberamente fin sotto ai letti dei dormitori del Convento.

Le Monache da parte loro denunciarono al Patriarca incredulo: **"... povertà, fondi insufficienti, scarsità di pane ... spifferi e umidità ..."** Ma girando lui per le celle le trovò tutte arredate con coperte raffinate, biancheria ricamata, casse di abiti e gioielli, credenze piene di cibo e vino.

Suor Lippomano capeggiava una combriccola di Monache che **"... mangiavano sempre fuori del Refettorio la sera ..."** preferendo mangiare in gruppo separato. Al Patriarca destavano preoccupazione le *"giovani*

Converse" delle Monache: *"... ch'ogni anno si mandavano fuori a far la "cerca" fino a Porto Gruaro, due in Paduana verso Este, e talvolta in Trivisana a un luoco del Monastero detto Rovese per sunàr alcune entrade delle Monache ..."*

Le Monache in realtà vivevano nel lusso, ed erano opulente. Tanto è vero che subito dopo provvidero a nuovi abbellimenti della chiesa e del Convento, ricevendo contributi anche dalla **Famiglia Grotta o Crotta**, mercanti di ferro da Bergamo ammessi al Patriziato di Venezia pagando la non indifferente quota di 100.000 ducati. Furono loro a pagare le spese per far costruire in chiesa del Sepolcro un nuovo Altar Maggiore dedicato all'Assunta.

E siamo all'inizio del 1600, quando il Monastero del Santo Sepolcro era in perfetta sintonia con le *"mode comportamentali"* delle Religiose di quell'epoca, e le cronache cittadine di Venezia ricordavano che: *"In San Sepolcro si suonava l'arpicordo, e si ballava specialmente di Carnevale ..."*

Consenzienti indiretti erano i facoltosi Nobili e la Serenissima che anche nel 1610 non mancarono di regalare alle Suore un sussidio di 36 stara di grano.

Nel 1618, **Suor Graziosa Raspi** scappò dal Convento pagando un barcaiolo per un cambio di abiti da uomo e un passaggio in barca fino alla Terraferma. In seguito spiegò che voleva recarsi al **Monte Rua sui Colli Euganei dagli Eremiti Camaldolesi** per condurre una vita più austera ... Per questo fuggì dal convento portandosi dietro un crocefisso, un Officio della Madonna, due libri di devozione, un cilicio ed una disciplina ... e il denaro per il barcarolo. Ma non si travestì bene, e *"... poverina mi e meschina mi, fui tradita."*

Nello stesso anno, s'intentò causa contro **Alessandro Branazzini** che entrò più volte in contatto con le Monache del Santo Sepolcro, tanto che per le sue nozze: *"... il Sior Alessandro venne là anco in gondola colla sua noviza, et perché vennero a fenestra quasi tutte le Muneghe per vederla ..."*

Come spesso si diceva anche a Venezia, *"Tanto tuonò e lampeggiò ... che alla fine accadde il temporale."*, perciò il **Patriarca Tiepolo** in visita al

Monastero del Santo Sepolcro rimise tutto in ordine, decretando fra le altre cose di rimuovere dalle celle *"... alcuni quadri privati di donne in atto et vista davvero lasciva ..."*

A Venezia andò di moda, e fu considerato molto onorevole farsi seppellire nella chiesa delle Monache del Santo Sepolcro. Lì si fece seppellire la **Famiglia Raspi di Pasquino e GianMaria**, mercanti di sapone e cordovani venuti da Bergamo a Venezia dove si comprarono il Patriziato pagando allo Stato i soliti 100.000 ducati acquistando inoltre dai Bettinelli il Palazzo al Ponte dei Sansoni a San Cassian vicino all'Emporio di Rialto. Quando morì GianMaria Raspi, lasciò pagata al Sepolcro una Mansioneria di 3 Messe alla settimana ... mentre anche **Giovanni Busca** lasciò sempre al Santo Sepolcro un suo Legato del valore di 100 ducati.

A metà del 1600 il Convento del Santo Sepolcro ospitava 55 Monache Professe, e ricevette ancora dal Governo Serenissimo 36 staia di buon grano essendo considerato fra i 4 Monasteri più poveri dell'intera città di Venezia insieme a quelli di Santa Maria Maggiore e Santa Croce nel Sestiere omonimo, e a quello *"... poverissimo più di tutti ..."* delle Francescane di Santa Maria dei Miracoli nel Sestiere di Cannaregio.

Forse per questo, nel 1660, quando il ricchissimo cittadino mercante Jacopo Galli morì lasciando la somma ingente di 120.000 ducati per far costruire le nuove facciate della chiesa di San Salvador sulle Mercerie, quella della Scuola Grande di San Teodoro, e quella dell'Hospedale di San Lazzaro dei Mendicanti ... si ricordò anche di lasciare *"un bonus" di 6.000 ducati ... alle Monache misere del Santo Sepolcro ..."*

In realtà non è che le Monache fossero proprio così economicamente *"malmesse"*, perché l'anno seguente si segnalò un altro **"giro di Zecca"** di ducati 1.720 proprio a favore del Monastero del Santo Sepolcro che possedeva anche una rendita annuale di altri 208 ducati provenienti dall'affitto di alcuni immobili siti in Venezia.

Infatti, negli stessi anni il **Murèr Antonio Visetti**, e il **Tagjapiera Giacomo da Par** costruirono alcune case in Contrada di San Giovanni in Bragora per conto del Monastero del Santo Sepolcro che sorgeva proprio lì vicino.

Morendo il ricchissimo mercante **Donato Damiani figlio di Ludovico**, abitante in Contrada di San Cassiano presso Rialto, lasciò erede per metà della sua sostanza il Monastero del Santo Sepolcro dove viveva come Monaca sua sorella Claudia, mentre l'altra metà dei suoi beni la destinò all'Ospedale della Pietà di cui era Governatore lui stesso. In aggiunta dispone anche d'essere seppellito nella chiesa del Santo Sepolcro, e per far questo lasciò altri 500 ducati, e per finire lasciò al Monastero ancora 60.000 ducati con obbligo di *"... far celebrare ogni giorno una Messa per lui, et a sua memoria, et per la salvezza dell'Anima soa ..."*

Fra i tanti, e sempre al Santo Sepolcro, volle farsi seppellire il ricco Orefice **Giorgio Rizzi di Benedetto e Sebastiano**: *"... che possedeva un palazzo in Riva a Santa Maria Maggiore e una bottega d'Orese a Rialto all'insegna del Naranzer..."*, divenne Patrizio Veneto con fratelli, zii e discendenti dal 1687 pagando alla Serenissima sempre la bella somma di 100.000 ducati in contanti ... Sempre al Sepolcro si fece seppellire anche **Sjor Vincenzo Colla di fu GianMaria** che lasciò al Monastero una Mansioneria pagata di 5 Messe annue, insieme a un prezioso Cristo d'argento che teneva in casa sua ... e perfino si fece seppellire lì l'intera **Famiglia Cittadinesca Combi da Bergamo** che si arricchirono a Venezia commerciando libri tanto da comprarsi diversi stabili in giro, e un intero Palazzo in Contrada di Santa Caterina a Cannaregio.

Nel 1700 negli inventari delle Monache del Santo Sepolcro presentati al **Patriarca Barbarigo** si cita presente in chiesa anche il simulacro di una **Madonna Annunziata** in legno: *"... vestita con scarpette e abiti bianchi e d'oro uguali a quelli dell'Angelo, e con altri 7 vestiti in garzo d'argento e broccato d'oro. Alla stessa appartenevano anche numerosi gioielli: un fiore e una crocetta di diamanti, perle da collo con pietre preziose, manini d'oro, passetti di zaffiri, e corone d'argento ..."*

Il Monastero che ospitò Nobil Donne Monache illustri come **Beatrice Venier, Orsola Visnago, Chiara Bugni e Maria Da Canal**, possedeva una rendita annuale di 522 ducati provenienti da immobili posseduti in Venezia ... si ampliò il parlatorio, e si restaurarono i muri perimetrali spendendo 2.500 ducati ... Gaetano Callido costruì un nuovo organo facendosi pagare 480 ducati ... Il ricco negoziante in Calle degli Orbi nella Contrada di Santa Maria Formosa **Girolamo Zanadio di fu Francesco**, beneficò per testamento con 50 ducati il Monastero di Santo Sepolcro dove viveva come Monaca sua Sorella Giovanna Maria, e chiese di essere sepolto in chiesa davanti all'Altare del Santissimo ... Ancora nel 1770, i musicisti **Furlanetto, Galuppi e Grazioli** musicarono diverse Cerimonie di Vestizione delle Nuove Suore Professe del Monastero Francescano del Santo Sepolcro.

Nel 1775 il Monastero possedeva ancora: *"... due chiusure di buona giacitura e di terreni mezzani e bassi, con vasta fabbrica e corte, estese 16.1203 campi e accatastate presso Fiesso."* ... e le cronache ricordavano come viva e attiva la tradizione dei Veneziani di recarsi il giorno di Pasqua in pellegrinaggio presso la chiesa delle Monache del Santo Sepolcro ... i Pellegrini erano però ormai spariti da un pezzo.

E giunse, infine, anche per il Convento del Santo Sepolcro la solita bufera Napoleonica distruttiva e devastante. Infatti, nel luglio 1806, le 35 Monache Francescane rimaste vennero espulse dal loro chiostro, e concentrate prima nel **Convento di Santa Chiara nell'isola di Murano**, e poi sparse un po' in quello del **Corpus Domini** *(demolito poco dopo per edificare l'attuale Stazione Ferroviaria)* e in altri luoghi incamerati tutti dal Demanio, come ad esempio il Convento di Santa Maria dei Miracoli nel Sestiere di Cannaregio.

La **Badessa Maria Rosa Brighenti** del Monastero di Santa Maria dei Miracoli scriveva, infatti, in agosto, che i locali angusti del suo Convento potevano ospitare solo 36 persone, o al massimo 40, ma non potevano offrire spazio sufficiente anche per le 35 Suore Francescane del Santo Sepolcro che il Governo voleva fare risiedere da loro ad ogni costo ... E poi c'erano anche altri problemi di stile, regola e ordine interno fra le

Monache, in quanto alcune non si trovavano a loro agio nel Convento: *"...si segue la medesima regola ma con più rigide accentuazioni... Sommamente ristretto è l'angolo di fabbricato in cui sono state confinate ... L'isola era una plaga insalubre ... maggiori erano le difficoltà di ricevere aiuti da Venezia ... Le Monache chiesero allora d'essere trasferite per situazione più confortevole almeno al San Lorenzo di Venezia a Castello..."*

Alcune Monache presentarono una Supplica al Governo raccogliendo anche firme false. Alcune rimasero, altre partirono, altre ancora ottennero di cambiare Ordine diventando Domenicane per poter traslocare più comodamente nel Monastero del Corpus Domini a Cannaregio. Una confusione insomma ... uno sfacimento totale.

Nel 1808 la chiesa intera, compresa la *"grotta del Sepolcro"* venne demolita per farne cortile, e il Convento venne chiuso e adattato a diventare oggi *"Caserma Aristide Cornoldi"* ... Infine, è del 1832 la notizia che utilizzando le pietre della chiesa e del Santo Sepolcro demoliti si fabbricò un nuovo torrione militare sul **Lido di Sant'Erasmo**, e in parte si posero come fondamenta di un laboratorio pirotecnico nella zona di **Quintavalle** presso la Contrada di San Pietro di Castello.

Fu sfasciato tutto insomma, e rimase di quell'idea e di quel posto solo *"l'altarolo"* di **Tullio Lombardo** che venne salvato dalla furia distruttiva Napoleonica facendolo finire nel 1807, non si sa bene perché e per come, in chiesa a **San Martin di Castello** dove sta tutt'ora. E' l'unico pezzo rimasto di quel complesso formidabile, originale e certamente curioso oltre che un po' furbesco. Di certo *"l'altarolo"* di San Martin è uno dei pochi reperti di quell'angolo della *"Venezia Pellegrina e Ospitale"* assimilata alla **Terrasanta e a Gerusalemme**... Cose tutte di un tempo andato inesorabilmente perduto ... eccetto che nel nostro comune ricordo.

***

_____*Il post su Internet è stato scritto in origine come: "Una curiosità veneziana per volta." - n° 62, e pubblicato su Google nel gennaio 2015.*

IN CONTRADA DI SAN PROVOLO

E' stato lo stimolo di una *"stampa insospettabile"* postata su Internet da tale *"amico Veneziano Gianni"* che mi ha indotto ad andare frugare nelle *"cose"* della dimenticata e antica **Contrada di San Provolo** vicino al ben più famoso Monastero di San Zaccaria. Come sempre accade oggi, a Venezia di San Provolo è rimasto ben poco, quasi niente. E' restata la memoria di un toponimo, di un luogo, attraverso il quale di solito si passa per recarsi altrove … o al massimo si cita per richiamare un locale ristorante, una botteguccia di Musica, o forse il Liceo che sorge proprio dove un tempo sorgeva l'antica chiesa.

San Provolo è uno di quei posti di Venezia in cui bisogna proprio fare uno sforzo con la fantasia e l'immaginazione per *"inventarsi e raffigurarsi"* ciò che è stato, perché di visibile resta niente, se non le cose invisibili che scappano via dietro gli angoli, o s'arrampicano su per i muri, viste solo da chi è appassionato per davvero di Venezia e della sua illustre quanto curiosa Storia. San Provolo attualmente è uno di quei campielli tipici in cui i turisti si soffermano a *"disnàr"* che sarebbe a mangiare, *"mettendo le gambe sotto la tòla"* dei numerosi ristorantini i cui camerieri t'accaparrano rincorrendoti per strada.

Un tempo, lo sapete meglio di me, non era così. Come vi accennavo, la piccolissima Contrada di San Provolo è sempre stata nascosta e offuscata dal prestigio infinito e dalla sontuosa ricchezza del potentissimo **Monastero di San Zaccaria** di cui un portichetto e andito d'ingresso sorgeva proprio accanto a San Provolo, a una sola ventina di metri. Quel che è stato San Zaccaria a Venezia è difficile riassumerlo in poche righe. Basti ricordare ch'era il Monastero delle figlie dei Dogi e dei più insigni Senatori e Nobili Patrizi della Venezia di sempre. Si aggiunga, solo per farsene un'idea, che le proprietà di quel Monastero andavano a comprendere praticamente tutta la cittadina e la collina di **Monselice** poco lontano dai **Colli Euganei** … Vi sembra poco ?

A pochi passi da Campo San Provolo sorge **Piazza San Marco**, le **Prigioni e Palazzo Ducale**, quindi era in ogni caso una chiesupola oscurata del tutto dallo splendore indicibile di quei colossi di bellezza e Storia.

Qual'era, com'era allora San Provolo ?

Se si fa attenzione e si alza lo sguardo giunti nel campo, ci si accorgerà subito di qual'era la sua antica chiesa. E' quell'edificio bianco a sinistra, tutto traforato oggi da una ventina circa di finestre e finestrelle ben disegnate. Lo noti subito il cornicione lungo e diritto, un po' eccessivo per essere di normale palazzo, ma per chi non lo sa, è una normale linea edilizia di un'architettura qualsiasi di Venezia a cui s'è sovrapposto un bel pergolo, aperto spazio di botteghe e molto altro. Ecco com'era l'**ex chiesa di San Provolo** che oggi è quasi irriconoscibile.

Anche dal punto di vista dei documenti non è che di San Provolo sia rimasto moltissimo. C'è giusto una manciata di carte e qualche inventario, come per altre chiesette Veneziane tipo l'**Anconeta di San Marcuola**, **Santa Giustina**, **San Rocco e Margherita** e altre ancora conservati nei scaffali semidimenticati degli **Archivi del Patriarcato** o in quelli dell'**Archivio di Stato dei Frari**.

E' del 1172 la notizia che il **Doge Vitale Michiel II°** venne ucciso da **Marco Cassolo** proprio in **Calle delle Razze nel Confinio di San Provolo** mentre il giorno di Pasqua si recava come da *"Tradizione"* in visita al Monastero di San Zaccaria. L'assassino finì ovviamente impiccato, e le case della Calle delle Rasse in cui si nascose per tendere l'agguato furono rase al suolo, e si proibì di costruirne altre di pietra sullo stesso posto ... Per sicurezza e *"... per onta del luogo"*, mai più il Doge di Venezia sarebbe transitato attraverso quella calle.

Già quasi un secolo prima, esisteva però un'attestazione di un vecchio **Prete Martino**, e di un altro **Prete Albertus** entrambi di San Provolo che certificavano presso la Badessa del San Zaccaria circa la questione dell'uso di una siepe esistente attorno o accanto al Monastero in prossimità di una vicina *"piscina d'acqua"*.

A quell'epoca sembra che la Parrocchia e chiesa di San Provolo esistesse già da un paio di secoli, e che forse con la *"Calle delle Rasse"* fosse proprio uno dei nuclei e degli insediamenti più antichi della zona mercantile Veneziana insediata sull'asse Rialto-San Marco.

Infatti, per espressa Legge del Consiglio dei Dieci: *"... dalla Calle delle Rasse verso Palazzo Ducale, come pure nell'Osterie della Piazza San Marco non possono abitare meretrici ..."*

A cavallo con le solite leggende, sulle cronache cittadine si può leggere che San Provolo è stata fondata nell'850, e allo stesso tempo donata al contiguo Monastero Benedettino femminile di San Zaccaria dal **Doge Angelo Partecipazio** che l'aveva fondato. San Provolo quindi apparteneva alle Monache, che per questo sceglievano, delegavano e pagavano sempre due Preti-Cappellani *"... per officiarla e curarne l'Anime ..."*

Nel 1105 **San Provolo o Procolo** subì le fiamme di uno dei soliti incendi devastanti di Venezia che: *"... se la divorò completamente"*. Ovviamente le Monache del San Zaccaria non persero tempo e la ricostruirono immediatamente ... e sembra che proprio in San Provolo, forse per la posizione strategica, tenne sede per lungo tempo una delle più frequentate e antiche, nonché abbienti, *"Congregazioni di Preti e Piovani"* di Venezia.

Giunto il 1389, San Provolo cadente e rovinosa venne rinnovata e riaddornata, e sembra che in quell'occasione sia stata nominata Parrocchia autonoma dal Cancelliere Dogale **Amedeo Buonguadagni**, emancipandola seppure parzialmente dalle Monache del San Zaccaria ... San Provolo doveva godere di un certo prestigio nel 1455, se **Giovanni Rizzi suo Prete**, divenne poi Piovano di San Vito e Modesto a Dorsoduro, Cancelliere Dogale, Vicario Generale e perfino **Arcidiacono del Capitolo di San Pietro di Castello** ... carica nobilissima, e molto agognata da tanti ecclesiastici.

A dimostranza che le Monache del San Zaccaria *"... non avevano mollato il loro osso"*, dal 1477 al 1504 la **Badessa Lucia Donà** finanziò e guidò tutta l'impresa del restauro dell'intera chiesa di San Provolo ... Nella Contrada di San Provolo abitò fino al 1539 il potente Segretario del Consiglio dei Dieci della Serenissima **GianGiacomo Caroldo**, scrittore anche di *"Cronaca veneta"*, più volte Ambasciatore di Venezia, e nominato anche Conte Palatino da parte dell'Imperatore Massimiliano.

Il **Nobile Malipiero** scriveva nei suoi *"Annali"* nel 149: *"El mese de Mazo … se ha descoverto la peste in alguni luoghi della terra, e i Proveditori della Sanità ha prohibido la Festa della Sensa, ma i Schiavoni no l'ha saputo, e son venuti con le sue rasse, e i Lombardi con le sue tele. E intesa tal prohibitione, i son andati a la Signoria, e alegando i so gravami, ha suplicà de poder vender per la terra, e son sta esaudidi, ma ghe è devedà de vender in Calle delle Rasse per non far assunanza, e se ha reduto verso Santa Maria Formosa, sulla Salizà de San Lio …"*

Sempre in Contrada di San Provolo, in una casa affittata dalle Monache di San Zaccaria, abitarono nel 1564 i due fratelli *Francesco e Valerio Zuccato*, famosi per aver mosaicato sapientemente gran parte delle volte dorate della Basilica di San Marco … Così come le Monache affittarono un'altra loro casa nello stesso posto al Letterato *Paolo Ramusio*, nipote del Paolo Ramusio da Rimini che, diventato Veneziano, persuase nel 1503 Pandolfo Malatesta a cedere Rimini alla Repubblica Serenissima … In cambio e premio ottenne dal Doge il *"modico regalo"* di 600 campi nei pressi di Cittadella.

Nello stesso anno, i Cappellani di San Provolo percepivano come stipendio dalle Monache di San Zaccaria: 10 ducati annui, e nella chiesa si celebrava la Festa del Patrono ad anni alterni dando altri 3 ducati: *"… per conto de lemosina alli Preti che cantano Primo Vespero, Messa e Secondo Vespero in San Procolo …"*

In poche parole, gran parte della Contrada di San Provolo apparteneva, e in qualche modo serviva e seguiva i desideri delle Monache di San Zaccaria.

Secondo l'analisi effettuata dalla Visita Apostolica del Nunzio Papale residente in Venezia nel luglio 1581, San Provolo continuava ad essere Parrocchia e Cappellania del Monastero di San Zaccaria. In Contrada abitavano 1200 persone, di cui solo 550 s'accostava alla Comunione …

Nella chiesa dove c'erano 5 altari e si celebrava in perpetuo una *"Mansioneria quotidiana"* che valeva 15 ducati annui, c'erano attivi i 2 Cappellani Curati che guadagnavano 62 ducati, diverse regalie e altri *"Incerti di stola"*, e utilizzavano una casa appartenente sempre alle stesse Monache. Esisteva anche un Sacrista, che percepiva 5 ducati annui, usufruiva a sua volta di una casa, e anche lui era oggetto di varie regalie e offerte varie da parte delle solite Monache.

A fine secolo la popolazione della **Contrada di San Provolo** si ridusse progressivamente a circa 880 persone, perché al posto delle case abitate si preferiva tenere **Botteghe, Locande e Taverne**, essendo prossimi al **Molo di San Marco** utilizzato e frequentato in continuità da: *"... **Marineri, Pellegrini, Mercatanti, Soldati, Bastazi, Religiosi, Donne, Naviganti e viaggiatori ... nonché miserevoli vagabondi.**"* ... Le Monache di San Zaccaria riattarono nuovamente la chiesetta.

Dopo il primo decennio del 1600, sempre in **Calle delle Rasse a San Provolo** in una casa di **Francesco Orio**, c'era la **Stamperia Ducale di tale Rampazzetto**. Costui falsificò un mandato con tanto di nome del Cassiere e del Segretario del Collegio, fu scoperto e condannato a un'ora di pubblica berlina e a tre anni continuativi di voga coatta al remo in Galea coi ferri ai piedi. Qualora fosse risultato o diventato inabile, la pena della voga gli sarebbe stata permutata in quattro anni di reclusione nella **"Prigion Forte"** di Palazzo Ducale.

Uguale a oggi vero ?

Verso il 1630, subito dopo gli anni della terribile peste che decimò Venezia, un bel giorno credo che la Nobile e potente Badessa del San Zaccaria sia sobbalzata se non ribaltata dal suo confortevole e lussuoso seggiolone.

A causa, infatti, delle campagne militari della Serenissima *(che fra l'altro non andavano per niente bene)* vennero imposte in Venezia sempre nuove tasse ed esazioni che andavano a colpire sempre di più chi era ben fornito ed equipaggiato di rendite, possedimenti, proprietà e soldi in genere.

L'ultima tassazione prevedeva l'aggiunta di: *"... **1 soldo per Lira a tutti i Dazi esclusa la Gabella del Sale, e a tutte le gravezze a vantaggio dell'erario da pagarsi a cura di tutti gli abitanti del Dominio compreso quello da Mar ...**"*

Subito dopo, il Senato impose altre 2 Decime urgenti su Venezia e Dogado da pagarsi una: *"... **da patroni sopra livelli perpetui, stati, inviamenti de Pistorie, Magazeni, Forni, Poste da vin, Banche di beccaria, Traghetti, Poste, Palade, Passi, Molini, Foli, Sieghe, Instrumenti da ferro e battirame, Moggi da carta ed altri, Dadie, Varchi che si affittano e si pesano, Decime di biave, Vini ed altre robbe, Fornari, Hosterie et ogn'altra entrata simile niuna eccentuata ...**"*

Le Monache di San Zaccaria possedevano in quantità ampia parte delle cose contenute in quella lunga lista.

L'altra Tassa-Decima imposta era ancora peggio, perché era applicata: *"... **sopra tutti i livelli francabili fondati su case, campi o altri beni in qual si voglia luoco, fati con chi si sia.**"*

Chi pagava subito entro aprile di quell'anno, ossia entro due mesi, aveva diritto a un condono del 10%, chi pagava in ritardo, invece, avrebbe subito un aggravio della stessa proporzione ... E già che c'era, 8 giorni dopo, il Senato di Venezia aggiunse un altro *"prestito obbligatorio"* sotto forma di altre 2 Decime, e altre 2 Tanse da pagarsi *"senza fretta"*, ossia solo entro agosto dello stesso anno, o entro il febbraio seguente da tutti coloro che a Venezia erano soggetti a gravezze, in buona valuta o in moneta corrente *(che sarebbe costato un quinto in più)*, senza alcun sconto né esenzioni per chiunque. Eravamo allo spasimo fiscale ...

A fine giugno del 1629, il Senato pressato dagli eventi e dai rivolgimenti bellici fissò un termine perentorio di 15 giorni per denunciare ai 10 Savi alle Decime tutti i livelli perpetui e francabili e ogni altra fonte di reddito presente in Laguna, e commissionò a dei Commissari Straordinari di reperire denaro entro un mese in ogni modo possibile, ricavandolo in tutto lo Stato aggiungendo ulteriori Decime su: campagne, testatici o simili scegliendo la maniera più utile e veloce che permettesse alla gente di pagare ...

Vitaccia quindi ! Proprio tempi duri per chi a Venezia era ben dotato ... Altro che oggi ! ... Altri tempi.

Solo ad agosto dello stesso anno, la Signoria Serenissima decise di esentare da quel fiume d'imposte straordinarie chi a Venezia e Dogado era davvero povero e impossibilitato a pagare ulteriormente. Sarebbe stato inutile racimolare poco spiccioli e attorniarsi di una folla di morti di fame, debitori e questuanti da mantenere.

"Sarà cosa opportuna per le sorti della Serenissima Repubblica lasciar alcuni galleggiare e guazzar nel proprio stagno ... senza per forza indurli a saltar sulla Terraferma secca e senza alcuna possibilità di sopravvivenza..."

Solo nel 1642, sotto la **Badessa Angelica Foscarini,** sembrò essere tornato *"il sereno"* ed essere finalmente trascorsa quell'epoca di pene, restrizioni e bufere economiche. Perciò le **"Bone Monache"** si determinarono di nuovo a sborsar soldi, e a ricostruire o per lo meno risistemare per l'ennesima volta la chiesa malridotta di San Provolo. Qualcuno lasciò detto che la chiesuola, di fatto, venne rifabbricata di sana pianta ... Quasi nello stesso tempo, **Sante Gariboldi, Speziale all'insegna del San Domenico in Calle delle Rasse di San Provolo**, venne decapitato e bruciato in Piazza il 30 luglio 1641 perchè aveva abusato di due bimbi di sei anni nel Convento di San Giobbe nel Sestier di Cannaregio.

In quegli stessi anni, in Contrada di San Provolo c'erano 59 botteghe, un forno da pane, e una Pistoria ... Nel 1712 le botteghe giunsero ad essere ben 77 ... e giunto il 12 luglio 1735, si sviluppò un grande incendio scoppiato in casa del **Droghier Antonio Biondini in Calle delle Rasse**, che in breve tempo rovinò tutti i fabbricati, le botteghe e le caxette più vicine ... Ancora nel 1737 si continuava a riparare e rimediare ai danni e alle tracce lasciate in zona da quel terribile evento nefasto e distruttivo.

Verso la fine del 1700, *"... ormai al calàr delle ultime sorti di una Serenissima ormai fragile e decadente Repubblica ..."* in Contrada di San Provolo abitavano circa 900 persone. Si contavano 230 persone abili al lavoro, che s'arrabattavano ogni giorno in 87 botteghe, esclusi i Nobili *(il 23% dei residenti in Contrada)* ch'erano ovviamente esentati da quella *"... vile mansione per loro non adatta..."*

Secondo le cronache, le Monache del San Zaccaria, *"... in salute nel corpo e nella borsa, come non mai ..."*, investirono ancora sulla chiesetta di San Provolo sostituendo i vecchi altari vetusti di legno, con nuovi altari più belli in marmo. Quando tutto fu pronto, chiamarono anche il **Patriarca Federico Maria Giovannelli** perché impartisse alla chiesetta *"... una buona, quanto opportuna e santificante Benedizione ..."*

L'ultima *"foto storica"* della Contrada di San Provolo *"la fece"* mettendola per scritto nelle sue carte il **Patriarca Flangini** nel settembre 1803 durante una sua Visita Solenne alla Contrada di San Provolo: ***"Tutto appartiene come sempre al Monastero Benedettino di San Zaccaria ... Le anime sono 1.000, le rendite dei 2 Cappellani pagati dalle Monache sono sempre di 51 ducati annui più l'usufrutto di una casa ... Le Monache inoltre spendono 123,3 Lire perché venga insegnata un po' di Dottrina Cristiana ai Veneziani della Contrada; finanziano inoltre con altre 80 lire il culto e la devozione in chiesa per San Pietro d'Alcantara; contribuiscono offrendo 22 lire per "le Agonie" celebrate dai Confratelli della Scuola del Santissimo, che rende loro di rimando 11 lire annue.***
Viceversa, le stesse Monache spendono all'anno 24,16 Lire per mantenere il Sacrestano di San Provolo con la sua famiglia; per comprar particole per la Messa, riscaldare a legna la Sacrestia; fornire di candele e cera ciascun altare secondario, mentre per a quello Maggiore veniva riservato lo stesso trattamento di qualità e abbellimento usato per gli altari che si trovano dentro al Monastero di San Zaccaria.
Intorno e dentro alle attività della chiesetta di San Provolo "girano e ruotano" 7 Sacerdoti, di cui uno è infermo. Uno di quelli è l'Abate dei Servi di Maria del lontano Convento di Sant'Elena di Castello, ci sono poi diversi Preti Altaristi e Mansionari che provvedono le 2.279 Lire delle Messe

Mansionarie delle Monache ... C'è anche un certo Suddiacono forse ordinato: "... tale Condulmer Alvise già Monaco Benedettino dalla Professione dichiarata nulla, non frequentante i Sacramenti neanche a Pasqua, vestito da secolare e col pessimo concetto di costume, che fece anche un contratto di matrimonio, e fu richiamato inutilmente dal Vicario e dal suo padre ..."
Durante l'anno si celebrano 1.442 Messe perpetue; 3 fra Esequie e Anniversari; 2 Messe Cantate e Solenni il Giovedì Santo e il Corpus Domini, e 20 Messe avventizie, ossia pochissime: una o due al mese. Da segnalare come meritevole che il Monastero offre 20 ducati annui per la celebrazione della "Messa pro Populo" ... Le Monache fanno celebrare anche una Novena per la festa di San Pietro d'Alcantara, si curano che in chiesa ci sia una decente Predicazione, e Istruzioni e Catechismi degni a tutte le feste ... esiste anche un lascito apposito di 246, 6 Lire annue per la Dottrina Cristiana per i fanciulli ..."

L'anno dopo, il famoso Gaetano Callido e figli costruirono commissionati dalla Monache di sempre proprio a San Provolo la loro ultima opera prestigiosa rimuovendo un vecchio organo del 1700 ... Un paio d'anni dopo era *"Cappellano Amovibile da parte delle Monache"* **don Giorgio Piazza**, che si curava della popolazione di 1.000 Anime della Contrada ... Dagli inventari rimasti, e da quel che raccontano *"i Veneziani di ieri",* si evince che le Monache di San Zaccaria non avevano per niente trascurato la loro chiesetta di San Provolo: *"... rendendola in nulla simile a una bucolica e miserrima chiesupola di campagna."*

Fra le varie opere che abbellivano San Provolo, c'erano: un **"Gesù morto con Angeli"** di Palma il Vecchio, che aveva dipinto anche un **"Sacrificio d'Abramo"** per l'Altar Maggiore, e anche un: **"Angelo che appare ad Elia"**, **"Un Santo Vescovo con Santi"** e una **"Storia dell'Antico Testamento"**. Inoltre c'erano diversi altri dipinti del Lazzarini, di Peranda, Cellini, Pietro Liberi, altre tre pitture di Antonio Aliense, e altre otto dello Scozia. Un tesoretto insomma ... San Provolo era un'altra di quelle chiese *"coccole"* di Venezia piene di belle cose e ricche di Storie.

Per ricordarvi ancora quanto un tempo era vitale e attivo quell'angolo di Venezia, già abbiamo detto come apparteneva alla Contrada di San Provolo la famosissima *"Calle delle Rasse o Rascianum vicum"*, che sorge ancora oggi poco distante dalla famosa Riva degli Schiavoni col Molo di San Marco. La *"Rascia o Rassa"* era un panno di lana grezza e ordinaria di manifattura artigianale col quale si era soliti coprire le gondole e i loro *"Felzi"*, importata e imitata a Venezia dalla Serbia o Servia. Ancora alla fine del 1700, il Capomastro dei Tintori della Serenissima Dominante **Giovanni Barich**, ricordava con un suo manifesto che quei prodotti si vendevano proprio in *"... Calle delle Rasse nelle botteghe all'insegna del San Girolamo e del Sant'Antonio da Padova ..."*

Poi tutto andò brutalmente rimosso, smantellato e distrutto ... l'Altar Maggiore di pregio trasferito nella chiesa di San Zaccaria, così come vennero disperse tutte le suppellettili della chiesa che venne chiusa e poi demolita per farne abitazioni e locali ad uso commerciale e privato ... Rimase per un po' di tempo una *"certa Cappellina in memoria"* ... poi sparì anche quella, forse ridotta a solo *"Capitello"*.

Chi sarà stato mai l'autore di tale scempio ?

La Contrada di San Provolo fu inizialmente associato e unita insieme a quella di **San Severo** alla poco distante Parrocchia e **Contrada di Sant'Antonin** ... In seguito si decise invece di associare il *"territorio di San Provolo"* alla neonata Parrocchia di San Zaccaria e Sant'Atanasio da dove erano state espulse le favolose Monache del San Zaccaria che venne soppresso e chiuso anch'esso per sempre: *"... essendo San Provolo nei tempi addietro mantenuta da San Zaccaria porta spesa al Demanio e per questo va chiusa non essendo necessaria ... Tanto più che non possiede alcuno di quei caratteri né di magnificenza, né di nobile architettura per cui si possa meritare una spezial contemplazione ..."*

E questa fu la fine di San Provolo.

Nel corso del 1900 nei locali e negli spazi più volte riattati e riciclati dove sorgeva un tempo San Provolo, si è allestita la **Scuola Professionale**

Femminile Vendramin Corner ... dai cui muri ancora oggi sciamavano fuori alcune giovinette allegre, petulanti e speranzose di Venezia. Entrano ed escono dalla loro Scuola, ignare di recarsi in quella ch'era una chiesa, esistita come punto di riferimento di tanti Veneziani che per secoli hanno occupato e vissuto quella microscopica Contrada.

In tempi più recenti la zona di San Provolo a Venezia è balzata alla cronaca perché un povero calzolaio artigiano, che da sempre lavorava sul **"Ponte dei Carmini"** aggiustando anche i sandali ai Frati, è stato pestato selvaggiamente come un tamburo per rubargli i quattro *"marci"* spiccioli che possedeva. A poco gli è valsa la protezione garantita dal Capitello veneratissimo della Madonna del Carmine che sorge lì accanto sull'angolo già centrato *"... **da infallibile e precisa saetta in una terribile bufera del 1756 ...**"*.

Se n'è parlato per qualche giorno, poi non s'è detto più niente, e l'ometto dopo tanto lavorare ha chiuso bottega per provare a finire i suoi giorni un po' più serenamente ... lasciando il locale alla solita rivendita anonima di souvenir per i turisti spensierati.

Finisco dicendo come la Contrada di San Provolo è tuttora uno di quei posti ameni di Venezia, zeppa di Calli lunghe e Callette strette, angoli tipici e ombrosi, e piccole Corti nascoste un tempo industriose. Conserva ancora quella soffusa sensazione romantica e caratteristica tipica della Venezia che piace. Se ci si porta lungo le **Fondamenta dell'Osmarin e di San Provolo** ci si potrà smarrire volutamente, finendo con l'imbattersi in un giovane Mastro Artigiano che continua coraggiosamente la vecchia attività del **Remèr e Forcolaio** di un tempo. Si potrà finire infine col ritrovarsi poco dietro nella **Corte del Tagjapiera**, dove un tempo dall'alba al tramonto si picchiava sulla pietra, e rimanere affascinati e avvinti dall'atmosfera ammaliante di quello spicchietto di Venezia nascosta, seppure corrosa e consumata dal tempo.

Poco c'interesserà sapere che in quelle case mute: *"... **Adì 10 marzo1680, morì Francesca relitta (ossia vedova) del quondam Francesco Osmarin*** *d'anni 65 in circa, da febbre maligna giorni 8, senza medico, farà sepellìr Missier Battista suo fratello - San Antonin ..."*

Sarà come un sussurro insignificante che non percepiremo affatto, recitato e disperso nel vento che zufola leggero fra le caxette e i tetti della Contrada di San Provolo che non esiste più ...

***

_____*Il post su Internet è stato scritto in origine come: "Una curiosità veneziana per volta." - n° 64, e pubblicato su Google nel gennaio 2015.*

SAN GIOVANNI NOVO o "IN OLEO"

"Ci troviamo più tardi qui da me, a San Giovanni !" ha risposto recentemente una giovane studentessa universitaria al cellulare.

"Seh ! ... a San Giovanni ? Ma che sarebbe ?" ha chiesto il suo nuovo amico Veneziano.

"San Giovanni ... la chiesetta qui accanto a dove abito io. Mi sembra facile..."

"Non lo è affatto, perchè siamo a Venezia ... San Giovanni detto così non significa niente ... Venezia è piena di San Giovanni ! ... e tutti diversi l'uno dall'altro ... soprattutto distanti fra loro ..."

"Come ? Non riesco a capire ... San Giovanni è San Giovanni."

"A Venezia: no ! ... di San Giovanni ce ne sono di tutti i tipi ... Dentro alle sue pieghe Venezia annovera un'infinità di posti e luoghi diversi che portano varianti di quel nome generico di Santo ... Tu sei nuova di qui, e devi ancora scoprirlo ... C'è da perdersi se non specifichi un po' meglio di che San Giovanni si tratta ..."

"Ha ragione Andrea ..." ha aggiunto il fratello più giovane che non aveva perso una sola parola della conversazione dal *"vivavoce"*. *"A Venezia c'è una matassa indistricabile, un intrico di Santi per tutti i gusti ... Che io sappia, e non li conosco tutti di certo, c'è San Giovanni Elemosinario vicino al Ponte e al Mercato di Rialto, San Giovanni e Paolo che sarebbe l'ospedale, San Giovanni Evangelista che si trova dalla parte opposta di Venezia ... e San Giovanni in Bragora che è vicino a San Marco ... San Giovanni in Laterano la cui chiesa non esiste più ma è rimasto il nome a tutta la zona ... Vedi ! Sono proprio tanti e molto diversi ... e distanti fra loro delle belle camminate ..."*

"E questo è niente ..." riprese Andrea, *"In alcune zone i Veneziani chiamano Giovanni col diminutivo di Zuàn o Zuanìn o perfino Zàn ... perciò esiste anche San Zàn Degolà ... che sarebbe San Giovanni Decollato ...*

ossia che gli hanno tagliato la testa ... e lasciamo perdere di contare le chiese scomparse perché c'era anche un San Giovanni Battista nell'isola della Giudecca dove adesso c'è la caserma della Guardia di Finanza accanto all'isola di San Giorgio Maggiore ..."

"E non è finita ! ... Non so se si tratti sempre dello stesso personaggio, ma c'è anche San Giovanni dei Furlani, del Tempio ... dove abitavano i Templari ... e San Giovanni Crisostomo, e San Giovanni Nuovo o Novo ..."

"Ho capito adesso ! ... Infatti, osservando fuori dalla finestra vedo scritto sulla pezzuola bianca dipinta sul muro: "San Giovanni Novo"."

"Eccolo là ! ... E' lui ! ... Adesso è tutto chiaro ! ... E' quel San Giovanni vicino a San Marco ... quello poco distante da Santa Maria Formosa e vicino a Campo San Filippo e Giacomo ... Venezia è tutta così ... Bisogna essere precisi, altrimenti non ci s'incontra più."

L'ex piccola Contrada di **San Giovanni Novo** è ancora oggi una zona Veneziana di portici scuri, fondamente basse a pelo d'acqua, callette strette e case scrostate e mangiate dalla salsedine poco distanti dall'acclamatissima Piazza San Marco ... E' una serie di luoghi e posti quasi anonimi, che sembra non abbiano più niente da dire, ma un tempo, invece, vivissimi come è stato quasi ogni angolo di Venezia.

Sansovino ricordando un restauro di San Giovanni in Oleo eseguito nel 1520 scriveva: *"... ora tutti i narrato Luoghi Sacri, come di Chiese come di ogni altro Sacrario edificato in questa città, è impossibil cosa a narrare, quali ricchezze habbiano et in quanta copia per amministrar gli Offici che s'appartengono a sua Divina Maestà. Oltra che tutte le chiese, per picciola che sia, hanno il campanile, l'organo, et la piazza o per fianco o dinnanzi. Et ogni piazza ha il suo pozzo pubblico ... Sono parimenti in tutte le chiese, Sacerdoti secondo al convenienza del luogo, i quali assiduamente attendono al carico loro. Et tutte le cere che si consumano dal clero per qual si voglia occasione, sono bianchissime come neve, et le gialle non sono in conto alcuno. Appresso questo ogni Chiesa ha qualche provento, chi più, chi meno, et i Piovani d'esse sono creati da cittadini et* *popolani che posseggono stabili nelle Contrade, per via di suffragii et approbati et confermati dal Patriarca. In somma la qualità delle ricchezze et del governo loro è di così fatta maniera che ogni Chiesa di Venezia può dirsi con ogni ragione un picciolo Vescovado ..."*

Flaminio Corner fissò al 968 d.C. la data dell'antica prima edificazione della chiesa di **San Zuàn "in Oleo"** forse finanziata dall'antica famiglia Nobile Trevisan. Si titolò: **"San Giovanni in Oleo"** probabilmente per distinguerla da qualche altro edificio con titolo simile. La dedica forse voleva ricordare la morte-Martirio dell'Apostolo ed Evangelista Giovanni diventato Santo anche perché posto nell'olio bollente per ordine dell'Imperatore Domiziano.

Probabilmente **San Zàn in Oleo** divenne subito Parrocchia o Piovanato trovandosi al centro dell'omonima vispissima Contrada di Venezia, e venne affiliata alla Chiesa Matrice della Purificazione di Maria chiamata dai Veneziani confidenzialmente: **Santa Maria Formosa**. In seguito, con un'apposita pergamena giunta da Roma il Capitolo dei Canonici di San Giovanni in Laterano dell'Urbe concesse l'aggregazione della Parrocchia di San Giovanni in Oleo di Venezia ai meriti e privilegi dell'insigne Basilica Papale di Roma.

Grandi contatti altolocati, quindi ... grande prestigio per la chiesetta di Venezia.

A confronto con la miniera di notizie esistenti su altre parti di Venezia, nell'insieme sono scarsissime quelle riguardanti quello spicchietto seminascosto della città Serenissima, ma per questo sono ancora più gustose ... a mio modico parere.

Nel 1371 il **Nobile Marco Trevisan quondam Francesco** abitante in Contrada di San Giovanni in Oleo lasciò dei soldi alla Parrocchia legati all'esecuzione di una Messa-Mansioneria da celebrarsi però nella chiesetta di San Francesco e Maria Maddalena ai Ronchi in Terraferma.

Mmmm ... e alla sua chiesa di Venezia niente ?

Otto anni dopo, al tempo del *Doge Andrea Contarini* tutti i Veneziani abbienti s'impegnarono a prestare dei soldi, più o meno spontaneamente e generosamente, allo Stato quasi Serenissimo per finanziare la guerra contro i Genovesi spintisi ormai dall'Adriatico fin dentro alla Laguna dove avevano già preso e saccheggiato Chioggia … Non c'era tempo da perdere … bisognava contribuire e darsi da fare.

Allora la Contrada di San Giovanni in Oleo nel suo piccolo *"fu splendida"*, perché offrì ben 121.550 lire. Non fu un caso inspiegabile, perchè nelle calli, campielli e palazzi di **San Zuàn** abitavano ben 24 famiglie di prestigiosi Nobili Veneziani fra cui **Lorenzo Dandolo** che contribuì con 16.000 lire del totale. Oltre a lui c'era anche: **Nicolo' Zuccuòl** che offrì 10.000 lire, il **Notaio Amodio de Bonguadagno** che ne diede altre 1.000, **Lovandri Spendidòr**: altre 2.600 lire, **Vetòr dall'Oro**: ancora 1.000 lire, e **Tagjamento Murèr** altre lire 1.000. Da meno non furono gli Artigiani della stessa zona che con **Jacomin Caleghèr** diedero lire 300, **Nicolo' Bon Bechèr** lire 500, **Piero Catarino Spicièr** lire 300, **Tomaso Bechèr** lire 600 e **Julio dal legname** lire 500.

E trascorse il secolo …

San Zuan in Olio venne rinnovata nei primi decenni del 1400, visitata nel 1461 da **Andrea Bondumier**, e consacrata il 1 maggio nel 1463 da **Andrea Bon** ultimo Vescovo residente per davvero e con giurisdizione sulla **Diocesi di Jesolo** … che sarebbe ben presto scomparsa per sempre.

Nell'aprile 1502 **Adriana quondam Antonio Del Torresan** moglie del mercante di legname Natale abitante nel Confinio di San Giovanni in Oleo scrisse un punto di testamento a favore del **Monastero di San Francesco della Croce** che però sorgeva dall'altra parte di Venezia … ancora niente, dopo secoli, alla propria Parrocchia di residenza: … significativo !

La vita della Contrada di San Giovanni in Oleo era comunque fervidissima: *"Ogni anno la frequentatissima Processione del Santissimo percorreva quasi ogni calle, ponte e angolo della Contrada di San Zuan pregando, suonando e cantando a gran voce ... Si portava in giro per strade, calli e campielli quasi tutto quanto si poteva trovare in chiesa, l'intera Contrada diventava chiesa allargata, spalancata, perché Dio appartiene a tutti ... Perfino i carcerati delle Prigioni di Palazzo Ducale di Venezia addobbavano le finestrelle con dei lumini, e la processione di San Giovanni in Oleo faceva sosta e impartiva speciale benedizione davanti alle carceri della Serenissima ..."*

E fu sempre a pochissimi passi da San Giovanni Novo, dentro all'area territoriale della sua Contrada che si è inscenata e riconosciuta per secoli la conosciutissima **"Leggenda del Palazzo del Demonio con la Scimmia e l'Angelo"**.

Mi piace riassumerla per i pochi che ancora non la conoscono.

Il Palazzo interessato è quello di **Ca' Soranzo de l'Anzolo** prospiciente sul **Rio della Canonica o di Palazzo** che va a sboccare nel **Bacino di San Marco** passando sotto al famosissimo **Ponte dei Sospiri**. Se osserverete la facciata esterna del Palazzo affacciata sul canale non potrete non vedere al primo piano sulla sinistra un altorilievo con un grande Angelo benedicente incastonato in parete.

Nel 1552 abitava il palazzo un certo **Avvocato della Curia Dogale: Iseppo Pasini**, che pur essendo molto devoto alla Madonna s'era arricchito con imbrogli e guadagni disonesti *(i tempi son cambiati ma le abitudini dei politici e di molti uomini di Palazzo sono rimaste)*. Un giorno il Pasini invitò a pranzare a casa sua **Fra Matteo da Bascio**, grande riformatore dell'Ordine Francescano, primo Generale dei Frati Cappuccini, uomo di vita e costumi santi, celebre predicatore e autore di diversi miracoli tra cui appunto quello **"del Diavolo"**. Prima di sedersi a mangiare, l'Avvocato raccontò al Frate che aveva in casa una scimmia brava ed esperta che lo serviva in tutte le faccende domestiche come un provetto domestico. Il Frate, narra la leggenda, riconobbe immediatamente per speciale dono divino, che sotto quelle spoglie animalesche si celava in realtà un vero e proprio Demonio. Perciò, fattasi portare davanti la scimmia che era corsa

ad appiattirsi e nascondersi sotto a un letto, le disse: *"Ti ordino da parte di Dio di spiegarci chi sei, e per quale motivo sei entrato in questa casa!"*
"Sono il Demonio." rispose la scimmia, *"e sono entrato qui dentro per prendermi l'Anima di questo Avvocato che mi spetta per molti motivi …"*
"E perché allora, se sei così famelico, non l'hai ancora ucciso e portato con te nel più profondo dell'Inferno?" aggiunse il Frate.
"Soltanto perché ogni sera prima d'andare a letto, si raccomanda sempre a Dio e alla Santa Vergine … Se almeno per una volta tralasciasse di compiere questa consueta preghiera, puoi star certo che senza indugiare tanto lo trascinerei "di sotto" fra gli eterni tormenti".

Sentito questo, Fra Matteo comandò al Nemico di Dio di uscire subito da quella casa. Il Diavolo *(furbissimo !)* allora oppose il fatto che gli era stato ordinato dall'alto *(o dal basso ?)* di non uscire da quella casa senza far almeno qualche danno.

"Allora" rispose il Frate, *"Se proprio vorrai far danni, farai quelli che t'indicherò io e non altri. Uscirai immediatamente da qui forando questo muro, e il buco che lascerai servirà a testimonianza per tutti di quanto è qui accaduto oggi".*

Il Diavolo minacciato dal Santo non se lo fece ripetere due volte, e scappò subito sfondando la parete del palazzo che guardava il canale. Allora il Frate si sedette a mangiare con l'Avvocato, lo riprese per il tenore della sua vita trascorsa, e prendendo in mano e torcendo un capo della tovaglia, ne fece uscire abbondantemente del sangue. *"Questo"* gli disse, *"è il sangue dei poveri che hai succhiato con tutte le tue ingiuste estorsioni".*

L'Avvocato allora si pentì di tutte le sue malefatte, ma manifestò anche la preoccupazione che attraverso quel buco sul muro potesse rientrare di nuovo il famelico Diavolo. Fra' Matteo allora gli ingiunse di far porre sul buco l'immagine di un Angelo perché i **Demoni Angeli Cattivi** scappano sempre alla vista degli **Angeli Buoni**. Così accadde, e l'Angelo Buono tenne fuori dal palazzo per secoli quello Cattivo, e per questo il Ponte accanto al palazzo si chiama ancora oggi **Ponte dell'Angelo.**

Nella realtà, quel Ponte in pietra portava la denominazione dell'Angelo da molto prima del 1552 ... e di quella storiella, e l'edicoletta in marmo posta in parete sulla facciata del palazzo contiene anche un affresco del 1300. Quindi ...

Nel 1564 la chiesa-Parrocchia di San Giovanni in Oleo pagava a un organista 6 ducati annui, e ne spendeva un altro *"per tenere in concio l'organo"*. Spendeva anche 4 ducati ossia lire 1 e soldi 12 per organizzare **"consona e dovuta accoglienza"** alla Visita del Patriarca. Infatti, il Piovano commentò: *"... se la Visita si facesse ogni anno sarebbe un'angheria per l'economia del povero Piovano ..."*

A San Giovanni Nuovo esisteva una *"Stua"* nel Sottoportico omonimo, molto rinomata in tutta Venezia dove ce n'erano molte.
Coronelli ricordava: *"Molti sono gli Stueri sparsi per le Contrade di Venezia, ma quello di San Giovanni Nuovo porta sopra tutti il vanto ..."*
Le *"Stue"* a Venezia erano dei bagni caldi, delle specie di saune dove c'erano *"Chirurghi bassi"* che tagliavano unghie di piedi e calli ... ma non solo. Tali *"Mastri d'Arte"*, un po' particolari a dire la verità ma corrispondenti più o meno agli Estetisti odierni, si chiamavano *"Stueri o Stufaioli"*. Erano uniti all'Arte dei Chirurghi avendo Scuola e sede comune d'Arte Mestiere e Devozione presso la chiesa di San Paterniàn loro Santo Protettore.

Gli Stueri a Venezia s'interessavano e prodigavano soprattutto *"in altro"*, visto che già una legge del 1460 ricordava che: *"**Quod aliqua pecatrix, vel femina, non possit se tangi facere, au carnaliter cognoscere aliquem hominem de die in aliqua hosteria, taberna, vel stufa ...**"* Erano gli ambigui *"Centri massaggio"* di allora che prosperavano indisturbati già a quei tempi ... Infatti, a distanza di quasi duecento ulteriori anni, un decreto del luglio 1615 ricordava: *"**... nelle Stue parecchi prendono a curare malati di diverse qualità di mali, e da se stessi gli ordinano decotti di legno, che non avendo cognitione della complessione del paziente, per il più lo abbrugiano, altri fanno ontioni con l'argento vivo, profumi, od altro, a gran danno del prossimo, et anima loro, et altri, segnando da strigarie,** *danno medicamenti per bocca così gagliardi che, invece di cacciar spiriti, cacciano l'anima ..."*

Cambiando genere, e tornando in chiesa, circa negli stessi anni dopo il 1550 iniziò ad essere tenuto e redatto il Libro dei Battezzati in Contrada di San Giovanni in Oleo e continuò ininterrottamente ad essere compilato puntualmente per tre secoli terminando *"di brutto"* con l'ennesimo volume: **"Libro Squarzafoglio battizzi"** solo nel luglio 1808 *(con l'arrivo di Napoleòn !)*.
In parallelo, in chiesa si teneva meticolosamente anche il **"Registro alfabetico dei Morti"** che portava la data d'inizio: 1551 e quella finale: 09 luglio 1808.

E' interessantissimo sbirciare dentro ai *"Libri Parrocchiali"* in generale ... Un solo esempio fra i tanti: si legge nel **Libro dei Necrologi dei Morti di San Giovanni in Oleo**: *"Adì 27 agosto 1569. Lo ecelente ms. Nicolò Masa medicho, de anj 84 in circa, è sta amallato mesi 4 da fievre"*.

Si trattava dell'ottantenne **Nicolò Massa**: celebre Medico e Filosofo Veneziano che risiedeva in una casa appartenente alle Monache di San Servilio dove morì. Divenuto cieco per l'anzianità, **Luigi Luisini da Udine** compose per lui un dotto dialogo per consolarlo della sua sventura. E' curiosa e quasi comica una precisazione del suo testamento steso il 28 luglio 1569 presso il **Notaio Marcantonio de Cavaneis**, e indirizzato-raccomandato agli eredi: *"... e se aricordino delle mie vertigini al tempo che crederanno sia morto, lassandomi doi giorni sopra terra, acciò non si facesse qualche error, e non mi mettano in gesia avanti sia passato detto termine di due giorni ..."*

E bravo il Dottore ! ... Temeva alla sua età, veneranda per quell'epoca, d'essere sepolto ancora vivo !

Dopo aver ben controllato che fosse morto per davvero, il Massa venne sepolto come aveva ordinato nella chiesa di San Domenico di Castello, e i Veneziani riconoscenti gli dedicarono un busto marmoreo che esiste ancora oggi al pianterreno dell'Ateneo Veneto in Campo San Fantìn accanto al Teatro della Fenice … anche stavolta: vissuto a San Zuan ma seppellito altrove.

Di nuovo mmm … tre indizi sono già una prova di scarsa affezione alla propria chiesa da parte dei parrocchiani. Ci sarà pur stato un qualche motivo ?

Lo stesso si deve dire anche del **"Registrum Matrimoniorum"** compilato diligentemente e senza interruzioni *"ab anno 1607"* fino al 26 maggio 1808. Tutta la vita della Contrada, insomma, veniva riassunta puntigliosamente e passava attraverso quelle carte d'Archivio compilate con un lavoro costante, certosino e immane. Ne deriva uno spaccato prezioso e affidabilissimo di quanto è accaduto in quell'angolo di Venezia *(tutto da studiare e scoprire … chi lo farà mai ?)*.

Nello stesso Archivio si conservavano e aggiornavano con cura e precisione anche Libri e Registri di: **"Contradizioni"**, **"Autentiche delle Reliquie"**, **"Inventari delli sacri arredi di ragione di detta chiesa, ed altari ut intus"**, … e vari Proclami, Concessioni, opuscoli, lettere a stampa o manoscritte dai Patriarchi di Venezia.

C'è di che perdersi … o lasciar perdere del tutto.

Sappiamo dagli atti dell'ennesima quanto indesiderata costosissima **Visita Apostolica del giugno 1581**, che la Parrocchia e Collegiata di San Giovanni in Oleo contava fra 1670 e 2000 abitanti con una media di 900 Comunioni ricorrenti. Accanto alla chiesa con 5 altari regolarmente officiati su cui si celebravano 6 Mansionerie di Messe quotidiane, risiedeva il Parroco-Piovano assieme a un altro Prete e un Diacono che percepivano di stipendio: 40 ducati annui più la possibilità d'abitare nella Casa-Canonica e gli introiti derivanti **"dagli incerti di stola"** … ossia **"le mansioni da Prete"**. Nella stessa chiesa officiavano anche un Suddiacono e 5 Chierici che percepivano in tutto: 95 ducati annui … non poco per una chiesetta secondaria.

Una sola nota significativa di demerito conseguente dall'ispezione del Messo Papale a Venezia: *"Deve essere visibile la Croce sull'Altar Maggiore, in quanto mancante."*

Il 21 marzo 1597 **Giacomo Rota Stuer a San Zuan in Oleo** e **Vincenzo** suo nipote uccisero presso **il Campo di San Zuàn in Oleo** il **Nobiluomo Antonio Molin quondam Giovanni**. Perciò furono banditi il 6 giugno successivo, venendo pure citato a discolparsi il **Capitano di Giustizia Marco Dolce** presente al fatto perché tardò ad inseguirli.

Nel *"Suplimento di Venezia al Giornale delle Cose del mondo avvenute negli anni 1621-1623"*, si legge: *"… Giovedì mattina 29 gennaro 1621 furono dati in pubblico 3 tratti di corda ad Agostin Stuer a San Giovanni in Oleo et ad un giovine Battioro trovati mascherati con armi, havendoli dato la corda con le maschere sulla faccia, et in oltre condennati certo tempo in prigione".*

E venne il tempo della grande Peste col voto di Stato alla Madonna della Salute, che mieté a Venezia ben 80.000 persone. In Contrada di San Giovanni in Oleo vivevano: 1.507 persone. Furono una stagione e delle annate davvero drammatiche e tragiche per la storia di tutta la Venezia Serenissima.

Alle conseguenze mortali e rovinose della Peste si sovrapposero anche campagne militari rovinose che imposero ai Veneziani sempre nuove tasse e balzelli. Con un proclama apposito s'ingiunse: *"… da febbraio sarà imposto 1 soldo per lira a tutti Dazi esclusa la Gabella del Sale e a tutte le gravezze a vantaggio dell'Erario da pagarsi a cura di tutti gli abitanti del Dominio compreso quello da Mar."*

L'8 marzo 1629 si aumentarono ancora una volta d'urgenza le tasse per bisogni importantissimi e gravissimi della Repubblica. Il Senato impose altre 2 decime su Venezia e Dogado da pagarsi una: *"… da Patroni sopra Livelli Perpetui, Stati, Inviamenti de Pistorie, Magazeni, Forni, Poste da Vin, Banche di Beccaria, Traghetti, Poste, Palade, Passi, Molini, Foli, Sieghe, Instrumenti da ferro, Battirame, Moggi da carta ed altri, Dadie,*

Varchi che si affittano e si pesano, Decime di Biave, Vini ed altre robbe, Fornari, Hosterie et ogn'altra entrata simile niuna eccentuata ...".

L'altra tassa-decima fu imposta su: *"... tutti i "Livelli Francabili" fondati su case, campi o altri beni in qual si voglia luoco, fati con chi si sia ..."* Chi pagava entro aprile aveva un condono del 10%, chi pagava più tardi un aggravio uguale.

E non fu tutto ... perché soltanto 8 giorni dopo si aggiunse un altro *"Prestito obbligatorio"* sotto forma di 2 decime e 2 *"tanse"*: *"... da pagarsi in agosto e febbraio da tutti coloro che a Venezia erano soggetti a gravezze, in buona valuta o moneta corrente con il quinto de più, senza sconti né esenzioni ..."*

E perché nessuno sfuggisse a quelle imposte, il Senato della Repubblica fissò un termine di 15 giorni per denunciare ai 10 Savi alle Decime tutti i Livelli Perpetui e Francabili ed ogni altra fonte di reddito, e impose a dei Commissari Straordinari di: *"... reperire entro un mese in ogni modo denaro ricavandolo in tutto lo Stato imponendo nuove decime sulle campagne, testatici e simili seguendo la via più facile e veloce e proporzionata alle persone che dovevano pagare."*

Fu un'angoscia, un'oppressione continua e quasi impossibile da sopportare per tutti i Veneziani di quegli anni: *"... Forse sarebbe stato meglio morir di peste"*, giunse a dire qualcuno. Solo a metà agosto del 1629 si decisero in certi casi proroghe fino a dicembre, e l'esenzione dall'imposta straordinaria dei poveri e di chi a Venezia e nel Dogado pagava un affitto di casa fino a 20 ducati, o l'affitto di casa e bottega fino a 30 ducati annui. S'era considerato che il tributo obbligatorio sarebbe stato trascurabile per le casse dell'Erario dello Stato, ma gravoso fino ad essere rovinoso per i cittadini debitori.

Passò anche quella ... e i Veneziani ripresero a *"respirare"* ... Nella Contrada di San Zuàn in Oleo c'erano 91 botteghe d'artigiani, ed era **Piovano il Prete Natale Corridei** che quattro anni dopo divenne Vescovo di Sebenico.

Intanto nella solita **Stua di San Giovanni Novo** nel maggio dello stesso 1929 morì **Zaccaria Fasuol Parroco di Santa Maria Elisabetta del Lido**. Che cosa ci faceva lì dentro quel Prete ? ... Eh ?

All'inizio del 1700 le botteghe presenti in **Contrada di San Zuan Novo** giunsero ad essere ben 122 ... e nel 1745 vi abitava il poeta erotico **Giorgio Baffo** in una porzione di casa pagando un facoltoso affitto di 120 ducati annui ... La chiesa venne rinnovata ancora una volta praticamente del tutto, ma rimanendo incompiuta e senza facciata come diverse altre chiese di Venezia. Questo accadde dopo il 1750 su disegno dell'**Architetto Matteo Lucchesi** che fu lui ad appore per primo alla chiesa l'aggettivo-nomignolo di *"San Zuane Novo"*.

Matteo Lucchesi aveva una grande considerazione di se, perché ricostruendo la chiesa di San Zuan in Oleo pretese con la sua opera di correggere i vistosi difetti eseguiti, secondo lui, da Andrea Palladio costruendo il tempio del Redentore alla Giudecca. Infatti, chiamò il suo *"San Zuane Novo"* il *"Redentor redento"*, e costruì un interno a una sola navata con *"mezze colonne binate d'ordine corinzio"* reggenti un soffitto *"a botte"*. Inoltre su entrambi i lati della chiesa edificò due piccole cappelle, e nel Presbiterio a pianta quadrata pose isolato l'Altare Maggiore.

Secondo i *"Notatori"* del Gradenigo: *"... nel maggio 1753 fu gettato a terra il vecchio campanile di San Giovanni Novo, onde continuare li dilatati fondamenti alla nuova chiesa della quale fu eletto Piovano Don Antonio Prunsteder che fece solenne ingresso nel giorno del Titolare del Tempio."*

Viste le immani spese previste per la nuova costruzione, tutti i beni e le rendite del Capitolo vennero sospesi e *"alienati ad tempus"*, congelati, lasciando sprovvisti perfino i Preti Titolati e la chiesa stessa. Si pensò di tutto nel tentativo di reperire risorse utili per la nuova fabbrica: si provvide a istituire in Sacrestia una *"Piccola Cassa-Fabbrica"* ricavando magre 543,16 lire d'entrata di cui se ne spesero subito 384. Inoltre si chiesero e ottennero sovvenzioni dalla Serenissima che continuarono ad essere versate dallo Stato fino al 1797.

Ma non fu terminata la ricostruzione nel 1762 ? Fu dimenticanza della Serenissima, distrazione ? ... Ieri come oggi, nulla è cambiato ... si vogliono, s'iniziano le cose, le grandi opere, e poi ...

Il giorno di Santo Stefano dello stesso anno, sempre secondo gli stessi *"Notatori"* del solito Gradenigo: *"... fu pubblicato un Invito Sacro onde implorare elemosine, mediante il bacio del Sacro Manipolo del Piovano nel nuovo tempio non ancora compito per 4 giorni sia di mattina che dopo pranzo ... perciò martedì, mercoledì, giovedì e venerdì mattina e dopo pranzo si fece il bacio onde aumentare dinaro per il proseguimento dell'importante lavoro del coperto, altari e pavimento nella fabbrica di quel moderno tempio ..."*

Solo il 21 novembre 1762, dopo 11 anni di restauri, si poté riprendere a celebrare dentro alla nuova fabbrica di San Giovanni Novo.
Anche San Giovanni Novo nel suo piccolo era una bomboniera d'Arte oltre che di storia: sull'Altar Maggiore c'era un *"San Giovanni Evangelista"* del Bassano, e sulle pareti erano affisse due tele con i: *"Miracoli di San Giovanni"* dipinte da Antonio Foller. C'era inoltre una *"Crocefissione"* del Montemezano, e un *"Santi Cosma e Damiano"* di Girolamo Dante allievo del famoso Tiziano. Completavano l'arredamento pittorico una *"Cena degli Apostoli"* del Calegarino, e un *"Sacrificio di Melchisedec e di Abramo"* dipinti probabilmente dal Veneziano Fabio Canal. Niente male per una chiesetta secondaria e seminascosta di Venezia !

Poco prima dello stravolgimento di Venezia da parte dei Francesi, tra 1780 e 1789, in Contrada di San Giovanni Novo risiedevano: 571 persone fra 14 e 60 anni considerate abili al lavoro, esclusi i Nobili, ovviamente, che non lavoravano in alcun modo, ma erano il 38% dell'intera popolazione presente in Parrocchia ossia 1.311 persone ... L'ultima modifica in chiesa fu del 1794, quando **Gaetano Martinellio** fece da sovraintendente alla costruzione del nuovo organo a una tastiera.

Alla ultima Visita Pastorale, nel settembre 1803, prima della devastazione Francese, il **Patriarca Flangini** scrisse: *"In Contrada di San Giovanni Novo vivono 2.000 abitanti e la Parrocchia è povera ... Le rendite della Fabbrica* *ammontano a soli 233 ducati provenienti dall'affitto di 4 case in buon stato e da alcuni Livelli. Si spendono 103 ducati d'uscita, di cui ancora 15 per proseguire i restauri (?) ... Il Piovano o I° Prete percepisce 56 ducati annui, mentre il II° Prete riceve 12 ducati, il Diacono solo "Incerti di stola", il Suddiacono 9 ducati più le offerte dei Funerali con l'obbligo di almeno l'offerta proveniente da 1 Anniversario. Il Piovano Prè Domenico Benedetti possiede inoltre una casa di residenza "trista", che ha bisogno di restauri del coperto da cui gli piove dentro in casa, e gode solo "d'incerti di stola" con l'obbligo della manutenzione della chiesa che gli costa 384 lire annue. Inoltre spende ogni anno altre 200 lire per la celebrazione della festa del Titolare ("...spese in gran parte superflue e di lusso eccessivo ...") si annota ... Intorno alla Chiesa-Parrocchia-Contrada di San Giovanni Novo gravitano e vivono 16 Sacerdoti e 2 Chierici ... Alcuni per mantenersi vanno a celebrare Messe-Mansionarie altrove: a San Marco, Anzolo Raffael, Santa Maria Nova e San Giovanni Elemosinarlo.*

In San Giovanni Novo si celebrano ogni anno 4.067 Messe Perpetue provenienti da Mansionerie; 32 fra Esequie e Anniversari e circa altre 1.000 Messe avventizie ... Nella Parrocchia è attiva fin dal 1506 la Scuola del Santissimo Sacramento, che fa celebrare ancora 633 messe e 5 esequie annue.

Esiste inoltre fin dall'aprile del 1620 la Scuola della Purificazione della Beata Vergine Maria che celebra Messa tutti i sabati e 13 Messe Solenni annue ... Dal 1657, inoltre, è attivo anche il Suffragio del Santissimo Crocefisso che fa celebrare altre 1.357 Messe annue, 1 Messa ogni venerdì, 18 Anniversari e 15 Messe Solenni ... Ci sono infine tracce del passaggio della Compagnia di San Francesco di Paola, della Compagnia di Sant'Adriano dei Morti, e soprattutto della Scuola e Sovvegno dei Santi Cosma Damiano dell'Arte cittadina dei Parrucchieri ... Durante l'anno si effettuano varie Esposizioni del Santissimo, si predica il Quaresimale, e si vorrebbe praticare l'Istruzione dei Catechismi, ma la Dottrina Cristiana per i fanciulli non c'è in quanto fanciulli e Preti vanno a frequentare la vicina chiesa di San Filippo e Giacomo ..."

Riferendosi in particolare alla **Scuola-Fraglia dell'Arte dei Parrucchieri**, il Patriarca Flangini precisava: **"... la Scuola è in sommissima decadenza di Confratelli e per le combinazioni de' tempi non v'è più quella devozione** *che scorgersi esservi stata nel secolo trasandato verso detti Santi ... dalla Nuova Democrazia a questa parte fu cavata una delle Reliquie dall'argento che aveva; indi il Reliquiario della stessa acquistato da un Confratello della Scuola dei Santi Cosma e Damiano; il Confratello medesimo fece riporre la Reliquia nell'acquistato Reliquiario; ma la tiene presso di lui ed a stento in qualche incontro la consegna alla chiesa per esporla alla devozione di tutti i fedeli ..."*

Merita, perciò, una paroletta a parte e in più l'**Arte dei Parrucchieri di Venezia** che riuniva gli acconciatori di parrucche da uomo e da donna molto diffuse nella città Lagunare. Secondo tradizione l'uso della parrucca per gli uomini e dei toupet per le donne venne introdotto a Venezia dall'**Abate Vinciguerra Collalto** nel 1665-1668, ed ebbe subito un enorme successo, tanto che alla caduta della Repubblica i Parrucchieri erano ancora più di 1.500 ... Erano considerati mezzani malfamati dai costumi corrotti e deviati perché accedevano liberamente alle stanze riservate delle donne.

Mutinelli scrisse nelle sue *"Memorie storiche degli ultimi cinquanta anni della Repubblica Veneta"*: *"Millecinquecento parrucchieri finalmente (e già, a preferenza di qualsivoglia altro mercenario, li vedemmo servigiali, e schiuma brodo delle Loggie Massoniche)* ***millecinquecento parrucchieri, cui per esercizio dell'arte loro confidentemente veniva schiusa la porta di ciascheduna stanza, e quella dei più custoditi recessi delle femmine, e delle damigelle, erano altrettanti sfacciatissimi ambasciatori di Cupido, e d'ingiusti favori mezzani infamissimi ...*"

In realtà, i Parrucchieri esistevano già a Venezia almeno fin dal 1435, in quanto a quella data erano stati unificati con l'**Arte dei Barbieri** che aveva sede prima a **Santa Maria dei Servi** e poi alla **Madonna dell'Orto** sempre sotto la stessa Protezione dei **Patroni Santi Cosma e Damiano**.

Si può leggere ancora oggi dentro alla Mariegola o Mare-Regola degli iscritti alla Scuola-Arte dei Parrucchieri di Venezia: *"... molto degna cosa è,* ***da che la reverentia di gloriosi Martori Miser San Comes et Miser San Damian è in la gliexia de Miser San Zane Nuovo, chello Evangelista***

Benedetto sia per nui honorado in lo di della soa festa de Miser San Zane Evangelista. Sia di ordenado, e tutti li Frati et Sorore sia tegnudi de vegnir alla Messa della ditta Festa ... fazando lo Piovan la solennità come convien alla ditta Festa a tutte so spese, si che da altra spesa la nostra Scuola non sia tegnuda, né aggravada, la qual Festa è il terzo di duopo Nadal ..."

Ancora nel 1773 l'**Arte dei Barbieri e dei Parrucchieri,** di nuovo unificati, era attiva e possedeva in Venezia 387 botteghe, e contava 787 iscritti che pagavano una *"Benintrada"* di 12 grossi e 16 soldi annui. C'erano insieme: 203 garzoni, 107 lavoranti e 477 Capimastri.

Nel 1801, invece, sotto il solito nome e gli stessi Patroni, l'Arte con 852 iscritti chiese e ottenne di potersi servire della sede al civico 4361 del Sestiere di San Marco e dell'altare della Scuola soppressa nel 1796 dedicata a quei due Santi ancora presente nella chiesa di San Giovanni Novo utilizzandone anche il suo *"penelo" (ossia il gonfalone processionale).*

Prima dell'avvento dei Parrucchieri i Veneziani e soprattutto le Veneziane si acconciavano i capelli da sé. Le Veneziane usavano una particolare tintura detta *"acqua bionda di gioventù"* per schiarirsi i capelli al sole rendendoli biondi. All'inizio il Consiglio dei Dieci ostacolò tantissimo la nuova moda, tanto da produrre un apposito decreto nel maggio 1668. Si ricordava, infatti, che il vecchio **Nobile padre di Nicolò Erizzo** giunse a diseredarlo lasciando tutto il suo capitale all'Ospedale della Pietà, perché il figlio era affascinato dai nuovi costumi, portava calzette rosse e scarpette bianche, e soprattutto portava in testa una lunghissima parrucca. In realtà Nicolò Erizzo con la parrucca intendeva nascondere i segni di un colpo di sciabola che aveva ricevuto sulla fronte durante la sua gioventù avventurosa, e alla fine sborsò 6.000 ducati all'Ospedale della Pietà per poter rientrare in possesso della sua eredità ... Ancora col decreto del 7 maggio 1701 la Serenissima mise una tassa su chi portava la parrucca, e il primo Doge a portarla fu nel 1709 **Giovanni Corner** ... mentre nel 1757 era ancora vivo l'ultimo Nobile che avversava l'uso della parrucca ossia **Antonio Correr** della Contrada di San Marcuola che morì nello stesso anno.

I Francesi del *"Buon Napoleone"*, giunsero puntuali a Venezia nel 1808 ... Ovviamente chiusero del tutto la Sede dei Parrucchieri trasformandola in negozio di commestibili ... e assieme a quella chiusero e soppressero anche la **Parrocchia Collegiata di San Giovanni Novo** gestita ancora dai soliti tre Titolari: Piovano, Diacono e Suddiacono.

Il controllo del territorio assieme a quello della piccolissima **Contrada vicina di San Basso** venne affidato inizialmente al Primicerio di San Marco retrocedendo la chiesetta di San Zuan Novo a succursale. In seguito, durante un nuovo riordino del 1819, si concesse lo stesso territorio alla neonata Parrocchia derivata dall'ex Monastero e chiesa di **Santi Zaccaria e Atanasio**.

Nel dicembre 1812 l'ex Piovano di San Zuan Novo: **Prè Domenico Benedetti** privato di tutto, era ridotto ad abitare la casa un tempo usata dallo *"Spenditore del Monastero"* e in seguito dall'Ortolano del Monastero a sua volta soppresso delle ex potenti e ricchissime Monache Benedettine di San Zaccaria, pagando un affitto di lire 238 annue fino a quando morì nel 1816. La somma era risibile in quanto era il corrispettivo dell'annuo reddito dovuto dal Nuovo Governo all'ex Capitolo di San Giovanni Novo calcolato dai Francesi come risultato dalla liquidazione delle rendite e dei beni incamerati su cui si applicava un aggravio del 33% per un totale di lire 215,72 ... Ossia l'ex Piovano pagava d'affitto annuo per la casupola 15 lire in più di quanto percepiva come rimborso dallo Stato ... ossia nulla, una miseria simbolica.

Tuttavia nel giugno 1863 la chiesa venne riaperta e riconsacrata dal **Patriarca di Venezia Giuseppe Trevisanato**, e **Don Bartolomeo Degan Vicario di San Giovanni Nuovo o in Oleo** era tra i firmatari di una petizione diretta all'Imperiale Regio Governo Austriaco che chiedeva d'abolire la Commissione per la gestione degli ex beni Capitolari ed Ecclesiastici ridotti ormai ad un terzo dell'originale ... una burla irrisoria: le Chiese e i Preti, i Frati e le Monache di Venezia erano stati predati di tutto sia dalla doppia *"visita"* dei Francesi che da quella Austriaca.

Nel 1850 si ricostruì in ferro il primo ponte ligneo di Venezia: il **Ponte della Corona** anticamente detto *"Ponte dei Patrizi Liòn"* a San Giovanni Nuovo nei pressi di *Calle della Corona* dove già nel 1713 c'era **"… l'Ostaria alla Corona habitata da Pietro Padrini, di ragione dell'illustrissimo Francesco Briani"** … Ancora dal 1863, a San Giovanni Novo era viva la tradizione del Rosario quotidiano recitato in chiesa collegato all'**Indulgenza Plenaria** per chi visitava la chiesa Confessandosi, Comunicandosi e facendo *"giusta elemosina"* … Ogni giovedì mattina si celebrava *"l'Ora Eucaristica"* … e il Venerdì Santo pomeriggio si: **"… raccontava la Santa Passion con la Via Crucis Solenne."**

Scriveva **W. Dean Howells Console Americano a Venezia** fra 1861 e 1865 durante la dominazione Austriaca di Venezia: **"… Ogni campo a Venezia è una piccola città, chiuso in se ed indipendente. Ognuno ha una sua chiesa, della quale, nei tempi più remoti, esso era anche cimitero; e ciascuno entro i suoi confini, comprende uno speziale, un merciaio, un negozio di tessuti, un fabbro ed un calzolaio, un caffè più o meno elegante, un erbivendolo e un fruttivendolo, una drogheria; no, c'è anche un negozio di oggetti usati dove si compra e si vende ogni sorta di cose vecchie al minimo prezzo. Ci sono di sicuro un ramaio ed un orologiaio, e quasi certamente un falegname intagliatore e doratore, mentre nessun campo potrebbe preservare la sua integrità o tenersi informato delle novità del giorno, sociali e politiche, senza un barbiere …"**

La Contrada di San Giovanni Novo era una di quelle …

Ultimi squilli … nel 1948 avvenne un generale restauro da parte della Sovrintendenza ai Monumenti perché l'edificio era considerato pericolante … Nell'ottobre 1987 San Giovanni Novo era ancora una delle 15 Rettorie di Venezia alle quali è annessa una Casa-Canonica appartenente all'**ex Fondo Clero Veneto** … Nel 1999 la chiesa venne chiusa al culto dal 30 novembre … e non più riaperta. Non so se sia vero, mi hanno detto che adesso è diventata un magazzino e deposito di birra per un vicino Pub.
Spero di no, che non sia vero … Non voglio crederci.

***

Il post su Internet è stato scritto in origine come: "Una curiosità veneziana per volta." - n° 78, e pubblicato su Google nell'ottobre 2015.

CHI HA FREGATO CAVALLO E MANTELLO DI SAN MARTINO ?

Ieri: un'alba sublime, pulita, tersa ... sfacciatamente rossa e di tutte le tonalità, con le sfumature del giallo, arancione, indaco e ocra ... Uno spettacolo sopra, e una Laguna lucente e liscia ... un senso d'immobilità quiescente, un'apparenza di pace sotto.

Era per caso *"l'estate di San Martino"* ? ... Boh ! ... Non saprei dire.

Oggi, invece, è tutt'altra cosa: le foschie mattutine hanno lasciato il posto alla nebbia autunnoinvernale ... Le banchine del Porto di Venezia si fanno giorno dopo giorno sempre più deserte ... sembra diminuire la folla dei vacanzieri festaioli vomitata a terra ogni giorno dalle Grandi Navi. Gli alberi intorno hanno assunto quasi tutti un aspetto pallido, smunto, slavato e caduco ... s'ammucchiano negli angoli per terra collinette di foglie.

Anche il ciliegio della Marittima si sta spogliando del fogliame e sembra inebetito e già perso nei meandri del sonno invernale ... le erbe alte più delle mie spalle che dondolavano verdi dentro alla calura estiva, ora sono ridotte a pennelli secchi, *"steccarotti"* avvizziti che scricchiolano nell'aria in attesa di un provvidenziale colpo di vento che li stenda a terra definitivamente. Hanno terminato la loro storia e la breve stagione della loro esistenza ... pochi mesi in tutto.

Fischia cupa e tetra la sirena di una nave dentro alla nebbia sempre più fitta ... *"Estate di San Martino"* ... Sì o no ?

Romeo Vettorello con le dita gialle di nicotina si stava fumando una delle prime sigarette della giornata davanti alla porta spalancata del bus in sosta. Mancavano cinque minuti prima della solita partenza.

Gli faceva compagnia chiacchierando Achille Tempestilli: barcarolo e tiracaretti alla Punta di San Giuliano a Mestre ... spedizioniere ufficialmente: calottina di lana calcata in testa, e bavero alzato sul collo.

Non si chiamano affatto così ... ma in qualche maniera devo pur chiamarli visto che non conosco il loro nome. Io me ne stavo, invece, seduto proprio accanto alla porta spalancata del bus, intento a scribacchiare e inseguire i miei soliti pensieri, ma visto che parlavano a voce alta ... non ho potuto fare a meno d'ascoltarli.

"Centoventi centocinquanta euro a notte per stanza ... che a volte ti danno un "cesso" ... e noi siamo in quattro. Altri settanta euro se andiamo col pulmann ... oppure sono quaranta più quaranta, andata e ritorno, se muoviamo la macchina, più i soldi dell'autostrada e quelli eventuali del parcheggio ... Poi c'è la funivia, la motonave sul lago ... E poi si mangerà no ? ... e ho detto a mia moglie: "Andrete anche avanti e indietro come il solito a fare shopping inseguendo i vostri capricci ... e tornerete a casa con le borse piene usando come sempre la mia carta di credito ... Fai te un po' di conti ! ... Amore ! ... In pochi giorni mi partirà tutto lo stipendio di un mese ..."

Gliel'ho detto bene però ... delicatamente: "Se proprio vuoi ... partiamo e andiamo ... anche se ..."

Ohi ! ... Mi ha sbattuto giù il telefono ! ... Me l'ha buttato giù ! ... Così: "di brutto" ... Vai a capirle tu le donne ! ... Quest'anno volevo portarle a casa un San Martino grande per la festa ... ma mi sa che rimarrà in pasticceria..." ha raccontato Romeo fra un colpo e l'altro di tosse rauca e catarrosa.

"Guarda te ! ... E' già San Martino di nuovo ... me l'ero scordato del tutto ... Non è più come una volta. Si fa tanto casino per Hallowen ... e abbiamo messo da parte vecchie cose importanti come i Morti e San Martino ..." ha risposto Achille emettendo di continuo un fischietto per via dei denti che gli mancano proprio davanti a destra.

"Cambia tutto ... Cambiano i tempi ... Cambiamo anche noialtri ... Diventeremo vecci ... e faremo sempre i soliti discorsi, sempre quelli ... Manca solo che ci mettiamo a tirare fuori il ritornello della pensione e il gioco è fatto ... Siamo a posto ..."

"A proposito di San Martino ... Giorni fa sono tornato in campagna dove andiamo ogni tanto a trovare parenti ... E' in collina, sulle prime gobbe

delle Prealpi ... subito dopo Verona e Brescia ... Dopo pranzo a pancia piena siamo andati in giro per una passeggiata spingendoci fino a una chiesetta dedicata a San Martino ... Una cappelletta di campagna che ho sempre visto là fin da bambino ... A sorpresa non c'era più niente ... neanche un lumino acceso davanti all'altarino ... Stavolta entrambe le ante del portoncino d'ingresso erano forate e tenute chiuse da una grossa catena lucente con un bel lucchetto ... Dentro era tutto spoglio e buio, l'ho intravisto attraverso le fessure della porta.

Non c'era più neanche la vecchia tela sull'altare col Santo intento ad affettare il mantello per darlo al miserello raffreddato seduto a terra di sotto! ... Che fine avrà fatto ? ... Mi piaceva tantissimo ... Venivo sempre a rivederlo nella mia infanzia ... Ho pensato: "Che cosa sarà accaduto ? ... e ho chiesto a uno del posto ..."

"E' accaduto che è morto Remigio il vecchio ortolano ... quello che si occupava di tenere aperta e in ordine la chiesetta ... Metteva i fiori ogni tanto e accendeva sempre il lumino davanti all'altarolo ... Sparito lui è scomparso anche Don Pieretto ... il vecchio Prete che veniva ogni tanto a celebrare la Messa ..."

"Lo ricordo ! ... Quello con i capelli bianchi e ricci e gli occhiali con le lenti spesse come un culo di bottiglia !"

"Già ... proprio lui ... E' andato a ritirarsi a Monselice ... in una casa di riposo per Preti e Frati, o qualcosa del genere ... Non l'ho più visto ... Remigio l'ortolano faceva in realtà di nome Martino ... come la chiesetta. Ecco perché le era così affezionato ... Pensa le stranezze della vita: da giovane faceva proprio il campanaro, il sacrestano della chiesa grande del paese ..."

"Come quello della canzone! ... "Fra Martino ... Campanaro ... Dormi tu ? ... Suona le campane ... Suona le campane ... Sdàn sdàn sdàn ! ... Sdàn sdàn sdàn !... Che tempi ! ... La mia infanzia ..."

"In ogni caso il suo destino era quello ... perché sebbene il nuovo Parroco l'abbia lasciato a terra licenziandolo per ridurre le spese della Parrocchia

… è finito lo stesso a interessarsi in vecchiaia della chiesetta … Ha lavorato tutta la vita in fabbrica … quella dei mobili, in fondo al paese … quella che hanno chiuso due anni fa … Ma ha fatto a tempo ad andare in pensione prima … ed è finito ad occuparsi dell'orto … e della chiesetta fino alla fine … quando è morto."

"E dopo ?"

"Dopo lo vedi anche tu con i tuoi occhi quanto è accaduto … E' rimasto tutto abbandonato e i soliti giovani vandali scapestrati del paese ci hanno messo un attimo a capire che la chiesetta è rimasta incustodita … Hanno sparpagliato tutto quel poco che c'era dentro, e si sono presi tutto quello che pareva di qualità …"

"Si son fregati anche la vecchia tela ?"

"E non solo … Hanno anche inzozzato tutto e reso impraticabile la cappelletta … L'altro inverno hanno perfino acceso dentro un fuoco per scaldarsi … e hanno annerito un muro intero … Abbiamo chiuso tutto."

"Bastardi ! … Povero San Martino ! … depredato di tutto … anche del mantello e del cavallo … Sono rimasti solo i muri spogli … e tanto squallore … San Martino è passato da star della contrada a poveraccio nudo simile a quello che ha trovato per terra quella volta … Dalle stelle alle stalle … come si è detto di quell'altro."

Poi il bus da Piazzale Roma di Venezia è partito in perfetto orario … e oltre i vecchi ricordi era di nuovo ieri mattina.

Sapete tutti che **Martino** è diventato solo in seguito **Vescovo di Tours in Francia** fino alla morte del 397, e che dopo l'hanno fatto Santo per diversi motivi. Era originario di **Sabaria in Ungheria o Pannonia Romana** dove nacque fra 316 e 317 d.C. Soldato Romano in Francia, secondo la tradizione avrebbe dimostrato la sua Carità tagliando in due il suo mantello donandone metà a un povero incontrato per strada … Racconta la leggenda che quel povero era il Cristo in persona, e che dopo quel gesto si aprì e illuminò il cielo plumbeo invernale inventandosi nella così detta breve estate di San Martino. In seguito l'ex soldato catecumeno si ritirò a

Ligugé vicino a Portiers sotto la guida di **Sant'Ilario**, dove si fece Monaco fondando un Monastero e lottando energicamente contro le eresie Ariane dell'epoca e contro i culti pagani ancora presenti di cui abbatté in abbondanza edifici e simboli.

La sua fama si diffuse per tutta la Gallia Occidentale anche in funziona AntiRomana, divenne Sacerdote e quindi Vescovo di Tours, quindi, come dicevo, dopo la morte fu acclamato come uno dei Santi più popolari dell'Europa intera.

Considerato Patrono dei soldati, esistono quattromila chiese dedicate a lui in Francia, e lo stesso nome è stato dato a migliaia di paesi e villaggi; non solo in Europa e Italia, ma anche nelle Americhe. Fin dal secolo VIII sia **Longobardi** che **Ravennati** d'influenza Bizzantina erano soliti dedicare le loro chiese a Santi campioni di Fede, come: **Sant'Ilario**, **Sant'Ambrogio** e appunto **San Martino**.

Di toponimi, posti e chiese di *"San Martino"* ce ne sono tanti anche nel **Veneto**: è dedicata a San Martino la Cattedrale di **Belluno**, così come si chiama San Martino il Castello di Ceneda e del Vescovo a **Vittorio Veneto** … La lista sarebbe lunghissima: *San Martino di* Lupari a Campo *San Martino di* **Galliera Veneta**, Col *San Martino* a **Farra di Soligo**, San Martino di **Castrozza**, *San Martino* a **Campese di Bassano del Grappa**, Santi Martino e **Rosa di Conegliano** … e poi la Pieve di *San Martino* edificio più antico della **Valle dell'Agno** nel Vicentino, *San Martino* in Piano a **Monselice**, San Martino a **Este** sui Colli Euganei, San Martino a **Revine** sul Lago fra Ceneda e Valdobiadene … *San Martino* a **Marano** Lagunare … mi fermo qui senza esaurire di certo la lista che è lunghissima.

Mi soffermo, invece, sui San Martino *"nostrani"*. Ce n'è più di uno anche in Laguna e a Venezia: uno nel Sestiere di **Castello**, e altri due nelle isole di **Murano e Burano**. Ce n'era un altro anche a **Chioggia**, e un altro ancora molto antico: *"In strata"*… a **Campalto** sul bordo della Laguna verso l'aeroporto.

Significa innanzitutto che i Veneziani di un tempo erano molto devoti a Santo Martino … Non oso neanche provare a raccontare la bellezza e la storia di tutte queste illustri chiese Veneziane e Lagunari che ho citato. Esistono infatti stupende guide scritte al riguardo … io butto là solo qualche noterella secondo me curiosa.

San Martino nel Sestiere di Castello … Fu il **Doge Ordelafo Falier** a donare nel 1107 a **Giovanni Gradenigo Patriarca di Grado**, un terreno per rifabbricare in pietra e con portico antistante la primitiva chiesa in legno situata in: *"piscaria posita post Brissalium Sancti Martini et pisina Poncianica"* di proprietà di: *"Nobiles viri et convicini"*.

I primi Piovani della chiesa di San Martino affiliata alla Matrice di San Silvestro *(fino al 1451)* e non a quella vicina di San Pietro di Castello furono **Domenico Fabiano** seguito poi da tale *Pre' Marino Agnello* originario del Confinio di Santa Maria Mater Domini. Era il Patriarca di Grado che possedeva assoluto diritto di nomina e di revoca del Piovano di San Martino che aveva l'obbligo di confluire il Sabato di Pasqua presso San Silvestro di Rialto e offrire annualmente tributi di varia natura come due ampolle di vino per la festa di San Vito e altrettante per quella di San Martino, a cui si aggiunsero più tardi anche un *"cespite"* del valore di 12 grossi di moneta veneta sempre da consegnare per la festa di San Vito.

Nel 1230 c'erano i **Frati Domenicani** che dormivano all'aperto sotto al portico di San Martin di Castello, perciò fu dato loro un terreno vacuo a **San Daniel**, poco distante, e una chiesola in Contrada di Santa Maria Formosa … mentre qualche anno dopo, **Nicola Sirano** abitante nel Confinio di San Martino di Gemini ricevette a prestito da **Martino Gisi** dal Confinio di San Geremia lire 200 per commerciare ovunque dietro corresponsione di ¾ dell'utile. Furono testimoni dell'atto steso a Rialto presso Marinus Notarius et Presbiter di Sant'Aponàl: Jacobus Basilio e Johannes Badoario entrambi Giudici Examinatori … **Giovanni Boso**, invece, che possedeva già una casa con orto davanti all'Arsenale, per ampliare la sua casa prese in affitto per 29 anni rinnovabili alla scadenza, un altro lotto di terra adiacente al suo incuneato nella vigna appartenente alla chiesa di San Martino … e poi prese in affitto un secondo terreno per costruirvi un'altra casa con diritto d'affittarla.

Quando Boso morì nel 1316 lasciò scritto sul suo testamento che i Preti della chiesa di San Martino potevano riscattare e comprare le sue case purchè costruissero nel suo orto 10 casette, 5 per lato, da dare in uso gratuito a persone povere della contrada. E così fu fatto ... e già che si stava decidendo, la Serenissima ordinò che la *Piscaria di San Martin* divenisse suolo pubblico consentendo così l'avanzamento e allargamento di 5-6 passi del muro dell'Arsenale.

Nel 1450 la Serenissima ordinò la chiusura dei *Portici di San Martin* apponendovi dei cancelli in quanto: *"zona obscura et tenebrosa"*, e qualche anno dopo la *Casa dell'Arsenal* acquistò dai Preti di San Martin per 1100 ducati d'oro le casette dei poveri volute dal testamento di Giovanni Boso: *"Entro 6 anni dovranno essere abbattute per costruire un nuovo campo davanti all'Arsenale ..."*

Un giorno del luglio 1483 il *Patrizio Francesco Dalle Boccole* stava parlando con *Andrea Giustinian* che era affacciato con altri Nobili da una delle finestre di una casa abitata da *Girolamo Malipiero "...super strata per quam itur in campo duorum puteorum confinii Sancti Martini ..."* ossia in Contrada di San Martin.

Il Falegname-Marangòn *Luigi Gofritto* cominciò a guardarlo con insistenza provocatoria, perciò il Patrizio risentito gli si rivolse dicendogli: *"Che vardestù?"* ... Non l'avesse mai fatto ! Il falegname per tutta risposta gli pose prima le mani sul petto, e poi si armò di un bastone menandogli sulla fronte un colpo disonesto che fece morire il Dalle Boccole il 5 agosto successivo estinguendo con lui la sua famiglia per sempre. L'uccisore fuggì via, e venne condannato a perpetuo bando con sentenza contumaciale del 23 ottobre 1483. Tre anni dopo però, venne riconosciuto e catturato a Capo d'Istria in territorio del Dominio Veneto, perciò venne condotto a Venezia e decapitato in mezzo alle due colonnette della Piazzetta di San Marco subito dopo avergli tagliato una mano sul luogo del delitto ... La Serenissima era la Serenissima: non aveva memoria corta ... né scherzava affatto.

All'inizio del 1500 la chiesa prese fuoco e venne consumata da un violento incendio, perciò venne ricostruita dal *Piovano Antonio Contarini* su disegno di *Jacopo Sansovino* a pianta quadrata centrale alla maniera in cui la possiamo vedere ancora oggi.

Le spese di ricostruzione furono ingenti, perciò i Preti di san Martin vendettero al miglior offerente la vigna della chiesa. L'acquistò *Alvise*

Mocenigo col fratello *Giovanni* offrendo 1.536 ducati, e poi si vendettero anche alcuni campi in **Villa de Fazuol sotto Castelfranco** e si aprì anche una sottoscrizione agli abitanti della Contrada col Piovano che per primo versò 25 ducati ... ma fu seguito da pochissimi: solo 19 somme, tutte fra 4 e 6 ducati. Non c'erano soldi da sprecare fra i 2.300 popolani della zona ... anche se in Contrada esistevano 22 botteghe che divennero in seguito 46. La Parrocchia tuttavia, spendeva 12 ducati ogni anno per la Festa di San Martino noleggiando spalliere e comprando fiori, facchini et gondola et organo a nolo per tutta la solennità pagando anche 6 ducati annui all'organista. Non era poverissima quindi ... Solite storie, ieri come oggi.

Durante il 1600 in San Martin c'era una **Madonna dei Sette Dolori** di legno, vestita con abiti preziosi e diversi ori ... e quando *morì il* **Doge Francesco Erizzo***, venne sepolto* proprio *in chiesa di San Martin.*
Nei primi decenni del 1700, invece, sempre presso la Contrada di San Martino, il **Conte Domenico Althan di San Vito del Friuli**, d'anni 31, figlio del **Conte Giacomo**, uccise a tradimento con un colpo di trombone **Gaetano Marasso detto Rinaldo Sora Sopraintendente all'Artiglierie dell'Arsenale**. Essendo anche lui fuggito da Venezia, venne bandito capitalmente, ma lasciatosi catturare in Piazza di San Marco, venne subito giustiziato. Si raccontò che quel giorno: "*... era vestito in codegugno di drappo di seda, e parrucca in sacchetto, et andando al supplizio salutava li suoi amici ... e che sopra al palco abbia parlato un quarto d'ora, et infine, avendo il collo sopra il ceppo, abbia detto: Popolo addio!*"

In contrada di San Martin si affittava **"Drio la Tana"** a ducati 272 annui un Inviamento da Forner con casa e bottega, ed esisteva anche una Pistoria ... Il solito Gradenigo nei suoi **"Notatori"** scriveva che il soffitto della chiesa dipinto dallo Zanchi venne a costare 900 ducati, mentre il quadro dipinto dal Guaranà ne costò altri 300 ... Sempre il Gradenigo aggiunse anche: "*... li Signori Musici e Suonatori esistenti in questa metropoli si raccoglievano tutti gli anni il 22 novembre nella chiesa Parrocchiale di San Martin e davano lode con la voce e con gli strumenti alla loro Beata Protettrice in Cielo: Santa Cecilia ...*"

Ancora e sempre in Contrada di San Martin, proprio aderente all'Arsenale, risiedevano molti popolani appartenenti al numero dei 900 **Calafàti e Pegolotti** aderenti all'Arte che si radunava in chiesa di San Martin sotto il Patrocinio di San Foca e della Beata Vergine. Godevano del privilegio di non venire arruolati nella Milizia della Serenissima, e d'essere chiamati a lavorare fuori dell'Arsenale quando si doveva costruire naviglio commerciale ... e ogni giorno festivo: *"... andavano a piantare un banco in Piazzetta di San Marco presso la Porta della Carta, ove sedevano i Sindaci incaricati di pronunziar giudizio sopra coloro che violavano i diritti della loro Arte ..."*

Però !

In **Calle dei Forni a San Martin** sorgevano 32 forni nuovi per approvvigionare le Milizie Marittime e Terrestri di **"pan *biscotto*"** per costruire i quali la Serenissima spese 8.000 ducati. Ne esistevano altri anche nell'isola di **Sant'Elena** e in Contrada di **San Biagio** poco distanti dal Molo di San Marco. Nel maggio 1721 proprio *"di faccia ai Forni di San Martin"* stava ormeggiata una Tartana dei Turchi. Nello stesso giorno e ora in cui il Doge e la Signoria tornavano come ogni anno spinti dai remi a bordo dei *"Peatoni Dorati Ducali"* dalla visita e dalla celebrazione di un Rito presso la vicina chiesa e **Monastero delle Vergini**, i Marinai Ottomani, forse ubriachi, col pretesto d'aver ricevuto dispiaceri e offese dai Veneziani, iniziarono a sparare contro chiunque passava da quella parte sia per terra che per acqua, e già avevano ucciso un Marinaio Inglese e un Arsenalotto.

In vari campaniletti e punti della città s'iniziò allora a suonare *"campana a martello"*, e molti Veneziani si misero a convergere verso la **Riva degli Schiavoni**. Poco dopo, alcuni Marinai Dalmati salirono e diedero fuoco a una barca attraccata alla Tartana costringendo i Turchi a gettarsi in acqua dove vennero tutti trucidati dai colpi dei Veneziani giunti tutto attorno su battelli di ogni tipo.

Nel 1740 sempre nella stessa Contrada si trovava un terreno da Margaritèr in Corte Margaritera appartenente al **Nobil Uomo Francesco Barbarigo**, tenuto però da **Michiel dalla Venezia** ... e in Calle Bastiòn, ancora presso

San Martin c'era una grande Osteria o Bastiòn condotta da un **Valentino Grandi** che vendeva vino al minuto nel 1713, e nel 1767 venne quasi distrutta da un gravissimo incendio.

All'inizio del 1800 nella stessa Contrada erano attive due Spezierie da Medicine: quella *"Alli due Pavoni"* al Morion, e quella *"All'Europa"* al Ponte storto di San Martin … Nel 1841, la chiesa col Convento di San Francesco della Vigna dei Minori, l'Ospizio della Ca' di Dio e il Monastero della Celestia dipendevano dalla Parrocchia di San Martin dove risiedevano 8 Preti al posto dei 14 precedenti, non c'era scuola comunale, né levatrici, era considerata *"miserabilissima"* e ci vivevano 3.000 persone lavoranti quasi tutti in Arsenale. In quello stesso anno e nella stssa Contrada nacquero 84 persone, ne morirono 49, e si celebrarono 14 matrimoni … Ogni mattina d'estate alle 4 ½ si celebrava una **Messa per gli Arsenalotti** ½ prima che si recassero al lavoro, e altre 40 Messe Annue pagate con i fondi raccolti da una *"Cassella"* posta alle porte dello stesso Arsenale.

Nel settembre 1849, subito dopo le asprezze dell'assedio di Venezia: fame, colera e dissenteria si portarono via 46 persone della Contrada di San Martin … Fra 1865 e 1868 Venezia era sotto l'Austria e l'Imperatore, e il Governo Austriaco indusse tutte le Parrocchie a vendere tutti i pochi immobili loro rimasti e a investire il ricavato in **Cartelle del Debito Pubblico**. La svalutazione in atto portò prestissimo quei reddito a zero … Lo stesso Governo diede disposizioni ferree sul modo e la durata del suono delle campane, pretese dai Parroci il prospetto dettagliato di tutte le elemosine riscosse durante ogni Messa, dei legati lasciati dai testamenti, e di ogni offerta spontanea fatta alla Chiesa.

Nel 1899 i Preti di San Martino indirono una causa contro l'**Antiquario Emilio Bossi** reo d'aver acquistato da **Luigi Ballarin** dei soprarizzi rubati in chiesa insieme a 7 lampade d'argento del valore di 4.000 lire non più recuperate.

Come di solito dentro a ogni scatola cinese ne esiste sempre un'altra più piccola … Così dentro a San Martino di Castello è esistita una **Schola** specifica dedicata a San Martin ... con sede affiancata, anzi, integrata dentro al perimetro della chiesa stessa.

Pare sia stato all'inizio **Messer Andrea Salotto Piovan della Contrada di San Martino di Castello** e poi Vescovo di Chioggia, a inventarsi nel 1335 la **Confraternita di San Martino** a Venezia. Poi è accaduta la solita trafila con la **Mariegola della Schola** *(custodita ancora oggi nella Biblioteca Marciana)*, l'elenco delle partecipazioni obbligate alle Messe, le mansioni del Gastaldo e della Gastalda, dei Dodici Degani, dello Scrivano, dei due Nonzoli e di tutti i Confratelli. Fra l'assunzione di una carica e l'altra della Schola dovevano trascorrere due anni di contumacia obbligatoria ... l'età minima di adesione era fissata a quindici anni ... e si sarebbe cacciato chiunque fosse stato scoperto a giocare a dadi, vivesse nel peccato, fosse causa di litigi o trascurasse di versare le dovute contribuzioni ed elemosine.

Già dal 1356 venne deciso che nella ricorrenza della Festa del Patrono Titolare della Schola ai Confratelli doveva essere consegnato: *"un pan di focaccia dolce"* *(come si usava fare nella maggior parte delle altre Schole di Venezia)*. Un San Martìn de pan ? ... Un pan a forma di San Martin ? ... Forse è nata da lì l'usanza Veneziana pasticcera dei dolci a forma di San Martino a cavallo.

Nel marzo 1362 il Gastaldo della Schola di San Martin custodiva anche un calice d'oro donato da **Pre' Bernardo** che non si poteva prestare ad altri ... nel 1369 alla Schola venne donata la Reliquia di un dito di San Gerolamo, perciò la Schola: *"... **nella terza domenica di ciaschedun mese dell'anno, canta una messa solenne con zago, e sotto zago e con procession colla crose avanti, co'l ghonfalon e cirri impressi"***... Nel 1441 la Schola di San Martin strinse un accordo con l'illustrissima, potente e ricchissima **Schola Granda de San Zuane Evangelista del Sestiere di San Polo**, affinchè il giorno della festa di San Martino si recassero in procession i Confratelli e l'intero Capitolo o Bancali di quella Schola Granda con le Reliquie da loro possedute *(ma forse solo prestate dalla stessa Schola di San Martin)* della gamba e piede destro di San Martino, fino alla chiesa di San Martin nel Sestiere di Castello con qualsiasi condizione atmosferica.

L'enorme Processione avrebbe attraversato a piedi tutta Venezia, perciò il Doge e il Consiglio dei Dieci analizzarono e autorizzarono la manifestazione curandone l'ordine pubblico e la sicurezza di anno in anno ... Immaginate solo per un attimo una Processione con migliaia di persone che attraversava tutta Venezia ... Nel 1471 si pose sull'altare della Schola una pala rappresentante San Martino dipinta da **Hieronimo depentor**, e ai piedi dell'altare si posero i lunghi elenchi dei Confratelli e Consorelle iscritti ... nel 1601 il Capitolo della Schola decise che tutti coloro che versavano *"12 soldi di Luminaria"* sarebbero stati accompagnati a sepoltura: *"seguiti dal Penelo della Schola (vessillo)* **con due aste e dodici candelotti.***"* ... Nel 1704 la Schola si scorporò e duplicò e divenne anche **Sovvegno di San Martino** versando ai Preti di San Martin 192 soldi annui d'affitto per l'uso della sede e dell'altare in chiesa.

La Confraternita-Sovvegno aveva 162 iscritti che dovevano avere tutti meno di 60 anni, pagavano 7 lire di Benintrada e poi 16 soldi al mese avendo garantiti: assistenza medica, medicine gratuite e un sussidio di 9 lire alla settimana per tutta la durata di un eventuale malattia ... Sede di Schola e Sovvegno si trovano nell'edificio *"a due soleri et barbacani"* addossato al fianco della chiesa di San Martin con murato sopra la porta d'ingresso un bassorilievo raffigurante San Martino a cavallo sormontato dall'iscrizione: "**IN TEMPO DE MISSIER STEFANO TORE TAGIAPIERA GUARDIAN, ET MISSIER ANTONIO ZOGIA VICARIO, ET MISSIER ZUAM DELLI CAVALLI SCRIVAN, ETCAPITOLO - ANNO MDLXXXIV."**

Pochi anni prima, nel 1713 iniziò una furibonda diatriba con la Schola Granda de San Zuane Evangelista con ben trentatrè attestazioni giurate sul possesso delle Reliquie di San Martino ... Due anni dopo, davanti ad un reclamo sollevato nuovamente dalla **Schola de San Martin**, Il Consiglio dei Dieci fu costretto a intervenire ristabilendo ordine e accordi, e interrompendo la lotta furibonda a suon di processi e Avvocati ... Solo fra 1764 e 1771 i **Provveditori da Comun** avviarono la soppressione del Sovvegno ormai disertato dai Veneziani di Castello, e consegnarono i pochi beni rimanenti alla **Compagnia del Crocifisso degli Agonizzanti** residente nella stessa chiesa di San Martino che spese 2.856 ducati per restaurare e ampliare la sede ad opera di **Bortolo Aseo Murer** usata anche dal Capitolo e dalla Contrada di San Martino come ripostiglio di corpi interdetti *(suicidi o di altre religioni)* o di annegati.

Tutto questo riguarda San Martino di Castello a Venezia con la sua vivissima Contrada storica di cui ci sarebbero da dire non mille, ma chissà quante altre cose in più ...

Di **San Martino di Burano**, invece, la chiesa dell'isoletta dove sono nato e vissuto per ben 19 anni ... non ve ne parlo proprio. Mi servirà un libro intero per farlo ... Mentre mi piace ricordarvi quanto le cronache Veneziane ricordano circa l'isola di Murano dove esisteva una chiesetta e Monastero intitolato a **San Martino delle Monache Agostiniane** a cui era accluso un **Ospedale delle Vecchie di San Martin** detto anche **Ospedale di San Zuanne**.

Si diceva che in quei luoghi fin da prima del 1054 la famiglia Nobile e Patrizia Marcello avesse costruito un **San Martino di Murano**, e circa cento anni dopo **Pietro Marcello** figlio di Pietro Marcello da Torcello della stessa Famiglia, residente però a Venezia in Contrada di San Giovanni Crisostomo vicino a Rialto, abbia dato in eredità e proprietà perpetua chiesa con fabbriche adiacenti e terreni a **Costantino Mucianicho Prete e Piovano della chiesetta di San Martino di Murano**.

Solo nel 1501 il piccolo complesso col terreno venne ceduto a **Maria Merlini Monaca Agostiniana di Santa Caterina di Venezia** che dopo aver restaurato la chiesetta vi costruì vicino un **Monastero di Monache di San Girolamo** scelte fra le più Nobili e ricche di Venezia.

Nel 1517 il Parroco di San Martino di Murano eletto dalle Monache dell'omonimo Monastero litigò a lungo contro le vicine e potentissime Monache del **Monastero di Santa Maria degli Angeli di Murano** per diritti economici derivanti dalla Sepoltura dei morti ... e quarant'anni dopo dovette intervenire perfino **Papa Giulio III** incaricando il **Sommo Penitenziere Vaticano Ranuccio Farnese** per derimere certi liti e cause intentate dalle stesse Monache di San Martino per il diritto ad eleggere e rimuovere a piacimento il loro Vicario.

La chiesetta venne riedificata più volte, e nel luglio 1684 alla Visita Pastorale del Vescovo *Jacopo Vianoli* era ad unica navata orientata con una sola porta, tre altari, un fonte battesimale a destra, pavimento in marmo a quadri bianchi e rossi e diverse pitture appese alle pareti.

Fra 1709 e 1712 la Parrocchia Muranese era però definita: *"miserabonda"* e contava circa 300 abitanti di cui 15 Pescatori, 3 Fassineri, qualche Ortolano e Barcarol da traghetto, mentre le donne fabbricavano bottoni di filo bianco che vendevano in giro per Venezia. Sempre a San Martin di Murano: *Carlo Toso*, uno dei due Giustizieri dell'anno dell'isola, con suo fratello Lorenzo aveva in affitto uno squero ma subì il sequestro col bollo di San Marco in quanto moroso. Nel Monastero omonimo de San Martin di Murano vivevano più di 32 Monache che possedevano una rendita annua di 24 ducati provenienti da immobili siti in Venezia, e spendevano pochi ducati annui per *"… Solenizàr la festa de San Martin tra Preti, organista et altre spese."*

Nella stessa chiesetta si sposò in quegli anni con Lisa Morosini di Gerolamo e Giustina Morosini: *Andrea Renier di Daniele* che fu Senatore, Capitano di Brescia, Camerlengo, Provveditore di Comun, Provveditore alla Sanità, Provveditore sopra gli Atti e padre del futuro Doge Paolo.

I testimoni delle nozze furono Benedetto Zorzi, Domenico Minelli e Marino Bragadin.

Chiesetta e Monastero rimasero aperti anche come Parrocchiale fino al 1810 quando la comunità delle Monache venne soppressa e incorporata insieme a quelle provenienti da San Giacomo alle Agostiniane di Santa Maria degli Angeli. Nel 1815 venne puntualmente distrutta dai Napoleonici per far spazio ai locali di una nuova fabbrica di canna per le conterie e margaritarie appartenente inizialmente alla ditta *Dal Mistro, poi Errera, Minervi & C*, e infine: *Vetreria De Majo*. Curiosamente la chiesetta col Monastero di San Martino di Murano era nella lista delle 36 Parrocchie più povere e deficitarie dell'intero *Dipartimento Adriatico del Regno d'Italia* con un deficit di lire italiane 479,53 su un totale di lire 8.234,28 prodotto dall'insieme di tutte le parrocchie in grave difficoltà economica.

Tornando ad oggi …

"Che fine ha fatto San Martino … Chi è stato a fregarci il vecchio San Martin ? Qualcuno l'ha più visto ? " chiedo ancora dentro alla nebbia silenziosa … Nessuno sa niente … Non c'è risposta … Tutto tace dentro alla mattina nebbiosa.

"Dopo tutti questi discorsi, chissà se qualcuno da qualche parte invocherà ancora devotamente il nome di San Martin quest'oggi ? … o se sarà finito per davvero in soffitta come canta la vecchia canzone ?" mi ha detto ieri un vecchio amico.

"Non è accaduto per caso che insieme alle altre rivelazioni di Vatileaks sia emerso che la Chiesa si sia venduta insieme a tutto il resto anche cavallo e mantello di San Martino ?"

"Ti dico io dov' è andato a finire San Martino … E' andato in pasticceria … è diventato dolce e friabile …" ha continuato a dirmi sorridendo.

A parte le battute più o meno felici e condivisibili, mi sono avvicinato a una vetrina illuminata dove troneggiava un gigantesco San Martino di pastafrolla coperto di dolcetti. Un attimo dopo s'è spalancata la porta ed è esploso un fracasso infernale di pentole, coperchi e mestoli sbattuti e cuciti insieme a una canzoncina intramontabile urlata a squarciagola da dei *"folletti Veneziani"* di turno.

"Eeeeh: … One ! Two! Three !

E San Martìn xe andà in soffitta … a trovàr la so novìsa …

La Novìsa non ghe jera … San Martìn col cùlo per terra …

E col nostro sacchettìn … Cari signori xe San Martìn !

Zòn ! Zòn ! … Ho cantà bèn Signora ? … Me dà qualcosa ?

O ritàcco a sonàr fin domàn de mattina?"

La bottegaia e pasticcera non ha perso un attimo, vista la minaccia e i clienti già in fuga frastornati, e ha sborsato volentieri *"il pizzo di San Martin"* giustificandosi: *"Mi fanno tenerezza ... Ricordano la mia infanzia ... San Martìn non muore mai ..."*

"E' vero ! ... San Martino è proprio ancora qua. Non sarà forse il vecchio San Martino dell'antica leggenda sparsa per tutta Europa e oltre, ma di certo mostra ancora un suo richiamo, un suo aspetto gradevole ... Sono cambiati di certo i tempi e i modi ..."

Ma questo già lo sapevate ...

***

Il post su Internet è stato scritto in origine come: "Una curiosità veneziana per volta." - n° 80, e pubblicato su Google nel novembre 2015.

E' CADUTO IL CAMPANILE di SANTA TERNITA !

"Dove ? ... Dove è caduto ? ... Ci sono stati morti ?"

"In Contrada di Santa Ternita ..."

"Dove ? ..."

"A Santa Ternita ... in fondo al Sestiere di Castello ... vicino ai Frati della Vigna ... dalle parti della Contrada di San Martin ..."

"Ah ... mi pare d'aver capito pressappoco qual è la zona ..."

"E' tutto un accorrere frettoloso ... E' pieno di curiosi e di gente in ansia..."

"Corro anch'io a vedere ..."

Era il 13 dicembre 1880 ... e per davvero è caduto il campanile di quel che restava della vecchia chiesa di **Santa Ternita**. Si doveva chiamare **Santa Trinità di Castello**... ma sapete come sono i Veneziani ... Trinità ... Triade ...Terno ...Ternità ...Ternita ... fa lo stesso ... Basta capirsi ... e il nome rimase quello: **Santa Ternìta**. Si trattava del campanile rifatto, un tempo a cuspide conica, che sorgeva all'angolo dell'omonimo Campo, accanto alla **Calle del Campanièl**.

Le campane se l'erano vendute e fuse già da un bel pezzo, ancora al tempo dei Napoleonici ... e tolta la chiesa, il campanile venne usato come casa per poveri e sfrattati. A dire il vero era una casa un po' insolita e adattata ... ma era solo una delle tante della Venezia sventrata e depredata di quell'epoca. Non faceva più caso nessuno alla biancheria stesa ad asciugare fuori dalla cella campanaria dove un tempo si mettevano a sventolare il Gonfalone di San Marco e i Vessilli della Chiesa ... Poi una pietra tolta qua, un marmo asportato di là ... sposta una trave su, e taglia quella parete giù ... finchè venne giù tutto.

"Si sapeva ! ... Era da vedere ! ... Era solo questione di tempo !" commentarono i Veneziani dell'epoca.

Quel giorno del crollo del campanile accorse tutta la gente della Contrada, e accorsero in massa a spostare le macerie anche le Maestranze del vicino Arsenale ... Fu forse per questo che dopo tanto impegno e fatica riuscirono a trarre fuori ancora vivo e incolume il macchinista **Giovanni Baratelli** che abitava dentro alla vecchia torre.

Il campanile era una delle ultime cose rimaste di quella vecchia Contrada dopo che anche la chiesa era stata ridotta prima a deposito di legname, e poi, via via, demolita ed asportata pezzo per pezzo, pietra dopo pietra fino a lasciare un unico basso muretto inservibile per chiunque.

Forse anche per questo era morto il vecchio Piovano ... Era morto di crepacuore per non aver sopportato d'essere prima buttato in strada, e poi di vedere appianata per intero la sua stessa chiesa.

I Francesi diventati padroni di Venezia non avevano avuto alcun dubbio: quella Contrada poverissima era davvero insignificante, senza volto, stretta in mezzo ai Monasteri illustri, ricchi e chiacchierati dei Frati Francescani Minori di San Francesco della Vigna, delle Monache Cistercensi della Celestia ossia Santa Maria Celeste, e delle Monache Agostiniane di Santa Giustina.

Non valeva niente ! ... Troppa roba concentrata in così poco spazio ! Perché conservare ancora intatta quella chiesetta miseriosa ?

Nel 1810, al tempo del **Piovano Giovanni Agostini**, i Napoleonici decisero: *"Via tutto e tutti ... Chiudete al culto, sopprimete ... e radete al suolo quella chiesupola di periferia ! ... Magari prima usatela come deposito di legname o come stalla ..."*

Così, infatti, accadde ... e l'edificio venne demolito del tutto nel 1832, dispersi gli altari e le pregevoli pitture esistenti, le preziose **Reliquie di Sant'Anastasio e di San Gerardo Sagredo** trasportate nella vicina chiesa di San Francesco de la Vigna ... e il prezioso Crocifisso di marmo scolpito da **Francesco Cavrioli** trasferito presso i Frati Domenicani di San Zanipolo poco prima che qualche mano sacrilega lo fracassasse ... Nella frenesia della grande mobilizzazione epocale, si fece appena a tempo a prendere da sopra il Banco della Schola in chiesa la statua di legno del 1550 della Beata Vergine del Rosario col Bambino chiamata da tutti la *"Madonna dei Chierici"* ... con tutto il suo corredo di 18 abiti da sposa dorati, d'argento e di seta, e portarla e consegnarla in fretta ai devoti associati della *Schola della Beata Vergine del Rosario* che se la presero e nascosero in casa propria.

Un attimo dopo, Santa Ternita venne chiusa e cancellata ... Non esistette più per sempre.

Perfino la casa canonica *"... rilevata tramite perizia del valore di lire 2.960 e perciò non molto difficile da poter vendere ... confluì al Demanio insieme alle rendite prediali del Parroco appena defunto che possedeva annue 25 lire in beni e fondi, 78 lire in Livelli, 300 lire di redditi di stola ed altro per 66 lire."*
Nel 1840 della chiesetta di Santa Ternita era rimasto solo un basso muro di cinta e le fondamenta massicce ... sopra le quali in seguito si pensò bene di costruire l'attuale caseggiato ben visibile dove s'apprezzano ancora perfettamente i gradini d'accesso alle porte della chiesa che non esiste più.

E delle 2800 persone che abitavano la Contrada ?

Ah ! Una delusione e un disorientamento generale: prima vennero aggregati alla vicina Contrada di Santa Giustina ... Poi: cambio di programma ! ... Tornarono ad essere considerati di nuovo Contrada a se stante ... Poi: basta di nuovo ! ... e vennero fatti confluire insieme anche stessa Contrada di Santa Giustina nella neonata Parrocchia di San Francesco della Vigna. Anche la Contrada di Santa Ternita venne abolita e cancellata.

Rimasero *"non toccati"* dai Francesi solo i vari Ospizi e Ospedaletti carichi di pezzenti e gente malandata che non si sapeva più dove sistemare.

In un angolo della piccola Contrada sorgeva l'*Ospedaletto Da Molin*: un insieme di 24 caxette affacciate sul *Rio degli Scudi* lasciate secondo testamento per accogliere persone povere e bisognose, e dato in

"Commissaria testamentaria" ad alcuni membri della famiglia Patrizia Contarini. Costoro assegnarono invece le case in affitto, con la scusa di ricavarne le spese utili *"per mantenere gli immobili in conzo e in colmo"*.

In un altro angolo, invece, fra la **Calle de l'Ogio e Calle Malatina** esiste ancora oggi l'**Ospizio di Santa Ternita dei Morosini** costituito da altre caxette raccolte intorno alla Corte Morosini. Queste nel 1508 vennero lasciate per testamento dal **Nobilomo Marco Morosini Cavalier e Procuratore de San Marco**, e venivano amministrate direttamente dai **Procuratori de San Marco de Supra** che le assegnavano *"gratis et amori dei"* innanzitutto a *"poveri marineri"* e poi a persone bisognose. Lo stesso Nicolò Morosini fece costruire nel 1498 altre 36 casette nella stessa Contrada dove andarono ad abitare senza pagare affitto decine di famiglie di Nobili decaduti.

In **Corte Da Ponte** c'era ancora l'**Ospizio** fondato dal **NobilHomo Zanne Da Ponte** che lasciò altre 10 casette a beneficio di poveri provvedendo anche per un'elemosina annua a loro favore, prestazioni mediche e pagamento delle medicine.

C'era, infine, anche *"l'Hospital del Misero Ser Nantichlier da Ca' Cristian"* di cui si parlava già nel 1312, costituito come Ospizio per 20 povere donne inferme presente in **Calle del Moriòn** sopra un fondo comperato da **Filippo Querini**. Era diretto dalla **Procuratia de Citra** a cui era stato lasciato ... Si chiamava anche *"Hospitale delle Boccole"* perché si era lì concentrato un Ospizio più antico fondato dalla famiglia **Dalle Boccole** abitante nella stessa Contrada di Santa Ternita.

I Nobili economicamente emergenti **Dalle Boccole** con proprietà a Venezia e in Terraferma fino a Treviso e Ferrara, insieme ai **Celsi** e ai **Sagredo** ottennero dalla **Quarantia** nel 1348 la responsabilità-privilegio-onere di inscenare la festa e le celebrazioni delle Marie in Contrada di Santa Ternita di cui erano le tre famiglie più in vista e i secondi più ricchi dopo **Nicolò Stevian** ... In seguito, Nicolò e Zanino Delle Boccole, *"poco lavoratori e parecchio trasgressori"*, aiutarono nel 1351 un fratello bastardo ad attaccare le Guardie dei **Signori di Notte** ... Sei anni dopo, un Francesco Delle Boccole venne processato e punito severamente per aver violentato una ragazzina con l'aiuto della madre di lei ... Il Nobile **Francesco Delle Boccole**, divenuto **"Bonum Hominem"**, assieme ad altri 13 Nobili, contribuì' nel 1379 offrendo 10.000 delle 91.000 lire totali offerte alla Serenissima dalla Contrada di Santa Ternita per la guerra contro i Genovesi che presero Chioggia al tempo del **Doge Andrea Contarini**.

Nel 1388, infine, il Patrizio **Giovanni dalle Boccole** si trovò attaccate sulla porta di casa due teste di caprone insieme a una scritta obbrobriosa dedicata alla moglie, alla sorella e alla suocera. Autore del fatto era stato il mal corrisposto **Luigi figlio del Doge Antonio Venier**, che era amante della moglie del Dalle Boccole, assieme a un suo amico **Marco Loredan**. Il figlio del Doge venne condannato con l'amico alla pena esemplare di 2 mesi di carcere, 100 ducati di multa, e alla interdizione per 2 anni dall'entrare in Campo Santa Ternita.

La famiglia Dalle Boccole si estinse nel 1403.

Già che ci siamo ... parliamo allora della situazione curiosissima degli altri Nobili presenti e residenti in Contrada di Santa Ternita. Più che veri e propri Patrizi Veneziani, erano quel poco che rimaneva di quella categoria illustre. Negli ultimi secoli della Serenissima vivevano ancora in palazzi più o meno grandi edificati nel lontano 1400-1600, ma che assomigliavano ben poco ai sontuosi palazzi presenti sul Canal Grande ... Si trattava di palazzetti in cui il blasone era più una nostalgia e un'appartenenza che un titolo vero e proprio corrispondente a reale valenza politica, e soprattutto economica.

A Santa Ternita abitavano diversi rami cadeti e secondari delle grandi Casate Nobiliari di Venezia.

"La Contrada di Santa Ternita era una specie di Ghetto per Nobili malandati..."

Accanto agli ancora prestigiosi e altisonanti **Contarini "De la Porta de fero"**, **Malipiero**, **Sagredo** e **Morosini De la Sbarra**, c'erano i **Celsi** e i **Donà** residenti in Palazzo del 1600 come i **Manolesso** che ne abitavano uno del 1400. C'erano inoltre i **Magno**, i **Barozzi di Santa Giustina**, alcuni dei **Foscarini** e i **Baffo** trasferitisi poi in Contrada di San Martin in una casa più modesta e più confacente alle loro flebili finanze ... Quasi tutti questi erano Nobili considerati di Classe o V Categoria.

In un altro palazzotto del 1600 c'erano ancora gli **Orio di Santa Ternita**, anche loro di Classe V, ma considerati fra le 10 casate più povere di tutta Venezia ... mentre **Rigo di Domenico** dei **Condulmer di Santa Ternita** era un Nobile nullatenente che trascorse 53 anni della sua carriera in 19 diversi Reggimenti della Serenissima fuori città per provare così ad evitare l'assoluta miseria.

Ancora nel 1719, i **Dandolo di Santa Ternita** erano inclusi fra le prestigiosissime *"Case Vecchie",* ossia le Casate nobiliari più antiche e rispettabili di Venezia, ma dal 1646 non si era più sposato neanche un uomo del Casato, e si estinsero nello stesso anno.

Tornando all'epoca del crollo del campanile ... non è che l'intera zona di Santa Ternita brillasse tanto di luce propria in quella parte remota di Venezia ...

Nel 1851: **Maria Costantini** di 34 anni detta **Tibalda**, impiraresse, separata da due anni dal marito, madre di due figli, abitante a Castello in **Corte Saracina** teneva *"stazio-bottega"* all'aperto in Campo Santa Ternita dove esercitava anche il suo *"lavoro"*. La comare **Santa Malo** la querelò due volte accusandola di aver tresca amorosa con suo marito Marco, di averli sopresi più volte insieme in osteria e a casa di lei, e di averlo contagiato di sifilide da cui era affetta ... Infatti, la Tibalda venne ricoverata in ospedale ... e si scoprì che aveva anche precedenti per rissa e furto, che portava al collo un fazzoletto reazionario, e si aggiunse anche che ingiuriò la guardia che la scortò dal carcere di **San Severo** fino all'ospedale. Si propose l'iscriverla al *"Ruolo di pubblica meretrice"*.

Oltre alla Tibalda, nella stessa Contrada dove c'erano fin dal 1582 anche le case di **Bernardo Malatin** uomo di Lettere e Mercatura ... e quelle del Nobilhomo **Antonio Erizzo** detto *"delle Belle Donne"* per via di quelle che frequentava di continuo sedute a lavorare fuori della porta delle loro case ... c'erano anche le case di **Calle e Corte delle Muneghe** che erano proprietà delle **Monache del Corpus Domini di Cannaregio** ... e quelle in **Calle del Mandolin** appartenute a Giovanni quondam **Giovanni Mandolin** morto a soli 33 anni ... Negli stessi luoghi, nel 1869 esisteva una delle **Fabbriche Unite** per produrre canna di vetro e smalti con 4 tubi di rotondamento che dava lavoro a una quindicina d'operai ... e ogni 13 giugno una Processione partiva dal Campo dove sorgeva la chiesa di Santa Ternita e si recava fino a un Capitello devozionale dedicato a Sant'Antonio da Padova collocato nel **Campiello o Corte della Borsa** ... Le case in Corte, Ramo, Corte e Calle della Borsa appartenevano alla famiglia **Borsa** giunta a Venezia da Cremona con **Dusino Borsa fustagnèr** che ottenne il privilegio di cittadinanza Veneziana nel 1349. Era Confratello come figura scritto nella Mariegola della Scuola Grande della Carità ... come lo fu anche **Chabrin Borsa da Santa Ternita** ... e **Andrea Borsa figlio di Chabrin** che contribuì con prestiti alla Repubblica nel 1379, all'epoca della Guerra di Chioggia contro i Genovesi.

E questo non è ancora tutto, perché andando indietro a ritroso nel tempo, si può scoprire che Santa Ternita era una Contrada piccola, con sole 558 persone abili al lavoro fra 14 e 60 anni, esclusi i Nobili che erano il 23% dell'intera popolazione lì residente, ma vivissima con 46 botteghe, un forno da pane e una Pistoria, dove pescatori, Arsenalotti, facchini ossia Bastazi, e Marinai e tanta altra brava gente vivevano intensamente stretti intorno alla loro chiesetta.

La chiesa, come in tutte le altre Contrade di Venezia fungeva un po' da centro di riferimento della vita sociale, e fungeva un po' da parafulmini dell'intera esistenza che per molti spesso accadeva tutta lì. Più di qualcuno non solo non usciva per tutta la vita da Venezia, neanche recandosi nelle isole più vicine, ma neanche s'azzardava a raggiungere le altre Contrade dall'altra parte della città se non raramente o se proprio doveva.

Quando il **Patriarca Flangini** andò a visitare per l'ultima volta Santa Ternita, nel giugno del 1803, poco prima della sua soppressione e distruzione, trovò 3.000 abitanti e più: *"... tutta gente miserabile, per la maggior parte indigente assistite però da 1 levatrice."*

In chiesa non esisteva più la *"Cassa-Fabbrica"*, ma solo una generica *"Cassa-Provvedimenti"* con alcune contribuzioni dovute a scarse rendite, e alcuni Livelli utili per le necessità pratiche della chiesa. Il Piovano **don Giovanni Antonio Agostini** possedeva la casa-canonica e aveva entrate per 204,12 lire, mentre il Capitolo dei Preti si spartiva 248 lire provenienti da Livelli e da affitti di case sparse in giro per la Contrada, che percepivano insieme ad altri 9 Preti in cambio di celebrazioni di Messe e Anniversari. Si spendevano sono 260,4 lire di cui 186 per stipendiare il Curato ospitato dal Parroco ... ed esisteva inoltre un'Associazione della durata di 25 mesi non meglio definita, istituita dallo stesso Parroco, per la quale riscuoteva altre 4 lire al mese a titolo personale.

Apparentemente sembrava che in quella chiesa di Venezia tutto procedesse per il meglio: a conti fatti si celebravano in Santa Ternita ben 24 Mansionarie per un totale di 2.000 Messe ... oltre ad altre 2.039 Messe perpetue, 41 anniversari e qualche altra Messa Avventizia.
Santa Ternita a guardarla come chiesa era un bijoux: oltre all'Altar Maggiore c'erano altri sei altari, tre per ciascun lato della navata. Uno di essi era particolarmente ricco di marmi, e gli archi della chiesa erano stati dipinti dal **Bambini** ... Santa Ternita era un'altra bomboniera Veneziana satura d'opere d'arte prestigiose con tele di **Giovambattista Tiepolo, Vittore Carpaccio, Francesco Maggiotto, Pietro Malombra** ... e **Zibellin**i in Sacrestia, 4 comparti di **Giovanni Bellini** all'Altar della Madonna ... diversi teleri di **Cima da Conegliano, Girolamo da Santacroce, Jacopo Palma** ... e un Gonfalone con *"San Francesco"* dipinto da **Girolamo Pilotto** ... Però il Patriarca sapeva che qualcosa non andava in quella Congrega-Capitolo dei Preti di Santa Ternita, perciò si mise ad indagare in profondità.

All'interrogatorio, il Parroco confermò d'aver venduto 4 candelieri d'argento della chiesa per un valore di 600 lire per sopperire a quanto *"in democrazia"* aveva sottratto alla chiesa ... e di aver sottratto e impegnato 2 calici presso un parrocchiano per pagare le spese incontrate in una causa civile per allestire la quale aveva anche sottratto dei documenti ... Inoltre, lo stesso Piovano riscuoteva e intascava offerte per Messe che non celebrava ... *"sembra per la sua salute cagionevole"* ... ed altro ancora. Venne richiamato a comportarsi in modo degno e a recitare ogni giorno per un anno intero il *"Miserere"*.

Un altro dei Preti: **Don Francesco Varotto** venne accusato in qualità di *Prete Sacrista* di distrazione di fondi destinati alle Messe. Ammise un ammanco di 2.088,10 lire da lui utilizzate per esigenze personali in seguito alla morte del padre e alla infermità che lo costrinse a letto per 5 mesi ... Accennò anche a furti recati ad altri Preti, e si impegnò a soddisfare i debiti pagando con quote mensili. Il Patriarca lo privò del titolo di *Prete Sacrista* e gli impose il versamento di lire 30 mensili nella *"Cassa delle Messe"* e la recita quotidiana per un anno del *"Salmo 14"*.

Pur cantando una Messa Solenne per la Festa della Madonna del Rosario al cui altare si teneva sempre accesa una lampada come a quello di San Gerardo Sagredo per conto della famiglia Sagredo … *"si deve organizzare meglio la Dottrina Cristiana per le Putte della Contrada … E' necessario sollecitare l'interessamento di padri e madri alla frequenza dei figli perché è davvero scadente."* … tuono il Patriarca.

Per quella stessa chiesa il 29 novembre 1712 il **Proto Domenico Rossi** aveva rilasciato una scrittura per un restauro radicale per una spesa di 1.200 ducati … cosa che avvenne puntualmente nel 1721, e poi anche in seguito quando si ricostruì dalle fondamenta la Cappella Maggiore, le due Cappelle laterali e tutta la Sacrestia.

Erano gli **Juspatroni** votanti che sceglievano ed eleggevano il Piovano per la chiesa della Contrada. Nel 1760 erano 132, e corrispondevano a coloro che erano proprietari degli stabili della Contrada di Santa Ternita. Alcuni degli stessi Juspatroni formavano anche una *"Banca"* di 21 componenti che gestiva l'economia e le nomine dei Procuratori della stessa chiesa e Parrocchia.

Secondo quanto racconta il *Gradenigo* nei suoi *"Notatori"*: *"… domenica scorsa 18 maggio il nuovo Piovano di Santa Ternita don Giobatta Gregori fece il suo ingresso con universale testimonianza d'affetto, essendosi quasi tutti gli abitanti della Contrada affaticati per spiegarle il proprio compiacimento e la festa del loro cuore … Soprattutto il Campo dei Do Pozzi era guernito e la Corte della Vida perché ivi i Confratelli della Madonna del Monte del Santo Rosario oltre un'illuminazione magnifica di torce fecero vedere posto sopra la porta della Cappella di Santa Ternita il ritratto del Piovano giudicato il più somigliante degli altri … Fu questa un'opera del pennello di Giacinto Pasquali giovine di attività nell'Arte della Pittura…"*

In quella Contrada accadeva, quindi, una vita ristretta, dentro a quello che era un preziosissimo microcosmo stretto e chiuso fra sei ponti … Nel 1751 quando si rifabbricò il *"Ponte di Santa Ternita che va alla Celestia"*, trasportandolo sei braccia più a sinistra e unificando le due Fondamenta di Cà Sagredo e Cà Zorzi …. **Martino Marin** Margariter a Santa Ternita, muto perché gli era stata tagliata la lingua in berlina ed era stato in galera a vogare per 7 anni, venne ucciso da un Marangon … e il 17 marzo, sempre secondo i Notatori del Gradenigo: *"… sei putte popolari della contrada di Santa Ternita con loro maestra vennero portate a Ca' Mocenigo in Contrada di San Samuel per "impirare e riportare" una prodigiosa quantità di minute e preziose perle secondo il disegno di Giorgio Fossatti su di un sontuoso abito che vestirà la NobilDonna Catarina Loredan nipote di sua Serenità destinata sposa di Giovanni Mocenigo."*

Santa Ternita era una delle tante isolette dell'arcipelago di Venezia, insomma … zona bassa, popolarissima che più popolare non si poteva, ma abbarbicata alla Serenissima, al lavoro, all'esistenza … e a tutto il resto.

Nella *Gazzetta Veneta* del 1761 *Gasparo Gozzi* raccontava: *"… nel passato avvenne che un certo garzonastro di mala vita, di anni diciotto circa, passando a Santa Ternita, vide un fruttaiolo occupato in certi suoi fatti, e adocchiata la bilancia della bottega e mezzo ducato d'argento là da un lato, credendosi di non essere veduto, diede su le ugne all'una e all'altro e se ne andò a fatti suoi. Stavano alcuni a vedere quest'atto, ch'egli non se ne accorse, onde, appena ebbe tra le mani la roba altrui, gli furono dietro, ed egli, messasi la via tra le gambe, andava suonando con la bilancia, che parea un cavallo che trotti con la sonagliera: chi usciva di qua, chi di là: chi è stato? E' un ladro!*
Sempre la gente crescea e avea dietro le torme … Giunto a San Francesco e vedendo che le gambe non gli poteano più valere, si lasciò andare col capo in giù nel canale per salvarsi nuotando. Le persone gridavano dalla riva, molti erano alle finestre, egli menava le gambe e le braccia: ma fu invano, perché sfuggiti quelli che lo inseguivano in terra, dette nell'armata navale. Erano in acqua alquanti giovani che nuotavano per sollazzo, i quali, andatagli incontra, lo presero e lo diedero in mano a coloro che gli avevano corso dietro lungo tempo. Questi, che aveano già

ricoverato il furto da lui gittato via nel fuggire, pensarono per castigo di lui di far conoscere pubblicamente chi egli fosse, perché da indi in poi la gente se ne potesse guardare: e preso un buon graticcio e legatolo bene, acciochè divincolandosi non potesse fuggire né farsi danno, quattro de più vigorosi presero le stanghe del graticcio dov'era disteso e cominciarono a portarlo attorno per tutta la Contrada. Il numeroso popolo che dietro avea, cantava le sue lodi, e fu in quel modo portato vivo sulla bara in trionfo per tutte le Fondamente Nove e finalmente sciolto e lasciato andare con non so quante ceffate e urli e fischi e risate dietro. Io ci giocherei che in cuor suo colui non ha fatto altro proponimento che di furtare un'altra volta con maggior cautela ..."

Era comunque sempre intorno ai Preti e alla chiesa che ruotavano notizie e pettegolezzi, ed era spesso lì che succedevano le cose più strane e curiose: nel 1761 durante la frequentatissima **Processione del Venerdì Santo** che percorreva ogni angolo della Contrada, il portatore del pregiato *fano' (fanale)* fatto di canne e pive di contaria dei Margariteri di Santa Ternita: *"... s'intoppò e distrusse del tutto il prezioso fanale."* ... Fu un disastro, la perdita di un oggetto davvero unico e prezioso.

Qualche anno prima, nel 1752, il primo giorno di Quaresima era accaduto nello stesso posto che il Prete di Santa Ternita **GiovanBattista Buogo** detto **"Chebba"**, scappato da Venezia, venisse condannato al Bando da tutti i luoghi della Serenissima. Non avendo potuto soddisfare le sue voglie sulla fanciulla **Orsetta**, figlia del *"Peatèr"* **Agostino Tuffo** della stessa Contrada, l'aveva fatta sfregiare in viso con un coltello mentre usciva dalla Messa in Santa Ternita.

Ma in Santa Ternita accadevano anche diverse cose positive. Come in tutte le chiese di Venezia anche in Santa Ternita si ospitavano Schole e Associazioni d'Arte e Mestiere e Devozione come la **Schola di Sant'Antonio Abate dei Margariteri Impiraperle e Perleri** ... e la **Schola dei Filatori di Seta** che secondo la famosa Statistica del 1773 riuniva e contava: 34 capimaestri, 12 garzoni, 36 lavoranti sparsi in 20 botteghe, con 20 mulini in lavoro e 35 disoccupati prevalentemente alloggiati e attivi nella zona dei Biri in Contrada di San Canzian.

Riguardo ai *"Confratelli Filatoj"* ospitati in un locale rovinoso della chiesa per il quale la Schola pagava al Capitolo di Santa Ternita 3 ducati annui, il Piovano di Santa Ternita attestava nel 1713 che: *"… ogni 22 gennaio, festa del martire Sant'Anastasio, i Filatoj compivano una lunga processione per la Contrada, alla fine della quale si celebrava una Messa solenne. Inoltre, ogni anno il giorno di San Martino, la stessa Schola organizzava una seconda processione cantando Salmi in suffragio per i Morti con i Confratelli tutti vestiti di paramenti neri."*

Isolato in Campo Santa Ternita c'era un pilastro di pietra con incisa l'epigrafe: **SCOLLA D. FILATOII ET ARTE FV RIFASTA D. NOVO L'ANNO 1696**

Quando la Schola con ancora 63 iscritti venne soppressa dai Napoleonici il 24 gennaio 1807, risultò dall'ultimo inventario che possedeva ancora l'altare di marmo che si trovava in chiesa, la cassa dove si trovavano le Reliquie e i Corpi dei Santi Patroni, e una bella pala dipinta … però i Preti di Santa Ternita avevano sospeso di celebrare le loro 12 messe annue perché i Filatoj non corrispondevano più la dovuta elemosina.

In Santa Ternita c'erano poi le solite Schole presenti un po' ovunque in giro per Venezia: la **Schola del Santissimo Sacramento**, quella della **Santissima Trinità e San Anastasio**, quella di **San Gerardo Sagredo**, la **Compagnia delle Quaranta ore** … e c'era perfino una Schola stranissima quanto misteriosa, unica in Venezia, detta dei *"Fratelli dell'Illuminazione"*.

Esisteva inoltre un **Suffragio e Compagnia dei Morti o della Buona Morte o Confraternita del Santo Crocefisso o Schola della Croce** fondata il 17 novembre 1654. Inizialmente: *"… la Schola fu autorizzata a proprie spese possa scurtar li banchi e le cornise delli quadri della scuola del Santissimo per rifare di marmi fini l'altare."*
Ma alla visita del Patriarca Flangini del 1803 si rilevò che la Schola faceva celebrare troppe Messe, e: *"… si vietò l'accumulo di denaro per l'acquisto di argentaria, cose, candelieri d'argento … onde evitare i furti in chiesa".*
Qualche anno dopo il Consiglio dei Dieci decise di sopprimere quella Schola

revocandole la licenza di Confraternita per: *"... scandali di manomissione di argenteria ... e disordini nella fraternità con scandalo in città ..."*

La più curiosa e interessante Schola ospitata a Santa Ternita, fu quella, invece, di **Santa Maria degli Angeli e di San Francesco dei Coroneri o Fabbricanti di Rosari e Bottoni in legno** chiamati dai Veneziani: *"Anemeri"*. Si trattava di artigiani che fabbricavano corone di Rosari non di vetro ma con *"aneme"* ossia bottoni in osso o ordinarie da rivestire. A Venezia le *"aneme"* si vendevano a dozzine e si distinguevano in: *"Aneme da velada"*, *"Aneme da camisiola"*, *"Aneme da commesso"*, *"Aneme da commessetto"* e *"Aneme da camisa"*.

Da documenti della Giustizia Vecchia si evince, ad esempio, che nel giugno 1575: *"Lucietta fia de ser Cristophoro da Grizzo, bastazo alli Frari, presente, d'età d'ani 15 in circa se scrive a star e lavorar all'Arte de far bottoni e altro farà bisogno, con Ser Zambattista de Cabriel Mercante de Seda, per anni cinque prencipia adì ditto. E falendo alcun zorno sia obbligada reffar; qual Zuan se offerse farla docile di tal profession, li fa le spese sana e inferma, lì da albergo e la tien monda e netta, e li da per suo salario in ditto tempo ducati 12, a vestir d'essa d'essa Lucietta ..."* nel marzo di tre anni dopo però: *"... Costituido in Officio Mastro Paolo Lombardo, per nome del contrascrito patron et dise la contrascrita puta essere da lui fuzita zà da un mese circa."*

Chissà perché ?
L'Associazione-Schola dei Coroneri venne comunque autorizzata dal Consiglio dei Dieci nel 1584, e iniziò la stesura della sua Mariegola stabilendo le tariffe di versamento della tassa *"Benintrada"* d'iscrizione, della tassa *"Luminaria"* per la spesa delle candele, e i contributi per l'assistenza ai Confratelli e la loro sepoltura.

Nel gennaio del 1673 la Schola venne rinnovata ancora iniziando nuovi registri di Cassa, Inventari e stesure dei Capitoli delle riunioni ... i **Coroneri** si autotassarono per comperare e porre sull'altare della Schola e della Madonna delle belle colonne di marmo per non essere da meno a confronto delle altre Arti Cittadine ... Secondo la solita Statistica del 1773, l'Arte annoverava 162 iscritti con 34 garzoni, 50 lavoranti e 78 capimastri distribuiti in 16 botteghe ... L'Arte era efficiente e bene organizzata: *"A sicurezza del suffragio verso li poveri ammalati dell'arte, va parte che manda l'attual Gastaldo con sua Banca e Sindici, che alli ammalati con febbre ed obbligati a letto venghino contribuiti per il corso di due mesi, obbligati a letto, soldi 30 ossia una lira e ½ al giorno. E dopo li due mesi, continuando infermi aver debbano lire di piccoli otto al mese, restando del pari prescritto che dall'ammalato sia pro tempore ricercata la fede dal Gastaldo e Scuodidor dell'Arte Giustinian Becari, qual fede già sarà in stampa e solo mancante del mese e giorni, d'essere descritti dal medico di Contrada. Qual fede, passata prima alla chiesa parrocchiale per il confronto del sacerdote sacrestano del carattere del medico e sottoscritta dal Gastaldo, allora solaente sarà soddisfatta dal Cassier..."*

Ancora nel gennaio 1782 un Proclama Dogale a stampa su terminazione dei Savi alla Mercanzia esecutiva di apposito decreto del Senato, proibiva a chiunque l'importazione di *"anime da bottoni"* da fuori Venezia: *"... dal giorno della pubblicazione della presente in avvenire siano e s'intendano le anime da botton di ogni qualità e sorte, qui non fabbricate, escluse dall'ingresso e consumo nella Dominante."*

Venne consentito per 6 mesi lo smercio delle giacenze e si fissò un listino delle *"anime veneziane"* da vendere a dozzina.
Solo verso verso lo *"scadere del tempo"* della Repubblica Serenissima, nel 1793, i 193 **Coroneri** iscritti lamentavano la decadenza della loro Arte anche per l'avvenuta apertura cinque anni prima di una nuova fabbrica di corone del Rosario a Loreto nelle Marche. Chiedevano perciò che: *"in avvenire, a maggior libertà del commercio, sia permesso poter fare ogni sorta di lavori, tanto fini che ordinari, a genio de committenti e compratori."*
La Giustizia Vecchia provando a salvaguardare in qualche modo il buon nome dell'industria veneziana: *"... concesse licenza di eseguire anche i lavori andanti e ordinari per un biennio di prova"*.

Ma era ormai tardi, arrivarono i Francesi e l'Arte manifattrice di consumo e commercio venne chiusa.

Non ho finito ancora ... Salto ancora indietro nel tempo ... ma ve la faccio breve ... Promesso !

"Mistro Misser Nicolò conza organi si impegnò a rifare l'organo della chiesa di Santa Ternita per 50 ducati nel 1636" ... mentre pochi anni prima il Sudiacono di Santa Ternita venne privato del titolo per via di un furto sacrilego perpetrato in chiesa ... e in tempo di pestilenza nel gennaio 1620, scoppiò una lite fra il Primo e il Secondo prete di SantaTernita su chi spettava amministrare i Sacramenti in assenza del Piovano ... Dovette intervenire il **Patriarca Tiepolo** decretando che ciascuno facesse una settimana.

All'inizio del secolo con apposito decreto del Consiglio dei Dieci venne bandito **Michele Viti da Bergamo Prete di Santa Ternita** perché risultò attentatore insieme ad altri alla vita di **Frà Paolo Sarpi** residente a Santa Maria dei Servi a Cannaregio dall'altra parte di Venezia ... e qualche anno dopo venne arrestato un altro Prete di Santa Ternita per aver scandalosamente praticato in chiese di Monache, mandando e ricevendo lettere e presenti con altre indecenti operazioni. Venne condannato a 2 anni di carcere con divieto perpetuo di parlare con Monache anche sue parenti ed entrare nelle loro chiese.

Nel gennaio 1594 s'era già provveduto a togliere il titolo al Prete **Giuseppe Trieste** sempre assente in quanto risiedeva come Parroco a Treviso ... e quando nel giugno 1581 giunse la **Visita Apostolica** ispettiva a Santa Ternita: *"... la Contrada di Santa Ternita annovera 2.300 Anime di cui 1400 che facevano la Comunione ... La Parrocchia è Collegiata con 4 Preti Titolati sostenuti da altri 5 Chierici che ruotano attorno per la modica cifra di 7½ ducati annui ... Si celebrano: 4 Messe Mansionerie perpetue e quotidiane percependo 63 ducati, mentre la Fabbriceria della chiesa raccoglie e mette a disposizione 4 ducati ... la Parrocchia paga 8 ducati annui per l'organista, e un altro ducato annuo a Mastro Leandro per tenere l'organo in ordine ... Si spendono anche 8 ducati complessivi per la festa del Titolare e di Sant'Anastasio ..."*

Certificato questo, il Visitatore Apostolico inviato dal Papa di Roma prima di andarsene fece processare e condannare il **Prete Giovanni Maria Casali** e il **Suddiacono Gaspare Leandro** per gravi irregolarità dovute a convivenze, rapporti carnali, patrimoni impropri e vizi di gioco ... Oltre a questo, le cose in Chiesa non andavano benissimo perché non c'era nessuno che predicava durante le Messe domenicali, e tantomeno c'era chi lo facesse durante l'Avvento per prepararsi al Natale o in Quaresima per andare a Pasqua ... Come non bastasse, l'incaricato del Papa dovette vietare di adoperare una piccola croce associata alle famose reliquie di Sant'Atanasio conservate in chiesa, per curare a pagamento *"il mal caduco"* ossia l'epilessia.

Era novembre del 1536 quando lo stampatore **Francesco Marcolini da Forlì** trasportò nelle vicinanze della chiesa di Santa Ternita la sua tipografia trasferendola dalla contrada dei Santi Apostoli. Nel *"Petrarca"* di **Girolamo Malipiero** si legge: *"Stampato per Francesco Marcolini da Forlì in Venezia appresso la chiesa de la Trinità gli anni del Signore MDXXXVI del mese di Novembre"*.

Il Marcolini era anche letterato, antiquario, intagliatore, orologiaio e architetto: costruì anche il **Ponte Longo di Murano** nel 1545. Era anche amico-compare di **Pietro Aretino** che lo andava a trovare spesso, anzi, andava a trovare di più sua moglie Isabella: *"... donna tanto impudica da darsi in preda perfino ai lavoranti della stamperia ..."*
Per cui, come raccontava il Doni: *"... sorti in progresso di tempo alcuni dissapori fra i due amici, eccoti l'Aretino, colla solita maldicenza, vantarsi delle corna fatte al Marcolini, sparger voce che questi, in vendetta dei cattivi costumi della moglie, l'aveva condotta in Cipro, ed attossicata, asseverare finalmente che il Marcolini aveva rubato ad un tedesco il disegno del Ponte Longo di Murano..."*
Nel dicembre 1528, era accaduto invece, che si stava per eleggere come Suddiacono di Santa Ternita uno: *"... che venne denunziato lui esser imbriago zafo e far l'officio de zafo e vender carne pubblicamente e ha putane e fioli ... Per querele e per la sua ignoranza si annullò l'elezione al Titolo in Santa Ternita..."*

Secondo il racconto del solito **Diarista Marin Sanudo**, all'inizio del 1500 la chiesa di Santa Ternita era stata completamente ricostruita con lavori che durarono 15 anni. L'edificio dall'antica chiesa a tre navate passò a unica aula con Presbiterio ed altari laterali.

Ancora un secolo prima, il Piovano di Santa Ternita **Francesco Gritti** era anche Notaio, Cancelliere Ducale, Canonico Vicario della Basilica del Doge, Arciprete della prestigiosa Congregazione dei **Preti di San Luca** e intervenne perfino al Concilio di Basilea come rappresentante della stessa. In seguito divenne anche Vescovo dell'isola di Corfù, ma conservò ugualmente il **Titolo Commendatario di Santa Ternita** fino alla morte del 1458.

Saltando ancora fino al 1300 ... il Nobile **Giacomo Venier** residente in Contrada di Santa Ternita nominò Procuratore il **Prete Giovanni Gazo** Cappellano del Governatore Veneziano di Corone e Modone perche' riscuotesse il denaro che **Enrico Barbarigo** gli doveva ... Nel 1362 **Bartolameo** era Piovano di Santa Ternita ... in seguito divenne Vescovo di Cannea in Candia ... consacrò la Parrocchia Collegiata di **Sant'Eufemia della Giudecca** ... e divenuto Vicario Generale del Vescovo di Castello **Paolo Foscari**, concesse la facoltà di erigere il **Monastero di San Girolamo di Cannaregio** nominandone la prima Badessa **Bernarda Dotto**, e nel settembre 1375 permise l'edificazione del **Monastero del Corpus Domini** dove oggi sorge la Stazione Ferroviaria e il Palazzo della Regione Veneto.

Sempre durante il 1300, **Giovanni Prete di Santa Ternita** ricevette in Commenda da **Pino Vescovo di Castello** la chiesa di **San Marco in Beirut** per un censo annuo di una *"Marca Sterlingorum"* ... mallevadore sarebbe stato Stefano Piovano di Santa Sofia ... I Nobili **Giovanni e Pietro Orio** di una delle famiglie più influenti della Contrada erano i Procuratori della Parrocchia ... **Andrea e Martino Preti a Santa Ternita** erano Notai di Venezia ... **Leonardo Verde**, invece, anche lui Prete a Santa Ternita, ricevette un prestito dalla parrocchiana **Benedetta vedova di Giovanni Caldera** offrendogli il messale in garanzia del prestito ... Si concesse a **Bartolomeo Verde di Santa Ternita** una parte della velma o palude di 16 passi di lato posta fra il **Monastero di San Michele sulla strada per Murano** e Venezia per costruirvi un mulino a vento per macinare *"farina de velma"* ... Già che c'era, il Verde nel 1352 ottenne facoltà di erigere anche un Ospedale: *"in loco in quo erat molendinum a vento."*

A tempo delle Crociate, nel 1223, arrivò a Venezia da Costantinopoli il **Corpo di Sant'Anastasio Martire** che venne sistemato in apposita Capella di Santa Ternita arredata in seguito da due *"Storie di Sant'Anastasio"* dipinte da **Antonio Aliense**. Quelle Reliquie di Sant'Anastasio vennero accudite e venerate dalla gente della Contrada per secoli.

Infine, si perde nell'incertezza dei tempi l'origine della Contrada e della chiesa di **Santa Tèrnita** … Le prime notizie risalgono al 1030 circa, quando le Nobili famiglie **Sagredo e Celsi** residenti in zona al tempo del Dogado di **Pietro Barbolano o Centranico** rilasciarono i primi finanziamenti per costruirsi un'imponente cappella laterale a sinistra dell'altar maggiore con tre statue in pietra d'Istria e otto colonne in marmo con piedistalli e capitelli come tomba-mausoleo di famiglia. Già da qualche tempo la Parrocchia e Chiesa di Santa Térnita era affiliata alla vicina Cattedrale di **San Pietro di Castello o Olivolo** … e questo è tutto … del prima non si sa più nulla … o quasi.

Se ne avrete voglia e occasione … Provate a passare un giorno per il Campo di Santa Ternita in fondo al Sestiere di Castello … Proverete una sensazione struggente, stranissima … Come spesso accade, non incontrerete probabilmente quasi nessuno … Vi sembrerà d'esservi smarriti per Venezia in mezzo a tutte quelle case e Calli e Ponti e Fondamente tutte uguali e labirintiche … Vi parrà d'essere fuori dal Mondo e dalla Storia … come dentro a una capsula temporale libera dal tempo … Cambierà tutto, invece, se incapperete in qualche vecchia o vecchio Veneziani che abitano là … Vi sembrerà che non siano trascorsi i secoli … e tutto quello che vi ho raccontato vi sembrerà accaduto solo ieri, o forse oggi stesso.

***

Il post su Internet è stato scritto in origine come: "Una curiosità veneziana per volta." - n° 83, e pubblicato su Google nel dicembre 2015.

I PAOLOTTI DE CASTEO

Forse non ci crederete, ma prima di scrivere questo nuovo post ho voluto tornare proprio a sedermi dentro alla chiesa di **San Francesco di Paola nel Sestiere di Castello** ... la chiesa che è stata dei **Paolotti**. Entrando dentro l'atmosfera è più o meno sempre la stessa ... quella di un tempo andato, ed è di certo diversa da quella che si può accendere nella mia mente rileggendo carte e libri. L'ho trovata come me la ricordavo, con la sua penombra ombrosa e l'aria di chiesuola popolare di Contrada ... e col suo orologio finto dipinto in facciata eternamente fermo sulle nove e mezza.

Segna sempre un'ora che non c'è.

Mentre me ne stavo anonimo seduto in panca, è passata l'immancabile vecchierella ad accendere l'altrettanto immancabile candeletta sotto gli occhi vigili dell'altra donnona appollaiata *"di guardia"* in posizione strategica a cui non sfugge nulla non solo di chi entra ed esce dalla chiesa, ma anche di tutto quanto accade nell'intera Contrada di fuori.

Alle pareti e sugli altari ho riconosciuto le stesse pale e teleri di sempre **(Tintoretto, Tiepolo, Giovanni Contarini, Jacopo Palma, Malombra**: l'*ennesima chiesa Veneziana bijoux)* ... però li ho trovati un po' più scuri e affumicati, tanto che ho faticato a comprenderli e gustarli come le volte precedenti.

Anche i Santi sparsi in giro sono sempre gli stessi ... sono Santi Poveri, del popolino e delle devozioni spicciole di ieri ... forse un po' superate, con certi immagini e statue a cui forse oggi non si affida quasi più nessuno. Sembrano tante Anime disoccupate ... come in attesa dentro ad una stazione in cui i treni non arrivano quasi più. Si sentono ancora tintinnare in giro campanelle, come quelle di un passaggio a livello ... fremono perfino le preghiere come i binari, ma il treno stenta ad arrivare, ritarda, o forse non arriverà più. Sembra tutto immobile ... compattato e congelato dentro al tempo.

Comunque sono sensazioni mie ... Non badateci più di tanto.

Piuttosto se potete andate a vedere un attimo quel posto del Sestiere di Castello ... che è sempre e ancora là, e merita di certo d'essere visto e goduto ancora un pochetto.

Come dicevo, quella parte del Sestiere era un tempo zona popolare, anzi, popolarissima. Quella di San Francesco di Paola stretta attorno a quella che oggi si chiama **Via Garibaldi**, ma che fino al 1807 era, invece, **Strada Eugenia** *(in onore del Vicerè d'Italia Eugenio Beauharnais)* o **Strada Nuova dei Giardini** *(inventati da Napoleone abbattendo un intero quartiere)* era una Contrada più che vispa e vivissima. Non che mancassero i Nobili: accanto ai **Corner di San Francesco di Paola** di V classe, abitavano in Ruga i **Badoer**, i **Priuli** e i **Balbi**, mentre i **Dolfin** abitavano in Rio della Tana poco distanti dagli **Erizzo**. Alcuni rami secondari dei Nobili Patrizi **Giustinian** abitavano in Riello, **Querini** e **Marcello** risiedevano in palazzi modesti in Calle del Caparozolo, **Boldù** in Calle San Girolamo, i **Donà** nei pressi di San Domenico, i **Contarini** in Corte del Soldà e infine i **Marcorà** stavano verso il Bacino di San Marco. Erano comunque i popolani i protagonisti della scena Veneziana, ma soprattutto gli Ecclesiastici e le Monache ... tanto per cambiare.

Oltre a tutti costoro non poteva mancare ed esisteva tutta una serie numerosissima d'Ospizi, Istituti assistenziali, Schole, Case-Hospitali-Hostelli che contribuivano ad affollare ulteriormente il Sestiere che sorgeva e sorge a soli due passi dal famosissimo **Arsenale della Serenissima** ... anche lui ovviamente con la sua bella chiesetta inclusa: **Santa Maria dell'Arsenale**.

In Contrada di San Francesco di Paola, infatti, esisteva l'***Ospissio del Prete Zuane o Hospeal de Comun*** per i vecchi **Marineri** *(marinai)* della Flotta di Stato sia Veneziani che Foresti infermi, o divenuti impotenti per cause di servizio. Curiosamente detto ***Ospissio della Marinarezza***, era gestito dalla **Procuratia de San Marco de Citra**, e venne realizzato investendo un cospicuo lascito del Piovan della chiesa di San Lunardo del Sestier de Canaregio che lasciò parecchio denaro a favore dell'Ospissio Orseolo per povere donne con sede in Piazza San Marco. L'***Ospissio dei Marineri*** consisteva in un originale complesso collettivo, una **"Ruga"** di

cinquantacinque caxette ricavate soprattutto sopraelevando antichi magazzini del Molo di San Marco, assegnate con apposito bando, e disciplinate da preciso regolamento.
Nel 1566, vista l'impellente necessità dei Marineri reduci e mutilati, la Serenissima decretò che fossero costruite in corte colonne altre caxette, anche se andò a finire che non tutte le caxette vennero destinate a soddisfare i bisogni dei Marineri, ma furono vendute o destinate ai soliti raccomandati ... anche la Serenissima aveva le sue *"pecche"*.

Oltre *"all'Hospitio dei Marineri dal capottòn grosso"*, c'era anche l'**Ospizio di San Domenico** costituito da sette caxete di proprietà dei **Nobili Da Ponte** che s'affacciavano sul Campo de le Furlane ... c'era l'**Ospizio Locatello** fra il Riello e il Ramo dell'Erba, e un ulteriore **Ospeàl delle Putte di San Bartolomeo** spostato davanti alla chiesa dei Paolotti per allargare il loro Convento.
L'Ospeàl delle Putte di San Bartolomeo era sorto nel 1312 grazie alla generosità del **Doge Marino Zorzi** per ospitare donzelle orfane o povere che *"... venivano accolte per essere educate e preservate dal loro misero destino di tribolazioni da cui spesso erano reduci."*
Per un certo periodo l'Ospissio venne governato dalla Priora **Cassandra Fedele**: *"... che era donna dalla tempra formidabile, lesse in Medicina nello Studio di Padova, disputò in Teologia coi migliori studiosi del tempo, cantò versi latini all'improvviso, compose opere e fu celebrata da molti letterati."*

Riuscite adesso a focalizzare meglio e immaginarvi un poco com'era quell'antica Contrada di Castello ?
Spero di sì ... almeno un pochetto. Ma non vi ho detto ancora quasi nulla e tantomeno tutto.

Dovrete adesso compiere un ulteriore sforzo con la mente e dimenticare innanzitutto la bella Via Garibaldi assolata e spaziosa, larga e lunghissima, piena di bancarelle, mercatini, esercizi e bottegucce che oggi conduce nel cuore del Sestiere di Castello. Al suo posto immaginate, invece, un lunghissimo Rio o Canale che attraversava completamente la zona per lungo dividendola in due parti ben distinte. La famosa Via Garibaldi di

Castello di oggi altro non è che l'ennesimo Rio Terrà, ossia un canale interrato, una strada che una volta a Venezia non esisteva ... in quanto era *"via d'acqua"*.

Quella parte di Venezia era molto diversa da com'è *"ridotta"* oggi. Dovete pensarla come un densissimo assembramento di Chiese, Monasteri e Conventi stipatissimi di Preti, Frati e Monache pieni di idee, energia e vitalità ... e soldi, e *"borezzo"*, a cui quelle clausure andavano di certo strette.

Non esagero ... in pochissime centinaia di metri esisteva un numero elevatissimo di complessi ed edifici religiosi tanto che quell'area di Castello si poteva definire una vera e propria *"Cittadella Ecclesiastica"* irta di campanili e di mille campane e campanelle chiacchierine che suonavano e sbattacchiavano ad ogni ora del giorno e della notte.
Era tutto uno scampanare, un ticchettio, uno scandire e battere le ore, un suonare e convocare in continuità Veneziani e Pellegrini Foresti a devozione d'ogni tipo e utilità. Quella zona di Castello era quindi tutt'altro che tranquilla, a volte era un vero e proprio putiferio e microcosmo straordinario insieme, dove quella gran abbondanza di tonache, Regole, clausure e devozione finivano spesso per litigare per spartirsi i beni e le rendite, ma anche per avere l'esclusiva di utilizzare gli spazi, la precedenza nelle processioni, o la prerogativa di ben figurare e accaparrarsi i migliori privilegi ed elemosine.

Raccontano le cronache: *"Nel 1710 alla fine ci fu lite tra i Padri di San Domenico e i Canonici della Cattedrale di San Pietro di Castello per le numerose processioni che i Frati Predicatori organizzavano lungo le fondamente del Rio di Castello ... Dovette intervenire energicamente contro entrambi il Patriarca ... e minacciò perfino di farlo anche il Doge se questi non fosse stato in grado di risolvere la faccenda da solo ... Dopo numerosi alterchi e battibecchi si concluse di fare una bozza con i vari itinerari e le frequenze lasciando tutto alla decisione del Patriarca..."*

E questa è una ... Poco distanti da quei litiganti eterni, sorgeva il **Monastero di Santa Maria Nascente o Santa Maria in Gerusalemme delle Vergini** con ben 70 Monache Agostiniane Conventuali ... Si trattava delle ricchissime nonchè disinibite *"figlie dei Nobili, dei Senatori e dei Dogi"* che: *"... una ne combinavano e mille ne pensavano di peggio ..."* Nel 1513 il **Doge Leonardo Loredan** tornò come ogni anno a *"sposare"* simbolicamente la Badessa delle Vergini **Clara Donà** baciandola sulla bocca, e questa in segno d'affetto gli donò una rosa di merletto intessuta di fili d'oro ... Ma questa è un'altra storia che vi racconterò un'altra volta. A dirla diversamente, fra patrimoni immensi assurdi, debiti, eccessi e storiche rivolte, il Monastero era fulcro dell'attività scatenata e sacrilega dei **Muneghini** veri e propri *"cacciatori e conquistatori di Monache"* ... Le Monache lì dentro si diedero per secoli alla *"bella vita"*, e l'ultimo dei loro pensieri era di certo quello della spiritualità e della sana devozione.

Visti gli eccessi, nell'aprile del 1518, si inasprì la lotta contro i Monasteri: il **Patriarca Contarini** e il **Vescovo di Torcello** chiesero aiuto alla Serenissima, e pretesero provvedimenti adatti dal Senato contro i Muneghini.

Giunse perfino da Roma **Altobello Averoldo il Nunzio Apostolico** inviato dal Papa, che ottenne la lista dei Monasteri più turbolenti e il 21 maggio si recò dritto dalle Monache delle Vergini intimando alle Conventuali di ritornare all'ordine. Come risposta le Monache lo lasciarono fuori della porta e tirarono pietre sugli uomini del suo seguito.

Però le Monachelle !

Alla fine, siccome i tentativi diplomatici di riordino non ebbero alcun esito, il Patriarca con l'aiuto della Serenissima sfondò la porta e deliberò di dividere il Convento in due parti: una per ospitare alcune Monache **"Obbedienti alla Regola, Ortodosse e Osservanti"** immesse dal vicino **Monastero di Santa Giustina**, e l'altra per trattenere le *"Conventuali ribelli"*. Come potete immaginare, la cosa non piacque alle Conventuali delle Vergini. Ecco le loro parole di protesta e sollevazione: *"... qua comenza la cagnara ... una opera dolorosa chiamata luctus di tutte le Monache dei Conventi di Venezia, per le novità volute dal Patriarca Contarini ... e da quel figlio d'un giudeo, asino, artefice diabolico che è il suo Vicario Generale Ottaviano Brittonio l'attuatore delle così dette riforme."*

A qualche decina di metri di distanza, sorgeva poi il **Convento di Sant'Anna** delle 40 Monache Benedettine … Tremende anche quelle ! … Fra di loro c'erano anche le figlie di **Jacopo Tintoretto** tutte impegnate a realizzare un paliotto d'oro per l'altare su disegno del loro padre pittore famoso. E sempre fra loro c'era ancora la famosa Monaca **Arcangela Tarabotti** autrice dell'altrettanto famosissimo testo: *"Le mie prigioni"* … no, pardòn ! *"L'inferno monacale"* che è più o meno la stessa cosa. Arrabbiatissima e frustratissima, scrisse anche *"Il Purgatorio delle mal maritate"*, *"La semplicità ingannata"* e la *"Tirannia paterna"* ovviamente incazzatissima col padre che l'aveva rinchiusa lì dentro.

Solo più tardi negli anni, smaltita probabilmente la carica ormonale della gioventù, e rappacificata con se stessa, si ridusse a scrivere accettando la sua condizione monastica opere come: *"Il Paradiso monacale"* che però sottolinea ugualmente le costrizioni morali che si subiscono nel chiostro, *"La luce monacale"*, *"La via lastricata per andare in cielo"* e *"Le contemplazioni dell'anima amante"* … e poi dicono a me che scrivo tanto! Ancora nel 1717 nel visitare il Sant'Anna il **Patriarca Barbarigo** raccolse l'informazione che a Carnevale le Monache rimanevano a lungo a giocare a carte e si facevano mascherare … che c'era di male in fondo ? … Tante così dette riforme del Clero e dei Religiosi e Religiose non erano servite a niente.

Comprenderete quindi quale clima di gossip e notizie si viveva in quella zona di Venezia. Il giorno di Natale del 1497, infatti, solo qualche anno dopo la scoperta dell'America tanto per avere un riferimento, **Fra Timoteo da Lucca** predicò in San Marco davanti al Doge e a tutta la Signoria presenti dicendo fra l'altro: *"… quando viene qualche Signore in questa terra di Venezia li mostrate li Monasteri di Monache, non Monasteri ma postriboli e bordelli pubblici."* … e anche il Vescovo di Chieti parlando di Venezia nel 1530 non fu tenerissimo nell'esprimersi: *"Quelli di Venezia son bordelli …"*

Ancora a due passi da li, nei pressi del ponticello fra San Francesco dei Paolotti e i Frati di San Domenico … c'era ancora sul Rio della Tana proprio di fronte alla sede del Vescovo, il **Monastero di San Daniele delle Canonichesse Bianche.**

Lì inizialmente tutto era andato bene: la **Nobile Famiglia Bragadin** aveva fondato la solita piccola chiesa dedicata all'antico Profeta San Daniele, e **Giovanni Pollani Vescovo di Olivolo-Castello** ne aveva fatto dono nel 1138 a Manfredo, **Abate di Fruttuaria della Congregazione Cistercense di San Benedetto** che in breve arricchì all'inverosimile il Monastero di possedimenti, saline, acque piscatorie e molini. Penso sappiate già tutti di quale grande fama godeva in quell'epoca quella Congregazione potente.
Poi a San Daniele giunsero le Monache … e cambiò tutta la storia: *"Alla Visita Pastorale del 1604 il Patriarca Zane condannò il fatto che il tempo delle Monache dedicato alle devozioni personali era troppo spesso usato per perseguire profitti personali in contrasto con gli ideali di povertà della comunità. Le 79 Monache, infatti, erano in continuità dedite a cucire e ricamare vestiti, fazzoletti e accessori di lusso che vendevano fuori dal Convento e in giro per tutta Venezia …"*

E questa è un'altra vicenda, ma non è ancora tutto.

Ancora poco più in là … pochi passi ancora, un ponte e una calle rispetto al solito posto, sorgeva il **Convento di San Antonio Abate dei Canonici di Vienna** … Frati intriganti, fastidiosi, tanto che il vicino Vescovo di Castello pretendeva di cacciarli via e demolire la loro chiesa e tutto il resto. Finirono a processo ovviamente, e alla fine del 1347 venne emessa sentenza favorevole ai Canonici contro il Vescovo che dovette anche permettere ai Monaci di celebrare Sacramenti per i familiari delle **"Casade Veneziane"**. **Padre Giotto, il Priore dei Canonici di Vienna**, se la cavò pagando alla chiesa di Castello una multa di 25 ducati d'oro.

Già prima che arrivasse Napoleone a Venezia, la Serenissima non ne poteva più di queste beghe e beghette messe in piedi dai Canonici di Vienna, per cui il Monastero mezzo cadente e bisognoso di restauri, chiesa compresa, venne sgomberato e dato a **Luigia Pyrker Farsetti** che spendendo 1500 ducati per il riordino s'inventò un istituto per raccogliere e istruire nell'arte di filare e tessere 70 povere figlie della città e della Contrada.

Poco più in là, al di là del **Ponte Longo**, pressappoco sempre nella stessa zona, c'era **San Pietro di Castello** la famosa **Contrada del Vescovo**

Castellano di Olivolo con tutta la Cattedra e la *"batteria dei suoi prebendati e beneficiati Canonici di lustro al seguito."* Su questo non mi dilungo, ne parlerò un'altra volta.

Poco distante dal luogo dei Paolotti, c'era anche la chiesa di **San Nicolò di Bari** accanto all' **Hospedaletto di Messer Gesù Christo** … Inizialmente il posto era una chiesa-ospedale, poi venne trasformato in luogo del Seminario, fucina dei Preti Ducali affidati ai Saggi e acculturatissimi **Padri Somaschi** sotto la Giurisdizione e tutela spirituale del Primicerio di San Marco.

Credete che abbia finito ? Macchè !

Ancora a ridosso degli stessi posti, a soli cinque minuti di passeggiata, c'era l'altro **Monastero di San Giuseppe o Jseppo** delle 65 Monache Agostiniane Professe … Un'altra potenza d'età secolare nel cuore del Sestiere di Castello.

Mentre **Suor Paola Gabrieli** delle stesse Monache di Sant'Iseppo dichiarava e ripeteva di continuo nel 1653 d'essere povere e scarse di risorse e completamente dipendenti dai ricavi dovuti all'ospitare e insegnare alle educande: *"… se non fossero queste, non s'avrebbe da vivere … Vivemo, si può dire, di tener fiole a spese."*; gestivano, in realtà, numerose Mansionarie delle Messe.

Le uscite del Monastero superavano le entrate a causa delle feste dispendiose che prosciugavano le casse e davano alle Monache fama di vita irrequieta. La Badessa del San Jseppo, infatti, confessava: *"Purtroppo questo Carneval vi sono state maschere a disturbar il Monasterio … ma pezzi grossi che bisogna taser et haver patientia."*

Si trattava del figlio del **Provveditore Foscarini**, del **NobilHomo Tribuno Memmo** e dei due fratelli **Barbarigo di Barbaria delle Tole** che mesi dopo dipinsero un cartello osceno e vergognoso sulla parete del Parlatorio dedicandolo proprio alla **Badessa Madonna Clara Buttacalice**.

Ancor quarant'anni dopo, il **Patriarca Badoer** in Visita al Monastero di San Jseppo, rimproverava le Monache: *"… nel tempo dell'estate vestono senza maniche et con abiti trasparenti con scandalo dei secolari et vilipendio del sacro abito … Compiono abuso di tener nelle celle argenti e altri monili di valore … indumenti di gran lusso e alla moda … anche belletti …"*

Tutto questo per rendervi un'idea di quale clima socio-religioso accadeva in quella stretta Contrada di Castello ... Ma tornando a noi e al dunque, cioè ai **Frati Paolotti**, c'è da dire che proprio di fronte alla chiesa e Convento di **San Francesco di Paola** che c'interessa, *"di fàsa"* ossia al di là del ponte e del canale, sorgeva il **Convento di San Domenico** con altri 40 Frati **Predicatori Domenicani** di cui vi dirò fra poco. Domenicani e Francescani di Paola erano un po' come il bianco e il nero ... il semplice e il complesso ... l'orgoglio e l'umiltà ... e quindi erano sempre contrapposti fra loro per non dire l'un contro l'altro armati ... divisi talvolta solo da quel ponticello sul Rio.

Più di una volta pur essendo Frati e Monaci se le sarebbero date di santa ragione se per fortuna non ci fosse stata l'acqua a dividerli in mezzo ... Sapete bene com'è: l'acqua ha effetto rinfrescante, perciò il canale che divideva le due Contrade ha sempre avuto un effetto rappacificante per i bellicosi e focosi Veneziani della zona e di entrambe le rive.

A parte le battute, c'erano quindi: **Francescani Minimi Paolotti** di qua ... e **Padri Domenicani Inquisitori** di là.

La chiesa di San Francesco di Paola dei Minimi o Paolotti sorse all'inizio su finanziamento, anzi su lascito dei **Nobili Querini**, precisamente di tale Bartolomeo Vescovo di Olivolo-Castello: *"... che volle chiesa e Ospedàl dedicati al suo nome per sedici infermi fornito di rendita nel Trevigiano e in Papozze nel distretto di Ferrara, e gestito da Rettor, Chierico e serventi e con biancheria da letto e arnesi occorrenti alla cucina."*
I Veneziani ovviamente plaudirono l'idea e clonarono subito in maniera più pratica il nome di San Bartolomeo in un più sintetico di *"San Bortolo mio"*. Eravamo alla fine del 1200, e si sa che quasi un secolo dopo la stessa famiglia provvide a rifare tutto perché gli edifici erano ormai cadenti e quasi in rovina.

Di là del canale, invece, sorgeva il complesso Monastico di San Domenico di Castello fondata nel 1317 per volere del **Doge Marino Zorzi** che per testamento ordinò di comprare un fondo per costruirvi un Convento per 12 Frati dell'Ordine dei Predicatori o Domenicani con annesso un Ospizio per raccogliere orfani abbandonati. Due anni dopo **Fra Tommaso Loredan**

Aiutamicristo Frate Domenicano dipendente dal Convento di San Zanipolo ossia dei Santi Giovanni e Paolo ne prese possesso, e vi rimase lì come Priore fino a quando morì di peste nel 1398.
Nel 1333 i Frati Domenicani del Convento divenuti ormai 40 acquistarono horti, una velma di terra dietro alla chiesa, una lunga serie di case abitate da Marangoni e da poveri operai dell'Arsenale, e interrarono un vicino canale. Il Senato della Serenissima da parte sua aggiunse in dono altri due lotti di terra per allargare ulteriormente il convento, e fu così che giunto il 1560, San Domenico divenne la sede dell'***Inquisizione di Venezia*** affidata ai Domenicani togliendola alla direzione dei Frati Francescani.
Il primo Inquisitore Domenicano fu **Fra Tommaso da Vicenza** e fu con lui che sul ponte che attraversava il Rio di Castello fra le due chiese di San Bartolomeo e San Domenico gli Inquisitori iniziarono a bruciare ogni 29 aprile tutti i libri proibiti raccolti in giro per Venezia durante l'anno.

In realtà furono i Frati Domenicani, sostenuti nella loro opera dalle quotidiane litanie di litigi e pettegolezzi delle donne **Terziarie Pizzocchere di San Domenico**, a iniziare le baruffe e le discussioni con i Frati Paolotti d'oltrecanale.
Tutto iniziò nel 1585, quando arrivarono i Minimi di San Francesco di Paola che andarono ad occupare il cadente Ospizio di San Bartolomeo lasciato libero di fronte a San Domenico chiedendo al Senato Serenissimo di poter costruire Chiesa e Convento.
I Domenicani, forse inviperiti perchè nel frattempo avevano fatto acquisti infelici di terreni vallivi, paludosi e boschivi, infruttuosi e malgovernati a ***Codopè di Tiezze in contrada Prata***, passati da un affittuario all'altro con continue usurpazioni, tanto che non si trovava nessuno che li volesse; videro l'arrivo dei Minimi Paolotti come fumo negli occhi. Infatti ricorsero immediatamente a Roma dichiarando e dimostrando che per Disposizione Apostolica nessuno poteva costruire e fondare nuove comunità a una distanza inferiore a 140 canne dal loro Convento. I Minimi erano presenti a sole 20 canne ... ossia c'era solo un ponte fra le due comunità ... perciò ... il Papa secondo loro doveva farli sgomberare al più presto.
Il Pontefice Sommo infastidito, dapprima non rispose neanche, ma siccome i Domenicani gli presentarono più di un ricorso, alla fine disse che un Rio

era più che sufficiente per dividere e tenere a debita distanza le due comunità.

Fu nel 1586 però, che un grosso scandalo coinvolse i Frati Domenicani Castellani: *"... nel mese di febbraio si fece una rappresentazione della Virtù e del Vizio dalli Padri di San Domenico di Castello con il concorso di tutta la città, dove Fra GiovanMaria da Brescia, mascherato da facchino, in scena sparlò in mala maniera della Religione, dicendo che ruberebbe il tabernacolo del Santissimo Sacramento al Papa et che lo scorticherebbe, et delli Senatori Veneti, con dire che metterebbe volentieri quegli delle vesti purpurate in galea al remo (essendo presenti infiniti Senadori), per il che fu cacciato fuori dalla scena e si formò processo contro di lui dal Nuntio di sua Santità et delli Signori Capi dei Dieci. Et di ordine del sudetto Nuntio Pontificio, fu affisso alle porte della chiesa di San Domenico un cedolone, et lo citava a comparire entro il termine di 2 giorni, il quale non comparve altrimenti, et fu detto et attribuito ciò alla pazzia che alle fiate regnava in quel Padre."*

Nonostante tutto, nel maggio 1724, quando in Contrada *"la Spezieria Al Basilisco" sopra la riva del Rio di Castello verso San Domenico era gestita da Angelo Giberti, e si trovava nella lista delle Speciarie di Sestiere presso le quali si trovano gli strumenti inservienti al ricupero de sommersi annegati",* un Frate Domenicano Inquisitore vissuto a Castello di Venezia presso il Convento di San Domenico divenne **Papa Benedetto XIII** dopo essere stato anche Vescovo di Benevento. Riconoscente, inviò come dono al Convento di San Domenico di Castello: 6 candelabri d'argento e una croce usata nella sua Cappella privata.

Giunto infine il tragico 1807, i 14 Frati Domenicani rimasti vennero concentrati ai Santi Giovanni e Paolo, s'inviò a Padova 13 casse con 2194 libri della biblioteca di San Domenico di Castello che possedeva 5.110 preziosi volumi, mentre si vendettero come scarti mediocri gli altri 2.916 libri rimanenti, e la **Ditta Fratelli Pigazzi** acquistò per lire 392 l'organo e le cantorie della chiesa insieme a quelli di diverse altre chiese soppresse *(Santi Vito e Modesto di Burano, San Marco e Andrea di Murano e San Maffio di Mazzorbo).*

Chiesa e Convento di San Domenico vennero prima trasformati in caserma per ospitare un Reggimento di Fanteria della Veneta Marina, poi tutto venne demolito per costruire i Pubblici Giardini per i Veneziani: *"Busti di Medici, Filosofi, Inquisitori, Vescovi, Monumenti Funebri di Dogi, Priori, Famiglie Nobili e Patriarchi e numerose iscrizioni che arricchivano il chiostro in numero superiore a 100 furono venduti a scalpellini soprattutto ad un certo Fadiga come materiale da costruzione ... 10 preziose reliquie disperse ... 11 altari in marmo, mirabili angeli di bronzo, e una ventina di dipinti dei soffitti e delle pareti andarono perduti ..."*

Tornando, invece e ancora, ai Frati Paolotti dell'altra parte del canale, costoro erano di stampo e si comportavano in maniera completamente diversa rispetto ai Padri Domenicani Predicatori e Inquisitori. I **Paolotti** provvidero nei secoli a numerosi abbellimenti e successive modifiche della loro chiesa creando un unico ambiente ricco di pitture e con un originale e bel Barco o Coro Pensile posto sopra tre cappelle per lato ... una cosa singolare e rara a Venezia.

Fra 1756 e 1761 il cronista **Gradenigo** scriveva nei suoi *"Notatori"* che: *"... li Padri Frati Minimi di San Francesco di Paola s'accingono al tramutare una terrazza nel loro chiostro contigua con l'infermeria, in loggia coperta con tre finestroni ... Poi riducono elegantemente l'ingresso del Convento o sia porteria, ornata di quadri rappresentanti li Prelati et Vescovi del suo Ordine incassati con ornamento de stucchi ... sempre intenti alla pietà, consueta del proprio Ordine, nonché all'abbellimento della loro frequentata chiesa in Venezia, prendono l'assunto di ridurre meglio decorosa la Cappella Maggiore, mediante moderno lavoro di stucchi, quadri e soffittato di non infelice pennello ossia di Michele Schiavoni autore ..."*

Circa negli stessi anni, l'organaro veneziano **Giovanni Antonio Placca** cercò di piazzare ai Frati un organo pomposo che aveva costruito per Zero Branco nel 1759, ma quelli lo rifiutarono trascinandolo in una lunghissima controversia, finchè si risolsero a chiamare il migliore organaro in circolazione, ossia **Gaetano Callido** e i suoi figli, che costruiscono per la chiesa *"un organo come si deve"* (opera 366) che venne collocato sulla parete sinistra della chiesa *"in cassa barocca"*.

Tanto per non cambiare, come era consuetudine per quasi tutte le chiese Veneziane, quella dei Paolotti ospitò oltre alle consuete **Compagnie di Devozione della Beata Vergine del Rosario** e di **Santa Maria Maddalena**, anche alcune Schole e Sovegni molto interessanti. Erano quelle degli **Schiavi di Santa Maria del Soldo delle Maestranze e degli Stampidori della Pubblica Zecha** che riuniva i 62 CapiMastri e i Lavoranti dediti a coniare moneta per la Serenissima e la **Shola di San Bartolomeo dei Remeri dell'Arsenale**.

Nel 1675 la **Schola dei Monetieri** che associava **Stampidori e Cuniadori, Ovrieri, Massari, Mendadori o Revisori tornitori che aggiustavano il peso delle monete, Sazadori, Rafinadori e Intagliadori** prestava denaro a persone indigenti *"... perché si potessero sostentare con la sua famiglia in queste santissime feste di Natale."* ... ma si dovettero anche revisionare i conti dell'Arte perché si scoprì che il Gastaldo rilasciava sussidi per malattia a piacimento e a malati dubbi, mentre lo Scrivano donava candele a chi voleva.

Gli Artieri dei **Remeri**, invece, producevano una grande quantità di remi e forcole in faggio, e preparavano anche timoni e pennoni per le famose Fuste e Galee del mitico Arsenale.

Essendo considerati maestranze pubbliche i Remeri dell'Arsenal non pagavano tasse, e la Giustizia Vecchia ordinò nel 1380: *"che nessun Remer delle 20 botteghe "de fuora" o "da dentro" o de l'Arsenal lavori dopo il suono della campana "marangona" dell'Ave Maria del sabato sera e tutta la domenica successiva, come pure nelle feste solemni comandate per lo Comun de Veniezia"*.

Nel 1461, la Schola stabilì che: *"... nella festa del Patrono tuti del mestier che sia in stà tera, debia venir al cancelo dell'altar a tuor el so pan et pagare la luminaria"* ... Nel 1480, invece, la Schola strinse accordi con il Capitolo dei Frati ottenendo *"un'arca subtu porticu"* per seppellire i propri Confratelli Remeri ... e nel 1539 dovette stipularne un altro per un posto *"dalla banda sinistra della cappella granda"* vicino all'altare del

Santissimo, perché la vecchia tomba sotto al portico era stata invasa dall'acqua alta.

A proposito di remi, Rematori e Vogadori: *"Durante lo stesso secolo, il Senato Serenissimo venne a sapere che gli Ufficiali della Flotta toglievano ai Rematori la legittima quota di bottino battendoli e ingiuriandoli per appropriarsene. Gli Avogadori da Comun allora, dopo aver ascoltato tutte le proteste dei Rematori, stabilirono che gli Ufficiali colpevoli venissero esclusi dal loro ed altro incarico per 5 anni e ripagassero quanto avevano sottratto ai Rematori con l'aggiunta di un 25% a favore degli Avogadori da Comun."* ... Nel 1597 la Schola spese 588 ducati per abbellire il suo Altare commissionando una pala, due quadri laterali, le finestre, e i due "doppieri grandi" per la chiesa. Secondo un inventario dell'epoca, la Schola dei Remeri possedeva: *"... un penelo (stendardo) dorato con un'impronta d'argento, un altro penòn de cendado con asta e fodera; due bandiere da trombetti; due bandiere de cendado zalo; e oltre a Mariegola Vecchia aveva anche una Mariegola Nova "fodrada de veludo blavo, varnida d'arzento", riposta in una custodia di cuoio."*

Poco dopo l'inizio del 1600 quando i Remeri attivi nell'Arsenale erano 120 e altri 20 lavoravano in cantieri privati, la Schola si autotassò per coprire le spese per il rifacimento dell'Altar Maggiore della chiesa che divenne di sua proprietà, tanto che anni dopo potè rivenderlo alla **Schola del Santissimo** per 1800 ducati.
Ancora nel 1773, secondo l'ormai straconosciuta statistica urbana: la Schola annoverava 244 iscritti fra Capimastri e Garzoni.

Di solito le cronache di Venezia riportano i tristi fatti della soppressione Napoleonica in maniera molto essenziale, fredda e sintetica, quasi distaccata e impotente. E' curioso costatare, invece, che nel caso dei 12 **Frati Paolotti** concentrati e trasferiti altrove si descrive una reazione singolare delle mille persone della Contrada che insistettero con Governo Francese perché non venissero allontanati i Frati: *"Il trasferimento dei Frati Paolotti ... piomba fatalmente sul cuore di questa Contrada; e lacrimanti il padre, il figlio e le mogli gemono squallidi e sconsolati ... Dediti fin dal 1585 al comun bene, anche di tutta la città ... da* *confessionari, pergami e dalle scientifiche cattedre e con l'assistenza indefessa a poveri infermi e moribondi ..."*

Ma non ci fu niente da fare ... La biblioteca dei Frati Paolotti venne depredata di un patrimonio di 1.726 libri fra cui 559 **"nobili testi"** che vennero spediti a Padova in 4 casse, gli scaffali venduti come legna da ardere, il Convento divenne caserma, e in seguito venne demolito e ricostruito come pubblica scuola d'educazione primaria: l'attuale **Scuola Elementare Gaspare Gozzi**, mentre la chiesa, nel 1852, venne eccezionalmente restituita ai riti pubblici e all'uso della Contrada nonostante fosse stata già prevista la sua demolizione.
La chiesa dei Paolotti si distingueva fra le altre perché: *"... oltre a predicare il Quaresimale come in altre 37 chiese di Venezia, lì si faceva discorso e si adorava il Santissimo in Riparazione dei danni del Carnevale mentre i tori impazzivano in Piazza San Marco, fin nel cortile del Palazzo Ducale, e nei Campi di San Polo e San Giacomo dell'Orio ..."*

In conclusione e a dire il vero, la storia Veneziana è un po' avara sulle vicende di quei **Frati Minori Paolotti** ... Proprio per questo mi piace ricordarli, soprattutto perché si sono distinti da quel vasto contesto di pollaio ecclesiastico e monacale con tanti galletti esagitati che popolavano il Sestiere di Castello.

"Si dice che durante il 1700 sul retro del Convento dei Frati Minimi Paolotti esistesse una breccia nel muro da dove nottetempo i discoli e i miseri della Contrada entrarono più volte per rubare galline, frutti e ortaglie dalla dispensa dei Frati. Si racconta anche che i Frati erano ben a conoscenza dei fatti, così come sapevano bene i nomi di quei ricorrenti "visitatori notturni", ma che "per Amor di Dio" lasciassero fare, e non riparassero mai quel buco disonesto.

"La fame è una brutta bestia !" dicevano *"Ma la Provvidenza non lo è."* aggiungevano.

A tal proposito, nella stessa Contrada c'era l'abitudine di dire a qualcuno: "Sei un Paolotto !" per affermare che era un sempliciotto, un po' tonterello e facilmente gabbabile ... Tuttavia dire "Paolotto" significava anche indicare persona semplice e da bene, generosa e caritatevole verso chi ne aveva bisogno, disposta a dare senza pretendere nulla in cambio."

Mi è piaciuta allora quella presenza semplice e discreta, povera d'apparenza, ma capace di ben figurare a favore della gente misera della Contrada.

Paolotti ... Brava gente, insomma ! ... Bravi i **Frati Paolotti** quindi.

***

_____Il post su Internet è stato scritto in origine come: "Una curiosità veneziana per volta." - n° 87, e pubblicato su Google nel gennaio 2016.

Doge, Politica e pettegolezzi di Palazzo

- Qualità politica a Venezia fra 1500 e 1600.
- Antiche notizie ... fra Venezia e Mestre.
- Due opinioni del 1400 sui Veneziani.

QUALITA' POLITICA A VENEZIA FRA 1500 E 1600

Nella sua storia illustre, Venezia ha alternato momenti di gloria e successo ad altri di decadente involuzione, fino a smarrirsi per sempre dentro alle nebbie distruttive di Napoleone all'inizio del 1800.

Sono accadute situazioni in cui la Serenissima era talmente pressata dagli eventi e dalla necessità di soldi per garantire il suo potere, che giunse a pensarle davvero tutte per autofinanziarsi e riuscire a *"galleggiare"* nella storia dei Grandi dell'Europa e del bacino del Mediterraneo.

La crisi e il declino di Venezia, coinvolsero innanzitutto le sue istituzioni, i suoi nobili patrizi e i suoi mercanti, che in fondo erano la stessa cosa. Quella forza motrice interna fu per secoli davvero potente, a volte perfino spietata, oltre che efficiente. E' stata però *"il trucco"* del successo di Venezia Serenissima, capace di spingerla in Ponente e Levante, sulle vie della Seta, dell'Incenso, delle Spezie e fino agli estremi confini del mondo conosciuto d'allora.

I Veneziani arrivarono perfino a percorrere l'Africa, giunsero dalle parti del Polo Nord, e chissà che cosa ne sapevano dell'America prima che venisse ufficialmente scoperta ?

A cavallo fra 1500 e tutto il 1600, quando l'oro importato dall'America destabilizzò il valore del denaro, cambiarono le rotte marine e dei commerci, e il Mediterraneo si riempì di pirati. I Mercanti veneziani finivano depredati e venduti come schiavi in Algeria, dove potevano essere liberati, o meglio: ricomprati a caro prezzo. Venezia si ritrovò inguaiata in una sfilza di guerre sia in Occidente che in Oriente, che la dissanguarono economicamente, oltre che farle perdere progressivamente i pezzi del suo sontuoso Dominio.

A farla breve, Venezia mise in vendita presso i suoi nobili più ricchi le sue cariche più prestigiose nel tentativo estremo di raccattare denaro per finanziarsi. C'era anche tutta una folla di nobili di categorie inferiori da mantenere, che vivevano dipendenti dalle casse e dai sussidi dello Stato, di cui divennero di fatto parassiti eleganti e pomposi ... ma soprattutto costosi. Ne derivarono situazioni grottesche e curiose.

8 milioni di ducati fruttò allo Stato Veneziano la vendita del titolo di nobiltà a nuove famiglie nobili. **100.000 ducati** era il prezzo da pagare al più presto per ciascuno.

I *"nuovi acquisti"* facevano a volte ridere, perché alcune delle 78 nuove famiglie passarono dall'umile lavoro della terra alla platea più alta immaginabile della gestione della Patria. C'erano sì prestigiosi **Segretari della Cancelleria Ducale** e ricchi **Mercanti**, ma c'era anche chi era avezzo fino a ieri a stare a Rialto a vendere salami e formaggi.

Qualcuno parlava in Gran Consiglio, come se stesse vendendo il pesce a delle buone massaie, mentre a qualcuno altro veniva ironicamente rimproverato d'essersi dimenticato di togliersi i manicotti da lavoro, o la traversa davanti, o di aver lasciato i buoi e l'aratro fuori della porta del Senato.

A volte, la situazione era davvero ilare.

Durante la guerra di Candia, la fame di soldi per finanziare le ostilità, fece ritrovare nella prestigiosissima Sala del **Maggior Consiglio**, 200 giovanissimi facoltosi Patrizi di 18 anni, che tramite l'esborso di 200 ducati ciascuno, erano stati abilitati a votare nel Maggior Consiglio, introducendo figli, nipoti e conoscenti. Erano quasi ragazzini, trasportati di peso dalla scuola al Consiglio, sconosciuti, senza pratica e conoscenze. Si trovarono a votare per le altissime cariche del Senato e del Consiglio dei Dieci, le cui mitiche funzioni in quei giorni andavano a scadenza.

I vecchi Senatori erano preoccupatissimi, costretti a fare in fretta di tutto per farsi considerare da quella truppa di sconsiderati, tutti desiderosi d'essere adulati e cercati. I Grandi Vecchi, austeri e autoritari, si ritrovarono costretti ad atteggiamenti più moderati, mettendo da parte quel loro contegno sussiegoso e inavvicinabile. Quella nuova gioventù, da parte sua, si sentì sopravalutata e si diede ad atteggiamenti libertini, senza remore e freni, che finirono per diventare vizi, piuttosto che virtù di governo.

Venezia perdeva letteralmente i pezzi di se stessa.

Si dice, che più di qualcuno di loro, non sapendo proprio per chi votare, buttasse a caso le *"balotte"* delle votazioni, senza neanche sapere e rendersi conto se era favorevole o dissenziente da qualcosa o qualcuno.

Gli antichi privilegi della vecchia classe Nobiliare e di Governo erano così tristemente tramontati, per non dire vilipesi.

Dopo quest'epoca, i Nobili Patrizi, insoddisfatti e privi di successi, decisero di mollare per sempre i commerci per terra e per mare, per dedicarsi alla più comoda vita da proprietari terrieri e fondiari nella più tranquilla Terraferma Veneta. Stavano così nascendo i presupposti per l'amena, pigra e talvolta disincantata e dissoluta vita di Villa del 1700, che avrebbe portato la vecchia Repubblica inerme e neutrale verso la sua triste e ingloriosa fine secolare.

(A ben pensare, per certi versi, alcuni nostri alti consessi di governo di oggi, non si discostano molto da quelle scene politiche di allora ... Corsi e ricorsi storici, non solo in Laguna.)

***

_____Il post su Internet è stato scritto in origine come: "Una curiosità veneziana per volta." - n° 27, e pubblicato nel giugno 2013.

ANTICHE NOTIZIE ... FRA VENEZIA e MESTRE

Piluccando le antiche notizie su Venezia e dintorni come un grappolo d'uva gustosa, emergono curiosità interessanti anche su Mestre, che si dice genericamente appartenesse all'inizio e in antico al **Conte di Treviso**.

Fin dal 1100 si ricorda che sotto al **Portico dei Penitenti di San Lorenzo di Mestre** si redigevano atti ufficiali civili e di commercio.

Dalla metà del 1150, e con numerose conferme Papali successive fino alla fine del 1200, il Vescovo di Treviso prese il posto come autorità costituita del Conte di Treviso. Fra i suoi possedimenti c'erano i territori del **Mestrino** col **Castello e Casa Episcopale, Porto, Corte** ed altre sue pertinenze, con la **Pieve di San Lorenzo di Mestre**, la **Pieve di San Gervasio di Carpenedo**, e quella ancora di **San Martino di Tessera o in Strata**, ossia l'attuale Campalto.

Dal 1173, si riconobbe anche il diritto del Vescovo di Treviso sui tutti i campi che vanno da **Chirignago** fino al fiume di Mestre, che gli furono contestati e contesi da **Almerico Buz** e i suoi vassalli fra 1178-1179.

In seguito il Vescovo Odorigo regalò ai Canonici di San Pietro dei beni collocati *"in suburbio Mestri"*, mentre il Capitolo di Treviso possedeva a Mestre terre edificate e non edificate, e 150 campi fra prativi e paludosi nel territorio di **Margaria** o forse **Magra-aria** ossia **Marghera**.

La prima descrizione di **San Lorenzo di Mestre** è del 1192, quando la si descriveva come: *"... chiesa-edificio non grando con portico esterno ..."*

E' certo, invece, che nel 1211 il Vescovo di Treviso aveva intera giurisdizione sul **Castello, Borgo e Villa di Mestre**, e percepiva il **Dazio della Muda** su tutto quello che andava e veniva da Venezia traslocando da barche e carretti, dando al suo Avogado il terzo dei bandi e delle misure che si riscuotevano.

Nel 1245, a San Lorenzo di Mestre non c'era più nessuno, non c'era neanche il Piovano per gli incendi di guerra che ardevano in tutta la zona di Mestre.

Dal 1280, lo Statuto di Treviso esigeva che a Mestre ci fosse un **Capitanio** con 12 guardie-custodi alle bocche o confini di **Fossòla, Bottenìgo e Marghera**.

Sette anni dopo, arrivò un ordine di espulsione per tutti gli Ebrei di Mestre per eccesso di traffici ed usure con pregiudizio dei dazi anche del pane, del legname e delle rape.

Dall'inizio del 1300 Venezia Serenissima cominciò ad affacciarsi anche in Terraferma. Prima gentilmente, difendendo un certo **Bonosio da Mestre Maniscalco**, che aveva trattato per Venezia alla Corte Papale, chiedendo che potesse godere anche a Mestre d'immunità.

Poi, dieci anni dopo, ancora con prudenza, la Repubblica di Venezia chiese scusa perché alcuni abitanti di **Piraga** avevano molestato dei cittadini di Mestre in territorio di Treviso. Ma nello stesso anno, la Serenissima iniziò a chiedere, come rivalsa, che il **Vescovo di Treviso e Riccardo Da Camino** dovessero guardarsi bene dal turbare alcun veneziano presente nei loro possedimenti.

Venezia è sempre stata la solita furbetta diplomatica … Nel 1313, diede a **Rambaldo di Collalto**, appena ascritto fra la Nobiltà Veneziana, il **Dazio del Pane e del Vino al Traghetto di Mestre**, dove anche si bandiva contro i contravventori, a patto che liberasse **Odorigo di Fossalta**. Due anni dopo, *"chiese cortesemente"*, ossia impose, alla famiglia dei **Tempesta** di rinunciare a tutte le loro ragioni e dazi su Mestre, ottenendo come risarcimento lire 5.000. Ai Tempesta convenne rinunciare al godimento dei dazi … cortesemente.

Nel settembre 1337, Venezia, per contrastare l'ascesa Scaligera, procedette alla conquista del territorio Trevigiano a partire da Mestre ed il Mestrino. Nell'occasione, divenuta padrona di Mestre, Venezia spostò l'antica ***Fiera di Santa Maria d'Agosto*** al giorno di ***San Michele***, come si celebra tutt'ora nel 2013.

Con l'arrivo di Venezia, crebbe il prestigio di ***Mestre e San Lorenzo nel Borgo***. Dal 1363, secondo lo Statuto universale della Diocesi, i Rettori delle chiese filiali di ***Zelarino, Trivignano, Orgnano, Spinea, Chirignago e Fossòla***, sotto pena di scomunica e multa di lire 50, dovevano presenziare nella ***Chiesa Matrice di Mestre*** per la benedizione del battistero il Sabato Santo e nei giorni degli scrutini, senza più officiare e battezzare nelle propria chiese periferiche.

Nel luglio 1378, si stravolse di nuovo il panorama della Terraferma: il ***Carrara***, forzando un passaggio a Marghera, invase, devastò e bruciò tutto il borgo di Mestre, riconquistato presto dai Veneziani.

Tornata la quiete, nel 1393: si redisse lo ***Statuto per l'elezione dei Massari di chiesa***, che dovevano essere rieletti il Giovedì Santo assieme a 5 Sindaci rappresentanti dei cinque corpi della gente di Mestre, ossia: ***cittadini, negozianti, villici, barcaioli, pescatori,*** che pretendevano lo Jus o diritto di eleggere il proprio pievano di San Lorenzo. In quegli stessi anni, il Comune di Mestre provvedeva al materiale per la chiesa di San Lorenzo e per le opere di bene, vendendo al miglior offerente le legne dei boschi vicini a Mestre. Il ricavato si metteva in una cassa con 2 chiavi: una tenuta dal Podestà e l'altra dal Comune di Mestre.

Il 1400 fu un ***"secolo tranquillo"***. Si ricorda solo che a inizio secolo passò per Mestre la nipote del ***Re di Francia*** per andare a sposare il ***Re d'Ungheria***, mentre negli ultimi anni del secolo, si ricorda che a Mestre si tenevano varie risse furibonde a sangue. In un'occasione il reo fu multato e costretto a pagare medicine e unguenti per guarire l'avversario.

Nel 1500 la cronaca è ricca, invece, di molte notizie curiose, oltre a quelle più importanti. I ***Piovani di Mestre*** non rispettavano la consueta residenza in parrocchia legata al titolo, a loro interessavano soprattutto i soldi del Beneficio ossia la carica col corrispettivo economico. L'***Arciprete Bartolomeo Trevisan***, Piovano di San Lorenzo, venne eletto vescovo di

Belluno, e voleva perciò far passare il beneficio di Mestre come titolo ereditario di famiglia, riunendo in un'unica porzione le due parti del piovanato. Ci furono allora delle lagnanze da parte della **gente di Mestre** col **Vice-Pievano** perché non venivano più chiamati i Preti delle chiese suddite a celebrare la Messa nella Pieve di San Lorenzo.

Insomma non si vedeva più il Piovano presente e residente nella parrocchia, che si lasciava funzionare un po' da se, secondo regole automatiche antiche ... al Piovano titolare interessavano solo i denari e le riscossioni.

Da *"longeva consuetudine"* si doveva pagare *"mercè"* per i Funerali, e la dote della Scuola del Santissimo assommava a 600 ducati investiti al 6% + 100 ducati contanti in cassa. Sempre la **Schola**, che riuniva diversi devoti mestrini, organizzava una bella processione frequentatissima ogni seconda domenica di ogni mese e un triduo a fine Carnevale. L'associazione devota aveva messo su una sua propria campana, e pagava un Cappellano-Sacrista obbligato a celebrare Messa 4 volte alla settimana, percependo *"1 Mocenigo"* da ciascun Confratello iscritto e presente.

Il Cappellano era un po' fragilino, perché in quell'anno per non patire il sole si asteneva di andare *"alla cerca per i poveri"* in giro per Mestre ... al Piovano, invece, pur non essendo presente, interessavano di certo *"i frutti della Cerca"*.

Nel settembre-ottobre 1513: altra batosta. Nuovo saccheggio ed incendio di tutta Mestre e Marghera da parte degli **Imperiali** e degli **Spagnoli del Vicerè di Napoli**.

I soldati furono *"generosamente"* ospitati e alloggiati nelle case fuori e dentro alle mura, il Vicerè spagnolo in persona trovò ospitalità presso l'**Osteria della Corona**, ed altri soldati Tedeschi e Spagnoli si sistemarono nel **Palazzo del Podestà**.

Di tutta Mestre sopravvisse a pesantissimo saccheggio solo l'**Osteria**, la **Chiesa** e la **casa di Sanudo**, il cronista Veneziano di quei fatti.

Trascorsero altri quindici anni, e **Monsignor Salomon Sub Collettore della Decima** imposta dal Papa sui frutti dei Benefici del Dominio Veneto da pagarsi al Signor Doge, scomunicò i due Rettori di San Lorenzo per insolvenza dei pagamenti.

Nel 1535: era organista di San Lorenzo un certo **Fra Basilio Carmelitano**, mentre l'Arciprete assente pagava un altro Prete che lo sostituiva spartendosi a metà il *"quartese"* di **Brendole, Perlàn e Peraghetta**.

Nel 1552: siccome a San Lorenzo *"se batezava creature de un anno e più"*, si diede ordine di conferire il Battesimo entro un mese dalla nascita.

San Lorenzo fu la prima chiesa visitata in occasione della Visita Pastorale di **Monsignor Verdura**, e si procedette contro i 3 Preti titolari non residenti, che risultavano assenti ... Insomma erano un po' *"discoli"* i Preti di Mestre Centro.

Ancora nel 1573: fu biasimato per l'assenza l'**Arciprete** con pena di scomunica, perché si presentava nella chiesa se non 2-3 volte l'anno in tutto: *"... Viveva a Venezia, nel Sestiere di Cannaregio dove se ne stava a giocare con gentiluomini suoi pari ..."* Inoltre dalla relazione sulla Visita alla Parrocchia di San Lorenzo, risultò l'usanza strana in zona, che tutti i parenti davano la benedizione al cadavere del morto, mentre i bambini potevano essere baciati anche dai non parenti. Dentro alla chiesa, la cella vinaria era soggetta a inondazione, infinite immondizie giacevano sul sagrato antistante l'edificio, la Sacrestia era in disordine, e soprattutto il pasto offerto nella domenica in Albis era diventato occasione di dissolutezze, disordini e baldorie piene di soprusi.

L'antica **Scuola dei Battuti di Santa Maria**, che organizzava quell'evento fu interdetta ufficialmente dalle sue opere per ben venti anni. Alla nuova autorizzazione di riunirsi, sostituì il pranzo annuale della Domenica degli Apostoli, dove accadevano i comportamenti contrari al buon costume, liti e sprechi, con doti di 8 ducati ciascuna per maritare 5 ragazze, figlie e orfane di Confratelli. Inoltre, la Scuola commissionò al **Tintoretto** la pala dell'Altar Maggiore con rappresentati i **Confratelli dei Battuti**.

Si ordinò anche di demolire un altare dedicato a **San Trifone**, posto dietro l'organo, di cui la famiglia di **Ettore Scala** s'era fatta tomba privata. Nell'occasione, si fece anche un decreto sull'uso delle cere durante i Funerali.

A metà secolo i Preti del Territorio di Mestre si riunirono in una specie d'associazione culturale-spirituale. Si istituì la *"Congregazione del Clero della Sapienza di Mestre"*, a cui prendevano parte i **Rettori di Mestre, Martellago, Carpenedo, Marcon e Gajo, Zelarino, Maerne, Cappella, Peseglia, Trevignano, Zerman, Favaro, Meolo, Dese, Zero, il Mansionario di Maerne e il Priore del Convento di San Girolamo di Mestre.** Ma già nel 1597 i Parroci riferirono che a loro non piaceva congregarsi fino a Mestre.

La cronaca racconta che nel 1579 si teneva a Mestre il consueto mercato del venerdì, anche se ricorreva una festa di precetto, e che i Preti non avevano capito la lezione, perché ancora nel 1584, solo il Presbitero e un Vice-Piovano risiedano a Mestre, mentre nel 1596 si segnala che ufficiali e laici litigarono perfino dentro alla chiesa matrice di San Lorenzo di Mestre.

E siamo al 1600.

Nel 1603 il Vescovo di Treviso aveva ceduto il diritto del **Dazio della Muda** al Piovano di Mestre *"... in cambio di una tassa annua di lire 30, oltre le colte e le zonte dovute al Principe ..."* Visitando la chiesa di San Lorenzo, l'altare del Santissimo era distinto dal Maggiore, ma era malprovveduto e sporco. Non si frequentava la Dottrina Cristiana, e l'oste *"All'insegna della Campana"* disse che la colpa non era dei Preti ma dei genitori. In chiesa, i Preti riscuotevano offerte, ossia *"incerti"*, per l'**Adorazione della Croce**, per la **Benedizione delle uova**, e per la **Commemorazione dei Morti**. Il Vescovo dovette creare una tabella per far celebrare ai Preti in disaccordo fra loro le **Messe Basse o lette o piane** meno redditizie e le **Messe Cantate** molto più remunerative, lunghe, solenni e complesse. Per cui al Piovano toccò di cantare quelle delle Feste Mobili, e al Presbitero quelle della Beata Vergine.

Nel frattempo, i redditi della Scuola dei Battuti erano di 300 staia di frumento, denaro contante, affitti, 14 botti vino e 200 ducati annui con i quali si manteneva l'*Ospedale di Mestre* e si facevano elemosine ed altri sussidi. Ma s'incontrarono troppi debiti per le troppe dispense, le donazioni fatte, e la costruzione di un nuovo altare.

I *Tedeschi* che abitavano a Mestre avevano il loro Prete al Rialto di Venezia e 10 *Giudei* tenevano ancora un Banco di prestiti e commerci.

Nell'ottobre 1611: altra visita del Vescovo di Treviso, stavolta accompagnato da **Monsignor Domenico Vignari Domenicano di Ravenna Inquisitore della Repubblica di Venezia,** e da **Monsignor Gregorio Carmelitano Veneto.**

La visita del particolare terzetto prometteva *"dolori per tutti"* ... Infatti così accadde, i tre rispettarono le aspettative e le attese e controllarono e sistemarono tutto e tutti.

Nel 1630: in occasione della peste si separò Mestre dagli altri villaggi con dei restrelli, ed era di pubblico dominio che nelle barche e nelle Osterie di Mestre era frequentissima la bestemmia. Ripiombò quindi puntuale il Vescovo in Visita con il suo temibile seguito. Nella relazione, fra le altre cose, notò che il pavimento della chiesa era ineguale, la cassa della Fabbriceria che gestiva la chiesa era dilapidata, era rimasto un unico calice in comune, serviva un battistero nuovo e un cippo con la croce sul sagrato. L'organo era rotto e l'organista era senza salario, si celebravano solo 3 Messe d'obbligo nelle domeniche e feste, e il Sacrista esigeva 1 ducato per ogni volta che levava le pietre tombali per seppellire qualcuno ... ossia un tantino troppo.

Al di là di tutto questo, nel 1642, Mestre fu definita: *"Oppidum"*, e nel 1685, intorno a San Lorenzo ruotavano ben 12 Preti. Il **Presbitero-Arciprete** faceva il Vescovo a Belluno, perciò continuava ad affittare la carica a un sostituto per 60 ducati. Il titolo di **Diacono** era affidato al **Procuratore del Seminario Ducale di San Marco,** che ovviamente se ne stava ad abitare a Venezia. Il beneficio invece di **Suddiacono** valeva, invece, 60 ducati, e se lo godeva un putto piccolo che pagava 10 ducati a un Prete che officiava al posto suo. I Preti *"facevano bozzolo canariòlo",* ossia chiacchieravano dei fatti loro nel tempo della Messa Solenne, non si opponevano tovaglie ai comunicanti e non c'era ordine nella Messa nei giorni feriali.

E ora tocca al 1700.

All'inizio secolo, il **Vescovo Bottari** fece riordinare la chiesa e rinnovare l'organo. Nel 1721 oltre l'Arciprete esistevano 3 cariche con residenza, 3 Cappellani e 4 Mansionari di Scuole laiche. Più tardi s'ingannò il **Vescovo Zacco** litigando con la Signoria per la collazione del titolo Diaconale con relativo beneficio di soldi.

E ora una chicca tipicamente veneziana: nel 1725, si diceva *"... che all'Osteria dell'Angelo fino al ponte fosse già sotto giurisdizione di San Geremia di Venezia ..."* Ossia Venezia e la Nobiltà vera finivano comprendendo il bordo iniziale della Terraferma, poi era *"...tutta campagna e campagnoli senza valore"*.

Ovviamente questa *"sparata"* causava dissapori e baruffe furibonde. Si decise allora, che fosse tutto sotto Mestre *"in spiritualibus"* fino alla **Palata di San Giuliano**, insieme alla casa dove alloggiavano gli Ufficiali di barca.

All'ennesima Visita del Vescovo, si trovò che in chiesa a San Lorenzo c'era un po' di confusione, non si sapeva bene quante volte ripetere la comunione a Pasqua, per cui non si sapeva chi trasgrediva il precetto peccando, e chi no. Per *"...far di ogni necessità virtù..."*, se mancavano discendenti ed eredi delle sepolture si pulivano le tombe delle ceneri cacciando i vecchi padroni e vi si ponevano morti nuovi, in grado di *"pagare l'affitto"*. In chiesa l'altare dei **Nobili Croce** *(estinti con Antonio Croce già nel 1637)* era indecente e di materia combustibile, ma persisteva la *"Cappella con Mansionaria"* intitolata anche a San Gaetano. Talvolta in chiesa venivano Preti *"... con vesti brevi e cappello con la scusa delle vie fangose ..."*, né si suonava più la campana del mezzogiorno.

Nel 1742 si finì col litigare con **Oriago** per il confine di Mestre, che si trovava a **Ca' Priuli** situato alla fine del Dogado ... Dieci anni dopo, invece, **Paolo Giustiniani** fece la sua prima Visita come Vescovo di Treviso. Riscuoteva ancora lire 600 della Muda dal Pievano di Mestre, *(avendo affermato il*

Consiglio dei Dieci essere questo privilegio e credito episcopale era irrinunciabile e dovuto) Si scandalizzò per la presenza di molta immondezza nel Cimitero di San Lorenzo, e *"… fu preso da deliquio e svenimento in chiesa, avendo dormito poco la notte …"*

Dal 1779 al 1805 si ricostruì la chiesa su progetto del **Maccaruzzi** allievo di **Massari**, abbattendo la vecchia chiesa, sempre per ordine del Vescovo Paolo Giustiniani, che la definì Collegiata predicando ai 29 Preti presenti. Tuttavia, vi trovò *"… un popolo dissenziente e una chiesa in malo stato materiale…"*

Diede perciò ordine di ricostruirla dalle fondamenta, e promulgò anche indulgenze speciali per tutti coloro che avessero concorso con offerte per la riedificazione.

Nel frattempo **Pio VI** alloggiò a Mestre nel palazzo degli **Erizzo** e nel 1792 si demolì la vecchia chiesa.

Infine, nel 1830 in ottobre, si consacrò da parte del **Vescovo Soldati** la nuova chiesa di San Lorenzo, già ricostruita ormai da un bel pezzo, nonostante si temessero pericoli di crollo della facciata per l'eccessivo passaggio sulla via anteriore davanti alla chiesa *"… delle troppo veloci carrozze …"*

I tempi erano davvero cambiati …

***

_____*Il post su Internet è stato scritto in origine come: "Una curiosità veneziana per volta." - n° 34, e pubblicato su Google nel luglio 2013.*

DUE OPINIONI DEL 1500 SUI VENEZIANI

Sbirciando un poco dentro alla foresta intricatissima degli studi e degli infiniti scritti e saggi esistenti su Venezia, la sua Storia, gli eventi e i suoi personaggi ... una vera e propria Amazzonia ... capita a volte d'incontrare aneddoti e note davvero curiosi. Stavolta ne ho colte un paio che mi sono sembrate interessanti perché sono due opinioni, due osservazioni sui Veneziani di un tempo pronunciate non in maniera interessata o diplomatica, ma forse indiretta, magari spontanea, quindi prive di cercare e ottenere un loro utile effetto.

La prima frase è del settembre 1510, ed è stata recuperata dai Veneziani catturando un **Commissario-messaggero Pontificio** che si stava recando dal Papa durante la guerra di Venezia contro gli Imperiali sotto alle mura di Verona. All'epoca, tanto per cambiare, il Pontefice di Roma era *"nemico"* e combatteva fieramente la Serenissima ... anche se continuava paternamente a benedirla di rimbalzo.

Si tratta dell'impressione scritta provata sul campo vedendo i Veneziani in azione *(soprattutto i Cavalieri, i Nobili, i Comandanti ... ma sempre Veneziani erano.)*: *"... **Laudo quegli zentilhomeni Veneti, quali de dì e de notte tra le artillarie, stanno a sollecitar zente d'arme, fantarie, stratioti, turchi, vituarie ... Mai l'avria creduto ... Li Provedatori mai non dormeno, fanno un pasto tra il dì e la notte, hanno nature diaboliche che mai si consumano ...**"*

La seconda opinione sui Veneziani proviene, invece, direttamente dalla bocca del **Papa Pio II°** in persona. Era ... imbufalito e arrabbiatissimo contro i Lagunari per la *"loro maniera"* d'intendere la politica, l'economia, la vita e la Storia. E sapete com'è ... quando si è inviperiti non si misurano molto le parole e si finisce per dire senza remore ciò che si pensa veramente: *"... **Vogliono apparire Cristiani di fronte al mondo mentre in realtà non pensano mai a Dio e, ad eccezione dello Stato, che considerano una divinità, essi non hanno nulla di Sacro né di Santo ... Per un Veneziano è*** *giusto ciò che è buono per lo Stato, è pio ciò che accresce l'impero ... Misurano l'onore in base ai decreti del Senato..."*

Incazzatino in Papa ! ... Anche se verrebbe da dire: *"Da che pulpito provengono quelle parole ! ... la sua maniera in fondo era la stessa."* Ma lasciamo perdere ... la Storia non si cambia, e queste sono solo due opinioni, forse un po' *"rubate"* e isolate da tutto il resto di un contesto molto più ampio.

Se l'equilibrio sta comunque e sempre in mezzo ... i Veneziani di quel secolo dovevano essere perlomeno un compromesso fra quelle due opinioni catturate di *"straforo"* e probabilmente mai pronunciabili in pubblico. Venezia Serenissima doveva essere un miscuglio equilibrato di potenza, crudezza, opportunismo, spietatezza, determinazione e ... forse benevola tenerezza.

Dico questo, e finisco, perché intenerisce leggere di un altro Veneziano raccontato dal solito **Diarista Marin Sanudo**: il **Provveditore di Campo della Valtellina Giorgio Corner** imprigionato, rinchiuso e torturato per sette anni dai **Visconti Milanesi nei Forni di Monza**. Quello non solo tacque e non rivelò i segreti di stato della Serenissima, ma sopravvisse fino a tornare libero a Venezia nell'ottobre 1439: *"... fu mandato in una burchiella lungo il Po, con la barba fino alla cintura, con una veste trista e amalato, dalla quale infirmità adì 4 decembre el morite ..."*

L'intera Signoria guidata dal Doge lo accompagnò al sepolcro fra due ali affollate di Veneziani ... Venezia e la sua storia quindi non si smentiscono mai.

***

_____Il post su Internet è stato scritto in origine come: *"Una curiosità veneziana per volta."* - n° 72, e pubblicato su Google nell'aprile 2015.

Feste e Tradizioni di Venezia Serenissima

- *Che c'è sotto allo zatteròn segreto della chiesa della Salute ?*
- *Faville a Levante o a Ponente ?*
- *Fra baloni e foghi ... torna el Redentor.*
- *San Marco in bòcolo.*
- *La Festa della Sensa e lo Sposalizio del Mare.*

CHE C'E' SOTTO ALLO ZATTERON SEGRETO DEI PALI DELLA CHIESA DELLA SALUTE ?

Entrata impossibile ! ... *"Uscita del magazzino delle candele che va in strada"* recitava l'etichetta sulla vecchia chiave grossa come un pugno.

Mah ! ... Mi ha sempre lasciato perplesso quella denominazione che voleva essere di spiegazione.

Ovvio che quella scaletta in pietra per scendere lì sotto dentro a quell'unico bugigattolo fosse eccessiva. Come poteva essere che si fosse costruito un passaggio del genere solo per scendere dentro a un asfittico piccolissimo magazzino dal soffitto bassissimo e con le pareti rivestite di legno ? Uno squallore inutile ... e ci avevano costruito perfino una scala a chiocciola per raggiungerlo !

No. Non poteva essere ... Quindi, un bel giorno mi sono messo d'impegno e ho cominciato a osservare attentamente anche quel posto.

Tanto più che mille volte i turisti mi erano venuti a chiedere: *"Da che parte si scende nella cripta ? ... Come non c'è una cripta di sotto ? ... Com'è possibile dentro a una chiesa così sopraelevata ?"*

Eppure era così: niente cripta sotto. Non c'era, non esisteva, anzi, non esiste ufficialmente, tanto che perfino gli ultimi restauri moderni del pavimento hanno rilevato con l'ecografo la completa assenza di cavità aperte di sotto.

"Niente ! Solo pali quindi ... Il famoso zatterone di pali costruito per far da fondamenta alla Basilica."

"Un milione di pali ?"

"No. Troppi ! ... Credo fossero centomila ... Un bosco intero in ogni caso."

Eppure ... qualcosa non tornava, tanto che un giorno un turista passò per la chiesa con un vecchio testo in inglese dove c'era inserita anche una mappa della chiesa con segnato l'accesso alla famosa cripta.

Quel giorno sbalordii osservando il punto preciso che m'indicava il turista con gli occhiali issati sopra i capelli. Era anche scocciato a dire il vero, pareva che mi dicesse:

"Ecco i soliti Italiani ... Quelli che hanno carenza di personale e organizzazione, perciò non ti lasciano visitare le cose giuste ... Preferiscono dire perfino che non esiste il posto piuttosto di ammettere la loro inefficienza."

Infatti, il turista mi osservava in un modo canzonatorio oltre che interrogativo, quasi di scherno. Pareva mi dicesse: *"Ma che stai a cianciare? ... Non vedi ? E' segnato chiaramente qui sulla mappa da dove si dovrebbe entrare. Non fare il finto tonto ! ... Chi credi d'imbrogliare e prendere per il culo ?"*

E più mi mostrava il punto sulla cartina, più avrei voluto capire esattamente dov'era collocata quell'entrata secondo me inesistente. Avrei tanto voluto avere in quel momento a portata di mano uno scanner o un fotocopiatore ... Ma ahimè ! ... In quegli anni si dovevano ancora inventare e commercializzare. Peccato !

L'unica cosa che mi riuscì, dopo aver inutilmente spiegato al turista che la mappa era sbagliata, fu quella d'imprimermi nella mente quel punto esatto che risultava segnato. E la cosa finì lì, perché a malincuore dovetti confermare al turista curioso che non c'era alcuna cripta da vedere, e che se ci fosse stata in ogni caso sarei stato impossibilitato di fargliela visitare.

"Italiani ..." mormorò con un tono di evidente disprezzo uscendo dalla Sacrestia. *"Veneziani ... Veneziani ..."* aggiunse accentuando il senso di spregio ... Mancava solo che sputasse per terra per sottolinearlo ancora di più. E scomparve per sempre, mai più visto in vita mia.

Mi rimase però la curiosità, e fu come se mi si fosse innestato un pungolo dentro al cervello.

"Che potesse esistere per davvero quella cripta ? ... O era stata solo una disattenzione di chi aveva redatto quella mappa ?" Il dubbio iniziò a insinuarsi e a rodermi dentro.

Durante la chiusura di metà giornata, incontrai come al solito nel refettorio del Seminario un vecchio Prete studioso e ricercatore incallito, tanto umile e discosto quanto profondo conoscitore di tutte le *"cose di Venezia"*.

"Se non sa lui queste cose ?" mi dissi, *"Proverò a interrogarlo. Ha scritto un'infinità di saggi e guide storico-artistiche sulle chiese di Venezia ... Se c'è la pur minima cripta lì sotto lui lo saprà di certo."*

Fra le altre cose era anche autore di più edizioni riviste e rinnovate di guide sulla stessa famosa Basilica Veneziana della Salute. Le conoscevo bene tutte perché le avevo lette e rilette in più di un'occasione: della cripta neanche una parola.

"Boh ?" pensai, *"Proviamo a interrogarlo lo stesso."* mi dissi, e dopo aver esaurito il pasto dal *"comune desco"* andai a sedermi accanto a lui che aveva ancora il tovagliolo candido infilato dentro al colletto del suo vestitone nero da Prete dai mille bottoni, e gli girai la mia bella domanda.

Mi guardò sorridendo divertito: *"Ancora con questa storia della cripta ? ... Ma basta ! ... Possibile che non si riesca a rassegnarsi al fatto che non c'è ? ... Ti garantisco che non è mai esistita ... Ho studiato a lungo e in profondità tutti i progetti, le mappe e i disegni, ogni dettaglio, e tutti i resoconti dei lavori e delle spese per costruire la chiesa ... Sulla cripta neanche un accenno ... Nemmeno uno: quindi non c'è !"*

"Ma in quel zatterone di alberi e pali ... Non potrebbe essere che ?"

"Niente ... Se ti dico niente ... significa che è niente. Inutile insistere ... Ci si può inventare quel che si vuole ... Ma se una cosa non c'è non c'è ... Giusto?"

Sembrava chiedesse a me la conferma di quell'affermazione. Provai allora a raccontargli della mappa e della vecchia guida che mi aveva mostrato il turista. Spalancò un attimo gli occhi per la sorpresa ... poi si accontentò di dirmi: *"Mah ! ... Sarà un errore dell'autore della cartina ... In ogni caso mi piacerebbe vedere quel testo ... Non mi risulta esista una mappa simile."*

Mi sembrò incerto per un attimo, diventato dubbioso anche lui. Gli spiegai allora che la cosa era impossibile da realizzare perché quel turista se n'era andato probabilmente per sempre senza la possibilità di recuperarlo.

"Curiosa però la cosa … Mi sorprende il fatto che hai detto che quel tale aveva in mano un libro antico … E' stato così vero ?" continuò a chiedermi. Significava allora che l'argomento lo incuriosiva.

"Sì. In effetti aveva in mano un testo molto vecchio dalle pagine ingiallite … Era un tomo grosso … simile a quelli del 1700 del "Navigar Pittoresco" o cose simili …"

"Mi stai incuriosendo ragazzo … Anche se rimango fermo nella mia opinione … Niente cripta !"

"Però non si sa mai vero ?"

"Esattamente no. Bisogna essere seri nelle ricerche … Non ci si possono inventare i dati storici se non ci sono … Anche se …"

"Anche se fra di voi studiosi c'è l'abitudine che per primeggiare l'uno sull'altro vi inventate attribuzioni, notizie e scoperte anche se non ci sono … Per prendervi il plauso e il merito della scoperta e rivaleggiare fra voi…"

"Questo non lo devi dire giovanotto … Sono cose che si devono solo pensare … Anche se in fondo hai ragione … E' proprio così … Non si fa gran bella figura quando in un saggio, in una conferenza o in uno scritto si dice: "Autore ignoto, d'incerta attribuzione … oppure vicende oscure, date non determinate …" Si fa una figuraccia, come di quello che non ha cercato bene e non ha grattato la storia fino in fondo e abbastanza … O taci e non dici niente e lasci tutto nel vago e nello sconosciuto, oppure devi dare titoli e notizie certe, chiare, definitive, che non lascino dubbi e incertezze."

"E' per questo che l'altro giorno mi hanno raccontato che l'hanno vista salire col tonacone su per una vecchia scala traballante nella chiesa di San Marcuola, e poi sopra a un confessionale per andare, torcia in mano, a scrutare palmo dopo palmo ogni singola parte di un vecchio telero

affumicato a caccia della firma del suo autore ... Fate a gara a chi arriva prima sulle scoperte curiose ?"

"E' così che si fa ... Se non si trovano notizie, bisogna andarsele a cercare ... Non inventarle ! ... Bisogna ingegnarsi per poterle trovare ... L'altro giorno sono tornato qui a casa con la veste talare tutta bianca di polvere e con le ragnatele in testa ... e per la smania di avvicinarmi più che potevo al quadro, guarda qui !" e mi mostrò un dito gonfio tutto fasciato della mano destra. *"Mi sono infilato un vecchio chiodo arrugginito dentro alla mano, e il dottore mi ha punturato oltre che darmi un punto sopra un labbro di carne che si è aperto ... Vedi il prezzo della cultura ?"*

"Mi dispiace per lei ... Ma vedrà che passerà presto e potrà tornare a dedicarsi alle sue scoperte e scorribande ... Quindi niente cripta della Salute allora ?"

"No. Non c'è ... Inutile arrovellarsi tanto ... Se non c'è non c'è ! ... No ?"

Fu quel *"no"* di nuovo interrogativo che non mi appagò del tutto, perché indirettamente rivelava un dubbio, una certa vaga possibilità che invece potesse esistere una possibilità diversa. Il Prete ricercatore era sempre categorico nelle sue informazioni e definizioni, come quando c'insegnava le regole del Greco e del Latino a scuola, se quindi ammetteva pur vagamente un'incertezza e un dubbio ... significava che non escludeva del tutto che potesse esserci qualcosa.

Si sa bene ... Venezia è un formicaio immenso, una miniera d'Arte, Storia e vicende, dati e notizie che non si riuscirà mai a conoscere e districare del tutto. Non esisterà mai qualcuno in grado di saperne abbastanza tanto da poter dire di conoscere tutto e aver esaurito lo scibile su Venezia.

"In ogni caso, sai bene com'è ... Venezia rimarrà sempre un grande mistero sempre da scoprire e studiare ..."

Concluse, infatti, la nostra chiacchierata il Prete studioso, e si accinse di nuovo a saggiare e spolpare per benino il suo cosciotto secco e asciutto che gli danzava nel piatto.

Me ne uscii di nuovo per gli affari miei, e dopo la pausa rientrai nella Basilica per la riapertura pomeridiana. Ovvio che mi era rimasto in mente quel pensiero ... Infatti, strada facendo, indirizzandomi verso il grande portone centrale della chiesa per aprirlo ai turisti, andai a soffermarmi e controllare un attimo quel punto ipotetico della cripta che ricordavo segnato sulla cartina di quel vecchio libro del turista.

Scesi i gradini della navata piccola del chiesone, e aggirato sul fianco destro la grande navata circolare, contai mentalmente la progressione degli altari laterali fino a giungere al terzo, che era quello segnato nella mappa del turista.

"Qui dentro secondo quella mappa ci dovrebbe essere l'entrata, il passaggio che porta di sotto alla cripta." Mi dissi soffermandomi davanti al cancelletto d'ottone chiuso dell'altare. *"Verrò a controllare presto."* mi confermai, e mi rivolsi in fretta verso il grande portone centrale dove sentivo i turisti bussare e chiacchierare in attesa dell'apertura.

Il campanone di San Marco al di là del Bacino e del Canal Grande aveva, infatti, appena segnato e suonato le tre del pomeriggio: era ora d'aprire. E così ho fatto.

Per tutto il pomeriggio accadde il solito andirivieni di una qualsiasi giornata estiva: fiumane di turisti di ogni lingua, razza e provenienza si alternavano e susseguivano ad ondate per visitare la chiesa. I più intraprendenti e informati si spingevano oltre fino a raggiungere l'Altar Maggiore con la grande icona Nera della **"Madonna Salvapeste"**, e chiedendo e pagando biglietto s'infilavano a visitare la Sacrestia piena d'opere mirabili di **Tiziano e Tintoretto** e altri. L'ennesimo angolo-tesoretto di Venezia da sbirciare, un'altra bomboniera di prestigio da gustare.

Me ne sono rimasto quindi lì tutto il pomeriggio noiosissimo a lasciar scorrere le ore insieme a quella fiumana di persone, ma ogni tanto mi tornava alla mente quel pensiero della cripta da cercare. Durante i saltuari giri di controllo e d'ispezione della chiesa, ogni volta tornavo a passare davanti a quell'Altare e mi soffermavo a scrutarlo nei dettagli sempre più attentamente.

Niente. Non c'era niente di particolare che inducesse a riconoscere qualche strano passaggio mai visto. Anzi, non c'era proprio un bel niente, si trattava di un Altare laterale in tutto simile agli altri con nessuna stranezza notabile.

"Salvo che ..." mi dissi durante l'ennesimo giro, *"Salvo che dietro a quelle due porticine laterali chiuse ci possa essere qualcosa."* Infatti, come tutti gli altri altari laterali della chiesa sotto alla grande Cupola del Longhena, c'erano due *"passaggi"* che permettevano di mettere in comunicazione gli altari fra loro fino e rientrare nella Sacrestia attraverso l'ultimo che aggirava passando dentro i muri tutta la navata piccola. In effetti era un *"passaggio"* anche quello ... Ma non era niente di che, si trattava solo di un normale accesso di servizio e collegamento. Non c'era nulla di speciale ... almeno in apparenza.

"In apparenza ..." mi ripetei pensando.

Finchè giunse l'ora della chiusura serale della chiesa. Essendo estate, spinti fuori gli ultimi turisti reticenti ad andarsene, chiusi il portone dalle mille chiavi e catenacci, e mi ritrovai davanti la chiesa deserta immersa nella luce vivissima della sera.

"A noi due adesso !" dissi a me stesso e a nessuno. E mi diressi dritto dritto all'altare laterale con l'intenzione di ispezionarlo a fondo, soprattutto dentro a quelle due porte laterali chiuse chissà da quanto tempo.

A quel tempo ero arzillo e saltavo come un grillo, e non mi fu difficile superare d'un balzo la balaustra dell'altare laterale senza aprire il cancelletto chiuso. Feci un po' come l'ometto della pubblicità dell'olio: *"Ops !"* ... e con un balzo atletico superai la balaustrata di marmo ritrovandomi ai piedi dell'altare con le due porte chiuse parte per parte.

"Cominciamo da questa di destra! ... L'una vale l'altra." Mi dissi, e iniziai a spingere il pesante portone chiuso.

"Chiuso !" considerai, ***"La chiave dove sarà ?"*** mormorai osservando un buco di serratura nero come il carbone e ostruito da una grossa ragnatela. Un ragno ci aveva perfino fatto dentro un nido.

"Dev'essere un pezzetto che qui non c'entra più nessuno ... Vediamo un po' ... Potrei cercare in Sacrestia."

Infatti. Quella sera giunse il tramonto e poi la notte, che ancora ero lì a frammistare e arrabbattare in Sacrestia dentro a una montagna di chiavi di ogni misura, spessore, e forma. Chi non frequenta o non gli è mai capitato di darsi da fare dentro a un'antica chiesa di Venezia, neanche immagina quale esuberanza e ricchezza di cose di ogni genere possa contenere ... Non solo cose preziose, esposte, e collocate in giro da rimirare, ma soprattutto oggetti posti nelle zone nascoste della chiesa: nelle Sacrestie, nei magazzini, nelle soffitte e nei controsoffitti, nei sotterranei, nelle stanze dell'Organo, negli archivi, nelle adiacenze e tutto il resto.

E' un intero mondo zeppo di cose di ogni sorta, dalle aggeggerie necessarie ai riti di oggi, a tutte quelle dismesse lungo i secoli delle devozioni e delle tradizioni liturgiche di ieri e ieri l'altro. Un bazar credetemi ! ... Certe kasbah orientali fanno ridere a confronto di quanto è conservato e raccolto dentro a certe chiese di Venezia. E' una cosa davvero impressionante, soprattutto nelle chiese, Cappelle, Oratori e nei Conventi e Monasteri non toccati o sfiorati solo parzialmente dalla demenza devastante e distruttiva di Napoleone & C.

Erano quasi le nove di sera, insomma, quando quel giorno alla luce di una fioca e vecchia lampada, in preda a un languore giovanile di quelli che ti fanno spolpare subito qualcosa, che decisi di concludere la mia ricerca delle chiavi adatte per provare ad aprire quelle porte sbarrate dell'altare laterale.

Prima di *"chiudere baracca"*, allineai sul tavolone della Sacrestia cinque candidate grosse e pesanti che il giorno dopo avrei utilizzato per provare ad aprire quelle benedette porte, poi decisi che per quel giorno ne avevo abbastanza.

Sapete com'è la testa e la mente no ?

Ebbene quella notte sognai gradini in discesa, volte scrostate buie e scivolose che ovviamente scendevano sotto alla chiesa della Salute. Sognai una lampada che finiva la batteria, e di essere costretto a tornare indietro a recuperare un moccolo di candela per proseguire in quella ricerca strampalata un po' alla Indiana Jones dei poveri.

Il mattino dopo giunse presto, e con lui la voglia di riprendere le mie ricerche da dove le avevo interrotte. A quei tempi *"mi divertivo"* a trascorrere gran parte dell'estate a far da custode, aprire e chiudere e vigilare sulla grande Basilica Veneziana che un vero Sacrestano non aveva più. L'ultimo se n'era andato prima in ferie, e poi in pensione per sempre ... e poi sapete bene come sono le *"striminzite"* finanze dei Preti. Non c'erano soldi per assumerne un Sacrestano nuovo ... Non c'era in giro la persona adatta ... Si sarebbe dovuto pensare qualcosa ... e intanto si decise di servirsi di un volontario ... che sarei stato io ... così che con quel servizio avrei potuto pagarmi almeno in parte le spese per studiare e il convitto del Seminario.

Giusto e bene ! Infatti, accadde proprio così. Non era il massimo per la mia giovane età di trascorrere l'estate intera dentro a quel chiesone, ma ***"feci di necessità virtù"***, e ***"buon viso a cattiva sorte"***, e mi ridussi a ***"guadagnarmi la pagnotta"*** e quei quattro soldi utili per poter proseguire gli studi.

Non avevo alternativa, in fondo, perché le mie tasche e finanze erano deserte e improbabili tanto quanto l'esistenza di quella famosa cripta sotto al pavimento della chiesa. Ma per fortuna c'era l'ombra del vecchio Rettore dalla mia parte, e approfittai di quella che si presentò come una buona opportunità per *"galleggiare"* dentro alla mia maturazione personale.

Tornai perciò a racimolare il mucchietto di chiavi che avevo lasciato sopra il bancone della Sacrestia la sera prima, e avanti di procedere all'apertura mattutina, mi affrettai ad avvicinarmi ai portoni chiusi dell'altare laterale per provare ad aprirli.

Prova la prima, prova la seconda, prova la terza ... Niente. ***"Mannaccia anche al passaggio !"*** Una chiave era troppo grande, una troppo piccola, una troppo liscia, l'altra girava a vuoto. Il ragno che abitava la serratura s'era affrettato intanto indispettito ad abbandonare la sua tana distrutta, mentre io fremevo per l'attesa di riuscire a trovare la chiave giusta. Finchè accadde, proprio con l'ultima possibilità: la quinta.

Mi accorsi subito che era la chiave giusta, perché oltre ad adattarsi a meraviglia alla toppa, avvertii subito un gridolino che fuoriusciva dalla serratura. Diedi due mandate energiche girando verso destra, e ottenni in cambio un doppio cigolamento che si concluse con il portone che si rilasciò su se stesso aprendosi un pochetto.

"Aperto ! ... Ce l'ho fatta." dissi a me stesso, e provai a spingere il pesante portone verso l'interno. Stavolta mi rispose un vero e proprio grido proveniente dai cardini superiori e inferiori della porta, mentre uno zaffo intenso d'aria umidiccia, salmastra e muffosa mi colse in volto. La porta si socchiuse appena quanto bastava per infilarmi dentro, una fessura poco più, e siccome ero magro e smilzo come un chiodo, accesi la torcia che mi portavo appresso m'infilai dentro senza esitare.

L'ambiente era stranissimo: un corridoio stretto e lungo e dal soffitto altissimo, illuminato solo scarsamente da un finestrucolo che si apriva sull'esterno della chiesa e del monumento. Quel che mi sorprese di più fu che l'intero ambiente era quasi del tutto intasato e occupato da alcuni immensi pezzi di un altare semovente in legno che era stato riposto proprio lì dentro. Davanti a me stavano ammassati alla rinfusa: gradini, pianali, balaustre e colonnette intarsiate e dipinte di legno. Un marchingegno pesante, massiccio, ingombrante al massimo. Era impensabile da spostare da solo seppure parzialmente.

A me interessava notare se c'era un qualche passaggio, un accenno di porta, una scaletta, un qualche pertugio o rientranza. M'infilai perciò ovunque potevo con la mia torcia accesa, e proseguii in quella maniera ad ispezionare per mezz'ora tutto il controllabile e ogni angolo possibile.

Niente.

Non c'era assolutamente niente. Ad ogni uscita verso le pareti e dal groviglio dei pesanti legni, finivo sempre per trovarmi davanti a un muro spesso e pieno. Nessun accenno e segno d'uscita o cose simili, se non l'altra porta alla fine del corridoio in corrispondenza del secondo altare laterale. La raggiunsi per essere certo d'aver controllato bene, e osservando per il buco della serratura, ebbi la conferma che si trattava proprio dell'altare vicino, non c'era altro.

"Ricerca infruttuosa." commentai a me stesso, *"Ora proverò con la porta opposta."* E ripercorsi a ritroso l'intero corridoio ingombro passando sotto e sopra a quella catasta di legname finchè riguadagnai l'uscita e l'entrata iniziale.

Mancava ancora un quarto d'ora al momento dell'apertura della chiesa, e togliendomi di dosso ragnatele e polvere, provai a inserire la stessa chiave dentro alla toppa della porta opposta all'altare. Stavolta mi creò vita difficile, perché pur entrando a meraviglia e confermandomi che era la chiave giusta, dopo un mezzo giro non voleva saperne di continuare a girare oltre fino ad aprirsi del tutto.

"E no cara mia ! ... Non riuscirai a fermarmi !" dissi a me stesso, e senza deprimermi e perdermi in un bicchiere d'acqua, infilai dentro all'occhiello della vecchia chiave una seconda chiave facendo leva e perno e forza. Puntai il piede sullo stipite della porta, e la schiena sullo stipite opposto, e mentre temevo di spezzare la chiave dentro alla serratura: *"clak!"* mi rispose, e finalmente si decise ad aprirsi con mia grande soddisfazione.

Il campanile di San Marco suonò rimbombando solennemente le nove, e udii distintamente la folla dei turisti che già rumoreggiava di fuori ammassata sui gradini della scalinata della Basilica.

"Un attimo di pazienza ! ... Che adesso arrivo !" dissi a me stesso più che ad altri, e m'infilai dentro al secondo passaggio in tutto simile a quell'altro che avevo appena visitato e ispezionato. Anche lì la stessa scena, identica: altri pezzi grossi e tozzi del vecchio altare semovente in legno smontato.

Ancora gradini, paratie, intagli e pezzi da incastro … Il solito mucchio confusionario e accatastato pesantissimo e ingombrante che stavolta arrivava fino al soffitto.

Il passaggio, infatti, a differenza dell'altro era ancor più buio, e l'unica finestrella era quasi schermata del tutto da uno dei pannelli di legno posizionati proprio davanti. Di nuovo come un animale sgusciai ovunque e m'infilai dappertutto scrutando attentamente ogni angolo e rientranza di tutte le pareti. Per essere sicuro di aver guardato con attenzione, scrutai anche ogni metro del pavimento a caccia di una qualche botola improbabile, di un'apertura particolare, una lapide, o qualcosa di strano.

Niente, neanche stavolta, solo calcinacci scesi dal soffitto che era caduto a causa delle infiltrazioni e dell'umidità asfissiante che si respirava lì dentro. Sembrava d'essere nel chiuso di una miniera. Ricerca infruttuosa allora: stessa porta opposta in fondo al corridoietto, stessa assenza di entrate e uscite alternative. Niente entrata per la cripta ipotetica.

"Quella cartina del turista era sbagliata … La cripta se la sono inventata. Qui non si va da nessuna parte." Mi spiegai e autoconvinsi aprendo qualche istante dopo il portone ai turisti scalpitanti ed entusiasti.

Tuttavia mi rimase il pensiero: *"Non c'era niente … ma potrebbe trovarsi altrove. Magari dove non te l'aspetti."*

E da quel giorno iniziai a osservare ogni angolo della chiesa come mai l'avevo guardato, cercando di notare se per caso mi era sfuggito di notare qualcosa di particolare.

Poi sapete com'è, quando si è giovani c'è ben altro che ti frulla per la testa, e ora dopo ora le mie esigenze e le scadenze del mio *"iter da futuro Prete"* mi chiamarono e portarono col pensiero altrove. La faccenda del passaggio sotterraneo che portava alla cripta ipotetica della chiesa della Salute finì perciò nel dimenticatoio della mia mente per un bel pezzo.

Finchè un giorno … tornai alla carica di nuovo col solito anziano Prete saggista e ricercatore: *"Sa che nel posto indicato dalla mappa non c'è niente ?"*

"E pensi che non lo sapessi ? Di lì ci sono passato a guardare e cercare ben prima di te ... Ti posso ribadire che lì sotto non c'è niente ... Anche se ..."

"E' questo "anche se" che mi preoccupa."

"Devo dirlo perché di fatto lì sotto credo che nessuno ci abbia mai messo piede ... Perciò la verità è che non si sa ... Ma quando non si sa potrebbe anche essere che prima o poi venga fuori qualcosa."

"Lo "Zatteròn dei Pali" esiste per davvero ... Non è una gran novità perché ce n'è uno sotto ad ogni palazzo di Venezia ... Per forza ci deve essere sotto a un colosso del genere !"

"Infatti ! ... Lì sotto non c'è probabilmente un unico zatterone, ma ce ne sono a migliaia infilati tutti in piedi, accostati l'uno accanto all'altro ... Lì sotto c'è un'intera foresta ... ma è circondata da un muro di pietra ermetico e invalicabile ... una specie d'immensa scatola su cui è stato posto un coperchio chiuso per sempre."

"Allora non ci si entra se è tutto chiuso ? ... Niente cripta ?"

"Ci potrà essere stata una cripta di lavoro ... una cripta per la gestione provvisoria del pali, per transitarci in mezzo ... Dei corridoi dentro cui muoversi e spostarsi da una parte all'altra di quelle immense fondamenta..."

"Allora si può dire che c'era ?"

"Dirlo e supporlo si fa presto ... Ma tra il dire e il fare se non si tirano fuori le prove serie c'è di mezzo il famoso mare ... E poi che cosa cambia ? La Salute non conta di certo per la sua palizzata sotterranea e la sua eventuale cripta ... Anzi, spero che non si trovi mai l'entrata ... se ce ne fosse stata una, perché si scatenerebbe una grande curiosità e confusione di cui non c'è affatto bisogno ... La nostra Salute è importante per ben altre cose che per i pali che la sostengono ... Mi piace pensare che la grande chiesa nella mente del suo architetto volesse essere una grande nave simbolica con la prua diretta verso San Marco nocchiero e timoniero della Serenissima insieme al suo Nobile Doge. L'Ammiraglia della grande

nave, invece, è la Madonna che sta sopra, in cima alla grande cupola … E' lei che sa governare la nave e condurla fuori delle secche lontano dai pericoli di ogni possibile pestilenza … Questo i Veneziani lo sapevano e lo sanno bene ormai da molti secoli. La Salute è un Porto sicuro di salvezza per i mali di ogni epoca … e i Veneziani lo confermano ogni anno a novembre … Cripta o no … Questo è quel che conta."

"Questo lo so … però ammetta che l'idea di quella "Cripta dei Pali" è intrigante … Volevo comunque dirle anche un'altra cosa … Tempo fa avevo quasi dimenticato del tutto la faccenda della cripta … Sono andato in chiesa come il solito per controllare e sbrigare le solite cose, e mi è capitato di notare una stranezza."

"Sarebbe ?"

"Oltre le cordonate che cingono il pavimento centrale per difenderlo dalle troppe scarpe che ne strappano via i pezzi, ho notato una turista, una donna, perfettamente distesa a terra a braccia e gambe spalancate proprio al di sotto della grande lampada centrale della Basilica.

"Che stia male ?" mi sono detto, anche se ero certo che uno che sta male non va a scavalcare le transenne per andarsi a mettere proprio lì al centro della cupola e di sotto al lampadario … Mi sono fatto perciò coraggio, e ho pensato subito a qualcos'altro. Ho scavalcato il cordone e sono andato accanto alla donna che stava immobile sul pavimento ad occhi chiusi.

"Embè ?" le ho chiesto, "Che ci fa qui ? Non vede che è proibito entrare fin qui sotto ?"

Quella mi ha sorriso aprendo gli occhi luccicanti e vispi, e alzandosi subito "di brutto", in un Italiano smozzicato mi ha fatto comprendere che non stava affatto male, ma che si era messa apposta lì sotto per un motivo ben preciso."

"E sarebbe ?"

"Mi ha risposto: "Sono venuta apposta dall'America perché siamo convinti che questo punto del Mondo, come molti altri in giro, sia un

*punto speciale in cui si concentra una potente energia cosmica e planetaria che va a finire di sotto in un punto preciso dentro alla cripta ... E' sufficiente sistemarsi qui per usufruire, beneficare ed essere partecipi di quel influsso benefico. Quindi eccomi qua: spalancata ad accogliere quel misterioso fluido positivo che può arricchire la nostra Salute ... Credo che in realtà per questo motivo il Tempio porti questo nome."
Conoscendone la vera Storia, da buon Veneziano sono rimasto perplesso a bocca aperta ad ascoltarla senza sapere che cosa replicare."*

"Era un po' suonata."

"Forse sì, anzi, probabilmente ... però ha tirato fuori di nuovo la faccenda della cripta."

"Ma dai ! Non filarci dietro ... Te l'ho appena rispiegato: non esistono documenti al riguardo ... Ascolta me, lascia perdere una volta per tutte. Non c'è nessuna cripta, né tantomeno qualche sfera cosmica nascosta di sotto ... Piuttosto la turista dovrebbe sapere meglio di me che quel punto in cui si è distesa è quello in cui è stata posta la famosa medaglia di fondazione ... Infatti c'è lì una scritta enigmatica incisa dentro a quel mirabile mazzo di rose in pietra ... Quella bisogna andare a leggere, invece ! ... perché quella è la spiegazione dei Veneziani sull'esistenza della Salute e sul mistero che racchiude."

"Unde origo inde salus" ... vero ? ... Che sarebbe: "Dallo stesso posto in cui Venezia ha tratto le sue origini, sempre da lì è scaturita fuori la sua salvezza" ... Venezia era credente, insomma ... Si fidava della Madonna e del Padre Eterno oltre che delle acrobazie politico-economiche del Doge e dei suoi Nobili compagni."

"Esatto ... quelle rose del pavimento hanno un significato mistico e misterioso ... se vuoi anche cabalistico ... A quei tempi i Veneziani e non solo loro avevano un particolare interesse per i simboli e i numeri ... e non potevano mancare di certo di racchiuderli dentro a questo tempio così originale e dalle forme così perfette ... Pensi forse che il Longhena non abbia pensato di nascondere significati speciali qui dentro ? ... Prova a

contare i gradini della gradinata principale, quella dei Pali ! ... Quanti sono ? ... Te lo dico io, non scomporti ad andarli a contare: sono un numero simbolico come quello degli altari e tanti altri numeri nascosti e inseriti nelle misure della struttura della chiesa ... La Salute intera è una matassa inestricabile di simbologia e numerologia, tradizione e devozione. Un gioiello in ogni senso ... Se solo ci fossero finanziamenti per fare ricerche e restauri ... sono certo che scopriremmo molte altre cose ... non solo la cripta con lo "Zatteròn dei pali."

"Zatteròn dei pali" ancora quello ... "Zatteròn dei pali ...", e me ne uscii un'altra volta ancora con quel motivetto in testa, quasi fosse il ritornello di una canzone.

Trascorsero ancora anni ... E diverse volte mi tornarono in quegli interrogativi della simbologia mistica, dei numeri, delle Rose, della cripta con suo Zatteròn ... Quelle domande si rispolveravano ogni anno nella mia mente quando in prossimità del giorno della Festa della Salute si presentava ogni volta una signora con in braccio un mazzo di splendide rose rosa corrispondenti ai numeri e alle figure simboliche: *"E' da generazioni e generazioni che la mia famiglia offre ogni anno queste rose ... Si dovrebbero mettere in cima all'altare della Peste e nella cripta sotto all'altare."*

"Dove Signora ?"

"Sopra l'altare ho detto ... e anche dietro ... nella Cripta."

"Ha ho capito ... Sarà fatto ... (Ha detto Cripta ... ma devo lasciar stare ... sono solo supposizioni)" ho pensato più volte.

Ho ripensato ancora alle stesse cose durante l'estate afosissima di qualche anno dopo, quanto vidi un tipo strambo passeggiare sotto alle volte della chiesa col passo dell'oca e con un largo foglio in mano.

"Che è ? ... Un nostalgico Romano o Nazzista, o che cosa ? In giro c'è sempre troppa gente stramba ... e le chiese di Venezia sembra possiedano la spiccata capacità di calamitarle tutte." mi domandai. Perciò uscii dal

mio posto di guardiola in Sacrestia e avvicinai il tipo dicendogli: *"Scusi ... Ma che va facendo?"*

"Ah niente di particolare ! ... Stia tranquillo, non si preoccupi ... Sono solo un ricercatore appassionato che sta misurando a passi questa chiesa ... Sto facendo dei pacifici riscontri perché secondo me dentro a certe misure di questo edificio sono celati dei bei segreti."

"Ah benòn ... Ci mancava pure questa." ho pensato.

"Ha mai senti parlare del "p greco" e dei numeri perfetti ? ... della simbologia e dei significati nascosti dentro all'edificazione di certi monumenti ? ... Questi ambienti sono degli edifici cosmici misteriosi !" mi disse spalancando gli occhi carichi di un qualcosa che mi pareva eccessivo per non dire strano.

"Ma devono capitare tutti qua ?" mi sono detto in silenzio.

"La vedo perplessa ... Ma è normale. Accade sempre così a chi non è introdotto abbastanza in certe questioni ... Venezia è tutto un numero, una simbologia, una ripetizione e accentuazione di misteri e segreti ... Ce ne sono ovunque ... Ha letto per caso il saggio su San Francesco della Vigna e la sua costruzione, disfacimento e ricostruzione secondo certi canoni mistici ben precisi ? ... Non ha studiato per caso i numeri di San Marco ... quelli di San Giorgio o racchiusi nella Scala del Bovolo, o quelli della cripta di San Simeon Piccolo ? ... Venezia è una miniera di queste cose."

"Manca solo che mi parli della cripta sotterranea qui sotto." pensai. Per fortuna non lo fece, ma si accontentò di precisarmi: *"Ad esempio ... Vede su in alto nella Cupola Grande, le statue in legno dei Profeti ? ... Hanno tutti in mano un cartiglio ... che non è affatto solo esplicativo e simbolico, né è stato costruito e messo lì per caso ... Leggendo le lettere dei cartigli in un certo modo ne uscirà una frase misteriosa ... che fa riferimento a un antico luogo significativo e di fondazione di questa chiesa."*

"Bum ! Ecco che ci risiamo ... Eccone sparata un'altra di grossa." mi sono detto.

"Da quanto so io, i cartigli non sono più quelli originali che sono andati usurati dal tempo ... Non so quindi se si è conservata quella strana storia delle lettere e della parola ... So che sono stati ritoccati durante il 1800."

"Ritoccati o rifatti ?" mi chiese cupo lo strano ometto visibilmente innervosito.

"Non saprei ... mi sembra rifatti."

"Ecco ! Lo sapevo ! ... I soliti disgraziati ignoranti ! ... Volete vedere che è andata persa la chiave di lettura e interpretazione originaria ? Non si deve toccare nulla di quanto è originale ... Nulla ! Perché si rischia di perdere significati preziosi ... E ora se non le dispiace avrei da fare."

Dovetti lasciarlo fare, e lo vidi riprendere le sue indagini visibilmente irritato ... Nel frattempo i turisti avevano approfittato della mia distrazione, e s'erano intrufolati a frotte nella Sacrestia senza pagare alcun biglietto.

"Il Rettore me còppa se lo viene a sapere."

Mi ritrovai ancora a pensare ai cartigli, alle Rose mistiche, allo *"Zatteròn di sotto",* alla cripta e a tutta la serie dei numeri simbolici quella volta che infuriò un temporalone, una burrasca estiva su Venezia e sulla Basilica della Salute. Una folata più energica di vento aveva strappato e rotto alcuni catenacci e ganci antichi e consumati, perciò in alto dentro al tamburo della Cupola Grande si era spalancato uno degli enormi finestroni. Accorremmo in molti volonterosi in alto, cercando come meglio si poteva di richiudere e fermare quella grande finestra che sventolava nella tempesta come fosse una grande bandiera ... Ci mettemmo in diversi con l'aiuto di corde e cordini a tirare la finestra scricchiolante che fremeva tutta ... In ogni momento sembrava che il vento volesse portarsela via e trasportarla oltre il Bacino di San Marco fino a consegnarla in omaggio al Doge di Palazzo Ducale ... Solo l'intervento tempestivo ed efficace dei Pompieri riuscì a sistemare e contenere gli effetti di quella gran *"Buriana".*

"Altro che misteri ! ... Qui viene giù tutto !" mi trovai a pensare. *"Invece di nascondere Zatteron e segreti dentro a questa chiesa, non sarebbe stato meglio se il Longhena avesse pensato a chiudere meglio queste finestre*

?" dissi a un mio compagno di studi che mi stava accanto inzuppato di pioggia come me.

"Zatteròn ?" mi chiese incuriosito. *"Che sarebbe ?"*

"No ... No ... Niente ... Lasciamo stare ... Come non detto."

Ancora a cripte e zatteroni pensai molte altre volte quando salivo in alto fino in cima della Cupola Grande, proprio sotto ai piedi della Madonna bronzea. Mi piaceva salire spesso all'insaputa quasi di tutti per andare a distendermi a leggere e studiare al sole seduto accanto ai piombi bollenti del rivestimento della cupola ... Dall'alto mi piaceva osservare Venezia distesa sotto ai miei piedi, ma anche la chiesa, quell'oggetto per davvero strano, dalla forma insolita e rotonda, unica a Venezia, con tutte quelle sue volute laterali, quei riccioli sinuosi creati a posta per il gioco delle spinte e controspinte statiche. Sembravano quasi sensuali, come somiglianti alle forme di una donna seduta, appollaiata ad osservare il Canal Grande, o distesa a prendere il sole davanti al Bacino di San Marco.

Ogni tanto mi piaceva scendere e calarmi dentro alle intercapedini buie in legno della Cupola Grande, rotonda di fuori e ottaedro di dentro ... altro numero simbolico ... Mi fermavo a scrutare con la torcia gli antichi disegni dipinti sui muri col carbone dagli operai che avevano costruito quella meraviglia ... Avevano fatto gli schizzi del lavoro da intraprendere, segnato le misure delle linee da seguire, e il disegno della planimetria dell'intera chiesa ... compresa quella dello *"Zoccolòn di sotto dei Pali."*

Quante volte mi sono fermato a scrutare quelle croste, quei segni quasi scomparsi del tutto consumati dal tempo. Li guardavo e riguardavo stretto dentro alle travi che sapevano di muffa e segatura. Dentro a un caldo torrido, grondando di sudore per il caldo come un ombrello sotto alla pioggia, provavo a decifrare sui disegni se lì sotto ci fosse segnato qualcosa di particolare ... magari una cripta.

Guarda e riguarda ... C'era forse sì: un segno di porta, d'entrata centrale sul retro ... Ma forse soltanto, proprio appena accennato ... e neanche chiaramente. A volte mi pareva di finire col vedere tutto quello che avevo voglia di vedere. A pensarci bene erano solo scarabocchi, cenni, appunti e indicazioni di certo quasi superflue per quelli che lavoravano in alto in cima alla cupola, proprio dalla parte opposta rispetto a quell'ambiente che stava forse dimenticato sotto di tutto, proprio dentro alle fondamenta.

"Che io sappia, non esiste alcuna porta d'ingresso tutto intorno allo zoccolo di base della Salute. Neanche a pagarla oro ... Non è assolutamente possibile entrare sotto e dentro allo Zoccolòn dei Pali." Mi spiegò in un'altra occasione un altro dei Preti Studiosi e ricercatori sempre in concorrenza fraterna e spietata con gli altri suoi simili.

Finchè arrivò il tempo in cui si dovette procedere per forza ad alcuni piccoli restauri obbligati. Nella **Sacrestia vecchia** della Salute s'era creata un'infiltrazione sul soffitto, e pioveva dentro abbondantemente. Niente di che, normale routine per un vecchio edificio come il chiesone. Di certo *"chi di dovere"* avrebbe provveduto al più presto possibile a un intervento adatto e risolutore, ma nell'attesa intanto c'era bisogno di: *"tamponàr la falla e tacconàr el soffitto alla bona"* per ridurre il danno il più possibile.

Perciò i soliti due operai muratori di fiducia, *"Foratòn e Mattonèa"* che lavoravano da sempre a ripristinare pezzo dopo pezzo, estate dopo estate, il grande complesso del Seminario sempre incerottato come un malato cronico, andarono a metterci le mani con le loro massette e affilati scalpelli. Appena spostato un vecchio armadio per issare l'impalcatura fino a raggiungere il soffitto ... ne venne fuori una porta murata sul muro.

"L'antica entrata della cripta ?"

Sì ... No ... Sì ... No. Non toccate nulla ! ... Provate a sondare piano ... Potrebbe anche essere ? ... Potrebbe non essere, finchè i due operai: *"Pìn pòn ! ... Pìn Pòn !"* andarono avanti per tutto il giorno fino a passare dietro a quella porta.

Non c'era nulla, solo un immenso muro di marmo invalicabile. Forse era solo una porta d'entrata di un'antica Cappella murata quando si costruì la chiesa.

Così anche quella volta sfumò la sensazione e la possibilità, quasi la voglia, di aver finalmente recuperato l'ingresso alla famosa *"Cripta del Zatteròn dei Pali"*.

E trascorse ancora altro tempo, come nelle fiabe … Cammina e cammina … e cammina e cammina … Qualche anno dopo se ne venne fuori una ragazza, nipote di un certo Prete e Monsignore importante, che stava facendo la sua tesi di laurea … Era riuscita a mettere le mani sopra il testamento di uno degli antichi Senatori della Serenissima … Un **Bragadin**, forse ? … che aveva lasciato detto e scritto nelle sue ultime volontà che desiderava essere sepolto dentro alla cripta di Santa Maria della Salute … *"in S.ta Mariae Salu …"* mezzo cancellato e consumato.

Si parlava della Cripta della Salute ? … o solo di una tomba ? E si trattava poi proprio della cripta della Salute ? o era una qualche Santa Maria di altro tipo ? La Laguna è piena di Sante Marie … e ce ne sono molte altre sparse in tutto il Veneto … Perciò …

"E allora c'era la cripta ?"

"La dizione era troppo incerta e generica. Poteva voler dire tutto, ma soprattutto niente, perché si poteva riferire a una Madonna qualsiasi protettrice di ogni cosa e di chiunque … Quante Madonne delle Grazie e della salute esistevano in giro ? … E ancora: nel Veneto non ce mica una cripta sola?"

Insomma: c'è o non c'è … c'è o non c'è … Cripta sì e cripta no … Nel dubbio Curia e Patriarca sguinzagliarono ancora una volta tutti i segugi Preti ricercatori della Diocesi che per un lungo tempo s'impegnarono di nuovo a frugare dappertutto negli Archivi della Serenissima, in quelli dei Nobili Patrizi, dei Monasteri, delle Istituzioni e Schole, e della Diocesi o Patriarcato di Venezia cercando *"qualcosa"* che fosse almeno inerente.

Era come cercare il famoso ago nel pagliaio … che forse neanche c'era.

Risultato ?

Ancora niente di niente ... solo qualche flebile traccia che storicamente si perdeva prontamente quando accadeva il putiferio Napoleonico che aveva svuotato e devastato ogni cosa, scoperchiato tombe, Arche e sepolcri e fatto un fascio di tutto scaricando le ossa nell'isola di Sant'Arian vendendo tutte le pietre al miglior offerente.

"Se c'era una qualche traccia ... Probabilmente è andata perduta." conclusero i Monsignori Segugi e studiosi. E tutto finì ancora lì un'altra volta.

La faccenda del *"Zatteròn dei Pali con la sua cripta"* è nata quindi ben prima di me, e ha fatto arrovellare ben più di qualche persona per diverso tempo. Parlarne non è affatto una sorta di caccia al tesoro da *"Indiana Jones di noialtri",* ma si tratta di provare *a "mettere il naso"* in qualcosa che è Veneziano al pari di tante altre curiosità nostrane.

Trascorso un po' di tempo da quelle vicende che ho già provato a raccontarvi, ho pensato bene di provare a documentarmi un po' di più sulla Salute e la sua ipotetica *"Cripta dei Pali".* Di certo nel Seminario non mancavano le opportunità di andare a leggere e cercare dentro alle sue famose Biblioteche Vecchie e Nuove, e già che c'ero ho pensato bene di andare anche a ficcanasare fra le scartoffie dei vecchi Preti ricercatori.

Sapete però come va a finire di solito *"Il fai da te"* ... Non ho trovato niente. O meglio, sono finito col trovare contro ogni mia aspettativa un paio di cose che ... *(sarò anche un Veneziano romantico e un po' sensibile)* mi hanno fatto praticamente commuovere.

La prima era un elenco tremendo e drammatico la cui consistenza e chiarezza mi lasciò senza parole. Mai nella mia mente avevo quantificato così in dettaglio e con chiarezza le conseguenze di quell'antica pestilenza che aveva visitato Venezia: *"Fra il 26 ottobre 1630 e il giugno 1631, a Venezia si contarono come morte di peste: 3.901 persone a ottobre, 11.966 a novembre, 6.069 a dicembre, 1.483 a gennaio e circa altrettante in tutti i mesi seguenti fino ad arrivare alle 2.199 di aprile e le 2.035 di maggio. Solo da giugno il numero iniziò progressivamente e lentamente*

a scemare ... ma poco più tardi riprese di nuovo a prosperare come secondo atto di un'orribile quanto tragica commedia. Fu di certo un immane mattanza, un'immensa tragedia vissuta a Venezia di cui solo vagamente si può percepire i contorni.
A fine ottobre 1631 si conteggiò un totale di 46.536 Anime defunte a Venezia, a cui andarono aggiunte altre 35.639 persone morte nelle vicine isole di Murano, Chioggia e a Malamocco in fondo al Lido.
Le relazioni dei Pizzegamorti e dei Magistrati alla Sanità della Serenissima dichiararono di 82.175 il totale definitivo di quel lutto mostruoso, e fra questi distinsero i morti in: 11.486 donne da parto con i loro figlioli, 5.043 donzelle da marito o da monacare fra i 14 e i 25 anni, 9.306 putti, 29.336 donne, 1.129 Preti e Frati, 25.208 Mercanti e Artigiani, 450 Ebrei, e solo 217 Nobili perché la maggior parte di loro era fuggita lontano da Venezia."

Il secondo documento su cui ho posato gli occhi era, invece, la descrizione di una scena che mi fece allo stesso tempo venire i brividi e provare un'intensa tenerezza.
Le cronache Veneziane dell'epoca della peste raccontavano, che quel giorno dentro alla chiesa di San Marco il **Doge Nicolò Contarini** depose il mantello dorato inginocchiandosi sul nudo pavimento. Poco più tardi si tolse dalla testa anche il Camauro, uno dei simboli del suo grande potere di Serenissimo della Repubblica, e dopo essersi asciugato la fronte chiuse un attimo gli occhi rimanendo il silenzio.
Quell'uomo non era affatto un credulone sempliciotto, era un furbo e acuto uomo politico, uno degli uomini più potenti del Mondo di allora **"capaci di fare alto e basso"** delle sorti di molte genti. Considerato com'era ridotta la sua Venezia, e a quale infimo stato fosse giunto il suo popolo, *"col groppo in gola"* e con voce tremante, interrompendosi ogni tanto per l'emozione, iniziò a proclamare davanti alla folla muta e attonita dei Veneziani rimasti, una sua orazione che diventò il famoso voto: **"Ave Stella del mare, Donna delle vittorie, Mediatrice di salute e di grazia. Vedi ai tuoi piedi prostrato un afflitto popolo fatto bersaglio al flagello della Divina Giustizia. La guerra, la pestilenza, la fame, con orribile lotta si disputano a vicenda fra loro le vittime e tutte su noi vogliono trionfo di desolazione e di morte.**

Mira come i nostri aspetti sparuti dal disagio, lividi dalla malattia, consunti dalle afflizioni, sporgono sotto la pelle le ossa spogliate: vedi come i nostri passi vacillano, come si dilegua il coraggio della Nazione estinguendosi il rampollo di tante illustri famiglie.
Saràn dunque perduti i monumenti delle nostre imprese? Saranno inutili le conquiste fatte in tuo nome?
Diverranno deserti, solinghi questi edifizi, magnifici testimoni del consiglio e del valore dei nostri Padri? Quei nemici, che a noi son tali, perché son tuoi nemici, esulteranno del nostro pianto, sovrasteranno alla nostra debolezza, e i nostri petti, non più riscaldati col sangue di tanti prodi, deboli scudi diverranno per opporsi ai progressi dei loro attentati? Vergine Madre se nel tuo nome venne fondata questa Patria, se i nostri cuori furono sempre a te devoti, se tante prove ci desti di patrocinio, di protezione, deh! esaudisci le nostre preci, ricevi le supplicazioni di un popolo sofferente. Siamo peccatori, è vero, e perciò a Te ricorriamo, come a nostro rifugio ... Prega per noi il Divin tuo Figliuolo ... Faccia salvi gli eletti suoi, scacci, allontani, annìchili, estirpi la tremenda lue che contamina le nostre vene, che miete tante vite, che desola i servi tuoi.
Al lampo benefico della tua grazia l'anima nostra commossa intonerà l'inno di laudazione, e col coro de' Celesti confesseremo le glorie Tue ed il Santo Nome di Dio. Ricevi l'umile offerta di un tempio, sulle vaste pareti del quale vogliamo che i secoli avvenire scorgano impressi i tratti della nostra Religione, e dove i successori nostri ed i posteri perpetuamente tributeranno annui rendimenti di grazie a Te Ausiliatrice ed Avvocata di questa nostra trista e sconsolata Repubblica."

Dopo quel giorno *"stupendo e tremendo insieme"*, per lungo tempo 300 zattere al mese cariche di tronchi provenienti dal **Cadore** fluitarono lungo il **Piave** fino alla Laguna di Venezia andando ad ormeggiarsi alla fine del Canal Grande, proprio di faccia a San Marco, dove stava sorgendo il nuovo tempio della Madonna della Salute. E' stato in quei giorni che è nato lo **"Zatteròn dei Pali"**, perché le migliaia di tronchi venivano conficcati a forza in profondità nel fango fino a formare un'unica grande chiatta di base fatta di legni e pietre che divenne le fondamenta su cui si poteva innalzare lo spettacolare nuovo edificio.

Interpretate pure il tutto come meglio intendete ... ma sta di fatto che l'anno seguente la pestilenza a Venezia non c'era più ... anche se in seguito tornò più volte a farsi risentire e vedere in tutta la sua drammatica realtà.

Passato ulteriore tempo, un giorno si presentò alla Salute una troupe televisiva Americana inviata a riprendere la **"Cripta di Santa Maria"** col permesso ottenuto direttamente dal Vaticano.

Apriti cielo !

"Qui non c'è alcuna cripta !" ... crepitò immediatamente il Rettore ... ma non fu sufficiente ribadirlo.
"Se lo dice il Vaticano significa che avrà buone ragioni per farlo ... Avrà degli indizi, delle prove ? ... Sapranno di certo cose che voi non sapete ..."
"Non mi meraviglia affatto ... Quelli sanno tutto di tutti."
"Possiamo quindi entrare a filmare ?"
"Non se ne parla proprio !"

E allora: chiama di qua, telefona di là, chiedi più su e controlla più giù e oltre il Canal Grande presso San Marco.

"Mi sono informato e consultato ... In conclusione qui non c'è nessuna cripta da mostrarvi." spiegò il Rettore al giornalista già con la telecamera accesa.
"Non è possibile ... Ci deve essere per forza un errore ... E' scritto qua sul permesso !" mostrò lo Statunitense curioso insistendo deciso. *"Non vorrà mica che siamo venuti fin qui a Venezia per niente ?"*

Nel dubbio ... Di nuovo: chiedi, parla, interroga e controlla. Infine venne fuori l'inghippo, che probabilmente c'era stato un fraintendimento e uno sbaglio fin dall'inizio ... C'era sì una **"Cripta Cristiana"** di mezzo, ma si trattava più verosimilmente di quella del **Monastero di San Zaccaria**.

"Allora sì che c'è quella !" proclamò soddisfatto e liberato il Rettore che già temeva di trovarsi la chiesa sottosopra e scrutata dappertutto ...
"Quella però è tutta un'altra storia, che non ha niente a che fare con la

nostra Salute." spiegò agli operatori televisivi accompagnandoli cordialmente fin sulla porta d'uscita ... e i giornalisti con la troupe se ne andarono delusi perché già pregustavano di vedere e filmare *"un gran bel pezzo di Cripta"* che dovettero andare a cercarsi altrove.

"Peccato !" commentò il cineoperatore andandosene e allungandomi ugualmente una piccola mancia per il disturbo d'averli accompagnati in giro, *"perché me la immaginavo già cupa, fascinosa e bella."*
Dopo quell'episodio s'ammosciò di nuovo l'interesse circa la misteriosa *"Cripta dei Pali",* finchè dopo qualche anno ancora accadde che arrivò lui.

Lui chi ?

Lui ! ... Che non era un Lui qualsiasi, ma uno di quelli pieni di se che quando arriva dice sempre: *"Tutti da parte, lasciate spazio, perché ora s'incomincia a far le cose sul serio ... incominciano a lavorare quelli che se ne intendono per davvero."*
Si trattava di un Chierico della serie: *"So tutto, e faccio tutto io"*, che siccome aveva un amico studioso e appassionato di *"cose classiche"*, e anche i figli dei suoi amici avevano studiato Lettere a San Sebastiano e Storia in Calle Lunga con passione per l'Archeologia; perciò disse a tutti che siccome era riemersa quella *"storia dei Pali"* era giunto il momento di dargli una soluzione e una definitiva risposta.

Al momento siccome di sbruffonate in vita sua ne aveva dette e fatte già tante, nessuno gli diede retta più di tanto. Quello, invece, con gli amici lavorò parecchio come il fuoco che latita sotto alla cenere: cercarono, discussero e frugarono in giro quanto bastava, finchè si presentarono un bel giorno davanti al Rettore della Salute con una bella lista di posti e luoghi precisi in cui si sarebbe dovuto: *"rompere, scavare e cercare per scovare finalmente l'ingresso della "Cripta dei Pali del Zoccolòn della Salute."*
"Non si preoccupi Signore Rettore" disse sfoggiando tutto il suo solito sussiego e la sua maniera superdiplomatica:
"Abbiamo pensato già a tutto ... C'è già disponibile chi è disposto a pagare i lavori di ricerca ... Conosciamo gli operai capaci di eseguire il lavoro rimettendo tutto a posto senza rovinare niente ... e c'è anche chi potrà

occuparsi degnamente di valutare i lavori e interpretare e divulgare in maniera giusta le eventuali scoperte. Lei dovrà solo lasciarci fare ... e firmare qui, qui ... e poi qui. Ecco qua !"
E presentò diligentemente la lunga lista dei posti e luoghi della Salute dove si sarebbe dovuto *"saggiare, aprire e intervenire."*
Il Rettore non rispose neanche una parola, storse solo le labbra innalzando perplesso le ciglia, poi aguzzò lo sguardo e lesse velocemente il foglio dove c'era segnato qualcosa di simile:

- *Alzare il pavimento della cappelletta dietro e sotto all'altare Maggiore. (il marmo del pavimento suona vuoto).*
- *Sondare i pavimenti dei sotterranei dove si trovano strane tombe e pavimenti sconnessi.*
- *Nel magazzino di sotto: Provare a togliere il pavimento che sembra essere stato costruito in fretta e furia, quasi buttato lì in fretta per nascondere qualcosa.*
- *Di solito si sale nella cantoria dell'organo ... ma scendendo sotto e dietro al vecchio cassone dell'organo che c'è ?*
- *Sembra che le scale dei due campaniletti laterali continuino a scendere e voltare ulteriormente dentro e sotto al nuovo pavimento. Dove andavano ?*
- *I due anditi d'accesso alle scale che portano dentro e sopra alla Grande Cupola poggiano proprio su due punti strategici dell'edificio e del pavimento. Sono mai stati saggiati e studiati a sufficenza ? Non c'è neanche la luce per illuminare quegli ambienti chiusi e mai studiati abbastanza da qualcuno.*
- *Sondare attentamente tutti i pavimenti dei "Passaggi" fra altare e altare laterale della chiesa.*
- *Nella piccola Sacrestia dove è stato riportato un antico lavabo, c'è anche uno strano confessionale che si può asportare e voltare ... Che cosa ci sta dietro ?*

E c'era molto altro ancora, la lista continuava lunghissima. La risposta del Rettore non si fece attendere e fu peggio di un tornado ... S'aprì il cielo di nuovo e mille volte più di prima ... e fu tempesta per tutti: **"Voi siete tutti matti se non di più ! ... Qui finchè sono vivo io non si toccherà neanche un foglio di questa Basilica ... Volete forse che la Sovraintendenza ai**

Monumenti ci tagli la testa a tutti ? ... Non vorrete mica che finisca col trascorrere la mia vecchiaia ridotto in Galera ? Qui non si farà nulla, non si sposterà neanche un chiodo ... Qui comando io e perciò decido io ... Non si toccherà niente."

E così accadde ... Non si fece proprio niente, non si spostò né una pagliuzza e tantomeno un granello di polvere ... cosa che sarebbe potuto tornare utile ... e tutto finì cancellato e dimenticato. La Cripta della Salute ... se c'era ... rimase nascosta al suo posto. Non ne ho più sentito parlare, salvo che in un'altra occasione.

Questa è la penultima cosa che vi vado raccontando. A dire il vero ce la siamo un po' cercata, perché conoscevamo bene chi era il personaggio che siamo andati a stuzzicare e interpellare circa il nostro solito argomento della Cripta.
Si trattava di un altro anziano Sacerdote che si spacciava anch'esso per ricercatore assiduo e perfino per Archeologo, e a suffragare quella sua attitudine campava da tempo con insistenza la sua intuizione che tutta Venezia fosse stata fondata dagli *Egei*.
Ovunque per lui sotto Venezia c'erano resti di palazzi e templi pagani di un tempo ed evo andato. Perciò non ebbe dubbi al riguardo: *"Certo ! Anche sotto alla chiesa della Salute doveva sorgere un tempio antico dedicato forse alla Dea della Vita e della Salvezza ... Di certo lì sotto dovrà esserci almeno una cripta ... Anzi, in confidenza ..."* ci disse sottovoce e guardandosi circospetto a destra e a sinistra, *"Credo che lì sotto possa esserci anche una necropoli, un sepolcreto ... o perlomeno un Lazzaretto degli appestati di Venezia ... Ho visto e consultato le mappe antiche !"*

Sono sincero: non gli abbiamo creduto affatto ... Tanto più che sapevamo benissimo che gli appestati di Venezia venivano portati al Lido, o nelle isole e nei Lazzaretti, ossia fuori dalla città.

Ma accadde forse per la suggestione di quei discorsi, o perché come si dice di solito: *"Crederono di andare per suonare e tornarono che furono suonati",* ... che quella sera tornai alla Salute con la voglia di andare a curiosare di sotto ancora una volta per saperne di più sul punto preciso in cui il vecchio *"Sacerdote Cercatore"* ci aveva indicato l'accesso all'antica Cripta degli Egei e della Salute declinati insieme.

C'eravamo cascati in pieno in quel giochetto di fantasia ?
E se fosse stata un'intuizione buona ? Tornammo perciò in Seminario divertiti, ma anche pieni di dubbi e perplessità circa la solita vecchia storia.

Non ditelo a nessuno, mi raccomando. Quella sera stessa, lasciati i miei compagni di studio, sono andato e sceso da solo nel sotterraneo della Salute di nascosto e senza chiedere alcun permesso al Rettore. Armato della mia torcia, sono sceso per quella stretta scaletta storta che porta nei sotterranei della Basilica spartiti anche dal Seminario, e sono andato a tastare e saggiare proprio su quel muro di cui ci aveva appena parlato il *"Cercatore"*.

Molti conoscono bene il luogo a cui mi riferisco perché hanno avuto l'occasione di visitare quel *"magazzino sotterraneo delle candele"*. Dietro a un paio di cancelli chiusi e qualche tramezzo di legno si confinava con l'antica falegnameria, le officine del Seminario e una stretta calletta privata e chiusa posta proprio dietro al chiesone della Salute.
Quella sera l'odore di muffa e chiuso era intenso, mescolato a quello acre dei sacchi di iuta usati per insaccare i moccoli non consumati del tutto delle candele.
L'anziano monsignore *"Cercatore"* e sognatore ci aveva detto: *"Sì ... a destra dopo aver sceso la scaletta ... Di là si entrava nello Zatteròn dei Pali e nel Sepolcreto degli appestati ..."*

Come un imbecille sono andato a tastare e osservare il muro massiccio dentro al basso cubicolo a volte ... Pur essendo stato ridipinto di recente era tutto bagnato a chiazze d'umidità, e l'aria era anche pregna di salmastro proveniente del vicino canale. Ho osservato con scrupolo ogni centimetro del muro scostando vecchie casse accatastate, carabattole e infinite cianfrusaglie ... Niente ... Non c'era niente di niente ... Neanche un segno, una traccia, un qualcosa che potesse indurre a pensare a qualcos'altro. C'era e c'è solo uno spesso muro che dava l'impressione d'essere davvero massiccio ... Forse uno di quelli portanti dell'intera chiesa. Non riuscivo a capacitarmi la chiesa privata di quel pezzo per lasciare spazio a un accesso o un passaggio.

"*Basta !*" mi son detto ... "*Qui non c'è proprio nessuna cripta, e se c'è esiste solo nei nostri sogni.*"

Perciò ho messo una pietra sopra al discorso e ho deciso una volta per tutte di non pensarci più ... o quasi, perché dopo molti anni, e dopo aver vissuto tanto e in varia maniera, un giorno di recente sono andato a passeggiare sulle Zattere nel tepore di fine estate, e voltata la Punta della Dogana sono andato a sedermi sui gradini della scalinata della Salute ... tanto per cambiare ... aspettando che giungesse mio fratello.

"*Chissà che cosa ci sarà qui sotto ?*" mi ha suggerito una vocina perversa della mente, ancora non doma e sazia del tanto visto e sentito tanti anni prima. Sembrava una presa in giro ... una canzonatura fatta a posta.

Ho finto di non ascoltarla ... ma fatalità tornando a casa più tardi ho incontrato per strada, proprio quella sera, uno degli ultimi Rettori della Salute. Indovinate che cosa mi è venuto spontaneo chiedergli dopo aver scambiato quattro chiacchiere amichevoli ? L'avete già capito.

"*E allora Rettore ? ... Sto Zatteròn dei Pali sotto alla Salute c'è o no c'è ? ... e la cripta ... che ne pensa ?*"
"*La Cripta dei Pali ? ... Ah ... sì ... Mi pare di ricordare ... Bella domanda ... Saperne qualcosa sarebbe bello. Secondo me non c'è un bel niente ... Lì sotto è tutto chiuso sbarrato, non si può affatto accedere ... C'è solo un immenso blocco palizzato pietrificato e compatto ... Non ci si può entrare, è un luogo cieco che fa da basamento al grande chiesone ... e basta.*"
"*Ooooh ! ... Finalmente una risposta chiara e decisa !*" gli ho risposto.
"*No ... aspetta ... Ho detto solo: "Secondo me" ... Perciò non è detto che prima o poi non ci scappi fuori e si scopra qualcosa ... Chissà ? Come dicevano anche i nostri Monsignori ricercatori che ormai sono morti da tempo, quella è destinata a rimanere per sempre una domanda senza risposta, un miscuglio fra Storia e desiderio e leggenda.*"

"Ho capito ... Mi toccherà perciò restare ancora con la voglia e la curiosità di sapere."
"Credo di sì ... perché questo argomento sta a cavallo fra bufala, storia e fantasia ... Mi piacerebbe che esistesse fosse un munifico benefattore, uno sponsor di quelli grossi mandato dalla Provvidenza che si accollasse le spese di una ricerca ... Oggi come sai bene non ci sono più soldi per niente e per nessuno .... Figuriamoci se si va a spendere per fare ricerche su follie del genere ? ... E se poi non si trovasse niente ... Non voglio neanche pensare."
"Ovviamente non si è presentato nessuno fino ad oggi ?"
"Nessuno ... Tutto tace ... E spero taccia ancora ... Poi a dirla tutta, quello è un argomento che non m'interessa affatto ... Un Prete del mio calibro ha ben altro a cui pensare ... La storia della chiesa della Salute sta bene così com'è."
"Ho capito ... Mi arrendo ... In questa vita non riuscirò a saperne niente."
"Non ho detto che di sicuro non c'è niente ... perciò non si sa mai, chissà?"
e se n'è andato via per i fatti suoi ... cordialmente.

Questa era l'ultima nota che volevo raccontarvi, ed ecco perchè ancora oggi mi frulla dentro quella strana domanda irrisolta e quella stessa voglia di sapere di ieri ... Solo che stavolta è traboccata fuori dalla mia testa, fino a spartirla e raccontarla a voi.

Che ci sarà sotto allo **Zatteròn dei Pali della Salute ?** ... Una cripta forse ? ... Chissà ...

***

_____L'articolo originariamente è stato scritto nel blog: "Storie mai nate." di Stedrs e pubblicato su Google diviso in tre parti nel gennaio-febbraio 2016.

FAVILLE A LEVANTE O A PONENTE ?

Piove su Venezia, piove fitto sulle pozzanghere già larghe, sui tombini intasati che allagano le calli. Le grondaie traboccano e da quelle bucate dei cornicioni cadono fino a terra dei goccioloni che schioccano come proiettili. L'acqua scende in rivoli giù per le pareti dilavate dei palazzi e delle case, grondano le sbarre rugginose delle finestre buie. Penzola stropicciato dal vento un ampio gonfalone di San Marco incastrato sul ballatoio di un davanzale di pietra tutto istoriato. I turisti fradici di pioggia e con le scarpe bagnate trascinano le loro valigie su rotelle ingaggiando battaglie continue col vento con le loro improbabili ombrellette.

Un campanile invisibile nascosto fra le case suona deciso le undici del mattino. L'aria è umidissima, il cielo opaco, e anch'io cammino bagnato, cupo come il giorno. La luce è tutta fatta di mille tonalità di grigio che rimbalzano e si riflettono ovunque in ogni spigolo e angolo di casa, sulle corti d'intorno, lungo le calli, le fondamenta e i campielli. Venezia è sempre Venezia, massiccia e fascinosa emergente come una bella donna dal bagno dei suoi rigonfi canali.

"Oppure come una vecchia imbellettata che si è pisciata sotto ..." aggiunge irriverente un conoscente ironizzando sulle mie immagini forse un tantino sdulcinate.

Entro ancora una volta in uno dei templi dell'arte e della Storia Veneziana. L'ho visitato mille volte lungo gli anni, ma ogni volta si dimostra essere una miniera inesauribile che mi rivela sempre sorprese e volti inattesi e diversi ... Pur essendo veneziano da sempre non riesco mai a saperne abbastanza. Come in trance attraverso le sale ricoperte dai dipinti del **Tintoretto**, e salgo di nuovo gli scalini delle scale grandiose coperte di dipinti. Osservo estasiato di fronte a me certe scene che non termino mai di vedere abbastanza ... e muovo qualche passo ancora con la mia guida speciale di cui non voglio perdere una sola sillaba.

"Ah ... questi sono altri due Tiepolo ... Li hanno messi lì perchè non sapevano dove collocarli ..."

"Due Tiepolo in un mare di Tintoretti ... non so più dove posare lo sguardo ... Tutta questa bellezza mi ubriaca."

La *"superguida"* sorride insieme a un vecchio amico.

"Quello è un antico Solero in legno e vetro, luminoso, grande, da portare a spalla in processione ... E' costituito da migliaia di vetrini pazientemente uniti insieme ... Il restauratore non ne poteva più di riassemblarli mettendoli a posto ... E' un'opera certosina davvero superba ..."

L'effetto dell'oggetto illuminato nella penombra è strepitoso ... Penso a quanto doveva essere fascinoso portare a spasso per gli spazi stretti di Venezia cose del genere, in mezzo ad una folla eterogenea e colorata che pregava, cantava, suonava, pellegrinava per ore fiduciosa e devota lungo le Contrade di un tempo. Un mare di persone sparpagliate nella città marina, come se solcassero un mare di notte a caccia di un qualche porto sicuro interiore.

"Questo Solero sembra il fanò di poppa di una grande galera da guerra o mercantile veneziana ... Quello della nave di un Capitano da Mar che rientra a Venezia alla fine di una Muda o di una spedizione nel Golfo o nel Levante ..."

"Vero ! ... Buona l'immagine."

Uno spiffero, un filo d'aria umida e fresca entra da una finestra socchiusa. E' in legno antico, abbrunito e consunto dal tempo. Intravedo le gocce di pioggia che rimbalzano sul davanzale in marmo ... I vetri colorati a losanga riflettono all'interno ombre policrome di sapore ancestrale.

Mi ritrovo in una sala stretta tutta ricoperta di dossali e dipinti. Sul soffitto ci sono pregiate cornici dorate e intagliate, intarsi e dipinti ovunque riempiono ogni spazio visibile: un tripudio d'arte e bellezza, seppure ristretto in pochi metri.

"Qui si riunivano in consiglio i Confratelli prestigiosi della Banca della Scuola Grande ... erano una potenza economica oltre che sociale. Gente della Venezia che contava ... Quasi come quelli del Consiglio del Doge."

Me li immagino tutti impettiti nei loro vestiti sontuosi, con le loro barbe folte, gli anelli costosi al dito, come quelli degli uomini immortalati sui quadri che vedo di fronte. Uomini potenti, gestori arguti di un'istituzione con un patrimonio formidabile sparso per tutte le Contrade della città lagunare.

"Se ne stavano seduti su questi scanni rivestiti di cuoio borchiato, intorno a quel grosso tavolo borchiato pure lui. Erano capaci di movimentare la vita di molti affiliati, di risanare l'esistenza di altri attanagliati dalla fame, dalla peste e dalla miseria ... Donavano doti alle nubende o alle monacande, finanziavano i viaggi dei pellegrini fino a Campostela, Assisi, Loreto, San Michele del Gargano, Roma e la Terrasanta. Gestivano inoltre Commissarie e lasciti testamentari pingui comprendenti: terre, vigne, prati, paludi, acque, case, palazzi e ville ... E ancora: campi, depositi nella Zecca di stato, legati, benefici, oggetti preziosi, merci, servi, appoggi, e una ragnatela densissima di conoscenze ... Facevano alto e basso ... erano fautori nel bene e nel male del destino di molti."

"Guardate questa chicca curiosa ! Qui fuori c'è un campanellino segreto nascosto dentro agli intagli della parete. Lo tiravano e suonavano con discrezione, per non disturbare, e per allertare quei pochi eletti all'opera dentro alla Sala del Consiglio quasi segreto in caso di visite indiscrete. Allora dentro facevano presto, occultavano facilmente nel contiguo archivio segreto certi libri di conti e certe carte preziosissime ... Quegli uomini erano di fatto una specie di potere parallelo e complementare a quello della Serenissima."

Più avanti *"la superguida"* mi mostra uno spioncino invisibile incastonato su una grande porta.

"Da lì i confratelli spiavano la progressione dei lavori che avevano commissionato al Tintoretto. Lo tenevano d'occhio, perché lavorasse

bene ... e i loro soldi fossero spesi in maniera ottimale. Noi pensiamo al Tintoretto come a un grande pittore, ma come molti della sua epoca lui era molto di più. Intanto non lavorava da solo, era una bottega vivente ... ed era anche pensatore e un mezzo teologo. I suoi dipinti nascondono persino un mare di simboli e segni di cui noi oggi abbiamo perso in parte la chiave di lettura. Quei Veneziani di ieri possedevano una forma mentale diversa dalla nostra, più sofisticata e profonda ... Nelle immagini dei dipinti c'era come un'immagine nell'immagine da scoprire, bisognava volere e sapere andare oltre con lo sguardo seguendo dei canoni e delle conoscenze precise davvero sapienti e curiose, talvolta quasi ermetiche e seminascoste, da veri e propri affiliati e iniziati."

"A confronto con i Veneziani di un tempo e certi loro artisti che li interpretavano, noi siamo esteticamente davvero superficiali, quasi ovvi e banali ..."

"Già ... forse è così ... Qui, invece, c'è un'altra curiosità interessante da notare ... I colori del Tintoretto che tanto ci ammagliano erano diversi da come li vediamo oggi. I materiali e i pigmenti a base di terre e di rame si sono ossidati col tempo e a causa dell'atmosfera veneziana. Certi gialli pachi che vediamo oggi erano in origine degli azzurri vivissimi, certi marroncini erano verdi brillanti, certe ombre scure e macchie opache indistinte erano rossi vivaci. Con la salsedine e l'umidità si è arrugginito e ossidato tutto, certe nuvole dei quadri si sono sfaldate e appiattite. Passando attraverso le mani di mille restauri sono diventate ora un cielo grigiastro uniforme e smunto che dice molto poco ... Forse solo una pallida parte di quanto emanava all'inizio appena dipinto."

"Oggi vediamo un altro quadro insomma!"

"Sì. Proprio così ... Hanno calcolato che quel che vediamo, seppure mirabile e bellissimo, è diverso e ridotto di almeno un 60% rispetto all'originale."

"Cavolo ! Non è affatto pochissimo ... L'apparenza inganna per davvero ... Dobbiamo accontentarci di vedere con i nostri occhi quel che si può ... C'era un "più bello" che è andato perduto."

"Certe opere oggi sono delle grandi incognite ... Ad esempio sono rappresentate tante spighe di un prato che era molto diverso da come lo percepiamo oggi ... Vediamo ugualmente delle spighe, ma ci procuravano sensazioni diverse ... e certe visioni, certe forti emozioni, certe immediatezze vivide forse sono andate perdute per sempre."

"Chissà che emozioni provavano i Veneziani guardando questi teleri? Come intendevano il "bello", come lo coglievano dentro a questo tripudio esuberante di ricca bellezza ?"

Rimarranno sempre domande e incognite ... Duetti mentali che continueranno a prenderci ... interrogativi che non ci abbandoneranno facilmente.

"Questo è l'unico Cristo in corallo rosso del mondo !"

"Cavolo ! Che bello !"

"E questo è un libro speciale di mezzo metro di lato, con copertina in legno e con i simboli intarsiati della Scuola Grande. Racchiude il lavoro di una vita intera di un uomo appassionato di Venezia e delle sue cose. Un miniatore, un pittore, un copista, un cronista, un artista polivalente, puntuale, meticoloso e informatissimo. Ha registrato puntigliosamente per decenni tutto quanto è accaduto in questo spicchio di Venezia. Ha raccontato nel dettaglio tutto: persone, eventi, visite, funzioni, processioni, personaggi illustri, censi, controversie, lotte legali, inventari, bilanci, possedimenti, entrate e uscite, i nomi, le firme, i volti ... Ha descritto copiandoli opere, dipinti, sculture, luoghi, situazioni, rendendoci quasi presente la sua epoca e il suo tempo ... In quei tempi non esistevano video e fotografie, ma leggendo questo libro sembra d'essere lì, d'incontrare quell'uomo con tutto il suo mondo curiosissimo. C'è perfino un telegramma copiato compreso il timbro postale ... Questo libro è quasi una macchina del tempo, una radio un telefono che ci trasmette con

perfetta efficienza quel loro mondo sepolto e trascorso ... e in positivo bilancio."

Rimango senza parole, quasi stordito di fronte a tanta meticolosa bellezza ... Poi torno ad uscire nel tempo di oggi. Fuori piove, anzi strapiove, *"scravassa"* intensamente. L'acqua fluisce copiosa ovunque scorrendo di sotto nei canali. Gronda anche su di me, lungo le spalle, la borsa e le braccia ... Bagna anche i pensieri, i ricordi e la mia immaginazione, mentre sta per tornare la Vecchia, la Befana col suo **Panevìn** a scandire il senso del tempo di questi nostri giorni.

Da che parte andrà quest'anno il vento e le faville del fuoco della pira bruciata ? Quali vecchie cose elimineremo simbolicamente nel fuoco come gli antichi di millenni fa ? Che cosa dimenticare e che cosa desiderare e auspicare come bene personale e comune ?

Cercare una speranza e un senso positivo del domani è una molla incontrollabile presente dentro all'animo umano di ogni tempo. Costi quel che costi, ognuno a modo proprio sfida il proprio destino cercando di dargli un volto plausibile, una normalità vivibile in qualche maniera felice.

In questi ultimi giorni di Feste Natalizie e Capodanno altre 7.000 persone sono sbarcate nel nostro paese raccolte in preda e balia del *"mare nostrum"*. Donne incinte, bambini perfino col gattino in braccio ...Tutti a caccia di una qualche speranza, di un sogno, di una qualche novità positiva, di un destino diverso, plausibile, migliore ... In fondo come ciascuno di noi, gli uomini e le donne della Storia e del Mondo sono tutti uguali e sempre gli stessi ... cambiano solo le circostanze.

"Come andrà il fumo quest'anno ? Volgerà a Levante o a Ponente ?" ci si chiede da buoni Veneziani amanti delle tradizioni.

"Se il fuoco e il fumo andranno a Ponente e sera, prendi polenta e metti su calièra ... Sarà un anno di serenità e abbondanza ... Se il fuoco e il fumo gireranno, invece, a Levante e mattina, prendi il sacco in spalla e va a farina ... Quest'anno dovrai andare ad elemosinare qualcosa per affrontare la durezza del vivere."

Sono passati millenni dai primi fuochi forse accesi dai Primi Veneti ... e io sto ancora qui a chiedere, scrivere, pensare e interrogarmi. Quanti destini di donne e uomini si sono susseguiti, sovrapposti, aggiunti ? Forse tanti quanti le faville del fuoco disperso dal vento.

***

_____ *Questa è la sintesi di un post pubblicato nel gennaio 2014 sul mio blog "Venezia di Stefano Dei Rossi" ospitato da Google.*

FRA BALONI E FOGHI ... TORNA EL REDENTOR

La gatta a caccia di fresco è adesa al pavimento come un tappeto ... le zanzare sono trofei ... Venezia è in affanno madida di umido e sudore.

Una turista mattutina e caparbia prova e riprova e riprova ancora a entrare dentro a Venezia in automobile. Mette la retro e volta a sinistra, poi ci ripensa, va avanti e prova a svoltare a destra ... Niente da fare: non c'è verso, non si passa da nessuna parte, non si può andare a spasso per Venezia guidando l'inseparabile prolunga meccanica da cui non sa e non vuole distogliersi.

"San Marco ! ... San Marco ?" insisteva sporgendosi dal finestrino e chiedendo rivolgendosi ... fatalità ... al solito emiplegico che si fumava la pipa appostato sotto alla tettoia del bar di Piazzale Roma per guardare *"chi va e chi viene"*.

Lui l'ha compresa forse a metà perché l'automobilista indomita parlava un inglese smangiato e arrotolato ... Con la *"mano buona"* le ha indicato incerto la direzione dei Garage pubblici, mentre con l'altra mano *"addormentata"* le *"ha dato di gomito"* indicandole l'approdo dei vaporetti:

"Batèo de là sjora ... par San Marco se va solo col vaporetto ... No con la macchina ! ... de là ... de là ... Ma senza ròde ... solo a pìe, camminando ... o col vaporetto ..." ha ripetuto più volte sorridendole con bocca storta e labbro pendulo a destra, e mostrandole con due dita il segno del camminare e muovere le gambe in direzione di Piazza San Marco ... Poi ha desistito scuotendo la testa, vedendo che la turista ignorandolo non s'era affatto arresa all'evidenza e continuava a passo ridotto a circolare per il Piazzale alla ricerca di un *"passaggio buono"* per andare a raggiungere finalmente Piazza San Marco.

Mi ha guardato ... l'ho guardato in un incrocio estemporaneo di sguardi carichi d'intesa Veneziana tutta nostrana.

"Nol la capìse un'ostrega sta qua ... la dev'essere Slava ... De sicuro a xe inebetìa e insonàda." ha commentato nella mia direzione. Infine, probabilmente soddisfatto della sua battuta, si è messo a sorridere di nuovo contorcendo la bocca, succhiando la pipa e sbuffando subito dopo come una vecchia vaporiera fumosa.

Più in là, di fronte, una siepe umana di turisti s'accalcava e prendeva già d'assalto il bus diretto all'aeroporto assediato da borse e valige ... L'emiplegico di prima seduto fuori dal bar ancora chiuso ha continuato a scuotere la testa perplesso.

"Dove vali sti qua ... persi par el caldo ? ... Piccioni viaggiatori ...tutti stretti e schissài come salami ..." e se la rideva di nuovo fra se e se ... dondolando ancora la testa sotto al cappello col frontino rivolto all'insù.

"Stè qua ! ... Dove andè che xe Redentor ?" borbottava a mezza voce ... e se la rideva ancora una volta divertito ... La vistosa scritta della sua maglietta sbiadita e sdrucita recitava sul suo petto: *"Ti porti pègoa e sfiga"* ... ironia della sorte.

Intorno continuava il concerto ossessivo delle cicale che non s'era mai interrotto neanche durante la notte ... La luce del cielo era stirata, come pallida, al mattino non c'è più la luminosità abbagliante di giugno ... Stamattina c'era solo l'apatia quieta e assonnata del primo mattino veneziano ... il sole *"di Caronte"* sembrava una palla rossa infuocata, un'arancia appuntata sulla cornice del cielo, annegata nella foschia che si stendeva ampia fino a levante ... La laguna era uno specchio lattiginoso e insieme lucido, grigio azzurro ... un'immensa spugna che trasudava umori, odori, colori e sapori salmastri nascondendo vitalità invisibili e impensabili

In lontananza alcuni pescatori stavano intenti a saggiare il fondo fangoso immersi fino alla cintola nell'acqua tiepida ... La grande superficie distesa della Laguna assomigliava a un tappeto verde d'inflorescenze odorose, una grande pozza di melassa, di gel delicato, di schiume galleggianti dal sapore amarognolo-dolciastro.

Intanto i pendolari sbarcavano e affollavano le solite strade riempendole come fossero binari di un treno quotidiano affollato ... Le isole lontane sembravano immote, come sentinelle del niente ... sospese fra decantato e dimenticato. Curioso il loro destino ! Ogni tanto vengono ricordate e risvegliate, proclamate protagoniste e regine della Storia per impinguare qualche tasca e consolidare qualche nome a caccia di fama ... poi ritornano a coprirsi di oblio e abbandono col verde che le ricopre ridondante ... come se la calamita degli eventi e della Storia avesse perso il suo potere magnetico ... Rimangono come questa mattina: sagome sperse nella bruma afosa del mattino, riflessi opachi sopra allo specchio turgido dell'acqua liscia della bassa marea ... quasi fantasmi muti e distratti.

Spiace pensare che certi amori dichiarati e strombazzati per Venezia e la Laguna siano spesso solo effimeri e transitori ... più da portafoglio ed effetto più che da affetto ... Ma lasciamo perdere ... come diceva l'emiplegico Veneziano: dopodomani ritornerà di nuovo *"il Redentore"*, *"La Grande notte"*, la *"Notte delle notti"* ... la *"Notte magica"* ... e chi più ne ha più ne metta.

Accadrà di nuovo la secolare Festa veneziana con i magici *"foghi"*, la regata, l'attesa dell'alba sulla spiaggia ... I Veneziani di Contrada, delle **Zattere** e della **Giudecca** hanno già occupato *"i posti"* strategici sulle rive più adatte per godersi lo spettacolo pirotecnico e spartirsi la serata in compagnia cenando all'aperto mangiando *"el saòr"*... In un punto c'è un vistoso segno di vernice per terra, in un altro hanno già piazzato sedie e tavolini, in un altro ancora hanno cinto l'area come se ci fossero lavori in corso, più in là c'è un cartello con su scritto: *"Privato-Occupato"* ... più in fondo ancora ce n'è un altro più spiritoso: *"Alla larga ! Fora dale bàle ! ... El xe nostro ... Non ghe n'è par nissun !"*

Fra sacro e profano si respira ancora aria di festa ... fervono i preparativi, lungo le fondamenta del **Canale della Giudecca** penzolano i festoni con i *"balòni"* multicolori di carta illuminati da dentro con migliaia di lampadine ... il ponte di barche è lanciato attraverso il canale e unisce le due sponde tagliando fuori almeno *"una tantum"* e per qualche ora le Grandi Navi dal passaggio diretto per il Bacino di San Marco.

Quella volta a Venezia tra il **1575** e il **1577** furono quasi cinquantamila le vittime, ossia quasi ¼ dell'intera popolazione. Le cronache del tempo raccontano che la terribile peste probabilmente si sviluppò già dal 02 luglio 1575 in ***Parrocchia di San Marziale nel Sestiere di Cannaregio*** a casa d'un certo **Vincenzo Franceschi** dov'era ospitato un Trentino proveniente dalla Valsugana infetto dal morbo. Quando questi morì, gli furono venduti i vestiti per pagargli il funerale, e furono acquistati da alcune persone della ***Contrada di San Basilio nel Sestiere di Dorsoduro*** dall'altra parte di Venezia, *(dalle mie parti)* dove qualche tempo dopo si cominciò a morire di peste, così come nella casa iniziale del Franceschi dove morirono 3 donne. Il resto venne in seguito da se ... e fra i tanti morì *(forse di peste, o forse no)* anche il famoso pittore **Tiziano Vecellio** ... un dettaglio.

Se Venezia fosse stata liberata dalla pestilenza, il **Senato Serenissimo** il 4 settembre 1576 decretò con 84 voti favorevoli, un contrario e due astenuti di erigere una chiesa sull'isola della Giudecca, vicino ad un Convento che ospitava una quindicina di ***Frati Cappuccini*** raccolti nella chiesetta di ***Santa Maria degli Angeli*** con annesso un piccolo Ospizio per i poveri. Per comprare quel fondo per l'edificazione della nuova chiesa-tempio la Serenissima spese 2.670 ducati, ne aggiunse altri 120 per comprare un magazzino soprastante, e altri 960 ancora per acquistare anche un forno e una serie di basse casette che occupavano la zona. Quel posto era chiamato **"Monte dei Corni"** perché si depositavano là tutte le corna dei buoi e di altri animali che venivano macellati a Venezia soprattutto alla Giudecca zona ricca di numerose concerie, **Conzacurame** e **Pellettieri**.

Il Doge e la Signoria alla testa dei Veneziani avrebbero visitato quella chiesa ogni anno ***"in perpetuo ringraziamento"*** attraversando un apposito ponte di barche gettato attraverso il Canale della Giudecca. Si affidò il progetto della costruzione al famoso **Andrea Palladio** che presentò ben tre progetti elaborando nella sua mente i modelli classici del profilo e dell'idea dell'antico tempio Greco.

Tutto questo accadde nonostante l'opposizione delle vicine **Monache Clarisse del Monastero e Chiesa della Santa Croce** che volevano destinare la loro chiesa come tempio cittadino; e nonostante la feroce **disapprovazione del Papa** che non voleva neanche concedere il permesso ai Frati Cappuccini di ufficiare la Chiesa *(la lotta fra Papato e Venezia era già serrata, e l'anno dell'Interdetto alla città di Venezia non era lontano: sarà il 1606).*

Si collocò perciò solennemente la prima pietra del **Tempio del Redentore** nel maggio del 1577 accompagnandola con musiche composte per l'occasione dal **Maestro Zarlino della Cappella Ducale di San Marco.** Nel luglio dello stesso anno Venezia venne dichiarata liberata dal morbo.

L'anno seguente Doge e Signoria spesero più di 6.000 ducati per far costruire e cesellare 3 calici d'argento, le suppellettili degli altari e tutti i paramenti necessari ai sacerdoti per celebrare i riti nel Redentore ... La costruzione del nuovo edificio, tuttavia, fu rifinanziata per ben 18 volte spendendo ogni volta altri 4.000 ducati, e fu terminata da **Antonio da Ponte** seguace di Palladio.

Il *"Redentore"* venne perciò consacrato solo nel 1592 con la facciata che presenta un grande timpano triangolare e una serie di colonne e trabeazioni in cima ad una gradinata basilare di 15 gradini. Al complesso si aggiunsero anche un nuovo Convento per i Frati con annessa Infermeria. L'interno della chiesa, invece, è una grande aula luminosa longitudinale illuminata da finestre termali, con un grande arcone trionfale centrale sormontato da pilastri e cupola sotto cui troneggia un grande **Crocifisso Nero come la Peste ossia il Cristo Redentore ossia Salvatore, Guaritore** ... la controfigura dei Veneziani sofferenti di quel secolo ... Quel Cristo Nero è un'immagine molto potente, impressionante, perché ribadisce e sintetizza plasticamente il volto di Venezia che era ancora una volta diventato *"Nero Morto di Peste".*

Curiosamente tutto questo continua e funziona ancora oggi, incredibilmente dopo diversi secoli ... anche se si sa bene che *"il sentire interiore"* dei Veneziani è molto cambiato ... come quello di tutti.

Però ce l'hanno ancora viva dentro quell'idea del Redentore.

"In certi momenti della giornata di lavoro ... a suon di rimanere qui a scrivere davanti al computer, ho la testa che sembra trovarsi dentro ad

un grande alveare ... Mi sembra di avere i foghi del Redentore in testa ... Per più di due terzi il nostro lavoro è ridotto a riempire carte e s'affossa dentro a mille dettagli di burocrazie spesso ridondanti e inutili ... per quattro soldi poi ... Benedetta pensione ! ... A quando il nostro appuntamento ?"

Quello della pensione è ormai un mantra sempre più ripetuto da molti colleghi e conoscenti, ossessivo, quotidiano ... Un tempo non lontano si bramavano di più altre cose: l'Amore, una donna, una famiglia, i figli, l'amante ... forse divertirsi, mangiare e bere, viaggiare ... i soldi ... il lavoro ... Oggi va molto di moda bramare la pensione che sembra una liberazione dalla pestilenza deleteria del lavoro. Paradosso del lavoro: tutti lo cercano e lo vogliono ... ma chi ce l'ha non sogna altro che di liberarsene e dismetterlo ... Ma sul Redentore c'è dell'altro ... anche nel contesto insolito dell'ambiente quotidiano dell'ospedale: *"Non ne posso più ... Non c'è più nessuno che mi vuole: né colui che è stato il mio uomo, né mia figlia che si era già presa e occupata di me ma soprattutto della mia casa ... Non me l'ha perdonata d'esserci ritornata a vivere dentro ... La considerava già sua, e non me la vuole più restituire ... "Perché non te ne sei rimasta in ospedale ?" mi ripete ogni giorno ... Come farò adesso ? Dove andare ? Chi potrà proteggermi ? ... Allo stesso tempo non riesco a ribellarmi: in fondo sono i miei, il mio sangue ... L'ultima volta che sono rimasta a casa dal lavoro sono rimasta tre giorni interi rinchiusa nella mia stanza senza mangiare né bere ... Sono sfinita, esausta, dimagrita, sfatta ... Mi sento sola e impotente ... Non sto bene, e soprattutto non so che cosa sia meglio fare, nè come farlo ... Solo sul posto di lavoro, lontano da casa, sto meglio, mi sento a mio agio e protetta ... Casa mia sta diventando un inferno ... Faccio anche pensieri assurdi ... Temo che mi droghino, che mi facciano far stranezze per inguaiarmi del tutto e liberarsi di me ... Ed ho anche paura di perdere la testa, di compiere sciocchezze per davvero ... Mi servirebbe un miracolo, come quello della Salute e del Redentore ..."* mormora una paziente neanche tanto anziana in questi *"giorni di Redentore"*.

Memori quindi del passato, rieccoci quindi dentro all'attualità odierna ... e preoccupati del domani. Potrò sembrare demagogico, scontato e forse banale, ma viene da chiedersi da quante e quali pesti moderne avremmo bisogno d'essere liberati oggi ?

Tante di certo ... Servirebbe per davvero che si ripetesse un'altra volta in maniera moderna *"il miracolo-evento"* del **Redentore** e della **Madonna della Salute** ... Non solo come memoria e vecchio ricordo e basta, ma come miracolo vero e proprio, come rinnovamento strepitoso e sorprendente di quello che siamo ridotti e soggetti ad essere oggi in questo nostro tempo.

Molti Veneziani vorrebbero di certo che accadesse il miracolo del lavoro soprattutto per i giovani ! ... e anche che riuscissero a scuotersi di dosso quel pesante vestito di apatia, indifferenza, torpore, noia e incapacità di appassionarsi a qualcosa o qualcuno ... Piacerebbe a tanti che cadesse quell'andamento già visto e ritrito da: disilluso, consumato, toccata e fuga, sballato, svampito e demotivato A chi è meno giovane, piacerebbe poi che anche il lavoro stesso fosse più umano, più professionale nella vera accezione del termine ... Non serioso e perfettino, ma vissuto bene: in maniera serena e costruttiva, non stressante e solo iperproduttivo come accade spesso oggi, solo finalizzato al pressante ritorno economico.

"Sono tante le pesti da cui ci piacerebbe essere liberati !" mi spiega una conoscente Venezia d.o.c. *"Anche dalla peste e dalla smania di guerreggiare, tagliare teste, scoppiare per aria, uccidere e squartare in nome della Religione e delle risorse, o perlomeno con quelle scuse ... Ci piacerebbe che accadesse il miracolo di non costruire più muri separatori nel mondo, la liberazione dalla peste delle migrazioni mortali oltre i mari e le frontiere ... Ci piacerebbe che il mondo guarisse dalla peste dell'AIDS, di Ebola, del Cancro, della SLA ... ma anche dalla piaga della droga, della corruzione, della fame, della pedopornografia e di tutto quanto ci ruota attorno soprattutto dentro a certi mondi "insospettabili" e ufficialmente "Santi e puliti" ... Magari si riuscisse a vincere la peste dell'ignoranza, quella della devastazione dell'Ambiente e della Natura, la lotta per*

l'acqua, l'energia pulita ... Quanti sogni ! ... Quanti miracoli servirebbero!"

"Condivido ! Condivido ! Servirebbero tanti nuovi Redentori e tanti nuovi miracoli." e mi ritrovo a pensarlo e dirlo incollato dentro all'afa appiccicosa di questi giorni di luglio ... Mi guardo di fronte ... *"Saranno simili i miei desideri a quelli che forse starà facendo il barbone che dorme "beato" sotto al People Mover tenendosi stretto sotto alla testa la preziosa borsetta con tutti i suoi averi ... Chissà quali miracoli sognerà di vedere realizzati ?"*

Rialzo la testa nell'aria già rovente del mattino smontando da questi pensieri ... Decine di uccelli diversi gorgheggiano sparsi ovunque, nugoli d'insetti popolano l'aria, il terreno, l'acqua ... nascosti nel folto di un'infinità di Piante ed Erbe che crescono, respirano accanto ... anche se non ce ne accorgiamo, in un inquietante silenzio rumoroso popolato da milioni di presenze, occhi e orecchi invisibili che ci accompagnano e comprendono, avvolgono e contengono ... Quante sensazioni speciali dentro a questa solita Festa del Redentore che torna e sta già ricominciando ...

***

_____Questo post è stato pubblicato nel luglio 2015 nel mio blog "Venezia di Stefano Dei Rossi" ospitato da Google.

SAN MARCO IN BOCOLO

Vi siete mai chiesti perché Venezia ha scelto proprio San Marco ?

Voglio pensare che ogni Veneziano di certo lo sa, e che l'attaccamento di tanti al gonfalone di San Marco non sia solo un rispolverare una vecchia memoria storica vaga e nostalgica. A tanti Veneti e non Veneti piace l'idea di paludarsi e appropriarsi della Storia maiuscola di Venezia per farsene un titolo di nobiltà, d'origine e illustre privilegio. Venezia Serenissima è di certo un'enorme garanzia perché di lustro e di gloria ne ha di certo da vendere. Ma non basta indossare la *"divisa veneziana"* per esserlo per davvero, si rischia di farne solo uno stereotipo fasullo e una magra immagine funzionale e ad effetto ... Venezia e San Marco in realtà sono ben di più, molto di più.

La Festa di San Marco per i Veneziani d.o.c. è ogni volta un'emozione, forse più del proprio compleanno perchè man mano che passano gli anni richiama sempre più la fosca e acciaccata vecchiaia. Viceversa pensar Venezia non è così, è un riferimento allegro che fa inorgoglire e sentire bene nonostante siano trascorsi i secoli.

Venezia è stata ed è unica, una realtà potente, bellissima, fascinosa in maniera inesauribile ... è come una bella donna che nonostante siano trascorsi gli anni piace lo stesso perché ha assunto una connotazione matura, una luce, una particolarità nuova che è ancora diversa. Venezia appassiona, non stanca, e viverci dentro nonostante tanti problemi logistici ed economici è e rimarrà sempre come galleggiare dentro a un sogno.

Per questo ogni volta che torna **San Marco in Bòccolo** si respira quella sensazione frizzante d'allegrezza e festa. Non importa se si lavora, se si è a casa, in Piazza, sperduti per le calli o prigionieri in qualche letto d'ospedale. In questo giorno sole o pioggia che sia, ogni Veneziano avverte come un fremito. Non importa neanche se sei donna, uomo, vecchio, giovane o bambino ... Ognuno dal proprio punto di vista e da dentro il suo stato avverte un brivido. Per qualcuno sarà molto di più: un brivido potente capace di trasformarsi in febbre, in sentimento ... per altri, invece, sarà solo vaga sensazione d'appartenenza, piacevole senso di far parte di questo insieme mitico avvolto da tanta eterea bellezza artistica e storia.

Con una certa presunzione mi verrebbe da dire: ***"Solo chi è Veneziano fino in fondo potrà capire ..."*** I vecchi Veneziani hanno sempre detto che da metà del Ponte Ferroviario inizia l'alterità, la Campagna ... Non è uno spregio, una minorazione razzista e irriverente ... ma la sensazione che man mano che ci si allontana da questo microcosmo intrappolato nella Laguna qualcosa va mancando e si va via spegnendo e assopendo. Qui a Venezia esiste qualcosa che non c'è altrove, una realtà che sta solo dentro alle calli, i campielli, le corti, le fondamenta, i portici e tutto il resto.

Lo so che sembrerò forse esagerato ... ma l'acqua di Venezia è diversa da quella di tutto il resto del mondo, e solo chi vive o viene qui potrà intendere il significato di queste Veneziane acque salate. La Venezianità non s'inventa, anche se si può provare a inseguirla, farla propria, e amarla un poco.

Quand'ero bambino mi soffermavo estasiato nella *"piazza"* del mio paesotto lagunare sperso in fondo alla Laguna ad ascoltare *"i grandi"* che cantavano appena fuori o dentro delle osterie del paese.

Solo pescatori e isolani ubriaconi direte ... Macchè! Erano gente insieme qualsiasi e speciale: lavoratori, pescatori, padri di famiglia, papà e mariti affettuosi *(non sempre)* ... che mi stupivano. E sapete perché ? Perché ogni tanto mentre cantavano certe canzoni: piangevano.

Sì piangevano pur essendo uomini fatti e maturi, temprati dalle esperienze e dalle cose della vita. Piangevano per la commozione per la partecipazione a quel che cantavano ... A volte si trattava delle canzoni tristi della guerra, altre volte quelle neniose e un po' sdulcinate della *"caccia romantica alla bella"* ... e altre volte ancora era per quell'ultima canzone che spesso chiudeva l'ampia bevuta e l'intera serata.

Era una canzone che cantavano tenendosi spesso a braccetto, gorgheggiando e tremulando la voce e facendosi appunto venire i lucciconi agli occhi per l'entusiasmo e la partecipazione. Molti di loro erano rudi e *"grezzi"* pescatori avezzi a vivere di stenti e dentro alle asprezze della Laguna e del mare ... eppure si commuovevano. Sembravano quasi felici nel cantare quella cosa ... e sentirsi felici è sempre una cosa seria, non è mai banale in qualsiasi momento accada.

Li ricordo ancora: iniziavano quasi bisbigliando, sottovoce, come concentrandosi, cercando la giusta atmosfera ... e scrutandosi fra loro negli occhi:

"Il nostro vessillo vogliamo sul mar ... L'inno di guerra San Marco dei prodi...E tra quel silenzio di tanti canali si sente la voce del suo gondolier ... Che spinge la barca vogando sul remo cantando con voce la mesta canzon ..."

Poi iniziava la canzone vera e propria, quasi un dialogo, una chiamata, una lettera scritta da *"innamorati"*: *"Mia cara Venezia, mia patria diletta, tu fosti regina possente sui mari ... Tu fosti regina possente sui mari ... cinta di glorie, speranze d'amor..."*

Infine un grido di gioia, un'esultanza in crescendo, sempre più forte, alto e assillante ... come quello dei Fanti da Mar che sbarcavano all'assalto dalle galee della Serenissima, come l'entusiasmo di quando si vedeva e si applaudiva il passaggio del Doge ... quasi si vedesse passare il **Leone di San Marco** vivo e vegeto, in persona: *"**Viva Venezia ! ... Viva San Marco ! ... Evviva le glorie del nostro Leon ... Viva le glorie del nostro Leon...**"*

E ripetevano quel crescendo intensissimo con un trasporto potente, da brividi, che mi teneva impietrito e fermo ad ascoltare ... Ho imparato anch'io presto a memoria quelle parole piacevoli ... iniziando a sussurrarle e canticchiarle sottovoce insieme a loro ... sebbene a debita distanza: *"**Viva Venezia ! ... Viva San Marco ! ... Evviva le glorie del nostro Leon ... Viva le glorie del nostro Leon.**"*

Alla fine del canto ripiombava sulla piazza il silenzio totale, era iniziata la notte ... e s'era concluso tutto, ciascuno rientrava o veniva riaccompagnato *"a braccia"* a casa. Quasi mi dispiaceva ... era come se nell'aria fosse rimasta una voglia, la nostalgia di qualcosa che era necessario ripetere e risentire presto, un'emozione magica che era utile riprovare anche se in fondo si trattava solo di una vecchia canzone.

Ancora oggi dopo tanti anni sento vibrare Venezia intorno a quella canzone ... e chissà perché mi sono svegliato con in mente le note di quel canto un po' pomposo e solenne.

Mi chiedevo all'inizio di questo post: perché i Veneziani hanno scelto proprio l'immagine, il volto di **San Marco** ? Venezia che stava diventando Serenissima aveva già un suo antico santo protettore di origine Bizzantina-Esarcale-Imperiale-Ravennate a cui teneva tantissimo: era **San Teodoro, San Tòdaro** detto alla Veneziana.

Perché s'è liberata di lui e l'ha messo da parte per *"Indossare e adottare"* la figura di **San Marco** ?

La spiegazione è variegata e forse si perde nei meandri delle opportunità e delle vicende della Storia. Ma c'è di certo una motivazione che fra le tante esercita un suo fascino e spiega tante cose. Venezia ha scelto San Marco perché era il *"numero due fra i Santi disponibili sulla piazza della Religione"*.

"Santo numero Due ?" direte, *"Ma che significa ?"*

Semplice ! ... Il Santo più importante, il *"Number One"* era occupato da Roma, dal Papa, era perciò **San Pietro**: il Santo Apostolo che ha ricevuto direttamente il mandato dal Christo Sempiterno di *"tenere le chiavi della Storia"* e di *"pascere come amorevole pastore i fratelli, correligionari e discepoli, governare le genti, ossia guidare la Chiesa."*

Pietro e il Papa di Roma erano quindi quasi necessariamente per tutti i *"depositari diretti del Cristo"*, ossia i *"primi della classe"*.

Al Doge e ai Veneziani non andava di certo giù quell'idea d'essere per forza subalterni e venire dopo. Non piaceva alla Serenissima l'idea d'essere *"da meno del Papa"* col quale non eccelleva nei rapporti di cordialità e confidenza, e soprattutto nelle relazioni di natura politica ed economica.

Allora Venezia fece la bella pensata.

Se San Pietro era di certo il *"Santo number one"* ... San Marco era altrettanto certamente il *"Santo number two"* perché era amico, discepolo e collaboratore diretto, e forse anche parente stretto di San Pietro. Si è sempre saputo, infatti, che il **Vangelo di San Marco** è nato ed è stato scritto riportando le rivelazioni, le parole e i fatti vissuti direttamente da San Pietro.

Nel Vangelo si racconta, infatti, che un giovinetto seguiva quasi costantemente **San Pietro** anche di notte, come un amico fidato, un emulatore mai stanco di ascoltare quell'uomo che viveva appiccicato alla tonaca del famoso Gesù Cristo. La tradizione dice che quel ragazzetto era **San Marco**, e che una certa notte fu intravvisto nel buio, inseguito e preso da alcuni soldati … lo racconta il Vangelo, mica io … ma che al momento della cattura: sgusciò via nudo scomparendo nella notte, lasciando in mano agli inseguitori soltanto un leggero lenzuolo, una veste vuota.

Quello era San Marco ! … Forse l'amico intimo, di certo il confidente stretto di San Pietro.

Come sapete meglio di me, Pietro, ossia San Pietro non ha mai scritto un suo Vangelo, sebbene fosse stato l'Apostolo-Capo, il *"number one"* di quelli che giostrano intorno al Cristo. Non esiste un **Vangelo secondo San Pietro**.

La Tradizione, infatti, racconta che San Pietro vecchissimo, ha raccontato tutto quello che aveva provato, sentito e vissuto accanto al Cristo al suo amico fidato, cioè Marco che è così diventato l'**Evangelista San Marco**. Infatti esiste l'omonimo **Vangelo di Marco**, che fra i quattro Vangeli viene considerato il più antico, e forse il più autorevole e genuino, quello *"di prima mano"*.

Al di là dei riferimenti alla Tradizione Cristiana, i Veneziani comunque misero in quell'immagine di San Marco qualcosa in più. Ci aggiunsero qualcosa di politico, anche furbesco, un motto tipicamente Veneziano, un po' da affaristi e Mercadanti. L'aver *"sposato"* e fatto propria l'immagine di San Marco conferiva a Venezia un volto, una connotazione pesante, un'autorità tale da poter competere anche con Roma e il Papa stesso.

"Se il Papa ha San Pietro, noi abbiamo San Marco !" pensavano i Veneziani di allora. *"E se Pietro è garanzia di autorevolezza, Marco non è da meno perché ha partecipato da vicino come Pietro alle cose del Cristo … Inoltre San Marco ha seguito una sua libera strada, non era intruppato nel gruppo degli Apostoli, era riverente, interessato e vicino a Dio, ma con una sua libertà e distanza, non inquadrato, suddito e subalterno stretto come tutti gli altri Apostoli e Discepoli…"*

Venezia quindi non si sentiva costretta a soggiacere alla giurisdizione di San Pietro, ma San Marco era capace di procurarsi quasi un contatto diretto con l'Infinito e Dio, una sua via prioritaria e indipendente che non passava necessariamente per Pietro e l'autorità del Papa di Roma.

Ecco perché Venezia Serenissima si è sempre sentita così libera e autonoma ... perché aveva ed era come San Marco, ossia sentiva di possedere da dentro le proprie radici un proprio *"Credo"* diretto, senza bisogno di conferme da parte di altri ... Papa compreso.

La Storia la conoscete meglio di me, perciò sapete bene come sono andate le cose lungo i secoli. Venezia Serenissima si è sempre destreggiata con la Chiesa e il Papa, e ha sempre voluto mantenere la sua libertà e la sua capacità di pensare e agire liberamente, anche tollerando e aprendosi a convinzioni ideologiche e religiose diverse ... qualora fossero state utili al suo imperativo economico e politico.

Venezia, insomma, non ha mai inteso essere ***"seconda"*** a nessuno ... se non a Dio stesso.

Un po' contorta come spiegazione e consapevolezza storica assunta da Doge & C ... Ma se non è autostima questa ?

Avete mai visto per caso in giro per il mondo una bandiera simile a quella di San Marco e di Venezia ? ... No vero ?

Ecco un altro piccolo segno di questo sentirsi *"unici"*, diversi seppure affini a tutti gli altri. Comunque Venezia è sempre stata aperta e tollerante, è stata ed è porto di mare disponibile ad accogliere chiunque, senza preclusione alcuna ... seppure con le dovute accortezze. A Venezia si sapeva sempre chi comandava ... e come si doveva vivere.

Ecco allora che quando ogni mattina e sera osservo fluttuare nella mia calle un grosso gonfalone di San Marco appeso sulla corda per stendere la biancheria che va da una casa all'altra ... ecco che avverto di nuovo quella fine e inconfondibile emozione ... ripenso a tutti questi discorsi, a quei miei vecchi che si commuovevano cantando, e mi sento fiero e orgoglioso d'essere Veneziano anch'io.

Sembra che l'***Inno a San Marco***, divenuto patrimonio di tutti i Veneziani d.o.c., sia strato scritto e musicato nel 1912 in occasione della ricostruzione del *"paròn de casa"*, ossia il Campanile di Piazza San Marco.

Ricordo che tredicenne, dopo aver ascoltato e canticchiato tante volte quella canzone insieme agli ubriachi col boccale in mano dentro e fuori alle bettole della mia isoletta di Burano, mi sono ritrovato di ritorno da un prolungato soggiorno in montagna. Imboccando *"il ponte translagunare"*, e rivedendo l'acqua della Laguna dopo tanta terra, gran parte di quelli che stavano con me nell'autobus hanno intonato quel canto apparentemente nenioso. Riconoscendo quelle parole sussurrate fin dall'inizio, e poi letteralmente esplose in quel *"Viva San Marco !"*, mi sono accorto che uno seduto davanti a me piangeva commosso.

Possibile ? Così tanto affetto per Venezia e le sue Lagune ?

Mentre l'autobus correva traballante verso Venezia mi sono allora guardato intorno, e ho capito ancora di più il senso di quella canzone, e soprattutto ciò che poteva starci dietro ... Il mio occhio era estasiato dallo spettacolo di quelle lagune che erano anche mie, e in me si è accesa dentro una profonda e raffinata emozione cullata da quel canto che è diventata passione ... Dopo tanti anni deve ancora spegnersi e spero non si esaurisca mai ... come in tutti gli altri Veneziani.
Sdulcinato ? Nostalgico ? ... Forse.
Non sono nato ieri, perciò ne ho viste tante come tutti, ma da quel giorno l'Inno a San Marco ogni volta mi mette *"un groppo in gola"*.
Ho capito anche i miei canori e allegri compaesani ubriachi Buranelli di un tempo ... erano ubriachi anche d'affetto e passione per le loro origini e la loro terra bagnata.

"Viva el Doge, Viva el mar! ... Viva el Doge, Viva el mar ... Viva el Doge, Viva el mar ... Al grido di guerra San Marco risponde: il nostro vessillo vogliamo sui mari,
Si fa silenzio nei tanti canali: udiamo la voce del suo gondolier che spinge la barca vogando sul remo, cantando con voce la mesta canzon.
Mia cara Venezia, mia patria diletta, tu fosti regina possente sui mari.

Tu fosti regina Possente sui mari. Cinta di glorie, speranze ed amor.
Viva Venezia ... Viva San Marco ... Evviva le glorie del nostro Leon, viva le glorie del nostro Leon!"

Sarò anche nostalgico ... ma **Buon San Marco** a tutti ... Veneziani e non ... **Auguri a Venezia** ! ... ancora Regina anche se un bel po' vecchiotta ... e **Viva San Marco !** ... il nostro Leon dalla criniera un po' rada e scompigliata, e dal ruggito un po' rauco e provato dai secoli vissuti ... un po' come noi Veneziani un po' raffreddati e flemmatici di oggi.

***

_____questa è la sintesi di due post diversi ospitati da Google nel mio blog "Venezia di Stefano Dei Rossi", e pubblicati col titolo: "Viva San Marco ! ... Viva Venezia !" nell'aprile 2014, e col titolo: "San Marco in Bòcolo" nell'aprile 2016.

LA FESTA DELLA SENSA E LO SPOSALIZIO DEL MARE A VENEZIA

Oggi si ricelebra a Venezia ancora una volta la **Festa della Sensa o dell'Ascensione di Cristo**. La festa è nata con l'intento degli antichi Veneziani di commemorare insieme due eventi che ritenevano importanti per la Serenissima. Il primo fu che il 9 maggio dell'anno 1000 sotto il **Doge Pietro Orseolo II°** i Veneziani salvarono i popoli della Dalmazia dalle minacce dei **Croati** e degli **Slavi Narentani** ... e perciò per proteggere meglio quelle indifese genti oltremare ne incamerarono terre e risorse. Infatti da quel momento il Doge di Venezia divenne anche: **Duca di Dalmazia**.

Il Doge era partito da Venezia per quell'operazione militare proprio il giorno dell'**Ascensione**, e giunto in Dalmazia mise a ferro e a fuoco le isole di **Lissa**, **Curzola** e **Lagosta** avamposti tradizionali dei Pirati, poi risalì il fiume **Narenta** e fece il resto facendoli capitolare e arrendere del tutto ... per forza: li aveva trucidati tutti. Quel gesto guerresco fu l'inizio ufficiale dell'epopea economico-politica dei Veneziani sul Mediterraneo, operazione militare di successo sostenuta e condivisa anche dai **Patriarchi di Aquileia e Grado**, e addirittura dal **Papa Silvestro II°**, che sembra in quell'occasione abbiano benedetto e inaugurato insieme per la prima volta il **Gonfalone di San Marco col Leone alato** issato dalla **Flotta da Mar** della Serenissima Repubblica Veneziana.

Lo **Sposalizio del Mare** da parte della Serenissima associato alla stessa festa risale, invece, al 1177. Nel 1177 sotto il **Doge Sebastiano Ziani**, che era d'accordo con i **Re di Francia, Spagna e Inghilterra**, **Papa Alessandro III** amico dei Normanni che lo portarono in nave fino a Zara per poi trasferirlo su navi Veneziane, e l'**Imperatore Federico Barbarossa** che scelse Venezia perché: *"...città più sicura e abbondante di ogni cosa e di una popolazione quieta ed amante della pace."*, s'incontrarono nella zona neutrale della Laguna per definire finalmente la pace fra **Papato** e **Impero**.

Già che c'era, l'**Imperatore Barbarossa** prima di passare per Venezia si fermò un attimo a **Chioggia** dove i **Vescovi di Ostia, Porto e Pellestrina** a nome del Papa sistemarono una volta per tutte certe sue pendenze col Papa che l'aveva più volte scomunicato per via di eresie e abiure varie, e lo assolsero da ogni censura e condanna.

Per l'occasione convennero a Venezia più di 3.000 fra dignitari, diplomatici, invitati, Cavalieri e soldati di scorta, e sotto gli Arconi e il Portico della Basilica di San Marco i due potenti *"capi di Stato"* stipularono un trattato di pace di almeno sei anni ponendo fine a lotte e a disaccordi che duravano ormai da secoli.

La leggenda sorta su quell'incontro racconta cose curiosissime: si dice che il **Barbarossa** si sia buttato a baciare i piedi del Papa, e che lui l'abbia contraccambiato scambiando il simbolico e beneaugurante *"bacio di Pace"* sulla bocca.
Lo storico **Obone da Ravenna** aggiunge che mentre l'Imperatore baciava il piede al Papa, costui gli abbia messo il piede sopra il collo dicendogli beneaugurante: *"Camminerai sull'aspide e sul basilico !"* (che non è l'Erba medica ma una ferocissima Bestia mitologica: il Basilisco). Il Barbarossa sembra gli abbia risposto: *"Non tihi, sed Petrus"* ossia: *"Guarda che non mi inchino davanti a te, ma a Pietro, ossia il rappresentante di Dio"*. Allora si dice che il Papa gli abbia risposto: *"Et mihi et Petrus"* ossia: *"Ti stai inchinando sia davanti a me che a San Pietro"*, come a dire: *"Ti inchini due volte, ossia: "Ti umili proprio del tutto ... che di più non si può"*.
Vero o non vero che sia stato tutto questo ... poco cambia, si tratta solo d'infiorettamenti della Leggenda. Mi pare improbabile che il Barbarossa si sia tanto umiliato col Papa ... Comunque a ricordo di quell'incontro esiste ancora oggi nel **Nartece della Basilica di San Marco** una losanga bianca che indica il punto preciso dove avvenne quell'incontro.

La cosa che contò di più in quel frangente fu che Venezia ebbe riconosciuta ufficialmente la sua valenza politica da parte di tutte le potenze Europee dell'epoca ... La Serenissima era entrata a far parte ufficialmente delle *"Grandi Nazioni"*.

Sembra ancora, che il Papa, già che si trovava a Venezia, al di là delle vertenze politico-economico-commerciali che di certo gli interessavano di più, non abbia perso l'occasione per fare anche un po' il Papa vero e proprio. Perciò si mise a consacrare nuove chiese come **San Salvador, Ognissanti e Santa Maria della Carità**, e a concedere indulgenze a destra e a manca soprattutto alla chiesa di **San Marco**. Mise fine anche agli eterni

contrasti e lotte fra il **Patriarcato di Aquileia** e quello di **Grado**, *(che nel frattempo era diventato amico della Repubblica Serenissima tanto da essere andato ad abitare in suo palazzo a **San Silvestro**)*, assegnando ai Patriarchi la giurisdizione sulle **Diocesi di Capodistria, Parenzo e Pola**, oltre che l'intera **Dalmazia e Istria** ... Perché al Doge sì il Dominio sulla "**Dalmazia et Istria**" e ai Patriarchi no ?
Era meglio equiparare, pareggiare le cose fra Civico ed Ecclesiastico ... cancellando certe scomode differenze gestionali.

In vena di donazioni e contributi, il Papa donò anche al Doge una "**Rosa d'oro**", il privilegio dell'"**Ombrella**", e il privilegio dello "**Stocco et Pileo**" che lo definiva: "**Defensor Ecclesiae**". A completamento del gesto, gli donò anche un anello benedetto che da quel momento il Doge usò per lo sposalizio del mare il giorno della "**Sensa**".
Qualche malizioso dell'epoca aggiunse subito ironicamente che il Doge cercò di sbarazzarsi appena possibile ed elegantemente di quello scomodo anello Papale buttandolo in acqua a caccia di vera e redditizia Fortuna piuttosto di tante benemerenze fumose e vuote.
In quella stessa occasione sembra che il Doge si sia dimostrato *"Gran Signore"*, perchè donò in cambio al Papa otto vessilli con il Leone di San Marco, i famosi *"Vexilla triunphalae dogali"* che precedevano le sue processioni ufficiali: rossi, verdi, celesti e gialli *(come i colori delle bandiere delle Regate)*. Si dice che quelle bandiere avessero un particolare significato durante le processioni Dogali: se aprivano il corteo i **vessilli rossi** significava che la Repubblica era in guerra; se bianchi: in pace; se verdi: in guerra col Turco; se celesti: la Serenissima stava vivendo un periodo di neutralità.
E' una storia simile a quella del **Leone di San Marco**, che se mostrava di tenere il libro aperto fra le zampe significava che Venezia era intenta a dispensare Pace come gli aveva insegnato il suo Evangelista: *"PAX TIBI MARCE EVANGELISTA MEUS"*; mentre se il Libro era tenuto chiuso fra gli artigli, significava che Venezia si trovava in guerra. Infatti il Leone Marciano veniva raffigurato con una spada sguainata, e ruggiva feroce mostrando denti e artigli sotto a una criniera scompigliata e arruffata da far paura, con le zampe anteriori sulla **Terra** e quella posteriori sul **Mare** a simboleggiare i due **Domini della Serenissima**.

Come sapete meglio di me, il giorno della **Festa della Sensa**, che sarebbe l'**Ascensione di Cristo al Cielo**, il Doge guidava sul suo **Bucintoro** la solenne processione acquea di barche che usciva dal **Molo di San Marco** e si recava *(e si reca ancora oggi)* fino alla **Bocca di Porto del Lido** davanti alla chiesa di **San Nicolò Patrono dei Marinai e dei Naviganti**. Lì il Doge pregava a nome di tutti i Veneziani dicendo fra l'altro: *"**...per noi e per tutti i navigatori il mare possa essere calmo e tranquillo ...**"*, poi aggiungeva recitando la Formula Rituale: *"**Desponsamus te, Mare ... In signum veri perpetuique dominii...**"* *(Ti sposiamo, mare. In segno di vero e perpetuo dominio)*. Poi come da cerimoniale il Doge *"**Sposava il Mare**"* gettando in acqua quel famoso anello da sposo donatogli dal Papa. *(si dice che c'era immediatamente una squadra di Veneziani tuffatori che s'immergeva subito per recuperare l'anello e restituirlo al Doge in cambio di congruo premio-gratifica)*.

Di certo quel gesto scenico non ricalcava solo un Rito leggendario di *"**Mistica unione sponsale**"*, ma rispolverava anche un significato propiziatorio e di buona sorte forse di antichissima origine pagana già presente fra le **Genti della Laguna** chissà da quanto tempo.
In ogni caso: tutto bello ! … sia leggenda che gestualità … Anche questo è Venezia con la sua Storia e le sue superbe Tradizioni.
Un unico neo però … Credo sia legittimo interrogarsi da buoni Veneziani d'oggi su che cosa intendano *"**sposare di Venezia**"* i nostri ultimi Sindaci come Cacciari, Orsoni e Brugnaro … Qualche dubbio e perplessità resta confrontandoli con l'antica Storia … Speriamo bene, come hanno sempre fatto nonostante tutto i Veneziani di ogni tempo.

Buona Festa della Sensa a tutti i Veneziani !

***

Il post su Internet è stato scritto in origine come: "Una curiosità veneziana per volta." - n° 105, e pubblicato su Google nel maggio 2016.

Foresti, Ghetti, Ebrei e Armeni

- *Casa sora casa ... i Ghetti di Venezia compiono 500 anni.*
- *Bepi del giazzo e gli Armeni a Venezia.*

CASA SORA CASA ... I GHETTI DI VENEZIA COMPIONO 500 ANNI

Il Ghetto, gli Ebrei, la Shoah sono argomenti più grandi di me. Mi è difficile parlarne e dire cose che non siano già state dette e per di più: dette molto bene. Le parole a volte sono troppo povere e superflue, perciò è meglio tacere e accontentarsi di contemplare e riflettere su certe memorie che sono realtà ancora vive e mai concluse.

Mi diceva uno che del Ghetto se ne intende: *"Gli Ebrei del Ghetto sono: casa sora casa ... strato sora strato, Storia dopo Storia, Ghetto dentro a un altro Ghetto ... tutti compattati insieme come una torta millefoglie ... Ghetto è paradigma di una lunghissima Storia che appartiene a tutti i Veneziani, un susseguirsi ininterrotto di vicende, scontri e incontri, frammistioni e sovrapposizioni, tolleranze e intolleranze, rifiuti umilianti e offensivi amalgamati con grandi passioni umane e intense devozioni ... Il Ghetto è un denso costrutto, uno stretto abbraccio, un condensato mirabile di Venezianità religiosa, sociale, artistica e storica difficile da spiegare e ridurre a poche parole ... Il Ghetto è un posto da vivere e incontrare."*

"A dire il vero, i Veneziani li hanno un po' strapazzati gli Ebrei, spremuti e strumentalizzati ... In questo caso l'immagine della Serenissima sempre aperta, accogliente e tollerante è un po' fasulla ..."

"Vero ! ... La Serenissima è sempre stata interessata innanzitutto ai suoi affari e ai suoi successi politici ed economici ... In fondo i Veneziani hanno relegato, murato, esorcizzato e circoscritto il fenomeno degli Ebrei dentro alla "Corte di case e al Comune ridotto" chiuso fra canali e con portoni e cancelli, con i guardiani e le barche che vi giravano intorno. Gli Ebrei hanno avuto la possibilità di esserci solo nella misura in cui potevano rivelarsi utili e funzionali per la Repubblica ..."

"Per quanto si voglia indorare e raddolcire la pillola amara, bisogna dire insomma che i Veneziani sono stati interessati ai soldi e alla capacità imprenditoriale e mercantile degli Ebrei più che ad altro ... Volevano *confinarli in isola alla Giudecca, e forse a Murano come si era fatto con i scomodi Vetrai pericolosi per il fuoco, e per i Pelletteri, Curameri e Tintori che ammorbavano l'aria e l'acqua con i loro prodotti pestilenziali e puzzolosi."*

"E' l'atteggiamento che ha mostrato per secoli tutta l'Europa e l'Occidente ... Anche a Venezia l'estraneo, il foresto, il diverso è sempre stato figura da digerire e assimilare un poco per volta ... quasi come una medicina amara ma necessaria."

"Ho sentito che il Parroco della Contrada di San Marcuola, quella dentro e vicino alla quale gravitava il Ghetto, intendeva costruire una succursale della sua chiesa proprio nel bel mezzo del Ghetto per ribadire anche plasticamente e visivamente, se ce ne fosse stato bisogno, chi era a primeggiare e comandare a Venezia, quale fosse stata "la maniera giusta di vivere" che meritava considerazione ... Per gli Ebrei c'era solo "la strazzaria", e li hanno spinti a fare il commercio a Mestre, e non se ne parlava di risiedere stabilmente in Laguna..."

"Sì ... però ... Poi le cose sono andate diversamente: quell'idea della chiesa in mezzo al Ghetto per fortuna non è andata in porto ... e la Serenissima in qualche modo si è raddolcita verso gli Ebrei ... Tanto è vero che nel Ghetto esiste un miscuglio di Sinagoghe giustapposte: Levantina, Ponentina, Spagnola, Tedesca ... Dentro al Ghetto s'è mescolato di tutto, è diventato parabola di coesistenza, come la regola di ciò che è possibile fare e non fare insieme ..."

"Mi fanno impressione quelle "Pietre d'inciampo" collocate davanti a certe case del Ghetto ... Quei nomi di vite devastate e strappate sono pietre esemplari, moniti che fanno molto riflettere ... Sono la conferma che certe catastrofi non sono mai lontane ed estranee, ma ci accadono proprio in casa, dentro alle nostre mura ... Sono pestilenze mai superate e terminate ..."

"Infatti, anche se facciamo finta d'ignorarlo, il Ghetto di Venezia è tutt'oggi "luogo e obiettivo sensibile" ... C'è la casamatta blindata con i

soldati dentro nel bel mezzo del Campo del Ghetto, vigili e attenti ventiquattro su ventiquattro ... Però la realtà del Ghetto è anche sinonimo di Speranza, di capacità di fiorire nonostante tutto, opportunità per confondersi e associarsi insieme in maniera costruttiva e non banale ... Quasi un invito all'incontro fra Popoli e realtà diverse ..."

"Sì ... E' un'atmosfera che si respira e si percepisce anche visivamente attraversando il Ghetto ... Infatti, ogni tanto ci vado e lo attraverso da parte a parte, oppure ci faccio un giro dentro e poi me ne ritorno sui miei passi ... E' una sensazione da riprovare ogni tanto, come un bisogno di rispolverare una certa consapevolezza storica ... E' come se dal Ghetto uscisse di continuo un appello silenzioso e invisibile a cui aderire ..."

"La Comunità del Ghetto celebra quest'anno 500 anni di Storia e inquietudini ... Il Ghetto compie 500 anni ... ma non li dimostra, o forse sì, li porta sul groppone proprio tutti con tutti i suoi copiosi significati ... In questi giorni sul Ghetto piovono le iniziative e ronzano le telecamere ... Il Ghetto sembra in gran spolvero e magnetico più che mai."

"Qualche giorno fa, un giovane intervistato che parlava in Televisione, diceva: "Mia madre è Ebrea, mio padre Musulmano, i miei amici sono di tradizione Cattolica ... Io sono figlio di nessuno, non sono neanche ateo perché sarebbe una scelta troppo impegnativa. Sono solo senza radici come un apolide ... Forse potrò anche soffrire di questo, ma mi trovo ad essere apatico, refrattario, indifferente ed equidistante di fronte a certe realtà anche storiche ... Però rispetto, anche se ignoro e non m'interessa..."

"Forse è troppo poco ... Il Ghetto dei Ghetti, invece, induce per forza a non ignorare, sembra quasi una specie di "nido invitante, tiepido e accogliente" appollaiato com'è sopra e dentro all'albero frondosissimo che è l'intera Venezia lagunare ... Il Ghetto induce a riflettere, a pensare, a non vivere distratti."

"A me gli Ebrei sono sempre stati simpatici fin da piccolissimo ... Simpatici oltre che per le loro vicende epiche e Bibliche i cui racconti hanno *ampiamente popolato la mia infanzia, anche per quel modo domestico e quotidiano d'intendere la Religione ... A differenza un po' di noi Cristiani con la religiosità quasi del tutto relegata dentro alle chiese, un Dio da andare a trovare ogni tanto quasi come il nonno in casa di riposo ..."*

"Gli Ebrei percepiscono un Dio che va a braccetto con loro nella Storia e viceversa: sanno riconoscere l'azione di Dio anche dentro al dramma struggente della loro epopea tragica già vissuta, e nell'attesa messianica mai compiuta abbastanza e ancora senza compimento definitivo ... Gli Ebrei vedono la Storia secondo una prospettiva alternativa, hanno un modo di filtrarla e vederla diverso, suggestivo ..."

"A proposito di Ebrei ... Ho un ricordo di quand'ero piccolo e un po' "bastiàn contrario" ... Forse è stato in quel momento che mi sono diventati simpatici ... Quando facevo il zaghetto-chierichetto nella mia isoletta di Burano sperduta in fondo alla Laguna ... E' stato lì che gli Ebrei mi hanno incuriosito e calamitato ... C'erano le vecchie bigotte e pettegole del paese che usavano dire: "El ghà un fjo che xè un Zudèo", e lo si dicevano in maniera preoccupata e spregiativa intendendo dire che quel figlio era uno che aveva tradito le sane aspettative della famiglia, disatteso i valori del giusto modo di vivere ... Quel figlio era un libertino spudorato insomma, una carogna, un traditore ... "Un ingrato che spùa dentro al piatto in cui gha magnà" ... Mi chiedevo: perché lo assimilavano ai Giudei, agli Ebrei ?

Quando andavo a servir Messa poi, e ci andavo più che spesso (anche più di una volta al giorno in certe occasioni), indossavo la tonaca lunga fino a terra con le scarpette da calcio prese a prestito e i tacchetti chiodati che facevano un gran baccano e rimbombo ticchettando continuamente sul pavimento della chiesa. Non c'era tempo da perdere in qui momenti: al di là della parete della chiesa c'erano i miei amici che giocavano a calcio nel campetto della Parrocchia, e quindi dovevo al più presto precipitarmi anch'io a inseguire a perdifiato quella benedetta palla ..."

"Potenza del pallone ! ... Quanto siamo ridicoli a inseguire avanti e indietro quella palla."

"Già ... Iniziavo la Messa, poi uscivo in veste e cotta per la porticina socchiusa della Sacrestia a tirare a calcio durante la predica del Piovano ... poi rientravo per buttargli l'acqua sulle mani e raccogliere le elemosine dei fedeli, e tornavo ancora una volta a calciare per qualche minuto ... Sudato e grondante rientravo di nuovo a tenere il piattino sotto al mento dei fedeli per la Comunione, e rimanevo in chiesa giusto il tempo per dire ancora un paio di "Amen e Rendiamo Grazie a Dio ... e "Prosit !" rientrando in sacrestia. Ma quanto il Piovano rispondeva: "Deo Gratias" ero già di nuovo scomparso e tornato a giocare lasciando veste e cotta strada facendo ... Bei tempi !"

"Ma gli Ebrei che c'entrano con questo ?"

"Ah sì ! ... Nella chiesetta di San Martin, che a me sembrava chiesona, durante la Settimana Santa partecipavo ammaliato a tutte le ore a ogni Liturgia possibile. L'edificio era tutto parato a lutto dal soffitto al pavimento come si usava tradizionalmente in quegli anni ... "Ma perché tutto questo mortuorio ?" chiedevo al mio buon vecchio Piovano a cui ero affezionatissimo.

"Xe morto el Signòr ... Gesù Christo !" mi spiegava.

"Ancora ? ... Ma non è già accaduto molti secoli fa ?"

"Non capisci niente "Diaconetto" ... muore ogni anno di nuovo il Venerdì Santo per risorgere a Pasqua." provava a spiegarmi.

"Ah ! ... Non è mai finita, insomma ?"

"Capirai crescendo ... Spero che capirai ! ... Per questo ogni anno c'è la Settimana Santa."

"Ah ... Va bè ! Ecco spiegato perché c'è tutto questo lutto qui intorno!"

Mi affascinava un mondo tutto quel sbaraccare, trasformare e mascherare la Chiesa coprendola di tende e teli viola e neri come se fosse morto per davvero qualcuno d'importantissimo. Ogni Crocifisso veniva racchiuso dentro a un sacco viola che lo faceva scomparire del tutto, perfino ogni pala d'altare e affissa sui muri della chiesa veniva coperta da *una bella tenda scura che nascondeva tutto il dipinto. La chiesa mi sembrava trasformata in un grande cinematografo in cui non si proiettava più niente, e dentro a quel gran contenitore si susseguivano coreografie, luminarie e accadimenti per me incredibili che non smettevano d'accalappiarmi e incuriosirmi ogni giorno di più.*

Era per me un immenso gioco, un'attrattiva irresistibile ... Non c'era altro di meglio in quegli anni.

"Ma si son rotte le campane ? ... che non suonano più quest'oggi ?" chiedevo al Sacrestano Aldo.

"Sono legate per lutto ! ... perché è morto il Signore." mi spiegava pazientemente mentre non smettevo di seguirlo come un cagnolino di famiglia.

"Ci sono tutte le candele spente in chiesa ! ... Qualcuno deve aver fatto un dispetto !"

"Ma no testòn ! ... Si sta al buio perché è morto il Signor ... Per questo tutto è tutto spento e ho nascosto i Christi, i Santi e le Madonne." mi spiegava ulteriormente.

Però rimanevo anche perplesso di fronte a tutto quell'allestimento tenebroso e lugubre. Tutto, ma proprio tutto era "parato da morto": colonne, altari, panche e statue. Tutto era "vestito" con drappi e teli neri o viola, tutto sembrava fermo e buio. In quei giorni sembrava che in chiesa si fosse rotto e guastato qualcosa ... Chiesa, campanile e dintorni, ossia il nostro grande campo da gioco, avventure e battaglie, sembravano devitalizzati, paralizzati e fuori servizio.

"Vedrai la differenza a Pasqua ... quando il Risorto illuminerà e rivitalizzerà di nuovo tutto e tutti con la novità della Rissurrezione ... Sarà tutta un'altra sensazione: di gioia e di festa luminosa e colorata ..." ci spiegava il ViceParroco don Enrico sfoggiando immagini Teologiche che ci lasciavano a bocca aperta incapaci di comprendere.

"Ah ... Va ben !" rispondevamo andando a sbarruffare fra noi per avere il privilegio di portare a spasso il fanaletto illuminato con i vetri coloratissimi, o per suonare a due mani il grumo delle campanelle dietro all'altare: "Tocca a me ! ... No ! ... A me ! ... Se non mi lasci questo turibolo te lo do in testa ! ... Le torce non le voglio portare perché sono troppo pesanti ! ... Io voglio portare "la bugia" sull'altare ! ... Io voglio starmene comodo a fare "l'Assistente del Monsignor" !" ... Eravamo sempre così ... di continuò.

"Basta smettetela con questa confusione !" interveniva in Parroco togliendoci le mani di dosso l'uno dall'altro.

"Dovete stare buoni e tranquilli in questi giorni ... perché è morto il Signòr!"

"Ancora ?" chiedeva di nuovo un mio compagno. "Zitto, lascia stare ... dopo te lo spiego," gli dicevo, " il Piovano ha già detto a me che cosa è successo." gli sussurravo all'orecchio, e provavamo a metterci quieti per qualche minuto, non di più, prima di tornare ad essere furibondi come sempre."

"Terremoti di bambini ! ... Ma gli Ebrei ?"

"Sto arrivando ... Il clou della faccenda accadeva la sera del Venerdì Santo con la grande processione notturna in giro fino a tardi per le strade dell'isola. Era bellissimo, pieno di gente, di amici ... e di ragazze ... e ci divertivamo un sacco facendone di tutti i colori ... Molto meglio che rimanere in casa a guardare la televisione ... tanto non ce l'avevo neanche. Poi non era finita, si continuava con quella faccenda anche nei giorni seguenti con la Veglia del Sabato Santo e il festone del giorno di Pasqua: una meraviglia ! ... Meglio che andare al "Cinema dei Preti" a vedere un film dopo l'altro come si faceva quasi ogni domenica pomeriggio.

Ed era durante quel Venerdì Santo che il vecchio Piovano cupissimo, spogliato di ogni paramento sontuoso e colorato, come se fosse ridotto in camicia da notte, pregava a lungo per tutto e tutti in maniera interminabile e noiosissima. Noi fra una preghiera e l'altra "in latinorum" scalpitavamo sull'altare come cavalli selvatici chiusi in un recinto ... Sembrava non terminare mai quella "tiritera"... Finchè finalmente il Parroco arrivava a dire una frase che mi catalizzava, ed era per noi un segnale, qualcosa che attirava la nostra attenzione, o perlomeno la mia. Il Piovano alzava le braccia per l'ennesima volta, e diceva: "Preghiamo adesso per i Perfidi Giudei !"

"E perché ? ... Che ci hanno fatto ?" chiedevo al Piovano alla fine della cerimonia.

"Toco de asino ignorante ! ... Dopo tutta la Storia Sacra che ti abbiamo insegnato e spiegato ... Sono quelli colpevoli d'aver messo in croce e ammazzato Gesù Christo, nostro Signor ... E' per questo che la loro storia è stata tutta una crocefissione e una sofferenza ... Se la sono un po' voluta ... Per colpa di quel loro sbaglio universale che ha cambiato l'intera Storia dell'Umanità, ne hanno patito in seguito di tutti i colori ... e patiranno ancora poveretti ... Ma non sono cattivi ... E' solo il loro destino tragico ... La sai la storia della Guerra Mondiale e dei Campi di Concentramento ? ... Vero ? ... Sai che ci hanno messo dentro gli Ebrei ?"

Ovviamente mi fecero subito compassione quei poveri Giudei, anche se non capivo bene il nesso fra la faccenda della Croce e i forni di Auschwitz ... Comunque mi divennero simpatici. Non era giusta tutta quell'ingiustizia che dovevano soffrire ... Perfidi, semmai, erano gli altri ! ... Erano comunque i tempi dell'infanzia in cui finivo col mescolare gli Ebrei con Zorro, l'ultimo dei Moicani con gli Schiavi Neri, i "pobrecitos" Messicani con gli Apache e con Robin Hood Principe dei poveri e dei disereddati.

Nella mia mente c'era un senso, una logica che accomunava tutte quelle cose ... ma era molto sfumata, quasi inconscia e recondita ... un sentire tutto mio.

Comunque, crescendo, ho studiato un pochetto, e ho scoperto ovviamente che le cose non erano andate proprio come mi aveva spiegato il mio vecchio Parroco che aveva fatto qualche forzatura storica ed emotiva.

In seguito, da Prete e Credente ho subito l'immenso fascino dell'Antico Testamento, della Bibbia, ma anche di tutta l'immensa letteratura fascinosa, sapiente e misteriosa degli Ebrei e della loro riflessione Rabbinica che per secoli, anzi millenni, è cresciuta intorno alle Pagine Sacre. Uno stupendo "castello interiore e intellettuale" secondo me bellissimo, di una ricchezza incredibile che a volte riversavo come esempio dentro alle mie prediche.

"Non sono mica sicuro che sia giusto dire in predica le cose che dici degli Ebrei ..." mi richiamava il Parroco dove vivevo da Prete a Venezia, "Non sono mica cose Cattoliche quelle che racconti ! ... Sono degli Ebrei ... mica della nostra Religione ! ... Non dovresti dirle !"

Io gli rispondevo placidamente: "Di recente il Patriarca Luciani ci ha dato una spiegazione illuminante di tante cose dicendo: "Esiste un unico Dio Padre di tutti, anzi, Madre amorevolissima di ogni persona che esiste sulla faccia della Terra. Perciò fra noi dobbiamo considerarci tutti fratelli e sorelle a prescindere dalla Religione che professiamo. Che sia Alah, Eloim, Padre Nostro, Jahvè o Manitù fa lo stesso ... è sempre Lui con nomi e aggettivi diversi ... E' come se alla stessa mamma tu dicessi: Mamma bella, buona, brava, cara ... ma la mamma è sempre quella a cui vogliamo infinitamente bene ... Dovrebbe essere sempre così anche fra le Religioni diverse ... Altro che contrapposizioni e lotte inutili ... Dovremmo incontrarci, stare insieme e dialogare come fratelli e sorelle ..."

Gli Ebrei perciò non sono "altro da noi", sono la nostra radice, la nostra paternità religiosa, la fonte ispiratrice del Cristianesimo. Sono l'uno la chiave e la serratura dell'altro, così come il Nuovo Testamento Evangelico non è altro che il compimento, l'ampliamento, la chiusura del cerchio dell'Antico Testamento ... Non esistono più i Perfidi Giudei".

Il Parroco in quell'occasione mi ha ascoltato dubbioso non trovando altri argomenti per ribadire ... ma dentro di me ho sentito che in un certo senso avevo reso giustizia a quella faccenda del "preghiamo per i Perfidi Giudei" che aveva popolato la mia infanzia.

Questi sono comunque argomenti delicati e dottrinali in cui è meglio per me non entrare ... Dico solo che in fondo Ebraismo e Cristianesimo hanno lo stesso sangue nelle vene. Che piaccia o no, siamo un continuum l'uno dell'altro, è come se gli Ebrei fossero i nonni dei Cristiani ... Punto e basta."

Ecco spiegato allora perché il **Ghetto di Venezia** m'ispira ancora oggi particolarmente. E' una realtà Veneziana che mi ha sempre coinvolto direttamente.

Già nel 1378: *"... Ser Pecorone di Ser Giovanni Fiorentino ... andò a un Giudeo di Mestre perché gli mancavano 10.000 ducati ..."*

Infatti nel 1395 era risaputo che gli Ebrei di Mestre gestivano un: *"... totum mobile ..."* costituito da pegni d'oro, argento e perle ... Nel 1405 circa: **Maistro Abram Giudeo Fisico** abitante in Venezia acquistò case per 1.000 ducati ... *"Maistro Salomon Ebreo, Mathasia e Bonaventura suoi fioli acquistarono case a Padova dagli ex beni dei Carraresi"* ... e dieci anni dopo a Venezia si faceva divieto agli Ebrei di avere rapporti carnali con le meretrici Cristiane del**Castelletto di Rialto** e viceversa, pena da sei mesi a un anno di carcere e multa di cinquecento lire delegando ai Capi di Sestiere e ai Signori di Notte il controllo ... Gli Ebrei a Venezia non potevano esercitare alcun'Arte e Mestiere, eccetto la medicina ... e dovevano essere riconoscibili da un berretto o da segno di stoffa gialla sul petto ... Alcuni Ebrei tenevano a Venezia scuole di ballo, musica e canto frequentatissime ... e si elevarono le multe per gli Ebrei fornicatori con donne Cristiane da 500 lire a 500 ducati e da 1 a 2 anni di carcere.

Nel 1460 i **Preti delle Contrade di San Marcuola e di San Geremia** litigarono fra loro sulla pertinenza della zona abitativa del Ghetto dove i **Da Brolo** avevano fatto scavare tre pozzi nel Campo e costruito nuovi ponti verso la **Contrada di San Girolamo** ... Nel 1504: *"... tutto el Ghetto posto in Canareglio andrà in dote alla sposa di Lorenzo Minotto* come equivalente di 2.700 ducati d'oro ... Consiste in una trentina di caxette abitate da Tessitori e piccoli artigiani che se ne servono per stendere lana ..." Il Ghetto era quindi anche zona di Chiovere e l'isolotto a settentrione rimaneva un prato libero per esercitarsi con la balestra.

Dieci anni dopo la Serenissima autorizzò l'apertura di 12 botteghe *"di Strazaria"* comprendenti non solo vestiario ma anche arredamento, tappezzerie, arazzi e tappeti in cambio di un nuovo prestito straordinario di 5.000 ducati degli Ebrei verso lo Stato ... e nel luglio 1519 *Marco Michiel* comunicò alla Signoria di aver sopraelevato una delle case insieme ai comproprietari *Da Brolo* per costruire una soffitta-deposito di pegni per il *Banchiere Anselmo:* fu l'inizio delle sopraelevazioni del Ghetto.

Poi comparvero a ruota la *Scuola Canton*, e l'*Università degli Ebrei* ospitò tre Nazioni ed epoche migratorie: la *Levantina, Ponentina, e Tedesca* ... gli Ebrei a Venezia erano 1.424, e pochi anni dopo erano già diventati 1.694 e poi 3.000 con tutto un susseguirsi di *"condotte"* e permessi di soggiorno e allargamenti residenziali del Ghetto da parte della Serenissima che li autorizzò a praticare l'Arte della Strazzaria, far velami e scuffie, e tenere 3 (e fino a 5) *"Banchi da pegno e scambio di denaro"*: Rosso, Verde e Nero dati in appalto a rotazione alle famiglie ebraiche più ricche: *Ansimo del Banco, Luzzato, Calimani* sotto il controllo di uno scrivano ... il Consiglio degli Ebrei elencò 11 società che prestavano soldi alla Serenissima.

L'Inquisizione di Venezia allestì bel 78 processi contro gli Ebrei: i protagonisti testimoni o imputati furono: *Portoghesi, Ebrei Sefarditi e Levantini,* e fra 1569 e 1579 si tennero sette processi con gli stessi imputati: *Righetto Marrano, la famiglia Ribeira e De Nis*, con delazioni contro *Michele Vas, Felipa Jorge e Consalvo Baes*, e procedimenti e denunce *"Contra Lusitanos et Marranos"* riguardanti anche *Maria e Simon Lopes* mercante portoghese esercitante in Venezia.

Nel Ghetto c'erano 27 botteghe, 4 pozzi pubblici e diversi privati da cui l'acqua veniva venduta a secchi ... e si stipulò una nuova convenzione cimiteriale con i *Monaci Benedettini di San Nicolò del Lido* ... Nel dicembre 1631 in tempo di peste: *Lorenzo Moro quondam Alvise* venne imputato con due complici di *"... fatto levar a diversi hebrei in diversi tempi e giorni ein strade pubbliche danari con violenza, minacce e offesa a chi non glieli voleva da r..."* Venne bandito a vita da Venezia con un suo bravo, e il suo nome fu cancellato dalla Nobiltà Veneziana ... **Baldassarre Longhena**, l'autore del Tempio della Salute, restaurò la **Schola Spagnola** una delle Sinagoghe del Ghetto degli Ebrei dove per la peste morirono 454 persone delle 40.490 di tutta Venezia.

Nel 1635 venne effettuato un grave furto di mercanzia in **Merceria**, poi ritrovata nel Ghetto, e ciò provocò un grande scandalo in giro per tutta Venezia ...**Marco Da Brolo** affrontò una controversia giudiziaria per le entrate e i diritti sulle sue 46 case di proprietà in Ghetto, dove sosteneva che 15 abitazioni pagate dai locatari poco più di 241 ducati, venissero sublocate abusivamente per 952 ducati, mentre per un altro gruppo di case stimate per 947 ducati, in realtà ne percepiva solo 230. *"... Persino per gli stazi delle beccarie gli affittuali cavano l'utile et entrata per ducati 199, et a me pagano solo ducati 30."*

Nel 1673 gli Ebrei versarono all'Erario della Serenissima 250.000 ducati annui, e diedero lavoro a non meno di 4.000 Artigiani Cristiani producendo merci che spedivano in altre parti del mondo ... Nel gennaio 1700, il Senato a causa della crisi economica obbligò gli Ebrei di Venezia a donare altri 150.000 ducati alla Serenissima ... Fra 1740 e 1761 nella Contrada del Ghetto esistevano ancora 80 botteghe e si censirono 5 gondole come appartenenti a famiglie degli Ebrei, cosa non concessa nei tempi precedenti ... Alla fine del 1787: **Abram Geremia Calimani, figlio del Rabbino Simone Calimani**, di 58 anni, scortato da **Girolamo Ascanio Molin e dal Curato di Santa Sofia: don Martino Ortolani e da Francesco Ballarin** si fece battezzare alla **Pia Casa dei Catecumeni** dopo aver seguito completamente l'itinerario tipico riservato ai Catecumeni.

E poi si andò verso la fine della Repubblica Serenissima: per favorire la difesa della città dall'arrivo dei Francesi, la **Scuola Grande di San Rocco** offrì al governo: 50.000 ducati, la **Scuola Granda di San Giovanni Evangelista** 25.000 ducati, i *Monaci Benedettini* 60.000, il**Clero di**

Venezia diede 4.000 ducati, i *Mercanti* sborsarono 75.000 ducati, tutte le *Scuole Piccole di Devozione e di Arti e Mestieri* fecero un loro dono economico, come le case commerciali dei *Mercanti Ebrei Bonfili, Vivante e Treves* che offrirono 10.000 ducati ciascuna, mentre altri 24.000 ducati vennero offerti dall'*Università degli Ebrei*.

Paradossalmente durante il fatidico periodo Napoleonico e Austriaco che prostrarono Venezia alla grande, gli Ebrei residenti a Venezia, invece, ebbero un rilancio e un'onda di successo economico incredibile.

La Repubblica era caduta da poche settimane, e le porte del ghetto denominato *"Contrada della Riunione"* erano state abbattute il 13 luglio 1797, con una solenne cerimonia. *Saul Levi Mortera, "coadiutor al scrivano dell'Università dei cittadini Ebrei"* compilò un'anagrafe della *Comunità del Ghetto* comandata da alcune vecchie famiglie veneziane e da un gruppo di facoltosi *Ebrei Corfioti*.

Nel Ghetto risiedevano 820 uomini e 806 donne raccolti in 421 famiglie, e più di metà dei capifamiglia erano di provenienza eterogenea: dalla *Terraferma Veneta*, dal *Friuli* e dalle terre del Papa: *Ferrara, Ancora, Pesaro*, ma anche dalle aree Imperiali e Ducali di *Mantova, Trieste, Reggio Emilia, Torino e Casale*. Altri erano ricchissimi mercanti, sarti, biadaioli e mendicanti provenienti dallo *Stato da Mar di Venezia: Spalato, Zante, Corfù*.

Altri ancora erano *"Levantini"* cioè *Ottomani o Barbareschi* provenienti dai *"Serragli"* di Serajevo, dei *Balcani, Tripoli, Salonicco, Candia, Rodi, Costantinopoli, Smirne*, ma anche *Marocco e Barberia*. E c'erano inoltre Ebrei Europei nativi della *Polonia, Ungheria, Olanda e Germania*.

Nel Ghetto: *Motta, Costantini e Fano* erano facoltosi Banchieri; *Treves, Vivante, Curiel, Todesco e Malta* erano fortunati mercanti internazionali che trafficavano in frumento, zucchero, olio, generi coloniali, drappi e panni. Alcuni Ebrei lavoravano come *"senseri da cambi"* nei tre Banchi del Ghetto, altri erano *"cattapegni"*, altri ancora maestri di scuola o addetti al culto e Nonzoli delle 7 scuole del Ghetto: *Italiana, Spagnola, Tedesca,*

Canton, Levantina, Koanin e Messulamin. Molti degli Ebrei vivevano d'espedienti o da mendicanti, come servitori, massere e domestici, camerieri de Casada residenti presso i padroni facoltosi e manovali. Una grossa parte lavorava da *"strazzeri, bottegheri da strazze"* o *"rivendugoli e compravendi"* che uscivano dal Ghetto comprando, vendendo e affittando, e andando nell'Emporio di Rialto dove rischiando il carcere riuscivano ad esercitare abusivamente anche la professione di *Orefici e Gioiellieri e Cambiavalute e Tappezzieri* usando spesso prestanomi Veneziani autorizzati e mettendo mano sugli affari più consistenti, accusati anche di speculare sui prezzi e giocare al rialzo sui cambi della moneta.

Samuele Emmanuel Coen Mondovì nel febbraio del 1805 presentò perfino al Governo Austriaco la supplica di *"per poter esercitare l'Arte Chimica ed aprire una Speziaria come ogni altro suddito di Sua Maestà".* Ma fin dal 1565 serviva per iscriversi all'*Arte degli Spezieri* l'Atto di battesimo, perciò venne escluso.

Il *Parroco della Contrada di San Marcuola Antonio Borgato* rivolse una supplica all'Imperatore chiedendo un *"contribuito di compenso alla perdita di molti proventi perché diminuivano i suoi "incerti di stola" a causa degli Scomunicati Ebrei che si erano allargati abitando con i Cristiani fuori dal Ghetto, occupando magazzini per commerciare e tenere pegni e cinque palazzi e 19 case, la maggior parte di molti piani."*

A metà del 1800: le proprietà degli Ebrei nel Veneziano assommavano a 8.500 ettari, possedevano altre migliaia di ettari nel *Polesine* e sulle *foci del Po*, e centinaio di ettari (314 campi) tra *Padova e gli Euganei, nella Riviera del Brenta, Codevigo, Altino, Loreo e altri terreni dell'Abbazia di San Zeno nel Veronese.* Gli Ebrei furono protagonisti della bonifica di *Ca' Corniani del Portogruarese e nel Sandonatese*, sedevano nell'amministrazione delle *Assicurazioni Generali*, e i vari Nobili *Zorzi, Grimani, Giustinian, Gabriel, Querini, Papafava e Spinola*, oltre ad altri Borghesi, Mercanti e Capitani Marittimi erano indebitati con loro per decine di migliaia di ducati e anche di più, forse per più di un centinaio di migliaia di ducati.

Durante il crudo e duro inverno del 1857, la *Fraterna Vestire gli Ignudi* e la *Fraterna Generale degli Ebrei* dispensarono:50 mantelli, 25 coltrici, fazzoletti da collo ed abiti per 20 donne, lenzuola a puerpere e pannilini ai neonati ... Si spesero di lire 63.000 di cui lire 27.000 per sussidi fissi e straordinari a bisognosi, e lire 2.000 per iniziare i giovani alle Arti e Mestieri, mentre la *Fraterna di Misericordia e Pietà* dispose annualmente lire 5.000 per soccorsi, assistenza, malattie, indigenze e tumulazioni.

Infine la *Prefettura di Venezia* raccomandò a più riprese di non molestare in alcun modo gli Ebrei perché: *"giungono ad aver tra mani per così dire tre quarte parti dell'intiero residuo commercio di questa piazza, e ad esser poi quasi i soli capitalisti sui quali poter far conto."* Bisognava evitare ogni misura ostile nei loro confronti, ottenendo il risultato di non farli emigrare verso *"altri paesi non lontani nei quali sono tollerati e protetti ... cercando di contenere l'antigenio della popolazione pegli Ebrei ... che deve attribuirsi alle antiche abitudini."*

il Ghetto rimase sempre ed è ancora oggi quel cocktail umano, quell'Animo eterogeneo e impressionante ... che continua a giustapporre e amalgamare persone molto diverse fra loro formando parte della nostra amata Venezia.

***

_____*Il post su Internet è stato scritto sul mio blog ospitato da Google: "Una curiosità veneziana per volta.", e pubblicato nell'aprile 2016 con il n° 100.*

BEPI DEL GIAZZO ... E GLI ARMENI A VENEZIA

Alcuni Veneziani spesso *"fanno di ogni erba un fascio"*, o finiscono per dire: *"Tutto fa brodo !"*. Turchi, Ottomani, Ebrei, Persiani, Albanesi, Siriani, Greci, Armeni, Greci, Ragusei ... sono riassunti nel termine: *"i foresti"*, e li considerano tutta gente dall'Oriente, come fossero tutti uguali, un tutt'uno inscindibile e omogeneo come fossero i Tre Re Magi.

"In fondo era così ... Erano tutti mercadanti esotici ... marinai e viaggiatori, foresti e signori d'Oltremare ..." mi ha spiegato uno chiacchierando.

Venezia nella sua storia è sempre stata cosmopolita, città aperta all'Europa, all'Africa e sull'Oriente, porto ed Emporio di riferimento dell'intero Mediterraneo. Luogo di scambi e incroci culturali che nel mercato e fra calli e campielli si sono amalgamati per secoli fino a diventare omogenei e condivisi nel labirintico microcosmo della città lagunare. Nei secoli a Venezia si sono mescolate vicende, storie, sapori, sapienze, costumi, notizie e persone come dentro a un grande Bazar, o una Kasbah orientale, creando impasti davvero singolari, colorati e preziosi di cui ancora oggi rimangono tracce seppure molto sbiadite.

La presenza degli **Armeni a Venezia** è una di queste.

Come spesso accade, anche sugli Armeni in Laguna si è già detto e scritto quasi tutto e molto bene. Quel che si può aggiungere in punta di piedi è l'accenno a una fugace visita autunnale a quelli che sono gli spettacolari tesori rimasti sparsi in città e nella Laguna come segno del loro secolare passaggio.

Conoscete già la storia e le vicende del popolo Armeno. Una cultura antica, vicende storiche intrecciate, un popolo fiero sparso in una larga area dell'Asia ... Sono stati un popolo presente e attivo nell'**Alta Mesopotammia** e nel **Caucaso Anatolico** fin da tempi antichissimi ... Le loro radici e tracce d'origine vanno a perdersi e si devono cercare fino a una decina di secoli prima di Cristo. A loro sono collegati nomi quasi mitici come: gli **Urriti**, l'**Ararat** con le sue montagne e fascinose leggende, **Dario** e i **Persiani**, **Bisanzio**, e le dinastie dei **Seleucidi** e degli **Artassidi** ... un intero mondo passato, insomma.

Poi accadde un ampio *"passaggio di mano"*, con le varie conquiste dei Romani e infine la diaspora e la sofferenza storica di questo popolo davvero singolare.

Venezia nei secoli ha accolto insieme a tutti gli altri anche i **Mercanti Armeni**, e quelli non sono andati più via, sono rimasti qui vestendosi di *"Venezianità"* definitiva, tanto che alcuni dei loro discendenti sono ancora qui presenti fra noi. Venezia non ha voluto cambiare gli Armeni, ma li ha assorbiti e assimilati facendo proprie quelle caratteristiche essenziali ed austere, quasi ruvide e massicce, che caratterizzano la loro espressione artistico-spirituale-culturale bel visibile ancora oggi nell'Armenia.

Seguendo questo input storico-culturale, abbiamo ripercorso un *"trittico Armeno-Veneziano"* che in poche ore ci ha permesso d'immergerci come in una fiaba, dentro a un mondo sapiente, ricco, ardito, spirituale, economico di sapore antico e veneziano insieme. Abbiamo così riscoperto e rivisto alcuni angoli di Venezia, sempre colma di tesori e tesoretti nascosti, che non si termina mai di riscoprire e gustare. Venezia è sempre scrigno antico e nuovo di gioie uniche, originali, preziose, come quelle che cercavano, trattavano, vendevano e conservavano i Veneziani Mercanti di un tempo.

Il *"Trittico Armeno"* consiste in tre tappe che meriterebbero d'essere completate assaporando il profondo fascino della partecipazione a un Rito Armeno.

- Prima tappa: **Palazzo Zenobio in Fondamenta dei Carmini nel Sestiere di Dorsoduro**.
- Seconda tappa: **Corte, Calle, piccola Contrada e chiesa di Santa Croce degli Armeni**.
- Terza tappa: **Isola di San Lazzaro degli Armeni** nel cuore della Laguna Sud di Venezia, a *"due passi acquei"* dal Lido, a tre passi dalla mitica

Piazza San Marco, uno dall'isola di San Servolo, e uno e mezzo da quella di San Giorgio Maggiore.

I miei primi contatti personali con il mondo e la cultura degli Armeni presenti a Venezia risalgono ormai a molti anni fa. Da studente-giovanotto mi ha grandemente impressionato l'aver incontrato alcuni giovani Armeni del **Collegio Arafat** residente ai Carmini e alcuni studenti- Novizi Monaci che abitavano nell'isola-convento di San Lazzaro in laguna. Oltre a picchiare maledettamente duro sulle mie caviglie dandoci *"certe legnate"* durante le sfide a pallone, quei ragazzi padroneggiavano con estrema disinvoltura da otto a dodici lingue. Avete letto bene: otto-dodici lingue, mentre io combattevo con poca fortuna le mie quotidiane battaglie col Greco-Latino e uno spruzzo di Francese. Già l'approccio con l'Aramaico è stato per me un *"amicizia controversa e combattuta"* che ho abortito molto presto.

I ragazzotti Armeni, invece, spadroneggiavano tutte quelle lingue passando tranquillamente dall'una all'altra mentre ci offrivano la loro marmellata di rose. Possedevano seppure giovanissimi una cultura davvero vastissima e polivalente, che condividevano cordialmente e con simpatia con chiunque avessero occasione d'incontrare. Gli Armeni a Venezia non si sono mai risparmiati, e si sono sempre aperti, prodigati, e dedicati ampiamente a diffondere e conservare la loro cultura. Per decenni, anzi secoli, fra l'isola e il Collegio in Fondamenta del Soccorso, hanno forgiato e preparato con grande cura i futuri *"quadri politico-economico-spirituali"* della loro presenza sparsa in giro per il Mondo intero. Ho sempre incontrato e visto Armeni arguti e molto preparati, oltre che gentili e molto accoglienti.

Ma partiamo dai **Zenobio** e dal loro Palazzo nella Contrada dei Carmini nel Sestiere di Dorsoduro occupato ancora oggi dagli Armeni.

Gli **Zenobio o Zanobi** erano Mercanti di origine Armena penserete ovviamente. E invece no. **Palazzo Zenobio** è stato acquisito dagli Armeni solo in epoca tarda. I Zenobio sono stati, invece, un'altra espressione, una fetta tardiva della famosa Nobiltà Veneziana.

I Zenobio o Zanobi, erano Mercatanti ricchissimi, Speziari, e Prestatori di denaro di origine Trentina, Veronese o forse Genovese. Già nel 1587 ottennero l'investitura dai Provveditori di 2 feudi nel Veronese dove possedevano terre a **Montorio** e dichiaravano una rendita annua intorno agli 80.000 ducati. Nel 1647, divennero a Venezia *"Nobili per soldo"* (non per sangue e origine), ossia pagarono alla Serenissima con **Pietro Zenobio** una cifra di 100.000 ducati per ottenere in cambio l'agognato riconoscimento-titolo nobiliare. Un anno dopo essere stati aggregati al Patriziato Veneto, ottennero e acquistarono anche dal **Duca Ferdinando** il titolo di **Conti del Sacro Romano Impero** con signoria e giurisdizione sui territori di **Monreale, Salorno, Enna e Caldivo** situati nel Tirolo.

Di **Pietro Zenobio** si diceva: *"... signore più gentile ed amabile dei suoi antenati ... comprò feudi nello Stato Imperiale e beni nel Veneto senza fine ... Possedeva effetti mercantili indicibili e contante innumerabile posto da parte ... grande ingegno ... avaro e ristrettissimo risparmio ... non bastante ad accrescere facoltà che eccedessero allo stato di privato se non concorreva un eccesso di sorte amica ..."*

Piano piano, i Zenobio cominciarono a coprire cariche sempre più prestigiose all'interno della Serenissima. Divennero **Podestà e Capitano di Treviso** e poi di **Rovigo**, fra i **Dieci Savi alle Decime**, tra gli **Officiali alle Rason Vecchie, Consiglieri di Zonta, Castellano e Capitano di Bergamo, Capitano e Podestà a Feltre, Podestà a Chioggia e Provveditore al Cottimo di Damasco**, mentre giunsero perfino a rifiutare l'incarico di **Capitano e Podestà di Vicenza**, accettando ovviamente la carica di **Senatore della Serenissima Repubblica**.

Nell'agosto 1682, per professare pubblicamente ai Veneziani il loro valore, i Zenobio per testamento del **Conte Verità Zenobio** istituirono un *"legato perpetuo"* per maritare 24 putte della Contrada dell'Anzolo Raffaele e San Pantalon estratte a sorte, di almeno 15 anni e non oltre 29 con 60 ducati ciascuna. Il beneficio venne attuato quasi senza interruzioni e sospeso senza motivo solo nel 1837 dagli eredi alla morte di **Alba Zenobio**.

Fra 1664 e 1671, **Zan Carlo Zenobio** figlio di Pietro: *"...con grande prudenza moltiplicò le ricchezze ..."* ed acquistò un palazzo risalente a prima del quattordicesimo secolo in Contrada dell'Anzolo Raffael sul Rio dei Carmini e del Soccorso che apparteneva ai **Morosini**. Ca' Zenobio venne presto restaurata secondo un progetto di **Antonio Gaspari** allievo di Baldassarre Longhena. Un grande giardino sul retro ospitò l'antica biblioteca, mentre all'interno sono stanze ancora oggi bellissime la **Sala degli Specchi o della Musica** affrescata da **Louis Dorigny** e la **Sala degli Stucchi** affrescata da **Gregorio Lazzarini** con tele di **Luca Carlevarijs**.

E' favoloso immaginare come lì dentro accadeva un tempo parte della sontuosa vita mondana veneziana di cui oggi rimangono vistose ma spente tracce. Ho immaginato i suonatori abbarbicati su in alto dentro alla **"pergola della musica"**, così come ho provato a *"vedere"* le Nobildonne-Dame Veneziane che danzavano con i loro Nobili Cavalieri in quella stanza tutta adorna di specchi che doveva riflettere mille luci tremule, colorate e dorate. Non sono riuscito a immaginare quali pensieri potessero girare e scorrere in quelle stanze e dentro alla mente di quelle persone, ma sono certo che percorressero i sentieri del mondo, del prestigio, della politica, della bellezza, dell'arte e della storia. Non credo che noi oggi saremmo capaci di emularli producendo opere di valenza simile, penso che a confronto con la cultura di quegli uomini, la nostra odierna sia una cultura davvero povera.

Spulciando la storia della loro famiglia, si scopre che i Zenobio volevano diventare emergenti, rampanti e davvero *"Grandi"*. Si troverà che nello stesso 1664, **Margherita Zenobio** sposò **Zan Batta dei "Grandi Nobili" Donà di Riva di Biasio** discendenti del Doge Nicolò eletto nel 1618. Quella famiglia gravitava stabilmente intorno agli incarichi prestigiosissimi del **Saviato del Consiglio della Repubblica** ... erano *"il top"* di Venezia, insomma.

Nel 1668, invece, **Virginia Zenobio** sposò **Zuanne dei Nobili "Medio-Grandi" Lando di San Luca** che vantavano il titolo di **Procuratori di San Marco**. Portò con se la dote non indifferente di 25.000 ducati. Tre anni dopo, invece, **Verità Zenobio** sposò un Nobile della *"Casata grande"*

Foscari di San Pantalon. I Zenobio avrebbero voluto sposare un'altra figlia col figlio del **Procuratore Bragadin**, ma sua moglie una **Cornaro di Ca'Grande** rifiutò la proposta, nonostante la situazione economica del loro casato non fosse prospera, e nonostante fosse stata proposta una dote di 300.000 ducati.

Nel 1693 **Paola Zenobio** figlia di Verità si sposò con ***Antonio Donà delle Fondamente Nove*** discendente del Doge Leonardo, mentre nel 1696 **Bianca Zenobio** figlia di Verità sposò finalmente ***Pietro Bragadin di Santa Maria Formosa***, che divenne Procuratore di San Marco. La Zenobio si portò dietro: 40.000 ducati di dote, che vennero dati 14.000 in contanti, 22.500 in depositi in Zecca, 1.500 ducati in mobili, e 2.000 ducati in gioie e preziosi.

In seguito altri figli dei Zenobio si sposarono con i Nobili ***Vendramin della Giudecca***, con i potenti ***Grimani di Santa Maria Formosa***, e con i Nobili ***Emo dalla Crose***.

Nel 1716 **Carlo Zenobio** venne eletto tra i 60 **Pregadi**: una carica importantissima nell'ingranaggio di Governo della Serenissima. Ma solo dalla fine degli anni 1740 i Zenobio ebbero presenza stabile in Pregadi. Tutto questo significava che i vecchi nobili *"Grandi"* di Venezia non vedevano di buon occhio il fatto che i Zenobio diventassero prestigiosi, intesero sempre ***"tenerli bassi"***, lontani dal potere che conta, ***"buoni solo da mungere all'occorrenza"*** come chiacchieravano su di loro nelle Sale di Palazzo Ducale.

In ogni caso, nel 1740 la rendita immobiliare annuale degli Zenobio ammontava a 25.000 ducati, e possedevano palazzi a Venezia e Verona, case sparse in tutta la città, e possedimenti terrieri soprattutto nel Veronese. A quelli si aggiungevano beni nel Tirolo, ossia il medioevale **Castello Haderburg di Salorno** arroccato sopra a uno spuntone roccioso presso il paese più a sud dell'Alto Adige. Già proprietà dei Conti del Tirolo e Gorizia, passò agli Asburgo e in seguito perse significato strategico fino ad essere abbandonato. Nel 1648 divenne possesso della famiglia dei **Conti Zenobio-Albrizzi** provenienti dal Veneto.

Gli Zenobio possedevano inoltre una Villa padronale, Ca'Zenobio, con oratorio ottagonale e giardino a **Santa Bona di Treviso** ampliata e ristrutturata nel 1700. Vi aggiunsero un corpo centrale, e ali laterali con attico, barchessa e loggiato, e anche lì costruirono a pianterreno una **Sala della Musica** con affreschi attribuiti a **Gregorio Lazzarini**, che proponevano il tema amoroso di Eros, delle coppie mitologiche, e della Gerusalemme Liberata, mentre **Francesco Fontebasso** intervenne nella barchessa e nel salone al primo piano, affrescando raffinati stucchi con le Allegorie della Giustizia, Pace e Virtù, oltre a dipingere una serie di tele.

Nel 1761 i **Zenobio dei Carmini**, erano considerati Nobili di II° classe, e avevano 36 servitori a palazzo con 6 gondole a disposizione, ma dichiaravano una rendita annua di soli 6.000 ducati, come altre 70 Famiglie Nobili di recente acquisizione ... Gli Zenobio erano furbetti !

All'inizio del 1800 **Alvise Zenobio**, figlio capriccioso e ribelle di **GiovanniCarlo e Cecilia Emo**, possedeva nel Veronese 813 ettari di terra fra Verona, Montorio e Colognola, ma viveva e si divertiva a Londra curandosi davvero poco degli interessi fondiari di famiglia, giungendo a vendere alcuni possedimenti veronesi ai Conti Alberti.

Dal 1850, estintasi la casata e passati più proprietari tra i quali gli Albrizzi, il palazzo veneziano divenne **Ca' Zenobio degli Armeni**, sede dei **Mechitaristi Armeni di San Lazzaro** in Venezia e lo è tutt'ora. Oggi il palazzo è stato parzialmente restaurato, e viene spesso affittato per mostre, concerti o ricevimenti, set cinematografico o di videoclip musicali come quelle girate da Madonna o Laura Pausini.

Parliamo e passiamo ora alla **Contrada e alla chiesetta nascosta di Santa Croce degli Armeni**.

I posti in cui vivevano i Mercanti Armeni a Venezia formavano come una Contrada nella **Contrada Veneziana di San Zulian**, proprio a un centinaio di metri dalla prestigiosa Piazza San Marco. Come caratteristico di Venezia, se non ci si potrà allargare edificando in largo, ci si espanderà costruendo in altezza. Ne è risultata così una serie di cupi e stretti palazzi racchiusi dentro a calli ombrose dove per secoli hanno abitato i **Mercanti Armeni.**

La loro chiesetta seguiva la logica architettonica della loro Contrada, perciò venne edificata inglobandola negli ambienti abitativi della vita quotidiana e del lavoro, ed è talmente amalgamata con tutto ciò, tanto che quasi non la vedi. **Santa Croce degli Armeni** è infatti un'altra delle chiese invisibili di Venezia, totalmente racchiusa e nascosta fra le abitazioni. Se non fosse che si può notare un campaniletto sporgente sopra ai tetti delle case costruite proprio sul bordo di un canale secondario, non si direbbe proprio che in quel posto è sorta e c'è ancora una chiesa. L'entrata è celata come la chiesa, quasi nascosta dentro a un basso e quasi buio sottoportico. Se non ci fosse un cartelletto turistico, sembrerebbe una porta di casa o magazzino qualsiasi.

E' entrando dentro che si scopre l'altra dimensione, quella tipica della cultura e della religiosità Armena. Ci si trova davanti una chiesetta minuscola, coccola, conservatissima, pulita, in cui ancora oggi si celebra il Rito liturgico in Armeno antico sotto a un raro cielo stellato dipinto. Sostare lì dentro procura una sensazione emozionante, particolare, come se si entrasse dentro a una capsula temporale.

Infine si completa il *"Trittico Armeno"* visitando l'*Isola di San Lazzaro degli Armeni*.

La sua storia è antichissima come quella di Venezia, e sembra iniziare con **Leone Parlini** nel 1185 che ottenne in dono l'isola da **Umberto Abate di San Ilario di Fusina** per fondarvi un ospedale e chiesa dedicati a **San Leone Papa** dal quale inizialmente l'isola prese nome.

L'isola oggi di **San Lazzaro degli Armeni Monaci Mechitaristi,** ampia tre ettari e situata in Laguna Sud vicino al Lido, fra il **Lazzaretto Vecchio e San Servolo**, era quindi un Ospizio per mendicanti, lebbrosi e pellegrini infermi diretti in Terrasanta. Solo in seguito mutò il nome in San Lazzaro: il lebbroso del Vangelo diventando definitivamente un lebbrosario.

In seguito, nel 1601, il lebbrosario fu trasferito nel Sestiere di Castello, nell'*Ospedale di San Lazzaro dei Mendicanti* presso San Giovanni e Paolo, e l'isola venne affidata a un Priore sotto la giurisdizione del Vescovo Veneziano di Castello ossia Olivolo.

Ancora nel 1661 l'isola di San Lazzaro possedeva rendite annuali di 282 ducati provenienti da immobili siti in Venezia, ma venne presto progressivamente abbandonata.

Solo nel 1717, dopo quasi un secolo di abbandono, l'isola venne assegnata dalla Repubblica di Venezia al **Monaco Benedettino e Nobile Armeno Manug di Pietro detto Mechitar ossia il Consolatore** fuggito all'invasione turca dell'Armenia dove a Sebaste aveva fondato un altro Monastero. Giunto in Laguna a San Lazzaro, per 30 anni progettò e riedificò chiesa e Convento.

Infine, durante il disfacimento generale di Venezia ad opera del solito Napoleone, l'isola non venne occupata perché considerata **Accademia Letteraria**, e i Francesi rispettarono perciò la comunità religiosa degli Armeni. Si dice in realtà che i Padri Armeni abbiano innalzato nell'isola la bandiera del Sultano turco, di cui l'Imperatore Bonaparte era alleato ... e al quale non gli conveniva molto pestargli i piedi.

Nel 1880-1881 i **Mechitaristi Armeni** presenti a Venezia erano complessivamente 30 e si occupavano in 25 dell'isola, di scienze, tipografia in lingue orientali, e contemplazione, mentre altri 5 Monaci s'interessavano del Collegio Armeno dei Carmini a Palazzo Zenobio.

Si potrebbero raccontare e ricordare dell'*Isola degli Armeni* mille altre cose, ma ne ricorderò solo una secondo me davvero curiosa.

Nel febbraio 1907, **Josif Vissarionovic Djugatchsvili** di 28 anni scappò dalla polizia della Georgia nella Russia Zarista provando a rifugiarsi in Italia. Era un esponente estremista del Partito Socialdemocratico Russo ossia dei Bolscevichi. Si nascose in una nave mercantile piena di grano che navigava sulla rotta: Odessa-Ancona, e dopo aver lavorato come portiere d'albergo, s'imbarcò come clandestino per Venezia, dove gli anarchici lagunari lo soprannominarono **"Bepi del giasso"** ricordando i suoi luoghi freddi d'origine. Conoscendo l'Armeno e avendo studiato Teologica a Gori e nel Seminario Ortodosso di Teflis, si presentò a chiedere ospitalità e lavoro all'**Abate di San Lazzaro Ignazio Ghiurekian**. Avendo anche riferito di saper servire Messa secondo i Riti Latino e Ortodosso, e di saper suonare anche le campane, *"Bepi del giasso"* divenne camparo. Ma siccome l'Abate voleva suonare le campane alla Latina, mentre Bepi voleva suonarle all'Ortodossa, giunsero a litigare e a una scelta definitiva.

O Bepi rimaneva nell'isola e accettava le norme della Congregazione Mechitarista diventando Novizio *(e suonando le campane a modo loro)* o se ne doveva andare. Il Georgiano *"Bepi del Giazzo"* ripartì quindi per la Russia dove accadde la Rivoluzione Sovietica, e qualche anno dopo divenne Segretario Generale del Partito Comunista e guida dell'Unione Sovietica col soprannome di **"Piccolo Padre"**. In poche parole, quell'uomo fu semplicemente **Stalin**, l'*ex campanaro di San Lazzaro degli Armeni di Venezia*.

Ancora nel 1962 l'**Abazia Generale dell'Isola di San Lazzaro Resuscitato** ospitava 16 padri Armeni, mentre nella zona del **Pordelio di Treporti** gli Armeni possedevano ancora le zone di **Lio Piccolo** da loro bonificate, dove praticavano attività di agricoltura e pescicoltura.

Gli Armeni dicevo sono un popolo molto colto, oltre che ricco. Sappiate che la loro isola di San Lazzaro è un gioiellino davvero prezioso. Oltre al fascinoso convento lagunare, che da solo rivela un mondo arcano d'altri tempi, lì vengono raccolti qualcosa come 170.000 volumi fra cui 4.500 manoscritti e pergamene rarissimi, qualcuno unico al mondo. Dentro alla moderna biblioteca circolare potrete trovare *"pezzi"* incredibili come, ad esempio, i *"Tetravangeli"* che molti neanche sanno che cosa significhi il solo termine. Sembrano reperti provenienti da un mondo alieno.

Sempre a San Lazzaro troverete delle raccolte curiosissime e preziose, un vero spaccato d'Oriente, di Arte e Scienza trasportato e conservato meticolosamente nei secoli in questo angolo della Laguna di Venezia. Vedrete perfino una mummia egiziana autentica, conservatissima e bellissima con il suo sarcofago dipinto e parte del suo prezioso corredo. Chi l'avrebbe mai detto, qui a Venezia? E' la mummia di un antico Sacerdote o Scriba Egiziano, tale **Nemenkhet Amon**, ed emana un fascino davvero potente, che spinge lontano i pensieri e induce a fantasticare.

Ecco fatto ! Ho completato il percorso Veneziano del **"Trittico degli Armeni".**

Alla fine della giornata mi sono fermato un attimo lasciando andare lo sguardo sulla Laguna dal bordo dell'isola di San Lazzaro degli Armeni. La Laguna si stendeva davanti a me in tutto il suo austero splendore, perché tutta coperta e velata da una tipica giornata di pioggia autunnale. Comunque Venezia con le sue lagune è sempre bella, anche quando *"fa brutto"*, come in questa stagione.

Chissà perché, davanti a quel panorama di grigi, azzurri e violetti, mi si è accesa nella mente la voce di un vecchio pescatore di Burano, la mia isola natale spersa in fondo alla laguna di Venezia. Ricordo che stazionava spesso fuori della porta della scuola elementare, e si divertiva a canzonare instancabile noi ragazzini che andavamo a perdere tempo a scuola.

Con suo immancabile cappellaccio sbilenco e le calze di lana bianche tirate sopra ai pantaloni fino al ginocchio, stava seduto sopra a una sgangherata sedia impagliata davanti al cancello cadente del suo giardino. Sigaro in bocca ... sorrideva e canzonava:

"Andata, andate a perdere tempo sulle carte ... Entrate con la maestra a dire: A-B-H ... la maestra fa la cacca ... Cosa volete imparare lì dentro ? La vita sta fuori ... Quello è tempo perso ... Fareste bene ad andare a lavorare e pescare in laguna e sul mare, invece si star lì chiusi dentro ... Le carte e le parole inebetiscono e basta ..."

Ragazzino, lo guardavo passandogli ogni giorno davanti e sorridevo perplesso, preferendo di certo varcare la soglia di quella miniera misteriosa e affascinante tutta da scoprire che era la mia scuola con i suoi segreti infiniti.

Ripensando a quel pescatore analfabeta, considero molte persone di oggi nell'epoca tecnologizzata dei computer, di internet e di tutto il resto. Esiste infatti un'ignoranza, un analfabetismo di ritorno, che induce molti ad evadere e girare alla larga da tutto ciò che è cultura. Siamo diventati pigri e refrattari, preferiamo spesso la comoda poltrona, e la cultura del benessere mordi e fuggi, del video guardato, rubato solo con lo sguardo in poco tempo, e già dimenticato per lasciare spazio a qualcos'altro di altrettanto effimero e leggero.

Pensavo perciò che una realtà nascosta e da riscoprire come quella degli Armeni a Venezia è una piccola provocazione, un monito per noi Veneziani, perché ci ricorda e insegna che c'è sempre molto da sapere, riscoprire e imparare. Nella vita non se ne sa mai abbastanza ... e a volte provare a saperne di più rende più vivi e meno annoiati e apatici.

Sul bordo della laguna ho mescolato quindi la *"Sapienza Armena"* con la sete di sapere che sgorga dalla nostra larga ignoranza ... e alla fine sono rientrato a casa con un pizzico di simpatia in più per gli Armeni e la loro storia, e con la voglia di saperne un pochino di più.

Venezia ha colpito ancora.

***

_____*Il post su Internet è stato scritto in origine su Google come: "Una curiosità veneziana per volta." - n° 39, e pubblicato nell'ottobre 2013.*

Fra Ville e Riviere

- *La fame Verde della Serenissima*

LA FAME VERDE DELLA SERENISSIMA

A un certo punto della Storia della Serenissima è accaduto ai Veneziani di ieri qualcosa che ancora noi di oggi, che pensiamo di sapere spiegare sempre tutto a tutti, non sappiamo motivare, spiegare e determinare con chiarezza.

E' accaduto qualcosa d'insolito, quasi incredibile, che ha rotto ogni logica e regola che funzionava da secoli fino a un quel momento ... Provate a dirmi che non è vero ? E' successo che quasi improvvisamente, di certo in breve tempo rispetto all'intera Storia della Repubblica di Venezia, il Doge ha deposto il mantello, le vesti, e il Camauro dorato mettendosi in testa un cappellaccio di paglia, gli illustri e sussiegosi Senatori, i Consiglieri, i Nobili Patrizi, i valorosi Capitani di Mar, i Giudici, i Savi dei Consigli, i Procuratori di San Marco hanno deposto le loro toghe paludatissime e severe, le armature luccicanti e i titoli pomposi per sporcarsi le mani col fango e il concime, indossare grezze traverse, contare sacchi di grano e farina, costruire Barchesse, e roste per i Molini dentro all'acqua impetuosa e lenta dei fiumi Veneti.

Preti, Frati, Monache e Canonici non hanno saputo essere da meno, e anche loro hanno fatto lo stesso lasciando le Chiese, i Santuari e i Monasteri di Venezia addobbatissimi, "vestiti d'Arte leggiadra", dipinti, scolpiti, ricchissimi e coccolatissimi per andare a relegarsi nelle piccole Cappellette essenziali di campagna dove c'era solo lo stretto necessario per ripetere in sordina i soliti Riti. Anch'essi hanno deposto abiti, tonache, cotte, e indumenti sacri per dedicarsi alle Delizie della Villa, al Verde e alla Natura e per occuparsi di terreni, campi, vigne, prati, orti, boschi, foraggi, bestie e tutto quanto concerneva la vita della così detta Campagna interessandosi d'affitti, vino, bestie, censi, ortaglie, pollame, farina e salumi.

Arrivò un tempo strampalato in cui perfino il Maggior Consiglio venne disertato dai grandi nomi dei Nobili più importanti e famosi della Capitale Serenissima. Le Cronache Veneziane raccontano che si presentavano a

Palazzo Ducale solo quattro sbarbatelli brufolosi e incapaci di tutto, senza esperienza e consapevolezza di niente, solo pieni di boria e di voglia di strafare e primeggiare ... tanto che i pochi Saggi rimasti scuotevano la testa desolati e perplessi, ripensando a quando in quelle sale s'inventava per davvero la Storia di buona parte del Mondo di allora, di certo di quello Mediterraneo.

Allo stesso modo e nello stesso tempo nella città Lagunare sempre scintillante di bellezza e di vitalità vispissima, erano diventati assenti dall'Emporio di Rialto, dai Fondaci, dai Mezzanini e dai Banchi di Piazza tutti coloro che avevano fatto grandissima Venezia Serenissima col Commercio e la Mercandia solcando i Mari, valicando i Monti, e varcando i confini del Levante e del Ponente fin dove era possibile arrivare ... e andando anche oltre.

Era quasi misteriosamente scomparsa del tutto la folla dei Notai, dei Banchieri, dei Mercanti, degli Assicuratori, degli Avvocati, dei Patroni di Nave, dei Senseri che procuravano e gestivano gli affari, dei Marinai, degli Agenti e Fattori d'oltremare, e dei grandi Viaggiatori Esploratori e Appaltatori ... e le Galee delle Mude che un tempo partivano "a grappoli" armate e cariche fino all'orlo di rematori, merci, soldi e soldati rimanevano issate o rovesciate con le chiglie all'aria sugli scivoli e sotto le tese deserte dell'immenso Arsenale. Le botteghe, e i magazzini sotto alle volte e i portici delle Contrade languivano con poche cose esposte ... Rimaneva sì nell'aria quel profumo, quei colori, quella voglia di vendere, comprare e trafficare, e quel fascino esotico e multiforme animatissimo da kasbah ... ma non era più com'era un tempo.

Che cos'era accaduto ? Dov'erano andati tutti ?

I Veneziani s'erano trasformati, erano divenuti fanatici del Verde, della Terra, della Natura e della Campagna. Divenne come una fame insaziabile, una necessità irrinunciabile, una voglia irresistibile che s'allargò a macchia d'olio in laguna coinvolgendo tutti sempre di più. Fu come una pioggerellina fine che piano piano s'ingrossò fino a diventare temporale e nubifragio mentale che inzuppò ogni persona da capo a piedi portandoli fuori da Venezia. La Serenissima di sempre subì come una trasformazione, anzi, una trasfigurazione di se stessa. Scoprì insomma un valore aggiunto fino ad allora poco considerato. Il Verde, la Terra e la Natura divennero una nuova vocazione dei Veneziani.

Terminò quasi di botto la stagione del Mare, della Navigazione e della Mercandia, i palazzi sul Canal Grande e suo Campi di Venezia lasciarono il posto alle Ville, i Canali alle Riviere, i Bucintori dorati e le Peote da Regata vennero sostituiti dai Burchielli e dai pigri Burci pesanti che scendevano lungo i fiumi tirati dei cavalli lungo le *"sponde-rastere"*. Le scalinate dorate e ricoperte di stucchi lasciarono il posto alle gallerie di Rose e Glicini, alle Limonaie e alle Orangerie, alle sale da ballo sature di Musica, Poesia e Teatro della Campagna. I Veneziani Nobili abbandonarono le stanze affrescate nostalgicamente d'uccelli palustri e piante, i giardini asfittici e gli orti "stitici" chiusi dietro ad alti muri e con poco sole, quasi strappati a forza dalle acque limacciose della Laguna, e lasciarono spazio alle distese aperti dei grandi Parchi ariosi delle Ville ricchi di fontane, amene collinette, grotte e boschetti evocanti momenti *"Sacri e Magici"*. Gli angusti Teatri cittadini del Carnevale lasciarono il posto alle arene all'aperto, ai labirinti Verdi, ai giardini ubertosi e alle file senza fine di alberi che accompagnavano quasi senza discontinuità le curve dolci dei tanti Canali e Fiumi che s'addentravano fin nel cuore *"saldo"* della Terraferma.

E fiori su fiori ... distese di fiori ... e arbusti, alberi, filari lunghissimi di Pioppi, Salici, Gelsi, Magnolie, Cipressi, Querce, Olmi, Platani, Bagolari ... e gustosissimi e coloratissimi Peschi, Ciliegi, Meli, Cachi ... e Viti e Ulivi ... ed Edere, Rampicanti di ogni sorta capaci di ricoprire tutto come una coltre tiepida e protettiva ... e piante mediche, Erbe Semplici dalle ancestrali e segrete doti medicamentose e risananti, dagli effetti quasi magici oltre che benefici.

Ecco dov'era nascosto il mistero che calamitò e rapì i Veneziani di quell'epoca che divenne *"felice"* quanto bucolica !

Tutto quel Popolo di Veneziani, tutti quei grandi Nomi, tutta quella gente che era rimasta stipata e costretta per secoli dentro alle scomode quanto anguste navi, disertarono il Mare e il Commercio per spalancarsi, concedersi e lasciarsi prendere da un "qualcosa" che fino ad allora avevano fin troppo trascurato: i grandi spazi aperti e liberi del Verde e della Natura.

Vi ricordate quel famoso condottiero antico Romano che a un certo punto dopo l'ennesima battaglia, e dopo aver salvato Roma, mollò tutto e disse: *"Me ne torno ai miei campi !"* ... Era Cincinnato mi sembra. Ebbene i veneziani fecero qualcosa di simile: basta navi, Dominio da Mar, naufragi, tempeste, diarrea a bordo, cibi malfermi e panbiscotto, vino annacquato da quattro soldi, topi, sporco, ristrettezze, puzzore di ogni tipo, compagnia obbligata di galeotti al remo pronti a risse e a combinarne sempre di nuove, pirati e tutto il resto. Basta con tutto ciò ! Basta con Porti e Portolani, scambi, traffici, compravendite, ruberie, carovane, carovaniere, caravanserragli, oasi e vie delle Asie e dell'Africa, e tutte quelle cose e persone e usanze di ogni genere ... Basta !

I Veneziani volsero le prue alla Terra, e issarono e tirarono in secco le barche di sempre abbandonandole quasi del tutto.

Finalmente, invece, un po' di pace, di distensione, di calma, di gaiezza e di godimento dei sensi e un po' di quieto vivere gustoso. I Veneziani scoprirono quello che molti altri avevano scoperto già da molto tempo ... In verità fu come scoprire *"l'acqua calda"*, ma i Veneziani, soprattutto la loro elite, fecero fagotto, lasciarono la Laguna e si diedero alla vita bucolica e agreste. E per loro fu come rinascere.

Lo dimostrano ampiamente l'immensa schiera delle centinaia di Ville splendide che punteggiano ancora oggi l'intero Veneto e anche oltre. Ovunque progressivamente divenne ***"Terra di Venezia Serenissima"***, e Nobili, Cittadini, Clero e meno nobili fecero a gara per decine e decine di anni, per un paio di secoli e più, per procurarsi il più possibile terreni, latifondi da bonificare, paludi da dissodare, campi senza fine, boschi, acque e proprietà di ogni tipo ed estensione da accudire e coltivare.

I posti presero perfino il nome dei Veneziani che li occuparono e gestirono: ***Pettorazza Grimani, Morosina, Gradeniga, Barbarara, Badoere, Contarina, Papozze*** ...

Negli angoli segreti degli splendidi Parchi di Villa Pisani, Emo, Nani e di molte altre Ville sono spiegati i motivi di questo gran cambiamento, c'è come il volto del perché di quella grande svolta Verde dei Veneziani verso la Terra e la Natura. I Veneziani lasciarono a Venezia le loro certezze di sempre su cui avevano fondato i loro evidenti successi di Governo, Politica e Religione, e si preoccuparono di assimilare e dedicarsi ad altri contenuti che avevano trascurato e che invece meritavano la loro attenzione.

Che cosa aveva preso i Veneziani ?

La spiegazione la fecero scolpire nella pietra. I Giardini si riempirono di statue dedicate ai **Sensi**: all'Odorato dei profumi, al Gusto, alla Vista, l'Udito e il la palpabilità del Tatto ... Così facendo i Veneziani riconobbero e affermarono che nella vita c'è dell'altro da considerare. Scandirono nella pietra i volti del **Tempo**, dei **Mesi**, dei **Giorni** e delle **Stagioni**, così come monumentalizzarono anche: la **Fatica**, l'**Abbondanza**, la **Grazia**, la **Bellezza**, l'**Amore**, la **Leggiadia** ... Sempre nella pietra spiegarono che l'idea del Mondo non può comprendere solo i soldi e il commercio, ma dissero che c'era da apprezzare e valorizzare anche: **Musica, Poesia, Letteratura, Scultura, Scienze Matematiche, Filosofia, Pittura, Danza, Teatro, Architettura** ... Affreschi vivaci e coloratissimi tappezzarono le Ville spiegando a chi li osservava che il Mondo è grande e curioso: non è solo Venezia, ma anche **Africa, Asia, America** ... e nuovi **Continenti** ancora da scoprire e considerare.

Ma c'era anche qualcos'altro di più che meritava d'essere compreso oltre i soliti parametri economici: il Mondo era ache un miscuglio curiosissimo e interessante d'elementi nascosti, alchemico e palese: d'**Aria, Acqua, Fuoco e Terra** affidato e impastato dagli enigmi del Tempo ... il Mondo è anche **Flora e Fauna**, anzi: è anche qualcosa di sfuggente e impalpabile come **Zefiro, i Satiri, le Ninfe, le Aguane** ... e più in alto, sopra le teste, il Mondo è anche le **Stelle e Costellazioni dell'Astronomia**. Inoltre c'è molto altro di sfuggente che spesso si è portati a ignorare ma è espresso e rappresentato e sottointeso nei Miti raccontati mille volte dagli Antichi come quelli di: **Arianna, Teseo, Ercole, Ganimede, Narciso, le Nereidi, Orfeo, Perseo, Leda, Paride, Orlando** e tutti gli altri ... un racconto senza fine che Parchi e Giardini non riescono a contenere e dire a sufficienza.

Il Verde suggerì ai Veneziani un immenso senso di libertà e leggerezza: *"... la mente umana non deve ristagnare nelle strettezze delle consuetudini di sempre, nei dogmi precostituiti della Religione e del classico "Buongoverno" ... La Campagna suggerisce che esiste un "surplus godibile" a tutte le solite consuetudini, esistono altri valori che trasondano ed esuberano oltre il nostro solito considerare. Sono valori già conosciuti dagli Antichi, valori concentrati e impersonati nelle figure degli Dei Immortali come Apollo dell'Armonia e della Luce, Bacco dell'evasione e dell'esuberanza euforica e incontrollata, Giove della Potenza Creativa infinita, Cibele della Generazione e del Ripetersi delle cose e dei Viventi, Diana della Caccia, Giunone della femminilità sponsale ed erotica, Marte del Sangue dato e perso, Mercurio della novità, Minerva Sapienza Medica, Nettuno dei mari e delle profondità acquatiche misteriose ... e tutti gli altri che popolano le nostre Leggende Antiche."* spiegava in una sua lunga lettera un Nobile Emo di Venezia datosi felicemente *"alla Villa e alla Vita di Campagna"*.

I Veneziani comunque non si sbilanciarono, nè persero *"la tramontana"* tradendo se stessi e la loro identità di sempre. Non è che dandosi al Verde della Terra fossero diventati vanesi e vuoti, anzi. Sempre le pietre scolpite nei Parchi ripeterono per secoli che per ben vivere serve non serviva solo la **Spensieratezza** ludica, libertina ed evasiva, ma era necessaria anche la **Vigilanza**, e un mix di utili **Virtù** come **Prudenza**, **Temperanza** e le altre, così come per *"star bene"* serviva evitare i **Vizi** e gli eccessi inutili come: **Accidia, Invidia, Ira, Gola, Superbia** e altro ancora.

Con quella grande apertura e trasfigurazione culturale a cui andarono incontro i Veneziani, maturò e si dilatò la loro consapevolezza esistenziale e la loro lungimiranza dando uno spessore e un senso diverso alla loro Storia Serenissima.

"Perché affannarsi tanto a conquistare il mondo e le cose, se poi perdi di vista te stesso ?" commentò un altro Nobile Veneziano smanioso delle *"beltà della Villeggiatura"* ancora alla fine del 1700. C'è stato perfino uno di loro che per un intero anno pagava un intero paese perché i giovani paesani s'ingegnassero nell'imparare, studiare e recitare commedie, rappresentazioni, drammi e teatro per rappresentarli quando lui si recava lì *"in Vacanza da Venezia con la sua famiglia"*.

"Vivere il Verde e la Villa ! ... Quello è bel vivere!" ripeteva spesso a se stesso e agli altri rendendolo quasi suo motto.

Era l'eco di un *"sentire comune"*, di una **Civiltà Veneziana delle Ville**, i cui segni hanno bellamente trapuntato l'intero nostro Veneto Serenissimo diventando Storia e nostro insigne patrimonio culturale di cui ancora oggi godiamo ... e forse partecipiamo mentalmente.

***

_____*Il post su Internet è stato scritto in origine come: "Una curiosità veneziana per volta." - n° 97, e pubblicato su Google nel marzo 2016.*

Giustizia, Prigionieri, Galeotti e Criminali

- *Stupro di fanciulle.*
- *Sforzati al remo o galeotti.*
- *Prigioni a Venezia fra 1500 e 1700.*
- *Il corso della Giustizia a Venezia alla fine del 1600.*
- *Un'ingiustizia a Venezia nel 1700.*
- *Condanne capitali di due anni a caso a Venezia: il 1623 e il 1625.*
- *Un paio di Veneziani troppo vispi nel 1714.*
- *Un inseguimento nottuno in Laguna ... nel 1150.*

STUPRO DI FANCIULLE ...

Nel 1573, si affidò agli *Esecutori sopra la Bestemmia* di Venezia, il giudizio sopra lo stupro di fanciulle di età minore, ossia inferiori ai 14 anni, assieme a quello dei genitori che vi avevano acconsentito ai fini di lucro.

"... Trattasi di reato contro Natura, giudicabile solo con l'autorità del Consiglio dei X ... un reato assimilabile alla bestemmia ..."

Le pene inflitte risultarono per davvero strane:

- Se gli stupratori erano Nobili, venivano privati solo per un anno dal poter occupare le cariche pubbliche. Già dal 1571, i Nobili erano stati sottratti dal giudizio diretto delle normali Magistrature di Venezia. Sia che offendessero o fossero parte offesa, erano diretta competenza del Consiglio dei Dieci.
- Se erano semplici Cittadini, invece, sarebbero stati banditi per 4 anni da Venezia e dal suo Distretto o Dominio, e dovevano pagare 400 lire di ammenda.
- Al padre e alla madre della fanciulla, viceversa, toccavano "*la berlina in Piazza San Marco*", con una corona infamante in capo, e un cartello appeso al collo con scritta la lista delle colpe commesse. Poi il padre sarebbe andato a vogare in galea per 2 anni con i ceppi ai piedi, o se inabile alla voga, sarebbe finito in carcere per un tempo equivalente. La madre invece, avrebbe avuto 2 anni di bando da Venezia e Dominio-Distretto.
- La vittima, poteva ottenere in cambio una dote, ma solo a discrezione degli *Esecutori contro la Bestemmia*, che avrebbero valutato caso per caso ... cosa che fecero e indicarono ben poco.

***

_____*Questo scritto è stato postato su Internet come: "Una curiosità veneziana per volta." - n° 04, e pubblicato su Google nel gennaio 2013.*

SFORZATI AL REMO O GALEOTTI

"La pena al remo, "ad triremes", è un'opera pietosa e grata a Dio ... da infliggere al posto della pena di morte o di amputazioni corporali ... Dispiace tagliare uomini giovani, pieni di forza ... Meglio mandarli a vogare il remo ... anche se è un Inferno in terra ..." commentava un giudice di Venezia a metà del 1500.

Un galeotto da parte sua, nella stessa epoca, confermava: *"L'unica differenza fra le galere e l'Inferno, è che la prima è a termine, mentre l'altra è eterna ..."*

1577: un condannato a 8 anni di galera, fuggito e catturato durante i lavori di fortificazione di Corfù, fu processato dal **Provveditore Marco Querini** che supplicò: *"... per amor di Dio non sia tornato su quella galera (da cui era fuggito) ma su un'altra, perché li officiali mi danno tante bastonade che la metà mi basta ..."*

La Serenissima Venezia fu l'ultima degli Stati Europei a ricorrere alla pena della galera e della voga forzata ai remi per allestire la flotta delle galee della sua *"Armata da Mar"* ... nel 1584 l'Armata constava anche di venti *"galee sforzate"*, ossia quasi l'intera flotta.

Nani Mocenigo ha raccontato la dura vita dei vogatori-galeotti: *"... se uno dei rematori di uno stesso banco fosse fuggito, gli altri due compagni avrebbero avuto la mano tagliata ... Ricevevano per il servizio prestato allo Stato un salario insufficiente da morire di fame ... vivevano sotto a una tenda per proteggersi dall'inverno e dalla pioggia ..."*

Una *"galera sottile"* veneziana da mercato e da guerra necessitava di 164 vogatori, mentre una *"galera grossa o galeazza"* necessitava fino a 288 uomini e poteva trasportare fino a 500 *"Fanti da Mar"*. I galeotti erano incatenati a gruppi di 26-30 sui banchi dei remi sul ponte di coperta, dove i fatto vivevano sempre. Da tre a quattro manovravano un remo lungo da 11 a 13 metri e pesante 60 chili. L'intero *"palamento"* delle navi erano diviso in 3 quartieri di remo: prua, poppa e centro, che raramente lavoravano insieme, ma si alternavano nella voga con cambi frequenti vogando per 6 ore al giorno di media.

Sulle Galee Veneziane si utilizzava anche la navigazione a vela per circa il 56% del viaggio, la voga, invece, serviva molto soprattutto per la manovra. Era prevista una sosta di circa nove ore per riposo e servizi vari. In caso di battaglia e corpo a corpo, i forzati venivano di solito liberati dai ferri per partecipare alla difesa della nave. Si prometteva la liberazione in caso di cattura di un nemico Turco.

Il vitto constava fino a 24 once di pan biscotto e acqua, due zuppe o minestre di fagioli o fave in inverno e una sola d'estate, aceto e solo in seguito una razione di vino al giorno. La mortalità era del 60-70%, con frequente tifo, colera, scorbuto e scabbia.

Il 24 ottobre 1555 un violento tornado colse nella notte 4 Galee ormeggiate ai moli di Malta. Pochi superstiti si salvarono a nuoto, ma tutti i galeotti finirono annegati perché impossibilitati di liberarsi dalle catene.

Prima dei forzati-galeotti, Venezia aveva una riserva di vogatori soprattutto **Greci** e **Dalmati**, gente dalle condizioni economiche precarie, che si sostenevano offrendosi ai Veneti come vogatori volontari e liberi. Fino al 1570, Venezia concentrava le sue navi sulle coste della Dalmazia, partendo con due uomini per remo da San Marco, e si recava in Dalmazia per *"interzare"* un altro uomo di voga. I reclutamenti provocarono paurosi cali della popolazione maschile, come relazionava preoccupato al Senato di Venezia nel febbraio 1554 **Paolo Giustiniani Capitano di Zara: "… né mai è povera l'Armada della Serenissima vostra, che la non abbia 1000 hor 1200 e 1300 galeotti per la maggior parte dell'isola del Zara … le donne sono rimaste senza homeni …"**

In laguna, a Venezia, una serie di prescrizioni obbligava ciascuna Arte veneziana cittadina, ciascuna città di Terraferma, e ciascun Possedimento di Levante a fornire precisi contingenti di vogatori, con precisi meccanismi di reclutamento.

I singoli distretti della Terraferma, con appositi *"Ruodoli"* o liste, in proporzione degli abitanti, doveva fornire annualmente almeno un totale di 6.000 *"homeni da remo"*. I vogatori liberi o volontari, detti *"Galiotti di libertà o Zontarioli"* lavoravano, invece, per 1 ducato al mese.

Soprattutto nelle zone del Bresciano, Bergamasco, Veronese più lontane e ostili al Dominio Veneziano, si manifestò una netta opposizione a questo servizio obbligatorio. Spesso i precettati, giunti a Venezia, se giungevano, in attesa dell'imbarco, davano vita a risse spettacolari con i Veneziani.

Padova aveva l'obbligo di mandare 800 uomini, **Vicenza**: 700, **Brescia e Salò**: 1.200, **Verona**: 800, **Crema**: 200, **Bergamo**: 600, **Udine**: 700, **Treviso e Mestre**: 800, **Rovigo e il Polesine**: 200 uomini.

In maggio 1545, la crisi del reclutamento dei vogatori, detta *"la falta de remeros"* si fece sentire. Venezia, allineandosi ai modi degli altri Stati Italiani e Europei provvide che Consigli, Rettori e Magistrati condannassero alla galera per pene non inferiori a 18 mesi e non superiori a 12 anni, coloro che di solito venivano puniti con l'amputazione di mani o altro membro.

Inoltre, per la guerra di Cipro, Venezia cercò di correre al riparo acquistando schiavi Turchi e chiedendo ai piccoli stati italiani: **Mantova, Modena, Ferrara**, di concedere i loro condannati, risparmiandone le spese di mantenimento. La Serenissima chiese anche all'Imperatore di poter prendere prigionieri dalla **Boemia**, e fece la stessa richiesta al **Canton dei Grigioni**.

Nel 1569, nel Ducato di Baviera, registrate della tesoreria, ci furono le prime *"...condanne ad andar per mare sulle galere di Venezia ..."* Nell'arco di quindici anni, si condannarono ben 110 persone, tutte spedite a Venezia a vogare.

In maniera continuativa fino al 1589, i tribunali inflissero pena a vita alla galera o per un periodo definito. Bastava essere: omicidi, assassini, truffatori, Zingari, rapinatori, ladri, falsari, espulsi sorpresi dentro ai confini, ladri di cavalli o di pesce, bestemmiatori contro Dio e la Chiesa, bigami, adulteri, vagabondi, mendicanti ed errabondi, ed era quasi automatico ritrovarsi a vogare a Venezia.

Poi si vogava praticamente a vita, a causa del debito che si accumulava nei riguardi dello Stato. Era un debito che si autoalimentava continuamente, impedendo di fatto d'essere sanato raggiungendo la liberazione.

Dalle note tratte dal *"LIBRO MARE DEI CONDANNATI"* dell'anno, si puo comprendere come funzionava quel debito iniziale dei condannati alla galera.

<u>Esempio:</u> un debito stabilito nel 1796 da una **Magistratura di Terraferma nel Reggimento di Verona** meritò una condanna iniziale a 18 anni di galera, che crebbe quasi in automatico di altri 8 anni in più a causa delle spese intercorse così elencate:

- *Per cassa del Consiglio X = lire 42,10.*
- *Risarcimento per cavalcata = lire 192,10.*
- *Risarcimento per traduzione dal mantovano = lire 80.*
- *Risarcimento per traduzione al comune di Trevenzol = lire 80,5.*
- *Per deposito agli Assessori = lire 28.*
- *Per condotta = lire 31.*
- *Per custodia e chiavi = lire 28,8.*
- *Per spese di processo al Cancellier Pretorio = lire 99,10.*
- *Per spese al Giudice = lire 29,6.*
- *Per spese al Cancellier Prefettizio = lire 5,1.*
- *Per spese ai Nodari di Maleficio = lire 11,8.*
- *Per spese agli Avogadori = lire12,8.*
- *Per spese al Massaro di Trevenzol = lire 0,10.*
- *Per spese del Fante = lire 4,10.*
- *Per spese al Capitano dei Fanti = lire 1.*
- *Per spese al Tansador = lire 18,4.*
- <u>*Per copie del processo al Cancellier Pretorio = lire 125.*</u>

Totale = lire 789,10.

Perciò un condannato iniziava a remare già con tale debito suplettivo da pagare sulle spalle, corrispondente circa ad ulteriori 7 anni di galera aggiunti. La spesa poi cresceva con la consegna dei corredi invernali-estivi del vestiario da forzato da utilizzare: *"Gaban, vardacuor, camiscia, braghe, calze, scoffoni, scarpe e cappello"*. La prima fornitura valeva una quota fissa di lire 42,19, mentre la seconda e seguenti valeva lire 11,11. Si addizionavano poi lire 4,6 per spese mediche di barbiere. Al debito iniziale si sommava perciò una nota annuale iniziale col vestiario di 58,16 lire.

Un forzato col suo lavoro-servizio riusciva a racimolare la cifra di lire 90 annue, che per quelle spese base si riduceva già a 30 lire, legata alla fornitura annuale ... se arrivava.

L'aspirazione a riottenere la libertà era praticamente vana e quella della sopravvivenza si riduceva sempre più. Sulle Galere si poteva morire per epidemia, fame, freddo, annegamento e scontro navale.

Nel 1785, **Mattio Zanonato** fu riconosciuto inabile al remo nella **Galea Nettuno**, dove aveva trascorso 44 anni. Era stato condannato a morte nel **Reggimento di Vicenza**, dove gli era stata mitigata la pena a 10 anni di galera dal **Consiglio dei Dieci** nel 1741. In seguito a un fallito tentativo di fuga gli furono addebitati altri 3 anni: 13 in tutto su un totale di 44 con un debito di lire 3.753.

Concludo: l'ultima a rinunciare alla pena delle galere fu la Svizzera nel 1790. Teneva delle navi di punizione sul **Lago di Ginevra** e sul **Lago dei Quattro Cantoni**. Smise solo perchè i Mercanti francesi si rifiutavano di prendere in consegna i galeotti.

Riflettendo, forse noto qualche piccola differenza con le *"pene miti e comode"* di oggi ... Qualcosa forse è cambiata nella gestione e somministrazione della Giustizia, o forse funziona, giudica e misura diversamente ... Non so ...

***

_____ *Questo post è stato pubblicato come "Una curiosità Veneziana per volta." – n° 20, e pubblicato su Google nell'aprile 2013.*

PRIGIONI A VENEZIA FRA 1500 e 1700

Un tempo a Venezia, esistevano delle prigioni sestierali chiamati *"Casòn"*. Ne esisteva di certo uno in Frezzeria, un altro a Rialto, uno ai Santi Apostoli e uno nella Contrada di San Giovanni in Bragora. Nel 1500 in zona Terranova, dove sorgono ora i Giardini del Palazzo Reale, c'erano anche *"i Gabbioni"* ricavati in un ex granaio pubblico.
Ma le prigioni principali sono sempre state a **Palazzo Ducale**. Prima del 1600, le Prigioni veneziane stavano al pianoterra, quasi a pelo d'acqua, e s'affacciavano sulla riva del Bacino di San Marco. Erano costituite da un insieme eterogeneo di spazi e luoghi stretti e bui, che avevano ciascuno un proprio nome: **La Giustiniana, La Mocina, La Schiava, La Galiota** e altro ancora.

Negli ultimi decenni del 1500, invece, si costruirono le **Prigioni Nuove** dopo il Ponte della Pàgia e il Rio di Palazzo Ducale. Queste erano divise in tanti blocchi, ossia *"le sei Guardie"*, denominate ciascuna: **Signori di notte, Presentati, Nuovissime, Civil, Forti e Cai**.
Esistevano inoltre *"le Quattro"*, cioè il blocco dei *"camerotti"*, che come i Piombi e i Pozzi del vecchio Palazzo Ducale erano a disposizione degli **Inquisitori di Stato**.
Man mano che i carcerati vennero trasferiti dal Palazzo Ducale alle Prigioni Nuove, si portarono con se anche i vecchi nomi, che vennero affibbiati ai *"camerotti"*.
La Giustiniana, ad esempio, era un insieme a pianoterra di due *"camerotti"* comunicanti fra loro e imbiancati a calce, uno grande e uno piccolo, chiamati *"il castello"* e *"la città"*. Entrambi i luoghi, che contenevano venti o trenta carcerati, confluivano sui corridoi dai balconi a grosse sbarre, che si aprono ancora oggi sotto i portici del Palazzo delle Prigioni al Ponte della Paglia.

E' lì, che accadde nel 1628 l'episodio che ora vi racconto.

In marzo, giunse nella prigione **Moceniga** un gruppetto di uomini trasferito dalla **Giustiniana** dove si era verificata *"una rotta"* ossia un tentativo di fuga. I nuovi arrivati, giovani e benvestiti, erano alcuni padroni di botteghe

di Rialto, c'era un **Nobile Querini**, e c'era perfino il figlio di **Barbazza Capitano dell'Avogaria da Comun.** Questi si misero a mangiare e a bere, offrendone anche agli altri carcerati, ma si misero anche a tramare qualcosa perché uno di loro **Gerolamo Fameli** il giorno dopo, che era un sabato, sarebbe dovuto essere esposto alla berlina di tutti in Piazza San Marco. Gli serviva guadagnare del tempo per contattare e attivare certe sue amicizie, che forse gli avrebbero consentito di ottenere una riduzione della pena. Ma di tempo non ce n'era più.
Decisero perciò di fare una barricata davanti alla porta del *"camerotto"* con cavalletti, materassi e altre cose, per provare a resistere alle guardie. Il giorno dopo, infatti, accolsero gli **Sbirri della Serenissima** da sopra la barricata con un coltello in mano.

Aperta la porta, i soldati di guardia si limitarono ad osservarli, e richiusero tutto andando dritti dai **Signori di Notte** che diedero ordine di sbarrare e oscurare porte, finestra e aperture e tagliare i rifornimenti di pane e acqua. Le guardie della Signoria provarono in seguito a proporre un richiamo alla resa. Ma vennero accolto con insulti e minacce, ricordate prontamente negli atti del processo:

"Vatte a far buzzaràr ti e anco i to Signori !"

L'assedio durò due giorni. Gli altri detenuti si lamentarono, e il *"Camerlengo della Moceniga"*, ossia il *"capo-camerotto"*, tentò d'informare la Signoria che gli altri prigionieri non si adeguavano né aderivano alla sommossa.
Gerolamo Fameli con i suoi compari, invece, attraverso due *"spiracoli sulle muraglie del soffitto"* riuscì a fare un accordo con quelli della *"Forte"* facendo salire sopra una lunga pertica del denaro in cambio di pane fornito dalla **Fraterna dei Prigionieri di San Bartolomeo**, che era stato messo a disposizione di nascosto da un Frate dell'infermeria delle prigioni.

Il lunedì mattina le guardie attaccarono la barricata, sperando sull'aiuto dei detenuti non allineati alla rivolta, ma il Fameli con coltello e cuscino alla mano, si mise ad urlare loro contro tenendoli a bada: *"Vegnì dentro, becchi fatti e dritti ... che amazzerò qualchedun de vu !"* così si riferì e testimoniò di lui al processo.

Al pomeriggio era tutto finito, perché qualcuno degli ammutinati temendo il peggio, consegnò alle guardie il Fameli tramortito con un grosso bernoccolo in testa. Fu quindi preso in consegna e trasferito ai *"camerotti"* del **Consiglio dei Dieci**. Dopo pochi giorni accadde il processo, che si concluse velocemente con poche condanne e pene lievi, soprattutto per i collaboratori.
A tutti: *"... Tre squassi di corda in Piazza San Marco ... e per i più deboli quattro mesi di carcere aggiunto ..."*
La cosa considerata più grave fu l'offesa del Fameli recata alla Signoria. Quella non gli fu perdonata per niente.

I carcerati morti si seppellivano a **San Francesco della Vigna**: i più poveri a spese della **Fraterna dei Prigionieri di San Bartolomio**. Venivano accompagnati alla fossa da 2 Cercanti, e da 2 Sacrestani di San Marco con un Crocefisso davanti e rivestiti con un saio di San Francesco.
Nel 1600 si davano minestre ai carcerati 2 volte la settimana distribuite dalla Fraternità di San Bartolomeo, che teneva un apposito *"ruodolo"* cittadino per raccogliere elemosine per i carcerati e la loro liberazione, e gestiva un magazzino di cereali e legumi presso la casa di **Piero Perazzo** in Contrada di Sant'Aponal.

In prigione la *"campanella del sonno"* si suonava alle 2 di notte, ossia 2 ore dopo il tramonto del sole da Pasqua al 1 ottobre; 3 ore dopo il tramonto da ottobre ai Morti; 4 ore dal tramonto dai Morti alla Quaresima, 3 ore dopo il tramonto dalla Quaresima a Pasqua ... Ci si doveva alzare e rifare i letti entro le 10 di ogni mattina.
All'inizio di novembre si cominciava ad accendere il fuoco con *"la foghèra in mezzo alla prigione"*, dove ciascuno poteva cucinare e scaldarsi fino alla Domenica dell'Olivo prima di Pasqua. Era però necessario contribuire con 1 bezzo al giorno, che veniva puntualmente riscosso da chi quel giorno aveva il compito di recitare il Rosario e le preghiere della sera, che consistevano in 18 lunghe preghiere, compresa *"... una Salve Regina per il mantenimento della Serenissima..."*

In prigione si celebravano Messe e i **Canonici di San Marco** guidavano la Processione fin davanti al **Capitello della Madonna della Giustiniana**. Alla fine bisognava stare attenti a spegnere candele e candelotti e togliere addobbi e cose che potessero prendere fuoco di notte.

A Pasqua s'imbiancava di calce la prigione e si facevano colorare armadi e cavalletti, che venivano anche questi pagati a noleggio ... Straordinariamente si cambiavano le assi di legno ai letti vecchi pieni normalmente di cimici vispissime.

Tutti i carcerati erano *"Fratelli entrati",* ed eleggevano fra loro ogni 6 mesi: 2 cassieri, 1 sindaco ed 1 scrivano.

Si eleggevano anche per 6 mesi i *"libadòri"*, su offerta volontaria fra chi aveva almeno ancora 6 mesi di prigione da scontare. Venivano salariati e ricevevano 2 soldi per ciascuno da ogni detenuto che entrava e 2 soldi per ogni domenica.

Secondo il *"Capitolo del 22 giugno 1698"*, costoro avevano compiti ben precisi:

- *Liberare ogni mattina e tenere pulita dalle immondizie la prigione.*
- *Ricevere e dispensare il pane ed il vino e la scorta dell'acqua.*
- *Portar fuori le urine alla "scafa" o discarica, che veniva svuotata dietro l'isola della Giudecca.*
- *Pulire i pitali di tutti.*
- *Fare e disfare i letti.*
- *Lavare piatti e pignatte a tutti, tenere puliti "i rami", le padelle, le graticole e altro oggetti della prigione.*
- *D'inverno andavano anche **"a pigliar fàssi e tagliar legna"** per far fuoco, pagati dalla cassa comune dei carcerati.*
- *Divieto di giocar a qualsiasi gioco, per i quali esistevano regole e orari ben precisi.*

Ogni carcerato era tenuto al contributo fisso di 1 ducato d'argento **"per la Beata Vergine"** ossia la cassa comune.

Inoltre doveva versare 1 ducato e ½ per noleggio del materasso, ¼ di ducato per il noleggio dell'armadio, e un'elemosina libera nei giorni stabiliti della settimana, ossia il martedì per San Antonio e il sabato per la Madonna.

Si applicavano anche penali e multe per trasgressioni alle regole fissate dal *"Capitolo della Prigione"*:
- *1 soldo d'olio per ogni bestemmia.*
- *1 libra d'olio per aver attaccato briga nel pergoletto con la gente della strada.*
- *1-2 libre d'olio per mancanza di doveri dalle cariche.*

Inoltre esistevano versamenti particolari per ottenere dentro alla *"Giustiniana"*: la *"privativa della vendita del tabacco da naso e da fumo"* che costava 10 soldi la settimana, per *"tenere caneva di vino"*, o per costruire carte da gioco.

Ancora nel 1700-1709 i carcerati erano circa 130, e si dava loro da mangiare il panbiscotto, che essi accumulavano e vendevano ai marinai attraverso le sbarre, per comperare pane fresco più morbido e appetitoso.

***

_____ *Questo post è stato pubblicato come "Una curiosità Veneziana per volta." – n° 21, e pubblicato su Google nell'aprile 2013.*

IL CORSO DELLA GIUSTIZIA A VENEZIA ALLA FINE DEL 1600

Come era prassi comune a Venezia, nel 1648, fu concesso alla sua morte per grazia del Maggior Consiglio il posto della **Coadiutoria al Senato**, coperto per molti anni da **Mattio Torre**, alle figlie **Cecilia ed Elisabetta**. Il posto, simile a quello di un Notaio, era appetibile e ben retribuito, a stretto contatto con i grandi uomini del potere della Serenissima.

Incompetenti e impreparate a coprire tale incarico, le due donne passarono l'incarico ai loro rispettivi mariti: **Nicolò Maria Magno** e **Gerolamo Morosini**, i quali, altrettanto inadatti, per ben 16 volte, dal 1659 al 1691, diedero in affitto la carica a 16 sostituti, più o meno capaci e preparati.

Nel 1679: **Cristoforo Caimo** fu uno dei sostituti delle eredi Torre. Dopo qualche *"servizio in carica"*, subì ben due denunce consecutive che mettevano in discussione l'intero operato dei **Notai della Magistratura degli Esecutori alla Bestemmia**, nonché la credibilità dell'intero tribunale veneziano. In realtà, si trattava di notevoli mancamenti di denaro dalla cassa del Magistrato.

Il Caimo venne quindi sospeso dall'attività, e processato, e la sentenza lo condannò a 20 anni di bando da Venezia e da tutti i territori del Dominio Veneziano. Venne riconosciuto colpevole delle peggiori corruzioni, connivenze con imputati, falsificazione di testimonianze, uso a scopo ricattatorio dei segreti del tribunale, e di essersi servito in ogni modo della sua attività per guadagni illeciti. Lo stesso Caimo, fuggito indisturbato già prima della sentenza, presentò l'anno seguente due successive suppliche proclamandosi vittima di persecuzione, e denunciando disordini procedurali sul suo processo da parte dello stesso Consiglio dei Dieci.

Le procedure processuali erano totalmente segrete, eppure lui dimostrò di esserne perfettamente a conoscenza, tanto che il Consiglio dei Dieci gli concesse di tornare a Venezia per istituire un nuovo processo contro di lui.

Quel processo non venne mai istituito. Corsi e ricorsi storici ... Non sembra che oggi siano molto cambiate le cose rispetto ad allora.

***

_____ *Questo post è stato pubblicato come "Una curiosità Veneziana per volta." – n° 22, e pubblicato su Google nell'aprile 2013.*

UN'INGIUSTIZIA A VENEZIA NEL 1700

Nel 1775: **Domenico Rizzardi** era un servitore, e l'accusa nei suoi riguardi era di aver riscosso per conto del NobilHomo suo padrone dei soldi di affitti, che non gli consegnò. Gli fu fatto comando civile di pagare 150 lire, e venne cacciato dal posto di lavoro.

Dopo che l'azione civile nei suoi confronti languì per molto tempo, un giorno il **Capitano dell'Avogaria da Comun** con i suoi Sbirri, si presentò nella casa dove Rizzardo lavorava e gli intimò di pagare subito, o dare idoneo pegno, o andare subito in prigione. Il nuovo padrone, un Notaio, si offrì di pagare il debito, ma non gli venne consentito, e il Rizzardo venne carcerato.

Nonostante il debito fosse stato pagato dopo qualche giorno, Rizzardo rimase in prigione, e venne trasferito per ordine dell'Avogador al **Serraglio del Lido** dove c'era il deposito degli arruolati per l'Armata di Levante. Lì il Rizzardo tribolò fino alla fame per 3 mesi, perché riconosciuto inabile all'imbarco, non gli venne concesso il diritto a paga e pan biscotto.

Alla fine un Caporale lo obbligò ad essere reclutato ugualmente e venne imbarcato per il Levante. Una supplica del fratello del Rizzardo all'Avogadore venne respinta con la scusa di sospetto di furti nella casa del primo padrone. Neanche il **Patrocinio dei Carcerati** non si mosse a suo favore.

Finchè un soldato Schiavone s'impietosì e mandò per lui una supplica alla Signoria segnalando l'ingiustizia palese in corso. Si avviò quindi apposita procedura e si bloccò la partenza per il Levante avviando l'iter della **Quarantia Criminal** che attivò due suoi *"contradditori"* col **Procuratore Criminale** che recuperò documenti al Lido e all'Avogaria da Comune.

Mancava qualsiasi istruttoria preliminare, si era effettuata carcerazione senza citazione in giudizio, eseguita una sentenza senza formalizzarla e senza processo, e inflitta una pena spropositata in riferimento alla colpa. Peggio ancora: non c'era colpa, ma solo pena !

Alla fine si scoprì perfino che non esisteva alcun procedimento contro il Rizzardi, che venne subito liberato, dopo *"un Iliade dolorosa gratuita ... che poteva diventare una definitiva Odissea"*.

***

_____ *Questo post è stato pubblicato come "Una curiosità Veneziana per volta." – n° 23, e pubblicato su Google nel maggio 2013.*

CONDANNE CAPITALI DI DUE ANNI A CASO A VENEZIA: 1623 e 1625

C'è veramente da perdersi a spulciare fra le notizie di Venezia antica ... un calderone immenso senza fine. Qualche volta, mi diverto a prendere a caso un paio d'anni della Storia di Venezia per guardarci un po' dentro frugando fra libri, documenti e carte *(ognuno si diverte a modo proprio e come può)* ... Non sono mai mancate le sorprese.

Ad esempio: 1624 e 1625 ... ed ecco alcune note che mi sono appuntato fra molto altro.

Sono accaduti alcuni fatti a Venezia e in Laguna che erano come fumo negli occhi per la Giustizia della Serenissima. Per esempio la *"il bando"*, ossia la condanna di espulsione dalla Repubblica di Venezia e dal suo Territorio-Dominio.

Piuttosto che ammazzare direttamente, Venezia mandava spesso i rei fuori dai piedi, lontano quanto bastava dai suoi possedimenti per non poter nuocere ancora. Non era poco, perché significava perdere tutti i diritti, le proprietà e quasi tutto quel che si era. Venezia si considerava clemente con una condanna del genere. Meglio vivere che morire, anche se in terra straniera, anche se costretti in un certo senso a ricominciare.

Se osavi però ritornare a Venezia senza il permesso o senza annullamento del bando ... allora erano guai: la Serenissima s'imbestialiva per davvero. Se poi associavi nuovi delitti a quella comparizione non autorizzata ... e **Zaffi**, **Birri**, **Fanti** o **Gabelotti** della Serenissima ti pizzicavano ... erano dolori nel vero senso della parola.

A volte, *"purtroppo"*, nel tentativo di catturare qualcuno, ci scappava il morto ... ma era sempre *"pura casualità"*, uno spiacevole errore prima di finire nelle braccia della Giustizia. Venezia sembrava addirittura dispiaciuta per quell'equivoco ... In realtà, la **Giustizia Veneziana** si scatenava in maniera tremenda.

Il 9 gennaio del 1624, **Giorgio Miraldi da Salò** sul Lago di Garda, fu preso a Venezia *"in contraffazione di bando"*. Gli fu semplicemente tagliata una mano e impiccato per ordine direttissimo del Consiglio dei Dieci

Il 25 agosto dell'anno dopo, il trentaseienne **Conte Ruberto Negri da Ferrara**, stava a Venezia in compagnia di amici, e si divertiva a modo suo … Il Venerdì Santo aveva preso una tenaglia e pizzicava il sedere di alcune belle donne che stavano tranquillamente passeggiando. Compì anche altre bravate, ma si scoprì soprattutto che anche lui stava in città *"in contraffation de bando"*. Fu perciò preso, e *"solo"* tirato a coda di cavallo per mezza Venezia, tenagliato, decapitato, e infine squartato per ordine del solito Consiglio dei Dieci.

Altre volte ancora, sui certi delitti, Venezia andava giù ancora più pesante, soprattutto per dare l'esempio ad altri, per ammonire e prevenire l'accadimento di casi simili. La Serenissima eseguiva sentenze spettacolari soprattutto in Piazza San Marco, con grande pubblicità e partecipazione di popolo, proprio perché molti vedessero e …

Il 26 aprile 1625, **Girolamo Sumariva da Padova** di anni 28, speziere *"All'insegna dei tre cedri"* in Contrada di San Silvestro vicino a Rialto, assieme a **Battista Polachetto Veneziano**, furono inseguiti e presi in *"contraffazion di bando"*. S'erano rifugiati in *"casa del Residente di Spagna"*, cioè nella sede di un'Ambasciata straniera a Venezia, sperando così di riuscire ad usufruire di una qualche immunità o extraterritorialità, o qualcosa del genere.

Certo … Andò a finire che furono lo stesso decapitati per ordine del Consiglio dei Dieci.

Cambiando caso … Il 10 febbraio del 1624, per ordine del sempre solito **Consiglio dei Dieci**, si provvide a decapitare e squartare **Domenico Pasqualini da Carbonera di Treviso**.

"Un povero campagnolo emigrato in laguna !" Direte.

In un certo senso sì ... Era finito con l'andare a vivere in un'isoletta della laguna di Venezia: alle **Vignole**, che con la vicina Sant'Erasmo sono sempre state considerate *"gli orti di Venezia"*.

Col passare del tempo, non si era accontentato di coltivare solo la terra del suo padrone ortolano, ma aveva *"coltivato"* troppo anche sua moglie, finendo con l'ammazzare il suo datore di lavoro, moglie consenziente.

Per la donna la sentenza fu forse più tenue: venne condannata a vita *"alli Camerotti"* ossia le prigioni di San Marco a Venezia, che non era proprio il massimo per provare a sopravvivere.

Altro caso ancora ...

Venezia Serenissima era sostanzialmente laica. Il suo Dio, anche se non ufficialmente, è sempre stato il commercio, il guadagno, e l'economia marittima e terrestre. Il resto veniva dopo ... anche Dio, i Santi, la Madonna e soprattutto il Papa. Ma non è che per questo motivo Venezia fosse insensibile alla Religione, alla Devozione, alla Morale, al Buon Costume, alla Tradizione, al Rispetto, all'Onore e a tanti altri valori ... Anzi, ci teneva tantissimo.

La bestemmia, ad esempio, non era né scusata nè tollerata, ma perseguita *"alla grande"*.

Agostino da Perugia e Girolamo Neris da Roma furono impiccati direttamente nel maggio del 1625, per eccesso di bestemmie. Condannati da chi ? Sempre dal **Consiglio dei Dieci**, una delle più alte autorità dello Stato.

Il 27 settembre 1625, **Vincenzo Sensale Officiale da barca**, venne condannato ad essere impiccato per ordine appunto del Consiglio dei Dieci. Aveva mancato di rispetto all'Ambasciatore di Francia, mentre questi si recava in barca *"... per suo spasso"* fino all'isola di San Secondo. Nel momento in cui il barcarolo si presentò sul patibolo, l'Ambasciatore andò di corsa in Collegio a Palazzo Ducale e fece sospendere la sentenza: *"perché doveva comunicarla al suo Re"*. La sentenza fu perciò semplicemente rinviata ed eseguita un altro giorno, perché in realtà l'Ambasciatore voleva presenziare personalmente *"allo spettacolo"* in Piazza San Marco.

Anche nel gennaio 1625 si sospese all'ultimo momento la sentenza capitale comminata dal Consiglio dei Dieci a **Paolo Ferrari Cremonese** di anni 56. C'erano già pronti i **Confratelli della Scuola di San Fantin dei Picài**, schierati con i loro cappucci sul volto sopra il Ponte della Pàgia, fuori della Prigione di San Marco. Si occupavano ogni volta di accompagnare il condannato alla forca spettacolare, e poi di dargli decorosa sepoltura conducendoli in apposita ***"tèra da picài"*** presso il **Cimitero dei Frati di San Francesco della Vigna**. La sentenza d'impiccagione fu sospesa all'ultimo istante … ma per essere eseguita il 15 dello stesso mese.

Spostando leggermente l'obiettivo e l'argomento … La Serenissima era da secoli affamatissima di buona moneta, oro, argento e metalli preziosi. Che si provasse a Venezia a falsificarli … eri irrimediabilmente perduto.

Nel settembre 1624, **Pietro Ferrari Francese**: *"… fu decapitato e abbruciato a Venezia, come monetario falso per ordine del Consiglio dei Dieci …"*

Così come **Zuanne Furlan detto della Comare**, che *"… fu decapitato e abbruciato come monetario falso …"*, sempre a Venezia, e sempre per ordine del Consiglio dei Dieci.

Sono poi accaduti altri casi singolari, un po' diversi … Nel giugno 1624, fu il turno di **Luca Andrioli**, originario di Corfù, di anni 60. Un altro immigrato a Venezia, che venne impiccato per ordine del Consiglio dei Dieci perché aveva provato a segare le inferriate del **Magistrato alle Biade e al Frumento** per entrare a rubare.

Che sia stato per fame ?

L'anno prima, nel gennaio 1623, ci fu l'esecuzione capitale a Venezia di **Domenico Scalon** di anni 36 da Vicenza. Altro *"foresto"*, ossia persona proveniente *"da fuori Venezia"*. Fu impiccato per ordine del Consiglio dei Dieci per averlo trovato il giorno degli Innocenti in Piazza San Marco armato di un paio di pistole cariche.

Questi sono solo alcuni sparuti esempi ... Le liste delle condanne capitali eseguite a Venezia lungo i secoli, sono davvero lunghissime ... e molto curiose *(per modo di dire)*.

***

_____ *Questo post è stato pubblicato come "Una curiosità Veneziana per volta." – n° 30, e pubblicato su Google nel giugno 2013.*

UN PAIO DI VENEZIANI *"TROPPO VISPI"* NEL 1714

Come sapete bene, a Venezia fino all'arrivo di un certo Napoleone esisteva una secolare organizzazione del lavoro e delle Arti e Mestieri, con valenze, regole e abitudini per certi versi ancora medioevali. Questi artigiani erano associati in **Corporazioni, Fraglie, Compagnie, Schole e Confraternite** ben controllate dalla Serenissima, che distingueva gerarchie lavorative ben precise. A farla breve, c'erano il **Mastro o Mistro di Bottega**, poi i **Lavoranti** e infine i giovani **Garzoni**.

Antonio Cadon o Codoni, era un giovane garzone di appena 16 o 18 anni, originario di **Caloneghe nel Bellunese**. Lavorava per un artigiano che impagliava e costruiva sedie, *"le carèghe"* veneziane, tenendo bottega presso il ponte accanto alla chiesa e Monastero delle Monache di **Santa Maria dei Miracoli**.

Una mattina del 1713, il giovanotto prese sonno e non si presentò a bottega. Il padrone a cui era affidato il garzone *"a boccatico"*, ossia per insegnargli il mestiere ospitandolo, dandogli da mangiare e mettendogli qualche straccio addosso, gli mandò la serva per svegliarlo.

Il ragazzotto irritato, strapazzò a parole la serva cacciandola via in brutta maniera. Questa ovviamente andò a riferire tutto al padrone, che non ci pensò su due volte e licenziò il garzone dopo qualche giorno, strapazzandolo e picchiandolo per bene a sua volta.

Il giovane covava perciò vendetta. Infatti, una domenica mattina, atteso che l'artigiano andasse a Messa nella chiesa vicina, entrò nella casa del **Careghetta** e si sfogò sulla serva fino ad ucciderla. Le grida della povera donna però allertarono i vicini che chiamarono *"i Birri della Serenissima"*, che catturarono l'ex garzone anche con la refurtiva dell'argenteria in mano appena sottratta nella casa. Il disgraziato venne subito portato nelle Prigioni di Palazzo Ducale, dove il **Consiglio dei Quaranta**, la famosa **Quarantia Criminal** non ci mise molto a fare Giustizia: il 06 luglio il turbolento e agitato garzone penzolava già impiccato *"fra le due colonne"* in Piazza San Marco.

L'anno dopo, nel 1714, dall'altra parte del Canal Grande, vicino al Ponte di Rialto, nella zona del coloratissimo e vivissimo mercato, c'era un tale **Francesco Antonio Massarini** di anni 44. Era una specie di *"pittore da strada"* che dipingeva dei nudi di donna in avorio sopra o all'interno di scatole da tabacco, o sopra a dei ventagli. Il prodotto era molto appetito e comprato dalla folla eterogenea dei mercanti, dei forestieri e degli avventori della *"Merceria"*. Fin qui … niente di straordinario, direte.

C'era però **Prete Nicolò Palmerino** Piovano della chiesa vicina al mercato: ossia **San Mattio di Rialto** *(oggi non più esistente)*, che era ovviamente molto disturbato e irritato per quella vendita continua di cose oscene nei pressi della sua chiesa. Già la sua zona era famosa come quartiere di locande e prostitute malfamate … perciò proprio non ci voleva che ci fosse in giro anche quel tizio con le sue oscenità. Perciò si decise a rimproverare apertamente il pittore.

Il pittore allora s'inventò una maniera *"tosta"* per vendicarsi del Prete: lo denunciò alla Serenissima, accusandolo di tenere dei Carteggi occulti con dei Principi Esteri rivelando i segreti della Repubblica. Credendo al pittore, che aveva architettato bene l'accusa, lo Stato Serenissimo arrestò subito il Prete, lo torturò più volte per bene per farlo confessare, e infine lo condannò al carcere perpetuo.

Dopo tre anni però, si scoprì la frode del pittore, perché si disse che era andato a confessarsi, fatalità, proprio da un Frate che era il fratello del povero Piovano incarcerato. Per cui, il povero Prete innocente venne subito scarcerato e risarcito per quanto aveva sofferto ingiustamente, mentre il pittore Massarini calunniatore venne nell'agosto dello stesso anno 1714, per ordine del **Tribunale Supremo della Serenissima**, prima strangolato nei Camerotti delle Prigioni di Palazzo Ducale, e poi attaccato spettacolarmente a una forca in Piazza San Marco.

Venezia Signora aveva ribadito a tutti che non si poteva impunemente prenderla in giro, e tantomeno far tormentare persone innocenti.

***

_____ *Questo post è stato pubblicato come "Una curiosità Veneziana per volta." – n° 31, e pubblicato su Google nel luglio 2013.*

UN INSEGUIMENTO NOTTURNO IN LAGUNA ... NEL 1150 !

Sarebbe potuto sembrare una di quelle scene da film triller ... Una di quelle adrenaliniche che oggi ci tengono col fiato sospeso inchiodati sulla poltrona o sul divano. Si potrebbe immaginare una cosa del genere, se non fosse che è il fatto è accaduto troppo tempo fa: ossia nel lontano 1150 circa anno più anno meno.

Il set della scena rocambolesca è stato la **Laguna Nord di Venezia** ... una laguna molto diversa da come la possiamo vedere oggi, sebbene il posto sia rimasto sempre più o meno lo stesso.

Recandosi oggi *"sul luogo del delitto"* vedremmo ben poco, anzi niente, perché ci troveremmo di fronte solamente ad un'ampia distesa d'acqua solitaria interrotta da barene grondanti, ghebbi e canalicoli tortuosi a volte quasi in secca o gonfiati dalla marea montante. Avremmo davanti un luogo di silenzi e solitudini in cui sembra che il tempo si sia fermato e non accada mai nulla se non l'alternarsi delle stagioni, della luce e dei colori. Vedremmo un posto coperto di brina ed erbe secche, spazzato dalla pioggia e dal vento gelido d'inverno, così come potremmo vederlo coperto di peluria fresca e nuova in primavera, di un soffice tappeto estivo sorvolato da migliaia d'insetti, e da una girandola di tonalità cangianti e calde quando tornerà un'altra volta l'autunno.

Dico lo vedremmo, perché è un posto in cui oggi non passa quasi mai nessuno, se non i lancioni traboccanti di turisti nella stagione estiva, qualche raro pescatore occasionale, e qualche ancor più raro amante degli spazi aperti e della Laguna vivida e misteriosa capace di vedere anche quello che non c'è più.

Un tempo non era così, come potrete immaginare ... perché serve un po' di fantasia per ricostruire i fatti.

Tutto accadde in una notte.

Non so dirvi se era una notte chiara di luna piena o una notte oscura di buio pesto ... So per certo che in Laguna a quell'epoca non esisteva tutta l'illuminazione di oggi, né i canali segnati dalle bricole illuminate e con i catarifrangenti, e tantomeno c'era la segnaletica attuale ... Diciamo che i luoghi erano più selvaggi, aperti e naturali, conosciuti bene solo da chi era avezzo a frequentarli spesso o ogni giorno.

E chi c'era ?

C'erano i protagonisti del fatto in questione, ossia da una parte alcuni Veneziani appartenenti alla Contrada di Venezia in cui abito oggi: c'erano pescatori del Sestiere di Dorsoduro che avevano deciso di spingersi di notte, non credo per avventura ma probabilmente per necessità, fin nelle acque peschive che si trovavano dietro l'isola di **Torcello**. In quell'epoca credo che la Laguna fosse itticamente più fornita di oggi, e che una battuta di pesca notturna potesse essere tanto fruttuosa da provvedere al sostentamento di un'intera famiglia, o da indurre a presentarsi all'alba al Mercato e Pescheria del nascente Emporio di Rialto o in Piazza San Marco per vendere e ricavarne qualcosa.

Altra precisazione: le acque lagunari in quell'epoca lontana avevano una valenza molto diversa, superiore rispetto ad oggi. Non erano aperte e di tutti come lo sono adesso, ma appartenevano quasi sempre a qualcuno, e venivano date molto spesso in concessione sia per pescare e cacciare, per collocarvi molendini *(mulini)* ad acqua, e si pagava anche per transitarvi attraverso e sopra ... perché si trattava in ogni casi di proprietà privata. Lo spazio e la superficie acquea lagunare in quanto tale erano quindi un patrimonio da difendere e da sfruttare.

E chi al pari e più di altri poteva esserne il padrone e l'acuto usufruttuario e amministratore ? Ovviamente i Monasteri, i Preti, i Frati, le Monache, e le Pievi. La maggior parte di quegli spazi lagunari in quelle epoche remote erano punteggiati da costruzioni di grandi e piccoli Conventi oggi totalmente scomparsi. Non grandissime architetture, Monasteri e chiese sontuosissime, ma piccole realtà funzionali che godevano però di autorità e molti privilegi, e soprattutto di grandi rendite e possedimenti sparsi ben oltre la stessa laguna di Venezia.

Ecco quindi chi erano dall'altra parte i coprotagonisti della nostra storia.

Già che siamo in argomento, possiamo aggiungere che spesso certi Conventicoli lagunari, certe filiazioni di Monasteri Veneziani, e certe Pievi isolate ospitavano inizialmente solo qualche Monaca e Prete o poco più. Se poi le cose andavano bene le comunità si allargavano accogliendo novizie e converse; invece, se andavano male si chiudeva tutto e si lasciavano le pietre e i ruderi tornando alla *"Casa Madre"* da cui si era inizialmente partiti. A titolo d'esempio, le isole scomparse di **Ammiana e Costanziaca**, proprio accanto all'isola di **Torcello**, possedevano ciascuna una cinquina di quelle chiesupole e conventini posti a due passi, o a un ponticello l'uno dall'altro. Nell'insieme saranno stati almeno una dozzina sparsi in quelle acque spesso stagnanti, maleodoranti, al confine col paludoso, e soggette alle frequenti escursioni della marea. Oggi rimangono solo nomi e un pugno di pergamene a ricordarci tuttavia il tanto che è accaduto e si è vissuto in quelle plaghe isolate.

Tornando ai pescatori Veneziani della **Contrada di San Nicolò dei Mendicoli e Santa Marta** ... Per giungere a pescare in quei luoghi delle isole lagunari dovevano vogare bellamente per almeno un paio d'ore a partire da dove abitavano e partivano. Il posto non si trovava proprio a due vogate dietro a casa, dietro all'angolo.

Comunque arrivati lì, i nostri concittadini di quell'epoca si sono messi alacremente a pescare utilizzando luci e lanterne per attirare e accalappiare il pesce che era abbondante. Avranno forse anche gridato, picchiato l'acqua o fatto inavvertitamente un po' di casino ... forse anche riso e cantato dopo aver ingurgitato un buon bichierozzo di vino, questo non saprei dirlo. Sta di fatto che finirono con attirare l'attenzione di una di quelle persone diciamo un po' energiche e decise che avevano il compito di sorvegliare la zona privata considerata *"acqua peschiva"*.

Me lo immagino questo personaggio, che si chiamava: **Mastro Giovanni Leòn**, il *"Guardiano delle acque delle Monache"*. Doveva essere un uomo determinato di carattere, muscoloso, biscottato dal sole e buon conoscitore dei posti. Sapete quelle persone che *"dormono con un occhio* *solo"*, che drizzano le antenne appena sentono un fruscio, uno sciabordio strano, o un rumore diverso dal solito. Ebbene lui era il concessionario della palude e delle acque che appartenevano alle **Monache e alla Pieve di San Lorenzo di Ammiana**, padroni a dire il vero di tutto quel posto. Come dicevo, la gestione e lo sfruttamento delle acque era considerata cosa serissima, per cui quelle aree paludose e peschive erano un ***"bene"*** e in quanto tale andavano salvaguardate e protette in ogni maniera e ad ogni costo da eventuali ladri e da qualsiasi intrusione.

Mastro Leòn sapeva bene queste cose, ed era presente lì proprio per questo. Perciò non se lo fece ripetere due volte, e appena avvertì la presenza degli estranei si mise immediatamente in movimento. Pur essendo nel cuore della notte il Mastro non s'accontentò d'intimare *"l'alt"* ai pescatori abusivi e di metterli in fuga, ma si mise al loro inseguimento per recuperare anche il pescato proibito, e addirittura per catturarli.

Immaginatevi perciò i movimenti e l'intera scena ... Di notte e in Laguna, a remi, e col buio pesto ... I pescatori Veneziani di Dorsoduro ovviamente fuggirono sperando di farla franca e di mettere fra loro e il Mastro quanta più acqua fosse stato possibile. Non immaginavano minimamente con chi stavano avendo a che fare, né che l'uomo in cui s'erano imbattuti fosse stato un ***"osso davvero duro"***. Infatti, nonostante loro fossero più di uno mentre il Mastro era da solo, quello non mollò un solo attimo d'inseguirli vogando. Anzi, man mano che i pescatori scappavano, il Mastro li avvicinò sempre di più fin quasi a raggiungerli.

Immaginate le barchette leggere, i muscoli tesi allo spasimo sui remi col ripetersi del ritmico movimento della voga, i vogatori pescatori sudati e paurosi da una parte, e l'altro arrabbiato dall'altra. I Veneziani scapparono per diversi chilometri ... Avranno vogato in fuga almeno per un'ora, e sarà stata la scarsa conoscenza dei posti, o forse la minor capacità di resistenza e di vogare, la barca più pesante, o l'incagliamento in qualche secca ... sta di fatto che **Mastro Leòn** alla fine li raggiunse e li acciuffò nei pressi di **Lio Mazòr** sul bordo della Terraferma costiera, dove i pescatori forse avrebbero potuto fuggire del tutto, nascondersi e mettersi in salvo *"facendola franca"*.

La storia non terminò così, perché **Mastro Leòn** non si accontentò di catturare e strapazzare a dovere i pescatori, ma una volta raggiuntili, recuperò tutto il pescato, sfasciò la loro barca affondandola, e distrusse anche tutte le loro attrezzature per la pesca.

Una furia ! ... uno scagnozzo ! ... un mezzo Demonio spiritato ... Doveva essere chiaro per chiunque che nessuno impunemente si doveva permettere di mettere mano sulle cose delle Monache.

Visto il Mastro all'opera, non ci deve essere stato alcun dubbio al riguardo.

La storia si concluse il mattino dopo, quando **Mastro Leòn** ancora mezzo inviperito condusse i malcapitati pescatori Veneziani davanti ai ***"maggiorenti di Ammiana"*** proprietari delle acque, e probabilmente di fronte a una qualche sussiegosa Monaca Badessa del posto. I poveri pescatori malconci oltre a profondersi in doverose scuse, dovettero promettere solennemente che mai e poi mai più si sarebbero permessi di mettere piede, ovverossia barca e remo e tantomeno reti, nelle acque delle Monache.

Me li immagino tornare a casa *"a bocca asciutta"*, ma anche tremanti e forse risollevati per lo scampato pericolo. Sarebbe potuto andare peggio se quell'energumeno delle Monache si fosse scatenato ancor di più, e se la Badessa non fosse stata tutto compreso clemente con loro. Di certo i pescatori **Nicolotti di Santa Marta** considerarono attentamente l'idea di non tornare più a pescare da quelle parti.

Un pensiero lo dedico anche alla Badessa padrona delle ***"acque piscatorie"*** nei pressi di Ammiana. La voglio immaginare di rimbalzo a quanto le carte antiche raccontano e fanno solo vagamente intuire di lei.

Se si serviva per salvaguardare le proprie cose di *"tipini"* del genere come Mastro Leòn, doveva essere una donna altrettanto determinata e con un certo carattere, di certo poco remissiva e scarsamente accondiscendente. L'immagino: autoritaria, impettita nel suo abito da Monaca, seriosa e austera, con gli occhi nervosi, indagatori e a spillo, allampanata e forse rinsecchita dagli anni e dalla pratica dei rigori della Regola monacale. Ma poteva anche essere, viceversa, cicciotta e ben in carne ... perché di certo le Monache benestanti e Nobili a quell'epoca non si facevano mancare nulla. Grassa o magra che fosse, di certo era una donna molto attiva e di cultura, perché sempre leggendo le vecchie carte emergono delle sorprese inimmaginabili sulla sua figura.

Inizialmente pensavo ingenuamente a quelle antiche Badesse come donne tranquille e ritirate che restavano a vivere quasi come eremite in quelle isolette sperdute in fondo alla Laguna di Torcello. Credevo che quelle donne di cui conosciamo anche i nomi: **Hengelmote, Agnese, Berta, Maddalena** e diverse altre, fossero donne placide.

Macchè ! Erano l'opposto, sempre in movimento, in viaggio e a caccia di affari, incontri e novità. Pensate che sbirciando le vecchie carte, si può trovare la stessa Badessa intenta a firmare un giorno di suo pugno nella sua isola in Laguna, documenti di compravendita, affitti, lasciti e permute, mentre soltanto il giorno dopo la ritrovi, sempre lei, a far le stesse cose stavolta presso un Notaio di Rialto e in giro per Venezia. Il giorno ancora seguente la si vide comparire a Padova, quello dopo a Treviso e nello stesso giorno in altri villaggi sparsi della Marca Trevigiana, fino a ritrovarla alcuni giorni dopo ancora intenta a prendere possesso di altri beni su nella Vallonga del Trentino nei pressi di Bolzano dove venne accolta con grande festa e riverenza.

Altro che tranquilla Monaca eremita !

Inoltre tutto quello che non riusciva a presenziare e condurre di persona, la nostra Badessa se lo faceva fare da tutto uno stuolo di Procuratori, Fattori, Notai e rappresentanti del suo Monastero che percorrevano a tappeto le zone del Veneto e oltre con lo scopo di difendere, controllare e favorire le rendite, le decime, i censi, le contribuzioni in denaro e natura esigibili dal *"buon nome"* dell'Istituzione Monastica della nostra Badessa.

Potenti quindi le Monache lagunari ! ... alle quali non mancava di certo nulla.

Sempre le stesse *"antiche carte"* raccontano che i contadini e i censuari delle Monache erano soliti provvedere a trasportare con carri e bestie fino alla Villa di **Strà** le cose per le Monache della Laguna, e che da lì, caricate primizie e altri beni su barche, si prendeva la via del fiume fino a sfociare in Laguna per poi raggiungere il Monastero delle Monache dove portare *"il dovuto"*.

Oltre a questo, le *"vecchie carte"* raccontano anche di liti furibonde fra Piovani, Preti, Monache e Monaci per il possesso, il controllo e lo sfruttamento di quelle stesse acque lacustri. C'era chi *"si prendeva avanti"* e imponeva i suoi censi e decime personali ai contadini e pescatori su proprietà che non erano neanche sue. C'erano soprusi, imbrogli, sottrazioni ... e chi spostava i confini, abbatteva o innalzava sbarramenti, argini, muretti e **"palade"** per garantirsi questo o quell'introito. C'erano lasciti, testamenti, beneficenze, donazioni politiche lungimiranti con lo scopo di tutelare o essere a proprio volta considerati e riconosciuti per le proprie ricchezze ... C'erano processi e vertenze che si trascinavano per decenni su decenni, a volte secoli interi, con risarcimenti, confische, proibizioni, multe e interventi della Serenissima a cui toccava far da paciere o di rimettere in sesto le cose ... o prendersene la sua parte. C'era anche chi s'arrabbiava, perdeva il controllo e menava la lingua e anche le mani ... Dove oggi non c'è più nulla, esisteva quindi un microcosmo vivissimo e talvolta turbolento, ma condito anche di gentilezza e di grandi orazioni.

Dico questo perchè la nostra Badessa deve essere stata anche una donna di buona se non grande cultura. Risulta che era molto interessata ai libri che in quell'epoca priva di internet, video e multimedialità, erano l'unica fonte preziosa e rara del Sapere ... che pochi potevano permettersi. Pensate che in una certa occasione una delle nostre Badesse si è perfino fatta pagare un censo o una compravendita direttamente non in soldi ma in libri.

Che donne !

Altri tempi fascinosi … lontanissimi, sicuramente curiosi.

Attenti però ! … Se per caso ci verrà voglia di recarci in giro per la Laguna di Venezia per intrattenerci in acque aperte e sconosciute dedicandoci ad amene battute di caccia o pesca: teniamo gli occhi bene aperti !

Da un momento all'altro potrebbe spuntare fuori da dietro un fascio di canne palustri il volto *"spiritato"* di **Mastro Giovanni Leòn** … pronto ad inseguirci ed esigere da noi alla sua maniera *"quanto gli spetta"*.

***

_____ *Questo post è stato pubblicato come "Una curiosità Veneziana per volta." – n° 67, e pubblicato su Google nel luglio 2013.*

Il passaggio dei Templari a Venezia

- *Cavalieri Templari a Venezia.*
- *San Giovanni dei Templari a Venezia.*
- *I luoghi dell'Umiltà e della Trinità dei Templari e Teutonici.*

CAVALIERI TEMPLARI A VENEZIA

I famosissimi Cavalieri Templari soggiornarono per lungo tempo a Venezia loro sede abituale e frequente punto d'imbarco e sbarco da e per la Terrasanta. Come ben sapete, la Storia ricorda che nel 1312, a causa del doppio complotto Chiesa-Impero, l'Ordine dei Templari venne soppresso in maniera sanguinosa, non tanto a causa di malcelate eresie e immoralità, ma per incamerarne le grandissime ricchezze sparse in tutta Europa.

Anche a Venezia i Templari possedevano diverse proprietà sparse in giro per le Contrade Veneziane. La loro sede principale si trovava a **San Giovanni Battista del Tempio** nel Sestiere di Castello, in quella che è oggi la Chiesa e sede dell'**Ordine di Malta**.

La sede veneziana dei Cavalieri Templari venne edificata circa nel 1120 con l'annesso **Ospedale-Ospizio di Santa Caterina**. Nello stesso periodo, i Templari residenti a Venezia edificarono anche un'altra chiesa e monastero chiamato **Santa Maria in capo di Broglio**, ossia Brolo cioè giardino, proprio accanto alla Piazza San Marco attuale, accanto all'ala Napoleonica, dove sorgeva anche la chiesa di **San Geminiano**. Il complesso sorse con concorso finanziario dello Stato ossia del Pubblico e venne consegnata ai Cavalieri templari. Il complesso dei Templari sorgeva nei pressi e dietro a San Geminiano, la giurisdizione spirituale del Monastero, infatti, spettava al **Primicerio Dogale di San Marco**.

Sembra che poco lontano dal complesso chiesa-monastero sorgesse anche una locanda gestita dagli stessi Templari, identificabile oggi con l'**Hotel Luna**.

Nel 1187 l'**Arcivescovo di Ravenna Gerardo** donò ai Templari Veneziani un luogo detto **Fossaputrida** perché vi fosse eretta una chiesa e un ospedale sotto la potestà del **Prior de Venetia**.

Nel 1226, invece, si effettuò un massiccio trasporto da parte di Mercanti Veronesi: 695 moggia e 10 staia, acquistati in Italia Meridionale dai fratelli dell'**Ordine Teutonico** e trasportati attraverso l'Emporio di Rialto nell'entroterra, mentre nel 1292 un diploma di **Nicolò IV** cita il Monastero Veneziano di San Giovanni del Tempio citandone il **Priore Nicolò dell'Ospedale di Venezia**.

Fra 1200 e 1300, lungo i corsi dei fiumi **Sile, Zero e Dese**, nella zona ad est e a sud di Treviso, esistevano molte proprietà di enti Monastici Veneziani: **Sant'Antonio di Torcello, San Lorenzo, San Daniele, i Crociferi** possedevano terreni a Mogliano, **San Secondo** aveva oltre 150 ettari di proprietà a Trevignano, Santa Maria della Cella a Cappelletta, a San Lorenzo e Santa Croce a Cendon, mentre l'**Ospedale dei Templari** possedeva terreni in diversi comuni, **San Giorgio in Alga** ne aveva a Carpenedo, **Santa Maria della Celestia e San Maffio di Mazzorbo** a Bocca di Musestre, **Santa Maria delle Vergini** a Selvana. Quasi tutti i Monasteri esigevano un censo in frumento, impegnando un esercito di fattori, Gastaldi e personale addetto alla conversione e gestione dei loro ingenti patrimoni ... e anche i Cavalieri Templari erano fra costoro.

Come dicevamo, nel 1312, **Papa Clemente V** col Concilio di Vienna abolì l'Ordine dei Templari, e concesse le briciole dei loro beni a un altro Ordine Militare: quello dei **Cavalieri Gerolosomitani** detti in seguito **Cavalieri di Rodi**.

L'anno dopo, nel 1313, **Nicolò da Parma Priore della casa dei Gerosolimitani di Venezia**, si presentò dal Doge e chiese e ottenne dalla Signoria il possesso della casa-osteria, del Monastero e della chiesa di **Santa Maria in Broglio** già appartenuta ai Templari. I Priori di quel Convento appartenevano sempre alla Nobiltà di Venezia.

Nel 1322, invece, siccome i Cavalieri Gerolosimilitani s'erano indebitati per milioni di Fiorini, ottennero il permesso dal Doge di vendere ai **Procuratori di San Marco**: casa, chiesa, Monastero e terreni appartenuti un tempo ai Templari, che passarono così sotto la tutela dei **Procuratori de Supra**. Questi affittarono a loro volta il Monastero, che divenne però un grande albergo-locanda per Pellegrini e foresti di passaggio per Venezia.

Nel 1338, l'*ex Ospeal di Santa Caterina dei Templari*, viene ricordato in un documento che associa ad esso rendite di beni esistenti al **Lido, Malamocco** e nel **Trevigiano**.

Nel 1360, tale *Giovanni di Nicolò Foscari* trasmise la proprietà *"dell'Ospeàl de Santa Catarina nuovamente edificato"* al *Cavaliere Fra' Napoleone Tiberti Priore Gerosolimitano a Venezia*.

Sempre a Venezia, da dati però incerti, sembra che i Cavalieri Templari possedessero un'altra Locanda-Osteria nel Sestiere di Dorsoduro, fra **Calle Rossi** e il cimitero che sorgeva nel **Campo dell'Anzolo Raffael sul Rio di San Sebastiàn**. Si racconta fosse questo il luogo dove alloggiavano i Templari provenendo dalla Terraferma o da dove s'imbarcavano dal vicino **Rio dell'Anzolo** diretti nella stessa parte.

In effetti, proprio lungo il **Rio dell'Anzolo** esisteva *"il capolinea"* per le barche dirette *"de fòra de Venesia"* con tutta una serie di magazzini di stoccaggio diventati in seguito botteghe popolari. Ancora oggi si possono notare tutto intorno al Rio dell'Anzolo una lunga serie di "rive alte" utilizzate per approntarvi e far scivolare nelle barche le balle, le casse, e le merci conservate e predisposte nei vicini depositi caratterizzati dagli *"stemmi e segni"* dei Mercanti apposti sulle pareti esterne.

***

_____*Questo scritto è stato postato su Internet come: "Una curiosità veneziana per volta." - n° 10, e pubblicato su Google nel febbraio 2013.*

SAN GIOVANNI DEI TEMPLARI ... A VENEZIA

La storia dei Templari a Venezia, ben si sa, è spesso storia d'illazioni, supposizioni e leggende ... C'è poco di certo, quasi tutto è andato cancellato e smarrito nel passato del Tempo antico che è andato perduto per sempre ... Ma qualcosina ancora è rimasta.

Si sa per certo che i **Cavalieri Templari** erano già presenti a Venezia a soli vent'anni dalla fondazione del loro Ordine. Nel 1144 i **Milites Templi Domini o Templari** ottennero terreni in concessione in Contrada di San Moisè, e che costruirono la chiesa di *"Santa Maria de Brolio"* in seguito detta *"Santa Maria dell'Ascensione"* **nell'**attuale Calle dell'Ascensione accanto a Piazza San Marco.

Venezia era la Porta dell'Europa utile per la Terrasanta e l'Oriente, perciò i Templari possedettero per secoli: terreni con rendite, locande, case, conventi, chiese e Ospedaletto di Santa Caterina proprio qui a Venezia, a seguito di una prima donazione fatta il 9 novembre 1187 da **Gerardo Arcivescovo di Ravenna**.

Molti Templari in viaggio di ritorno dalla Terrasanta o diretti verso di essa con le loro storie, le ricchezze, e i loro segni misteriosi e leggendari passarono per *San Zuan Battista al Tempio di Venezia o dei Furlani* (perché lì accanto abitavano molti provenienti dal Friuli).

Nel settembre 1263 era **Priore dei Templari Fra' Engheramo da Gragnana**, a cui successe **Fra' Guglielmo Bolgaroni** ... Il 12 dicembre 1281, **Frate Guido dei** Templari, Amministratore di San Tommaso di Treviso, nominò suo **Nunxio Fra Giacobino Torcifica** nella lite contro il **Monastero di Santa Maria Materdomini in Venezia** ... Nel 1303 era **Precettore Fra Simone da Osimo** che fu eletto Giudice nella controversia tra il Vescovo di Capodistria e il suo Clero ... mentre nell'ottobre dell'anno dopo il **Cavaliere Templare Rodolfo**, Regio Esattore in Sciampagna, istituì una requisitoria contro **Giovanni Balduino di Venezia** che gli era debitore per 70 lire.

Alla fine del 1200 e inizio del 1300, lungo i corsi de fiumi **Sile, Zero e Dese**, nella zona ad est e a sud di Treviso, esistevano 52 ettari superiori a 100 campi trevigiani di proprietà di enti monastici veneziani, fra cui l'**Ospedale** *del Tempio di Venezia* che esigeva un censo in frumento e gestiva con Gastaldi il patrimonio.

Nel 1312 accadde la tragica soppressione dell'Ordine dei Templari da parte di **Clemente V** col Concilio di Vienna curiosamente e storicamente nota.

Subito nel novembre dello stesso anno il **Cavaliere Frà Nicola da Parma, Priore di Venezia dell'Ordine dei Cavalieri di San Giovanni di Gerusalemme o Giovanniti**, accompagnato dal **Cavaliere Fra' Bonaccorso da Treviso**, si presentò al Doge **Giovanni Soranzo** per chiedere che i beni dei Templari fossero dati loro in proprietà. La domanda fu accolta ed essi acquisirono fra 1313 e 1316 sia il Convento e la chiesa di San Giovanni del Tempio, che la casa e la chiesa di Santa Maria in Broglio o Brolo direttamente nei pressi, *"in bocca di Piazza"* a San Marco, da quel momento in poi sempre gestiti da Priori appartenenti alla Nobiltà Veneziana.

In seguito l'ex complesso di San Giovanni dei Templari o al Tempio passò ai Cavalieri di Rodi o Gerosolimitani ed infine ai Cavalieri Ospedalieri di Malta indebitati per 93.000 fiorini ... che ottennero nel 1322 dal **Papa Giovanni XXII** di poter principalmente vendere le case e i beni per salvarsi dalla bancarotta e dal fallimento dell'Ordine. Perciò nel 1324 vendettero la casa dei Templari che divenne **Locanda-Osteria della Luna** ... oggi **Hotel Luna Baglioni**, e la chiesa di Santa Maria in Broglio ai Procuratori di San Marco che la concessero alla **Confraternita dello Spirito Santo**.

Nel 1379, al tempo del **Doge Andrea Contarini** e degli imprestiti allo Stato Serenissimo per affrontare la guerra contro i Genovesi che presero Chioggia, le case di **San Giovanni dei Templari o al Tempio** contribuirono con lire 2.000.

A metà del 1400, San Giovanni del Tempio dichiarava redditi, al terzo posto fra d'importanza fra i dichiaranti, per 1.291 lire da 350 fra fondi e terreni padovani, il 51% era denaro contante e il resto erano beni in natura. Nel 1455, infatti, **Donà da Casal Maciego** dichiarò nella sua polizza fiscale di lavorare 125 campi di cui alcuni boschivi distribuiti in 3 località diverse. Di questi: 36 erano suoi, 7 della moglie che li dava in affitto, e 66 appartenevano a **San Giovanni al Tempio di Venezia**.

Nell'aprile 1626, qualche anno prima della grande peste della Madonna della Salute, fu presentato un Consulto alla Signoria Serenissima sulla pratica non gradita in uso presso l'Ordine di Malta di concedere il Priorato di San Giovanni dei Furlani in Commenda a un siciliano. Nel dicembre 1640, invece, quando il **Priorato di San Giovanni dei Furlani** possedeva una rendita annuale di 174 ducati da beni immobili in Venezia, fu richiesto dal **Nobile Ricevitore dell'Ordine di Malta** un altro Consulto alla Signoria Serenissima. Si chiedeva: *"... che non venisse molestato dai Magistrati Signori di Notte un Professo dell'Ordine di Malta per aver derubato una misera e insignificante vedova ..."*

Tutto era ieri come oggi ...

Come ben sapete, su tutto alla fine mise zampino la *"Bufera Napoleonica"*: la chiesa presso San Marco finì distrutta nel 1824, e San Giovanni dei Furlani venne spogliato di tutto e chiuso per 40 anni utilizzandolo come *"Deposito della Commenda"* per quadri tolti dalle chiese distrutte, e poi anche di semplici panche e arredi.

Nel **Depositorio della Commenda** furono radunati numerosi dipinti provenienti dall'entroterra Padovano poi inviati alla Pinacoteca di Brera di Milano, all'Accademia, o in altre chiese dell'entroterra ... Molte opere andarono misteriosamente disperse strada facendo.

Nel 1833 i rimanenti quadri in deposito alla Commenda vennero trasportati a Palazzo Ducale, e i luoghi furono ridotti a stamperia e a teatrino di spettacoli ... Rimasero nel chiostro solo alcune tombe e stemmi di Cavalieri degli Ordini antichi ... e durante la Dominazione Austriaca si provò a ricollocare alcuni arredi e opere per cercare di riempire il vuoto totale lasciato dai Francesi.

Solo nel 1839 il complesso di San Giovanni dei Furlani fu restituito ai Cavalieri e restaurato fino al 1843 ponendovi l'Altar Maggiore di **Cristoforo del Legname** con statue di **Bartolomeo Lombardo** e dipinti del **Piazzetta** provenienti dalla distrutta chiesa di **San Gimignano** presente sulle Procuratie di Piazza San Marco. L'organaro musicista **Agostini Angelo da**

Padova costruì l'organo ponendolo in cantoria sopra la porta d'ingresso, e dieci anni dopo si demolì il campanile pericolante.

E siamo già ad oggi … Quando sono nato io, nel 1958, il **Gran Priorato di Malta** inaugurò un ambulatorio a scopo benefico accanto alla vecchia chiesa che fu dei Templari.

Infine, racconta una vecchia cronaca, che a Venezia stava: *"… tale Missèr Zermàn Nobil Templariotto … che nei muri di San Zuan dixit nascondere gran bel tesorotto … Di taverne, donne e soldi si rimanda essere stato molto edotto … Dicevansi uscire spesso nottetempo da una portucola in una calle sconta … per spassarsela fino a mattina con buon vino e buone donne … Se navigare si doveva per la Terrasanta, Cavaliere con Pellegrini, o partire viandante pe il Gran Nord Teutonico o per i luoghi Jacobei, indossava sempre come corazza tutte le stanchezze e le malattie del mondo rimanendo quaggiù in Wenetia a oziare … Et che sempre nottetempo fu costretto a fuggire fuori e oltre delle Serenissime Lagune braccato e inseguito dai bravi uomini al soldo di un nobile signorotto disonorato nella moglie e inferocito al punto tale d'impedirgli di ritrovar sicuro rifugio in San Zuan del Tempio …"*

Che fine avrà fatto il tesoretto di Sier Zermàn Templar ? Perduto o forse ancora nascosto lì ?

Solo ora ho capito perché di recente (*pochi giorni fa*) l'autorità pubblica di Venezia ci teneva tanto a partecipare all'inaugurazione del restaurato e riqualificato complesso del **Gran Priorato dei Cavalieri di Malta a Castello** …

L'Autorità odierna dovrebbe in qualche modo significare la discendenza di quei nobili Cavalieri antichi dai grandi ideali … ma forse spesso ne conserva solo l'ambizione, la fame insaziabile di potere, il fiuto per lo spasso, i soldi e i tesoretti … e niente più.

"E' morto il Doge ! … Viva il Doge !" gridavano un tempo ironicamente i Veneziani … ossia: *"Bravo il Doge ! … ma meno male che è morto."*

In un certo senso avevano ragione, e probabilmente è un pensiero valido ancora oggi ... magari ripensando le vicende degli antichi Cavalieri Templari mandati in rovina e cancellati dalle loro stesse ricchezze.

***

_____*Questo scritto è stato postato su Internet come: "Una curiosità veneziana per volta." - n° 48, e pubblicato su Google nel giugno 2014.*

I LUOGHI DELL'UMILTA' E DELLA TRINITA' DEI TEMPLARI E TEUTONICI

Per chi ne sa almeno un poco di Venezia: la **Punta della Dogana** è detta anche *"la zona della Salute"* … e viene subito in mente il chiesone della peste col tondo cupolone largo e la cupoletta fra i due campaniletti dietro costruito da **Baldassare Longhena** dopo il 1620 … E' una zona molto cara ai Veneziani, che ogni anno da secoli vi convergono a fine novembre per omaggiare e visitare la Madonna della Salute nella sua splendida chiesa.

Esiste una bella descrizione di questa tipica zona Veneziana che la immagina come: *"Un'immensa nave galleggiante sulle acque del Bacino di San Marco, un antico galeone di pietra col cassero di poppa (i due campanili posteriori) … il cui nocchiero, comandante, è la Madonna collocata in cima alla cupola intenta a "navigare" sulle sorti e i destini della città lagunare …"*

Bella immagine! … suggestiva per davvero.

Se non ci siete mai stati, andate a farvi una passeggiata *(col bel tempo possibilmente)* in quella bella contrada di Venezia, fino in fondo alle Zattere dove il famoso Canal Grande sbocca nel Bacino di San Marco. Vedrete uno scenario magnifico ormai millenario celebrato da tanti pittori illustri e declamato da molti versi insigni: l'*isola di San Giorgio Maggiore* da una parte, la **Punta della Dogana da Mar** in mezzo come una prua protesa verso San Marco, la Laguna, il mare … come un monito, e a sinistra la *"magica"* Riva e Piazza di San Marco con la grande Casa Dogale dove è accaduta tanta Storia e si decideva tutto quanto riguardava la Serenissima.

Una veduta classica di Venezia … davvero bella, che continua a richiamare migliaia di persone e turisti per ammirarla e vederla.

Provate però per un attimo a immaginare com'era quel posto prima che vi fosse costruito il chiesone della Salute ?

Che c'era lì ? … Anzi, chi c'era ?

Vi si aprirà un vuoto nella mente ... e non troverete facilmente risposta. E' capitato anche a me perché quel posto nella nostra testa non potrebbe essere se non così come lo vediamo oggi. Quello che esisteva prima è *"tabù"* ... Boh ? ... Mistero sconosciuto quasi per tutti i Veneziani e non.

Provo allora ad aiutarmi un poco osservando una stampa-disegno che ricostruisce idealmente com'era la zona della Dogana prima del 1620, cioè prima che venisse edificata la Basilica della Salute.

La ricostruzione della stampa è davvero curiosa: c'erano almeno due cose, due complessi edificativi significativi che ora non esistono più.

C'era: **Santa Maria della Visitazione o dell'Umiltà** con facciata sul Canale della Giudecca, e c'era **Santa Trinità** affacciata sul Canal Grande insieme a diversi altri edifici confluenti verso la Punta della Dogana. Non affannatevi a cercare su Google Maps e sulle mappe attuali di Venezia le chiesette dell'*Umiltà* e della *Trinità*: non le troverete affatto perché sono state cancellate e non esistono più.

Sapete a chi appartenevano quegli ambienti e quegli antichi locali cancellati per far spazio al chiesone della Salute ? Questo lo si sa: quella Contrada di Venezia era un posto anticamente abitato e posseduto dai **Cavalieri Templari** e poi da quelli **Teutonici** residenti in Venezia.

"I famosi, misteriosi e tanto chiacchierati Cavalieri Templari ?" ... vi chiederete incuriositi drizzando occhi e orecchi.

Sì ... proprio loro, proprio quelli.

So bene che si raccontano tante cose nei loro riguardi ... e che spesso per la smania di dire qualcosa si dice e qualche volta s'inventa di tutto per allargarne il mito e la leggenda ... Non aspettatevi perciò che vi faccia chissà quali rivelazioni inedite sui Templari a Venezia ... non ne ho, ovviamente. Però è storicamente certo e documentato che quei luoghi e quegli ambienti contigui alla chiesetta dell'***Umiltà e della Trinità in Punta alla Dogana*** sono appartenuti e sono stati frequentati a lungo dai famosi Cavalieri Templari che hanno soggiornato per diverso tempo proprio qui a Venezia.

Ma questo lo sapete già di certo.

La chiesa dell'*Umiltà* con tutto il Monastero che vi stava intorno è stata demolita, mentre quel che resta della chiesa della **Trinità dei Teutonici Trinitari e prima dei Templari** è stato inglobato e ricostruito dentro all'edificio del Seminario che s'affaccia sul Campo della Salute accanto, a sinistra, dell'omonima Basilica.

Per i più curiosi: si tratta delle ultime finestre a pianoterra a sinistra con un portale che s'affaccia proprio sul Campo. Lì dentro c'è ancora oggi la **Cappella della Trinità** ... anche se è solo un resto di quella chiesa antichissima che ha subito infinite modifiche lungo i secoli. Però esiste ancora ... Ci sono passato e vissuto dentro quotidianamente per undici anni.

Dei Cavalieri Templari sapete tutto, ne conoscete di certo la storia ... In estrema sintesi: era il 13 ottobre 1307 quando il **Gran Maestro dei Templari: Giacomo de Molay** morendo sul rogo in un'isoletta sulla Senna minacciò il **Papa Clemente V** di comparire entro 40 giorni e il **Re Filippo il Bello** entro un anno davanti al Tribunale di Dio perché fosse resa Giustizia all'innocenza dei Cavalieri Templari.

I fatti storici seguenti sono chiarissimi, non si possono smentire: **Papa Clemente V** morì esattamente 38 giorni dopo quel rogo e quella minaccia, mentre **Re Filippo il Bello** morì esattamente 8 mesi dopo.

Giustizia fu fatta ? ... Chissà ?

I ricchissimi e potentissimi Cavalieri Templari vennero innocentemente eliminati e *"caldeggiati col rogo"* dal Re di Francia e dal Papa con varie accuse infondate d'eresia, satanismo, tradimento, sodomia e molto altro ancora. In realtà Papa e Re avevano bisogno di *"far cassa"* incamerando i beni di quelli che erano di fatto loro antagonisti politici, economici e in un certo senso forse anche spirituali.

Come già ho ricordato: fino alla loro soppressione i Cavalieri Templari vissero anche a Venezia dov'erano giunti subito dopo la prima Crociata ossia nel 1118 – 19 circa ... Vivevano a Venezia perché era il capolinea di gran parte degli itinerari Europei, utilissimo punto d'arrivo e partenza da e per la Terrasanta, ed era città insigne governata da uno Stato Serenissimo tollerante e in grandissima ascesa ... I Templari quindi non potevano non esserci a Venezia ... così come c'erano presenti molte altre realtà importanti delle stesse epoche.

Dopo la loro soppressione cruenta, i **Cavalieri Trinitari Teutonici** detti anche **Frati Bianchi della Trinità** hanno chiesto e ottenuto dai nuovi Papa, Re e Doge di sostituirli e incamerare i scarsi beni rimasti. Perciò anche a Venezia utilizzarono gli stessi luoghi usati e abbandonati dai Cavalieri Templari.

A dire il vero, i **Cavalieri Teutonici** s'erano già dati parecchio da fare in Laguna e a Venezia.

Già nel 1180 circa, a Gerusalemme: *"Il Conte Rudolf von Pfullendorf ordina a Stefano Barocci, Procuratore di San Marco in Venezia di restituire la somma da questi depositata presso la "Camera di San Marco" ad Archanbando Priore dell'Ospedale di Venezia dell'Ordine di Santa Maria dei Teutonici di Gerusalemme o nel caso di morte di quest'ultimo ad altro soggetto a ciò delegato dal Maestro del detto Ospedale."*

"Nel 1211 a Roma in Laterano, Papa Innocenzo III confermò ai Frati dell'Ospedale dell'Ordine di Santa Maria dei Teutonici di Gerusalemme in Acri la convenzione fra essi ed i Templari circa i mantelli bianchi ed i palii di stanforte: accordo già approvato da Albertus Patriarca di Gerusalemme." ... Sempre a Roma in Laterano, nel 1221: *"Papa Onorio III confermò i beni e i diritti all'Ordine di Santa Maria dei Teutonici di Gerusalemme ..."* e due anni dopo, lo stesso Onorio III Papa: *"... concesse al Maestro e Frati dell'Ordine di Santa Maria dei Teutonici di Gerusalemme le libertà e i privilegi già concessi ai Frati Gerosolimitani e del Tempio ..."*

Fu naturale quindi che i Cavalieri-Frati Teutonici fossero in grande ascesa dopo la scomparsa dei Templari, ed erano tenuti in grande considerazione sia dal Pontefice di Roma che dai Grandi Sovrani dell'Europa ... Venezia compresa.

Nel 1250-70 il Doge di Venezia e l'Ordine dei Cavalieri-Frati Teutonici andavano particolarmente d'amore e d'accordo, direi proprio a braccetto, per via *"dell'affare e degli imbarchi"* per le Crociate da Venezia, tanto che il Serenissimo **Doge Raniero Zen** permise l'edificazione di una loro nuova chiesa-residenza dove sorge oggi la gradinata della Basilica della Salute sulla così detta *"motta di San Gregorio"*.

Il 18 luglio 1257 a Rivoalti di Venezia: *"**Angelus Gradensis Ecclesie Patriarche et Dalmacie Primas", ed "Albertus Episcopus Tervisinus" dichiararono conforme all'originale la copia scritta da Dominicus Fina Pievano e Notaio di San Paternian di Venezia, con la quale il Papa Alessandro IV rivolgendosi al Maestro e Frati dell'Ordine di Santa Maria dei Teutonici di Gerusalemme, li incaricava di assolvere da scomunica o interdetto i Frati che avessero seguito l'Imperatore Federico II e i suoi figli Corrado e Manfredi."*

I Cavalieri Teutonici erano diventati senza dubbio uno degli Ordini che contava molto.

Ancora nel febbraio 1302, sempre a **Rivo Alto di Venezia**: l'Ordine di Santa Maria dei Teutonici di Gerusalemme affittò a **Jacobo Murèr** una terra con casa e fornace situata presso il luogo della Trinità in Venezia ... Significava che nella città lagunare i **Frati Bianchi Teutonici** facevano affari, e che tutto procedeva per il meglio: *"**A gonfie vele !**"* si potrebbe dire.

Nel 1309 però si ruppe qualcosa nell'intesa fra Cavalieri Teutonici e Serenissima, tanto che i Cavalieri trasferirono la loro principale residenza da Venezia a **Mariemburgo in Prussia** lasciando gli ambienti veneziani in totale decadenza sebbene la chiesa fosse ugualmente frequentata per via delle numerose indulgenze che il Papa vi aveva assegnato lucrabili da chiunque la visitasse e vi facesse generosa elemosina ... solita storia.

Allo stesso tempo, i Frati-Cavalieri pensarono bene di sfruttare quel loro possedimento collocato sull'estrema punta dell'isola proprio all'imbocco del commerciale Canal Grande di Venezia che andava dritto all'Emporio di Rialto. Vi fecero perciò costruire tutta una serie di magazzini paralleli cintati da mura merlate con una torricella di controllo. In seguito la Repubblica fece propria tutta quell'area strategica e la adibì a **Depositi del Sale** e poi a **Dogana da Mar** che in precedenza era situata al di là del Bacino di San Marco sulla Riva di San Biagio vicino all'Arsenale.

In realtà i Frati Bianchi Teutonici non se ne andarono mai del tutto dai loro ambienti nell'isola della Salute a Venezia, perché come raccontano documenti redatti in continuità fra 1181 e 1417 continuarono a tenere un loro puntuale e aggiornatissimo "Giornal del Priorato della Santissima Trinità" che è stato scritto e annotato in seguito da qualcuno fino al 1661.

"Il 27 maggio 1312 a Venezia "in Claustro locis Sancte Trinitatis": Bertoldo, Fattore del "locus" della Santissima Trinità dell'Ordine di Santa Maria dei Teutonici di Gerusalemme in luogo del Precettore di detta casa a sua volta Luogotenente del Maestro Generale dell'Ordine e Zeno Fornaserio abitante alla Trinità, nominano congiuntamente arbitri per risolvere bonariamente le liti tra loro insorte: Stefano Magno del Confinio di Sant'Agnese di Venezia, Marino Lombardo del Confinio di San Gregorio e Michele Alberti di quello di San Vito ..."

I Teutonici erano perciò presenti e attivi a Venezia, anche se privi della loro rappresentanza ufficiale più prestigiosa.

Un'altra porzione degli ambienti, dell'ex Monastero e del terreno e orto verso il Canal Grande appartenente ai Frati Bianchi Trinitari venne concessa dai Teutonici ad alcuni Veneziani nel 1419 per erigere una Scuola di Devozione intitolata alla Trinità: *"... in cambio del pagamento di un Livello perpetuo di 8 ducati d'oro annuali da pagarsi al maestro Provinciale nell'ottava della Festa della Trinità ..."*

"Il 30 dicembre 1466 a Civitanova, il Provinciale Balivo della Lombardia e della Marca Trevigiana costituito Procuratore da Henricus de Lonnterslrhem, Maestro dell'Ospedale dell'Ordine di Santa Maria dei Teutonici di Gerusalemme e Procuratore Generale per la Germania,

l'Italia e Oltremare, costituì Procuratore Francesco di Berto Francesco con mandato di recuperare i beni del Monastero della Santissima Trinità di Venezia: "in Monasterio et loco Sancte Trinitatis de Venetiae ..."

La concessione venne rinnovata dai Frati Bianchi Teutonici ancora nel 1493 e puntualmente pagata dai Confratelli Veneziani della Scuola della Trinità.

Solo nel settembre 1512 rimase vacante il **Priorato della Trinità** per la morte di **Frate Alberto Allemanno**: *"... che annegò andando in Livenza"*. Il Papa concesse allora il Priorato della Trinità dei Teutonici al Nobile di Venezia **Andrea Lippomano zio di Pietro Vescovo di Bergamo** e poi di Verona, fratello di Luigi Lippomano che divenne anch'esso Vescovo di Verona ... una famiglia ricca e potente insomma. Il Senato della Serenissima non ebbe nulla da obiettare, e in ottobre approvò quella scelta Pontificia formalmente.

Già che c'era, **Papa Clemente VII** concesse per 62 anni allo stesso Nobile Lippomano anche il Beneficio di **Santa Maria Maddalena di Padova** che era stata anch'essa un tempo luogo-residenza dei Cavalieri Templari concesso in seguito ai soliti Cavalieri-Frati Teutonici ... Anche lì la sede del Beneficio era rimasta vacante per la morte contemporanea di **Frate Domenico Filippo di Altolapide**, ultimo Priore Teutonico ... annegato anche lui nel fiume Livenza.

Pericolosissimo quel fiume Livenza ... anche se utile perché liberava stranamente la concessione di Benefici Ecclesiastici occupati.

Giunto l'anno 1533 anche a Venezia, venne arrestato e processato come eretico un **Mastro Antonio Marangòn** *(Falegname)* residente in Contrada di San Giacomo dell'Orio. Dal processo risultarono anche delle predicazioni sospette fatte *"nei luoghi della Trinità"*, nella chiesa della Fava e in San Giovanni e Paolo da due Frati Domenicani Predicatori: **Fra Zaccaria e Fra Damiano**.

"Gli altri aderenti a questa "Congrega pericolosa ed eretica" erano alcuni Tedeschi, alcuni toscani, un maestro di scuola e un forestiero di 25 anni "Gran Luteran" ..." Dagli atti informali del processo risultò che: *"...*

possedevano scritti di Lutero, Bibbie in volgare e soprattutto i "Gravamina Nationis Germanicae" libro pericolosissimo quasi da cospiratori ... Nella comunità clandestina in cui vigeva una forte solidarietà comune si discuteva di temi come la Confessione, Purgatorio, Libero Arbitrio, Papa, Giustificazione, Quaresima, Culto dei Santi ... tutti argomenti delicatissimi ..."

Il processo si concluse nel 1534 con la sola condanna del falegname Veneziano a carcere perpetuo.

L'anno seguente, 1535, giunse a Venezia il famoso **Ignazio di Lodola o Loyola**, Santo in seguito e *"inventore-fondatore dei Gesuiti"*, impegnato nel suo secondo viaggio-soggiorno a Venezia proveniente da Parigi e diretto in Terrasanta. Venne accolto inizialmente in casa del Nobile **Andrea Lippomano** dotto e generoso benefattore e **Priore della Trinità dei Teutonici**. Alcuni compagni di Ignazio di Loyola andarono ad abitare all'**Ospedaletto**, altri, invece, agli **Incurabili sulle Zattere** per curare gli infermi. Il Loyola era venuto a Venezia con l'intenzione di svolgere attività pastorali di servizio pratico alla povertà tanto diffusa in città, ma si ritrovò a mettere in piedi un Collegio per istruire soprattutto i figli dei Nobili.

Il **Priore Lippomano** insistette per riuscire ad ottenere dal Loyola almeno 12 soggetti competenti, con almeno 3 Sacerdoti ... Ignazio rispose promettendo 5 studenti ed 1 sacerdote come persona qualificata. Lippomano allora li ospitò in casa propria e poi cedette loro la metà di un palazzotto che dicevano *"La Pietà"* contiguo a casa sua, e una Cappella o Pubblico Oratorio dedicato alla Vergine soprannominato l'**Umiltà** situato dietro ai Magazzini del Sale alla Punta della Trinità.

Si assunse anche le spese di vitto, vestiti, libri per tutti quei Preti-Frati e della ristrutturazione della casa molto spartana e poco adatta alla vita comune, tanto che notando il grave disagio in cui vivevano, Ignazio di Loyola consigliò ai suoi e all'**Olandese Nicola Florenz** detto **Goudanus o Gaudano** che nominò Superiore di fingere di trovarsi in India.

Andò così che dopo varie peripezie, restauri e ulteriori donazioni da parte del Nobile Priore Lippomano si ampliò la chiesetta spendendo 800-1000 ducati, si sistemarono alcuni ambienti dell'Umiltà spendendo circa altri 1500-2000 scudi provvedendo anche alla decorazione pittorica dei luoghi, e il 12 aprile 1550 la **Scuola-Collegio dei Gesuiti in Punta alla Salute** iniziò le sue attività aprendosi anche ad accogliere alcuni alunni esterni.

Saputo ovviamente tutto, **Papa Pio IV** nel 1560 e 1565 confermò da parte sua l'assegnazione dei luoghi dell'Umiltà ai Padri Gesuiti in cambio di annuo tributo al Priore della Trinità di 2 ceri e 1 libbra d'incenso.

Una cronaca veneziana del 1573 descriveva i luoghi: *"... il sito è assai comodo ... la Chiesa ha 5 altari e un ricco e bel soffitto, è dotata di una bella e grande Sacrestia ben provvista di paramenti e ornamenti di chiesa ... (possiede anche un ricchissimo tabernacolo da 1.000 ducati offerto da alcune Donne Nobili di Venezia) ... la casa dell'Umiltà ha un cortile con una cisterna nel mezzo, un Oratorio in prossimità dove portarsi per confessare uomini e ragionare con forestieri ... Dispone a pianoterra di due camere per il Portiere e i forestieri, di un magazzino per la legna, cantina, cucina e refettorio ... e un assai bello e grande giardino ... La casa è articolata in 2 solari il primo con 12 camere e il secondo con 11 (alcune talmente grandi da poterne fare 4) oltre la biblioteca assai grande e ben fornita di libri ... infine una comoda e grande sala dove si fa fuoco durante tutta l'invernata ..."*

La **Compagnia dei Gesuiti del Loyola**, però, non era molto simpatica alla Serenissima per i suoi modi e soprattutto per le sue idee. Venezia e il Doge consideravano Loyola & C troppo intraprendenti, irriverenti, presuntuosi e soprattutto troppo filopapali ... troppo schierati dalla parte del Papa di Roma ... E si è sempre saputo che fra la Serenissima e il Pontefice Romano non è mai *"corso buon sangue del tutto"*.

Già l'anno dopo, infatti, Repubblica di Venezia e "**Compagnia dei Preti Riformati del Gesù detti Gesuiti**" si scontrarono aspramente fra loro soprattutto a Padova ... e Ignazio di Loyola scrisse al Papa per chiedere indicazioni e il suo appoggio per dissipare i contrasti sorti con la potente Signoria Veneziana.

Cinque anni dopo, la *"cronachetta di Venezia"* continua a parlare dei **Preti del Gesù** presenti a Venezia aggiungendo nuove informazioni sul sito *"dell'Umiltà dei Gesuiti"* sempre più perfezionato: *"... s'è aggiunto alla Chiesa una Cappella Grande col coro di dietro in solaro rendendola più capace ... con sedili di noce ben lavorati capaci d'ospitare 200-300 persone ... pavimenti in pietra viva di vari colori e con alcuni quadri grandi di pittura sulla vita della Madonna ... Allo scopo non sono mancate le elemosine ... e anche la Signoria ha fatto più larghe elemosine per "vitto e fabbrica" rispetto agli anni passati ... Dall'altra parte di dentro si sono fatti 2 Oratori nei quali si può celebrare la Messa, udir predica e far esortazioni ... Di sotto a ciascuno di questi ci sono due stanze che possono servire a Sacrestia et altri bisogni ... e si hanno anche belle Reliquie in bei Reliquiari ..."*

Nell'estate del 1580 i lavori stavano ancora continuando, tanto che si dovette per il troppo rumore e confusione interrompere la celebrazione delle Messe e delle prediche dei Gesuiti che attiravano molte persone: *"... alcune feste dell'estate per essere impedita la chiesa da muratori e falegnami nel far il pavimento e banchi nuovi da sedere alla predica, tutti a modello così per gli uomini che per le donne; il che ha aggiunto grande ornamento alla chiesa..."*

Nell'agosto dell'anno seguente il Visitatore Apostolico e Papale di Venezia visitò e ispezionò anche il **Priorato dei Cavalieri Teutonici di Prussica** presenti a Venezia. Nei verbali della Visita spediti in seguito *"in visione"* direttamente al Papa, si leggeva: *"Negli ambienti della Trinità a Venezia ho trovato il Priore: Piero Lippomano che percepisce 500 ducati annui assistito da 2 Cappellani con casa, vitto ed incerti. Sono inoltre ospitati altri 2 chierici, e sono attive 3 Mansionerie di Messe quotidiane da celebrare valevoli 68 ducati annui ... La chiesetta possiede un Altare della Madonna e uno del Crocifisso ... ospita la Confraternita della Trinità e si* *presta servizio al vicino attivo Ospedale ... Mi è sembrato tutto a regola e in ordine ..."*

Perfino il Doge, al di là del contrario atteggiamento politico pubblico e ufficiale della Serenissima ostile ai Gesuiti, si serviva per la sua Confessione personale dei **Preti dell'Umiltà** che mandava a prendere spesso portandoli con la sua gondola personale fino a Palazzo Ducale.

Nel frattempo, **Papa Clemente VIII** essendo divenuto nuovamente vacante il Priorato dei Frati-Cavalieri Teutonici della Trinità alla Punta del Sal o Dogana da Mar, fece nel 1594 nuove assegnazioni al **Seminario dei Preti di San Cipriano di Murano** e con l'approvazione di **Massimiliano Re di Polonia Maestro dell'Ordine dei Teutonici** vendette ai Rettori del Seminario tutti gli ambienti del **Priorato della Trinità** per 14.000 ducati riconfermando tutte le indulgenze legate al luogo. Lì rimasero gli studenti del **Seminario Patriarcale** *(i futuri Preti)* fino al 1630 ossia gli anni della costruzione della Chiesa della Salute quando tornarono di nuovo nell'isola di Murano.

Nel gennaio di nove anni dopo la **Compagnia dei Gesuiti** rifiutò sdegnata e clamorosamente la richiesta dei Procuratori di San Marco di prendersi cura del Seminario Ducale del Doge *(erano due i Seminari a Venezia: quello del Patriarca e quello del Doge)* fondando un apposito Collegio e ottenendo un'entrata fissa di 1.500 scudi. I Gesuiti motivando il loro rifiuto affermarono che i Chierici del Doge e di San Marco: ***"... innanzitutto non sono Nobili, e poi sono avezzi a vivere in difficili e pericolosi costumi..."*** Il Doge si offese, e *"si legò al dito"* l'affronto da parte dei Gesuiti.

Intanto i **Preti del Gesù** spopolavano in città per stima e simpatia ... tanto che la ricchissima **Nobildonna Adriana Bernardo** vedova dell'altrettanto Nobile e ricco **Vincenzo Contarini, Governatrice dei Derelitti e delle Zitelle** lasciò un cospicuo lascito testamentario anche ai Gesuiti dell'Umiltà per il loro *"Collegio del Gesù"* ... che di conseguenza venne ulteriormente ampliato e ristrutturato nel 1599.

La chiesa dell'Umiltà non era diventata quindi un bugigattolo né una chiesupola di campagna: possedeva al suo interno diverse opere di un certo **Jacopo Tintoretto** che dipinse su tela per l'Umiltà il: *"Compianto sul Cristo Morto o Lamento di Maria"* inscenando in maniera plastica e visibile le movenze contenute nel sentitissimo e conosciutissimo Inno-Sequenza dello *"Stabat Mater"* di medioevale memoria ancora usatissimo nel Rinascimento.

Le tematiche devozionali dei famosi *"Sette Dolori della Vergine"* erano vivissime e molto diffuse anche nella spiritualità dei Veneziani dell'epoca che riconoscevano nella Madonna afflitta in un certo modo la copia di se stessi, delle proprie disgrazie e afflizioni dovute alle conseguenze delle frequenti pestilenze … Nel bene e nel male, i Veneziani d'allora percepivano il Cielo come fortemente partecipe del loro spicciolo e concreto destino mortale quotidiano. Era comunque *"un sentire"* di molti, sparso perlomeno nell'area Europea se non molto di più.

Nella chiesetta dell'Umiltà con ben sette altari, c'era una vera e propria miniera d'opere d'Arte prestigiose: accanto a un arco dipinto dal **Petrelli** con *"molti Santi"*, c'era un *"San Francesco"* della scuola di **Paris Bordone**, c'era appesa una *"Circoncisione"* di **Marcantonio Moro**, mentre sull'Altar Maggiore esisteva una pala con una *"Natività"* di **Jacopo Bassano** che per la stessa chiesa aveva dipinto anche un *"San Pietro e San Paolo"*. Contornava quell'opera tutta una serie di operette di **Paolo Veronese**: *"Padre Eterno, Angeli e Cristo Redentore"*, *"Vergine con Angeli che la coronano"*, *"Redentore con Cherubini"*, *"San Giovanni Battista che predica"* e *"Il centurione davanti a Cristo"*.

A destra dello stesso Altare Maggiore c'era infissa nel muro una *"Presentazione al Tempio"* e una *"Visita ad Elisabetta"* del **Fiammingo Baldissera d'Anna** che aveva dipinto anche per la stessa chiesa: *"Santi e Sante"* e *"Il Martirio di Sant'Andrea e di San Paolo"*.

Inoltre in chiesa non mancavano opere di **Palma il Giovane**: *"Cristo fa scendere Zaccheo dall'albero"* ed *"Elia soccorso dall'Angelo"* poste accanto a una *"Madonna del Rosario"* dipinta da **Fabio Canal**. Il clou della chiesa era però il soffitto dove **Paolo Veronese** aveva dipinto 3 capolavori con *"Storie Sacre"*, ossia: ***"Assunta con Apostoli"***, ***"Natività di Gesù con i pastori"*** e ***"Annunciazione"*** posta sopra il soffitto del Coro.

Andate a guardare quelle opere se potete ! *(oggi sono sparpagliate in diversi musei)* ... Avrete così una vaga idea di quale ricca e bellissima bomboniera d'Arte e Storia sia stata quella parte remota e un po' discosta di Venezia, anche se della chiesetta dell'Umiltà oggi non rimane più niente.

Ma tornando un'ultima volta ai Gesuiti dell'Umiltà ... Visto il successo avuto a Venezia dal **Collegio dei Preti del Gesù**, quattro anni dopo un gruppo di ben 27 Patrizi Veneti facoltosi e potenti fra cui: **Loredan, Foscolo, Morosini, Barbaro, Barbarico, Venier, Foscarini, Malipiero, Marcello, Priuli, Vendramin, Molin, Paruta, Corner, Pesaro, Badoer** e **Rimondo** chiesero e ottennero di trasformare il Collegio dei Gesuiti in Scuola per Nobili ... e la cosa avvenne e durò per 3 anni ... finchè nel 1606 i Gesuiti vennero espulsi da Venezia e chiesa, casa e Collegio rimasero del tutto chiusi e abbandonati. La Serenissima non sapeva perdonare e tantomeno incassare gli affronti dei Gesuiti ... e tantomeno quelli del Papa. *(Se andrete a rivisitare le vicende storiche di quegli anni capirete meglio: i Gesuiti erano tremendi ... senza paura).*

Pensate che negli ultimi anni del 1500 i Gesuiti erano arrivati ad introdurre a Venezia un vero e proprio **Sistema di Penitenza AntiCarnevale** da mettere in atto negli ultimi giorni del Carnevale quando la festa era maggiormente sfrenata e accesa ... I Gesuiti tenevano in concomitanza un'Esposizione Solennissima e continua del Santissimo per 40 ore, che ebbe un'ampia risonanza e un grande richiamo cittadino. Chiamarono anche a predicare il futuro Santo: **Roberto Bellarmino**, e il futuro Venerabile: **Cesare Baronio**, entrambi riformatori austerissimi e rigorosi di grande fama. Venezia Serenissima si sentì come attaccata nei suoi costumi e nelle sue tradizioni.

(***C'è da precisare comunque, che questo non accadeva solo a Venezia, e che in giro per l'Italia c'era anche di peggio: in Lombardia, ad esempio, tutte

le chiese negli ultimi giorni di Carnevale venivano parate a lutto di nero, e si celebrava in continuità la Messa dei Morti).

E' curioso ricordare, anche se forse vi sembrerà quasi impossibile, che quel rito attivato dai Gesuiti durante il Carnevale alla fine del 1500 sopravvive ancora oggi nella vicina chiesa della Salute *(e non solo lì)* dove si celebrano ancora oggi **"Le Quarant'Ore"** con scopo riparatorio e di espiazione per le *"malefatte trasgressive"* perpetrate dal Carnevale Veneziano ... e non solo da quello.

Dopo l'espulsione dei Gesuiti da Venezia, trascorsero ben dieci anni senza che nessuno mettesse piedi in quel che era stato un posto *"brillantissimo"*. Era un peccato lasciare lì tutto abbandonato e in rovina, per cui la Serenissima nell'estate del 1615 offrì tutti quei luoghi alle **Monache Benedettine provenienti da San Basso di Malamocco** rovinato dalle acque della laguna, e trasferite provvisoriamente nell'isola di San Servolo.

Le **Monache di San Servolo o Servilio** si diedero subito da fare, e la **Badessa Cecilia Barozzi** costruì immediatamente un bel Coro nuovo per le sue Consorelle Monache ... Nel frattempo a Venezia accadde la Grande Peste del 1620, quella che infuriò per tutta l'Europa facendo migliaia di vittime ovunque, e 80.000 solo a Venezia ... S'iniziò a mettere in piedi il grande **Tempio Votivo di Stato di Santa Maria della Salute** sotto le direttive e il progetto di Baldassare Longhena. L'intera isola venne ripensata e scombussolata prendendo un volto nuovo: sparirono edifici, botteghe, conventi, orti, case e spazi liberi e ne vennero costruiti diversi di nuovi.

Le Monache dell'Umiltà comunque non furono affatto le eredi dei prestigiosi Gesuiti, per cui si affievolì del tutto l'interesse dei Veneziani nei loro riguardi *(se mai ce ne fosse stato qualcuno)*. Infatti, già quaranta anni dopo le Monache di San Servolo si ritrovarono in piena crisi economica e provarono a vendere in giro per Venezia gli arredi sacri della loro fornitissima chiesetta ... Non fecero a tempo a realizzare e alienare nulla, perché intervennero subito i **Provveditori Sopra ai Monasteri** che impedirono duramente qualsiasi vendita: **"Le opere Sacre e di Pittura e Scultura non si toccano ! ... e tantomeno si alienano impunemente ...**

Appartengono a tutti i Veneziani !" tuonarono i **Provveditori di Stato** *(altro che il nostro attuale Sindaco Brugnaro ... ma questo è un altro tempo).*

Tuttavia, fra alti e bassi economici, nel 1661 le **Monache dell'Umiltà** possedevano rendite annue di 240 ducati provenienti da immobili posseduti in Venezia ... e ancora mezzo secolo dopo, nel 1712, le rendite annue stabili delle Monache da immobili posseduti in Venezia ammontavano a 946 ducati. Infatti, nel 1736 le Monache dell'Umiltà si permisero un restauro di chiesa e monastero spendendo 1.658 ducati ... e nel successivo 1740, la rinomata **Osteria de la Donzella** condotta dall'**Oste Piero dei Pieri** in Contrada di San Giovanni Elemosinario di Rialto apparteneva proprio alle Monache del Monastero di San Servolo e di Santa Maria dell'Umiltà ... le cui rendite annuali erano salite a 985 ducati.

Giunti al 1778, c'erano ancora Nobili donne di Venezia che andavano a vivere come Monache Professe nel Monastero Benedettino dell'Umiltà vicino alla Salute ... e i musicisti **Furlanetto & Grazioli** musicarono la festosissima cerimonia di vestizione di una di queste ... Poi giunse il *"castigamatti"*: Napoleone Bonaparte, che nel luglio 1806 soppresse tutte le Corporazioni, Ordini e Congregazioni Religiose di Venezia e dintorni incamerandone tutti i beni e saccheggiandone senza alcun ritegno tutti i luoghi.

Anche la Chiesa e il Monastero dell'Umiltà vennero perciò chiusi del tutto, e le 23 Monache Benedettine residenti vennero *"concentrate"* assieme alle Monache Benedettine di San Lorenzo nel Sestiere di Castello. Gli ambienti dell'Umiltà divennero un deposito di opere e libri trafugati ovunque dai Francesi e messi in vendita al miglior offerente.

Il 02 dicembre 1809 in un solo giorno furono venduti 4.318 libri dal **Deposito dell'Umiltà** ... e si proseguì allo stesso modo anche quando vennero a Venezia gli Austriaci, e così quando vi ritornarono i Francesi per la seconda volta.

Dal 1821 al 1824 si demolì tutto, compreso un piccolo Oratorio neonato dedicato a **San Filippo Neri** ... e dove c'era *"tutto"* si fece un bel cortile adatto ai giochi per permettere un nuovo trasferimento del **Seminario Patriarcale** da San Cipriano di Murano alla Madonna della Salute dove vive e agisce tuttora nel 2015.

Una guida turistica di Venezia spiegava dopo il 1851: *"Il passaggero oggidì, suo malgrado, si arresterà al Ponte dell'Umiltà, né seguirà più il cammino delle Zattere e il giro alla Punta della Dogana fino al Campo della Salute ... poiché il ponte fu chiuso da muro quando la Dogana di San Giorgio fu qui trasferita nel 1851 ..."*

Ho quasi finito ... C'è un'ultima curiosità da aggiungere inerente al quel posto abitato un tempo dai Cavalieri Templari e dai Bianchi Cavalieri-Frati Teutonici ... Stavolta è un fatto personale che mi riguarda direttamente ... Ho vissuto per ben undici anni nel posto dell'Umiltà e della Trinità occupati un tempo dai Cavalieri Templari e poi da quelli Teutonici. Proprio sul sito dove sorgevano i Conventi, le Chiesette e i Monasteri dell'***Umiltà e della Trinità in Punta alla Salute***.

Quando vi ho vissuto io a cavallo degli anni 70-80 del 1900, nel giardino del Seminario che è stato il giardino dei Templari e delle Monache di un tempo esisteva una collinetta, una motta di terra circondata da alberi e coperta da bassi arbusti. E' stata ricavata con la terra e le pietre d'asporto e di risulta ricavate dalla demolizione di quelle chiese, Conventi ed edifici di cui vi ho raccontato poco fa per farne cortile per gli studenti del Seminario Patriarcale di Santa Maria della Salute ... la *"fucina"* dei nuovi Preti ... *(fra cui c'ero anch'io).*

Negli undici anni in cui ho vissuto e studiato lì dentro ... ho calpestato ogni giorno quei cortili, quel giardino e quei posti che sono stati dei Templari ... Quante ginocchia e gomiti sbucciati e caviglie gonfie e distorte, pantaloni sdruciti, e ferite, graffi, botte aggiustate a suon di giocare, *"combattere"* durante le infinite partite di Basket, Pallavolo, Calcetto, Tennis e infinite altre gare campestri e da cortile nel pietroso e polveroso sito del Seminario *"quotidie conclusus"*.

In un certo senso era il seguito, *"il continuus"* di quell'antica presenza dei Templari, un campo di battaglia coperto da un asfalto consumato e distrutto ... pieno di buche, croste, sassi, schegge e pezzi di risulta ... Le Piante di Pioppo e Platano che lo circondavano alzavano e ingobbivano il piano con le loro radici riempendolo di buche, fessure, spuntoni e brecce ... Giocarci e correrci era sempre un'avventura *(assimilabili a quelle dei Templari e dei Teutonici)* ... atterrarci un po' meno ... Si finiva sempre a fasce e cerotti. Accadeva lì il nostro mondo sportivo di *"tiri e tiretti"*, *"lanci a canestri da sotto, dal fianco, da dentro e da fuori"* ... e infinite acrobazie issandosi su a spalle lungo le corde e le pertiche fissate nel cortile ... luogo di mille *"goleade"* e competizioni con infinite vittorie e sconfitte ... come gli antichi Templari, insomma.

Ci pensavamo ogni tanto a quegli antichi Cavalieri ... non ve lo nascondo.

Proprio lì stava aperto e accessibile quel che rimaneva dell'antico giardino dei Templari e dei Teutonici diventato per noi luogo di meditazione e di momenti di contemplazione diurna e notturna indimenticabili. Quante emozioni speciali, sogni e sensazioni di grande entusiasmo che ho vissuto lì dentro ... un patrimonio ancora presente dentro di me dopo ben quarant'anni.

In un angolo del *"cortile dei Templari"* esisteva anche un albero che usavo come pendolo improprio per catapultarmi sopra al tetto dell'edificio vicino dove si teneva la Scuola di Teologia. M'arrampicavo come goffo scoiattolo fin sui rami più alti, poi abbracciavo letteralmente l'intera cima dell'albero, e mi dondolavo a destra e a manca fino a prendere slancio sufficiente a lanciarmi sopra al tetto come fossi attaccato ad un elastico teso e rilasciato.

"Che matto che ero allora ! ... che spericolato ! " se si fosse rotto quell'albero, forse non sarei qui a raccontarvi e scrivere tutte queste cose ... ma chissà ? Forse avrei imparato a volare ... Era necessario salire sopra a quel tetto per andare a recuperare i numerosi palloni e le palle da tennis che perdevamo sopra lanciandole in alto e lontano con un po' troppo entusiasmo. A quei tempi le nostre tasche erano parecchio bucate ... non c'erano soldi per altre palle e palloni nuovi.

Ogni volta mi facevo coraggio e appendevo su di un ramo basso dell'albero la mia tonacona nera da Prete dai mille bottoni. Poi m'arrampicavo fino in cima recuperando tutte le palle sotto gli occhi divertiti e in apprensione dei ragazzini che mi osservavano di sotto scoppiando in un grande applauso liberatorio quando le lanciavo di sotto divertito. Il vero problema non era tanto il salire e ridiscendere, ma era quello di riuscire ed eseguire quella performance velocemente quando non c'erano nell'entourage i superiori … senza farsi notare, altrimenti erano dolori … Ed è capitato anche questo … Non è stato un momento felice quando, trovandomi sopra al tetto, ho riconosciuto di sotto il volto del ViceRettore che mi stava aspettando ai piedi dell'albero. Conoscevo bene quella faccia che mostrava … non prometteva niente di buono. E così, infatti, è stato … Sceso ai piedi dell'albero, è *"scoppiato il temporale … che poi si è fatto tempesta."* … ma questa è un'altra storia diversa che vi racconterò un'altra volta.

"Che anni grandi però !"

Nel giardino dei Templari c'era e forse c'è ancora una vasca con i pesci rossi … dove un bel giorno sono finito preso per il collo, e con la testa immersa a forza sotto dell'acqua … E' mancato pochissimo che non ci finissi dentro in ammollo del tutto … per fortuna era inverno, e il mio *"assalitore vendicativo"* ebbe un po' pietà di me … Me l'ero cercata, ero stato io a provocarlo e canzonarlo *(un po' troppo)* … Che ci volete fare ? In qualche maniera bisognava pur ravvivare e aggirare la noia di vivere dentro a quei palazzi storici pieni di belle cose, e cintati di robuste mura vetuste … ma sempre recinto chiuso rimaneva.

In un angolo del giardino stava capovolta *"la baleniera"* con cui ogni tanto un giovane Chierico forzuto e muscoloso, diventato poi Prete Sportivisssimo, quando aveva la febbre a trentotto invece di mettersi a letto, apriva in pieno inverno la porticina che era stata un tempo l'entrata della chiesa dell'*Umiltà*, e calava la scialuppa nel Canale della Giudecca andando a farsi una bella vogata per smaltire sudando le tossine della *"febbricità"*.

Che personaggio ! ... Un corpicione d'acciaio che conteneva un uomo buono e gentile, in fondo semplice e molto umano ... un Prete *"alla buona"* che ho conosciuto bene ... una specie di *"successore inconscio"* degli antichi Cavalieri Frati Teutonici ... e per quello spirito d'avventura e di spregiudicatezza ... un po' anche degli antichi Cavalieri Templari il cui eco forse non s'è mai spento ed esaurito del tutto in quei nostri luoghi di crescita umana e interiore.

Per oggi può bastare ! ... Provate ad andare a farvi *"un giro"* da quelle parti di Venezia ... a volte anche **"le pietre parlano e raccontano",** non ne ho alcun dubbio.

***

_____*Questo scritto è stato postato su Internet come: "Una curiosità veneziana per volta." - n° 77, e pubblicato su Google nell'ottobre 2015.*

Inquisizione, Streghe, Diavoli, Eretici e Libri Proibiti

- *I Libri del Prete Cicogna di Sant'Agostin.*
- *Questo si può dire.*
- *Le streghe di Marcòn.*
- *Il permesso di scrivere.*
- *Ancora sui libri.*
- *Retata di Librai nel 1570.*
- *Un libro da bruciare nel 1527.*
- *Giansenisti a Venezia ... chi l'avrebbe detto ?*

I LIBRI DEL PRETE CICOGNA DI SANT'AGOSTIN

Tra 1660 e 1710, vennero stampati a Venezia dalla tipografia di **Giovanni Giacomo Hertz**, alcuni testi davvero speciali. Erano i maggiori testi del **Quietismo,** scritti da nomi semisconosciuti per noi, ma all'epoca famosissimi: **Molinos, Petrucci, De Cucchi, Malfi, Malaval**.
I libri trovarono immediatamente larga diffusione, e suscitarono grande interesse in larga parte dell'Europa di quell'epoca.

Comunque la cosa più singolare e curiosa, fu che Hertz stampò fra 1676 e 1683 altri undici volumetti, scritti da un certo **Prete Cicogna, Sacerdote Veneto**, titolato della chiesa parrocchiale e collegiata di **Sant'Agostin a Venezia**, che oggi non esiste più.
Sant'Agostin si trovava poco dopo **Campo San Stin**, dove sorgeva un'altra chiesa, anch'essa oggi scomparsa.

Quei libri, furono immediatamente colpiti da ben cinque condanne del **Sant'Uffizio dell'Inquisizione**.
Nessun grande eretico, né autore modernista, subì mai una batosta così massiccia e fulminante.

Il **Cicogna** a vederlo sembrava un Prete tranquillo, che visitava Monasteri e frequentava molti dei Nobili di Venezia. Era stato a Roma, e aveva visitato molti Santuari in giro per l'Italia: Assisi, Montefalco e gran parte dell'Umbria. Teneva al suo servizio come disegnatrice, una Suora: **Isabella Piccinini**, che illustrò stupendamente i suoi libri.

L'**Inquisizione Veneziana**, lo distrusse letteralmente, in poche mosse: col Decreto 11 maggio 1683, condannò e proibì la lettura e diffusione di:

- *"Ambrosia celeste o soave cibo dell'anima contemplativa"*, scritto a Venezia nel 1680.

- *"L'amore immenso di Giesù, manifestato nei duri patimenti della sua amara passione"*, scritto a Venezia nel 1679.
- *"Fontana del Divino Amore"*, scritto a Venezia nel 1676.
- *"Ricreazioni del Cielo espresse nelle narrazioni di varie vite dei Santi"*, scritto a Venezia nel 1678.

Con Decreto 21 novembre 1690, condannò e proibì la lettura e diffusione di:

- *"Fiamme d'amore divino dell'anima desiderosa di fare tutto il bene e d'impedire tutto il male"*, scritto a Venezia nel 1683.
- *"Memorie funeste de' fatti dolorosi occorsi nella passione dell'Unigenito figlio di Dio"*, scritto a Venezia nel 1682.
- *"Pascoli di devozione all'anime desiderose di perfezione cristiana"*, scritto a Venezia nel 1684.
- *"Tributi di pietà, o sia raccolta di varie devozioni da farsi da' fedeli"*, scritto a Venezia nel 1682.

Con Decreto 11 settembre 1691, condannò e proibì la lettura e diffusione, di:

- *"Christo Giesù appassionato ovvero contemplazioni fruttuose per indirizzar l'anima nello spirito"*, scritto a Venezia nel 1678.

Con decreto 10 luglio 1702, condannò e proibì la lettura e diffusione, di:

- *"Idea del cor humano rappresentata in figure unite a' devoti soliloqui"*, scritto a Venezia nel 1681.

Con Decreto 15 luglio 1711, condannò e proibì la lettura e diffusione, di:

- *"Sacri trattenimenti che contengono varie considerazioni sopra la Passione di Nostro Signor Giesù Cristo"*, scritto a Venezia in un anno non precisato.

Il Prete Cicogna venne condannato perché, secondo un commentatore delle Sentenze e Decreti: *"univa alla truce crudeltà visiva degna del demoniaco più dichiarato, una lussuria spirituale esasperata, delle rappresentazioni spirituali degne di un Bosch e d'un Grunewald, e altre svenevolezze scandalose ..."*

***

_____Il post su Internet è stato scritto in origine come: "Una curiosità veneziana per volta." - n° 8, e pubblicato su Google nel gennaio 2013.

QUESTO DI PUO' DIRE

Una sentenza emanata a Venezia nel 1548, dall'*Esecutor contro la Bestemmia*, e approvata dal potentissimo *Consiglio dei Dieci*, affermava, fra le altre cose, che: *"... le parole CONSPETTO, CONSPETTONI, e CONSPETTAZZO ... si possono dire pubblicamente, perché non sono considerate "pronunciamenti vituperosi" per la Repubblica Nostra Veneziana. Non saranno quindi soggette all'applicazione delle solite pene statuite dalle leggi, che prevedono: 5 anni di bando dalla città di Venezia e distretto, e 400 lire di piccioli di ammenda, mentre in caso di "bestemmia" si può arrivare al bando di 10 anni, o anche perpetuo, da tutto il territorio della Repubblica di Venezia, e in certi casi peggiori, al taglio della lingua."* (accadeva di media due o tre volte l'anno).

A riprova di questa normativa vigente, nel 1563, s'imputò a un giovane *Bastàzo (facchino)* di Venezia, di: *"... aver fatto atti scelleratissimi contro la Divina Maestà ..."*, per cui fu condannato a rimanere un po' fra le due colonne nella Piazzetta di San Marco, con un cappello ignominioso in capo, e un cartello appeso al petto in cui erano elencate le sue colpe. In seguito gli sarebbero state tagliate la lingua e una mano, e tolto poi un occhio. Si aggiunga infine, che le medicazioni seguenti necessarie, sarebbero state tutte a sue spese.

Contemporaneamente, una donna condannata al taglio della lingua, sempre per lo stesso motivo, fu condannata in alternativa, per compassione, a chiudersi per sempre nel *Convento delle Convertite alla Giudecca*, perché gravemente malata.

... i tempi sono cambiati, indubbiamente.

***

_____*Il post su Internet è stato il primo delle: "Una curiosità veneziana per volta." ad essere scritto, ed è stato pubblicato su Google nel gennaio 2013.*

LE STREGHE DI MARCON

Nel 1460: si denunciò all'Inquisizione di Treviso: **Anna Furlana**, moglie di **Domenico Zavagnini da Marcòn**, accusata di aver commesso: *"... venefici, sortilegi, incantazioni e divinationi ... e di aver sedotto multi adolescenti di entrambi i sessi inducendoci all'amore corporeo ..."*

Negli atti del processo dell'Inquisizione di Treviso contro Anna Furlana da Marcòn si legge la prima rilevazione di un teste convocato appositamente: *"... Anna Furlana sa confezionare una bevanda con polvere di stecco, e la da bere a quelle persone senza forza, che non sanno usare con la propria moglie, e saranno a debito con lei se quella polvere sortirà buon effetto..."*

Un secondo teste residente a Marcòn aggiunse: *"Sa scoprire anche l'autore di un furto facendo portare una fiala d'acqua santa, un cero benedetto, e facendo venire una donna pregnante, ma anche pronunciando certe parole come: "agnol bianco, agnol santo, per la tua verginità, per la tua castità, mostra la verità." Quindi invitano la pregnante a guardare la fiala, dentro la quale vedrebbe la figura del ladro."*

Secondo ammissione della stessa Anna Furlana, lei era capace di: *" cribelare, cioè adoperare un crivello dopo averlo riempito di sorgo. Lo sparge sul corpo di un bambino malato, e vi pronuncia la formula: "in nome del Par, del Fio e del Spirito Sancto e della Santa Trinità e del bon Jesù, e questo mal così staga tanti anni a vegnire tornar quanti grani de sorgo son questi", poi lo pone nella culla del bambino, sotto la paglia e così il bambino viene liberato dal morbo."*

Un ulteriore terzo teste sempre abitante a Marcòn fece aggiungere ai verbali del processo: *"... la Anna Furlana operava sortilegi, preparava assieme alla sua comare Margaritaccia, fiale di vino, mettendovi dentro una bissa e un marasso, e dopo, dà quel vino da bere, alle persone che vogliono farsi morire morti stecchiti."*

Infine si giunse alla **Sentenza finale** della **Santa Inquisizione di Treviso contro Anna Furlana da Marcòn e la sua comare Margaritaccia**

Schiavonesca: Anna Furlana da Marcòn venne condannata al disonore pubblico, insieme a Margaritaccia Schiavonesca: ***"per i loro crimini e delitti, per le offese perpetrate e commesse contro la fede cattolica, per le seduzioni operate sui giovani, per la propaganda e l'insegnamento perverso ... devono stare in piazza Carubbi a Treviso, messe in un posto ben messo in evidenza...dall'ora terza all'ora nona, incoronate con una corona dipinta e ornata dei demoni e portare attaccato al petto in segno di ignominia, un cartello con la scritte sopra tutti i loro delitti e sortilegi..."***

Una postilla alla sentenza precisava che in caso di recidiva sarebbero state entrambe bandite per sempre da Treviso e dal tutto il suo territorio.

***

_____Il post su Internet è stato il secondo delle: *"Una curiosità veneziana per volta."* ad essere stato scritto, ed è stato pubblicato su Google nel gennaio 2013.

IL PERMESSO DI SCRIVERE

La Legge Veneziana sulla Stampa, del 1526, stabiliva che si potesse stampare solo con permesso scritto del Consiglio dei Dieci, previo il parere di almeno due persone esperte su quella materia.

Nel 1543, ci emanò una nuova Legge che richiamava quell'obbligo, perché nonostante tutto, **Stampatori e Librerii Veneziani**, osavano stampare e vendere: *"... opere, molte delle quali sono contro l'onor del Signore Iddio e della Fede Cristiana ..."*

Fu necessario così affidare la giurisdizione in materia agli **Esecutori contro la Bestemmia**, che aggravarono immediatamente le pene:

- *50 ducati di ammenda agli Stampatori, con un mese di carcere e bando perpetuo per i falsificatori del luogo di stampa.*
- *25 ducati di ammenda ai Librai.*
- *Frustate e 6 mesi di carcere ai venditori ambulanti di libri, che stavano sopra al ponte di Rialto.*

Pene tutte che gli Esecutori all'unanimità avrebbero potuto liberamente elevare.

Scrivere e stampare un libro a Venezia, città tollerante e apertissima, ambita sempre da insigni scienziati, letterati e autori provenienti da ogni parte del mondo con opere talvolta geniali e originalissime ... era tutt'altro che facile.

***

_____*Il post su Internet è stato il terzo delle: "Una curiosità veneziana per volta." ad essere scritto, ed è stato pubblicato su Google nel gennaio 2013.*

ANCORA SUI LIBRI

Nel 1596 lo **Stampatore Bonfadino** se la cavò con una bella paura e a buon mercato, dopo essere stato preso di mira dagli **Esecutori contro la Bestemmia** per aver pubblicato abusivamente alcuni testi religiosi, tra cui:

- *"TRANSITO DI NOSTRA DONNA"*.
- *"CONTRASTO TRA ANGELO E DEMONIO"*.
- *"PREGO DEVOTISSIMO DEL NOSTRO SIGNOR GESU' CRISTO"*.
- *"BEATUS HOMO QUI CONFIDIT IN DOMINO"*.

L'anno precedente, il **Libraio "All'insegna della Pigna"**, nelle Mercerie, era stato condannato a pagare 20 ducati per aver venduto un libro di scottante attualità dell'epoca:

- *"BENEDIZIONE DEL RE DI FRANCIA E NAVARRA"*.

Sempre nel 1596, si inflissero 100 ducati di multa allo **Stampatore Glisenti** per aver fatto delle aggiunte non autorizzate a un libro, dopo aver ricevuto il permesso di stamparlo. Si trattava del volume:

- *"DISCORSI MORALI CONTRA IL DISPIACER DI MORIR"*.

Nel giugno 1610, avendo sfruttato la commozione dell'opinione pubblica, per aver venduto senza permesso un libro sull'omicidio di **Enrico IV di Francia**, accaduto in maggio, fu multato di 5 ducati un altro stampatore e libraio.

Infine, si multò sempre per 5 ducati, (forse *500 euro di oggi?*) uno stampatore in rame, che osò stampare e vendere, sfruttando l'intensa devozione popolare dell'epoca, una stampa intitolata:

- *"FORMA E MISURA DEL SANTISSIMO PIEDE DELLA MADONNA"*.

***

_____Il post su Internet è stato scritto come: "Una curiosità veneziana per volta." n° 05, e pubblicato su Google nel gennaio 2013.

RETATA DI LIBRAI A VENEZIA NEL 1570

Nel 1568 apparve a stampa a Venezia il libro **"Questiones"** di **Antonio da Cordova**. Ne nacque subito un putiferio incredibile, perché il libro era stato censurato dalla **Curia di Roma**, ed esisteva l'ordine che non doveva essere assolutamente pubblicato.

Nello stesso mese, **Giovanni Antonio Facchinetti Nunzio Papale** residente a Venezia, una specie di Ambasciatore Papale presso la Serenissima, scrisse al Papa, cercando di giustificare l'operato di **Valerio Faenzi Inquisitore di Venezia**: *"huomo sufficiente assai ... che portava gran riverenza verso l'Eccellentissima Repubblica"*.

"E' stato ingannato !" scrisse al Papa.

In maggio, Valerio Faenzi fu chiamato a Roma dal Papa e immediatamente esonerato e destituito, accusato d'incuria, di lassismo in materia, e di fare *"il gioco"* della Serenissima. **Michel Surian Ambasciatore della Serenissima a Roma presso il Papa**, relazionò alla Signoria, che era stato destituito e sostituito con un altro, in quanto non diligente come bisognava, affermando che: *"... a Venezia è risaputo si affrontino le cose in materia d'Inquisizione con grande negligenza ... e che il Nunzio stesso si muove con troppo rispetto nei confronti della Repubblica Serenissima..."*

Il 12 luglio 1569, Il Papa nominò e inviò a Venezia un nuovo Inquisitore: il **Frate Domenicano Aurelio Schellino**, che vi rimase fino all'aprile 1574. Era conosciuto e definito come: *"Homo di buone e polite lettere, zelante nelle cose del Santo Ufficio"*. A Venezia soggiornò nel **Convento di San Domenico di Castello**, sede tradizionale degli Inquisitori Veneziani, e lì fu Priore nel 1570, giovandosi in tribunale dell'aiuto del compagno e **Frate Domenicano Ludovico da Rimini**.

L'anno seguente, il 1570, l'**Inquisitore Schellino** organizzò a Venezia una campagna di controlli a tappeto di tutte le botteghe di libri, con sequestri, notifiche, denunce e arresti. Si trattò della prima vera e propria purga controriformistica dei titoli dell'*Indice dell'Inquisizione*.

L'anno dopo, nel 1571, istituì un clamoroso processo soprattutto contro **Vincenzo Valgrisi**, che: ***"commerciava imprudentemente libri proibiti nella bottega-libreria "all'insegna dell'Erasmo".*** Lo stesso Fra Schellino denunciò e processo anche un buon numero di venditori e librai veneziani, applicando a tutti la censura libraria ufficiale dell'Inquisizione.

***

_____*Il post su Internet è stato scritto come: "Una curiosità veneziana per volta." n° 15, e pubblicato su Google nel marzo 2013.*

UN LIBRO DA BRUCIARE ... A VENEZIA NEL 1527

Si ritiene che nel 1469 **Giovanni da Spira** iniziò l'arte della Stampa a Venezia pubblicando come primo libro: *"Le Epistole di Cicerone"*.

Fino al 1517 l'arte dello Stampare a Venezia non fu soggetta a leggi particolari e arricchì diverse famiglie, ricevendo direttamente dal Senato licenze e privilegi per pubblicare.

Nel 1527 però, la Serenissima introdusse a Venezia la **Censura della Stampa**. Il 27 gennaio, il **Consiglio dei Dieci** con apposita *"parte"*, legiferò che avrebbe autorizzato la pubblicazione soltanto libro per libro, senza della quale si sarebbe incorsi in pene severissime.

Tutto era accaduto a seguito di un episodio curioso.

I **Frati Zoccolanti Francescani del Convento di San Francesco della Vigna nel Sestiere di Castello**, si erano ritenuti profondamente offesi da alcuni versi scritti e stampati da **Alvise Cintho Fabrizi Mercante e Dottore** che li accusava d'essere mercanti privi di scrupoli, avari e prepotenti. Aveva, infatti, avuto la peggio in giudizio con loro, subendo perdite, dopo numerosi contrasti.

I Frati avevano preso l'iniziativa, ed erano corsi nella bottega dei fratelli **Stampatori Vitali**, dove sequestrarono tutti i volumi pubblicati del libro protestato.

Il titolo era: *"Della razòn de li volgari proverbi"*.

Conteneva soprattutto un verso, una frase inquisita, destinata dritta dritta ai Frati, che diceva: *"... che dove non toccaron pria quattrino, hor hanno piene d'oro le gran tasche, contra il precetto del suo Serafico San Francesco..."*

Non paghi del gesto del sequestro, i Frati lo denunziarono al Consiglio dei Dieci, dichiarandolo: *"... un libro altamente offensivo della Religione ..."*, e volevano che il Doge in persona desse l'ordine di bruciarlo pubblicamente.

Il Doge allora, ordinò che l'opera fosse presa in esame e considerata attentamente da **Lorenzo Priuli e Gaspare Contarini, Censori Dogali**.

Questi, dopo averla letta, non ne mutarono una virgola, e fecero restituire tutte le copie del libro, che furono messe in commercio regolarmente.

Ai Frati rimase solo di comprarne il più gran numero possibile di copie, riuscendo nel loro scopo di non far diffondere l'opera. Per questo, quel testo divenne presto un libro raro già in quell'epoca. Sembra che oggi ne esista solo una copia conservata al Museo del Louvre di Parigi.

***

Solo nel luglio 1593 si presentò a **Papa Clemente VIII** l'*Indice dei Libri Proibiti*, che fu definitivamente approvato dopo modifiche e numerose integrazioni nell'ottobre 1596, secondo le nuove norme d'applicazione del Concilio di Trento.

A Venezia era già andati oltre da un bel pezzo … e, come si sghignazzò negli ambienti di Palazzo Ducale: **"A Roma hanno chiuso la stalla dopo che i buoi son già scappati via ormai da tempo."**

***

_____*Il post su Internet è stato scritto come: "Una curiosità veneziana per volta." n° 16, e pubblicato su Google nel marzo 2013.*

GIANSENISTI A VENEZIA ... CHI L'AVREBBE DETTO ?

Sapete meglio di me che Venezia Serenissima nei secoli è sempre stata tollerante, liberale e aperta ad accogliere ogni diversità, filosofia e religione. Da porto di mare Mediterraneo che era, ha sempre ospitato e integrato tutte le genti del suo tempo con tutte le culture e convinzioni molto diverse fra loro che possedevano. L'elenco sarebbe lunghissimo, basta leggere la toponomastica della città per rendersene subito conto: **Ebrei in Ghetto**, **Turchi**, **Persiani**, **Albanesi**, **Tedeschi**, **Inglesi**, **Armeni**, **Greci**, **Spagnoli**, e mercanti da molti luoghi dell'Asia, dell'Africa ... Qualcuno azzarda che i Veneziani siano giunti prima di altri in nuovi mondi, e che abbiano perfino toccato le coste dell'**America** ... mentre di certo hanno solcato i **Mari Polari** ... potremmo discutere a lungo su questi argomenti.

A Venezia, inoltre, si è stampato liberamente contenuti altrove proibiti, messi al bando, condannati e bruciati ... di ogni Scienza, Teologia, Politica e forma di Sapienza ... A Venezia si studiava, ricercava, scopriva come sui **Mappamondi di Fra Mauro** ... La Serenissima per certi versi era il top, una vera e propria garanzia riguardo la libertà d'espressione e la tolleranza.

A tal proposito, ogni tanto a Venezia spunta qualche reperto, una notizia, o una scoperta che confermano quella poliedrica e inesauribile capacità d'incontrare con cui la Serenissima ha saputo riempire i secoli. Per puro caso, in questi giorni ho riletto una noterella curiosa. Non eclatante, una piccola informazione ... ma è un'altra di quelle curiosità da ripercorrere o magari scoprire.

A farla breve ... Il **Giansenismo** è stata una corrente religiosa diffusa per l'Europa e oltre, che proclamava una salvezza umana *"post mortem"* riservata solo a pochi meritevoli. Secondo le **Dottrine di Giansenio** *(andate a curiosarle in Internet e dintorni se ne avete voglia)*, la via per ottenere la salvezza è impervia, strettissima. Solo chi ha interpretato e vissuto rettamente Morale e Dottrina può accedere alla Grazia rara, ossia il dono della Salvezza Eterna.

Insomma Gesù Cristo e il Padre Eterno si dovevano considerare *"di manica stretta"*, poco propensi a perdonare e a distribuire misericordia facilmente. Viceversa il mondo infernale dei dannati era superaffollato da tanta parte dell'umanità che non aveva accesso al dono eterno a causa della loro scarsa Fede e del loro modo negletto di interpretare l'esistenza. Ve l'ho detto in maniera barbara, ma perdonatemi ... non è questo il mio scopo.

Per rappresentare questo concetto di *"Salvezza stretta, e solo per pochi"* gli artisti dell'epoca realizzavano un tipo di Crocefisso non a braccia distese e aperte sulla croce, ma con le braccia quasi alzate verticali, strette e chiuse. Una specie di Crocifisso *"a mani in alto"*, proprio per indicare la strettezza, la via angusta, difficile da percorrere e perseguire.

Come potete immaginate bene, la Chiesa ha condannato subito e ampiamente questo tipo di eresia, e si è premurata come il solito di cancellare ogni traccia e riferimento che riportasse e divulgasse in giro quelle convinzioni ereticali errate. La Chiesa andava giù dritta, senza tanta delicatezza, cancellava col fuoco, con i processi, con la tortura, la prigione a vita ... e più di qualche volta distribuendo già che c'era un bel po' di morte, tanto per non sbagliare. Ma qualcosa filtrava e sfuggiva sempre ... e rimanevano tracce visibili di quelle *"stagioni anomale ecclesiali e dottrinali"*.

Anche a Venezia non sono riusciti a cancellare tutte le tracce di certi accadimenti storici *"sbagliati"*. E' in questo modo che siamo venuti oggi in possesso di testi, documenti, notizie, informazioni su certi predicatori trasgressori e impuniti ... ed è così che è rimasto anche uno di quei Crocefissi a braccia strette di quell'epoca Giansenista di *"magro spazio in Paradiso"*. Ufficialmente lo chiamano *"Cristo di Poveglia"* ... ma in realtà di quello di Poveglia era solo una copia ... o anche no.

Beh ... il *Cristo Crocifisso Giansenista* lo potete ammirare quando volete nella chiesa dei *Santi Apostoli a Cannaregio* ...

Entrate dalla porta centrale e dirigetevi in fondo a destra ... e aprite gli occhi. Uno spicchietto di storia *"speciale"* Veneziana vi sta guardando ... Venezia non si smentisce mai, sa sempre sorprendere.

***

Il post su Internet è stato scritto come: "Una curiosità veneziana per volta." n° 52, e pubblicato su Google nel settembre 2014.

Lazzaretti, Pestilenze e Pizzegamorti

- *Anno 1630.*
- *I Pizzegamorti e la danza della Morte che balla.*
- *Venezia fra pozzi, Santi, Peste, Preti e giochi.*
- *Il Lazzaretto Nuovo.*
- *Il Lazzaretto Vecchio ? ... funziona ancora.*

ANNO 1630

Giovanni Tiepolo governò Venezia come **Patriarca** dal 1619 al 1630: fu uno degli Scrittori più ammirati del Seicento Italiano ed Europeo. Figura eminente di **Cittadino Veneto**, **Ecclesiastico**, dotto, scrittore di molti e poderosi volumi, possedeva una cultura vastissima, minuziosa, analitica, quasi esagerata per quell'epoca. Autori per lo più ancora semi sconosciuti oggi, gli erano familiarissimi.

Morì anche lui, nella famosa peste accaduta a Venezia nel 1630, quella descritta dal Manzoni nei Promessi Sposi.

Nel luglio di quell'anno, la peste assunse una veemenza impressionante, sviluppandosi e diffondendosi in Laguna in maniera incontenibile.

- In 16 mesi, Venezia contò: **46. 489** vittime.
- A Murano e nelle isole vicine, a Malamocco e Chioggia, si contarono: **33.686** vittime.
- Furono **600.000** i morti di peste nelle Province Veneziane di Terraferma.
- Si contarono in tutto: **682.175** persone morte.

In quell'occasione, per decreto del **Senato di Venezia**, si edificò il colossale tempio votivo della Madonna della Salute in Venezia. Il **Doge Nicolò Contarini**, per pubblica volontà, pronunciò il 26 ottobre 1631, nella **Basilica di San Marco**, una promessa, a nome suo, della Repubblica Serenissima, del Clero e del Popolo, di visitare ogni anno quel tempio, in ringraziamento della cessazione di quel terribile disastro mortale.

Ancora oggi, il 21 novembre di ogni anno, i Veneziani celebrano la **Festa della Madonna della Salute**, portandosi in pellegrinaggio a quello stesso tempio voluto nel 1631.

***

Il post su Internet è stato scritto come: "Una curiosità veneziana per volta." N° 06, e pubblicato su Google nel gennaio 2013.

PIZZEGAMORTI e DANZA DELLA MORTE CHE BALLA

E' già stato detto e scritto molto e bene, quasi tutto, sulla peste a Venezia. Esistono volumi, cataloghi, video magistralmente curati da persone che hanno dedicato molto tempo, competenza e capacità su questo argomento. Rimane quindi solo di chiosare e sottolineare qualcosa, recuperando qua e là qualche notizia sicuramente già detta ed evidenziata in altre occasioni.

Premesso questo, ricordo un paio d'aspetti curiosi circa questo tema sicuramente tipico di Venezia.

Il primo: i *"Pizzegamorti"*.

Ancora mia nonna e mia madre, quand'ero piccoletto, continuavano a raccontarmi (*fra le altre mille cose curiose*) del *"pizzeghìn"*, cioè l'uomo che tutti chiamavano *"beccamorti"*. Me lo dipingevano come un personaggio quasi da fiaba. Non era solo il becchino scavafosse, un uomo fisico, ma un personaggio quasi invisibile che passava una volta in vita quasi *"pizzicandoti nel flagrante del tuo vivere"*, dicendoti:

"E beh ! Caro mio, ora si muore !"

Ed era perciò sorpresa, e che sorpresa ! E accadeva quasi sempre quando meno te l'aspettavi ... come adesso insomma.

Quello che mi è rimasto di più della descrizione di quel personaggio impossibile, fu quel tono quasi ironico con cui lui veniva a *"pizzicare a sorpresa"*, quasi fosse una burla, una presa in giro, una cattura ironica.

Il supercelebre **Alessandro Manzoni** parlando della stessa peste, chiamava col nome di *"Monatti"* quelli che a Venezia si dicevano: *"Pizzegamorti"*.

La loro identità, il loro mestiere, era quello di raccattare i morti o i moribondi di peste per *"sistemarli definitivamente"*. Erano quindi non una fiaba ma personaggi vivi in carne ed ossa, e con un compito davvero tremendo. Nella realtà storica di Venezia furono uomini *"all'opera"* davvero spietati, tenebrosi, che *"facendo di necessità virtù"* in quei tempi incresciosi di morte e dramma sociale, *"ripulivano a fondo"* l'intera città lagunare e le isole circumvicine.

La cronaca veneziana di quei tempi non è affatto avara nel ricordarli e descriverli: *"il 29 settembre 1575, Francesco Ceola barcarolo, alle prime avvisaglia di peste si offrì come Pizzegamorto, avendone già avuto esperienza in un'altra pestilenza, chiedendo in cambio la gestione del primo Traghetto che si libererà per la morte del titolare. La proposta venne accettata subito dal Provveditore alla Sanità di Venezia."*

09 luglio 1579: *"…furono eletti 3 nuovi Pizzegamorti, assegnando a ciascuno "la libertà" (la concessione in gestione) dei Traghetti sul Canal Grande di Santa Sofia, della Maddalena e della Dogana da Mar…"*

All'apice del tempo di peste, ci fu difficoltà a trovare in giro gente disposta a compiere quel lavoro così truce e nero di trasportare i cadaveri e provvedere all'espurgo delle loro case e di tutte le cose infette.

I **"Pizzegamorti"** arrivavano spesso a Venezia da fuori città: dalla **Terraferma**, dall'**Istria**, **Austria**, **Friuli** e **Lombardia** …. Attirati oltre che dallo stipendio corposo, anche dalla possibilità di saccheggio e sciacallaggio quasi sempre impunito sui beni degli appestati.

Spiegano ancora le cronache: *"… S'introdusse l'uso di corde catramate e certi uncini di ferro per porre i cadaveri in certi carretti appositi costruiti dall'Arsenale. Venivano poi disposti dentro a 50 burchielle costruite sempre dall'Arsenale, e scortate fino al Lido, dove con dei cavalli venivano condotti alle fosse comuni preparate per tutti … dove si seppellivano nudi i cadaveri e si bruciavano tutte le vesti …"*

E ancora: *"…Nel 1576 per la gran puzza non si potevano più bruciare i morti che crescevano di giorno in giorno così in un camposanto del Lido in un luogo detto Cavannella, dove vennero scavate delle fosse … si mettevano una mano de corpi una de calcina viva et una di terra e così di mano in mano fino a che ne potevano stare … I morti di rispetto si potevano seppellire in casse nell'isola di San Ariano vicino a Torcello …"*

Nel 1576 e nel 1630: *"... i Pizzegamorti erano coperti da casacche di tele forti catramate, con misture di profumi e materie opportuni ... alle quali furono poi aggiunti calza braghe e guanti dello stesso tipo ... Portavano anche attaccati alle gambe, come dei saltimbanchi, dei campanacci d'ottone, dei sonagli, per avvisare della loro presenza ..."*

Erano persone davvero malvagie, fino ad essere dei veri e propri criminali: *"...erano spesso reclutati fra ex galeotti e carcerati, o tra sbandati e vagabondi ... ed erano protagonisti di ruberie e violenze di ogni sorta, nonostante la vigilanza dei Provveditori alla Sanità, che non esitavano a fucilarne qualcuno fra i più facinorosi ..."*

14 luglio 1576: a **Francesco Mantovano** condannato alla galera per bestemmia, venne annullata la pena in cambio di fare il Pizzegamorti, ma morì presto di peste dentro al Lazzaretto in cui prestava servizio.

15 novembre 1630: il **Senato** dello Stato di Venezia promise 20 ducati mensili anticipati ai nuovi Pizzegamorti liberati per decreto fra i carcerati. In pochi giorni i Pizzegamorti divennero 300, e lo Stato fu costretto il 12 dicembre a licenziarne 100.

Un Notaio dell'epoca li descriveva: *"...Una turba di semincoscienti che calavano a Venezia allegramente, come se fossero stati invitati ad un pranzo di nozze ... Spesso ebbri di vino, e attenti più che ai malati alle prostitute spedite in servizio coatto ai Lazzaretti come donne di fatica ... Erano inumani ... I cadaveri da loro ammassati nelle burchielle venivano maltrattati dai seppellitori ... che oltre a commettere coi viventi ogni scelleraggine carnale, non la risparmiavano neanche ai morti ... Due ragazze, perfino, furono gettare vive alla fine nelle fosse comuni ... salvate proprio alla fine da alcuni uomini ... Una di queste, per il terrore cambiò persino voce ..."*

Lo Stato Serenissimo di Venezia non si affidava solamente alla capacità *"di pulizia"* dei Pizzegamorti. Risultò abilissimo a gestire e contrastare quelle calamità tremende capaci di disfare e devastare mezza Europa.

Venezia sorvegliava attentamente la **Via di terra**, ponendo *"cancelli, e rastre ..."* sui confini di Venezia.

Di là non passava nessuno, perché dei Nobiluomini Veneziani scelti sostavano in continuità con delle guardie e impedivano a chiunque d'entrare ed uscire da Venezia e dal Dogado se non erano in possesso di regolare *"Patente di Sanità"* concessa espressamente dal preposto **Magistrato alla Sanità di Venezia**.

Venezia inoltre vigilava ancora di più sulla **Via del mare**. Qualsiasi legno capace di galleggiare che si fosse affacciato in Laguna veniva subito preso e condotto in quarantena fino a che tutto quello che conteneva: uomini, merci, animali, viveri e qualsiasi altra cosa, fosse stato sufficientemente bonificato, *"spurgato"*, e garantito come non pericoloso per Venezia e tutti i Veneziani.

Primi in Europa, i Veneziani s'inventarono il **Lazzaretto**, ossia un luogo, spesso un'isola, dove appunto si confinavano i contagiati e s'impediva la diffusione ulteriore del morbo. Ma soprattutto era un luogo dove si provava a pensare e ipotizzare una possibilità di scampo e guarigione ... un luogo dove si provava a progettare il futuro. Venezia quindi a differenza di molti altri Governi che subivano e basta gli effetti devastanti della pestilenza, mirava sempre non solo al contenimento e al superamento della morbilità, ma si preoccupava anche del ritorno il più possibile alla normalità, alla prevenzione di ulteriori ricadute ed eventuali recrudescenze.

Tuttavia come si sa, nella storia Veneziana, si è giunti spesso a momenti storici in cui tante precauzioni e attivazioni si rivelarono ugualmente palesemente inutili.

Le cronache d'epoca continuarono a raccontare di quando ai *"restrelli di confine rovesciati e divelti ..."* non c'era rimasto più nessuno a custodirli, e tutti andavano e venivano come volevano dalla città ridotta a un fantasma. Le cronache raccontano anche di quando un famoso carretto della **Terraferma di Mestre**, usato dai Frati Francescani per portare soccorso e cibo in giro, e raccattare malati, moribondi e morti per le campagne, fu trovato rovesciato sul ciglio di un fosso coi Frati morti anche loro, schiantati a loro volta dal morbo. Sembrò proprio la fine di tutto.

Solo allora scattò un *"piano B"* dei Veneziani che non erano affatto bigotti: ... per mali estremi serviva affidarsi a estremi rimedi. Solo quando videro che le cose non funzionavano più come speravano, e che la peste era per davvero incontenibile, solo allora i Veneziani si rivolsero a Dio, la Madonna e ai Santi protettori della Peste. Lasciarono entrare in campo la triade, *"il Santo Terzetto",* dei Protettori da invocare contro la pestilenza: **San Rocco** rappresentato col bubbone all'inguine, **San Sebastiano** trafitto da mille frecce che corrispondevano ai *"morsi"* della peste, e i **Santi Medici** di provenienza orientale, ossia dai luoghi da dove spesso proveniva la peste: i **Santi Cosma e Damiano**: *"medici super"*, tanto da essere dichiarati Santi.

Siccome anche questo intervento privato lasciato all'interiorità dei singoli non bastava, e i Veneziani non sapevano proprio più dove andare a sbattere la testa, lo Stato in persona decise di rivolgersi direttamente a Dio e alla Madonna, finanziando voti e facendo innalzare enormi santuari, implorando la salvezza per tutte le genti.

E che santuari misero in piedi! Lo **Stato Serenissimo** non lesinò di certo l'impegno e neanche il contributo economico elevatissimo. Basti pensare, fra tutti, alle chiese della **Madonna della Salute** e del **Redentore** nell'isola della Giudecca, monumenti splendidi della nostra Venezia, legati ancora oggi a feste e tradizioni che celebriamo a quasi 400 anni di distanza da quei fatti.

Badate bene, ho precisato dicendo: *"CHIESE SANTUARIO DI STATO"*. Venezia non aveva affatto bisogno di chiese, ne possedeva già a centinaia sfornate in continuità lungo i secoli da uno stuolo di Preti, Monaci, Monache e devoti di tutte le foggia, secondo gli stili artistici più ricorrenti, e forniti tutti di splendide quanto ricche decorazioni.

Nei momenti della peste, era il Doge in persona a porre il suo cappello per terra e a inginocchiarsi per chiedere un po' d'aiuto al Cielo, l'unico rimasto in grado d'inventarsi l'impossibile per fronteggiare quel grande male pubblico, quella sconfitta incontenibile. E insieme al Doge ogni Veneziano faceva altrettanto ... ossia cercava e implorava quella clemenza e aiuto finale, un po' da ultima spiaggia.

Per far questo, la Serenissima ha sborsato somme davvero ingenti per decine di anni, quasi quanto per una guerra, perché per costruire quei chiesoni, servivano davvero tanti soldi e una consistente manodopera, nonché grande capacità artistica e architettonica per le quali Venezia sapeva scegliere sempre il meglio in circolazione.

Veneziani creduloni in quell'epoca ? Non credo proprio ... o perlomeno non più di noi oggi.

La seconda curiosità, è che a Venezia, in realtà più che di **Lazzaretto**, nome riferito all'episodio evangelico di Lazzaro morto resuscitato dal Cristo, ad un certo punto si cominciò a parlare anche di **Nazaretum**, ossia di un'isola dove sorgeva la chiesa di **Santa Maria Rinascente di Nazareth**, un luogo quindi di speranza, dove tornare a vivere quotidianamente, normalmente, da cui si poteva ritornare come redivivi dai morti, re(i)nati ... risanati.

Sempre le solite cronache raccontavano che in quell'isola si respirava un'aria vaga di conforto, nonché d'assistenza e accudimento, che inducevano ad accettare e affrontare quell'immenso dramma mortale che circondava tutti, e stava devastando i propri affetti e l'intera città lagunare.

Nel 1576 **Sansovino** nel corso della pestilenza descriveva così quell'isola dall'aurea per certi versi particolare, per non dire strana: "*...Si trovavano in osservazione circa diecimila persone e nelle acque circostanti più di tremila imbarcazioni, fra grandi e piccole, che assumevano quasi l'aspetto d'una armata che assediasse una città di mare ... A questi si aggiungevano: serventi, ministri e la truppa ... 8000-9000 persone ogni giorno venivano alimentate dalla Repubblica durante questa calamità ... Magazzini immensi di medicine e di viveri, sacerdoti, medici, chirurgi, farmacisti, levatrici, tutto era qui pronto ... cento camere et con una vigna serrata ... E con ordine ogni cosa veniva distribuita.*

I presenti per lo più poveri venivano sfamati a spese dello Stato ... Ogni giorno all'impressionante città galleggiante si aggiungevano 50 barche. I nuovi arrivati venivano accolti gioiosamente con applausi e a loro veniva detto "...che stessero di buono animo, perché non vi si lavorava, et erano nel paese di Cuccagna ..."
Allo spuntare dell'alba arrivavano i "visitatori" che scorrendo l'isola, il Lido e la flotta, s'informavano minutamente sullo stato di ciascuno per far trasferire al Lazzaretto Vecchio gli appestati ... Non molto dopo arrivavano altre barche con ogni sorta di commestibili da essere dispensati in ragione di 14 soldi per bocca ... A queste barche seguivano quelle dell'acqua tolta dal Sile, e sorto il sole, tutto si metteva in quiete perché in mezzo al Lido si celebrava la messa davanti a questa flotta ancorata al Lido ... Al tramonto le turbe divise in due cori cantavano le Litanie e i Salmi, mentre di notte ogni cosa rimaneva in alto silenzio e non era permesso il minimo rumore ... Un immensa quantità di ginepro raccolto in pire si faceva ardere notte e giorno sul lido spargendo l'odoroso fumo a grande distanza sulla laguna e sul mare ... A certe ore del giorno veniva permesso a parenti ed amici di recarsi dai congiunti, discorrere con loro da lontano e regalare vivande e rinfreschi ... Ogni giorno giungevano fino 50 o 60 barche e lunghi applausi accoglievano i partenti ... Chiunque fosse stato sospettato di peste veniva condotto qui e se non avesse avuto mezzi sufficienti si alimentava per 22 giorni a pubbliche spese ... Se in quel lasco di tempo si fosse manifestato veramente infetto si sarebbe trasportato al Lazzaretto Vecchio, altrimenti trascorsi i giorni poteva rimpatriare ... Così la popolazione di Venezia passo' di qui e per la vicina San Erasmo ... Qui vennero costruiti grandi case di legno, e si ancorarono all'isola vari ARSILI o vascelli dismessi o galere sfornite, ed alcuni vascelli spalmati sui quali si costruirono altre case ... Nel corso degli anni la stessa Vigna Murata non fu sufficiente allo scopo, e per questo si allestirono nella prospiciente isola di San Erasmo nuove abitazioni ed ancore vecchie galere e vascelli furono ormeggiati in prossimità del Lazzaretto Nuovo e adibiti alle necessità ... La particolarità del luogo e la sua pericolosità venivano ricordate da un vascello sul cui albero sventolava una bandiera che indicava il limite oltre il quale non bisognava avvicinarsi. A scoraggiare eventuali trasgressori era stata

eretta una forca, castigo per tutti quelli che avessero osato disobbedire agli ordini dei provveditori sopra la Sanità ... "

Fra queste righe appare uno strano spiraglio di pensiero, che finisce col sfociare nella seconda curiosità, che vi spingo a leggere: *"State di buon animo ... Si applaudiva, a sera si cantava ..."*

Si percepisce che insieme al dramma vissuto della morte e della devastazione portata dalla peste, si celebrava anche il dramma di qualcosa d'inverosimile. Una Morte quasi da sfidare, canzonare, quasi provocare con la propria voglia di continuare a sopravvivere.

"Gli appestati intendevano come farsi burla e sfidare la Morte stessa ..."

Si finì col valorizzare e parlare di una morte che *"danzava e ballava"*. Un'immagine guascona, impenitente e quasi sacrilega, che però apriva uno spiraglio d'interpretazione futura diversa, finendo col riversare sul dramma presente da affrontare, una luce inimmaginabile, impensata, quasi di speranza. Una morte che balla fa meno paura, è meno macabra, agisce meno da spauracchio distruttivo inesorabile. Una morte che danza e si apre a festeggiare induce a qualcosa di diverso e alternativo che diventa auspicabile e presagibile. Una specie di festa paradossale alla rovescia ... Pur rimanendo la Morte una disfatta crudele, diventava anche un'evenienza speranzosa dalle cui grinfie si poteva anche scappare, una realtà tragica e ineludibile, un orribile disfacimento di tutto quel che si era, ma comunque possibilità di tornare a cantare e far festa.

Un po' una Roulette Russa ... un gioco delle probabilità che poteva ogni tanto rendere qualcuno felice per lo scampato pericolo.

Il bello, è che quell'idea non era solo veneziana. Tutt'altro. L'idea della *"danza della Morte che balla"*, è molto antica, ed è presente e diffusa in gran parte dell'Europa. Ma non solo, si trova anche persino in culture diverse da quella Cristiano-Cattolica, e in luoghi ben lontani dalla *"Culla dei Papi di Roma"*.

La pagina della *"Morte che balla"* è presente anche dentro alle culture dell'*Asia*, in *Africa*, *Oceania*, *Scandinavia*, in *America* e in altre culture antichissime del tutto trascorse. Si trattava di un concetto non solo legato alla Fede e alla Convinzioni Religiose, ma era anche una specie di patrimonio umano quasi sovratemporale e multietnico insito dentro il fatto d'essere vivi e umani.

Una specie di ancestrale *"Cultura della Vita"* valida nonostante tutto e qualsiasi cosa potesse accadere sul Pianeta. A tale proposito si è scoperta un'intera letteratura al riguardo composta da un catalogo nutritissimo di dipinti, affreschi, stampe, e rappresentazioni di ogni tipo su questo argomento.

Il significato è interessante: la grande tragedia finale non è l'ultima parola definitiva, ma fa intuire come in filigrana *"un qualcos'altro, un Oltre, un di più misterioso",* di cui ci sfuggono dinamiche, dimensioni e contorni … ma che potrebbe finire per esserci. E quindi, si può in ogni caso ben sperare … e perfino sorridere, ballare e cantare.

Ritornando infine al *"pizzeghìn"* di mia nonna, mi diceva che: " *… era uno che ti viene come a pizzicare di sorpresa, quando meno te l'aspetti, come uno scherzo potente … Forse lo scherzo più grande possibile della tua vita … Lo scherzo finale che ti burla definitivamente … Però è una pizzicata speciale, furbastra, quasi maliziosa … Una specie di sfottò che si fa pallida speranza … Come quando tiri un pizzicotto gentile a una bella ragazza … che successivamente può risponderti con un violento ceffone … oppure può accadere di tutto. Può spuntare un viso che arrossisce, o magari spuntare un sorriso … e poi forse una storia … e poi forse … chissà ?"*

Mia nonna era riuscita a fare da sola la sintesi fra Storia veneziana, *"Morte che balla"*, il suo vissuto e la fantasia.

E brava nonna !

***

NOTIZIA STORICA CONCLUSIVA: dal luglio 1630 all'ottobre 1631: fra città e Lazzaretti morirono a Venezia: 46.690 persone, mentre in totale nel Dogado con Murano, Malamocco e Chioggia ci furono: 93.661 decessi.
Suddivisi così:
- *Donne da parto: 11.486*
- *Figlioli: 11.486*
- *Putte d'anni 14 sin 25: 5.043*
- *Putti e putte: 9.306*
- *Donne e refuso: 29.336*
- *Preti e frati: 1.129*
- *Nobili: 217*
- *Mercanti ed artesiani: 25.208*
- *Ebrei: 450*

***

_____*Il post su Internet è stato scritto come: "Una curiosità veneziana per volta." N° 29, e pubblicato su Google nel giugno 2013.*

VENEZIA FRA POZZI, SANTI, PESTE, PRETI, GIOCO E DOTI

Sentite un po' anche queste notizie curiose ... Ve le butto là alla rinfusa, come mi è capitato di trovarle e rileggerle. Sono briciole di Storia di alcune delle tante Contrade veneziane di ieri: quelle dell'*Anzolo Raffael*, della *Mendigola* e *Santa Marta*, una delle zone da sempre più periferiche, povere e popolari di Venezia ... la mia zona.

Nel 1349 a Venezia c'era la peste, tanto per cambiare. Il mercante *Marco Arian* che apparteneva a una preminente famiglia di cittadini, fu anche Capo Contrada ossia *"Majòr"* della Contrada dell'Anzolo Raffael. Lasciò un legato di 300 ducati per costruzione dei pozzi nella sua Parrocchia, perciò nel testamento scriveva: *"... a li vivissimi de la Contrada ... per i bisogni del popolo e dei boni homeni de la Contrada"*. Morì anche lui di peste, le sue intenzioni vennero incise sui pozzi che furono costruiti a sue spese, e il suo testamento veniva letto a gran voce due volte l'anno davanti alla porta della chiesa e applaudito dalla gente della Contrada ... emozionante.

Camminando un centinaio di metri oltre il Campo dell'Anzolo, si può giungere al *"Ponte delle Terese"*. Nel 1475 *Bernardo Rusco* lasciò qui dei suoi locali contrassegnati da un'edicola marmorea merlettata ancora visibile infissa nel muro ai piedi del ponte. Ordinò che la sua casa diventasse un *Ospizio* per 4 povere donne: *"... e anche più se se porà nella mia casa per amor de nostro Domene Dio ..."*. Nel testamento indicò anche la quantità di frumento e di vino da distribuire alle donne *"...per cadauna"*, prelevandolo dai suoi terreni a *Rugoletto di Oriago* sulla Riviera del Brenta oltre la Laguna, nella Terraferma Veneta. L'Ospizio funzionò senza interruzione fino al 1800.

A neanche venti metri di distanza, il *Nobil Homo Zuanne Contarini* lasciò per testamento del 20 maggio 1462 un patrimonio per far edificare un Ospizio di 5 stanze da assegnare ad altrettante donne di condizione nobile che fossero: *"... cinque donne impossenti"*. Oggi esiste ancora, amministrato dall'IRE, ed è riconoscibile da una bella finestrella gotica dentro a uno stretto cortile circondato da mura.

Questi sono due esempi e gesti di elevatissima sensibilità sociale accaduti e costruiti a neanche due passi di distanza l'uno dall'altro sul suolo della stessa Contrada veneziana.

Ora, come dicevano le guide turistiche del 1800: *"Si prosegua sui propri passi percorrendo la Fondamenta delle Terese"*. Ci si troverà di fronte alla chiesa di **San Nicolò dei Mendicoli**, un tesoretto artistico strepitoso, che non mi azzardo neanche a provare a descrivere.

Mi soffermo, invece, visto che andiamo verso dicembre e le Feste Natalizie, solo sulla leggenda di **Santa Claus** che alla fine non è altro che **San Nicolò** stesso.

Nel *"Catalogus Sanctorum"* della prima metà del 1500 di **Pietro De' Natali Vescovo di Jesolo**, si ricorda la *"Storia primigenia di San Nicolò"*: *"... dopo la morte dei genitori rifletteva su come rendere gradito a Dio l'uso delle ricchezze ereditate, temendo che gli procurassero solo vanagloria. Pochi giorni dopo, un suo nobile concittadino caduto in estrema miseria pensava di avviare alla prostituzione le sue tre giovani figlie pur di ottenere di che sopravvivere. Venuto a saperlo, Nicola si avvicinò di notte di nascosto alla finestra di casa del suo concittadino e vi gettò dentro una certa quantità d'oro allontanandosi. In quella maniera l'uomo sposò la sua figlia primogenita Il santo allora ripetè il suo gesto, e il nobile decaduto maritò la seconda figlia. E così Nicola ripetè per la terza volta il gesto venendo però scoperto dal concittadino, che gli si prostrò ai piedi... A questo Nicola raccomandò le parole evangeliche sul mantenere segreto i propri gesti di carità ..."*

Da queste vicende-leggende derivano le tre palle dorate poste sopra al libro del Vangelo con cui viene di solito rappresentato San Nicolò anche sull'Altare Maggiore della chiesa dei Mendicoli a Venezia.

Continuando ... Tre furono i soldati condannati a morte ingiustamente che il Santo Nicolò salvò dal corrotto **Console Eustazio** e dai falsi testimoni **Eudosso e Simonide**. Il Santo corse trafelato con ansia fraterna giungendo giusto in tempo davanti al carnefice che stava decapitando gli uomini inginocchiati strappandogli la spada dalle mani. Si recò a casa del Console spingendo irritato le porte ed esigendo d'essere ricevuto. Le parole pronunciate in faccia al Console non furono delle più delicate: *"L'Imperatore conosce le tue colpe, e sa come governi e saccheggi la città ... Non Eudosso e Simonide ti hanno convinto a condannare i soldati ! ... ma Crisaffio (l'oro) e Argirio (l'argento) ..."*

I tre soldati innocenti ebbero così salva la vita.

Sempre tre furono i fanciulli in età scolare uccisi da un Oste perverso di Venezia che li fece a pezzi e li mise in salamoia per poi cucinarli e servirli macabramente a tavola. Ovviamente il Santo Nicolò li resuscitò facendoli riemergere dal tino in cui erano stati nascosti. Per questo **San Nicola o Nicolò** viene rappresentato con la barba candida come la neve e considerato protettore dei bambini e soprattutto portatore di doni. Le mamme venete, alterando la leggenda originaria, spiegavano a lungo ai loro bambini che il tino raffigurato accanto al Santo Nicolò era pieno di doni natalizi, per cui certe nonne veneziane, spazientite per le eccessive richieste dei nipotini, dicevano spesso: **"Non ho mica il pozzo di San Nicolò!"**.

Nella tempesta marina in cui si ritrovarono impacciati alcuni pescatori e marinai veneziani, apparve un uomo robusto e possente di nome *Nicolò* che si dimostrò abile a governare antenne, vele, remi e timone riuscendo a riportare al Lido sani e salvi i Veneziani naviganti, che lo avevano invocato ... anche lì, fatalità, sorse una bella chiesa dedicata allo stesso Santo: **San Nicoletto del Lido**.

Infine, se si osservano i dipinti e le statue che raffigurano San Nicolò, si noterà che pur essendo Vescovo viene sempre rappresentato sempre senza **Mitria** in testa, né **Palio** al collo, ma col solo **Pastorale** in mano. La motivazione stava nel fatto che da vecchio il Vescovo Nicolò si recò al Concilio di Nicea dove colpì sulla testa un eretico Ariano per un eccesso di zelo e di fede. Per il suo gesto inconsulto il Concilio lo privò immediatamente della Mitria e del Palio simboli dell'autorità e del suo potere. Avvilito e pentito, Nicolò ottenne in seguito dalla Madonna in persona e dai suoi Angeli la restituzione di quei due simboli preziosi ... perché quel che era suo ... era suo ... eh !

Comunque ... Niente male come Santo !

Tornando a Venezia e alla **Contrada di San Nicolò dei Mendicoli,** nel dicembre 1585 si arrestò e mise in carcere, zoppo, paralizzato per un ictus e malato, **Prè Jacomo Comin** abitante nella Contrada di San Nicolò dei Mendicoli, denunciato dalla gente con tre comari come testimoni, perché considerato falso stregone guaritore e imbroglione di una povera donna. I **Magistrati del Santo Uffizio dell'Inquisizione** lo lasciarono a lungo in prigione fino al dicembre 1586 quando lo fecero comparire in tribunale. Buttandosi in ginocchio davanti all'Inquisitore lo pregò di venire assolto, non negando d'aver commesso *"strigarìe"*, ma affermando di aver restituito tutti i soldi alla vedova imbrogliata. In precedenza lo stesso Prete aveva decretato che la figlia di una certa **Orsetta** era posseduta dal **Demonio** chiedendo 24 lire per farle confezionare una speciale medicina da Padova per liberare la figlia dalla fattura. In seguito aveva detto alla donna che doveva procurarsi altre 44 libbre di medicine sempre contro il Demonio, far celebrare anche alcune Messe sopra l'acqua, ed appendersi al collo un bollettino con certe parole magiche efficaci. In definitiva **Prè Comin** aveva racimolato dalla donna a più riprese la somma di 13 ducati e ½ senza che la figlia fosse liberata da un bel niente. L'**Inquisizione di Venezia** sentenziò come punizione per il Prete la condanna alla svestizione definitiva dalla Religione.

Strane le storie di Religione e di Preti in quella Contrada poverissima di Venezia assalita senza sosta dalla miseria più nera. Quella povera gente semplice mancava di tutto, eppure nel 1600 il Parroco-Piovan lodava i contributi versati alla sua parrocchia dalle Confraternite locali dei laici: *"... Avete speso in questi ultimi 26 anni per abbellir la chiesa et mantenir i suoi altari pur in tutta la vostra povertà, intorno ai 12.000-13.000 ducati..."*

Caspita ! Una cifra ! Alla faccia della povertà e della miseria dei poveri pescatori di periferia. *"Miserrimi"* li definirono ... eppure la devozione dei Veneziani fu capace di tanto.

Quattro anni dopo, nel 1604, il *Piovano dei Mendicoli Salomon Lando* affermava: *"... si cerca elemosina per li poveri della Contrada nella mia chiesa, ma si trova poco et quasi niente et quel poco che si trova vien dispensato da me a quelli che son più in bisogno ... Non credo che in tutta Venezia esista una Contrada più povera della mia ..."*

I Preti della Contrada quindi non erano tutti imbroglioni e interessati ... e trascorsero ancora altri sei anni. Nel 1610: *Arzentese degli Arzentesi* lasciò per testamento 2.000 ducati alla Contrada dell'Anzolo e di San Nicolò dei Mendicoli: *"... perché con il pro di quelli si possino maridare tutte donzelle della contrà di San Nicolò ... le fie dei pescaori ... per destuàr così li miei peccati ..."*

Le prescelte venivano indicate col sorteggio di una balotta d'oro.

All'inizio del 1700 nella Contrada erano attive 41 botteghe e la sola Pistoria consumava ben 3.734 stara di farina, mentre in chiesa la *Statua di legno della Madonna Addolorata e del Rosario*: *"... era vestita col pizzo degli abiti delle spose e con gli ori regalati dalle vedove e da quelli che facevano Promesse e Voti alla Divina Provvidenza ..."*

Nel 1717 alcuni membri della stessa Parrocchia e *Contrada della Mendigola* decisero di tentare la fortuna al gioco del Lotto, giocando: *"3-36-72"*, e per far questo il Parroco-Piovan in persona si vendette e impegnò: *"... anche le caldiere di casa parrocchiale ..."* Non vinsero nulla e rimasero: *"... i poveri miseri pellegrini morti di fame di sempre. "*

Il 21 settembre 1803 il *Patriarca Flangini* visitò la Parrocchia e la vicina chiesa delle *"Orsoline dette Le Romite"*. Sulla relazione del Patriarca seguente alla *Visitatio* si può ancora leggere: *"Le rendite della Fabbrica di chiesa sono di 108,06 ducati di entrate da affitti di 5 case e da alcuni livelli. Le uscite sono di 322 lire per obblighi di Messe ed Esequie e per tasse da pagare alla Serenissima e al Patriarca. La "Fabbrica della*

Mendigola" ha perciò un debito corrente di 1.000 lire. Il parroco, siccome la sua casa di residenza è inabitabile e minaccia di crollare, è costretto a vivere in un'altra casa di cui paga l'affitto. Possiede entrate personali di 1 ducato e spende in uscita 14 lire ... Ci sono 10 Preti che girano intorno alla Parrocchia e nella Contrada fra Santa Marta, Ognissanti, l'Anzolo Raffael e Santa Margherita, fra cui il Parroco-Piovan diventato infermo. Nella sua casa si trovarono 3.420,4 lire ... Ai Mendicoli si celebrano 2.468 messe perpetue e 45 fra esequie ed anniversari con 50 avventizie. Osservano ancora la tradizione dell'Ottavario dei Morti: per 8 giorni di fila celebrano una Messa al mattino e il Vespro dei Defunti al tramonto. La cura è delle Confraternite dei Morti che pagano le spese per l'acconciatura della chiesa. Arrivano da fuori alcuni conzadori esperti in materia che elevavano catafalchi enormi alti anche fino al soffitto, e rivestono a nero di lutto tutte le colonne e gli altari usando tessuti a volte preziosi con i simboli della morte e con scritte bibliche ... I preti sono riflesso di questo popolo materiale ... più di ogni altra cosa fra loro c'è l'ozio ... Don Plander cammina con affettazione, frequenta ritrovi notturni, serve poco la chiesa ... Un altro prete veglia costantemente presso il parroco moribondo, ma più per preservare il denaro che altro ... Anche don De Piccoli frequenta ritrovi notturni e non gode di buona fama, mentre don Lucatello è solo un ragazzo che forse non possiede tutta la prudenza necessaria per vivere ... Ma c'è anche del buono ai Mendicoli: nel giorno della festa di San Andrea il 30 novembre, contitolare della chiesa soppressa di Santa Marta, inasprendosi il freddo invernale, la Scuola dei Pescatori dona 12 pastrani in onore di San Andrea e dei 12 Apostoli a "... dodici poveri homeni" ..."

Volendo si potrebbe continuare all'infinito frugando nella miniera senza fondo della storia minuta, della tradizione e delle vicende della Venezia di sempre ... Beh, allora: alla prossima occasione.

***

_____*Il post su Internet è stato scritto come: "Una curiosità veneziana per volta." n° 40, e pubblicato su Google nel novembre 2013.*

IL LAZZARETTO NUOVO

Sarà un po' per il fatto che Ebola sta bussando in giro per il mondo ... o forse di più perché Venezia nella sua storia ha sempre avuto a che fare con pestilenze e dintorni ... Ebbene, son tornato volentieri a rivisitare l'isola del **Lazzaretto Nuovo** adagiata nel cuore della laguna Veneziana nei pressi di Sant'Erasmo.

Redentore, Madonna della Salute, Santa Maria del Pianto, San Rocco, San Sebastiano, Santi Cosmo e Damiano, Santa Maria in Boccalama, San Lazzaro degli Armeni, Poveglia, e tutti gli altri ... Venezia ha in un certo senso non solo inventato i Lazzaretti, ma anche scovato e proposto tutti i rimedi per la pestilenza. E' stata sua l'idea dell'isolamento, della contumacia, degli spurghi delle merci, della quarantena delle navi e dei marinai e foresti ... Venezia nei secoli passati è stata una vera esperta in materia tanto da essere presa d'esempio e imitata dagli altri governi Europei e Mediterranei. Esiste un'intera letteratura al riguardo, e sono curiosissimi i documenti che testimoniano i provvedimenti e le procedure via via adottate dalla Serenissima con i suoi **Procuratori**, **Medici**, operatori e **Magistrati della Sanità**.

Venezia in tempo di pestilenza metteva e chiudeva i *"rastrelli"* ai suoi confini, e pattugliava le *"Bocche di Porto"* e la sua Laguna per impedire l'entrata e la diffusione dei contagi. Cercava di individuare e isolare il morbo, di prevenirne la diffusione, di liberarne le *"malearie"* spurgandole, tonificandole, purificandole, dilavandole, bonificandole così come meglio poteva e le riusciva facendo proprio il patrimonio culturale più efficace conosciuto in giro per il mondo. Tuttavia la gente moriva a grappoli, e raramente si riusciva a mitigare la devastazione di morte che ogni volta la *"mortilenza"* seminava e distribuiva fin in ogni angolo remoto della Laguna della Serenissima.

All'apice supremo dell'infuriare del morbo, cronache storiche raccontano della Laguna inondata dal fumo delle pire in cui si bruciavano cose e persone come nebbia diffusa e fitta ... Raccontano di persone sepolte in terra a strati *"come lasagne"*, mentre i *"Pizzegamorti"* facevano da padroni sul territorio devastando, saccheggiando, violentando e derubando, e buttando gente ancora mezza viva dentro alle fosse ...

Altri tempi ... Però è curioso rivederne ancor oggi le tracce, ripercorrerne la memoria e calpestarne il suolo lasciandovi l'impronta. Sono tornato perciò dopo tanti anni all'antica *"Vigna murata"* dei pingui e austeri (*non sempre*) Monaci Benedettini lagunari. Troppi anni sono trascorsi, mi è quasi sembrato di non esserci mai stato ...

Ancora nel 1437 i **Monaci *Benedettini di San Giorgio Maggiore*** nella figura di ***Dom Honorado e Dom Zuane Priore ed Economo*** affittarono per anni 3 a 28 ducati la vigna con la chiesetta di San Bartolomeo, la casa-Monastero, l'orto e il pozzo a **Prete Nicolò *della Contrada di Santa Marina di Venezia*.**

Il 24 settembre 1506, invece, con ***Decreto del Senato della Serenissima*** si dichiarò inopportuno concedere paga doppia in tempo di peste ai ***Priori*** e agli altri salariati dei ***Lazzaretti*** *"... per el qual i desiderano che la peste perseveri aut al manco sempre ne resti sospetto ..."* Si concesse, invece, un unico conveniente salario annuale. Per il ***Priore del Lazzaretto Nuovo*** il salario era di 80 ducati e l'uso della Vigna, 14 ducati per ogni dipendente, e 8 soldi giornalieri per il vitto dei ***contumacianti*** ospitati nell'isola.

Il Lazzaretto Nuovo è uno di quei posti sfuggenti, talmente ricchi di contenuti che non riesci a comprenderli e apprezzarli quanto basta. Un insieme ridondante di architetture, Storia, Archeologia, naturalistica floro-faunistica lagunare, Tradizione, vicende insediative, e parecchia poesia che lascia esterrefatti e un po' con la voglia di saperne un po' di più.

Vien da dire che Venezia col suo ***Isolario*** è sempre la stessa, non si finisce mai di scoprirla, ammirarla, gustarla e di rimanere a cullarsi dentro alle sue bellezze e alle sue recondite vicende. Una vecchia isola è come una donna illustre e pomposa ... ma un po' sfiorita, meno procace e ammaliante di un tempo, ma pur sempre con un suo certo fascino accattivante.

Un motoscafo è sfrecciato quasi come un proiettile lanciato e sparato dal suo potente motore fuoribordo. Lo guidava credendosi un novello esperto nocchiero un uomo maturo corpulento e pettoruto … L'acqua violenta dell'onda ha aggrampato e morso le rive sfatte e rovinose, il pesante vaporetto ha *"ballato"* a destra e sinistra, la barca a vela candida di fronte beccheggiava e sussultava in mezzo alla Laguna … Sembrava galleggiare sul niente, quasi scivolare planando sul pelo d'acqua che da immoto diventava improvvisamente turbolento e burrascoso, squassato e indomabile … Pochi giri di lancette dei secondi dopo, tutto è ritornato immoto e quieto come prima … Il motoscafo furibondo era già lontano e correva incontro a Venezia accucciata e distesa sullo sfondo dell'orizzonte.

Davanti ai miei occhi si stendevano barene, fosse, canali, isole, acque poco profonde, e bassi fondali fangosi che facevano da spartiacque fra quel mondo irto di campanili e quei luoghi riservati e quasi appartenenti ad un altro cosmo arcano … Un paio di colpi di fucile da caccia hanno spaccato subito l'incanto e il silenzio incombente dei luoghi spalancati vestiti da fiaba … Una gatta è corsa a nascondersi sotto a una carriola con gli orecchi issati all'insù. Si è piegata goffamente facendosi piccola nell'erba, ed è rimasta immobile in attesa degli eventi. Un cane legato col guinzaglio al cancello, invece, si è messo ad uggiolare inquieto e nervoso, tirando il legaccio e guardandosi intorno. La padrona è accorsa in fretta, l'ha coccolato, rassicurato, e l'ha rasserenato accarezzandolo.

Per fortuna da un po' di anni si sta invertendo la tendenza di buona parte degli autoctoni lagunari. Speriamo sia passata del tutto la stagione in cui le isole abbandonate venivano sistematicamente violate, saccheggiate, profanate, derubate fin delle pietre. Si bruciavano gli infissi, si strappavano gli arredi e le opere d'arte, perfino i pavimenti … Si sventravano le pareti, si sfondava vetri, si scaricava incontrollati ogni sorta d'immondizia e pattume, si bruciava, s'insozzava liberamente, si nascondevano droga e armi, si vandalizzava per il solo gusto di sfasciare e rovinare qualcosa.

Colpa imperdonabile in gran parte anche di chi per primo avrebbe dovuto preservare, conservare, vigilare … Sarebbe lunga la lista: **Stato, Militari, Regione, Comune, Curia Patriarcale, Beni Culturali** … Ognuno ha di certo la sua buona parte di responsabilità per lo stato pietoso in cui si è lasciato ridurre l'***Isolario veneziano***.

Quand'ero bambino ricordo che i ragazzini del mio paesucolo lagunare andavano a giocare con i resti umani dell'***Ossario di Sant'Ariano*** incustodito … C'era il ***Viceparroco*** preoccupatissimo che accorreva su una piccola barchetta a raccogliere i teschi che galleggiavano in giro per i canali della Laguna divertendo i ragazzini e spaventando e inorridendo le vecchitte del paese … Ricordo anche che qualche anno dopo uno sponsor americano ricco e famosissimo s'era offerto di provvedere a un grande restauro di una famosissima chiesa di Venezia.

"Non sarà mai che la sacralità di questo luogo venga deturpata da una scritta con i simboli di una marca commerciale ! … La Chiesa non ha bisogno di nessuno !" tuonò il Rettore del luogo, e per quel esagitato orgoglio e autosufficienza vuota non se ne fece nulla … anzi, si continuò fino all'ultimo giorno prima di chiudere a raccogliere il povero obolo degli ultimi devoti veneziani impotenti … Poi più nulla, tutto chiuso e silenzioso, abbandonato … Che disdetta !

Ancor oggi tanti luoghi illustri si preferisce vederli chiusi e cadenti, perché menti ottuse pensano maggiormente al tornaconto e al guadagno più che alla conservazione di tanti beni preziosi che ci hanno lasciato i Veneziani dei secoli. Se potessero gridare certi morti e certi devoti che hanno voluto, costruito, abbellito, vissuto e popolato certi monumenti … li sentiremmo urlare di disprezzo e di vergogna verso di noi fino ai piedi delle Alpi … e forse anche ben oltre.

Comunque quel che è fatto è fatto … indietro non si torna. L'importante è fermare questo sfregio, e soprattutto continuare a smascherarlo e non permettere che si ripeta.

Per fortuna è iniziata ormai da tempo l'epoca felice di uomini e donne volontari meno avidi di successo, privilegi, potere e interessi. Persone dedite a salvaguardare, recuperare, quasi coccolare e difendere quel poco che è rimasto in Laguna, provando a farlo parlare e respirare un'altra volta.

Non voglio osannare eroi improbabili in queste semplici righe, ma di certo apprezzare l'attivazione provvida di qualcuno, e forse imitarne l'opera passionale, prolungarne l'intenzione, condividerne lo spirito e calpestare nel mio piccolissimo le stesse orme lasciate in questa impresa faticosa.

Ma al di là delle manfrine dialogiche, rieccomi al **Nazzaretum o Lazzaretum** … Improvvisamente, eccolo lì ! Perfettamente mimetizzato sullo sfondo delle **Vignole e di San Erasmo**. Guidati dall'encomiabile dedizione del **Dottor Fazzini** che ci guidava ho messo i piedi sul soffice vialone verde dei gelsi dell'isola assieme ad altri che hanno rivisto **il Tesone** dopo 30 anni … Si sente che la nostra guida avrà ripetuto certe cose un'infinità di volte … ma si percepisce anche che è per davvero appassionato di quello che va facendo e dicendo. Per fortuna esistono persone come lui … Un tempo l'isola era tutta pavimentata e aperta, senza vegetazione per poter meglio spurgare e arieggiare ogni cosa. Serviva disperdere la *"mala-aria"*, vaporando, fumigando, provando a mitigare i miasmi di quella contaminazione ignota ma concentrata e presente tanto da **"accoppare ogni cosa sulla faccia terracquea"**.

E' maestoso ciò che rimane del **Tesòn Grande** … Quelle scritte rosse impresse sui muri traboccano di storie vissute, spiritosaggini, memorie e ricordi, amori, intrighi e complicazioni … Tutte quelle cose di cui può essere impastata la vita comune e quotidiana di ogni epoca. Soprattutto di quell'epoca di pestilenza e calamità diffusa.

Rimane ben poco dell'antico *"castello"* dell'isola dai 100 camini alla veneziana … Bisogna fantasticare parecchio per immaginare come poteva essere stato il Lazzaretto veneziano di un tempo … Aiutano un po' le stampe antiche e i video, e soprattutto l'abile spiegazione della guida: **"Qui c'era la chiesetta di San Bartolomeo … i forni del pan biscotto … la casa del Priore col pozzo … le cucine … le ultime casette rimaste …"**

Al di là delle mura che circondano il Lazzaretto a tratti apparivano i panorami mozzafiato della Laguna … Abbiamo percorso l'isola intera lungo il fangoso e suggestivo vialetto di ronda oggi sentiero naturalistico fra canneti e arbusti … La barena e la Laguna si sono rivelate ancora una volta per quel che sono mostrandoci di nuovo le intimità più recondite e spettacolari della distesa acquea veneziana ... Al nostro passare seguendo l'esile traccia aperta e precaria era tutto un ronzare, frullare, sbattere d'ali ... S'intravedevano negli angoli remoti Gazzette candide che sbeccolavano eleganti nel fango, Gabbiani rauchi che volteggiavano alti, altri uccelli capitombolanti in aria che s'inseguivano trillando, frullando, fischiando canzoni misteriose e sorprendenti insieme ... Mi piacerebbe conoscerle di più tutte quelle creature che ci abitano in casa ... Lontano lo spettacolo delle isole di sempre in prospettive insolite, sfasate ... **Burano, San Giacomo in Paludo, San Francesco del Deserto, Mazzorbo, Madonna del Monte** ... come tante sorelle da chiamare a tiro di voce fra nugoli immensi d'insetti ... e l'esuberanza della Natura che trapelava sotto al sole svogliato e languido dell'autunno lagunare.

Esiste un documento del **Sansovino** del 1576 che mi è ogni volta caro rileggere perché mi procura una certa mestizia e tenerezza insieme. Descrive gli appestati residenti al **Lazzaretto Nuovo** allo stesso tempo come abitanti del *"Paese di cuccagna"* ... ma anche come persone giunte al capolinea della *"Porta dell'Inferno della vita da attraversare ..."*

"Nel corso della pestilenza si trovavano ... in osservazione circa diecimila persone e nelle acque circostanti più di tremila imbarcazioni, fra grandi e piccole, che assumevano qua l'aspetto d'una armata che assediasse una città di mare ... a questi si aggiungevano: serventi, ministri e la truppa. Da 8000 a 9000 persone ogni giorno venivano alimentate dalla Repubblica durante questa calamità ... Magazzini immensi di medicine e di viveri, sacerdoti, medici, chirurgi, farmacisti, levatrici, tutto era qui pronto ...cento camere et con una vigna serrata ... E con ordine ogni cosa veniva distribuita ...I presenti per lo più poveri venivano sfamati a spese dello Stato. Ogni giorno all'impressionante città galleggiante si aggiungevano 50 barche. I nuovi arrivati venivano accolti gioiosamente con applausi e a loro veniva detto "...che stessero di buono animo, perché non vi si lavorava, et erano nel paese di Cuccagna..."
Allo spuntare dell'alba arrivavano i "visitatori" che scorrendo l'isola, il lido e la flotta, s'informavano minutamente sullo stato di ciascuno per far

trasferire al Lazzaretto Vecchio gli appestati ... Non molto dopo arrivavano altre barche con ogni sorta di commestibili da essere dispensati in ragione di 14 soldi per bocca ... A queste barche seguivano quelle dell'acqua tolta dal Sile e sorto il sole tutto si metteva in quiete perché in mezzo al Lido si celebrava la Messa davanti a questa flotta ancorata al Lido.

Al tramonto le turbe divise in due cori cantavano le Litanie e i Salmi, mentre di notte ogni cosa rimaneva in alto silenzio e non era permesso il minimo rumore ... Un'immensa quantità di ginepro raccolto in pire si faceva ardere notte e giorno sul lido spargendo l'odoroso fumo a grande distanza sulla laguna e sul mare ... A certe ore del giorno veniva permesso a parenti ed amici di recarsi dai congiunti, discorrere con loro da lontano e regalare vivande e rinfreschi ... Ogni giorno giungevano 50 o 60 barche e lunghi applausi accoglievano i partenti..."

Sempre le cronache antiche ricordano che chiunque era sospettato di peste veniva condotto qui, e se non aveva mezzi sufficienti si alimentava per 22 giorni a pubbliche spese. Se si dimostrava infetto veniva trasportato al **Lazzaretto Vecchio,** altrimenti trascorsi i giorni poteva tornare a casa.

"Nell'isola si costruirono grandi case di legno e si ancorarono all'isola vari vascelli dismessi o galere sfornite d'armamento sui quali si costruirono altre case. Nel corso degli anni l'isola della Vigna Murata non fu più sufficiente allo scopo, e perciò si allestirono nella vicina isola di Sant'Erasmo nuove abitazioni e si ancorarono altre vecchie galere vicino al Lazzaretto Nuovo in cima ad uno dei quali sventolava una bandiera che indicava il limite invalicabile oltre il quale non bisognava avvicinarsi. A scoraggiare eventuali trasgressori era stata eretta una forca, monito per coloro che avessero osato disobbedire agli ordini dei Provveditori sopra la Sanità ..."

Mi piacerebbe rimanere e sostare per qualche giorno in un'isola come il Lazzaretto ... almeno nell'idea mi piacerebbe. Ma subito un visitatore mi smonta la poesia in quattro e quattrotto: *"Ho visto d'estate i ragazzini quattordicenni dei campi scuola sotto il sole cocente rimanere a strappare erbacce, fittoni ancorati nel terreno e radici ... Oppure li ho visti prestarsi a sbadilare faticosamente per aprire un sentiero calpestabile fra i rovi .... Che cosa volete che s'impari a restaurare in una settimana e a quell'età ? ... Tanto la Natura con i suoi elementi si riprenderà velocemente tutta l'isola, infesterà e ricoprirà presto quegli scavi scoperti con tanta fatica. E' lei la vera padrona della Laguna ... Più che Archeologia vera e propria qui si fa solo un po' di restauro e ricerca perché mancano come sempre i fondi e i finanziamenti ... Il destino della Laguna di Venezia è stato ormai segnato da tempo ..."*

Grande ottimista della domenica ... Ho incrociato le dita ... spero che quel tale si sbagli del tutto ... Ma sono tanti a pensarla così ... forse troppi.

Ancora nel 1789 **Sebastian M.Rizzi Priore del Lazzaretto Nuovo** scriveva ai **Sopraprovveditori e Provveditori alla Sanità** circa: *"... lo stato rovinoso e sconsolante del Lazzaretto ... il muro di cinta sostenuto da puntelli ... buona parte degli edifici in rovina o pericolanti ... canali di accesso inservibili, i pozzi inquinati ... urgente è l'intervento."*

Nel 1793, invece, con l'istituzione del **Lazzaretto di Poveglia** il Lazzaretto Nuovo perdette di fatto la sua funzione. Con l'avvento dei Francesi il **Ministero della Guerra** destinò l'isola a funzioni militari: il Tezòn Grande murato divenne polveriera, si demolirono *"le contumacie al Prà"*, *"all'ortolazzo"*, *"ai barcaroli"*, *"alla campagna"* e la vecchia chiesetta di San Bartolomeo.

Rallento il passo, mi volto un attimo e mi fermo ... Vedo passare nella penombra della sera che avanza le ombre lunghe degli appestati ... No ... Sono dei custodi ... Odo il tintinnare di chiavi del **Priore** che apre e chiude la grande tesa ... Lungo uno dei muri di cinta **Marinai** inoperosi in contumacia scrutano immobili la loro nave ormeggiata prigioniera del morbo e dell'isola ... Guardano lontano fumando la pipa e sorseggiano lentamente un boccale di vino aspro.

Poco più in là, dentro alla notte, tre figure senza volto parlottano sommessamente nel buio ma in maniera animata. Sono il **Priore del**

Lazzaretto, un **Bastazo-facchino** e il **Mercante** di una grossa nave alla fonda accanto all'isola. Discutono, contrattano, considerano … Alle loro spalle intravedo la nave ancora carica di merci, lievemente piegata sul fianco. E' appoggiata sul fondo del piccolo canale poco profondo prospicente l'isola … c'è bassa marea in laguna, come sempre verso l'alba … I tre si scambiano un fascio di carte e un paio di sacchetti di monete contandole una per una sotto il chiarore flebile della Luna. I soldi luccicano, baluginano saltando sulle dita esperte, sembrano nuovi di Zecca … A un certo punto una moneta oscilla in aria, tintinna, scappa fra le mani che provano ad afferrarla, rimbalza sopra alla manica di un braccio proteso e finalmente cade e scompare dentro e sotto l'acqua scura.

Verrà ritrovata ossidata e mangiata dalla salsedine secoli dopo … Ora se ne sta in bella mostra insieme ad altre nelle vetrinette sotto al **Tesòn Grande**. Raccontano storie passate, come le anfore poco più in là che un tempo portavano vino, olio, profumi, grano e chissà quali altri cose dagli angoli più disparati del **Mediterraneo**, dell'**Africa** e del **Levante** … come le ossa allineate, gli attrezzi rugginosi, le stampe antiche, le terracotte usurate …

Annuso l'aria, e avverto il profumo che non c'è del pane appena cotto dai forni dell'isola. Si sente la fragranza del panbiscotto appena sfornato … Si mescola con l'odore aspro della salsedine, e con quello degli umori che esala la laguna, il verde selvatico e la barena trapunta di fiori lacustri, Salicornie, Canne ed Erbe selvatiche … Un giovanotto in salute seduto su una panca nel buio ancora prima dell'alba fuori della chiesetta di **San Bartolomeo** … Piange in silenzio sommessamente … è l'unico rimasto della sua famiglia tradotta al Lazzaretto Vecchio e non più tornata … per sempre.

Poco discoste, solo al chiarore di una flebile lucerna in terracotta, alcune **donne formose dalle gonne larghe** e lunghe rimestolano l'acqua tratta faticosamente dal pozzo, e smanacciano indaffarate mucchi di panni sporchi soffocandoli nell'acqua dentro a grossi mastelli di legno.

Voltandomi ancora dalla parte dell'ingresso vedo un **Pescatore** che ha appena accostato la sua barchetta carica di pesce guizzante alla riva. Sempre come ombra nel buio lo vedo scambiare con uno dei guardiani muti dell'isola che gli porge una moneta argentata e un grosso cesto carico di frutta colorata e verdura odorosa … In fondo al **Viale dei Gelsi**, distinguo appena nella penombra il trenino austriaco caricato all'inverosimile di munizioni, pronto per andare a rifornire la **Batteria della Torre Massimiliana** sulla spiaggia che controlla la bocca del Porto di Venezia.

"Che provasse qualcuno ad entrare da quella parte !"

Sta arrivando il vaporetto di ritorno … Riapro gli occhi e fuoriesco dal sogno … La visita al Lazzaretto Nuovo è terminata … Venezia *"solita"* ma sempre nuova, mi sta aspettando per le *"solite cose"* di sempre … Tornerò ancora al Lazzaretto Nuovo … ne sono certo.

***

_____Il post su Internet è stato scritto come: "Una curiosità veneziana per volta." n° 55, e pubblicato su Google nell'ottobre 2014.

IL LAZZARETTO VECCHIO ? ... FUNZIONA ANCORA

Cappuccio in testa e passo lesto mi muovo dentro e sotto le ultime ombre lunghe della notte. Osservo un mondo tutto capovolto e traslucido dentro alle larghe pozzanghere dell'acqua di ieri. E' domenica, tutto è immobile, non c'è nessuno in giro ... solo un'automobile passa lenta, sembra pigra. Nella mia fantasia qualcuno la sta spingendo faticosamente a pedali.

"E' la giornata giusta." mi dico.

L'aria è pulita, sa di fresco e bucato. A Oriente, dietro alle sagome scure e cappellute degli alberi, il cielo sta sfoggiando tutto un album di tinte, tonalità e colori ... sembra il manifesto della Primavera. Venezia si sta stiracchiando, ed è di nuovo pronta, fra poco ospiterà le migliaia chiassose della *"Su e zo pei ponti"* ... ma io sto aspettando qualcos'altro. Affretto il passo mentre nel cielo si scatena un inferno di stridii e volteggi di rondini ... uno spettacolo avvincente che danza sopra lo specchio lucido e quieto della Laguna ... ma io aspetto altro.

Non vedo l'ora di scavalcare il turno di lavoro in ospedale, e l'impazienza diventa esagerata man mano che trascorrono le ore. Sarà perché è la prima volta in vita mia che metto piede nell'isola del **Lazzaretto Vecchio**, o sarà forse perché mi piace sempre vedere quel che c'è stato un tempo a Venezia e oggi quasi non c'è più ... Sta di fatto che non vedo l'ora di precipitarmi lì per la visita guidata dell'apertura straordinaria.

"E' il primo ospedale Europeo, il più antico nel suo genere ... certe cose le hanno inventate i Veneziani." ci spiegano.

A differenza del **Lazzaretto Nuovo** del 1468, perso dentro alle secche, alle barene fangose e alla poesia amena della Laguna di Sant'Erasmo, l'isola del **Lazzaretto Vecchio** e più austera, tozza, grezza, quasi scontata a un passo com'è situata accanto alla striscia litoranea ed elegante del Lido. Sembra basti un salto in lungo per attraversare lo specchio d'acqua e arrivare ad infilarsi dentro a quello che mi è sempre apparso come un vero e proprio mondo recondito.

Il nome titolare della chiesetta originaria che sorgeva in isola era: **Santa Maria Assunta** ... o più probabilmente **Santa Maria di Nazareth** da cui derivò la denominazione dell'intera isola come: *"Nazarethum"*, trasformato in seguito dai Veneziani in: *"Lazzarettum o Lazzaretto"*, forse per via di **San Lazzaro** e della lebbra ... Sta di fatto che il nome s'è affermato e diffuso ovunque, anche in giro per l'Europa ... e lo utilizziamo tutti ancora oggi.

Le ore sono scappate, e perciò: *"Eccomi qua !"* ... mi sono ritrovato sulla Riva del Lido davanti al Lazzaretto Vecchio e ai variopinti traghettatori sulle sampierotte impavesate. Eravamo incredibilmente in centinaia tutti in fila come per entrare al cinema a vedere lo spettacolo di una *"prima"* stagionale. Solo che stavolta *"il film"* si chiamava: *"Lazzaretto Vecchio"*. Seduto in attesa sui gradini della riva e provocato dal sole del pomeriggio, ho chiuso un attimo gli occhi. Non l'avessi mai fatto ... o forse è stato meglio così. Li ho riaperti ed era cambiato tutto, niente era più come prima. Non c'era più l'oggi ma sembrava ritornato l'ieri. Un ieri un po' strano, forse surreale, ma di certo piacevole, curioso ... forse quello che andavo cercando.

L'isola distesa lì davanti era la stessa, l'identico segmento galleggiante sulla Laguna. Però c'erano barche su barche intorno, tutte cariche di qualcosa. Niente motori, solo barcaroli curvi a spingere sui remi.

L'isola era cinta d'approdi e pontili tutti occupati da barche accostate in file sovrapposte. L'atmosfera intorno era vivissima, sembrava un vespaio, un formicaio brulicante di persone, vitalità e gente vociante.

Una sampierotta ha attraccato davanti ai nostri piedi e due nerboruti *"Pizzegamorti"* gentili e bruschi insieme ci hanno squadrato sornioni e un po' grintosi inducendoci a salire in fretta con ampi gesti. Avevano *"occhi di bragia"*, sembrano tanti Caronte febbricitanti ... ma della nostra stessa febbre.

Mi sono guardato attorno, eravamo in tanti, c'era coda e un po' di ressa ... Alti nel cielo volteggiavano i gabbiani di sempre ... In lontananza cantava un cuculo monotono, e alcuni merli zompettavano sul prato appena rinnovato dalla nuova stagione ... E più in là ? C'era solo tanto silenzio di una solita domenica veneziana qualsiasi.

Mi è sembrato un pomeriggio placido, tranquillo, ma non lo era per niente, c'era come una tensione nell'aria, una novità imminente, un pensiero inquietante che ci pervadeva e accomunava tutti su quella riva.

"Piano ! ... Svelti ! ... Senza scivolare in acqua ... Attenti a quel gradino scivoloso e rotto ..." Un *"Pizzegamorti"* mi ha preso per mano, mi ha accompagnato per il fianco e mi ha toccato e spinto leggermente per la spalla.

"E' fatta ! Sono anch'io dentro alla barca ... partiamo per l'isola ... forse senza ritorno ... Sono i Pizzegamorti !" dico a me stesso, non privo di una certa inquietudine.

Fra i **Pizzegamorti** nel 1575 c'era il **barcarolo Veneziano Francesco Ceola** che s'era offerto come Pizzegamorti in cambio della concessione di una *"Libertà-Licenza"* del primo Traghetto disponibile che si fosse liberato per colpa della peste. Nel 1630, invece, i Pizzegamorti erano giunti ad essere fino a 300 di numero, e percepivano 20 ducati al mese anticipati ... Venivano reclutati tra gli ex galeotti e i carcerati, ed erano spesso degli sbandati facinorosi, o vagabondi disoccupati e disperati. Provenivano dalla **Terraferma**, dall'**Istria**, **Austria**, **Friuli** e **Lombardia**, e furono protagonisti di ruberie, violenze e sciacallaggi di ogni tipo sui beni degli appestati Veneziani. Spesso ubriachi e alterati, erano attenti più alle prostitute obbligate al lavoro e all'assistenza nei Lazzaretti che alla cura dei malati e dei morti, gettavano persone ancora vive dentro alle fosse, trattavano in maniera sprezzante e vile ogni umano corpo ... desiderosi solo di saccheggio e di basso guadagno.

"A causa dei molti rischi di contagio personale fu introdotto di far riporre col mezzo di corde catramate e uncini di ferro li cadaveri infetti in certi carretti costrutti all'oggetto nella Casa dell'Arsenal, e ripor poi questi carretti nelle burchielle che furono fatte costruire parimenti all'Arsenal

nel numero di cinquanta, che si scortavano al Lido dove giunti, erano condotti dai cavalli sino alle fosse già prima preparate; si tumulavano nudi i cadaveri e le vesti delle quali si trovavano coperti erano sul fatto incendiate ... altro opportunismo mezzo di preservazione è introdotto a questo Ufficio che giunge ad assicurar l'uomo attento che lo amministra ed è quello di coprire intieramente li Pizzicamorti con casacche di tela forte catramata con mistura e profumi di materie opportune; alla qual utile invenzione furono poi aggiunti li calzabraga e li guanti coperti dallo stesso catrame, che salvano dal contatto le parti esposte del corpo ..."

Di frequente i **Provveditori alla Sanità** della Serenissima li facevano volentieri fucilare dopo qualche accusa sommaria.

Nel 1576 il **Notaio Rocco Benedetti** e tale cronista Fuoli li hanno descritti ancora: *"Portavano attaccati alle gambe sonagli e campanelli d'ottone alla guisa di saltatori mascherati per dare segno di se ... Erano una turba di semincoscienti che calavano a Venezia allegramente come se fossero stati invitati a qualche solenne nozze ... Inumani con i cadaveri ammassati sulle barche ... corpi maltrattati da sepellitori, ch'oltre il cometter co' viventi ogni più sceleragine carnale, non la perdonavano ne anco ai Morti..."*

Mentre traghettavamo il breve tratto del canale ho osservato l'acqua intorno ... Ci sfilavano accanto barche cariche di viveri e derrate, una più grossa era carica di legna all'inverosimile tanto che l'acqua quasi le entrava dentro ... Altre ancora tiravano dritto cariche di merci, colli, balle rotonde e candide di cotone, botti, casse ... Ritti a prua c'erano mercanti diretti all'Emporio e ai Fondaci di Rialto. La prua della nostra barca, invece, puntava dritta solo ad attraversare ... I numerosi camini dell'isola fumavano tutti, anche quello sopra la casa del **Priore** con la sua elegante veranda coperta di glicini fioriti. Eccolo là il Priore, impettito nella penombra e con le braccia sui fianchi, stretto nel suo goffo abito azzurrino gonfio ed elegante insieme. Ci scrutava immobile accanto al suo scrivano ... mentre in lontananza continuavano a sfilare altre barche, navi, bastimenti, galee e cocche ... la Laguna pullulava di attività frammista alla presenza invisibile ma micidiale del morbo della pestilenza.

Il Priore dell'isola veniva eletto dai **Procuratori de Citra** che amministravano i fondi per l'Ospedale, mentre la struttura sanitaria era gestita secondo i provvedimenti e le disposizioni dei **Magistrati alla Sanità** che sorvegliavano e controllavano l'isola con frequenti sopraluoghi. La gestione dei Lazzaretti di Venezia divenne un modello da imitare da parte delle altre comunità locali e internazionali.

Nel luglio 1447 ritornò la peste e la Signoria coerente con i propri modi e convinzioni ordinò che si facesse in Piazza una processione per ordine del **Vescovo Patriarca Lorenzo Giustianiani**. Dovevano intervenire obbligatoriamente: **Clero, Religiosi, Schole Grandi e Piccole**, e i **Battuti** in cappa e scalzi che: " ... *battendose la carne gridavano: "Alto Re della Gloria cazzè via sta moria ... Per la vostra Passion Habiene misericordia..."*

Nella stessa occasione il Giustinani ottenne dal **Papa Nicolo' V** speciali indulgenze per quanti si fossero dedicati all'assistenza degli appestati.

Durante le pestilenze si consideravano *"operazioni buone"*: *"... sbarrare le porte della città, isolamento di persone, purificazione e distruzione di mobili ed oggetti di case infette, accensione di fuochi per le strade, far sparare l'artiglieria, aprire porte e finestre e farle agitare facendo vento per muovere l'aria, mettere fuori città: merluzzi, sardelle, grani corrotti, carni infette, pesci corrotti e nettare fiumare, fontane e nettare contrade da fanghi, carogne, pezzi di corame e panni ... mettere al bando le arti sordide dei lavoratori di cuoio, macellazione, pulizia di pozzi e latrine ..."*

Nel 1447 e soprattutto nel 1468 a causa dell'ennesima moria dovute alla peste, Venezia era come *"...Valde evacuata"* ossia tutti erano in fuga cercando di salvare almeno la pelle. Il **Lazzaretto Vecchio** funzionava a pieno ritmo. Nel 1462 il patrimonio del Lazzaretto Vecchio ammontava a 28.000 Ducati ... e quattro anni dopo si licenziò e processò sebbene latitante il **Priore Paolo da Genova** fuggito da Venezia condannandolo al *"bando in perpetuo"*. Era accusato di aver maltrattato i malati, aver contato come degenti persone già morte o dimesse, bambini portati dalla città solo per essere allattati, e di aver venduto il vestiario dei morti invece di bruciarlo.

Dopo che nella *"Vigna murata"* affittata dai **Monaci di San Giorgio** era sorto anche il **Lazzaretto Nuovo**, nel febbraio 1482 si processò dichiarandolo colpevole anche il **Priore Paolo Blanco** per aver frodato gli **Avogadori da Comun**, per aver venduto in città i panni dei morti di peste, e per avere mal gestito le quote giornaliere di sostentamento di 12 soldi pro capite. Lo si dichiarò responsabile della morte di: *"...multos parvulos pueros et pauperes"*, e venne condannato all'ergastolo portandolo prima in giro per Venezia dichiarando in pubblico tutti i suoi misfatti.

Fu un gesto fatto dalla Serenissima per dare *"l'esempio"* perché in città esisteva molto commercio di vestiti infetti e soprattutto molta corruzione fra i funzionari che pretendevano denaro dalla gente per non essere inviati al Lazzaretto Vecchio ma lasciati malati in casa.

Nello stesso febbraio 1482 come diretta risposta ai casi clamorosi di frode e negligenza criminale da parte dei Priori, gli **Ufficiali al Sal** emisero dei Capitoli esposti pubblicamente in isola per amministrare equamente il Lazzaretto Vecchio. Fra le tante altre cose si legge: *"Il Priore appena subentrerà nell'incarico ed entrerà in isola dovrà redigere l'inventario di tutto quanto vi trova ... In tempo di peste non dovrà allontanarsi da Venezia senza apposita licenza dell'Ufficio al Sal, ma provvedere assiduamente alla cura dei malati ... Accudirà gli uomini per un salario annuo di 120 Ducati d'oro, mentre la Priora o moglie accudirà le donne per altri 40 Ducati annui. Inoltre usufruiranno sia in tempo di peste che di normalità di altri 40 Ducati annui per il vitto."*

"Il Priore avrà facoltà di diminuire o aumentare il numero del personale secondo le necessità dell'isola ... Dovrà tenere in ordine i registri degli stipendi e delle provvisioni e farli controllare periodicamente dai Provveditori ... Sarà tenuto a visitare quattro volte al giorno i malati maschi e femmine pena 25 lire per ogni visita mancata ..."

All'approdo ci stava aspettando una donna ben messa, piantata a terra. Accanto a lei c'era un inserviente con una berretta moscia messa di lato sulla testa. Era la *Priora* in persona, destinata ad occuparsi delle donne. Siamo scesi dalla barca, infatti, e subito siamo stati divisi e indirizzati in due file distinte: uomini di qua, donne di là.

"Il Priore doverà abitare nell'isola con la moglie o "cum altra dona da ben ... Non avrà alcun rimborso per i bambini che verranno allattati, ma ci penserà la Priora insieme al Cappellano, Fra Manfreo e il Medico."

"Si ammisero, divisi in due parti, poveri di ambo i sessi e l'Officio del Sale doveva provveder loro vitto e medicine ... Quattro serventi si destinarono per gli uomini, quattro per le femmine, un Cappellano ed un Priore al quale correva l'obbligo di visitare almeno una volta al giorno gli infermi ... e dovea aportare come i suoi dipendenti affisso al petto un segno bianco in forma di stella ..."

Il controllo della Serenissima era severo e puntuale: nel 1458 si condannò **Zentilina Priora del Nazarethum Vecchio** per aver lasciato morire di fame gli ammalati: *"... facendo sibi dari poma et vinum novum et non bonum et carnes bovinas non bonas ..."*

Percorsi pochi passi sull'isola, ci siamo trovati davanti al portale d'ingresso dell'*Ospedale* del Lazzaretto Vecchio. Appariva come un monito l'opera del **Tagjapiera Guglielmo Bergamasco** del 1525 con quel San Marco e i Santi della peste: San Rocco e San Sebastiano commissionati dai **Procuratori di San Marco** elencati pomposamente nei sette *"stemmi-armi"* di famiglia sottostanti.

"Non si scherza né con la peste ... né con la Serenissima !" mi sono detto.

Giorni fa osservavo una vecchia stampa e alcune foto sbiadite dell'isola ... Una foto mostrava dietro a una bianca vera da pozzo un tozzo campanilotto isolato che ormai il tempo s'è portato via abbattendolo per sempre alla fine del 1800. Oggi al *Lazzaretto Vecchio* sono rimaste solo alcune case con portici ombrosi invasi dalle edere, dai rovi e dalla sterpaglia ... In altre foto l'isola appariva ancora abitata: alle finestre si notavano alcune pulite tendine appese ... C'era gente seduta sotto ai portici e sull'aia antistante quasi il Lazzaretto fosse diventato una bucolica fattoria di campagna. Si notavano i possenti capitelli dei portici, le linee squadrate ed essenziali delle trabeazioni, le mura scalcinate erose dalla salsedine, le balaustre sbrecciate, alcune case rovinate e cadute, altre monche e mancanti .... Le piante facevano da padrone ovunque, s'incrociavano e sovrapponevano a volte, inglobavano e rivestivano le pietre, cancellavano le orme del passaggio, s'intrufolavano nei muri invadendo gli spazi rimasti incustoditi e abbandonati a se stessi. Sembrava che una mano ignota fosse passata a strapazzare e vilipendere quel luogo in cui erano rimaste imprigionate storie e vicende e cupi eventi.

La stessa stampa evidenziava uomini piegati sui remi intenti a spingere barche cariche che *"tiravano dritto"*. Le acque intorno al Lazzaretto erano agitate sotto a cieli tempestosi che preannunciavano il peggio. Meglio non fermarsi là, perché quello non era affatto un *"luogo benedetto"*, ma di disgrazia e sofferenza, da esorcizzare almeno nella mente girando altrove lo sguardo. Da una parte della stampa però non c'erano nuvole nere e minacciose, tutto era come già accaduto e passato, e filtravano chiari raggi di sole mentre stormi d'uccelli volteggiavano sopra l'isola del Lazzaretto Vecchio cinto d'alte mura sormontate da camini spenti e porte rigorosamente chiuse. Ad un pontile stretto davanti ad una porticciola appena socchiusa e attentamente vigilata era ormeggiata una barca carica di vivande e generi di prima necessità ... Un'altra barca carica di legna, invece, rimaneva immobile in attesa di scaricare, con i rematori seduti sui trasti e i remi infissi come pali nel fango della Laguna ... Infine un uomo placido stava intento a pescare in un angolo vicino a secche ciottolose su una barchetta grande poco più di un guscio di noce, coi remi *"alla valesana"* dimenticati e una vela floscia incredibilmente senza vento. Un'immagine convulsa e pacifica insieme, senza tempo ... forse ormai priva dell'angoscia della pestilenza.

Attraversata un'ampia ortaglia, mi è sembrato anche d'intravvedere qualche albero da frutto, un piccolo orto ben tenuto e coltivato. Ma non c'era tempo, bisognava entrare ... Gli inservienti del Lazzaretto ci hanno invitato a procedere, e ci hanno spinti ad addentrarci nell'isola in direzione di uno **Scrivano** che ci attendeva con un registro aperto: *"Il Priore prenderà nota del nome e cognome e della Contrada del ricoverato. Se viene portato qualcuno senza segni della malattia: "sia messo da parte fino zorni tre". Per ogni infermo portato il Priore avrà diritto a soldi 12 di piccoli. Se in quei giorni appariranno i segni sia portato al Lazzaretto. Se invece non appariranno segni sia portato alla "Vigna murata" del Lazzaretto Nuovo."*

Mentre scrivevano di noi, ho notato un vecchio Frate curvo dalla lunga barba candida e con un zucchetto di lana calcato sulla testa calva che ci osserva in silenzio.

"Fra' Manfrèo !" qualcuno l'ha apostrofato salutandolo.

Lui ha risposto solo con un cenno della testa, rimanendo immobile sul posto senza dire una sola parola. Continuava ad osservarci ad uno ad uno con certi occhi acquosi e scavati, cerchiati immancabilmente di rosso. Pareva ci riconoscesse ... ed aveva nello sguardo quella stessa febbre allucinata ma calma che c'era prima negli occhi dei Pizzegamorti della barca. Si capiva che lui sapeva bene ciò che pulsava e accadeva dentro all'isola. Conosceva il morbo subdolo, invisibile e insidioso ... Sapeva tutto di quanto accadeva alle persone, di come la pestilenza le divorava da dentro trascinandole in fretta fino all'enigmatico travaglio della Morte. Ma non tutte ... perché molti sopravvivevano e ripartivano. C'era anche un guizzo di speranza dentro a quello sguardo, sebbene ovattato, nascosto e discreto ... qualcosa come da conquistare.

"Frà Manfrèo ! ... Quanti di quelli che sbarcano resteranno qui ? ... Quanti se ne andranno ?" mi sono spinto a chiedergli. Non mi ha degnato di risposta rimanendo immobile davanti al suo chiesotto spoglio dal campanilotto tozzo e screpolato come lui.

"I nuovi ricoverati saranno confessati e comunicati ... Nell'isola ci saranno anche alle dipendenze del Priore un Cappellano-Piovano che guadagnerà

30 Ducati annui più vitto sia in tempo di peste che di normalità, e uno Zago che gli servirà Messa e seppellirà i morti per 12 Ducati annui più vitto..."

"Per prevenire il contagio della peste è necessario rispettare le sedici regole efficaci: Orazione, Elemosina, Digiuno, Suffumigi, Odoramenti, Custodia da venti, Prattica, Allegrezza, Purgazione, Comodità, Fuochi, Governo del vivere, Pillole, Acque, Eletuarj, Fontanelle ..."

Mi sono allora voltato verso la Laguna aperta, quasi a cercare con lo sguardo una via di fuga ... A una certa distanza continuavano a transitare ancora barche cariche di *"stie"* di pollame, barche di pescatori con le reti e il pesce viscido che guizzava dentro alle ceste ... Passa anche un fuoribordo con un potentissimo motore lanciatissimo sul pelo della Laguna pieno di giovanotti urlanti e ridanciani ... Mi sfrego gli occhi ... E' un'apparenza impossibile ! ... Come è possibile che transiti un mostro simile al tempo della Peste ?

Venezia e la Laguna di ieri e oggi si confondono e sovrappongono.

Intanto ci hanno richiamati e invitati a procedere oltre ... Altri stanno arrivando, bisogna sbrigarsi e andare oltre dentro al Lazzaretto ... siamo ormai una grande folla in movimento: c'è chi arriva e chi parte, chi vive e chi muore.

Come spesso è accaduto nella Storia di Venezia certe isole della Laguna hanno assunto un volto e un senso quando verso il 1000 gli Ordini Religiosi e Monastici hanno pensato d'edificare un ennesimo luogo per dare ospitalità ai Pellegrini infermi o bisognosi di ritorno o in partenza per la Terrasanta. Al **Lazzaretto Vecchio** c'erano inizialmente gli **Agostiniani Eremitani** che nel 1249 costruirono la chiesetta dedicata a **Santa Maria di Nazareth** benedetta da **Pietro IV Pino Vescovo di Castello**. Poi come spesso è accaduto nella Storia delle Isole, gradualmente la comunità dei Frati e dei Novizi è diminuita fino all'abbandono totale dell'isola. Nel 1423 era rimasto solo **Fra Gabriele de Garofoli Spoletano** con 4 novizi Patrizi Veneziani. Il Senato allora deliberò di mandarli all'**Abazia di San Daniele in Monte** *(da dove torneranno in seguito in Laguna fondando stavolta nell'isola di Santo*

Spirito i Canonici Regolari di Santo Spirito) e destinò l'isola a ricovero e contumacia di persone e merci provenienti dall'Oriente o da paesi infetti. Da lì dovevano obbligatoriamente passare e sostare *"in Quarantena"* i convalescenti ancora infettanti.

Il Lazzaretto-Ospizio era formato da due isolette unite da un ponte: nella più piccola c'era il casello della polvere da sparo e una piccola guarnigione; nell'altra sorgeva il Lazzaretto vero e proprio, ossia un insieme eterogeneo di baracche e capanni di legno giustapposti agli ambienti che erano stati un tempo monastici. Solo più tardi vennero rifatti ed edificati in muratura. Per dare continuità al progetto, cinque anni dopo il **Maggior Consiglio** destinò la somma di un *"Legato"* lasciato per testamento da **Antonio Ravagnino** per aggiungere al Lazzaretto altre 80 stanzette singole. E visto che l'idea era buona, lo stesso Maggior Consiglio decretò che ciascun testatore di Venezia facesse un lascito a favore del Lazzaretto.

All'inizio di giugno 1436 anche il **Papa Eugenio IV** per non essere da meno e poco solidale ci mise *"del suo"* allegando un'indulgenza alle donazioni fatte a favore dell'Ospedale e confermando la soppressione del vecchio Monastero.

Domenica pomeriggio ho respirato e annusato l'aria calda del **Lazzaretto Vecchio** che sapeva di biscottato e cotto. C'era un intenso odore acre e pungente misto di cucina e profumo di pane appena sfornato ... Nell'isola c'era anche una nebbiolina fumosa perché stavano bruciando **Ginepro** ed **essenze odorose** per mitigare il gran fetore di organico e di morti che si mescolava con quello di purgato e soffumigato. In lontananza si avvertiva un lamento sommesso che trapelava da qualche parte, da dietro i muri e le porte chiuse, o da sotto tutti quei numerosi portici e le tese aperte all'aria su di un lato. Ovunque mi voltassi ad osservare vedevo cataste e mucchi di merci, simboli di Mercanti, **Bastazi** indaffarati che spostavano e riponevano, **Fanti** che controllavano, **Scrivani** che annotavano meticolosamente, e gente, tanta gente che arrivava o partiva ... C'era una grande comunanza, un intenso vociare, una promiscuità fattiva che costringeva tutti a stare quasi gomito a gomito.

"Ci saranno inoltre: un Medico e un Barbiere pagati alla stessa maniera sia in tempo di peste che di normalità; 3 donne per l'assistenza alle appestate e per lavare i panni sporchi; 3 uomini per assistere gli appestati e scavare le fosse per i morti; 2 barcajoli per la "barca della Messa" obbligati anche a servire i malati; 1 fornaio, 1 cuoca, 1 "mamola" a disposizione della Priora. Per tutti costoro il Priore riceverà annualmente 14 Ducati annui per fornire a ciascuno il vitto e uno stipendio di 2 Ducati al mese, ad accezione della "mamola" che ne riceverà 1 soltanto."

Un gallo nascosto da qualche parte si è messo a gridare fuori orario il suo verso strozzato ... Alla mia destra un'inserviente rubiconda e pettoruta ha fatto cigolare la catena e la ruota dentro a una *"vera"* del pozzo. Ne ha estratto con un gesto abile un secchio grondante che s'è affrettata a distribuire dentro a boccali e caraffe e sangole che si era disposta tutto attorno. Ci sbirciava silenziosa di lato, continuando a lavorare determinata e seriosa ... Sembrava che non le interasse nulla di noi e di quanto le stava accadendo intorno.

"Che sete ! ... Ho la gola riarsa ... Signora ! Mi può dare un po' d'acqua fresca per favore ?" ... ma non c'era più, e il pozzo era già chiuso e sigillato, interrato addirittura.

"Strano questo posto !" ho pensato mentre il sole del pomeriggio ci picchiava sulla testa.

Ancora spinti ci siamo mossi in avanti. La nostra fila è passata accanto a un capanno col tetto forato da un grosso camino. Accanto alla porta spalancata stavano ammucchiate pile su pile di vestiti accatastati alla rinfusa. Alcuni erano abiti eleganti e raffinati, altri solo cenci luridi ... ma tutti accomunati e contagiati dallo stesso morbo infame, destinati ad essere purificati dallo stesso fuoco. Un inserviente muscoloso a torso nudo se ne stava lì a far la spola fra dentro e fuori inforcandoli con una forca bifida e appuntita. Aveva il volto sporco di fuliggine, il corpo sudato, e quel solito sguardo febbricitante che scappava fuori dagli *"occhi di bragia"* come quelli degli altri.

"Il Priore non dovrà spogliare i morti delle loro camicie né tagliare loro i capelli, ma seppellirli ad una profondità tale da non sentirne il puzzo. I vestiti siano portati in un magazzino e restituiti a quelli che sopravvivono, e bruciati, invece, per coloro che moriranno."

Passando oltre sentimmo crepitare la fiamma, scoppiettare i ceppi della legna sul fuoco ... e forse lui che zufolava e canticchiava una canzonaccia mentre procedeva in quell'insolito *"rosteggiare le vesti"*.

"Chi siete ? Da quale Contrada provenite ? ... Sapete bene che luogo è questo." ci ha chiesto di nuovo un altro Scrivano seduto davanti a un altro grosso registro bisunto e spalancato. *"Dovete depositare qui i vostri effetti personali e i vostri beni da quella parte ... dentro a quel cassone e a quelle ceste ..."*

"Il Priore è tenuto a comunicare all'Ufficio di Sanità sia il nome di tutti i ricoverati con ogni variazione, che dei morti. Se imbroglierà sul numero per guadagnare sopra i sussidi sarà multato di 200 Ducati d'oro e perderà il salario ... Dovrà tenere un registro su cui verranno elencati tutti gli effetti personali in oro, argento e denaro dei malati. Un altro registro corrispondente deve essere tenuto dal Cappellano e dal Medico. In caso di morte dell'interessato i beni devono essere custoditi in una cassa comune le cui 4 chiavi devono essere tenute dal Priore, da Fra Manfreo, dal Cappellano e dal Medico. I beni vadano ai congiunti nominati dal defunto, o in mancanza di questi all'Ospedale di Sant'Antonio. Se i responsabili di questa custodia non rispetteranno le regole saranno puniti: "... con tre anni de prisòn forte a pan e acqua", e dopo questo saranno banditi."

Da due entrate laterali andavano e venivano, entravano ed uscivano vociando i Pizzegamorti. Due ridevano, scherzavano, canzonavano, bestemmiavano mentre trascinavano uno pesante portandolo per le braccia e le gambe. Altri ammassavano corpi uno sull'altro su di un improbabile carretto mezzo sfondato e cigolante traendoli da una betolina carica appena approdata nel canale. Due altri ancora conducevano a braccia una donna greve sotto ad una larga tesa scoperta. Li c'era un

Medico che li stava aspettando tutto bardato e paludato sotto a un cappellaccio e dentro a un *"naso lungo"* farcito d'odori. Dietro a occhiali spessi osservava distrattamente quell'ennesimo corpo toccandolo quasi magicamente con una lunga bacchetta ... Durò solo un attimo, perché una lunga fila di persone sedute o distese stava aspettando il proprio turno d'osservazione e valutazione.

Un documento del 1424 elencava una lista di letti, materassi e altre suppellettili fornite da un funzionario del ***Magistrato al Sal*** ad: *"**Angolo, Medico et Prior de Lazareto over Nazareto ...**"*

"Ai malati si somministrerà: ... de carne de vedello e de pollo ...". Chi sarà incapace di mangiarla mangerà: uova fresche e "brodi consumadi et ogni altra cosa congrua a loro infermità ..."

"Per preservarsi dalla peste e dal contagio necessita osservare una dieta sana: "... siano cibi facili da digerire e di buon nutrimento, come ova, pollastri, vitella e simile e soprattutto buon pane di formento buono, con altri semi e massime con l'oglio e sia il pane benissimo preparato con alquanto sale, vino meglio usarlo leggero ma stomacale..."

"Quelli poveri che saranno privadi dello intelletto e farnestici non siano dentro per alcun modo né legati ala colona, né posti in terra, né legati a pallo, ma siano posti in le tavole basse sopra gli stramazzi ligadi con alcune fasse et non con corde, et sieno attesi de dì e de notte con ogni diligentia azò non se guastino al volto o altro membro del corpo come in passato ..."

"Nessuna persona dovrà ingiuriare, battere o contristare i ricoverati ..."

Un anonimo medico piemontese nel 1642 disse e scrisse: *"...**due o tre cucchiai di sugo cavato dalli fiori o dalle foglie o dalle radici delli garofani domestici, si piglia con un poco di vino bianco. La feccia che avanza dopo aver spremuto il sugo si mette sui carboni, o buboni o antraci e li guarisce. Il detto sugo si può bere una volta al giorno tanto per curarsi quanto per preservarsi e se gli puol aggiungere un poco dell'osso del cuor del cervo.***

La conserva delli fiori serve anco molto per scacciare il veleno della peste..."

In giro per l'isola s'aggirava e accompagnava gente sfatta, cadente, provata. Sembravano residuati umani smunti e tristi, che come spettri febbricitanti zoppicavano intorno sospirando senza sapere che cosa andassero cercando ... forse delle tombe dove trovare finalmente remissione da quel loro gramo destino. Anche loro avevano quegli occhi rossi infuocati ... Però non tutti erano così ... C'era anche chi s'era rialzato, chi dopo cinque giorni non indossava più i segni mortali del contagio, chi speranzoso scalpitava di continuare a vivere e lasciare al più presto quel gran cimitero a cielo aperto. Fra costoro c'erano anche alcune giovani fanciulle, dei bimbi, dei giovanotti forti che trovavano di nuovo e ancora la forza di sorridere, scherzare e sperare. Non ne erano consapevoli ... ma in loro abitava e si stava riaccendendo il futuro di Venezia Serenissima di domani.

E' curiosissimo un bilancio del marzo 1631: *"La Sanità della Serenissima provvide allo sgombero dei Lazzaretti considerando in fase di remissione il periodo di pestilenza ... Nei giorni precedenti erano state dimesse 800 persone, e ne restavano 150 di sospette al Lazzaretto Nuovo. Dei 2.000 iniziali e 300 al Lido si dovevano rilasciare entro una settimana, altri 2.000 tra Lazzaretto Vecchio e San Servolo erano sul punto di partire ... Lì c'erano ancora 400 poveri trattenuti perchè non sapevano dove recarsi, residuo di oltre 11.000 guariti ma reinviati ai Lazzaretti perché caduti in altre malattie ... A ottobre dello stesso anno erano rimasti al Lido solo 6 Pizzegamorti con il loro Capo per seppellire i cadaveri che continuavano ad arrivare giornalmente. Nei Lazzaretti Vecchio e Nuovo e nell'isola di San Clemente risiedevano ancora 585 persone tra ammalati e convalescenti, tra i quali 12 Pizzegamorti in contumacia ... Solo a metà novembre si concesse il permesso di riprendere a seppellire i morti nelle chiese, ed il 21 novembre si dichiarò ufficialmente terminata la pestilenza..."*

L'ho intravvisto di nuovo furtivo come un'ombra. Appariva dagli angoli più disparati e sicuri, dall'alto della sua veranda, sbirciando appena dall'andito delle porte, dai portoni e dai cancelli, su tutto continuava a governare da dentro un continuo sferragliare di chiavi ... Era il solito onnipresente *Priore*:
"Il Priore dovrà tenere tutte le chiavi del Lazzaretto, e di notte dovrà chiudere tutte le porte per evitare che i dipendenti del Lazzaretto importunino "le donne portade a dito luogo per conto de amalati ..." I trasgressori saranno puniti con la perdita del salario, con una multa di 25 ducati e un bando di 5 anni da Venezia e Dominio."

L'ho osservato bene: aveva l'occhio furbo, lo sguardo severo e corrucciato ... Doveva essere una persona determinata che badava al sodo della questione, interessato a far tornare i conti della situazione e capace d'intravedere dietro a tutto quel marasma umano e commerciale una qualche forma di profitto favorevole. Sotto al suo sguardo vigile le merci andavano e venivano in gran quantità come le navi per lo spurgo e lo sborro, la quarantena, e la sosta obbligata per i Veneziani e per i Marinai, Mercanti e viaggiatori. Era tutto un andirivieni obbligato di uomini e cose, una specie di mercato strano, una kasbah ridotta ma ricca che brulicava d'intensa attività sotto gli occhi vigili degli *Zaffi da Mar* che vigilavano sia sull'isola che in barca lungo tutto il perimetro intorno.

"Chi vorrà visitare i malati dovrà farlo in barca rimanendo a debita distanza dall'isola. Se scenderà a terra verrà condannato a pagare una multa oltre ad essere inviato obbligatoriamente alla "Vigna Murata" per 40 giorni."

Nessuno poteva sbarcare o ripartire impunemente dall'isola del Lazzaretto. Potevano farlo solo i patentati, gli esaminati e autorizzati ... Per gli altri che osavano si poteva arrivare anche alla forca, alla prigione e allo strangolamento. Non era un luogo di vacanza il Lazzaretto, e neanche solo un luogo di pietà. Era un luogo di confine fra vita e morte, una porta spalancata sull'Inferno della Morte o sul Paradiso del continuare a vivere ... sempre sotto l'egida del cuore severo e amabile della solita Venezia Serenissima.

"Se ti andrà bene ... fra qualche giorno ti porteremo al Lazzaretto Nuovo ... Intanto rimarrai qua ... Lì sarà tutto più aperto ... più facile. Sarà solo una lunga Quaresima, una Quarantena ... poi ritornerai alle tue cose e alla tua casa ... Alla tua vita, ai tuoi affetti, e alle tue occupazioni di sempre, al lavoro in ospedale se ne avrai ancora la voglia ..." mi ha suggerito ad un certo punto una voce autorevole alle spalle.

Mi sono volto immediatamente incerto fra meraviglia e apprensione. Quello che mi ha parlato si stava già allontanando, ne intravvedevo solo la schiena e la coda dondolante dei capelli raccolti ... Era una donna magra di media altezza che indossava una giubba viola e pesanti stivali neri. L'ho dovuta inseguire fin dall'entrata ... anche lei con quegli occhi vispi e accesi ... Sembrava proprio saperla lunga su questo posto, su questa storia incredibile ma reale e mai finita.

Nel 1508 il patrimonio del Lazzaretto Vecchio era aumentato risultando di 100.000 ducati ... Fra 1521 e 1525 il Lazzaretto venne ulteriormente ampliato traendo fuori dal Fondo di guerra da 10.000 a 20.000 ducati ... e ancora dal 1545 al 1587 ci furono altri restauri. Sul portale del Lazzaretto Vecchio sono infissi gli stemmi dei **Procuratori de Citra** benemeriti che *"per Pietà"* hanno provveduto a costruire e risanare l'edificio. Erano: **Marco quondam Girolamo Grimani, Andrea quondam Nicolò Gussoni, Giorgio quondam Marco Corner, Alvise quondam Pietro Priuli, Andrea quondam Onofrio Giustinian, Marco quondam Alvise Molin e Antonio quondam Alvise Mocenigo.**

Le cronache ricordano che nel 1561: *"... il Nobile Jacomo quondam Agostin Venier fornì piere trevisane et coppi ... Ser Stefano Chartèr scavò il canale, e il Tagjapiera Andrea dalla Vecchia e Compagni costruirono le fondamenta a soldi 22 il passo."* ... e s'interrò parte della Laguna contigua per ingrandire la superficie da destinare ai fabbricati del Lazzaretto.

Nel 1576 di nuovo scoppiò la tragica peste. Nuovamente le cronache cittadine raccontarono che: *"... per la gran puzza non si potevano più bruciare i morti che crescevano di giorno in giorno, cosìchè in un camposanto del Lido in un luogo detto Cavannella vennero scavate delle fosse dove si mettevano una mano de corpi una de calcina viva et una di terra, et così di mano in mano fino a che ne potevano stare ... I morti di rispetto, invece, si potevano seppellire in casse a Sant'Ariano di Torcello..."*

Dieci anni dopo, i Lazzaretti avevano i buchi sui muri. Il **Murèr Mastro Andrea quondam Daniel da Chiòsa** costruì una *"cavana nuova"* per le barche del *Lazzaretto Vecchio* e si rafforzò il *Lazzaretto Nuovo* bandendo 4 gare d'appalto per i lavori.

Nel dicembre 1630, **Valerio Michiel e Andrea Cappello "Nominati Sopra ai Lazzaretti"** comunicarono al Senato con una relazione che: *"... dei 1.900 sospetti ricoverati dal 4 al 31 novembre al Lazzaretto Vecchio: 334 erano morti, 365 si erano appestati a causa della mescolanza con pericolo di contagio totale. Inoltre il frequente ricorso all'uso di grani e farine marci o adulterati aggravava la situazione alimentare e sanitaria dei poveri e poteva essa stessa essere causa di peste secondo alcuni medici ..."*

I **Provveditori alla Sanità** certificarono che fra i mesi più travagliati di ottobre e novembre la cassa pubblica aveva sborsato: 67.448 ducati andati tutti spesi. **Tommaso Massimi**, uno dei Priori dei Lazzaretti, calcolò il costo necessario per accomodar un lazzaretto per 2.000 persone in 5.450 ducati, per pagar i Ministri: ducati 1.160 al mese, per assegnare soldi 24 di vitto al giorno ai ricoverati ducati 13.353 e soldi 12 mensili.

Ho continuato a guardarmi intorno smarrito, ad aggirarmi a lungo dentro e sotto a quelle tese ombrose, fra viottole erbose, sotto alle pergole, attraverso i portici, l'antico ospedale e gli ampi camerotti ... Ovunque andavo dentro a quell'intenso brusio e a quel denso carnaio di persone finivo sempre per ritrovare il bordo estremo e il muretto dell'isola ... Non c'era scampo, sembrava una trappola, una scatola cinese dentro all'altra ... un labirinto contorto che forse non aveva più alcuna uscita.

Nel 1700 si costruì nella chiesetta un nuovo altare di marmo sul modello di quello della Basilica della Salute con le statue di San Sebastiano e San Rocco Protettori contro la peste ... Nel 1751 fu *"moschettato"* a Venezia, per ordine della Signoria **Francesco Lorenzetti Marangòn-falegname** di anni 47, lavorante al Lazzaretto Vecchio: *"... per aver rubato un poca de seda ch'era in contumacia."* ... Con la fine della Serenissima e l'arrivo dei Francesi del solito Napoleone, l'isola del Lazzaretto Vecchio venne abbandonata, indemaniata e utilizzata a scopo militare demolendo molti fabbricati: chiesa, chiostro e parlatorio... Infine dopo lunga assenza e silenzio, nel 1960-1965 i militari dismisero gli 8.400 mq dell'isola che divenne canile e gattaio custodito da qualche volontario ... Nel 1968 l'isola fu posta in vendita per 75 milioni in attesa delle ultime vicende attuali.

Sudo incastrato dentro ai miei pensieri fantasiosi in questo pomeriggio tiepido della Primavera Veneziana. Chiudo gli occhi e li riapro ancora una volta ... Non è accaduto niente. E' tutto come ieri, com'era prima ... Mi è capitata solo una visione volontaria, una fantasticata, un sogno da sveglio ... Mi ritrovo già tornato e traghettato sulla riva del Lido ... mentre molti altri rimangono ancora in attesa per infiltrarsi curiosi dentro al quel mondo arcano e quasi magico del Lazzaretto Vecchio che sta oltre quel breve specchio d'acqua da guadare.

Non è morto e Vecchio del tutto il **Lazzaretto Vecchio** perché la generosa disponibilità di alcuni lo stanno risvegliando dopo un lungo sonno e abbandono ... In un certo senso il Lazzaretto è di nuovo in funzione e ritrovato. E' giovane perché vorrebbe rivestirsi di una nuova identità museale cittadina da offrire ai pochi Veneziani curiosi rimasti e perché no? ... anche alle pingui folle dei turisti planetari che continuano a piovere su Venezia e le sue Lagune.

Ora cala la sera sul Lido e la Laguna, lentamente, piano piano dentro a un tramonto struggente, dopo questa domenica tiepida di sole ... Sulla spiaggia si rincorrono ragazzi a torso nudo mentre qualcun altro ancora ben vestito e coperto passeggia chiacchierando delle proprie cose ... Il mare è liscio e disteso, spalancato e placido in pendant con la Laguna che gli sta appena dietro, racchiusa, protetta, quasi nascosta e riservata con le sue sorprese e i suoi tesori carichi di Storia.

"Bello il Lazzaretto Vecchio ... Lì il tempo si è fermato e riavvolto ... Tutto è rimasto immobile e allo stesso tempo si è ripetuto come in quei tempi complicati ..."

Osservo ancora la Laguna tranquilla e colorata ... In lontananza passa pigro un veliero, anzi, un galeone lasciando sull'acqua una scia luminosa e scintillante ... Richiama alla mente *"cose antiche"*, marinare, Mediterranee e Veneziane ... ma è solo un natante falso e festaiolo. Non è falso invece l'entusiasmo irrefrenabile, la dedizione encomiabile e la voglia che anima i volontari dell'Archeosub con quel loro novello *"Priore"* in testa che ormai da molto tempo è interessato, preserva, e vuole il *"bene"* di certe *"isole belle"*.

Il Lazzaretto Vecchio è vivo e vegeto ... solo un po' cambiato, invecchiato e un po' sciupato e screpolato come la nostra vecchia matrona Venezia che ha sempre tanto da raccontare e mostrare. Dovrò per forza ritornarci ancora ... per riviverlo di più ... per guarirvi dentro un'altra volta.

***

_____Il post su Internet è stato scritto come: "Una curiosità veneziana per volta." n° 71, e pubblicato su Google nell'aprile 2015.

Le Isole e la Laguna

- *Fisolo ... persa in fondo alla Laguna.*
- *L'isola della Madonna del Monte.*
- *Mazzorbo, San Francesco del Deserto, Burano ... e via.*
- *San Francesco del Deserto ... una visione.*
- *Sant'Ariàn ... isole, isole ...*
- *La strega di Santa Chiara di Murano.*
- *So andà a Burano e ...*
- *L'isola di Poveglia.*
- *Il porto di Torcello inghiottito dalla Laguna.*
- *Ci ritroviamo in piazza ad Ammianella !*
- *San Bortolomio di Mazzorbo.*
- *L'isola di Sant'Angelo del peccato.*

FISOLO ... PERSA IN FONDO ALLA LAGUNA

E' un quasi insignificante affioramento dall'acqua, una motta di terra o poco più. Non verrebbe neanche da chiamarla vera e propria isola nel senso che diamo alle nostre belle isole lagunari che ci passano per la mente. Io di isole me ne intendo ... sono Buranello oltre che Veneziano, e quindi sappiamo bene che cos'è e come si vive in un'isola vera e propria.

Mi piace però una volta tanto considerare un posto del genere, quasi al limite di quello che è l'orizzonte ricchissimo della nostra monumentale Storia Serenissima e Lagunare che è un pozzo senza fondo pieno di bellezza, vicende, persone e cose incredibili.

A **Fisolo** non c'è niente.

Le Enciclopedie di Ornitologia Lagunare dicono: *"Fisolo Canariòl o Sfisoèo de Mar è un uccello acquatico apparentemente senza coda, simile a Gabbiano, Tuffetto o piccolo Svasso ... Etimologia dall'origine incerta ... mentre per Fisolèra s'indica una peàta piccola e bassa usata dai Barcaroli per portare poche persone ..."*

I Veneziani di ieri hanno quindi chiamato l'isoletta: *"Fisolo"* proprio come quel piccolo uccello palustre delle barene che si chiama allo stesso modo. Quindi **Fisolo** indica qualcosa di minuscolo, leggero, libero, quasi gentile, selvatico e solitario nella Laguna come lo è quel piccolo uccelletto che ancora oggi svolazza sopra le nostre terre emerse e bagnate insieme.

Mi piace quel posto senza niente ... un paio di coordinate geografiche nella Laguna di Venezia a: **45°21'47"Nord e 12°17'27"Est**, poco distante dalla **Bocca di Porto di Malamocco** e degli **Alberoni**, e a poche centinaia di metri dall'**Ottagono Abbandonato** e dalla **ex Batteria Poveglia** *(che non è la famosa isola di Poveglia)* ... Un microluogo senza storia insomma: niente persone, case, chiese ... niente di niente. Solo qualche briciola di storia raccontata in poche righe quasi misteriose e commoventi.

Fisolo mi ricorda le mitiche isole perse della Laguna di Venezia, quelle sommerse prima ancora delle famose **Ammiana e Costanziaco**. Nomi di

Isole che quando le sentiamo dire ci lasciano a bocca aperta perché quasi non ne abbiamo mai sentito pronunciare il nome: **Gajada o Gaja, Verni, Albiola, Basegja, Castrasia, Marcelliana, Olivaria, Monte San Martino, Falconara, Abbondia o Vigilia, Sant'Antonio Abate o della Laguna, Correggio o La Mara, Fogolana, Bevenara** e altre ancora mangiate dal Tempo passato.

"Fisolo o Forte di Sotto" è una superficie emersa di poco più di 6.200 m² sul **Canale Re di Fisolo**, ed è una voce-argomento assente o: *"ancora in abbozzo che necessita di ulteriori notizie e precisazioni"*, sia nelle Enciclopedie di carta che nei Motori di Ricerca online di Internet che sembrano sapere sempre tutto di tutti.

Le uniche notizie recenti che riguardano quella microisola sono che oggi è inserita nel *"Piano di recupero morfologico delle Isole Minori"* curato dal **Magistrato alle Acque di Venezia** che si limita alla messa in sicurezza degli argini per preservarli dall'erosione posizionando blocchi in marmo d'Istria lungo tutto il suo perimetro e lasciando a Verde selvatico il suo interno.

L'altra notizie è che quasi ogni anno in maggio si realizza in quella zona sperduta della Laguna la *"Regata dei Fortini"* riservata alle barche a vela sul percorso con partenza dall'**Isola di Santo Spirito,** andando verso **Fusina**: area lacustre della perduta isola di **San Marco in Boccalama**, passando accanto a **Poveglia**, e fino a doppiare appunto **Fisolo** per arrivare infine verso **Malamocco** oltre l'**Ottagono Abbandonato**. Qualche anno fa l'evento è passato nella Cronaca di Venezia perché i Pompieri sono dovuti correre a recuperare un regatante che si era capovolto appunto doppiando **Fisolo** ... che se la rideva divertito, mentre il regatante no.

Di antico si dice ben poco su **Fisolo**: si sa che la Repubblica Veneta fin dal 1347 eleggeva **Tre Savi o Provveditori di Terra** poi divenuti **Magistrati di Sanità** con compiti di Polizia Sanitaria Marittima, ed era abituata a confinare in Quarantena navi e carichi eventualmente infetti o sospetti nei **Canali di Fisolo e Spignon**, mentre le persone e i Marinai li mandava nell'isola di **Santa Maria di Nazareth, il Nazarethum o Lazzarethum delle Contumacie**.

Nel gennaio del 1735 *"more veneto"* fu redatta dai Periti della Serenissima **Boschetti Lorenzo Ingegnere e Vice Proto** e da **Piccoli Domenico Perito ai Fiumi e Proto** una relazione con disegno dell'affioramento anche di **Fisolo** accuratamente misurato in lunghezza e larghezza, e con aggiunte le misure degli scandagli nella zona circostante del **Canale di Campana e Re del Fisolo**.

Nell'agosto *1750, invece, la Serenissima decretò:* **"Permettendo circostanze del tempo e dell'acqua, obbligato ammiraglio Malamocco condur bastimenti in una sol volta al loro luogo: li provenienti da luoghi infetti in Fisolo, quelli di minor sospetto in Poveglia."** ... *e già nel* 1797 da una lettera del **Provveditore alla Lagune e ai Lidi, il Nobilomo Zuanne Zusto**, risultano già costruiti i nuovi sette fortini in legno costruiti su pali e con pareti in muratura a difesa della città di Venezia.

Nel gennaio 1811, **Bernardino Zendrini** Matematico della Repubblica Serenissima di Venezia raccontò e stampò presso la Stamperia del Seminario di Padova: *"Delle memorie storiche dello Stato antico e moderno delle Lagune di Venezia e di quei Fiumi che restarono divertiti per la conservazione delle medesime".*

In quelle *"memorie di tipo più idraulico che storico"* fra le tante cose curiose si raccontava che: *"... Fisolo era zona di mulini ad acqua dove le loro code deviavano il flusso delle acque e delle correnti provenienti dalle paludi di San Marco in Boccalama ...40 anni appresso c'era un piccolo canaliolo quasi secco, ora si è piuttosto allargato a 20 passi e 11 di profondità ..."*

E siamo già a **Fisolo Batteria-Cannoniera da Guerra** dell'epoca dell'occupazione Austriaca di Venezia. Una delle quattro batterie più piccole di forma semicircolare, faceva parte del complesso di Difesa Lagunare e della Terraferma Mestrina, ed era adibita al controllo della Bocca di Porto degli Alberoni. Si allineavano sette Batterie poligonali con bastioni, terrapieno, polveriera, casermetta e piattaforme mimetizzate dei cannoni collocati all'interno, che in seguito divennero otto: **Fisolo, Campana, Poveglia e Trezze** nella Laguna Sud; **Campalto, Tessera,**

Carbonera, Buel del Lovo o Batteria San Marco nella Laguna Centrale o Nord.

Durante la Seconda Guerra Mondiale anche **Fisolo** divenne bunker di cui sopravvivono ancora le rovine, rafforzato intorno da ***"un giro di scogliera artificiale in bianca pietra d'Istria".***

Oggi l'intero isolotto di proprietà privata è in totale abbandono, ridotto a un ammasso di pietre, pochi ruderi, tracce di basamenti e pavimentazioni coperti da Rovi e basse Robinie frequentato da qualche imbarcazione occasionale e da rari turisti nella stagione estiva. Il perimetro dei massi bianchi rende l'isola facilmente riconoscibile anche da molti chilometri di distanza ... però ci svolazza sopra ancora qualche piccolo **Fisolo de Mar** ... che riporta fin laggiù le memorie e i pettegolezzi della Serenissima con le Glorie del suo antico e moderno Leòn.

***

_____*Il post su Internet è stato scritto in origine come: "Una curiosità veneziana per volta." - n° 96, e pubblicato su Google nel marzo 2016.*

L'ISOLA DELLA MADONNA DEL MONTE

La sera del 03 novembre 1708, il Veneziano **Piero Tabacco**, ritornando con la sua barca dall'isola di **Torcello**, udì nel silenzio della laguna, all'altezza dell'isola abbandonata di **San Nicolò della Cavana**, il rintocco delle campane scomparse di un piccolo Monastero abitato da quattro monache povere ed eremite che, molto tempo prima, nel 1300, sorgeva proprio in quel posto.

Malgrado l'opposizione delle **Monache Benedettine di Santa Caterina di Mazzorbo**, che avevano ancora la giurisdizione sull'isola, il Tabacco ottenne la concessione a costruirvi una chiesa in onore di **Santa Maria del Rosario**, con alcune case per una Confraternita a lei dedicata.
I Confratelli s'impegnarono nella cura del luogo, a pagare un Cappellano residente per celebrare delle Messe, e alcuni vignaioli per coltivare la poca terra salmastra. L'isola, formata da due isolette unite da una stretta striscia di terra protetta da una palizzata, riprese splendore, prendendo il nome di *"Monte del Rosario"* o più comunemente *"Isola della Madonna del Monte"*. Alla fine della sua vita, Piero Tabacco volle farsi seppellire in quel luogo.

Trascorsero gli anni, e nel 1746, **Andrea Minio Podestà di Torcello** comunicò all'**Avogador Piero Querini**: *"…ho intimato a padre Giuseppe Stoppa, Cappellano della Beata Vergine del Rosario della Madonna del Monte, di astenersi di conferirsi con battello et cassella a ricercar continuamente elemosine da tutte le barche, battelli, gondole … che transitano per detto loco a discapito del loco et Ospizio chiamato San Giacomo in Paludo …"*

Sembra, che l'insistente Cappellano, davvero ridotto in miseria, allungasse ogni volta sporgendosi dall'isola una pertica lunghissima con la quale riusciva a tendere la sua mano questuante fin dentro alle barche dei pescatori e dei viaggiatori di passaggio.

Nel 1754, il **Pozzèr Marchi** emise al **Proto dell'isola Paolo Rossi** una ricevuta di pagamento per la costruzione di un pozzo presso la **Schola della Madonna del Monte del Rosario in isola**.

Secondo la cronaca d'epoca del **Formaleoni**, ancora nel 1777 era attiva nella Podesteria di Torcello l'**Isola di Santa Maria del Rosario detta anche San Nicolò della Cavana** dove i viaggiatori della Laguna potevano trovare riparo e povera accoglienza da parte di qualcuno durante le bufere o temporali.

Nella prima metà del 1800, i militari costruirono una polveriera su ciò che rimaneva degli edifici religiosi andati del tutto in rovina e mangiati dalle acque della Laguna ... Ora in quel luogo è ritornata solo l'acqua e il silenzio, come quella prima sera del novembre 1708 ... però passando di là se si tende l'orecchio sarà ancora possibile udire in lontananza lo strano rintocco di un'invisibile campana.

***

_____*Il post su Internet è stato scritto in origine come: "Una curiosità veneziana per volta." - n° 08, e pubblicato su Google nel gennaio 2013.*

MAZZORBO, SAN FRANCESCO DEL DESERTO, BURANO ... E VIA

Sopra pensiero e chiacchierando ho rifilato al controllore ACTV il badge timbratore del posto di lavoro invece che l'abbonamento alla navigazione. Lui al momento non se n'è accorto e ha fissato imperterrito il mio tesserino sopra al suo apparecchietto rivelatore ... Poi ha alzato la testa allibito e sorpreso, e me l'ha restituito interrogativo aspettandosi da me dell'altro. E' iniziato così il mio ultimo giro in Laguna in compagnia di amici e della solita ... Sjora di sempre.

Marco la nostra guida entusiasta e cordiale, appartiene ad un'altra generazione di Buranelli, diversa ma simile per certi versi alla mia, però in un certo senso tutti i **Buranelli** si equivalgono perciò pur non conoscendoci affatto non è servito molto per trovare subito una certa sintonia fra noi. La sua è una stagione di uomini che ama valorizzare quel che è rimasto vivo in Laguna, in Venezia e nelle sue isole ... un po' come il barcarolo che ci ha traghettati più tardi fino a **San Francesco del Deserto**. La definiscono *"fare impresa",* in realtà è trovare una ragione per rimanere ancora a vivere nell'isola crepuscolare e colorata di Burano ... è una passione, un modo di vivere. S'ingegnano, s'attivano, s'inventano per non scappare come tutti gli altri che l'hanno ormai abbandonata da tempo.

"Siamo rimasti in poco più di duemila Anime ... Quand'ero bambino eravamo in cinquemilaottocento." mi spiega.

"Quand'ero, invece, bambino io eravamo precisamente in 7.812, come ricordo d'aver letto sui registri della conta parrocchiale ... e mi è rimasto impresso quel dato nella mente." gli ho specificato.

Svolgono bene il loro lavoro questi Buranelli rimasti, ne capti la competenza, la simpatia cordiale, la voglia sincera. Si vede e sente che ci tengono per davvero a quest'isola e a questi posti ... per questo cavalcano con un certo stile l'onda dell'utilità approfittando dell'amore di qualcuno per Venezia, la Laguna e la voglia di riscoprirla. Mi piacciono perché sanno far emergere e riproporre bene tante cose genuine dimenticate o mai sentite, frutto anche di un loro sapiente ricercare e raccontare ... Non hanno voglia di spennarti a tutti i costi, com'è spesso è destino di gran parte dei turisti che capitano qui da noi a Venezia, si avverte che desiderano farti parte di qualcosa che per loro è importante se non vitale.

Mi piace allora questo modo, questa maniera ... e in un certo senso anche mi diverte.

A **Santa Caterina di Mazzorbo** rimango col la fotocamera sospesa in aria tendendo l'orecchio alle curiose e interessantissime spiegazioni ... Scatto o non scatto ?

"Questo è falso, questo è autentico ... La storia dice e racconta ... Nei documenti degli Archivi e della Biblioteca Marciana si può trovare che ... Le Monache di un tempo erano birichine, avvedute e furbe, ma il Vescovo lo era ancor di più ..." è come una canzone piacevole che ci accompagna e trastulla inducendoci ad ascoltare attenti e incuriositi. Sentirlo parlare live è come leggere la guida che ha scritto ... Sciorina le bellezze storiche rimaste in questa plaga spersa in fondo alla Laguna, rievoca le storie, i momenti, gli eventi passati, le persone ... sembra un film.

"Un tempo qui c'erano dieci Monasteri ... un Duomo grande come quello di Torcello, tante chiese distrutte ... Questa si è salvata perché comprata dal Demanio in permuta con un'altra troppo piccola ... Le donazioni hanno trasformato la chiesa ... notate l'arcone qui e quello di fuori, lì le panche in marmo rosa ... più in là c'era il casello del Dazio per le barche del legname che scendevano dal Cadore verso Venezia e l'Arsenale ... il Barco dove cantavano le Monache dietro alle grate sopraelevate, il soffitto con la volta a botte a carena di nave ... la campana più antica d'Europa ..."

"E Don Giovanni Marchini ?" aggiungo fra me e me. *"Ah quello non lo ricorda quasi più nessuno ... Io sì ... Era il Piovano di Mazzorbo quand'ero bambino ... Un tipo, un personaggio ... Mi pare quasi d'intravederne l'ombra passare in mezzo ai nostri discorsi ... con la sua tonaca consunta, e il suo collare biancastro troppo largo per il suo collo smunto e magro ... Ma queste sono cose mie che tirerò fuori un'altra volta ..."*

Fotografo tutto ... come sempre voglio portarmi a casa le emozioni per rivederle, andarle a ripizzicare, prolungarle nelle foto e nei pensieri. Attraversiamo l'isola di **Mazzorbo** ... il Verde riempie la scena quasi magicamente ... mi da molto da pensare ultimamente.

L'isola di **Burano**, invece, se ne sta distesa sullo sfondo coloratissima e un po' pallida nel pomeriggio tiepido ormai quasi autunnale.

"Lì in quell'angolo distesa nell'erba amoreggiava una delle mie cugine ... Dentro a questo cimitero c'è un pezzo di me stesso, tanti volti e tante storie ... Quelle sono le vecchie casermette, altre storie, altre vicende ... la Trattoria della Maddalena ... le passeggiate notturne da bambino, con i grilli che cantavano, le lucciole accese sui cespugli ... la lotta con le zanzare ... la sagra di Mazzorbo, la musica, le flebili luci colorate ...il papà che mi portava in spalla, i nonni, la mamma con la giacchina sulle spalle per l'umidità della sera ... il croccante da sgranocchiare, e la "spuma" o "l'arancina" da bere ... Quanti bei ricordi !"

Saltiamo in barca ... per la seconda meta del giorno: **San Francesco del Deserto** ... l'isola dei Frati, l'isola deserta perché non aveva più nessuno che l'abitava. Un'altra isola disertata e abbandonata e poi ripresa e salvata, e oggi nuovamente ridotta al lumicino. I Frati sono rimasti in quattro:

"Senza neanche il "tre per mille" ... proprio poveri." chiosa la guida ... *"Ma sono tosti, resistono, tengono l'isola viva e la curano come meglio possono."* Infatti si vede ... l'isola è ordinatissima, linda e pulita. Un Frate lo intravediamo subito appena sbarcati, carico di anni e tutto bardato mentre cura e rastrella meticolosamente alcuni angoli verdi dell'isola chiusi dietro a una recinzione. Lo riconosco !

"Com'è invecchiato ! ... E' proprio lui, sebbene magro e smilzo e tutto consumo ... Quanti anni sono trascorsi ... Ancora valanghe di ricordi ... Che bello !"

Non lo voglio disturbare, anche perché se ne sta assorto e mesto, tutto intento sul suo lavoro ... Non sembra interessato a noi turisti, né sembra disposto a mettersi a chiacchierare con noi. Lo lascio in santa pace com'è scritto infatti:

"O beata solitudo o sola beatitudo" una doppia esclamazione ... e *"Pax et bonum"* ... Accanto ci sono le braccia incrociate e inchiodate sulla stessa croce del Cristo e di San Francesco. Sono frasi incise sui muri sopra l'ingresso del **Conventino di San Francesco del Deserto**. Sono un misto di saluto e di *"regole del gioco"* di quest'isola.

Sono parole adattissime che riassumono bene lo spirito e il senso di quell'isola che ancora oggi è davvero speciale. Qui il mondo si ferma ... il tempo scorre a modo suo, gli orologi frenetici contano poco. Qui volendo si può alzare quella piega del vivere, quella pagina che spesso disertiamo e non consideriamo utile, e assaporare spazi e dimensioni dentro di se e Oltre che non sempre ci è dato di trovare e attraversare.

Ma non a tutti è dato ... e non accade sempre. Non basta recarsi qui, bisogna rimettersi in questione ... far sul serio. Il turista frettoloso spesso non coglie il segreto che quest'isola minuscola coperta di cipressi nasconde e cela nei suoi grandi e misteriosi silenzi. Superficialmente si nota solo uno spartano ed essenziale conventino lagunare, uno, forse l'unico rimasto dei tantissimi di un tempo ... Sembra un bel posto coccolo, ricco di suggestione, ma contiene ben di più ... solo che bisogna non solo scoprirlo, ma in un certo senso anche guadagnarselo rimanendo a vivere nell'isola *"in una certa maniera"* ... non solo turistica.

Si visitano le chiesette antiche e quella più recente molto spoglie ed essenziali, i chiostrini ameni inondati di rondini, le celle dei Frati che s'affacciano sui chiostri con i loro balconcini minuscoli, i prati verdissimi, i giardini fioriti, gli alberi ombrosi strapazzati dal vento. Si attraversano e gustano i panorami mozzafiato aperti sulle distese dell'acqua e delle isole vicine, il gioco della luce e dei colori, gli Ibis che passeggiano sul fango della Laguna ... **San Francesco del Deserto** è un'oasi di silenzi pregni e preziosi.

"Bisogna starci e rimanerci per scoprire certe sensazioni, non c'è alternativa ... Chi non lo fa non può capire ... Io ci sono rimasto diverse

volte in quell'isola, quando era più viva di adesso e i Frati più numerosi ... Il sapore è sempre quello ... un retrogusto nascosto, non buttato in pasto ai turisti frettolosi ... Bisogna sostare, rimanere qui qualche giorno ... qualche notte. Scoprire l'isola quando l'ultima barca dei turisti se n'è andata ... Allora tutto cambia, vivi esperienze diverse, sensazioni forti indimenticabili che ti rimarranno radicate dentro."

Sono io a parlare stavolta, perché l'ho provato ... Ci sono stato più volte a San Francesco del Deserto ... perciò conosco certe sensazioni. So che significa sostare qui.

Stavolta però è il **Padre Guardiano** a raccontarci e sviscerarci la storia dell'isola visitata da San Francesco nel lontanissimo 1200 ... C'erano le **Crociate** e il **Sultano**, e la Laguna di Venezia era terra di andata e ritorno da tutto il **Mediterraneo** e dalla **Terrasanta** attraverso, avanti e indietro, con l'**Emporio e il Porto di Torcello** prima ancora di quello celebre di Rialto ... Osservo sorridere sereno il Frate Guardiano di oggi di sembianza serafica e habitus semplice. Sembra che i secoli non siano trascorsi ... e che San Francesco sia ancora qui ... magari di là, proprio nella stanza accanto, con tutta la sua fascinosa presenza.

Da ormai sette anni quest'uomo vive qui ... difende e conserva assiduamente l'isola, ne preserva l'intimo *"segreto"* nascosto, e soprattutto personalmente ne prolunga il religioso e spirituale senso.

L'isola di **San Francesco del Deserto** è un sogno, una visione, una parentesi del tempo nascosta in laguna ... Mi dispiace ogni volta lasciarla, e oggi come tante volte ieri me ne ritorno pensoso e nostalgico, dispiaciuto di non poter rimanere e sostare più a lungo. Chissà perché covo dentro di me questo sentimento ? ... In realtà credo di saperlo bene.

Ma andiamo via ... e sbarchiamo poco dopo a Burano, appena al di là di questo lembo di Laguna stupenda.

Burano è Burano, c'è poco da spiegare e aggiungere ... E' sempre quel miscuglio di ieri ed oggi che ogni volta mi si ripresenta e prende del tutto. Non c'è volta che ritorno qui e la rivedo uguale. Ha sempre qualcosa da suggerirmi e ricordarmi ... Per me non è mai gita qualsiasi riandare a Burano ... perché è la *mia Burano* !

"Quella era casa mia ... C'erano dipinte le falci e martello sotto alle finestre ... Adesso non si vedono più ...Vita difficile lì dentro ... ma tanti ricordi, tanta vita vissuta, tante storie in quei due ambienti minuscoli ora chiusi e disabitati ...Come dimenticare San Martino Sinistro numero 892 ? ... Fondamenta e Ponte degli Assassini, Calle Minio, Calle delle Botte ... e tutto il resto ? ... Lì c'era la macelleria di Brenno, lì la latteria, il di fronte a casa il panificio dell'Anzoletto del pan ... là la bottega degli alimentari dello Tìsbe, vicino a casa invece quella della Monica ... il negozio dei detersivi della Bagioètta giù del ponte, il Bar con i gelati dello Bruno Pippa ... il barbiere Rino in fondo alla calletta ..."

Mamma mia ! ... Ricordi ed emozioni da *"groppo in gola"*.

Però riesco a scuotermi, provo ad evadere dai pensieri, e andiamo in *"Piazza"* ... via **Galuppi** insomma, nel cuore dell'isola ... Altra tempesta di ricordi e visioni ... Non ho scampo ... Ci sarebbe da rimanere giorni a raccontare, riandare e ricordare ... Andiamo a prendere i *"bussolai"* dalla Carmelina per i nostri *"lupi affamati"* lasciati a casa ... Non oso entrare nel negozio, preferisco soffermarmi fuori a ripassare il volto di Carmelina di quand'ero bambino che si è riacceso nella mia mente. Quello che intravvedevo spesso da bambino dietro al bancone era un volto piacevole, gentile, sorridente ... quasi da vaniglia, dolce come i dolci ... Non voglio entrare e magari vederlo diventato vecchio, diverso, o cancellato ... me lo voglio tenere così com'era un tempo. La Carmelina Palmisano rimarrà sempre tale ... così com'era durante la mia infanzia. Questo è un ordine !

Intanto nell'aria strimpella una campanella ... La riconosco: è il *"sonèllo"* del campanile storto che chiama a raccolta in chiesa i Buranelli ... Entriamo solo per un attimo in San Martino ... La chiesa fibrilla preghiere prima della Messa vespertina ... Un neniare soffuso, a mezz'aria, identico a quello che ho sentito per tanti anni un tempo. Sembra che non siano trascorsi gli anni ... tanti ... che sia tutto come ieri ... Invece ne sono passati quasi quaranta, mica poco ... Nella penombra osservo i volti: alcuni sono invecchiatissimi, tempestati di rughe, consumati dai giorni ... Altri che vorrei intravvedere non ci sono più ... Altri ancora non mi dicono niente, non li so riconoscere, quelli giovani poi ... Il sacrestano corre avanti e indietro, fibrilla anche lui trasportando paramenti colore rosso fuoco. Li tiene alti sull'attaccapanni ... una vela semovente che passeggia per la chiesa ... I ricordi s'inseguono dentro alla mia testa, s'accapigliano e aggrovigliano, si sovrappongono, si scontrano, traboccano ... E' ogni volta così quando torno a Burano, s'innesca dentro di me un turbinio di memorie e vita vissuta innarginabile ... Quante esperienze e momenti che ho vissuto qui, probabilmente non mi basterà un libro intero per raccontarle tutte ... Meglio uscire e andare.

Buttiamo l'occhio appena un attimo anche dentro all'*Oratorio socchiuso di Santa Barbara* ... altra folla di ricordi, una valanga indicibile ... Usciamo subito anche da lì, perché forse è meglio: ogni volta rimango come frastornato dentro ... troppo emozionato. Rischio di fulminarmi.

Abbiamo un'ultima ora a disposizione, allora ci lasciamo andare: girovaghiamo a caso perdendoci per le callette colorate, le corti, le fondamenta, e le case dell'isola ... *Vigna*, *Terranova* con le donne sedute fuori casa in strada con le sedie, *Mandraccio* e *Gòtolo*: altro tripudio di colori, una tavolozza impazzita, surreale, psicadelica. Sembra di camminare dentro a una fiaba, in un cartone animato ... *Colonnette*, *Vignèri*, *Pescaria*: mi pare di sentire ancora l'odore di *"freschìn"* che forse non c'è più ... *Giudecca*, la *Finanza,* il vecchio squero ... il tramonto si fa incipiente, l'antica pescheria che ricordo con un grande bilancia appesa al centro ... I turisti sono diradati, la fiumana giornaliera è già passata, si va al solito struggente e spettacolare tramonto che sembra appartenere solo ai Buranelli.

Mani vigorose e sporche di barca, salsedine e laguna mi salutano ... E' questo l'impatto cordiale con un mio ex compagno di classe delle elementari ... *"Dove sei stato ? A san Francesco del Deserto ... Bello ! La prossima volta che ci vai salutami Padre Fiorenzo ..."*

Sembra ieri che andavamo a scuola insieme ... Ci scambiamo un pugno di saluti misto a ricordi ... qualcuno riconosce il mio volto, altri no. Volano via pochi attimi semplici, un complimento per le foto che posta ogni tanto su Facebook, un'occhiata al suo lavoro, un accenno al fratello, un complimento alla moglie ... ed è già tempo di allontanarsi di nuovo e ripartire.

La vita va così ... Quell'ex compagno di scuola ha i capelli sparati in aria e radi come i miei, forse un pizzico di stravaganza inutile ... sarà la nostra età che chiama ... Pochi minuti dopo l'ho visto dal vaporetto sfrecciare sul pelo d'acqua della laguna col suo mitico guscio di noce per inseguire le emozioni del tramonto e i suoi attimi del vivere.

"Qui abitava mia zia con le mie numerose cugine ... Che gazzarra che facevano al piano di sopra, dove c'era la camera delle ragazze ... Lì andavamo a giocare "alle sconte" ... in fondo a quella corte c'era una pergola ombrosa con dell'uva selvatica, e le donne lavavano la biancheria all'aperto nei mastelli stendendola ad asciugare sulle "forcàe", i pali di legno che sostenevano la corda ... Di là si andava dalla Cavelona ... Che scherzi, che ridere, che gusto andarle a chiedere le cose che sapevamo non vendeva ... Ci si divertiva con poco, con niente ... Qui sulla riva i pescatori distendevano le reti ad asciugare, e rimanevano lunghe ore a ripararle seduti sulle ginocchia o su seggiole impagliate ... Quello sulla porta del negozio è Eugenio, un altro mio compagno di classe delle medie ... Devo decidermi ad andarlo a salutare la prossima volta che tornerò a Buran ..."

Superiamo ancora un ponte, una calletta minuscola, uno slargo, un altro campiello ... i piedi mi portano da soli seguendo una familiarità con i luoghi mai dimenticata. Fuori di una casetta sta seduto sopra a una sedia impagliata un vecchio sfatto dal volto cadente, con i capelli bagnati buttati all'indietro. Lo riconosco: un tempo era un vetraio arzillo, energico, intraprendente e muscoloso. Ora è lì raccolto in se stesso ... quasi esausto del vivere. Camminiamo oltre ancora un poco ...

"Questo giardinetto era l'orto di mio nonno ... Uno dei due davanti e dietro a casa sua ... Venivo qui a staccare i pomodori ancora verdi dalla pianta, e le melanzane piegate per terra ... Mio nonno mi riprendeva

bonariamente ... A me tutto era concesso, o quasi ... Venivo qui ad inseguire le formiche con l'elastico, rimanevo incuriosito a guardarle arrampicarsi sui rosai e su per i gambi dei garofani giapponesi, oppure infilarsi sottoterra, riapparire e scomparire industriose, mai stanche ... Oppure inseguivo furioso il "mangiapatate" che rovinava le piante ... Se ne intravedevo uno iniziavo a scavare per catturarlo facendo un macello ... A metà impresa, due mani robuste mi sollevavano di peso col badiletto ancora in mano, e mi portavano altrove per scongiurare lo sfacelo del giardino ... erano in nonno o il mio carissimo zio Nino... Che tempi !"

Riapro gli occhi, e davanti mi ritrovo un'anonima palazzina restaurata e chiusa ... Allunghiamo ancora qualche passo in avanti ...

"Quanto tempo è passato ... Qui c'era l'antico Macello pubblico dell'isola ... Ricordo che ci è andato ad abitare B. con la sua famiglia, faceva lo spazzino ... Incredibile ! Ora c'è un esercizio di ristorazione ..."

Quante altre cose potrei raccontare ... non dico infinite, ma di certo tante ... forse anche troppe.

"Andiamo a prendere il vaporetto in fondo a Mazzorbo così chiudiamo il cerchio della giornata ?" ... Alziamo lo sguardo e il vaporetto sta già approdando: "Si riparte ... niente Mazzorbo per oggi ... Il tempo stringe, si va già verso sera ... Venezia e le solite cose ci stanno aspettando ... e "I lupi a casa" avranno già fame."

"Ecco perciò: Mazzorbo, San Francesco del Deserto e Burano sono andati ancora una volta ... Bello e peccato insieme ... Ritornerò presto in Laguna a caccia di altre sensazioni e per riscoprire ancora altri angoli nascosti o volti dimenticati. Voglio continuare a vivere altre emozioni nuove e antiche insieme."

***

_____ Il post è stato scritto nel settembre 2014 e pubblicato nel mio blog "Io Stedrs" ospitato da Google.

SAN FRANCESCO DEL DESERTO ... UNA VISIONE

Ogni tanto fuggivo dai Carmini, la chiesa-Parrocchia di Venezia dove vivevo, ossia *"facevo"* il Prete nella seconda metà degli anni '80. Lì ero in continuità piacevolmente *"aggredito"* dai bambini e dai parrocchiani, che mi sommergevano in continuità d'affetto. Ogni tanto avevo però bisogno di scappare via per andare a caccia di *"... ciò che contava di più, di Quello che per me allora contava veramente più di tutto"*.
Spesso, quasi quotidianamente, avevo bisogno di ricaricarmi, di trovare nuove energie, nuovi stimoli e forti conferme da comunicare e condividere più tardi quando incontravo i Catechisti, i bambini, i ragazzini o i giovani.
"Fare il Prete" non è mica un facile giochetto ... soprattutto se cerchi di viverlo seriamente.
Allora quasi ogni giorno per trovare concentrazione ed entusiasmo semplicemente mi mettevo a suonare l'organo dentro al nostro chiesone dei Carmini.

"Attento che suonando così a tutta forza e volume butterai giù la calle e le case dei vicini !" mi ripeteva amabilmente e spesso Carletto, per la foga che mettevo nel suonare. Suonavo musiche moderne ritmate insieme alle solite suonate classiche da organo di chiesa. Vecchio e nuovo in un unico *"minestrone"*, un diversivo, un riempitivo che mi facevano bene.

"Ma cosa combini ? ... Svegli tutti ! ... Pensi d'essere in discoteca ? ... Se ti sentirà il Parroco ti ammazzerà ... Se arriverà, invece, il Patriarca ti licenzierà e perderai il posto ..." continuava a incalzarmi ancora Carletto.

In alternativa, m'arrampicavo facendo meno chiasso sul muro ruvido e scabroso del campanile, o mi calavo in corda doppia giù dalle finestre del piano di sopra del Patronato scegliendo l'ora più calda del pomeriggio estivo quando tutti dormivano, e con gli studenti delle vicine aule dell'Istituto d'Arte confinante col Patronato che mi osservano a bocca aperta, incuriositi.

E questa era la quotidianità ... la normale routine prima delle scadenze impegnative da Prete. A volte però quelle *"ricariche"* estemporanee che alternavo alle letture e a un po' di studio non mi erano sufficienti ... perciò *"evadevo"* e scomparivo del tutto per cercare e trovare quel *"di più"* di cui avevo bisogno.

Compivo brevi fughe di un giorno o due nelle mie Montagne, le **Dolomiti**. Era quella ricarica salutare veloce con l'aria buona Dolomiti, a volte da mattina a sera, capace di ridarmi energia e rinfrescarmi anche la mente.

***

Una delle mie mete preferite oltre la Montagna, anzi la preferita in assoluto per diversi anni, è stata **San Francesco del Deserto**, l'isoletta solitaria persa in un angoletto della laguna Veneziana poco distante dalla mia **Burano**.

Una *"capsula temporale"* sospesa sulla Laguna, un chiostro piccolissimo *"infestato"* da rondini ... quasi una fiaba, uno spettacolo nello spettacolo dell'isola, ricolmo di un silenzio dirompente, che ti esplode dentro senza fare alcun rumore.

Il turista o il visitatore di un giorno non potrà mai sapere e capire che cosa sia quell'isola. Neanche capirà abbastanza chi vi rimarrà qualche ora approfittando dell'amabile ospitalità dei Frati. Si potranno intuire solo rimanendoci le potenzialità preziose di quel romitaggio prigioniero delle acque. Solo quando l'isola tornerà ad essere deserta, come il suo nome, quando si sarà spento il mercato quotidiano e interrotta la fiumana clamorosa delle visite, solo allora si potrà vivere e vedere il vero volto di quell'isola.

Il mio potrà sembrare forse un discorso vacuo. In fondo un'isola è un'isola, che vuoi che sia ? Poca terra, sopravissuta alle acque della Laguna, il fascino del posto diviso, raccolto, circondato e fuori dal clamore e dalla vitalità della città. E basta, niente di più ... non ci sarà più di tanto da capire e vedere.

In realtà non è proprio così. Bisogna provare a rimanerci in quell'isola ... Ma rimanerci nel modo giusto, non a *"pensione"* o in vacanza. Si accenderà un mondo diverso, un *"isola che non c'è"* che potrebbe essere sì frutto delle acrobazie della mente che elabora ... ma anche no.

Potrebbe essere *"una piccola finestra socchiusa"* su uno spicchio di Cielo ... una sorta di *"dono"* da incontrare, da esperimentare e vivere.

Ci sono stato più volte a San Francesco del Deserto, quindi ho provato ... allora ricordo. Potranno sembrare solo sensazioni romantiche dettate dal momento particolare e dall'atmosfera speciale dell'isola ... Ma lì potrà accaderti molto di più. Non sarà solo fantasticare, ma si potrà anche giungere a nutrire lo Spirito, a quietare l'Animo, e a guardare più lontano del solito vivere di sempre.

Nella nebbia fredda totale della notte, quando anche i Frati dormono, e si è spenta l'ultima lucetta della finestrella di quello più anziano che fatica a prendere sonno. Allora si può camminare sulle viottole deserte che circondano l'isola, tutte immerse dentro all'odoroso umore dei secolari cipressi.

C'è nebbia ... Non si vede nulla, solo il tappeto scricchiolante dei sassi, che quasi rispondono sotto ai piedi, al rumore quasi impercettibile del tuo respiro. Tutto tace, eccetto la mente, i ricordi, e la storia di quell'isola particolare.

Nella nebbia, sotto al piccolo portico d'entrata, accanto alla croce dalle braccia incrociate, vigilano silenziosi due Frati d'altri tempi. Stanno immobili, incappucciati, con gli occhi accesi, le barbe folte imperlate dall'umidore della nebbia e del gelo notturno. Non guardano me, non guardano nessuno ... Stanno solo ripetendo i nomi di molti, guardando il niente o forse l'Eterno, cadenzano anche preghiere antiche vecchie di secoli.

Li osservo da dentro alla nebbia sgranare il Rosario che pende dalla loro cintura, ma non sono *"Ave Maria"* quelle che scorrono, scorrono pensieri, vite vissute, persone, dubbi, domande, sospiri, gioie, dolori, vite intere, come un fiume largo e impetuoso che da secoli corre al mare. Quelle mani ossute, di uomini austeri, macinati dal tempo, sono simili a una ruota che riporta e ripete la storia, che fa memoria di quel che accade, è accaduto e anche accadrà. Sono come guardiani del Tempo, custodi di quanto accade in questa parte del mondo ... Sarebbe bello decifrare quello che dicono, riconoscere fatti, persone, eventi, parole ... Ma non è possibile entrare in quel magnetico scorrere ... Non ci è dato accedere, a noi spetta solo guardare ... Una folata fredda di nebbia ora li ricopre, il portico è diventato deserto, non c'è più nessuno. Mi siedo solitario, dove poco fa occupava lo spazio quella presenza. Adesso vedo in lontananza un altro piccolo gruppo di Frati.

Quelli hanno la testa rasata, solo uno ha il cappuccio sollevato a coprire tutta la testa. Anche quelli non ridono, discutono sottovoce e parlano piano. Sullo sfondo, quasi traslucida, dietro i profili dell'erba alta che li copre fino alle ginocchia, s'intravede la Laguna, apparsa come un miraggio da dentro la nebbia. Non è la Laguna colorata e tiepida del giorno, è invece smorta, liscia, cupa, riflette come uno specchio, i riflessi di una notte senza luna, le luci delle case lontane dei pescatori, del paese che dorme, al di là del canale e del tratto di barena paludosa. Il silenzio, fa da padrone. Tacciono gli uccelli di notte, solo qualche Pipistrello passa rasente emettendo il suo fischio assente, quasi inudibile. Sul bordo della palude: Anitre e Ibis stanno quasi immobili ... accanto a una piatta barca arenata nel fango. Solo i Gabbiani qualche volta si alzano in volo ... Ma sembra che lo facciano controvoglia, quasi senza voler disturbare. Ma che fanno quei Frati mezzi mangiati dalla notte e dalla nebbia ? Discutono con qualcuno ... mi sposto, mi sporgo e li vedo.

Sono due pescatori d'altri tempo, con i piedi scalzi immersi nel fango e nell'acqua della Laguna. Stanno poco distanti dall'isola, con i pantaloni avvoltolati fin sopra alle ginocchia ... Quasi non li vedo per il buio e la nebbia ... Stanno accanto alla loro barca da pesca: due lunghe reti si perdono dentro alle acque basse passando per le mani abili di uno dei due che fuma un sigaro puzzolente. Sotto le larghe tese del cappello del secolo scorso spuntano un paio di baffi scuri. Parla, borbotta, tossisce, ride e racconta della pesca, del pesce che stanotte non si fa vedere ... della sposa che ha lasciato a dormire dentro all'unico lettone di casa in mezzo ai tre figli ... Racconta dell'anziana madre che continua a piangere ancora ogni notte il figlio piccolo che non è più tornato a casa dalla guerra ... lui la saluta, senza dirle nulla, solo baciandole la fronte piano ... Poi se ne viene qui in Laguna a frugare nel fango, a rincorrere i frutti di queste acque che salgono e scendono, che quasi ti sfuggono ... L'altro pescatore, è molto simile al primo. Anche lui veste abiti consumati dal lavoro: pantaloni sdruciti con le toppe sul dietro, una camicia che un tempo era bianca ed ora è più scura che chiara, il cappello è troppo largo, gli cala fin sugli occhi ... anche lui ha i baffi ... sembra più allegro, meno melanconico. Parla anche lui, racconta con i Frati, sbraccia con una mano nell'aria, mentre l'altra rimane ferma sul fianco, sopra alla cintura. Spiega del Tempo che cambia, della figlia che fra poco lo renderà nonno ... e poi, fra un po' tornerà primavera, già la Laguna si ghiaccia meno di notte ... Non avevo notato nell'erba alta uno scambio: i Frati offrono ceste di verdure dell'orto, i pescatori, invece, pesce appena preso ... Si stringono le mani ... la nebbia avvolge tutto di nuovo.

Ora in alto, in cielo, brillano luminose le stelle, come occhi che guardano il mondo ... Di sotto, invece, dentro alla nebbia, i remi dei pescatori rompono e muovono le acque ... ma piano, un po' per volta, come seguendo il ritmo del Tempo ... sempre senza rompere quel denso silenzio.

"Pax et bonum" leggo sopra la porta chiusa del portico, sopra un intrico di croci e di mani che s'abbracciano, mentre i miei piedi gelati calpestano pietre tutte poste a spina di pesce, a perdita d'occhio, fino in fondo alla strada, fino a degradare sulla riva della Laguna. Nella penombra quasi buia vado tastando il muro umido, seguo il contorno della porta massiccia sbarrata ... apprezzo una specie di gioco della pietra, una cornice di dritti e rovesci, una corona che rincorre l'apertura del muro ... Che abili sono le mani dell'uomo !

Vedo correre nella mia mente annebbiata dalla notte, dai pensieri e dal sonno ... le mani abili delle donne **Buranelle**, che intessono merletti ancestrali, unici, laboriosi, preziosi, che poche donne sanno inventare ... Ma ancora la nebbia si addensa e rapprende, sembra voglia cancellare, ingurgitare, bersi ogni cosa ... e ritorna a prevalere la notte.

Volgo lo sguardo alla mia destra, mi è sembrato di udire uno scalpiccio leggero, come un ciabattare slegato di sandali, piedi senza fretta, che si stanno avvicinando. Chi sarà nel cuore della notte ? Sono altri due, vestiti di sacco scuro, che parlottano fra loro, mi avvicinano, mi superano senza degnarmi di uno sguardo e di una parola, e già sono scomparsi anche loro nella nebbia ... Sento di nuovo solo il rumore dei loro sandali che scricchiolano sopra alla ghiaia frammisto al rumore dei grani del loro lungo Rosario, che pende e dondola tintinnando appeso al loro fianco ... Poi di nuovo più niente.

Ma quanto è lunga questa notte ? Esistono ancora le ore ? ... e questi uomini come fantasmi notturni ? ... Mi ha impressionato la tonsura larga, vistosa e quel cordone bianco candido che fluttuava nel buio scomparendo ritmico fra le pieghe delle vesti, mentre procedevano per la loro strada ... Ora vedo tre archi chiari, e intravedo nel buio la sagoma del tetto della bassa chiesa, e il campanile che c'è e non c'è dentro alla nuvola bassa ... Sovrapposti vedo scuri rami di alberi bassi che rompono col loro contorno irregolare e contorto l'eleganza delle linee della parete. Mi è sembrato, ma forse mi sbaglio, che dietro ai vetri di una delle basse e piccole finestrelle ogivali si sia mossa una luce. Che stia forse passando qualcuno ? ... Ma forse è solo uno scherzo degli occhi ... della nebbia che sale e scende, s'incupisce e prova a scomparire ... L'aria è pregna ora d'odore di resina, di verde, di muschio ... di terra marcita, di stalla e di fieno ... infatti, giù in fondo, ci sono anche le bestie ... Ma ora c'è ancora silenzio ... La luce si muove, si sposta di finestra in finestra.

"Allora c'è qualcuno che veglia dentro a questa lunga notte ... che non è vuota, ma popolata di vita, di senso e di accadimenti che non so comprendere e soprattutto vedere ..."

A volte basta solo intuire ... Muovo ancora dei passi dentro al buio che resiste ... calpesto di nuovo i sassi bianchi della stradina ... e mi fermo di botto. Ho davanti qualcuno, immobile, dritto davanti a me. Mi sono quasi spaventato, ma è solo una statua ferma nella nebbia, con le braccia spalancate rivolte verso la laguna ... Guardo meglio, più in fondo, verso dove di solito fa mattina ... Seguo con lo sguardo un prato d'erba tagliata, tutto coperto di brina ... C'è qualcuno là, in fondo ... ci sono infatti, altri due Frati, ho notato che vanno sempre due a due ... Stavolta sono entrambi avvolti in un corto mantello marrone che copre a ciascuno le braccia. Se ne stanno in piedi, fermi l'uno accanto all'altro, mentre per terra nell'erba fangosa ci sono altri due pescatori seduti accanto alla loro barca spiaggiata sulla secca dell'isola. Sorridono i due, uno è giovanissimo, sembra un bambino. Porta una giacca scura consunta, col bavero alzato, sotto al solito cappello. L'altro si alza, saltella sul posto, si batte le braccia sui fianchi, si soffia sulle dita delle mani, mentre alita nell'aria nuvolette di fiato ... poi si volta, s'allontana di qualche passo e si mette a far la pipì nell'acqua ... i Frati ridono, sommessamente ... la notte continua ad avvolgere e contenere tutto.

Tendo l'orecchio verso quella parte, sento che parlano anche loro, si dicono cose di cui non intendo neanche un significato ... Rimango immobile vicino alla mia statua muta ... Sullo sfondo le pozze dell'acqua scura fra le barene piano piano s'allargano, sta montando di nuovo la marea ... La Laguna respira, sale e scende, sembra si muova e sia viva.

Alle mie spalle la luce si è mossa di nuovo dentro alla chiesa ... Adesso mi accorgo che la porta è stata aperta ... si può entrare. Sono intirizzito dal freddo, le labbra si stanno screpolando, sento la faccia grinzita, mi sfrego le mani nude ... Allungo il passo, forse è meglio se entro lì dentro. Do un ultimo sguardo al sentiero sopraelevato sui prati, un argine accompagnato parte a parte dai cipressi, dagli arbusti, dagli alberi e dalle erbe e dai fiori ... è sempre vuoto ... Mi decido a percorrerlo ancora una volta, aggiro la chiesetta prima d'entrare ... Nella nebbia inseguo il gioco delle absidi, delle curve scure dei muri, delle pietre sbrecciate vecchie di secoli ... Le tasto di nuovo con le mani sentendole grezze, ruvide e bagnate ... intanto calpesto dei lisci marmi ... mentre intravedo in lontananza una delle barche dei pescatori che si allontana. L'uomo è muto, acciambella lentamente con ampi gesti la corda dell'ancora sul fondo della barca ... poi si piega e si rialza, si piega e si rialza, ogni volta infilando e traendo un lungo remo dal fango ... Dopo un altro poco, prende maggiore velocità nell'acqua più alta, e allora prende entrambi i remi, si calca il cappello sulla testa, e scompare dentro alla nebbia ... Uno scricchiolio rompe il silenzio, sembra quasi una bestia rauca che vuole ruggire, ma invece è solo il rovesciarsi della campana dentro al campaniletto, che poco dopo emette il suo primo segnale.

Chiama la campana, è l'ora di rompere il sonno, la notte è finita ... infatti in fondo, verso est, albeggia ... Anche la nebbia sembra abbia terminato il suo compito e decida di raccogliere le sue cose e andarsene via ... Freme ancora in alto, dondola, la campana sui suoi cardini, ma ha smesso di suonare ... In lontananza avverto porte che cigolano, impiantiti che tremano sotto il passo dei Frati che si portano nel coro ... raggiungo anch'io l'entrata aperta. Finalmente entro nella stretta e bassa chiesetta a capriate scoperte, dai muri nudi. Non c'è nessuno ... solo file di panche vuote ... Una croce sul fondo della cappella buia, risalta appena, scura. Sulla destra, un'icona quasi svapora dal buio, appena illuminata da sotto da una tenue fiammella che arde ... Ancora passi, ancora accorrere di altri Frati, ma non vedo ancora nessuno ... la chiesa rimane deserta e vuota ... Ci sono solamente io, che inseguo i miei passi, spingendomi avanti, fin verso l'altare ... Poi li vedo, tutti raccolti sulla sinistra, quasi rannicchiati dentro a un altro angolo ombroso ... Sono tutti là, vicini l'uno all'altro, gomito a gomito, tutti in piedi nel piccolo coro a cantare sottovoce le loro prime preghiere del giorno.

Sembrano quasi fantasmi, gli stessi che ho visto poco fa nella notte ... Quasi infossati dentro a ciascun scanno del coro, cantano ognuno la propria lode. Uno ha le mani infilate dentro alle maniche, un altro abbassa la testa avvolta dal cappuccio scuro. Un altro ancora canta a testa alta, ad occhi spalancati, muovendo la barba a tempo del ritmo dell'orazione ... La campana suona di nuovo: un tocco isolato, due tocchi e poi ritmica suona e risuona ... S'avvicina l'ora della celebrazione della Messa ... Un Frate s'affretta ad accendere un gruppo di lumi ... La chiesa s'illumina, ormai è giorno, anche perché dal fondo sta entrando la luce dei primi raggi del sole.

Stringo con le mani i libri che porto in grembo: preghiere, Bibbia, Vangelo, un saggio per capirne qualcosa, il mio diario, la storia di un eremita scrittore ... ma a che cosa servono tutte queste pagine se c'è solo il buio della notte ? Ma per fortuna la nebbia non è vuota, vi accadono tante cose, che sono come eterne parole.

E' così finita la mia notte in questa isola, ma è soltanto una delle tante che si possono vivere fra queste pieghe della Laguna.

Mi passa accanto uno dei Frati, sembra guardi il niente, rapito dentro ai suoi pensieri ... Forse è uno di quelli di questa notte, senza tempo, pallido, quasi annebbiato. Un altro, più avanti, tondetto e bassotto, mi sorride con gli occhiali scuri appoggiati sulla punta del naso ... Un altro ancora, canuto e rapito, rimane in ginocchio su una panca, in silenzio, tenendosi la testa fra le mani ... Ogni tanto, guarda lontano, quasi sospirando ...

Tutto qui ? direte.

No ... Questo è solo un pallido esempio, una briciola, un solo istante, dei molti che possono accadere in quell'isola sperduta in fondo alla Laguna di Venezia. Credo non basterebbero cento libri per raccontare tutto.

***

San Francesco del Deserto però non è solo idillio felice. L'isola significa anche grossi ratti e nugoli di zanzare fastidiose in ogni stagione dell'anno. Nugoli densi che li puoi quasi toccare con mano. Forse per il fitto degli alberi, la marcita delle alghe della barena, la mancanza di antagonisti, esiste l'habitat ideale perché gli insetti possano proliferare all'infinito ... E li vedi e li senti.

Qualche volta l'unico modo per non smarrire il fascino dell'eremitaggio era barricarsi dentro alla celletta, e chiudere le finestre dopo una buona spruzzata di insetticida. D'estate a certe ore, soprattutto di notte, era praticamente impossibile girovagare per l'isola, diventava quasi una vera e propria tortura. Di giorno, invece, con la ronda continua delle rondini padrone del cielo le cose andavano un po' meglio.

D'inverno, chiuso dentro alla mia celletta, o nella vecchia cappella, o in quella nuova ghiacciata e spoglia, immerso completamente nel silenzio, riuscivo a concentrarmi e meditare ... poi ritornavo nella mia Parrocchia dei Carmini di Venezia sentendomi rinato. Ogni volta a **San Francesco del Deserto** era come esperimentare una mistica visione.

***

_____*brano tratto dal capitolo n° 43: "San Francesco del Deserto." della mia autobiografia: "IL PIFFERAIO: STORIA DI UN PRETE IN FUGA." scritta e pubblicata a Venezia nel febbraio 2013.*

SAN ARIAN ... ISOLE ... ISOLE ...

Parlar di isole per i Veneziani fa un po' sorridere, perché sull'argomento ne sappiamo un po' tutti ... chi più e chi meno. Molti di noi stanno vivendo da una vita intera in un'isola, come è vero che Venezia è una *"isola di isole"*, e la nostra storia accade tutta dentro a un *Isolario* che nel mondo ha poco paragone e somiglianza.

A riprova di questo, se vi dico: *"Murano !"* mi risponderete subito: *"Vetro !"* ... così come se vi dirò: *"Burano !"* mi direte immediatamente: *"Campanìl storto, colori e merletti !"* Quanti di noi non sono mai andati a *Sant'Erasmo* o alle *Vignole*: *"... i celebri orti ameni di Venezia"* ... E chi non si è spinto a perdersi almeno una volta in vita recandosi fino in fondo alla Laguna Nord sostando almeno qualche ora a *Mazzorbo*, o nell'arcaica *Torcello* semiabbandonata e fascinosa, o nei silenzi contemplativi di *San Francesco del Deserto* ?

Non conoscete per caso *San Michele*: *"l'isola dei Morti ?"* ... Certo ! di sicuro, mi risponderete. Mentre non conoscerete molto circa l'isola di *San Cristoforo* che in *San Michele* è stata inglobata e assorbita fino a perdere quasi ogni traccia di se stessa.

In molti starete accennando di *"sì"* con la testa ... Posti belli, e un po'ovvi, isole famose e conosciutissime dai Veneziani.

Le nostre conoscenze, invece, caleranno un po' di consistenza e tono se inizieremo a citare isole diverse come quelle storiche della peste e delle contumacie: i *Lazzaretti Vecchio e Nuovo*, *San Lazzaro degli Armeni* ... o *Poveglia* in questi ultimi tempi tornata alla ribalta.

Annuiremo ancora un po' diventando però curiosi e attenti quando parleremo della collana di isole delle segregazioni, della pazzia e degli isolamenti sanitari più recenti: *San Clemente*, *San Servolo*, *Sacca Sessola* e *Santa Maria delle Grazie* ... mentre diverremo interessati quando nomineremo altre isole ancora, sempre *"corpose"* ma ormai semidimenticate, come: **San Giorgio in Alga**, **Sant'Angelo delle Polveri**, **San Giacomo in Paludo**, **Santo Spirito** ... la lista sarebbe certamente lunga.

Di altre isole ancora avremo appena sentito parlare, o citarne appena il nome: **San Secondo**, **Madonna del Monte**. Di alcune è rimasto poco o niente, come l'isola di **Sant'Andrea della Certosa**, oppure sono rimaste delle solitarie rovine appena emergenti dall'acqua ... o forse peggio solo delle motte fangose rosicchiate dalla marea.

Parleremo allora della: **Salina di San Felice**, di **Caromàn**, **Crevàn**, **Buèl del Lovo**, **La Cura** e **Santa Cristina**. Oppure citeremo le famose isole scomparse di **Ammiana** e **Costanziaca** ... e le isole di **San Marco e Santa Maria in Boccalama**.

Ogni estate guide provette ed entusiaste conducono in Laguna a visitare resti, identificare contorni, ascoltare mille storie, e ad apprezzare poche spoglie e vestigia alle quali talvolta solo la fantasia riesce a dare un qualche volto.

Per completare la lista delle isole potremmo far riferimento anche agli *"Ottagoni"* più o meno bene conservati o abbandonati sparsi per la Laguna, alle antiche *"Batterie e Polveriere"* reduci del 1800 e delle Guerre Mondiali, e alle varie *"Motte"* ossia quei piccoli affioramenti sparsi in giro che però hanno un loro nome e qualche spicciolo di storia.

E se improvvisamente vi dicessi ed elencassi le isole di: **Aleghero** ? ... Sarebbe subito sgomento !

"Che è ? ... Dov'è ?" vi chiedereste allarmati ... E se aggiungessi le isole di: **Albiòla, Basègia, Castràsia, Centrànica, Falconèra, Gajàda, Marcelliana, Olivària, Vèrni** ... e altre ancora ?

"Ferma ! Ferma ! ... Dove ? Come ? Quando ?" mi direste di sicuro, perché certi nomi per molti di noi vengono a suonare nuovi o poco familiari. Infatti è così.

Certe isole sono andate perdute per sempre, o quasi del tutto. Di certe rimane appunto un nome, qualche leggenda, o il titolo di una Valle salmastra o di un ampio spazio acqueo sperduto in un angolo nascosto e dimenticato della Laguna. Ormai solo pochi anziani pescatori, isolani o *"valleggianti"* hanno dimestichezza con certi posti, con certe vicende e certe zone ... Così come solo rari e capaci studiosi e appassionati *"topi d'archivio"* sanno scovare informazioni e ricostruire eventi in modo da mettere un qualche confine certo fra storia reale accaduta e fantasiosa leggenda riguardo certi luoghi.

Ricordato e precisato tutto questo: così ... solo per curiosare un poco dentro alle pieghe del Tempo ... ricordo che quand'ero adolescente una volta il giovane Viceparroco della mia isoletta di **Burano** quasi impazziva per la preoccupazione accorrendo in fretta dopo un annuncio di qualche pescatore dell'isola. Certi goliardici e sacrileghi ragazzacci dell'isola s'erano divertiti a scavalcare il muro di cinta dell'**Isola Ossario di Sant'Ariàn** ... e avevano lanciato in acqua e sparso per la Laguna: crani, ossa e cose simili con l'intento di spaventare e divertirsi alle spalle di qualche passante o di qualche vecchierella affacciata sulle Fondamente e Rive dell'isola di Burano. Il povero Prete ebbe il suo bel da fare a raccattare quei poveri resti con l'aiuto di qualche volonteroso, e a molti rincrebbe non poco quel gesto *"esagerato e spudorato"* che offese la sensibilità delle genti della Laguna. I giovanotti di certo si erano divertiti in quella maniera ... ma forse non tutti, soprattutto quelli che vennero in seguito identificati dai Carabinieri dell'isola.

L'Isola di **"Sant'Arian dei Morti"** o di **"Sant'Adriano di Costanziaco e di Torcello"**, a noi Veneziani di oggi ricorda e suggerisce poco.

Era diverso per i Veneziani del secolo scorso, perché anche se si ricorda e se ne scrive poco, molti Veneziani del Centro Storico erano soliti recarsi ogni anno per un'intera giornata in pellegrinaggio dalle loro Contrade e Parrocchie proprio fino all'isola di **Sant'Arian**. Si trattava di una ricorrenza amena, per certi versi molto simile a una *"gita fuoriporta"*, ma conservava di fondo anche uno scopo devozionale, e un'intenzione di **Suffragio verso i Morti di Venezia**.

Oggi l'isola di Sant'Ariàn è un'isola-ossario chiuso e dimenticato, cinto da un muro approssimativo e da un cancello rugginoso. Fin dal 1700, invece, i **Provveditori alla Sanità** della Serenissima autorizzarono la formazione in moltissime Contrade di Venezia di alcune **Compagnie di Sant'Adriano** i cui iscritti erano le uniche persone autorizzate a sbarcare nell'isola omonima. Ogni Compagnia, *"... a ricordo degli anni di Nostro Signor Gesù Cristo ..."*, poteva ricevere al massimo 33 iscritti paganti ciascuno lire 15 e soldi 12 annui. Costoro potevano recarsi in comitiva fino all'isola in pellegrinaggio rispettando un rigoroso turno stabilito dai Provveditori in una determinata domenica d'estate e fino all'autunno inoltrato.

Giunti nell'isola di Sant'Arian, i devoti celebravano alcune semplici *"Messe lette"* o una più solenne *"Messa Esequiale"*, recitavano insieme l'*Ufficio dei Morti*, compivano una processione intorno all'isola con una specifica benedizione inferta ad ogni angolo, e terminavano infine recitando o cantando il famoso *"De profundis"*.

Fatto questo si consumava un pranzo con *"modico cibo"* per il quale non si doveva spendere più di 20 ducati, portando ciascuno da casa tovagliolo e posate. Seguiva *"un conveniente riposo"*, quindi si ripartiva in barca per Venezia compiendo un'unica sosta nell'isola della **Madonna del Monte ossia del Rosario**. Lì si recitava appunto una *"terza parte del Rosario"* e si cantavano *"le Litanie della Madonna"* e un altro bel *"De Profundis"* ... giungendo infine alle rive di Venezia cantando in coro un conclusivo *"Te Deum"*.

La **Compagnia di Sant'Adriano** più famosa di Venezia era quella della chiesuola di **San Gallo** residente vicino a Piazza San Marco. L'Associazione organizzatissima investiva alcuni iscritti con le cariche di **Gastaldo**, **Consiglieri** *(due)*, **Cassieri** (due), **Sindaci** *(due)*, **Scodidori** *(due)* e **Conservatore delle Leggi** *(uno)*. Faceva celebrare ben **33 Messe di Suffragio** per ogni Confratello iscritto e Defunto, per il quale ogni Confratello era tenuto a recitare personalmente: *"33 Pater Noster e 33 Ave Maria"*. Nel corso dell'anno la Compagnia faceva recitare altre 10 Messe il 2 agosto, 2 il giorno *"del Transito di San Giuseppe"*, altre 2 il 2 novembre dopo le quali entro 8 giorni ne dovevano seguire altre 22 più un Esequiale solenne; 3 Messe ancora in gennaio il giorno di **San Pietro Orseolo** con panegirico ed Esposizione Solenne del Santissimo ... Insomma una lunga trafila di celebrazioni di Suffragio.

Alla **Compagnia di Sant'Arian di San Gallo** toccava in sorte la seconda domenica di giugno per recarsi all'isola di San Ariano con tre barche per i 33 iscritti e l'aggiunta di altri 10 Sacerdoti e 1 Chierico. Lì eseguivano tutto quanto era previsto per il pellegrinaggio nell'isola.

Una Compagnia di San Adriano detta *"di Valverde"* esisteva anche nella Contrada e chiesa di **San Zulian** di Venezia. Secondo il turno si recava in isola la terza domenica di agosto usando *"4 peate"* spinte ciascuna da 4 vogatori. Passavano per **Murano** e facevano tappa al **Monastero di Santa Maria e Leonardo in Valverde di Mazzorbo** dove prelevavano e poi riportavano una loro speciale *"Reliquia della Croce"* conservata dalle Monache dell'isola.

Un'altra Compagnia di San Adriano era presente a **San Biagio di Castello**, ma questa si recava in pellegrinaggio alla più vicina isola di **Santa Maria delle Grazie** dove *"l'oste della Rizza"* preparava loro anche un buon pranzetto.

Altre Compagnie erano presenti nelle Contrade di **Santa Ternita**, **Santa Marina** *(turno: prima domenica di settembre)*, **San Lio** e **Santa Maria Formosa** nel Sestiere di Castello; **San Giovanni in Oleo**, **San Bartolomeo** che si recava in pellegrinaggio all'isola di **Santo Spirito** *(chissà perché ?)*, **San Gimignano, San Vidal** *(turno: prima domenica di giugno)*, **Sant'Angelo**, **San Beneto** *(turno: domenica agosto)*, **San Paternian** *(turno: terza domenica di giugno)*, **San Luca, San Salvador** e **San Fantin** nel Sestiere di San Marco. Quest'ultima si recava agli **Incurabili sulle Zattere** o a **Santa Croce della Giudecca** invece che nell'isola di Sant'Arian, e negli ultimi anni era segnalata *"... come dai costumi molto rilassati ..."* tanto da essere soppressa prima di tutte le altre.

Nel Sestiere di Cannaregio esistevano Compagnie di San Ariàn in Contrada di *San Geremia*, *Santa Fosca* e *Santa Maria Nova*. Nel Sestiere di San Polo ce n'era una a *San Tomà*, *San Stin* e *Sant'Aponal*, mentre nel Sestiere di Santa Croce c'era quella della chiesa di *Santa Croce* con nome dell'omonimo Sestiere.

Solo dopo il 1750 alcuni Veneziani preferirono recarsi per le loro devozioni di Suffragio per i Defunti in isole della laguna relativamente più vicine a Venezia come *Santa Maria delle Grazie e Santo Spirito*. Oppure le Compagnie si recavano pellegrinando più praticamente in alcune chiese cittadine … Infine nel 1785, siccome certe gite in barca fino a Sant'Arian finivano per diventare: *"… occasione di bisboccia e mangia e bevi … contravvenendo allo spirito iniziale di tale peregrinaggio …"* due appositi decreti del *Consiglio dei Dieci* chiusero tutto e proibirono ogni accesso all'isola.

C'è da aggiungere che nell'isola situata a nord di Torcello e a Nord-Est di Burano a circa 11 Km da Venezia, un tempo forse fin dal VI secolo sorgeva un Monastero di Monache Benedettine. A Levante l'isola-ossario di oggi era delimitata dal *Canale della Dolce* che la separava dall'isola della *Cura* e dalle barene, e si poteva raggiungere percorrendo i *Canali del Bisatto, Scomenzera* e di *San Giacomo*.

E' del 1160 il primo documento che parla della fondazione del *Monastero Femminile di Sant'Ariano di Costanziaco* da parte della *Beata Anna Michiel* moglie del *Beato Nicolò Giustiniani del Monastero di San Nicolò del Lido* ritornato ad essere Monaco dopo aver generato con lei 9 figli per dare una discendenza al Ramo Nobiliare del Casato altrimenti estinto.

Il Monastero di Sant'Arian accolse tra le sue mura numerose figlie dei Nobili Veneziani, perciò godette di molte rendite. Durante il 1200 Sant'Arian venne beneficato per testamento dal *Doge Pietro Ziani*, e da *Maria vedova di Giacomo Gradenigo* … nel 1289 una *figlia Bartolomea della Beata Anna* si fece Monaca con la madre e dopo aver vissuto con lei tornò a Venezia per fondare il *Monastero di Santa Caterina*.

L'anno 1349 fu, invece, terribile per la storia del Monastero di Sant'Arian perché il **Nobile Marco Barbaro** denunciò al tribunale della **Quarantia Criminal** che sua figlia **Cantaruta** fattasi Monaca in Sant'Adriano di Torcello, era stata rapita e violentata dal **Nobile Franceschino Loredan** che venne condannato a 1 anno di carcere e a una pena di 300 ducati, mentre il suo aiutante **Vittore Dolfin** venne assolto ... Nello stesso mese di giugno, anche **Donozoli da Verexelo** venne imputato e condannato a 2 mesi di carcere e multa di 200 ducati per aver rapito un'altra Monaca del Sant'Adriano ... In ottobre il **Nobile Pietro Grioni** venne condannato a 2 mesi di carcere per aver fatto irruzione nello stesso Monastero baciando la Monaca **Viza Zen** e scambiandosi insulti con la Badessa.

Il Monastero di Sant'Ariano venne soppresso nel 1438 dal Papa a causa dell'aria malsana e delle serpi che infestavano l'isola quando una sua casa con terreno posta in **Lio Minor** passò in proprietà alle **Monache di Sant'Angelo di Zompenigo di Torcello** a cui fu unificato, e poi a quelle di **San Girolamo di Venezia** nel 1549.

In quella stessa epoca i **Monasteri di Sant'Ariano e San Giovanni di Torcello** assieme a **Santa Caterina e San Maffio di Mazzorbo** possedevano centinaia di campi di bosco a **Musestre e Meolo** nella così detta **Zosagna di Sotto** nel Trevigiano dove un certo Nobile **Simone Valier** era proprietario di: *"... campagna magna inculta et vigra"* ... ossia possedeva a **Melma** 2 poste da mulino con 11 ruote e *"... unum batirame non completum, sed inceptum de novo..."*, una sega e un mulino a **Nerbon sulla Melma**, un mulino a **Spercenigo sul Sile**, un mulino a 4 ruote e 1 follone con 8 pile sul **Sile a Cendon** dove possedeva anche un centinaio di campi.

Alla fine del 1400 il **Priore Commendatario Giovanni Giusto di Ossero** diede ancora in affitto alle Monache di Sant'Adriano di Costanziaca il **Monastero di San Cornelio e San Cipriano di Burano**, mentre all'inizio del 1500 le rovine dell'isola erano spesso covo di ladri che venivano sgomberati a forza dai Fanti della Serenissima ... Altre cronache ricordano circa Sant'Arian che nel 1517 i **Quaranta** condannarono a 2 anni di carcere e pena pecuniaria *"Valerius ingienerus advocatus monachinus"* entrato in monastero per incontrare una certa **Monaca Filipa** ... Nel 1544 le Monache del Sant'Ariano litigarono per una questione d'immobili con quelle del **Monastero di San Zaccaria di Venezia** ... Pochi anni dopo le acque dolci del Sile e di altri fiumi furono fatte sfociare in mare deviandole dalla Laguna di Venezia diventata insalubre ... il Sant'Adriano di Costanziaca con le sue pertinenze di **Sant'Angelo di Zampenigo di Torcello** si unì e trasferì al **Monastero di San Girolamo di Venezia** nel Sestiere di Cannaregio.

Nel 1565 il **Senato della Repubblica** eresse il grande ossario con piccola chiesa sulle rovine dell'isola rimasta deserta per raccogliere i resti provenienti dai numerosi cimiteri soppressi che sorgevano spesso intorno alle chiese di Venezia nei così detti Campi ... Non fu una buona idea, perché ancora nel 1612 gli **Esecutori alle Acque** relazionarono alla Serenissima affermando: *"... si vide il Canal di Sant'Arian intestato da una parte con palificata, con una porta sopra et dall'altro capo con grisuole a foggia di valle, nel quale luoco hanno anco fabbricato un cason di legname ..."*

Ancora un secolo dopo i cadaveri erano ancora ammassati alla rinfusa nell'isola e lasciati allo scoperto.
Nell'agosto 1664 si decretò finalmente: *"... cadaveri insepolti siano sotterati, spese vengano supplite da colpevoli che si rileveranno dal processo, sia eretta nel luogo una croce di legno. Sopra piè de stallo in cui venga scolpito un San Marco e le armi de Provveditori ... Si portino nel luogo li scopacamini ... Scavino una fossa fonda, in essa ripongano i pezzi de' cadaveri insepolti ben soterrandoli. Le ossa arride siano stivate. Eseguito lavoro, avvertano Magistrato per essere soddisfatti ..."*

L'anno dopo il **Senato** approvò il progetto del **Magistrato alla Sanità** di costruire un muro di cinta lungo tutto il circuito dell'isola per nascondere i cumuli di molti cadaveri ancora insepolti. Per far questo s'istituì una tassa di 10 ducati ciascuno da far pagare ad ogni Piovano di Contrada, Abate e Badessa di Monasteri, Priori di Conventi e Guardiani di Scuole Grandi.
Per tutto il resto del 1600 e l'inizio del 1700 si obbligò a versare settimanalmente per ogni morto una contribuzione nella cassa di Sant'Ariano per celebrare lì ogni giorno una Messa per tutti quei morti lì raccolti e per le suppellettili della chiesetta.

"... per cadaun morto sepolto con capitolo siano riscossi soldi 32, con mezzo soldi 18 di volta in volta al caso di licenziarli... cassa suddetta per conto capitoli e mezzi capitoli sia saldata di mese in mese da reverendi pievani in pena di ducati 10 da essergli irrimissibilmente levata..."

Nel 1751 si decretò: *"... permesso a Confratelli Compagnie, che ogni anno si portano alla visita chiesa suddetta, riparare alla di lei rovine, dilatare anche il recinto. Rimesse nell'uso funzioni sacre et ufficiatura solite Mansionarie ..."*

Nel 1776 si stipulò un accordo per 10 anni con **Giorgio Trapolin e Valentin Valentini** per provvedere di *"terra da saponeri"* e *"viva calce"* i 4 cimiteri pubblici e per il trasporto delle ossa e ceneri all'isola di **Sant'Ariano** che nella Podesteria di Torcello era considerata ancora **Abbazia secolare con Cappellano Curato** a cui erano soggetti i 100 abitanti delle isole di **Santa Cristina** e della **Cura**.

Trascorsi secoli, ossia nel 1933, nell'isola venivano ancora portate le ossa in esubero del **Cimitero di San Michele** ... Nel 1980 si asportò dalla Cappellina dell'ossario un fregio romanico ... L'isola venne a lungo frequentata da cercatori d'ossa per le Facoltà di Medicina di Padova con remunerativo ritorno economico ... Infine nel recente 1997, furono restaurati la Cappellina, il muro di cinta, le lapidi, quanto rimane dell'antico ossario e dell'imbarcadero a spese dell'**Arciconfraternita di San Cristoforo e della Misericordia di Venezia** ... mentre tutto quanto è accaduto in quel posto diventa giorno dopo giorno sempre più smunto e cancellato dal tempo.

***

Il post su Internet è stato scritto in origine come: "Una curiosità veneziana per volta." - n° 65, e pubblicato su Google nel gennaio 2015.

LA STREGA DI SANTA CHIARA DI MURANO

L'insieme delle isolette di Murano è quello più significativo e grande dopo il gruppo numeroso d'isole che formano l'arcipelago di Venezia. Si trova in Laguna poco distante da Venezia, a soli dieci minuti di voga in barca o cinque di più comodo vaporetto. Nei secoli trascorsi Murano era vivissima e piena di chiese e Monasteri di cui oggi rimangono solo poche tracce e qualche toponimo. L'elenco è consistente: **Santo Stefano, San Salvatore, San Martino, San Bernardo, San Marco e Andrea, San Giacomo, San Maffio, San Mattia, San Giuseppe, San Cipriano, San Giovanni Battista dei Battuti, Santa Trinità, San Girolamo** ... insieme a **San Pietro Martire, San Donato e Santa Maria degli Angeli:** le uniche rimaste in piedi ancora oggi. Oltre a questo ben nutrito numero di edifici e complessi, esisteva anche sulla prima isola di destra che guardava in faccia Venezia: **il Monastero e chiesa di San Nicolò della Torre** per via del suo alto e possente campanile che lo caratterizzava.

All'inizio, circa nel 1300, sembra che l'edificio sia stato fondato da dei **Monaci Eremiti Agostiniani** che lo cedettero in seguito a delle **Monache Benedettine** guidate forse da una prima **Madre Badessa Elisabetta Condulmer**. Trascorso qualche tempo, nel 1439, le Monache Benedettine ne combinarono di tutti i colori come si costumava in molti Monasteri dell'epoca, tanto che fecero perdere la pazienza al Doge e soprattutto al **Papa Eugenio IV** che soppresse il Monastero e trasferì e sparpagliò tutte le Suore nei Monasteri di Venezia più Osservanti. Il luogo rimase chiuso e abbandonato per un anno.

Smaltita la rabbia, il Papa affidò il complesso a un gruppo di **Monache Clarisse** provenienti da **Santa Chiara di Treviso** dove il **Senatore Stefano** Trevisan aveva una sorella Monaca. Giunsero perciò in Laguna le Suore Trevigiane Francescane che si portarono dietro il nome della Santa Chiara, rinnovarono la chiesa facendola consacrare da **Marino Grimani Patriarca di Aquileia**, e fecero prosperare l'ente religioso riempiendolo con 70 nuove Monache.

Le Monache, a dire il vero essendo un bel po' ruffiane, divennero simpatiche al Doge e alla Signoria che in più occasioni condonarono loro volentieri debiti e interessi dovuti per tasse pubbliche: *"...in segno della pietà et benignità della Signoria nostra..."*, e assegnarono sussidi di parecchie stara di grano. Perfino il **Doge Nicolò Donà** si fece seppellire nella chiesa delle Monache di Santa Chiara di Murano.

Le Monache del Santa Chiara rispondevano ai **Provveditori ai Monasteri** della Serenissima: *"... continuamente giorno et notte preghiamo il Signore per la conservazione et la grandezza di questa Sancta et Benedetta Repubblica la qual sua Divina Maestà guardi et felicemente conservi ..."*

Alla *"Redecima"* del 1740 risultava che le **Reverende Monache di Santa Chiara di Muran** percepivano rendite annue da immobili posseduti in Venezia per 34 ducati ... e ricevevano ancora soldi anche in altra maniera, ad esempio tramite un *"contratto di Messa Mansioneria"* stipulato col monastero con testamento di **Zuan Antonio Multa Merciaio Stringhèr alla Gatta** abitante in Contrada di San Giacomo dell'Orio morto di peste a 22 anni nel 1597 ! ... ossia più di centocinquanta anni prima.

Non c'erano già più i bei tempi d'oro accaduti intorno al 1660 quando le entrate delle Monache assommavano a rendite da immobili in Venezia per 448 ducati annui ... Né le Monache ricevevano più lasciti testamentari come quello di **Giovanni Busca** o l'**Ammiraglio Francesco Morosini** che donarono ciascuno alle Monache di Santa Chiara 150 ducati d'oro fra 1629 e 1690 come fecero anche per altri Monasteri Lagunari ... In cambio chiesero di celebrare entro 3 mesi almeno 6.000 messe per la propria Anima ! ... 6.000 Messe in tre mesi ??? ... Però !

Nel 1749 un Marangon falegname, che stava segando una trave che serviva a sostenere le campane del campanile della chiesa, precipitò all'improvviso con la testa all'ingiù cadendo nel cimitero delle Monache dove rimase per brevissimo tempo instupidito ... poi, rialzatosi in piedi risalì tranquillamente in cima al campanile per completare il lavoro che aveva incominciato.

Fu però dieci anni dopo, che accadde il peggio nel Monastero. Il Confessore abituale delle Monache, tale **Pre' Zulian Zuliani** venne nominato Cappellano della chiesa della Contrada di San Severo in Venezia. Venne perciò sostituito dal **Monaco Camaldolese Angelo Calogerà** ... e col suo arrivo fra le Monache scoppiò il finimondo ... un putiferio.

Infatti, appena il Monaco entrò fra le mura del Monastero di Santa Chiara di Murano ritenne subito d'aver individuato fra le Suore la presenza di una strega. Si trattava di una Monaca-Conversa, una certa ***Suor Maria Giacomina***. E come se non bastasse, il Monaco individuò anche una Monaca indemoniata-ossessa: si trattava di **Suor Maria Luigia** di 30 anni.

Il Monaco accompagnato da alcune Monache accondiscendenti privò la Monaca-strega dei Sacramenti, fece celebrare immediatamente da una parte delle Suore un Ottavario speciale di preghiere, e ne combinò di ogni sorta scagliandosi nei riguardi della povera donna. Solo poche Monache trovarono il coraggio di opporsi a quello scempio. Più tardi toccò alla Monaca-indemoniata, e il Monaco le si scagliò addosso convinto di combattere contro ben due Demoni che abitavano secondo lui dentro di lei.

Nacque un gran clamore, con liti, grida e proteste fra Monache, gente e Nobili di Murano e Venezia di cui le Monache era spesso figlie. Si creò un clima di tensione impossibile, tanto che lo stesso Vescovo di Torcello si sentì costretto a scrivere al **Papa Clemente XIII** chiedendo lumi, e scrisse anche al *Consiglio dei Dieci* della Serenissima perché intervenisse ristabilendo un po' di ordine nell'isola. Nel Monastero di Santa Chiara c'erano ben venti Monache che facevano quel che volevano senza obbedire più a nessuno, e inscenando questioni e iniziative strampalate turbavano la quiete dell'isola intera di Murano.

Alla fine dell'anno si mise fine *"all'insurrezione"* delle Monache del Santa Chiara, e arrivò l'ordine di revocare il mandato al Monaco Camaldolese accusatore di Monache ... ma si considerò genuina l'accusa di stregoneria che riguardava la Conversa Suor Maria Giacomina ... La Superiora Badessa della Monache: **Alba Maria Galante**, a riprova della bontà di quell'accusa, inviò un esposto all'*Ufficio della Sanità* della Serenissima precisando che nel Monastero si era fatto anche scomparire un intero barile di scopettoni ... A niente valse la confessione di Suo Giacomina di aver messo in piedi tutta una burla e uno scherzo per farsi credere sul serio strega convincendo alcune Monache Coriste.

Venne dichiarata colpevole e condannata a 6 mesi chiusa in una cella a pregare, e le altre Monache vennero accusate di calunnia e obbligate a intensa vita di penitenza e preghiera. Venne fuori fra l'altro, che approfittando di tutta quella confusione, diverse Monache si erano fatte fare duplicati della porta del Convento e se ne andavano in giro per Venezia e la Laguna a piacimento. Gli *Inquisitori di Stato* costrinsero perciò la Badessa a severa vigilanza sulla condotta delle sue Monache.

Nel primo decennio del 1800, Napoleone fece piazza pulita di tutto: prima mescolò le carte della Storia, e poi spazzò via tutto e tutti. Inizialmente concentrò nel Santa Chiara di Murano le Religiose Francescane figlie di Nobili residenti nel *Convento del Santo Sepolcro* in Riva degli Schiavoni a Venezia, vicino a San Marco. Alcune di loro non si trovarono affatto a loro agio in quel misero conventucolo lagunare dalle regole troppo rigide.

Scrissero perciò al Governo chiedendo d'essere trasferite nel più comodo e ricco Monastero Benedettino di *San Lorenzo nel Sestiere di Castello*: *"... Il Santa Chiara di Murano ... l'angolo di fabbricato dove siamo state confinate ... è sommamente ristretto ... l'isola è una plaga insalubre ... inoltre sono maggiori le difficoltà per ricevere aiuti economici e approvvigionamenti da Venezia ..."*

Il nuovo Governo Francese di Venezia non rispose neanche: così si era deliberato e così si doveva fare. Alcune Monache rimasero al Santa Chiara di Murano sottomettendosi alla sua Badessa, altre sette Nobili Monache da Coro, invece, insieme a undici Monache-Converse serventi ottennero per salvare il salvabile di cambiare Ordine diventando Suore Domenicane, e traslocando così nel confortevole seppure angusto *Convento del Corpus Domini* di Venezia *(in seguito demolito per far sorgere la Stazione Ferroviaria)*.

In un secondo momento, il Monastero di Santa Chiara di Murano con le sue 39 Monache Francescane Clarisse venne soppresso e demolito, il chiostro soffittato ed adattato a deposito, e la chiesa divenne magazzino e vetreria. All'atto della soppressione le Monache dichiararono attraverso la loro Badessa **Maria Arcangela Piccardi** di essere impossibilitate di deporre il loro abito da Monache come veniva loro richiesto dal Governo. Non per ragioni di principio e opposizione allo *"smonacamento obbligato"* e alla loro riduzione a semplici donne laiche, ma perché erano talmente povere e mancanti di mezzi per provvedersi di qualsiasi abito civile alternativo.

"Siamo in miseria totale ... ridotte alla fame !" concluse la Badessa.

Le cronache di quei giorni raccontano che alcune donne ex Monache, confuse per aver perso il loro ruolo, fecero ritorno ai loro palazzi di famiglia o di qualche Pia Donna dove riuscirono in qualche maniera a portare avanti il loro stato di vita in segretezza e austerità assoluta, prive di qualsiasi tipo di clamore e dimostranza. Altre meno abbienti rientrarono faticosamente ai loro villaggi di provenienza e alle campagne della Terraferma Veneta. Alcune vennero accolte non senza difficoltà a casa di sorelle e parenti ... Poco avezze alle ristrettezze e al lavorare, vagavano di chiesa in chiesa chiedendo elemosina e carità perfettamente a disagio dentro ad abiti che non erano i loro di sempre. Altre, invece, prive di qualsiasi sostegno finirono a dormire nelle stalle e sotto ai portici, o come accattoni della minore stirpe andavano a dormire nelle barche o sotto ai ponti.

Infine, alcune sfortunatissime prese dalle asprezze della fame e dalle angustie della malattia, finirono ospitate in squallide locande, da dove fu brevissimo il passo che le fece diventare femmine di ambigua e meschina identità lasciva. Era di certo trascorso e finito anche il tempo delle streghe ... e non solo quello.

***

_____Il post su Internet è stato scritto in origine come: "Una curiosità veneziana per volta." - n° 81, e pubblicato su Google nel novembre 2015.

SO ANDA' A BURAN E ...

"Giorni fa, andavo in giro per Venezia per gli affari miei come altre volte, e ho incontrato verso Campo Sant'Aponal Giacometto Guardi."

"Giacomo chi ?"

"Giacometto ... il figlio di Francesco ... il pittore che ha dipinto tutta Venezia dritta e rovescia girandola come un calzetto ! ... Non lo conosci ? ... Niente ... Va bene non importa."

"E allora ?"

"Insomma mi ha preso per un braccio, e mi ha detto: "Vieni! Andiamo dentro a questa bèttola a mangiare un folpetto e bere un'ombra che ti racconto." ... e siamo entrati dentro a un bel bàccaro andando a Rialto."

"E dopo ?"

"Mi ha detto: "L'altro giorno ero stufo di stare immerso dentro al caldo afoso di Venezia, e ho deciso di uscirne fuori andando in Laguna aperta ... e allora so andà a Buran ! ... Ecco qua le fotografie !"

"Ma Giacometto ?" gli ho risposto subito, *"la macchina fotografica la deve ancora essere inventata ... Siamo ancora nel 1700, abbi pazienza."*

"E va beh ! ... Fa lo stesso ... Comunque: ecco qua !" e così dicendo mi ha buttato davanti al "Gòto" sopra al tavolo sgangherato e unto un pacco di fogli, schizzi, disegni che parevano per davvero future fotografie."

"Che meraviglia Giacometto ! ... Che gran vedute ! ... E come è andata ?"

"Non essendo ancora stata inventata l'ACTV ... So andà nel Statio delle gondole per le Isole di San Canziàn ... quello aderente alla chiesa e sotto al portico, e ho chiesto: "Quanto per portarme a Buran ?" ... Il gondoliere-barcarolo mi ha risposto: "Sono trenta bezzi ... ma se mi offri un cartoccio de pèze fritto a Buran e un'ombra de bianco a mezzogiorno, te faso far tutto il giro della Laguna fino a stassera."

"Ostrega ! ... Che occasion !"

"Infatti ... "Affare fatto !" gli ho detto ... e siamo partiti immediatamente ... Passati accanto alle due isolette di San Michele e di San Cristoforo, abbiamo superato anche Murano senza fermarse."

"Siete andati di premura !"

"Proprio così ... Spingendo sui remi con muscoli grossi così, abbiamo raggiunto presto la cavana di San Giacomo in Paludo ... E lì: giù ! ... Un primo sorso de vinello fresco per darsi forza ... lui di vogare ... e io di disegnare ... E poi avanti."

"Madonna del Monte, Mazzorbo, Torcello vero ?"

"Sì ... Sì ... Siamo passati davanti a Santa Caterina de Mazzorbo, perché il Canale Novo devono ancora pensare di tagliarlo, e siamo finiti in secca proprio davanti a San Mattio de Mazzorbo: un'ora con le gambe in acqua per venirne fuori."

"Già pieni di vino ?"

"Macchè ... solo distrazione, ma ne siamo usciti presto tutto compreso ... In giro neanche "Un'Anema viva" ! ... Allora abbiamo lasciato in lontananza a sinistra San Tommaso di Torcello, e siamo passati proprio davanti al Monastero delle Monache di San Mauro o Moro di Burano, e senza fermarsi siamo andati oltre seguendo il Rio di San Martin fino ad arrivare quasi in centro al paesello."

"Lì, poco distante da San Martin, è accaduto di tutto ... Dei pescatori ubriachi sono usciti fuori cantando da un'osteria, e fatalità si sono trovati di fronte a due barche Ciosòtte e Muranesi che ostruivano il canale ... Fumo negli occhi e subito parole e botte da orbi ... man sul muso, e remi che andavano e venivano alzati e menàti in aria ..."

"Mi vago a magnàr ! ... Dopo tu paghi !" mi ha detto il barcarolo che ha legato la barca alla riva ed è subito scomparso ... e mi sono trovato solo, anzi, in mezzo a tantissima gente speciale, e fra le case colorate che mi pareva una festa ... Mentre mi guardavo intorno, mi sono sentito tirare la giacca da una parte, e mi si è presentato accanto un bimbetto rosso e rissetto ... "Questo vuole soldi!" ho subito pensato. E invece no ... Voleva solo mostrarmi entusiasta tutte le bellezze della sua isoletta. Tiràndome "come un becco" e senza lasciarmi prendere fiato, mi ha trascinato a vedere a sinistra di San Martin già col campanile storto, la chiesetta ancora delle Muneghe Benedettine di San Cornelio e Cipriano, verso la Vigna (dove verrà costruito in futuro il Cinema dei Preti) ... E non stanco ancora, mi ha tirato dalla parte opposta costeggiando i rii e la piazzetta portandomi prima a visitare la chiesa sempre delle Monache Benedettine di San Vito e Modesto poi dopo il ponte, quella di Santa Maria delle Grazie delle Suore Cappuccine ... Voleva portarme anche a vedere la chieserella de San Rocco ... ma non c'era tempo.

Fra ciacole e baruffe di donne ispiritate, e una vecchia che a tutti i costi voleva vendermi a peso d'oro i suoi merletti ... fra quelli, invece, che volevano offrirmi da mangiare pesce fresco e regarlarme i "bussolai" ... son quasi dovuto scappare via perché dalla Montagna stava calando e rotolando giù per il cielo una nuvolaglia nerissima che chiamava tempesta.

Ho raggiunto di nuovo e di corsa la barca dove c'era il barcarolo che dormiva disteso a prua ... e mollato in fretta la corda, dopo aver infilato la testa in acqua per svegliarse dalla sbronza, ha ripreso col mal di testa a remare con una certa lena.

Spingendo sui remi, mi ha fatto scendere solo per un attimo a salutare i Frati eremiti di San Francesco del Deserto ... e con una premura boja perché il temporale ci stava "alle calcagna", siamo passati davanti a Sant'Erasmo mentre dal cielo pareva che venisse giù "il finimondo"... e invece, niente: "tanto fumo e poco arrosto" ... ha fatto solo due gocce.

Siccome però si andava a sera, il barcarolo diventato stanco e quasi muto, mi ha portato quasi volando a Venezia passando davanti a Sant'Andrea della Certosa e fino in Piazza San Marco dove el me gha molà in terra sul Molo come una carogna. "Son quaranta bezzi !" mi ha detto."

"Ma non avevamo pattuito trenta ?"

"Si ... ma con questo caldo, e tutta la corsa che mi hai fatto fare per scappare dalla bufera ... Sono diventati quaranta ... Anche perché ti sei dimenticato di passare a pagare il Frittolìn di Burano ... che è rimasto "sul gòmio" a me." ... Cosa te pàr ?"

"Un gran bel giro Giacometto !"

"Una meraviglia ! ... Come andare in Terrasanta ... Peccato che come un sogno mi sono risvegliato presto ... e mi ritrovo di nuovo a calcare le pietre della nostra Venezia."

"Mi hai fatto venir voglia di andarci ... Stavolta toccherà a me." gli ho risposto uscendo a Rialto nel sole del mezzogiorno. I gabbiani urlando in alto sembravano essere entusiasti di quella mia nuova proposta ... tanto che hanno esternato commossi imbrattandomi tutta la veste nuova ... Maledetti cocài ! ... Un giorno o l'altro ..."

Questa è una descrizione fantasiosa riferita a ieri ... alla seconda metà del 1700 e oltre quando effettivamente il pittore **Giacomo Guardi** figlio del famoso Francesco si è spinto in barca nelle Lagune di Venezia eseguendo numerosi schizzi di vedute, isole e chiese giungendo effettivamente anche fino a Burano ... la mia isoletta natia.

E' una delle tante descrizioni possibili che si possono utilizzare nel tentativo sempre mai sufficiente di descrivere la polivalente e molteplice bellezza di quell'isoletta stupenda che amo sempre definire: *"persa in fondo alla Laguna"*.

Tutto questo per dire quanto sia meritevole recarsi lì a Burano per provare a vivere sensazioni che sono del tutto singolari per non dire uniche ... Figuratevi poi se uno, come è capitato a me, è finito anche per viverci per una grossa parte della sua esistenza. Ne deriverà di certo un'esperienza unica, davvero singolare ... indimenticabile.

Quante volte mi è capitato di *"andàr a Buran"* ... un'infinità. E mi capiterà ancora di farlo spero per molte volte ancora.

Una delle ultime volte che mi sono recato là ... Il sole occhieggiava fra le nubi in cielo allagando la Laguna di sprazzi di luce ... Il vento sferzava l'acqua increspandola tutta. Un uomo fumava avidamente una sigaretta, alcune donne trascinano faticosamente i carretti della spesa, file di persone attendevano negli imbarcaderi nell'ora di punta.

"Ho deciso: faccio un salto a Burano ! ... Toccata e fuga ... è da troppo tempo che non ci ritorno ... Devo recuperare nuove emozioni."

Detto fatto ... Sono sbarcato in isola e sono entrato nella Biblioteca Comunale che ai tempi della mia adolescenza è stata la *"mia"* Scuola Media. Una sbirciata, un libro preso a prestito, e due chiacchiere, proprio due, con la bibliotecaria gentile.

"Lei è una fisionomia non nuova." mi ha detto *"Buona passeggiata !"* ed ero già per strada ... le *"mie"* strade di Burano ... quelle di sempre, come non me ne fossi mai andato.

Strada facendo ho annusato forte l'aria cercando d'incamerarla, di portarmela via. Ho fatto quattro passi fino al muretto di fronte alla mia *"ex casa"* in **Fondamenta degli Assassini**, e sono rimasto lì: immobile, fermo, a lottare contro il Tempo, i ricordi e le emozioni.
E' stata subito una ventata, una valanga travolgente di pensieri e dense memorie ... una sensazione quasi ingovernabile, incontenibile, da far andare in confusione la testa. Sono troppe le cose che ho vissuto qui ... Burano è sempre così ... ogni volta che ritorno, non c'è niente da fare.

A volte l'emozione è troppa ... tanto che pochi minuti dopo già riparto abbandonando l'isola ... Troppo forte ! Troppi ricordi e sensazioni che finiscono inevitabilmente per diventare nostalgia e mestizia.
Anche stavolta mi è capitato così: sono rimasto a Burano solo il tempo di spingermi fino in piazza facendo un breve giretto ... Ho sbirciato solo per un attimo quella che è stata la casa dei nonni materni ... e già sono scappato via risalendo nel battello.

Oggi Burano non è più quella di ieri, è diversa ovviamente. E' lei, la stessa, ma allo stesso tempo non lo è più. Non esiste più la *"mia"* Burano di un tempo ... è trascorsa, accaduta, passata e superata per sempre.

Non faccio a tempo a vincere quel *"gropo in gola"* dell'emozione che stringe dentro di me e allontanarmi scivolando via sulle acque della Laguna, che già decido dentro di me che dovrò tornarci ... Burano è magnetica, irresistibile ... Non si potrà mai farne a meno ... almeno nel mio caso.

Sono trascorsi, infatti, pochi altri giorni, e rieccomi di nuovo qui. Non ho saputo resistere ulteriormente a quel forte richiamo che continua a calamitarmi.

Le catene dell'imbarcadero stridono emergendo coperte d'alghe grondanti dall'acqua, il motoscafo della Polizia passa lentamente, le nuvole lontane s'incapricciano, s'allungano e si stirano dalla parte delle montagne ... Sembrano tante dita di mani impegnate a salutare.
Subito dopo il lavoro mi sono *"scaraventato"* in Laguna salendo insieme a pochi turisti sul *"3"* quasi vuoto. Più di metà dei passeggeri sono Giapponesi ... Si parte ! Il motore gira, freme, s'arrabbia, il vaporetto vibra tutto, sbattacchia, approda e riparte di nuovo:

"Burano ! ... Sto tornando ancora !"

Campanili irti, a cipolla, o a torre si stagliano sul fondale della scena ... Aspiro forte l'odore aspro e buono della laguna ... La testa si snebbia e si rilassa, lo sguardo spazia fino a perdersi. L'acqua è cobalto, smeraldo, violetto, celeste, blu e molto altro ancora ... Una bandiera col leone e le strisce lunghe garrisce al vento ... La fisionomia solita di Venezia si allontana immobile distesa sull'orizzonte ... Passa via un capitello sopra a una brìcola mangiata dal moto ondoso, monconi di pali spezzati fanno capolino fuori dall'acqua ... in lontananza se ne stanno adagiate le sagome appena accennate delle isole ... sembrano assenti, non pervenute ... Una barca isolata in mezzo al niente pesca con le canne allineate su entrambi i lati ... L'acqua mostra losanghe, elissi, curve, serpentine, cerchi chiari e scuri, file su file di triangoli sovrapposti, creme, punte evanescenti che il vaporetto

naviga, disfa e trapassa e spinge lontano fino a disfarle ... Gli occhi s'imbrogliano ... Tutto sembra in attesa, come nell'imminenza di qualcosa senza nome che sta per accadere ... il vento è un continuo refolo indeciso. **"Murano Venier ... Murano Da Mula ... Murano Faro."** gracchia l'altoparlante mentre scorre via l'*isola del Vetro*. Non scendo, rimango lì ad osservare e scorrere oltre ... Vedo sfilare via la solita magia delle isole e della Laguna occupata da folle di turisti intenti a pranzare e gustarsi l'attimo insieme all'altrettanto solita folla dei questuanti importuni ... Il motoscafo intanto accellera di nuovo, e usciamo in laguna aperta. I turisti Giapponesi si scatenano: fotografano tutto e tutti, impassibili come sfingi, neanche un sorriso, come se fossero inebetiti di fronte a tanto spettacolo. Scorrono via accanto al vaporetto: una bricola, un capitello infisso su un palo, un uccello scuro che vola basso radente l'acqua ... Si riaccendono le sensazioni di sempre: la Laguna è un Paradiso acqueo su cui scivolare provando a non disturbare ... in lontananza come durante la mia infanzia gli aerei continuano ad arrivare e partire, scendere e salire... L'acqua schiuma, schizza, ondeggia ... I taxi acquei ci superano rombando lanciati di fretta ... L'isola di Murano ormai d'allontana: le sacche, i rovi e le canne, i cantieri con le barche tratte a terra da riparare, nugoli di zanzare, pile di cantari dismessi ... una sega che stride, operai al lavoro, anziani che pescano, giovani distesi al sole a rosolarsi nel tepore del pomeriggio col cappello sul volto, una bimba riccioluta e capricciosa che strilla facendo incazzare la mamma ... Scorre via anche quel che resta dei giardini di delizia delle antiche Monache figlie dei prestigiosi Nobili Veneziani ... Non è rimasto quasi più niente.
I turisti che mi stanno seduti accanto rimangono a bocca spalancata, quasi dimentichi di respirare, non sanno più da che parte guardare rapiti da tanta singolare bellezza lagunare ... ci troviamo tutti pigiati e stretti nel vaporetto. Qualcuno mangia, un altro dorme dietro agli occhiali da sole, una ragazza prova a studiare i suoi appunti di storia, un bambino *"attacca"* il suo pacchetto nuovo di caramelle ... Sembriamo un carnaio odoroso di pelle, sudore, dolciastro, e profumo di donna ... I cellulari trillano e suonano ... sorrisi, sguardi e chiacchiere s'incrociano e sovrappongono. Un miscuglio di lingue diverse, di labbra che si muovono, di mani che spiegano aggiungendo parole su parole. Una giovane ragazza dondola sul posto seguendo ad occhi chiusi il ritmo dentro agli auricolari ...

Fresche adolescenti truccatissime e bellissime si scattano foto a raffica, lampeggiando sorrisi, inviando messaggi, straripando ormoni e vitalità ... Un grumo di bimbe allegre e canterine s'azzuffa sui sedili più indietro giocando scatenate ... Odore intenso di piedi e di aglio ... un giovanotto con una cresta *"da gallo"* carica di gel in testa spalanca un finestrino e getta una bottiglia vuota in acqua ...

*"**Bravissimo insulso ! Hai capito tutto della vita.**"* Mormoro fra me e me morsicandomi le labbra.

Nel vaporetto ci sono anche i Buranelli: nascosti, quasi mimetizzati fra gli altri della folla avventizia ... Davanti a me una signora con gli occhiali verdi sferruzza e lavora placida all'uncinetto. Scruto i volti: non riconosco nessuno. Sono passati troppi anni.

Intanto di fuori continuano a scorrere via isole, acqua, barene, barche e bricole ... Anche l'isola di Murano è ormai lontana, e Venezia è ridotta a una linea corposa di tetti e campanili sullo sfondo della Laguna ampia e distesa che riempie tutta la scena.
Ci sono scenari in laguna che a volte non si possono descrivere. Non esistono parole, macchine fotografiche, telecamere e dipinti capaci di riportare e rendere certe sensazioni, emozioni e visioni. Sono scenari atmosferici, situazioni di colore, sfumature di luce e tonalità che si possono solo contemplare e guardare, costatare con gli occhi senza riuscire a dirli e descriverli decentemente ... C'è solo da stare in silenzio e immobili a guardare e ascoltare e basta.
La mente si nutre, si sente beata di fronte a tutto questo vedere ... Mi sento vivo, contento d'esserci.

Adesso passa via l'isola di **San Giacomo in Paludo** con la Cavana storica luogo di tante storie, le caserme diroccate, le mura rialzate di fresco ... Mi sembra ieri quando passandoci accanto d'inverno cercavo con lo sguardo le sentinelle imbacuccate di guardia sulle mura del perimetro. Le individuavo quasi sempre, semoventi nella nebbia come eterei fantasmi lagunari.

Un tempo qui approdavano gli *Zattieri* carichi di legne e roveri, in discesa **lungo il fiume Piave dai boschi del Cadore** fino all'*Arsenale della Serenissima*. Questa era un'isola anche di misteri, di loschi raggiri curiosi ... Ora scorre via disabitata, quasi dimenticata e vuota.

La laguna continua a distendersi, srotolarsi e rivelarsi come un immenso tappeto di una splendida sala da ballo. Un grosso cormorano nero si alza elegante a pochi metri di distanza da noi ... uno spettacolo ... Una barca isolata nel niente sta immobile in mezzo alla laguna. Un pescatore solitario sosta immobile, assaporando spazi, solitudine e quiete ... invidiabile. Un turista si alza ad additare un posto lontano, poi ne indica un altro dalla parte opposta ... Un altro navigante legge attentamente una guida. Un altro ancora, perso dietro agli occhiali da sole, guarda nel nulla pieno di cose da vedere.
Una barca sparata ci supera, lanciata in velocità, tagliando in due la laguna ... Il battello beccheggia, dondola, annaspa pesante fra giochi di schiuma e acqua ... poi si quieta e riprende la sua corsa sopra la strada bagnata della Laguna punteggiata di pali ... A sinistra prevalgono distese fangose scure, il verde cupo delle barene emerge grondando dall'acqua di stretti canali contorti dal basso fondale ... onde pigre scappano ovunque correndo a perdersi pigre incontro all'orizzonte.
Lontano, alla fine del panorama, proprio più in là, c'è la striscia verde del litorale saturo di orti e campagne ... Ogni tanto s'intravede il mare aperto ampio e spalancato ... Una turista dallo sguardo rapito appoggia la testa sulla spalla del compagno senza dire neanche una parola. L'altro risponde appoggiandovi sopra anche la sua testa rimanendo a sua volta in un silenzio che parla tantissimo ... Improvvisamente una nuvola nasconde il sole. Un alito fresco attraversa tutta la Laguna che cambia subito volto vestendosi di tinte opalescenti e grigi impastati d'azzurro ... Abbasso lo sguardo sull'acqua: tappeti di alghe passano galleggiando, riempiendo l'aria di un intenso odore caldo di salsedine, marcita e salmastro ... L'acqua se le porta via ... Appare un'altra barca a vela a rompere lo spazio uniforme ... la grande vela bianca spiegata si gonfia nel vento senza far rumore ... Verrebbe da prenderla allungando la mano ... ma s'allontana dondolando piano ... Il nostro battello prosegue quasi sincrono e in armonia col mirabile spettacolo di questo niente in cui siamo immersi ... Una turista mi osserva

incuriosita mentre scrivo. Abbassa lo sguardo a guardarsi i piedi, poi guarda lontano e ritorna nuovamente ad osservarmi sorridendo e annuendo ... Non ha detto neanche una parola mentre è tornato ancora a splendere il sole: cielo e terra si confondono in un unico celeste abbacinante ... Nuvole altissime sembrano un gregge al pascolo, tante pecore in fuga su di un terra inusuale, capovolta ... impossibile ... siamo lontani, persi nel niente, fra secche e barene trasudate che affiorano parte a parte ... Vince l'amenità, gli spazi liberi solcati dai gabbiani ... L'acqua fluttua come una gran bestia assopita che si contorce e rivolta lentamente nel sonno. L'onda corre a destra superando se stessa, alta e dritta, intraprendente ... poi cede improvvisamente, perde vigore, rallenta e scende, cade e cala e si frantuma e disperde sull'arenile e sul fango bagnato ... e intanto quasi soffoco ... Non ne posso più di questo loculo galleggiante asfissiante ... Curva a destra, curva a sinistra ... La Laguna sembra un serpente sinuoso addormentato ... L'isola della **Madonna del Monte** traforata di finestre e di edere sta ospitando un unico cormorano nero ... Tutto è scoppiato: una volta, una porta, un muro sempre più sgretolato e caduto ad ogni passaggio ... non c'è nient'altro: forse solo i fantasmi di quanto è accaduto un tempo ... altre memorie, altre storie. Esco a prua ... Manca poco a **Mazzorbo**, scenderò lì, mi servono aria, spazio aperto, silenzio e scenario libera.

Ci siamo ormai ! ... Il vaporetto continua a filare via sulla distesa bagnata, e sfilano le prime case colorate in sequenza: verde, giallo, rosso, arancione, azzurro, marrone, rosa, ancora giallo vivivissimo ... **Santa Caterina di Mazzorbo**, nugoli di rondini, le vigne, i campi, un odore intenso d'erba appena tagliata. Aggiro l'ennesimo Giapponese in infradito impiantato sul posto e riesco finalmente a scendere dal nostro battello vissuto.
Dietro di me una giovane bella donna mora e ricciuluta si sveglia all'ultimo istante dal suo torpore estatico, e s'affretta a scendere in fretta sistemandosi e allungandosi la stretta minigonna e tutto il resto del succinto abbigliamento ... E' tutta stretta, fasciata e aderentissima, fiorita arancio, fuxia, giallo ... proprio per non dare nell'occhio e non mettersi in mostra ... Inciampa, sorride, scende scusandosi col marinaio del vaporetto: *"Lei può fare tutto quel che vuole ..."* le risponde. *"Ogni cosa è concessa a una così ..."* aggiunge borbottando un pensiero neanche tanto contorto.
E il vaporetto riparte col suo carico di turisti e Buranelli.

Appena sceso incrocio e saluto un collega in trasferta per lavoro ... *"Gli acciacchi se ne fregano del tempo e degli spazi, inzuppano l'esistenza di chiunque ovunque ... Mi tocca andare a scovare persone malate fin nelle zone più remote e sperdute di queste isole ... E' un po' matta la gente delle lagune ... Sono difficili, contorti e quasi impossibili come questa scena in cui vivono dentro ... Ma sono anche colorati e affettuosi, caldi come questi colori fantasmagorici e indescrivibili ..."*
Non so che cosa aggiungere e rispondere ... Ha ragione. Ci separiamo dirigendoci per direzioni opposte ... Ora va molto meglio: l'aria è satura di profumo salmastro. La laguna è viva. E' scomparso il **Sant'Antonio** del capitello collocato nel muro di cinta: *"Altra cosa che non c'è più !"*

C'è ancora, invece, la *"Maddalena"* con la sua locanda ... Riascolto le cadenze familiari della parlata Buranella ... le edere ridondanti coprono i muri ... adolescenti aspri salutano con un paio di gestacci i turisti del vaporetto scompisciandosi dentro a uno scroscio di risate ... poi scompaiono dietro al cancelletto accostato di un verde giardino ... e torna il silenzio totale in cui mi ritrovo immerso del tutto.

"Un po' di pace finalmente !"

Burano, Mazzorbo e la Laguna sono di nuovo miei ... tutti per me, ancora una volta. Ogni volta non mi par vero.

Nell'aria solo i versi degli uccelli, il brontolio degli insetti fra i cespugli e nell' *"erba calda"* e odorosa ... Cicale, tante chiassose cicale ... Un concerto sinfonico. Colori, tanti colori ... Un tripudio di fiori colorati ... come le casette basse, con la tenda sull'uscio, le ciabatte e le scarpe lasciate sulla porta per non sporcare l'interno delicato ... i muri bassi di cinta degli orti e del vecchio cimitero zeppo di Morti ... le rive del Canale di Mazzorbo, di fronte oltre le barene c'è l'isola antichissima e misteriosa di Torcello ... Tutto è come da bambino... Gli alberi ombrosi sono, invece, cresciuti tantissimo ... il Tempo è trascorso ... Una barca passa in lontananza ma non fa alcun rumore ... Tutto sembra immobile, quasi paralizzato dentro al mistero del Tempo.

Raggiungo la vecchia statua consumata della ***"Madonna con l'ombrello sopra la testa e col drago serpente pestato sotto i piedi"***.

Quanti ricordi ! ... è stata una delle mete delle passeggiate serali con i nonni e i miei genitori di quand'ero bambino ... Continuo a camminare fra prati d'erba e spighe cotte dal sole, insetti che sfrigolano, svolazzano, saltellano, lavorano in direzione di una vecchia chiesa in controluce, col suo campanile quasi a cipolla, che sembra galleggi sopra la calura campestre. L'aria è pregna d'odore di fieno, stallatico e pesce, rose e fiori, mentre riflessi colorati sull'acqua immobile duplicano le case.
Un gatto soriano bianco e aranciato, mi scruta altrettanto immobile, spaparanzato al di là del canale, sul bordo della riva. Un cuculo melanconico cadenza il suo canto, contrapponendosi a pattuglie di rondini, che passano saettando e fischiando, stridendo. Prima capitombolano e volteggiano in cielo, poi s'infilano sotto la volta del ponte, danzando agili in aria ... alcune sostano, invece, abbinate in cima a un palo, vociando sonoramente di mille cose incomprensibili.
Una bici abbandonata è rimasta appoggiata sulla recinzione di un orto ... In giro non c'è nessuno, proprio nessuno ... Sembra un paese coloratissimo, vivissimo, ma abbandonato ... Supero un rio chiuso, sbarrato, attraversando questa quiete sfacciata, densa di sapori e significati, quasi eccessiva. Passo accanto a file di pali e paline infisse nel fango, barche e barchette ormeggiate. Alcune sembrano proprio gusci di noce, che più che galleggiare sull'acqua, sembra quasi vi volino un po' sopra senza toccarla.
Il cielo intanto gioca con mille ombre e luci, fra nuvole e sole, vento e calura. L'acqua di sotto, sembra cantare la stessa canzone ... La vecchia chiesa è stranamente aperta ... Non perdo l'occasione, e mi c'infilo dentro. E' vuota e deserta, senza nessuno. Anzi, no. Sembra di entrare dentro a un sogno, fuori dal mondo di oggi, capriolando all'indietro in un'altra epoca trascorsa.
Siedo sopra a una vecchia panca che scricchiola, e subito l'aula sacra sembra riempirsi di persone e ricordi, volti che non esistono più ormai da molto tempo. Il silenzio si fa denso, totale, quasi angosciante. Oppressivo, come l'umidore che invade la chiesa sempre stata povera nei secoli, ma ricca di memorie e vissuto.

Alzo lo sguardo in alto: *"1291: Bortola Justiniana Fondatrice di Codesto Monasterio."*

La scritta è posta accanto a una Madonna smunta dipinta proprio sotto le capriate scoperte in legno del soffitto. Più sotto sta il Barco, il coro sospeso delle Monache dove vivevano e pregavano in un tempo ormai andato per sempre.
Ora tutto sembra spento e superato ... In questo angolo di Laguna esisteva una decina di Monasteri e chiese adiacenti, vicinissimi l'uno all'altro. Erano luoghi pieni di vita che accoglievano le figlie dei Nobili Veneziani meno facoltosi ma ugualmente potenti.

Esco ... file di oleandri in fiore coloratissimi s'alternato a Colombi gutturanti che gorgogliano, passerotti fugaci *"mordi e fuggi"*, e una grossa cavalletta di passaggio ... Da sopra un tetto assolato, un gruppo di operai a torso nudo interrompono il lavoro per guardarmi passare di sotto ... Il sole picchia e cuoce tutto e tutti ... In un angolo sotto a una pergola ombrosa ricoperta di verde un anziano silenzioso se ne sta seduto sui gradini di casa, e guarda per terra il niente sovrapensiero ... Muschi, trifogli, viali alberati incrociano i rami a volta sopra alla mia testa ... Passo accanto a una vigna con le uve che vanno a maturare, e al prato nascosto, dove al buio amoreggiava di notte una delle mie giovani cugine. Sono trascorsi tanti anni, e ora proprio lì c'è un bel lampione, chissà perché ... Un grosso cane guardiano dorme, indifferente, sorvegliando se stesso ... Mi osserva un attimo senza scomporsi ... poi richiude gli occhi.
Cammino ancora, e si apre di nuovo la visione. Lo specchio della Laguna si fa di nuovo scintillante, una distesa argentea, un tappeto di luce ... Burano è là di fronte a me ... Mi supera un volto noto di ieri, è invecchiato tantissimo:

"Ecco uno dei Buranelli del tempo di ieri ! ...Esistono ancora."

C'è talmente tanto silenzio che gli sento tintinnare le monetine dentro alle tasche. Mi guarda strizzando gli occhi miopi e ammiccando una specie di saluto ... sorride senza riconoscermi ... poi se ne va per la sua strada malfermo sui suoi passi.

Mi fermo in faccia all'acqua pigra dietro a un mare di Papaveri rosso squillante. *"In questo posto mio papà mi ha insegnato a nuotare. Ricordo ancora il sapore amaro dell'acqua salsa che mi entrava in bocca e dal naso..."* Non c'è più quella secca ciottolosa e fangosa ... ora c'è l'acqua della marea che la sta rimontando tutta ancora una volta ... Passa un motoscafo *"furibondo"* lanciato in velocità sobbalzando sull'acqua ... rompe l'incanto del momento con i suoi tonfi ritmici e pesanti. Il vento mi schiaffeggia il volto ... mi sento vivissimo.
Incontro un'anziana con un fazzoletto bianco annodato al collo, mi saluta sorridendomi sdentata ... Le rispondo ... non l'ho mai vista nè conosciuta ... Poi supero il lungo ponte scricchiolante fra Mazzorbo e Burano, e entro ancora una volta nella favola colorata della mia isola ... sono sulla **"Strada di Corte Comare"**.
Venezia in fondo è ridotta solo a un miraggio lontanissimo disegnato dall'altra parte della laguna.
Intanto in cielo, le rondini si esibiscono in acrobatiche capriole e *"barille"* incredibilmente basse, gridando isteriche sopra alla mia testa. Anche le cicale gridano incazzate la loro monotona canzone estiva ... Il sole rosso e grasso, invece, si fa largo quasi sbracciando e sgomitando fra le nuvole in alto e le fronde degli alberi di sotto che riempiono la scena. Ora si è fatto alto, e la Laguna tutta azzurra sembra trapuntata di mille spilli e impastata di riflessi ... Le sagome scure delle altre isole sembrano navi alla deriva ... Le lunghe reti delle seragge tagliano la Laguna a fette ... Tutto sembra scorrere e succedere come sempre: la Natura sembra assistere placida e indifferente a tutto quanto accade quaggiù che la coinvolge ma non la scompone affatto.

"Ci sarà ancora lì in fondo oltre il Ponte Lungo il vecio Pignèr che mio nonno raggiungeva tutti i giorni passeggiando stanco ? Quando lo raggiungeva si voltava e tornava indietro rientrando a casa poco prima del tramonto ... Eccolo là! ... C'è ancora ... meno male."
Il ponte dondola sull'acqua sotto ai miei passi, come un tempo ... Il **campanile storto di San Martino** batte le ore ... L'acqua scintilla di riflessi

come quando ero bambino ... Sembra non sia cambiato nulla, che il tempo sia immobile e fermo, non sia trascorso affatto ... Pare che tutto sia rimasto come l'ho lasciato ... Ma so che non è così.

Infatti trovo diversi i Buranelli rimasti ... Non sono più quelli di ieri ... Sono quelli di oggi, attuali, disinvolti e spavaldi, sicuri di se ... Sanno schermirsi e destreggiarsi abilmente con i turisti, parlano di computer, merletti e sapori. Non sono di certo quelli che popolano i miei ricordi e i miei sogni di ieri.

"La mia Scuola delle Media ! ... L'ho vista sorgere fin dalla sua prima pietra."

Emergono come da un boccascena, da dietro le quinte delle case colorate, voci cadenzate del dialetto canterino che mi è familiare ... Salutano, ridono, appaiono e scompaiono ... Mi passano accanto tre anziani allegri e chiacchieroni vestiti da lavoro e con i capelli bianchissimi ... Uno è asciutissimo, gli altri due sono pancionissimi ... Fra cespugli e recinti, galline e piccoli campielli discosti, giovani donne prosperose e accaldate stanno sedute in panca sul bordo della strada vicino a una fontanella che gorgoglia. Intorno ci sono reti e "cogoli" stesi ad asciugare al sole. Le donne osservano passare la gente e i turisti, si sventagliano con un giornale cercando refrigerio e novità da spartire ... Abbaia un cane poco convinto ... Una bimba parlotta raccontando le sue storie nel folto bucolico di un giardino dietro a una siepe e un mare di edere pendule ... La si sente, ma non si vede, sembra di stare dentro a un film ... Supero una barca scura tratta a riva e rovesciata per terra in un angolo ... Un vecchio pittore col cappello di paglia e una camicia bianca con le maniche avvoltolate dipinge con gesti scattanti cercando d'imprigionare sulla tela luci, colori ed emozioni che gli sfuggono via da ogni parte ...

Rieccomi anche nella mia **"bella Burano dei merletti"** ... negozi su negozi ne espongono in gran quantità sulla strada. La leggenda spiega bene da dove provengono quei punti ad ago meravigliosi, leggeri come nuvole: un pescatore Buranello aveva resistito, buttando le reti, al canto maliardo, fascinoso e rapitore delle Sirene del mare. Lo aveva fatto per amore e in nome della sua bella che lo attendeva ogni sera al tramonto sulla riva

dell'isola colorata di Burano. La regina della Sirene, meravigliata da tale fedeltà, gli offrì una delicatissima corona di schiume per ornare il capo della sua bella sposa. Da quel giorno, le donne di Burano, conquistate e ammirate dalla bellezza di quel velo speciale, cercarono in ogni modo di imitarlo, iniziando a ricamare i merletti a mano, i famosi pizzi di Burano. Il merletto di Burano è quindi un dono magico e misterioso prodotto dalle Sirene dei Mari e della Laguna Veneziana offerto ai Buranelli.
Diffidate quindi dalle imitazioni ! ... le mani delle Buranelle merlettaie sono magiche ... ma c'è in giro tanta paccottiglia falsa di pessima fattura.

L'aria è pregna d'odore di pesce appena fritto ... muovo i passi nella mia isola. A destra riconosco i posti: i **Tre Ponti**, la **Cavannella** ... Davanti c'è: la **Fondamenta e il Ponte degli Assassini** ... **Calle dei saladi**, **Calle delle botte** ... Lì c'era **Tìsbe il biavaròl**, là c'era **o' Breno il macellaio** ... I posti dove giocano, respiravo, sognavo ...

"San Martino Destro 892 ... numero magico da bambino: casa mia ! ... Il mio balcone, la mia porta ... un luogo povero."

Rimango senza parole. Lo sapevo, ritornano a galla le emozioni, è ogni volta così ... Quanti pensieri ! ... Ci sarebbero troppe cose da dire.

"E' stranissimo ritrovarmi fermo qui a scrivere di fronte a "casa mia" ... Tutto mi sembra piccolo, microscopico. Un tempo, invece, tutto mi sembrava grande, anzi: immenso."

Mi passa accanto una donna matura ormai, non più giovanissima.

"E' lei, proprio lei ... Incredibile ! ... Anche se è trascorso un evo intero la riconosco ... Non è cambiata affatto, i tratti del volto sono ancora quelli di quand'era adolescente e ragazzina ... La ricordo bene: è stata una mia carissima amica per diversi anni ... Stessa andatura, stesso modo inconfondibile di atteggiarsi e porsi ... A guardarla bene però è troppo giovane ... che sia forse sua figlia ?"

Una barca leggera scivola sull'acqua del canale spinta solo dai remi … un'altra donna mi passa accanto ciabattando dentro al concerto insistente delle cicale … Oltre le case colorate il campanile picchia le dieci. E' già tardi … devo muovermi, evadere dalla fiumana dei ricordi.

Procedo oltre … Passo accanto ad un muro basso, tutto consunto, coperto di vetri rotti, si potrebbe superare con un salto. Da bambino mi sembrava altissimo, invalicabile. Adesso Burano mi sembra per davvero tutta piccola, ridotta e minuscola, quasi stretta e in miniatura … ma sono io, invece, ad essere cresciuto rispetto al tempo della mia infanzia.

Oltrepasso una calletta stretta satura di negozietti per i turisti. Non è rimasto quasi nulla delle abitazioni e delle botteghe di un tempo. Lattaio, barbiere, tabaccaio, salumiere, fornaio … tutti scomparsi.

Si dice e racconta che **Burano** sia già stata abitata fin dall'anno 1000 circa … ma chissà ? Forse lo è stata ben da prima … Comunque da quella data di certo non è stata più abbandonata, toccando forse il massimo del suo sviluppo nel lontano 1500: quindi più di mezzo millennio fa.

Burano era un semplice sobborgo dell'arcipelago con la decina di isole di **Torcello** dove risiedevano sia il **Podestà** che il **Vescovo**.

Burano è fin da subito lievitata … perché già nel 1120 un documento certo accennava alla presenza della chiesa di **San Martino di Burano**, mentre solo tre anni dopo un altro documento indica la presenza del **Monastero femminile dei Santi Cornelio e Cipriano di Burano** che venne soppresso già nel 1347.

Quello spicchio omogeneo della Laguna di Venezia era importante e vispissimo perchè **Papa Urbano VIII** specificò, nel marzo 1186, che il **Vescovo Leonardo Donà di Torcello** governava su tutte le Pievi e Monasteri delle isole di: **Ammiana, Santa Cristina** con i **Monasteri dei Santi Felice e Fortunato**, sul **Monastero di San Giovanni Evangelista di Torcello, Centranico, Castrazio, Lio Maggiore, Burano** con **San Cipriano di Burano** e **Murano** con un altro **San Cipriano**. Un piccolo impero di giurisdizione, insomma … e non era tutto perché lo stesso Vescovo Torcellano godeva di diritti e giurisdizione anche su tutta la striscia della Terraferma posta sul bordo della Laguna di Venezia comprendente: **Caverniago** con il suo porto,

San Pietro di Terzo con Tessera *(escluso l'aeroporto che si doveva ancora inventare!)* e le sue paludi, boschi e prati fino alla chiesa di **San Michele del Quarto**. Inoltre *"governava"* anche su **Altino** con i resti del Forte antico, su **Campalto** posto sulla *"Strada dei Mercanti"*, su **San Felice di Torre di Dossa sul Sile, Quarto e Trepalade** con l'*Ospedale di San Giacomo sul Sile o della palude*, sui mulini posti sulla sinistra del Piave con la chiesa di **San Giovanni Evangelista** di fronte alla città episcopale di **Equilo detta Villafranca** *(che sarebbe Jesolo di oggi)*.
La *"longa manus"* del Vescovo Torcellano giungeva fino alla chiesa di **San Donato di Musile** con tutte le sue terre fino al mare, e alla chiesa di **San Samuele** presso il fiume Livenza nel territorio che apparteneva, invece, alla diocesi di Olivolo ossia San Pietro di Castello di Venezia.

Che ve ne pare ? Niente male i possedimenti del Vescovo di Torcello ... Vero?

Nel 1200 la Serenissima riordinò il suo sistema politico-amministrativo sostituendo i vecchi Gastaldi locali con Podestà di sua nomina diretta. All'isola di Burano concesse di eleggere una sua Assemblea detta **Consiglio della Magnifica Comunità di Burano**. Il Consiglio aveva un suo palazzo civico, *(ancora oggi visibile in Piazza Galuppi, seppure molto modificato)* ed era composto da 40 cittadini facoltosi originari di Burano di età superiore ai 25 anni. Eleggeva a maggioranza: Giudici, Ufficiali, Procuratori, Uomini de Comun, Massari, Notaio, Cancelliere, Comandador e Capi di Contrada. Ogni istanza doveva essere approvata dal Podestà della Serenissima, e gli assenti al suono di campana della chiamata pagavano una multa di 20 soldi per ogni assenza *(come succede ai politici di oggi ...magari !)*.

Nel 1214, invece, si fondò e istituì nella zona di Burano detta di **San Mauro** un altro Monastero femminile che fu abitato e attivo fino al 1806.
A distanza di neanche 50 anni, se ne fondò un altro, sempre di donne monache, il **Monastero di San Vito e Modesto** che verrà soppresso nel 1768 *(vicino alla chiesa di San Martino l'unica rimasta oggi, probabilmente è l'ex Cinema dei Preti San Pio X)*.

In una domenica d'inizio ottobre fra 1370 e 1375, al tempo *"del Nobile et Savio Messer Polo Zuliano, Honorevole Podestà de Torcello"*, Buranelli e Podestà decisero delle importantissime regole da rispettare in laguna sulla *"misuris vini"*. Si decise il modo in cui i tavernieri dovevano misurare e vendere il vino usando apposite *"bozze"* fornite dal Comune. Si disciplinò la materia dei debiti verso il Comune, le condizioni d'affitto delle taverne, e l'entità delle multe e delle pene per Beccheri e Tavernieri sull'uso e abuso delle riserve di carne e di vino.

I Buranelli con i loro vicini, erano considerati persone vispe e intraprendenti ... forse anche coraggiosi, sempre disposti a difendere i propri diritti. Nell'aprile 1378, infatti, durante la Guerra di Chioggia contro i Genovesi, 600 abitanti di **Burano, Torcello e Mazzorbo** andarono incontro con una grande bandiera all'**Ammiraglio Pisani** che era stato deposto e sostituito da **Taddeo Giustinian**, e fecero un grande clamore. Ottennero il reincarico del Pisani, che allestì anche con i contributi personali dei popolani e isolani una flotta di 40 nuove galee nell'Arsenale di Venezia, riuscendo ad armarle d'equipaggio in soli 3 giorni per ben 2/3.
Con quella grande determinazione, la guerra terminò ovviamente a favore di Venezia, come ricorda la Storia.

Fra 1427 e 1474, Burano disponeva, per ordine diretto del Senato Veneto della Serenissima, di balestrieri e milizie all'ordine del Podestà di Torcello usati come scorta d'onore o a merci preziose in transito verso Venezia.

Nel giugno 1449, quando in quella zona si segnalavano attivi diversi mulini, il **Doge Francesco Foscari** scrisse una lettera-ordine al **Podestà di Torcello Antonio Erizzo**. Ordinò che la Comunità di Burano scegliesse e comunicasse al Vescovo di Torcello chi voleva come Pievano dell'isola. Inoltre, pregava il suddetto Vescovo di Torcello di rimuovere immediatamente la scomunica inferta ai Buranelli per non aver accettato la persona da lui nominata, e di non osare più infliggerne altre simili per il futuro. Infine avvertiva il Vescovo che era incorso nella pena di 25 lire da parte della Serenissima, per non aver preso parte alla **processione di San Vito** nella stessa isola di Burano.

Povero Vescovo di Torcello ! Che strapazzata da parte dei Buranelli.

Esco però dal passato della Burano di ieri e raggiungo oggi *"Piazza Galuppi",* che è la strada principale dell'isola ... Per i Buranelli è come *Piazza Grande* ... Proseguo ancora quasi al rallentatore, alla moviola, come liberato dal Tempo ... la *Piazzetta*, la *Chiesa di San Martino* ... Ogni muro pare abbia qualcosa da raccontarmi, da riportare a galla nella mia memoria ... Rimarrei qui per sempre ad ascoltare e rivivere lasciando affiorare di nuovo nella mente ... Entro prima nell'*Oratorio di Santa Barbara*, con la sua *"porta segreta"* di un tempo che ora non c'è più, e i suoi segreti dimenticati, che chissà quanti ancora conosceranno ... Entro subito dopo nella chiesa, che per tanti anni mi è sembrata un chiesone, una cattedrale tutta mia: sull'altare ci sono ancora i candelabri pesantissimi d'ottone provenienti dall'Oratorio di Santa Barbara, quelli creati fondendo i bossoli dei cannoni della Guerra Mondiale ...

"Se i muri potessero dire e raccontare quanto hanno visto e sentito ... quanto è accaduto qui dentro !"

Nel giugno 1453, viste le risse furibonde, le bestemmie, le scommesse, i debiti, il *Doge e il Consiglio dei Dieci* di Venezia, ingiunsero e ribadirono il divieto di giocare a dadi nelle taverne di Burano. Qualche anno dopo, per sostenere la vita civica e l'economia traballante dell'isola, s'istituì la *Camera dei Pegni* sulle cose mobili, per provare a combattere usura e concedere prestiti equi.

Nel 1462 durante la *Podesteria di Giovanni Gabrielli* si promulgarono gli *Statuti di Torcello* validi anche per Burano, mentre nel 1474 il Podestà di Torcello ordinò di trovare ed approntare 50 balestrieri atti all'esercito per l'impresa di *Scutari in Albania* e di tenere sempre pronte 15-20 barche da guerra ... Venti anni dopo il Consiglio della Magnifica Comunità di Burano approvò che il chirurgo-barbiere *Mastro Battista Catellàn* fosse confermato per altri 5 anni in quella sorta di servizio per l'isola ... mentre, giunto il dicembre 1492, ossia l'anno della scoperta dell'America oltreoceano, i Governatori delle Entrate della Serenissima ingiunsero a *Lorenzo Manolexo Esattore delle tasse veneziane*, di non vessare i cittadini di Torcello, Burano e Mazzorbo per i debiti contrati a causa delle decime da pagare, e di restituire subito i loro pegni e denari riscossi con forza dagli insolventi.

Durante il 1500, il Podestà di Torcello si spostò ad abitare prima saltuariamente poi definitivamente a Burano, considerata isola più sana, anche se la Serenissima era contraria e lo richiamava continuamente a risiedere a Torcello, permettendogli di rimanere a Burano al massimo per due mesi l'anno per curarsi la salute ... Nel 1508 una disposizione della **Quarantia Civile Nuova** della Serenissima esonerò i **Pistori di Torcello, Burano e Mazzorbo** dal pagare il dazio di 10 piccoli per staio sulle farine acquistate, nonostante le disposizioni emanate dai **Provveditori alle Biave** già nel 1428 ... Il 10 dicembre 1524, i **Governatori alle Entrate** di Venezia confermarono la concessione accordata già nel 1480 agli abitanti di **Murano, Torcello, Mazzorbo e Burano** di trasportare nelle loro terre maiali per uso personale esenti da dazio ... e tre anni dopo, essendosi ridotta per Venezia la possibilità d'importare grano dai tradizionali paesi con cui commerciava di solito, ed essendo cresciuto per questo il prezzo del grano di ben 4 volte, la fame spinse la gente dell' entroterra Veneto verso la città lagunare dove c'erano i Fondaci e i Magazzini del grano.

Lo storico e diarista **Marin Sanudo**, a meno di una settimana da Natale del 1527, descriveva così la situazione che si era fatta drammatica: *"…. ogni sera in piazza San Marco, sulle vie della città e su Rialto è pieno di bambini che gridano ai passanti: "Pane ! Pane ! Muoio di fame e di freddo !" E' una visione terribile…Al mattino, sotto i portici dei palazzi vengono trovati cadaveri."*

Arrivò poi il tempo seguente di Carnevale nel febbraio del 1528: *"… la città è in festa, sono stati organizzati molti balli in maschera e al tempo stesso, di giorno e di notte, è immensa la folla dei poveri … A causa della gran fame che regna nel paese, molti vagabondi si sono decisi di giungere qui, insieme ai bambini, in cerca di cibo … In questa città regna continuamente una gran fame. Oltre ai poveri di Venezia che si lamentano per le strade, ci sono anche i miserabili dell'isola di Burano, con i loro fazzoletti in testa ed i bimbi in braccio a chiedere l'elemosina … Non si può assistere in pace ad una messa, senza che una dozzina di mendicanti non ti circondi e chieda aiuto. Non si può aprire la borsa, senza che subito un poveraccio non ti avvicini, chiedendo un denaro. Girano per le strade persino a tarda sera, bussando alle porte e gridando "Muoio di fame !" ..."*

Nonostante tutto questo, nel 1533 si costruì e fondò a Burano un altro Monastero femminile: quello di **Santa Maria delle Grazie**, che verrà soppresso solo da un certo Napoleone, trecento anni dopo nel 1807.
Trascorsi altri dieci anni, la **Ternaria Vecchia** di Venezia emise una terminazione che concedeva ai poveri Buranelli di condurre nella loro comunità olio e altro senza pagare dazio, purché giurassero di destinarlo a solo uso domestico. In seguito si annullò tutto, perché tutti portavano olio a Burano per non pagare il dazio.

Nel giugno 1550, i **Governatori delle Entrate** di Venezia, permisero ad **Angelo Callegher** di portare ogni settimana nella sua bottega di Burano: 1 cuoio per suole, 5-6 pelli e del cordame per fabbricare scarpe e ciabatte per gli isolani.

Nel febbraio 1577, Burano inviò una supplica al Doge chiedendo per la miseria in cui versavano i suoi abitanti, di essere esentati dal debito di 269 lire di grossi contratto nel 1573 per non aver pagato l'imposta sulle abitazioni. In risposta, un decreto del **Senato** e una successiva imposizione dei **Savi alle Cazude** sollevarono le **Comunità di Burano, Mazzorbo e Torcello** dal debito di 26 lire di grossi contratto durante la guerra per l'aumento della decima sulle case. E ancora nel 1622-1624, un mandato dei Governatori delle Entrate sciolse il Comune di Burano dai debiti derivanti dal mancato pagamento di decime. Inoltre, una terminazione degli **Officiali alle Rason Vecchie** di Venezia, concesse ai pescatori Buranelli di recarsi a turno due per barca a vendere al Mercato di Rialto e di San Marco in deroga alla normativa precedente che limitava a un venditore soltanto.

Intanto, il 27 agosto 1615, **Alessandro da Buran** di anni 20 venne impiccato a Venezia per ordine del **Consiglio dei Dieci** ... e fra 1625 e1661, ai tempi della terribilissima peste, gli abitanti di Burano erano 4.890. Nel 1638 a ringraziamento d'essere stati risparmiati dalla peste che a Venezia nel 1630 aveva fatto più di 35.000 vittime, Torcello e Burano grazie alle manifestazioni promosse dal **Vescovo Torcellano Marco Zen** e dal **Parroco** *di Burano Giuseppe Tagliapietra*, costruirono l'attuale altare in onore dei Tre Santi: Albano, Orso e Domenico ponendoli in un'unica urna. In quegli anni, a Burano si contavano 971 fra case e casette, 33 casini, 5 botteghe, 1 osteria e 1 taverna, 4 magazzini, 3 cavane da barche, 13 forni per il pane, 1 squero per costruire barche e un Fontego della farina.

Ancora il 18 marzo 1673, si eseguì a Venezia l'esecuzione capitale di **Alvise Quintavalle da Buran**, tirato a coda di cavallo per le strade, decapitato e squartato per ordine del Consiglio dei Dieci. Due anni dopo, **Liberal figlio di Rocco Buranello** fu attaccato alla forca in Piazza San Marco a Venezia dopo essere rimasto ucciso cercando di catturarlo, sempre per ordine del Consiglio dei Dieci.

Venezia Serenissima sapeva dimostrarsi, come sempre, provvida protettrice dei deboli, ma anche terribile giustiziera allo stesso tempo.

"Curiosi i Buranelli di oggi !" mi racconta il Parroco attuale, *"Fanno un casino enorme per un centimetro fra casa e casa, perché le abitazioni sono quasi tutte piccole e appiccicate … Lo sternuto di uno rimbalza in casa dell'altro … è difficile convivere."*

"E' sempre stato così … anche ai miei tempi."

"Il vecchio archivio oggi non c'è più … E' rimasto un grosso armadio con alcune cose, ma la maggior parte è stata buttata via o portata altrove."

"Peccato ! Un tempo in quell'archivio si schedava tutto e tutti … Anche gli sternuti di ciascuno."

Alla fine del 1600 la vita religiosa nell'isola di Burano era fiorentissima: nei 3 Conventi c'erano 90 Monache e ben 44 Sacerdoti curavano le Anime dei Buranelli. Esistevano inoltre 5 Confraternite e un Ospizio-Ospedale per i più poveri dell'isola.

All'inizio del 1700, la Serenissima istituì un cordone marittimo di protezione sanitaria e di prevenzione lagunare per provare a salvarsi dai contagi e dalle pesti provenienti dall'estero. L'**Ufficio Sanitario di Burano** vigilava sulla Costa di Levante di Venezia che andava da Burano, Treporti,

Caorle, Falconeria fino a Lignano, mentre sulla Costa di Ponente di Venezia vigilava l'*Ufficio di Sanità di Malamocco e Chioggia*. L'Ufficio di Burano era gestito da 3 nobili o 3 cittadini aiutati da un certo numero di Guardiani d'Ispezione che controllavano tutte le barche in entrata ed uscita dalla laguna di Burano-Torcello rilasciando regolare *Permesso Sanitario di Libera Navigazione*, ed erano in stretto contatto con i Lazzaretti della Laguna di Venezia fino alla caduta della Repubblica.

Il 18 ottobre 1706, nacque a Burano **Baldassare Galuppi detto il Buranello**, famoso compositore, librettista-autore di opere teatrali, oratori di musica sacra, concerti per vari strumenti e sonate per clavicembalo. Coprì il ruolo di *"Primo Maestro"* della Basilica di San Marco, allievo di Antonio Lotti, grande amico di Carlo Goldoni e di Caterina II di Russia presso la cui corte fu ospite.

In quegli anni, fra 1736 e 1766, l'isola aveva connotati ben precisi: c'erano 5.848 abitanti divisi in 1.408 famiglie, residenti in 1.502 fra case e casette, e 7 casoni. Nella stessa isola erano presenti e attivi 2 medici, 46 fra Preti e Chierici e 113 tra Frati, Monaci e Monache. Sparse per le piccole contrade dell'isola c'erano 39 botteghe con 27 Mastri d'arte, 267 artigiani manifattori e 95 negozianti e bottegai all'opera. Inoltre lavoravano anche 12 ortolani in 69 orti e 14 vigne, mentre 1.323 fra Marinai e Pescatori con 2 squeri per costruire barche si occupavano di pesca in Laguna e per mare, e sempre a Burano funzionavano 5 forni da pane, 10 magazzini, 1 pistoria, 1 beccaio, 1 osteria e 1 bastione.

Nel 1751 gli *"Sbirri della Serenissima"* uccisero per strada **Antonio Vio di Burano di professione Sartorello** considerato un prepotente intollerabile e già bandito in precedenza dalla Repubblica.

Fra 1777 e 1794, invece, la cronaca d'epoca del *Formaleoni* ricorda che nella Podesteria di Torcello e Burano c'erano 9.000 anime tutte dedite alla pescagione, rispetto al 1625 gli abitanti della zona erano praticamente raddoppiati. Nell'isola c'era un'unica parrocchia di San Martino, 2 Conventi di Monache, 1 Oratorio e 1 Ospizio-Ospedale. I Buranelli dicevano sempre: *"… la miseria è orribile … è meglio andar in guerra che languire dalla fame."*

Con tutte queste storie scorre in me un fiume d'emozioni sottili ... davvero speciali. Mi fermo ... non scrivo più ... mi godo l'attimo, mi lascio portare via chiudendo gli occhi.

La Casa Canonica, il campanile, l'orto del Piovano, il campetto da calcio ... sono stati anche i luoghi delle mie battaglie, delle marachelle, dei giochi, delle prime esperienze, di tante sensazioni e scoperte ... Bighellono in giro per l'isola fra calli, campielli e callette ... Passo anche accanto alla casa della prima ragazza di cui mi sono innamorato nella mia vita. Fatalità, proprio in quel momento appare sulla porta la sua vecchia madre carica d'anni:

"E' ancora viva ! E' sempre lei, inconfondibile ... Quella che ci teneva d'occhio e non ci perdeva un attimo di vista ... Chissà come s'innamorano oggi i ragazzi e le ragazze di Burano ?"

Sparo foto in continuità, ad ogni passo rispolvero ricordi sbiaditi e ingoiati dal Tempo ... Suona la campana del mezzogiorno ... Quasi non ne riconosco più il suono, eppure quella campana l'ho fatta suonare io per tanti anni.

Vivo incontri e attimi fuggenti ... preziosissimi. Qualche occhiata, dei sorrisi spontanei, delle strette di mano ... emozioni quasi impossibili:

"Com'è trascorso il tempo !"

"Anche a me piace il mattino presto ... il Verde, gli animali, la quiete prima della giornata di lavoro da riempire ... Mi piace dipingere, lo farei sempre ... ma urge vivere, la famiglia, le cose del giorno ..." mi racconta uno dei gemelli con cui dividevo i banchi di scuola da bambino.
"Guarda chi c'è ! ... il Tempestario !" aggiunge l'altro gemello dall'altra parte del canale. *"Siamo rimasti meno di duemila ... ci sono altre duecento case in vendita che nessuno compra più ... Ma ti ricordi di quello ? ... e di quell'altro ? ... e della Stefy ? ... di D'Este pompier ? ... e de Bagioètta ? ... Venivi a scuola col cravattino ... Col cravattino ti ricordi ? ... Tanti non ci sono più ... se ne sono andati, trasferiti e spariti del tutto ... Alcuni si sono*

ammalati, andati, persi ... scomparsi per sempre ... Comunque è bello rivederti dopo così tanto tempo."

Intravedo un fugace velo di tristezza sul suo volto ... Il suo discorso assomiglia a un bollettino di guerra, anche se sotto ai miei occhi i turisti pressano e invadono il paese fino a intasarlo del tutto ... Sembra che l'isola straripi di vitalità. Ma forse è solo apparenza.

"Se ti serve qualcosa ... sono qui ... Ci vediamo ancora, ci sentiamo su FB ... Mi hai cambiato la giornata ..."
"L'hai cambiata e accesa pure a me."

Mi mette in mano una Guida di Burano con un angoletto sporco di colore rosso. E' vissuta ... perché lui è uno che dipinge ... perciò è preziosa perché contiene come il marchio, il volto di quel mio compagno di ieri incontrato di nuovo oggi ... Burano sa essere magico anche in poche ore ... Ogni volta riesce a stravolgermi e confondermi.

"Come ? Quella donna ha novant'anni ? Ma se ieri ne aveva solo sessanta?"

"Sei rimasto assente per decenni ... non te ne rendi conto ... Quella donna ha una faccia giovanile, ma ha tutti i suoi anni ed è anche piena di tante magagne ... Infatti non esce più di casa, sta sulla porta a fare i merletti con gli occhi socchiusi a fessura, a sorridere e chiacchierare con i turisti che passano ... La sua casa è vecchia e decrepita come lei, le piove dentro, e un giorno o l'altro le crollerà sulla testa se qualcuno non interverrà per tempo ..."

La mente appiana, a volte perde la cognizione e la misura buona del tempo. Due anni, cinque, dieci ... fa lo stesso.

"Quante case diventate negozi ! ... e i negozi di ieri non ci sono più ... Sembra non ci sia più nessuno ... Burano è sempre Burano, ma non è più lui ... Qui entravo a tagliarmi i capelli ... Adesso vendono souvenir e merletti prodotti in Cina e Giappone ... Lì c'era uno dei fruttivendoli del

paese, il tabaccaio, il negozio di stoffe, quello degli elettrodomestici, la macelleria ... Lì i vecchi cantavano nel baretto della contrada a conduzione familiare ... L'osteria era come la casa di tutti, gli avventori erano quasi gente di famiglia dell'oste. Sulla riva si riparavano le reti e i cogoli da pesca, un tempo tappezzavano l'isola in quantità, distese al sole ad asciugare come panni appena lavati dalle donne ... Oggi vedo tutto souvenir e merletti ..."

"Vero ! ... Ogni mattina l'isola viene presa nuovamente d'assalto dai turisti e dai campagnoli ... Non ha più un'anima sua. Un tempo giungevano solo a certe ore, passavano in processione attraversando il paese, davano un'occhiata veloce ai merletti e a qualche ristorante, poi sparivano altrettanto velocemente. Erano rari quelli che sostavano in isola ... Solo qualche artista ... Oggi, invece, sbarcano in massa a tutte le ore, colonizzano l'isola per tutta la giornata. Ogni volta cercano di comprarsela e portarsene via un pezzo ... Però, guai se venissero a mancare i turisti ! Sarebbe la nostra fine, perché oggi il turismo è praticamente la nostra unica risorsa ... Gli esercizi funzionano solo per i turisti, e anche gli esercenti abitano fuori ... Quando è notte chiudono tutto e se ne vanno ... Partito l'ultimo battello della sera il paese si svuota e sembra morto o perlomeno rappacificato ... torna a respirare forse come ai tuoi tempi."

"I tratti dei volti sembrano quasi gli stessi ... ma saranno i figli, i nipoti di quelli di un tempo ... Alcune facce sono diventate vecchie, caricate e consumate dagli anni come se fosse calato un velo di nebbia sul viso ... Ho visto qualche bella donna quasi sfiorita ... anche se conserva ancora il fascino dolce di un tempo ... C'è ancora quella donna tondotta, carina, sposata con ... ?"

"Ah no ! Adesso è magrissima e asciutta. Se la vedessi non la riconosceresti. Inganna gli anni, ne dimostra venti di meno. Ora sta con un altro ... Uno da fuori, che non conosci di certo. I figli sono diventati grandi, se ne sono andati a vivere fuori dall'isola, in Terraferma dove si sentono più comodi e liberi, l'isola la sentono stretta e soffocante."

"Una volta qui in isola avevamo tutto, non ci mancava niente ... il fatto d'essere isolati non ci pesava più di tanto."

"Dici bene ... Una volta era così ... Burano era autosufficiente e sapeva anche dare da lavorare per vivere. Ora non è più così ... non si riesce più a procurarsi le cose della vita quotidiana, tutto è diventato costosissimo ... troppo ... per sopravvivere dobbiamo andare fuori a fare la spesa. Soffriamo tutti della mancanza progressiva di servizi ... Ecco perché Burano si è spopolata così tanto, si è come rattrappita ... Però forse essendo diventati pochi solidarizziamo di più fra di noi ... e questo è un bene di certo ... e poi non serve piangersi addosso ... Bisogna adeguarsi, organizzarsi, e vivere lo stesso ... Burano oggi è questo ... La tua Burano di ieri non esiste più."

"E i Buranelli ?"

"Ah ! Quelli sono rimasti quelli di sempre ... Remiamo e percorriamo in barca la nostra Laguna, i nostri grandi spazi aperti. La Natura è viva ed è come noi: colorata, sgargiante ... Ce l'abbiamo dentro, nel sangue e nella mente ... I Buranelli rimasti sono ancora quel popolo vigoroso, coriaceo, quasi duro e temprato dal suo stesso isolamento ... Siamo sempre battaglieri, ipercritici e permalosi fino ad essere baruffanti ... Ma siamo anche generosi e sappiamo dimostrare raffinata gentilezza e qualche tenerezza ... Siamo come la laguna che ci ospita ... essenziali, ma anche splendidi."

"Ho chiesto in giro di qualcuno: "Viveva qui ... Questa era casa sua." Mi hanno guardato stupiti rispondendomi: "Non so ... Non li ho mai visti ... Io sto qui da poco tempo ... Non c'è più nessuno ... Nessuno mi ha mai raccontato niente." ... Tutto è diventato come estraneo, spento, diverso ... Sembra quasi un altro luogo. Su tutto quello che è stato ieri è calato come un immenso velo traslucido e pallido, c'è solo l'evidenza di oggi. E' un ieri che grida silenzioso dalle pietre, ma non esiste più ..."

"A volte inquieta anche noi questo immenso silenzio sul passato che è andato ... La diversità del nuovo ha sostituito il vecchio che non sembra *quasi non essere mai esistito ... Certi silenzi sono capaci d'ingoiare tutto e tutti lasciando quasi niente ... Certe case e angoli di Burano sono come tracce sul bagnasciuga della spiaggia che il sole ha rinsecchito e il vento cancellato ..."*

"Attento però ... Non farti ingannare dalle apparenze ..." mi dice l'altro, *"I Buranelli rimasti di oggi sono tanto cambiati: molte delle loro casette colorate sono piccole regge all'interno. Ai Buranelli piace star comodi ... oggi hanno il computer, ciattano, gestiscono le piccole aziende familiari, parlano le lingue con i turisti, hanno il motore grosso in barca grossa e l'automobile ... E sebbene qualche "quasi vecchio" si definisca appartenente "all'università della vita e della strada" perché non ha studiato molto, gran parte dei nostri figli frequentano l'Università, si laureano e sanno il fatto loro. Oggi molti dei Buranelli viaggiano spingendosi fuori dalla nostra isola spettacolare da cartone animato: ogni tanto fanno i croceristi, li ritrovi in capo al mondo fino in Sudafrica, negli USA e in Polinesia, vanno a zonzo per le montagne ... Il mondo si è spalancato anche per noi, si è fatto davvero piccolo e raggiungibile ... I Buranelli si sono fatti moderni e disinvolti ... anche se non tutti."*

La risacca spinge l'acqua sulla secca dei margini ultimi dell'isola ... le ore sguscino via ... Gli oleandri sulle rive sono in fiore, straripano bianchi, rosa e rossi dai giardinetti segreti. Il sole filtra e irrompe da destra cambiando ancora una volta i colori e le fisionomie dei volti e di tutto ... Tutti questi colori esagerati e finti delle case di oggi finiscono quasi per darmi alla testa ... Intanto i turisti sono arrivati a flotte e hanno invaso quasi ogni angolo dell'isola ... sono presenti ovunque, incontenibili, il paesetto sembra traboccare, non riuscire a contenerli tutti.

Arrivati in Laguna i **Francesi** all'inizio del 1800, i Buranelli furono fra i primi Municipalisti guidati dal cittadino Carminati. Col ritorno degli Austriaci, invece, i Buranelli si prestarono volentieri al ripristino della Provveditoria di Torcello-Mazzorbo-Burano. Tornati di nuovo i Francesi, Burano li accolse esultante, divenendo uno dei **34 Comuni del Dipartimento Napoleonico dell'Adriatico**. Burano fu nominato Comune di 2 Classe con 8.000 abitanti, mentre Torcello divenne Comune di 3° Classe con soli 200 abitanti.

Nel 1836 accadde a Burano un episodio di colera. In paese c'erano 1 Condotta Ostetrica e 2 Spezierie-Farmacie chiamate Condotte Farmaceutiche: *"All'insegna del San Albano"* del dottor **Giuseppe Morandini** e *"Al Gambarotto"* della vedova del dottor **Gambarotto**. L'antichissima **Farmacia di Sant'Albano** si diceva nata ad opera di un profugo altinate **Hieronimus Erbuarius**, che aprì bottega di erborista fornendo erbe, decotti e medicine anche alle isole di Sant'Erasmo, Torcello, Cavallino e Treporti.

Su iniziativa di alcuni cittadini sorse a Burano, nel 1845, uno dei primi istituti di beneficenza della Provincia di Venezia: *"**Elemosiniero Istituto di Burano**"* con rendita di lire 50 austriache annue. Provvedeva i poveri di letto, vitto, medicinali nonché di qualche straordinaria elemosina sovvenendo ben 1.000 persone l'anno. I Buranelli sovvenzionavano l'istituzione offrendo ben 1.500 lire austriache annue, pur essendo per la maggior parte anche loro nell'indigenza.

Nel 1848-1849 fu costituito a Burano un **Comando della Guardia Civica**, un **Commissariato di Guerra per il IV Circondario della Difesa** e un **Reparto della Guardia Mobile** con compiti militari e 170 uomini armati e stipendiati dal **Governo Provvisorio di Venezia** con paga di 1 lira ½ al giorno. I militari erano ripartiti in 2 compagnie al comando dei **Tenenti Domenico Tagliapietra e Luigi D'Este**. Il Reparto venne sciolto solo all'atto della capitolazione della città di Venezia.

A Burano nel 1856 erano già attive le **Scuole Elementari Maschili e Femminili** di I e II classe, con 2 insegnanti: 1 maestro supplente con assegno annuo di lire 460, e 1 maestro titolare: **D'Este Antonio** con assegno annuo di lire 600 ... Nel settembre 1867 una tromba marina si abbattè sull'isola provocando però 3 morti a Treporti. Nell'isola di Burano erano attivi: 3 barbieri, 9 calzolai, 1 materassaio e 1 lavoratore di vimini. Esistevano 17 proprietari di barche minori, 3 fabbri, 8 falegnami, 2 finestreri, 1 imprenditore, 1 muratore, 1 fabbricatore e venditore di paste da minestra. Si trattava della **Ditta D'Este Eugenio detto Manesse q Antonio** che produceva con 1 operaio 3,9974 kg di pasta, ma non sapeva reggere la concorrenza degli altri produttori di Venezia che possedevano più forza motrice e prodotti finiti di migliore qualità.

Sempre nelle piccole contrade di Burano, funzionava 1 macina da pino e 3 prestinai. Lavoravano: 1 venditore di biade e granaglie, 6 rivenditori di legna e carbone e 2 rivenditori di commestibili. C'era inoltre: 1 farmacia, 4 venditori di frutta e verdura, 12 botteghe di pizzicagnolo e salsamentari, 2 macellai, 6 caffettieri, 2 venditori di liquori e 13 osti, tavernieri e venditori di vino, e 6 bettolieri.

Fra 1873 e 1874 si attivò l'*Ufficio Postale* con servizio in giro per il paese anche 2 volte al giorno. La Scuola Elementare maschile e femminile prometteva bene: aveva 2 maestri e la prima classe era frequentata da ben 77 scolari. Quattro anni dopo, infatti, la Scuola Maschile contava 107 scolari in 2 classi e quella femminile 92 in un'unica classe. I Buranelli chiesero di essere aggregati al Comune di Venezia. Ma un assessore veneziano commentò: *"… Il Lido ha la spiaggia, Murano le vetrerie, ma Burano cosa può offrirci ?... I beni patrimoniali di Burano non rendono nulla, i proprietari non pagano le tasse, e i beni cadono in mano alla Finanza che non sa che farsene … Burano per Venezia sarebbe solo un peso …"*

Infatti la proposta di aggregazione venne respinta. *"Maledetta Venezia !"* scrissero i Buranelli sui muri dell'isola.

Nello stesso anno 1880, si unificarono nella *"Congregazione di Carità di Burano"*, la *"Causa Pia"* e *"L'Elemosiniero"* con un patrimonio di lire 7.616 e una rendita di lire 574 annue, mentre si attivò a Burano uno dei 20 *Banchi del Gioco del Lotto di Venezia* con estrazioni settimanali il sabato.

"Maledetta Venezia !" scrissero di nuovo i Buranelli sui muri dell'isola: *"Il Gioco sì … la Salute no ? … Sia stramaledetta Venezia ! … Che Dio la strafulmini !"*

Fra 1894 e 1902: nella sola isola di Burano ci contavano 49 *Compagnie di Novellanti* con una flotta di 210 sandoli e un altro gruppo di 20 pescatori non riuniti in compagnia. Ogni equipaggio era costituito da due uomini e un ragazzo, per cui si poteva contare circa un migliaio di Novellanti, che si spingevano a pescare dalle acque della bocca di porto del Lido e San Erasmo fino alle zone più interne della laguna: le **Paludi Maggiore, di Cona, della Rosa e di Ca'Zane**.

Nel periodo tra 1910 e 1930, il **Comune di Burano** con le sue vicinanze contava fra 9.500 e 11.000 abitanti. Vi giunse il telegrafo, e **Gino Rossi** con **Umberto Mogioli** detti *" i ribelli di Ca' Pesaro e della Biennale"* s'innamorarono dell'isola e della laguna con i suoi colori, andando ad abitarvi e tenendovi il loro studio-atelier. Nacque la **Scuola di Pittura di Burano** a cui parteciparono: **Barbantini, Carena, Castrati, Dalla Zorza, Garbari, Martini, Novati, Semeghini, Scopinich, Valeri, Vellani Marchi** e molti altri ... come si può citarli tutti ? In seguito si unificò la farmacia, arrivò il telefono, e Burano venne finalmente aggregato al Comune di Venezia.

Nel novembre 1944 un incendio distrusse l'**Archivio Comunale di Burano**, mentre qualche anno dopo, nel giugno 1958 nacque un certo Stefano Dei Rossi di mia strettissima conoscenza dentro al quale vivo da quasi sessant'anni.

Il 4 novembre 1966, accadde *"L'alluvione"*. Fu una potente sberla a quell'isoletta delicata quasi nascosta fra le pieghe della Laguna, e anche alla vita di molti dei suoi abitanti sempre così pittoreschi e vivaci. Anche per me fu un'esperienza drammatica indimenticabile !
Il resto è storia che tutti conoscono.

"Burano, Burano ... quante cose ci sarebbero ancora da dire su di te !"

Sta arrivando però il vaporetto ... Da qui un tempo partiva il vecchio battello che chiamavamo *"il Patate"* per il rumore caratteristico che faceva il suo vecchio motore. Sembrava che marciando e navigando ripetesse in continuità quella stessa parola: *"Patate-Patate ! Patate-Patate !"*
Sempre qui tanti anni fa di sera si veniva a guardare i ragazzi che si tuffavano in Laguna buttandosi dal tetto della motonave ormeggiata per la notte ... era quella la nostra televisione, lo spettacolo della sera.

"Adesso a sera tarda la Piazza è quasi sempre deserta ... In giro non c'è praticamente nessuno ... Chiudono tutto, e la gente se ne sta barricata in casa ... il Paese sembra morto fino al mattino dopo ... Si è proprio voltata pagina della vita dell'isola di Burano."

Sono risalito nel vaporetto che ha già mollato gli ormeggi ripartendo. In fondo nuvole scure s'arrampicano progressivamente in cielo scalando la Laguna. Burano diventa sempre più piccola sull'orizzonte: un grumo di colori sormontati dal suo *"Campanil stòrto"* ... Sembra una tavolozza caduta in Laguna ... dimenticata da un pittore sbadato o sognatore.

"Non è più la mia Burano, sembra un'altra, quella di qualcun altro ... e forse lo è per davvero ... Ma rimane ugualmente lei ... Continuerà ad essere ancora anche mia."

Ripongo la penna alzando ancora una volta lo sguardo ... Le barene umide sono ingiallite e dorate dal sole del pomeriggio ... S'interpongono fra me e le isole, fra me e i ricordi, sembrano voler spingere tutto via e lontano, fuori dall'oggi, in un altro posto collocato a debita distanza.
Le onde s'intrufolano e spingono ovunque dividendosi in mille rivoli fin dentro ai minuscoli canali, s'infiltrano negli spazi, sembrano volere invadere, sbiadire e annacquare tutto, sormontano e sommergono ogni parte emersa, ricoprono ogni zona umida e sabbiosa coprendola di un velo traslucido che cancella ogni memoria.
Siamo di nuovo tornati in Laguna aperta ... Superiamo un vecchio forte-batteria diroccato delle guerre andate ... alghe verdi, marrone e scure penzolano dappertutto come tante bave che colano specchiandosi sull'acqua lucida ... mille gocce scivolano su se stesse ... Di nuovo sono circondato dai turisti meravigliati che non sanno da che parte guardare ... Una donna con gli occhi socchiusi cerca di cacciare via la calura con un ventaglio tappezzato di piccole foto di Burano ... Un'altra, invece, rimane con la faccia e il decoltè rivolti al tepore del sole ... Un'altra ancora se ne sta rannicchiata con i gomiti appoggiati alla balaustra del motoscafo osservando il lontano che si fa sempre più lontano: la laguna è immane, spalancata, incontenibile ... smarrisce.

Oltre le paludi e la laguna s'intravedono le antiche valli da pesca, recintate e solitarie, piene di mestieri segreti e notizie curiose. ... Il motore ruggisce nel ventre del battello tanto che non si riesce quasi a parlarsi e sentirsi ... Il motoscafo scivola via sulla Laguna lasciandosi dietro una larga scia d'acqua ribollente ... Sembra vada di fretta ... La mia vecchia isola di Burano ormai non si vede quasi più ... S'intravede soltanto la cima del campanile storto in lontananza, oltre la linea piatta e liscia della Laguna ... E' scomparso il silenzio quasi magico di qualche ora fa ... Una barca se ne sta capovolta sopra al fango, marcita e abbandonata, ha perso parte della prua, mutila come un vecchio senza denti ... La passeggiata sulle acque della laguna sta esaurendosi perché stiamo di nuovo giungendo col battello *"alla Porta"* della Laguna.

Quando *"esci"* da Venezia, proprio davanti alle **Fondamente Nove**, in faccia all'isola di San Michele incontri le due statue che sembrano galleggiare sull'acqua della laguna sopra a una esile e bassa barchetta ... un guscio di noce. Sono **"Dante e Virgilio"** che sembrano nella loro maestria e conoscenza indicare una strada da seguire. Da dentro il loro *"saperla lunga"* sulle cose del mondo, degli uomini, della conoscenza e della poesia, pare vogliano mostrare una porta che si apre su qualcos'altro di speciale, un mondo magico arcano e alternativo che sta oltre la linea del solito vivere di sempre ... un microcosmo tutto da scoprire disponibile per pochi.

E' il mondo magico e particolare che sorge quasi come un segreto in fondo a tutte quelle acque della Laguna che dovrai percorrere e attraversare. Lì in fondo troverai: **Mazzorbo, Burano, Torcello, San Francesco del Deserto** e molto altro ... un'esperienza che non dimenticherai facilmente.

Il mio vaporetto pigro vibra, si scuote, vira e si muove ancora in un ultimo sussulto uscendo dalla linea sinuosa, tortuosa e arzigogolata dei canali lagunari. Sembra quasi voglia scrollarsi di dosso come un animale tutta la fatica di quel suo lungo andare avanti e indietro ... L'acqua schiuma e s'imbovola, è cartavetrata increspata dal vento, s'inventa cerchi concentrici e linee parallele argentee, gioca con la luce, i riflessi e i colori ... un po' scura, un po' chiara, verde cupo, verde oliva, verde smeraldo ... verde verde ... tutto s'impasta, s'accapiglia, s'avvolge e sovrappone rumoreggiando ... e alla fine mi riaccoglie di nuovo Venezia, il mio palcoscenico quotidiano di sempre ... Le ore lagunari sono trascorse.

***

_____Questo testo è uno "Zibaldone", un centone di pensieri tratti da post diversi che parlano di Burano tutti pubblicati su Google in momenti diversi: "La vita è un viaggio ... Appunti." – n° 05; "Provare a dire e scrivere ... Burano." del maggio 2014; "Burano retourn" del giugno 2014; "Burano senza colori" dell'agosto 2014; "Ore lagunari" dell'agosto 2013; "Una curiosità veneziana per volta." – n° 35 dell'agosto 2013 e n° 85 del gennaio 2016.

L'ISOLA DI POVEGLIA

E' ormai passato alla Storia l'episodio dell'asta online a offerta libera che prevedeva la vendita da parte dello stato dell'Isola di Poveglia. Il bando, primo di quattro pubblicati nel 2014, prevedeva la cessione degli edifici dell'Isola di Poveglia per 99 anni. Poveglia, ormai lo sapete tutti, è un'isola costituita da tre isolette molto vicine, due delle quali collegate da un ponticello, affiorante nella Laguna Sud di Venezia fra larghi bassifondali, secche, barene, ghebi e il canale omonimo di Poveglia, quello che porta all'isola di Santo Spirito, e quello dell'Orfano e di Malamocco, grossomodo fra il Bacino davanti a Piazza San Marco e il litorale Lidense.

Sul suolo dell'isola esiste ancora oggi tutta una serie di fabbricati più o meno fatiscenti da provare a recuperare di valore storico e architettonico a volte modesto, altre volte ricco di Storia.

La Storia di Poveglia è sostanzialmente simile a quella di tante altre isole della Laguna di Venezia: racconta inizialmente di antichi specchi d'acqua contesi, di realizzazione di *"Fondamenti"* di saline o del loro abbandono, di pozzi scavati e vere da pozzo rubate, di Frati e Monache che abitavano Monasteri Santi diventati anche di peccatori e avidi possidenti ... S'intreccia poi con le pestilenze, con fosse comuni piene di **"salme anonime collocate come lasagne"**, di cimiteri improvvisati, ripari per le barche e pescatori durante le tempeste, di vigne coltivate e panorami mozzafiato ... e di Veneziani mai sazi di frequentare e vivere dentro questi spazi davvero speciali. Poveglia ha una superficie di pochi ettari, e dalle immagini disponibili degli ultimi decenni si può notare un'isola selvaggia, piena di spazzatura, rovine e materiali sparsi, eccetto una parte che era tenuta bene e coltivata dal vecchio giardiniere custode che la abitava.

Qualcuno nei libri e nel web l'ha chiamata anche: **"L'isola dei fantasmi ! ... uno sputo di terra scampato al mare."** per via di una certa sua fama ricorrente, ogni tanto rifomentata e riproposta da qualche visitatore nostalgico, fantasioso e un po' opportunista.

Poveglia era considerata la nona isola per importanza fra le dodici principali dell'*Isolario di Venezia*, e sembra che la sua storia sia iniziata con l'invasione Longobarda del VI secolo con la distruzione delle città dell'entroterra *(in particolare Padova ed Este)*, quando l'isola divenne forse uno dei centri di reinsediamento delle popolazioni in fuga verso le coste. Divenuta borgo e sede di un castello, il centro contribuì efficacemente, tra l'809 e l'810, alla resistenza di **Metamauco**, l'antica capitale del ducato di Venezia, assediata dai Franchi.

Sempre secondo vecchie tradizioni, sembra che l'isola inizialmente sia stata occupata da duecento famiglie al servizio del **Doge Pietro Tradonico** ucciso a sorpresa, eludendo la guardia ducale in campo San Zaccaria, da dei congiurati delle famiglie **Candiani, Gradenigo, Falier e Caloprini** nascosti in burci di sabbia ormeggiati sulla riva degli Schiavoni. I quasi duecento servi, che lavoravano al servizio del Doge ucciso con le loro famiglie, si barricarono armati per quaranta giorni nel Palazzo Ducale per chiedere giustizia e sistemazione. Il nuovo **Doge Orso Partecipazio** concesse allora alle famiglie: privilegi, terre arative e da pascolo, valli da pesca e da caccia, e di andare a vivere a **Fine di Livenza** o occupare l'isola di **Poveglia**.

Come segno di questa particolare attenzione del Doge nei loro riguardi, i Povegliotti ottennero anche il privilegio di ormeggiarsi al **Bucintoro**, la barca dogale, il giorno della **Festa della Sensa**, mentre le altre barche lo accompagnavano intorno solo a distanza. In cambio gli isolani lo omaggiavano attraverso il loro **Tribuno, Gastaldo Ducale o Podestà**, e i sette anziani rappresentanti dell'isola s'inchinavano offrendo per colazione ciascun **Giovedì Santo** prima di Pasqua alcuni cesti di frutta e di pesce: passere e rombi. Il Doge li ricambiava con un bacio simbolico di pace, e il martedì dopo pasqua offriva a diciassette Povegliotti tramite un suo Cavaliere il **"Disnàr honorevole del Doge"** regalando: **"… quattro secchi di vino bianco dolce, due libbre di pevere (pepe), e ventiquattro paneti da quattro bagatini l'uno…"** Alla fine il Cavaliere riceveva un omaggio di ventisei lirazze da parte del **Gastaldo dei Poveggiotti**.

Si dice che per un certo tempo l'isola sia stata un piccolo borgo abitato da ottocento persone con vigne e saline intorno. Nell'isola esisteva la chiesa di **San Vitale** arricchita nel tempo di bellissimi altari di marmo, di uno splendido pavimento, di tante opere d'arte e dipinti alle pareti, e perfino dall'organo. Per Tradizione, il **Piovan di Povegia** riscuoteva: **"Ova e galline** *e parecchi diritti su valli da pesca e da caccia direttamente dall'Arciprete Vescovo di Malamocco".*

In una certa epoca, quando si eleggeva un nuovo Doge questi donava alla barca dei *Poveggiotti*: dodici scudi d'argento e quaranta pani con dodici secchi di vino.

I Povegliotti dovevano essere gente fiera e rissosa tanto che ogni tanto se ne doveva rinchiudere qualcuno, ma erano anche attivissimi nel difendere i lidi veneziani, tanto da ricevere privilegi, esenzioni da tasse e dazi, dai servizi militari, e dal remare nelle galee.

Il nome dell'isola è stato a più riprese storpiato dagli uomini che di volta in volta l'hanno denominata: *Pogli, Pomiglia, Poppea, Poviglia, Popilia* ... mentre i Veneziani di sempre l'hanno probabilmente chiamata semplicemente: *Poveglia* o *Poveggia*.

"Xe vero che suppiando la marina, el sirocco n'ha fato trattegnir delle ore a Poveggia e a Pellestrina ..."

Recitavano alcuni versi di un'antica cronaca plurisecolare in riferimento a quel minuscolo frammento emergente in Laguna, forse attraversato dal Console romano *Popilio Lena*, che seguiva la Via Emilia diretto ad Aquileia fra canali, paludi e terre emergenti.

Può darsi, invece, che l'isola di Poveglia si chiamasse così forse per la quantità dei Pioppi che un tempo la ricoprivano ... in fondo ha poca importanza.

Gli isolani di Poveglia conducevano e accompagnavano, *"remurchiavano"* in Laguna le galee e le navi che entravano dalla *Bocca di Porto di Malamocco*, rifornendole di viveri, ancore, e cordami. Le famiglie di pescatori e salinatori Povegliotti come i *Musso, Boyso e Barbalongolo* possedevano attività e interessi fino a Chioggia e a Pellestrina, e i pescatori di Poveglia che avevano più di sessant'anni d'età avevano il diritto di comprare a prezzo di favore tutto il pesce proveniente dall'*Istria* e venderlo nella pubblica pescheria di San Marco.

In giro per la Laguna si andava dicendo che i Povegliotti vivevano più di cento anni a causa dell'aria salubre e del vento che soffiava sempre sull'isola purificandola dall'umidità e dalla presenza dei morbi di qualsiasi malattia. Un Povegliotto giurò perfino di avere più di cento e dieci anni.

Diventato quindi nel corso degli anni un florido seppure modesto centro sia economico che demografico, una prima decadenza dell'isola coincise con la guerra di Chioggia, quando si decise di evacuare la popolazione dell'isola conducendola nella più sicura Venezia: alla **Giudecca** e nelle **Contrade di San Trovaso e San Agnese** dove c'erano diverse case vuote e poca gente.

Qualcuno di parte Genovese dice che in seguito nonostante la costruzione di una Fortificazione e di un Mandracchio collegato con un ponte levatoio di legno *(l'Ottagono di Poveglia verrà costruito solo alla fine del 1500)*, l'isola di Poveglia venne ugualmente occupata dall'**Ammiraglio genovese Pietro Doria** che da lì bombardò anche il **Monastero di Santo Spirito in isola**.

Racconta, invece, l'**Apotecario-Speziale Daniele di Biachino Chinazzo** dalla Motta di Livenza proprietario della Spezieria **"della Colonna"** presso Piazza delle Erbe a Treviso, e cronachista schierato apertamente dalla parte della Serenissima alla quale era particolarmente affezionato: *"Settembre 1379 se parti Zenovesi de Chioza cum tuto so sforzo de gallie e zente d'arme del Segnor de Padoa ... e Zenovexi se afermò a campo in Poveia, che è per mezo Malamocho, con gran quantità de bombarde, le qual gitava fina a vexin del Monastier de San Spirito."*

Le isole di **Poveglia** e **Santo Spirito** furono campo di battaglia, e lì Venezia si giocò con successo le sue estreme carte: *"Et del mexe de ottubrio 1379 i diti Zenovexi se levà de campo da Malamocho e da Poveia et afogà la sua bastia de Malamocho e tute le chaxe grande e pizole da Malamocho e de Poveia e i palazi grandi che era per stancia di Podestà di tuti i ruinà et afogà in fin su le fondamente, ch'el non romaxe justa sola chaxa in quelle do terre salvo le chiexie."*

In ogni caso, al termine del disastroso conflitto **Poveglia** era completamente devastata e i suoi abitanti, in origine diverse centinaia, erano ridotti a poche decine. L'isola divenne luogo utile per l'acquartieramento dei soldati della Serenissima, ed efficiente cantiere navale con magazzini e tese per calafatare le navi.

Col passare dei secoli e le modifiche idrodinamiche della Laguna, l'isola vide diminuire di molto la sua superficie a causa dell'erosione delle acque *"riducendosi a cinquecento passi di giro"*. Subì inoltre la violenza, e di certo non fu l'unica, di: *"… **un potente uragano sciroccale, procella terribile che sommerse le isole della laguna con somma altezza di acque di mare e fece salire l'acqua a venti piedi distruggendo vascelli, uccidendo molte persone, e procurando danni per un milione di zecchini …**"*

Qualche secolo più tardi, la peste colpì duramente l'Europa così, anche a Venezia, con lo scopo di evitare la diffusione della malattia il **Magistrato della Sanità** dispose che tutti i corpi sarebbero dovuti essere condotti sull'isola di Poveglia per essere bruciati e sepolti in fosse comuni. Successivamente, il provvedimento si estese ad altre isole lagunari e Poveglia divenne solo isola della quarantena, dove individui ancora coscienti, spesso forestieri, a volte non ancora contaminati, venivano condotti a morire o guarire a debita distanza da Venezia. Di certo Poveglia fu anche cimitero, perché sotto ai bucolici vigneti si sono rinvenuti migliaia di corpi inumati. Forse proprio per questo, nel corso dei secoli intorno all'isola e ai sui suoi Morti nacquero tante leggende, tutte legate a una sorta di essenza malevola di cui essa era ormai permeata, radicata e nascosta fin sotto terra.

Si scrisse ancora, che durante una delle pestilenze l'isola rimase con sole otto persone, e si tentò senza successo d'introdurvi l'**Ordine dei Monaci Camaldolesi** per trasformarla in Convento-Eremitaggio. Se questo non accadde, fu colpa soprattutto del **Papa Clemente VII** che fece di tutto per dirottare i Monaci Camaldolesi sopra a un monte vicino a Roma piuttosto che in mezzo alla Laguna di Venezia.

*"**Perché favorire quella reproba Venezia infedele ed eretica punita da Dio con la peste ?**"* sembra abbia spiegato.

L'isola venne allora trasformata in luogo di quarantena per navi, sospetti, e merci provenienti dal Levante e da luoghi infetti, che gettavano l'ancora nei vicini **Canali di Fisolo** e **Spignòn**. Nell'isola circondata da barche armate si eressero alcuni caselli in legno: *"... per gli infetti e le robbe da spurgare: colli di mercanzie, balle di cotone, telerie, pezze, mazzi e colli di seta, sciali di cascimir, manufatti di valore, sementi, granaglie, lame di ferro alla rinfusa, mucchi di denaro, monete d'oro, cassette di perle fine..."*

Si costruirono anche altri catapecchi per i guardiani d'ispezione, per custodi, i militari, e per i *"... bastazi impegnati nell'espurgo e maneggio delle mercanzie e nell'estrazione dell'insuscettibili ..."*
Mercanzie e passeggeri si mandavano, invece, con barche e peate scortate dai **Fanti del Magistrato** alla vicina isola del **Lazzaretto Nuovo**.
Poveglia era anche l'isola col *"Cristo miracoloso"* che attirava *"Grande concorso di devoti, soprattutto in certi momenti dell'anno in cui si celebravano speciali ricorrenze ... e ogni volta che i bastimenti passavano accanto all'isola salutavano il Crocifisso del Santuario di Poveglia sparando numerosi colpi di cannone ..."*

Di certo a cavallo fra Storia e Leggenda, si racconta anche che durante il milleseicento nell'isola di Poveglia è vissuta per un lungo tempo la **Monaca Angela Poveggiotta**. Entrata come conversa in un Monastero della città era stata cacciata perché irrimediabilmente affetta da crisi frequenti di *"malcaduco"*. In realtà la sua era *"melanconia e noia di vivere"* che lei combatteva e sfogava facendosi prendere dall'ansia, dal pianto continuo di un'inguaribile insoddisfazione, e dalle convulsioni che l'affliggevano fin nel cuore della notte, e anche quando si trovava in meditazione nel Coro delle Monache che di volta in volta l'ospitavano. Un Frate Confessore esperto, chiamato a valutarla finì col definirla malata, o meglio *"ispiritata e indemoniata" (tanto per cambiare)*, perciò il Capitolo e la Badessa delle Monache finirono col rimetterla in strada e rispedirla nella sua isola di provenienza.

La donna, invece, divenne Monaca di un altro Ordine che la cacciò a sua volta, e solo allora si decise a tornare a vivere nella casa di sua sorella che abitava ancora a Poveglia.

Si racconta che la si sentiva cantare spesso ad alta voce nelle stanze più nascoste dell'isola come se si trovasse in chiesa, e che quando morì carica di anni, il suo fantasma continuasse a vagare per le stradine e le stanze delle casupole dell'isola, tanto che in certe notti chiare di Luna era possibile vederla passare con addosso un lungo vestito bianco da Monaca, mentre canticchiava ancora con occhi infuocati come di brace. Si aggiungeva anche che era meglio per chiunque evitare di chiamarla e incontrarla, perché avrebbe potuto comunicare a chi le parlava quel male che si portava dentro per sempre.

Fu di certo e realmente durante una delle ultime epidemie di peste, nel 1793, che Poveglia venne utilizzata come una sorta di Lazzaretto.
Esiste una: *"Descrizione istorica del contagio sviluppatosi in una tartana nella Idriota esistente nel Canal di Poveglia nel Giugno 1793 e de mezzi praticati a reinserirlo in quell'isola."* scritta dal **Comando del Magistrato Eccellentissimo alla Sanità di Venezia** che racconta la vicenda e di come la Serenissima riuscì abilmente a contenere e arginare gli effetti del morbo tremendo: *"... Scrivo l'avvenimento di Poveglia memorabile in vero per ragion contraria, a grado eguale, o forse maggiore degli altri descritti: quelli memorandi per lo stazio, per l'insistenza, e per le perdite sanguinose di un male atroce, ed irreparabile, memorando questo per aver potuto con distinti mezzi di attività, e di sollecitudine preservare indenne interamente la comune salute dalle funeste conseguenze dello stesso inesorabile tremendo nemico. Comparve in questo Porto nella mattina del dì 5 giugno decorso una Tartanella Idriota nominata San Nicolò di bandiera ottomana diretta dal Capitan Zuanne Mechxi quondam Toderin Spezzioto, con solo carico di formaggio salato proveniente da Napoli di Romania con equipaggio composto di trenta persone. Era illeso da ogni male il paese donde partiva come assicurava la sua Patente netta di scorta, era di genere non suscettibile il carico, tutte si trovavano sane le persone del legno, ne indizio alcuno poteva condurre a considerarlo di gravissimo sospetto, quindi coperto il legno stesso da un*

Guardiano di Sanità, con le ordinarie riserve fu fatto passare nel Canal di Poveglia, luogo allora destinato ai legni di sospetto, allo sconto della natural sua Quarantena di Contumacia, dove con li riguardi tutti di salute si è eseguito in poche ore della mattina susseguente 6 giugno lo scarico del formaggio consistente in pezze nove milla circa già estraibili per legge, mentre tutti continuavano a mantenersi in perfetta salute.

Solo nel giorno degli 8 ad ora avvanzata della mattina giunse al magistrato una lettera del Guardiano di Sanità esistente sul Bordo della Tartanella predetta, con cui espose, che aggredito sin dal di precedente, cioè un giorno e mezzo dopo lo scarico, uno de marinari da dolor di capo, gli si erano ordi manifestati dei segni di mal contagioso, che due altri si trovavano aggravati da dolor di testa, e chiude in poscritto, con la funesta notitia della morte del primo infermo.

Un immediato sopraluogo eseguito dal Nobil Homo ser Fabio Iseppo Gritti Provveditor Deputato ai Lazzaretti, con il medico Dottor Leone Urbani, (trovandosi allora infermo dall'ultima malattia il fu Proto Medico precessore) con il Colonello Michieli Vitturi Ispettore di Sanità, con l'Avvocato Fiscale Lorenzo Alugara, che scrive l'istoria presente, col Chirurgo del Magistrato Eccellentissimo Domenico Novello, e con li Fanti, avverrò per troppo il carattere della fatal malattia.

Giovanni di Apostoli dalla Spezie era la prima vittima dell'accesso, assalito da cefalagia, da vomito biliare, da vertigine, da petecchie nere, da vibici, da antraci, e buboni, nell'augusto spazio di ventiquattro ore aveva perduto la vita. Gli evidenti segni della più micidial pestilenza erano impressi sul suo cadavere raccolto nella lancia inserviente alla Tartanella. Eguali segni della maligna infezione, si erano spiegati sopra altri tre infermi marinari, fatti spogliar ingnudi, ed esaminati attentamente, Michiel d'Anagosti Greco aveva un bubone nell'inguine destro, Teodoro Sarandachi Greco si querelava di Cefalagia, e Giorgio d'Andriano Greco giovane d'anni quattordici si lagnava di dolor di capo, e verso l'occipite aveva un tumore dilatato nel collo, sino alle orecchie, ed erano questi infelici nella lancia stessa, ove trovavasi il cadavere dell'Apostoli dicesi dalla Tartanella tutti nella stessa mattina."

Caspita ! ... Che descrizione efficace e meticolosa ! ... sembra un film.

Dopo questo episodio storico, per molto tempo Poveglia venne considerata un *"Porto della salute"*. Nei pressi dell'isola si continuò a lungo a mettere alla fonda le navi sospette: si mise all'ancora una *"Santo Stefano"* polacca ottomana guidata dal **Capitano Demetrio Cocavi** proveniente da Smirne, Ipsara e Scio; la *"Bella Sultana"* turca proveniente da Scutari; il brigantino inglese *"Sir Thomas Meithland"* respinto da Malta e dai porti pontifici, capitanato da **Stefano Vulovich** ammalatosi di carbonchio al petto e morto in navigazione assieme al direttore: **Metto Placinich** morto di peste. Il nostromo di bordo aveva inchiodato tutte le porte delle cabine della nave con tutti gli effetti personali dentro fino all'arrivo a Poveglia dove tutto venne spurgato e risanato.

Sempre accanto a Poveglia si obbligarono alla fonda i brigantini austriaci *"Palimir"*, *"Giunone"* e *"Apollo"* dei **Capitani Scopinich e Prospero Marangunich** giunti da Alessandria d'Egitto dove c'era la peste. I marinai s'ammalava con bubboni e morivano entro pochi giorni, alcuni si gettavano ad annegare in mare per la disperazione, altri, invece, giunti allo spurgo di Poveglia, si ristabilivano fino a guarire. Subito dopo questi episodi, Poveglia ospitò in contumacia altri 702 bastimenti durante la diffusione del colera a **Odessa, Tangarock, Alessandria, Costantinopoli, Smirne, Londra, Groenoch, Jaffa, Beirut** e altri posti. Alcune navi che arrivavano scortate da navi da guerra avevano per davvero il colera a bordo, e ci furono ancora una volta: ammalati, morti e guarigioni.

Ci furono anche episodi curiosi: a Poveglia sbarcò anche un Arabo con alcune capre, e venne portata lì anche la giraffa che il **Viceré d'Egitto** regalò a **Francesco I d'Austria**. In molti accorsero a visitare l'isola e per un certo tempo a Venezia si vestiva *"alla moda della giraffa"* prima che il povero animale finisse a morire a Vienna.

Durante gli ultimi conflitti mondiali dell'inizio 1900 Poveglia divenne una Batteria armata con quattro cannoni antiaereo. Alcuni bombardieri tedeschi attaccarono più volte quello spazio lagunare, e incendiarono e distrussero vicino all'isola di Poveglia il transatlantico *"Conte di Savoia"* che finì di bruciare completamente trascinato e ormeggiato agli Alberoni.

Ma la storia degli orrori di Poveglia non si è ancora conclusa. Nel 1922 a Poveglia, quando il campanile venne riciclato come faro per la navigazione, venne eretto uno strano edificio abbattendo e incorporando anche la vecchia chiesa di *San Vitale.* La funzione di quella ristrutturazione è ancora oggi dibattuta; qualcuno è arrivato perfino a negarne l'esistenza. Di che edificio si trattava?

Da alcuni archivi risulta che esso svolgeva semplicemente la funzione di casa di riposo per anziani. Tuttavia alcune testimonianze sembrano condurre a una versione differente dei fatti: che cioè l'edificio sia stato una specie di clinica per malati di mente. Tale ipotesi oggi è la più accreditata perché fra le rovine dell'isola si può ancora leggere l'iscrizione: *"Reparto psichiatria"* inciso sulle pareti.

Il manicomio o speciale casa di riposo venne comunque smantellato nel 1946, ma gli anni in cui fu attivo furono di certo segnati da avvenimenti sicuramente inquietanti. Sempre a cavallo fra Storia e relazioni fantasiose, si dice che i pazienti della *Clinica-Ospizio* si sentissero tormentati dalle *Anime degli antichi Morti di peste e dal canto della Monaca Poveggiotta,* e che per questo motivo i degenti chiedessero in continuità al direttore dell'isola di venire trasferiti altrove. Si racconta però che uno dei direttori medici fosse un uomo sadico appassionato di lobotomizzazione del cervello che riteneva una cura valida per provare a guarire i malati di mente. Nel 1890 infatti, un certo *Dottor Sarles in Svizzera* aveva effettuato la prima lobotomia del cervello forando la testa di sei pazienti ed estraendovi parti del lobo frontale convinto così d'arginare la malattia e la demenza. Il medico di Poveglia era forse seguace e imitatore dello scienziato che agiva in Svizzera ? Non si sa.

La Storia-leggenda comunque continua raccontando che lo stesso medico impazzito a sua volta, si sia dato la morte suicidandosi buttandosi giù dal campanile dell'isola tormentato a sua volta dagli Spiriti di Poveglia ... e da quelli dei matti a cui aveva forato e aperto la testa. Si dice che un'Infermiera che assistette all'accaduto raccontò che quando il medico impattò col suolo era ancora vivo, ma morì subito dopo soffocato da una strana nebbiolina uscita dal terreno che aveva avvolto il suo corpo entrandovi dentro fino a lasciarlo esanime sull'erba. Brrr !!!

La storiella è suggestiva, ma dell'esistenza del direttore **fanatico lobotomizzatore** non c'è traccia storica, e la dismissione dell'isola da manicomio-ospizio segnò di fatto la fine della Storia ufficiale dell'isola che rimase abitata solo dalle famiglie di un Ortolano e di un Oste, ossia meno di una decina di persone in tutto.

Morti e partiti anche costoro, l'isola è rimasta disabitata e lasciata in mano a vandali e rari visitatori che ne hanno fatto scempio e tratto fantasiose testimonianze di voci, lamenti e apparizioni di strane figure inesistenti. Negli anni sessanta dell'altro secolo, una famiglia benestante ha acquistato l'isola stabilendosi ma sbarazzandosene subito dopo. Si dice che anche loro fossero terrorizzati dagli Spiriti dei malati e della peste, ma a pensarci bene non deve essere stato divertente ritrovarsi davanti una fossa comune quando volevi fare il vignaiolo.

Sul taccuino consunto di un recente *"visitatòr vagabondo di isole"* si legge:
"... Ultimamente l'isola di Povegia è divisa da un canale largo alcuni metri che divide la parte verde coltivabile di orti e vigne da quella degli edifici con la ex casa del Direttore, del Cappellano, e della famiglia dell'Ortolano e dell'Oste. Un altro canale più piccolo largo pochi metri sulla parte delle abitazioni è quasi interrato, a volte in secca. Un tempo erano dei veri e propri confini che distinguevano fra malati e sani, fra vivi e destinati alla morte di peste.
Vista da lontano, Poveglia sembra appoggiata su di un magico vassoio a specchio, come sospesa fra acque e cielo. Solo il riflesso ondeggiante del campanile e delle sagome degli alberi e degli edifici diruti sull'acqua dice che esiste per davvero e che non è un miraggio. (...)
Sull'isola osservo alberi esuberanti non più potati, dalle chiome ampie e frondose: Platani, Robinie, Acacie e Cipressi. Ovunque vedo erbacce, rovi, arbusti, rampicanti e tutta la possibile gamma di Piante selvatiche che possono crescere incontrastate aggrovigliandosi a casaccio fra loro, contendendosi luce, acqua e nutrienti. Sopra, dentro e sotto avverto vibrare, strisciare e volare un altrettanto abbondante massa d'insetti e uccelli liberi e variopinti, che dominano l'aria dell'intera isola,

incontrastati, a nugoli talmente numerosi che a volte oscuravano l'aria, come formando tenui veli di nebbia. Sono loro gli attuali padroni dell'isola. (...)
In un angolo spuntano dall'acqua le tozze mura in pietra dell'Ottagono ... Su una riva accanto a fragili balaustre cadenti, si alza ancora il becco ad Ibis di una vecchia gru rugginosa a doppia ruota saldamente piantata su di un massiccio blocco di cemento. Una lunga e robusta catena di ferro scende ancora oggi dalla carrucola in alto fino a immergersi a pescare nel fango dove da tempo immemore nessuno l'ha più tratta.
Un buco per terra ricorda, invece, il posto in cui si trovava quasi coperta dal verde selvatico un'antica vera da pozzo col Leone Marciano e gli stemmi dei Magistrati Veneziani che è stata rubata ... Altre buche profonde poco distanti lasciate scoperte sono i resti di vecchie tombe profanate, scoperchiate e svuotate, o vecchi scoli, fossi e discariche di rifiuti riempite d'acqua piovana e stagnante ... Ovunque e in giro: tetti di case abbandonate, vecchie condotte dell'acqua potabile, cavi della corrente elettrica e del telefono inutili e strappati, la torre dell'acquedotto, il largo fumaiolo di una ciminiera conica stremata verso l'alto, le finestre arcuate contornate di pietra bianca del campanile coi quadranti dell'antico orologio murati, e la cuspide a cono rattoppata e tenuta insieme da tiranti e rinforzi.
In un altro angolo dell'isola sorge ancora la bassa costruzione piramidale in pietra e marmo di una delle vecchie polveriere della Serenissima. (...)
Gran parte dell'isola è ancora contornata da una cornice e alto bordo di pietra traforata da strette finestrelle forse postazioni di difesa ... Le acque della Laguna corrodono e si mangiano pezzo dopo pezzo quel che resta della terra emersa cancellandola del tutto ... L'isola diventata acqua è anche circondata da una serie di pali e bricole che segnalano le secche, i canali ancora navigabili, e gli approdi più o meno sommersi e distrutti ... Qualcuno ha sparato come a un bersaglio al caratteristico pallone nero forse della condotta dell'acqua posto in cima a un pilone semi divelto ... A certe ore del giorno, quando l'acqua è più bassa spuntano mozziconi di palo ritti e obliqui ricoperti da pendule e grondanti alghe verdi flagellate dalle onde sollevate dalle barche di passaggio.
Nella parte più intima dell'isola osservo un ampio stanzone con due grandi vasche doppie in pietra chiara con tavolazzi in marmo dove un

tempo si lavava la biancheria ... Trovo rovesciata in un angolo rugginosa e inzozzata una carrozzina a tre ruote con la guida davanti ... Una vecchia lampada di metallo a pera penzola scoppiata dal soffitto e dondola smossa delicatamente dal vento ... Un portellone di ferro chiude una centralina elettrica fulminata di nero ... perfino una grezza bara in legno nero col coperchio ornato da una croce gotica bianca tutta scrostata. Ovunque un mare di pattume e mucchi di foglie marce portate dentro e fuori dal vento attraverso le finestre sfondate prive di vetri e d'infissi ... Ancora ovunque s'arrampica e pende una selva di tubi, rubinetti, manopole e raccordi che fuoriescono da serbatoi vuoti che raccoglievano acqua ... I muri dipinti di chiaro fino a mezza altezza grondano d'umidità che s'allarga dappertutto in larghe chiazze scure che giungono ai soffitti spesso crollati ... Da ogni parte: crepe, tracce di malte applicate a strati per rimediare ai buchi, calcinacci sparsi sui pavimenti distrutti, pezzi di grisiole e canne, ciarpame, stracci marci e puzzolenti, pezzi di legno divelti e spezzati, appuntiti e pieni di schegge e chiodi ... La parte inferiore delle pareti, invece, è quasi dappertutto dipinta di scuro quasi a voler nascondere sporco e untume ubiquitario. (...) Poco più in là c'è una rete da letto in legno e metallo messa in piedi, un armadio sfondato, un mucchio di mattoni, casse di legno sfondate e divelte, bottiglie di vetro chiare e scure rovesciante e infrante ... una robusta grata in ferro battuto costruita a raggiera mezza contorta e divelta, una tozza scaffalatura inchiodata al muro con ancora sopra un piccolo e complesso marchingegno di metallo dall'uso incomprensibile tutto manici, giunti, rotelle e grossi pulsanti. ... Un mondo "scoppiato" ... di un vissuto trascorso che non c'è più ... Quest'isola è morta."

Da parte mia posso infine aggiungere che ho conosciuto direttamente le ultime Suore che hanno vissuto e assistito gli *"ospiti"* dell'isola. E ho conosciuto anche alcuni degli ultimi *"malati"* dirottati dopo la chiusura dell'isola in alcune stanze della **Casa di Riposo dei Santi Giovanni e Paolo in Barbarie delle Tole nel Sestiere di Castello.** Devo dire che la maggior parte di loro erano dei disadattati psicofisici non indifferenti, affetti effettivamente da gravi disturbi e ritardi mentali. Qualcosa di vero quindi c'era in quella faccenda del *"manicomio di Poveglia".*

Ecco qua ... detto tutto. Che ne sarà di Poveglia domani ? Non so rispondere come molti altri Veneziani ... Per ora mi resta nella mente quella sponda bassa dell'isola col bagnasciuga invaso dai ciottoli, dalle alghe, dal fango e da qualche animaletto di passaggio. Nel folto del Verde s'arrampicano, beccano, trillano in continuità gli uccelli, mentre sui ruderi e sui muri s'intravedevano fuggevoli lucertole che rimangono a rosolarsi al sole. Ogni tanto passa qualche grosso ratto che nuota e scappa via infilandosi in buche e tane nascoste. L'acqua della marea sale e scende schiaffeggiando l'isola ciclicamente ... le onde arrivare di corsa schiumando ed esplodendo, sbattendo, sfaldarsi sulle rive coprendole, bagnandole e riscoprendole di nuovo in un gioco senza fine che però è muto ... senza più niente da raccontare.

***

_____*Il post su Internet è stato scritto in origine come: "Una curiosità veneziana per volta." - n° 45, e pubblicato su Google nel maggio 2014.*

IL PORTO DI TORCELLO INGHIOTTITO DALLA LAGUNA

Il motoscafo dondola, sembra quasi danzi. Ogni tanto sbattacchia e approda goffamente dando addosso bruscamente ai pontili. La poesia e il silenzio della Laguna s'interrompono. Venezia piano piano s'allontana, e sullo sfondo si susseguono quasi distesi e languidi una folla di campanili dipinti dal sole, palazzi, rughe di case, Contrade dopo Contrade … Venezia è e rimane sempre Venezia. L'acqua rimbalza di nuovo, schiuma, spruzza, sciaborda, risacca, volteggia in aria e ricade bagnando ogni cosa e tornando ad essere di nuovo acqua nell'acqua … Bricole, gabbiani rauchi, specchi d'acqua, file d'alberi ormai vestiti d'autunno … I cantieri delle barche, il **Casino degli Spiriti** paradossalmente oggi abitato dalle Suore, la Sacca della Misericordia che sembra abbracci un grumo di barche. Si spalanca e ripresenta il consueto e sempre nuovo volto della Laguna aperta.

Un'allegra compagnia di donnette, *"galline strozzate starnazzanti"*, le definisce una mia amica, si danno un gran da fare chiocciando: *"Avanti ! Forza ! Se va a Torsello ! Avanti tutte in gita !"*

"Cominciamo bene … Speriamo di non portarcele appresso tutta la giornata."

Il sole se la ride appeso al cielo sereno senza una nuvola, la giornata è davvero bella, l'acqua è limpida, l'aria ancora tiepida … Il momento davvero invitante. Le schiume bagnate s'inseguono, si mescolano, si sovrappongono sulla scia del battello … dentro si mescolano e sovrappongono le chiacchiere, i brusii, il sordo rumore dei motori. Un mototaxi si supera a prua alta sollevata sull'acqua con due baffi bianchi d'acqua spalancati sui fianchi … Dondoliamo fra barche e barchini … C'è traffico stamattina in Laguna.
I turisti Giapponesi con cappellino da marinaio e la scritta *"Venezia"* scattano foto all'impazzata a tutto e a tutti … Gente che pesca, barene trasudanti acqua e autunno, l'orizzonte impastato di cielo e mare tagliato soltanto da una striscia scura orizzontale di terra … Sembra un universo

alternativo, alieno, magico, osservato da occhi smarriti ed estasiati insieme.

"Ciò tocco de ostrega ! Non ti vedi che ti me pesti i pìe ? ... Ma da dove ti arrivi ? Non ti te accorsi che con sto zaino grando come un divano ti me vien addosso e ti me schìssi tutta ? ... Ma non ti gha un fià de bona creanza ? No ti vedi che so una povera vecja ?"

Ecco di nuovo rotta la poesia. La donnetta mi squadra da testa a piedi come scansionandomi provenienza e identità. Poi si fida della sua analisi, mi ritiene affidabile, perciò si sfoga: *"Ma te pàr giusto ? ... Tre quarti d'ora in pìe ? E mi pago anche l'abbonamento ... E questi qua che ride e fotografa sentài sprapalanzài ... E i te vien anca addosso ... Quasi quasi ghe tiro una ghèa de quelle ... O forse se megio tiro sòso un per de saracche ... Così i me sente ... Ma mi son una zentidonna e me trattengo ..."*

Annuisco, sorrido, solidarizzo senza proferire parola.

Anche i turisti a loro volta sorridono, scherzano, annuiscono senza comprendere neanche una parola. Uno si toglie il maglione per il caldo, l'altro se lo rimette per il freddo stringendosi le braccia e le mani dentro ai polsini ... Un mare di teste eterogenee, uno spiega sapiente, un altro consulta frenetico una guida, uno dipinge e colora, uno pisola in un angolo, un altro ancora osserva la scena chiassosa e soprattutto la donnetta divertito e curioso.
La guida dei Giapponesi gironzola allarmata profondendosi in mille inchini e scuse ripetute rivolte a tutto ... sorride anche lei.
"Ridi ... Ridi ! ... Che la mamma ha fatto gli gnocchi !" brontola la donnetta ancora visibilmente alterata e arrabbiata. *"Rivarà ancora l'inverno ... che così andarè tutti a casa vostra ..."* aggiunge spazientita.

Intanto scorre via puntuale la trafila delle isole, quasi come a un appello virtuale: **San Giacomo in Paludo, San Francesco del Deserto** in fondo, la **Madonna del Monte o del Rosario** che spunta timida e rovinosa dall'acqua, **Burano e Mazzorbo** ... sempre bellissime, colorate, fascinose e attraenti ... In fondo sulla distesa della Laguna biancheggiano vele candide al terzo, e poco più in là un bragozzo coloratissimo ha un grande sole giallo dipinto sulla vela che sorride spiegato al vento leggero.

Ed eccoci infine a Torcello la nostra meta odierna: *"Torcello ! Torcelllooooo !"* grida il marinaio ... e la folla si spande sulla riva. Un gommone taglia brutalmente la rotta al vaporetto. Fischi, parole, parapiglia: *"Impara a navigare ! ... Figlio di ..."* gli grida il capitano del vaporetto insieme ad altre cose che non posso trascrivere ... *"Vàrdali ! Insemenìi ... Tutti impaccài e fermi ... Spòstite un poco almànco ! ... che così smònto !"* brontola ancora una volta la donnetta inviperita ... Burano se ne sta più in là, sullo sfondo, avvolta in un insolito grigiore controluce ... sembra quasi in disparte.

Un tempo l'isola bella e romantica di Torcello, oggi ridotta a poche case con una splendida piazza, era un emporio commerciale fiorentissimo pieno di vita. Un porto attivo, da far invidia ai grandi porti moderni di oggi, perché nonostante si viaggiasse solo a remi e a vela, Torcello era capace d'intensi scambi e contatti commerciali sparsi sull'intera area del Bacino Mediterraneo e anche molto più in là.

Non ricordavo così alti gli alberi che circondano l'isola di Torcello ... sono trascorsi diversi anni. Appena scesi s'è allontanata miracolosamente la truppa delle donnette, cala il silenzio e tiriamo un sospiro di sollievo. Siamo usciti dal solito mondo, e siamo entrati in un altro ancestrale, diverso, atemporale.

Rapiti dalle prime parole della nostra egregia guida, mi soffermo a osservare le distese dell'erba, i fiori, il verde ... Di là c'erano i **Cistercensi Borgognoni** col loro chiesone pomposo ... Oggi non è rimasto più nulla, li vedo solo con la fantasia, rimuginando vecchie notizie.

"Chi è Buranello gioca un po' in casa in questi posti ... Possiede una marcia in più per comprendere quanto c'è e quanto è accaduto ... La nostra è un'escursione culturale non è la solita visita guidata ..."

Verissimo ! ... quest'isola non è un posto qualsiasi.

Ci addentriamo nell'isola, M.M. ci mette del suo, e ci addentriamo nella Storia di queste magiche Lagune: *"Sei ore cresce, sei ore cala ... la Laguna è mutevole, mai statica ... Qui vince la Natura... Pochi passi più in là si sprofonda fino al ginocchio nel fango ... Queste erano spiagge ataviche cantate dagli antichi per la loro leggiadria e bellezza..."*

Ascolto il silenzio, mi nutro della bellezza bucolica del posto ... Lo è anche oggi, a distanza di tanti secoli ... Anche se non esiste più il famoso Emporio Torcellano della Venezia prima di Venezia. E' rimasto però quel profumo acre di salmastro, in fondo si vede il collo gentile e candido delle Garzette palustri, le distese dei fiori selvatici ... Mi sembra di vedere passare accanto a noi i fantasmi eterei e trasparenti dei **Vescovi**, delle **Badesse**, del **Doge** e dei **Nobili** del passato ... Le pietre parlano e raccontano storie di opulenza, umanità repressa, marachelle, spiritualità, guadagni, intrighi, abusi e vita qualsiasi ... e la nostra guida le fa cantare.

Torcello di un tempo ... bisogna chiudere gli occhi, un po' immaginarsela. Ci s'immerge in un mondo bello e poetico, artistico e storico che ti nutre dentro e ti fa un po' sognare ... come davanti agli scavi di **San Giovanni Evangelista** e alla sua sola foresteria rimasta ... un bijoux.

In punta di piedi c'infiliamo a scoprire amenità nascoste per pochi ... Sbalordiamo davanti ai resti delle chiesone e dei Monasteri sepolti sotto gli orti, le barene e le vigne ... Mi alzo in punta di piedi, e mi sembra di vedere dietro agli alberi, le canne e gli arbusti delle barene, da una parte **Altino** romana invasa dai Barbari, dalla parte opposta la **Bocca di Porto di Treporti** attraversata dalle navi in entrata ed uscita dall'attivissimo **Emporio Torcellano**. Mi alzo ancor più in punta di piedi, e mi sembra di intravedere **Ammiana e Costanziaca**, ancora vispe e attive, con le loro Pievi e i loro Monasteri, i ponticelli in legno, le motte, i fossi, le acque da pesca del Vescovo, i molendini lacustri ... Dall'altra parte ci sono sempre e ancora **Burano e Mazzorbo** i cui nomi da soli richiamano mille storie a parte.

Mi alzo in punta di piedi ... ma sto solo immaginando.

Torcello oggi è diventata doppia, doubleface. E' quella della vogata attraverso la laguna per andare a farsi la *"spanzata"* di pesce e vinello. E' l'isola con la fiumana di gente, i canali intasati dalle barche e dai motoscafi strombazzanti e con la *"musica a palla"* ... Osservo e ascolto cantare a gran voce in lontananza: **"Viva Venezia ... Evviva San Marco Regina e Padrona dei Mari ... evviva le glorie del nostro leon !"** e non è ancora mezzogiorno ... Immagino stassera, dopo qualche bella bevuta in più.

E' una Torcello commerciale, turistica, sfruttata ... diventata per certi versi povera, smarrita. Ma c'è poco da dire e recriminare: si vive, esistono anche gli altri, ognuno la pensa alla propria maniera ... purtroppo.

Per fortuna c'è anche l'altra faccia di Torcello, quella della distesa fiorita e silenziosa dei prati, e poco più in là, solo qualche metro ... quella con lo specchio lucido delle barene e delle paludi, gli uccelli che si alzano in volo eleganti ... i ghebbi che trasudano bagnato ... le acque stagnanti con i nugoli d'insetti ... le alghe giallo-bruno-verdastre spalmate sulle sponde e sui rivoli momentaneamente lasciati in secca dalla marea ... e poi la Torcello che conta di più: quella con la magnificenza dei mosaici e della grande basilica antica.

M.M. è di nuovo abilissimo a far rivivere tutto, è un piacere rimanere ad ascoltarlo, sa far parlare le pietre e fa sentire pulsare i luoghi del loro passato lontano ... L'orologio perde le lancette, e ci si culla in un tempo trascorso che sembra ritornare ad essere presente.

E non è ancora tutto ... Perché dove oggi sorgono soltanto un paio di chiese dal fascino magnetico, un tempo sorgevano ben 10 fra Monasteri, Oratori e grandi edifici ecclesiali saturi di storia, arte, vicende e anche un pizzico di religiosità. Inoltre, a poche centinaia di metri di distanza, sorgevano altre decine di complessi simili, sparsi in tante isole piccole e grandi ... Insomma intorno a Torcello esisteva un intero mondo vivissimo, popolato di uomini e donne, con interessi e culture diverse capaci di partorire vicende storiche davvero significative. Sotto ai portici dei Monasteri e delle chiese, nelle locande, negli Ospizi per Mercanti, Viaggiatori e Pellegrini non solo ci s'incontrava e viveva, ma si stringevano anche patti, si stipulavano accordi, s'investiva e si guadagnava parecchio.

Per comprendere meglio basti citare soltanto alcuni nomi delle località e delle città che commerciavano abitualmente con Torcello, tratti da una lista ben più lunga.

Spulciando le antiche carte si potrà notare facilmente come a e da Torcello arrivassero e partissero merci e persone da:

- L'*Emporio Realtino*, ossia con *Rivo Alto* e le variopinte quanto numerose *Contrade di Venezia*.
- *San Giorgio in Alga*.
- *Chioggia* detta anche *Clugia o Cluia*.
- *Pellestrina*.
- *Lio Grande, Lio Piccolo, Cavallino e Treporti*.
- *Portu de Mestre*.
- *Sabbione o Sablono*.
- *Cambroso*.
- *Sermasone*.
- *Mogliano o Molianiis*.
- *Padova* detta *Platea Padue*.
- *Piove di Sacco* detta anche *Villa Plebes*.
- *Bagnòn sotto Spercenigo o Albagnono*.
- *Treviso* detto *Tarvisii* con tutto il suo largo entroterra Trevigiano.
- *Codevigo*.
- *Rovigo*.
- *Vallio o Villa Valii*.
- *Capodistria* ossia *Justinipolis in Slovenia*.
- *Rimini* chiamato *Arimino*.
- *Sant'Arcangelo di Romagna*.
- *Ravenna*.
- *Vallonga in Trentino Alto Adige*.

- *Sicilia.*
- *Negroponte o Nigroponte.*
- *Corinto in Grecia o Corrantho.*
- *Modone o Mothono.*
- *Istanbul o Costantinopoli in Turchia.*
- *Gerusalemme.*
- *Siria o Soria.*
- *Alessandria d'Egitto.*

Altrettanto curiose sono altre notizie che rendono vagamente l'idea di quanto accadeva in quel grande emporio brulicante d'attività non solo di natura commerciale.

Uno dei Monasteri di Torcello, era quello delle **Monache Benedettine di San Giovanni Evangelista di Torcello**. Era attivissimo e fiorente, anche dal punto di vista commerciale. Spesso le sue Badesse con l'intero Capitolo delle Monache, prendevano parte diretta ad operazioni commerciali con Mercanti e Nobili che si presentavano a trattare nell'isola. Investivano e stilavano accordi con atti notarili che venivano redatti e copiati oltre che a **Torcello** anche in altri Empori come **Rialto** e **Chioggia**. Esisteva un'intera folla di Notai abili e qualificati che rilasciavano ricevute, procure e quietanze, assolvevano e contraevano debiti, pegni, spartivano guadagni, stilavano testamenti, lasciti e legati.

Cito un piccolissimo stralcio, a caso, di quanto accadeva in quel posto di mare e commercio che era Torcello:

Nell'agosto 1168 presso il Monastero di San Giovanni Evangelista di Torcello, **Leo Barastro** della **Contrada di San Gregorio a Venezia,** fece quietanza a **Marco Polo** della **Contrada di San Gervasio o San Trovaso** di una somma prestatagli in **Armiro per Costantinopoli**. In settembre, invece, a Rialto, il **Doge Vitale Michiel** donò al Monastero le misure della città di Tebe, autorizzandolo ad usufruirne a favore di terzi. Rogatario della copia dell'atto di donazione fu **Leonardus Bello Presbyter et Plebanus Ecclesiae Sancti Iohannis Chrisostomi et Notarius**. Nel dicembre successivo ancora a Torcello, **Ita vedova di Giovanni Marcello da Torcello** donò allo stesso Monastero dei beni in Torcello. L'anno dopo in ottobre, a Treviso, **Girardino figlio di Widotto** investì **Amabile Badessa di San Giovanni di Torcello** della metà d'un manso in **Canile**, mentre a Rialto, **Rosanna vedova di Michele Michiel Bava,** figlia di **Vitale Marcello da Torcello,** donò alla stessa **Amabile Badessa,** una terra e casa sempre in Torcello.

Nel 1177 a Capodistria in Slovenia, **Odelrico Cavender della Porta di San Martino** donò ad **Amabile Badessa**, la chiesa di San Fabiano di Capodistria con tutte le sue pertinenze, mentre in novembre a Costantinopoli **Nicolò Albino da Torcello** abitante a Costantinopoli donò allo stesso Monastero di Torcello la metà di una terra e casa siti in Torcello.
Nel luglio seguente, a Rialto **Vitale, Pietro e Giovanni Bobiso** della **Contrada di Santa Giustina a Venezia**, donarono ad **Amabile Keulo nuova Badessa**, il Fondamento Bobiso presso Torcello. Il 02 e il 31 agosto **Graziano Ministeriale** attestò che nel due del mese, d'ordine del **Doge Orio Mastropietro**, investì "sine proprio" il Monastero di San Giovanni Evangelista di Torcello dello stesso Fondamento.
Nell'agosto 1180 sempre a Torcello, **Giovanni Riccardo, Bartolomeo da Montone, Giovanni Cavalerio, Bonaventura e Mayno Carnello, Widoto Carnello, Taraboto Balbo e Walfredo da Chioggia Minore**, avendo ricevuto da **Amabile Keolo nuova Badessa**, col consenso di **Leonardo Donà Vescovo di Torcello**, un'acqua per edificarvi un fondamento per saline, si obbligano a pagare un annuo giorno di sale. In settembre, invece, a Rialto, **Domenico Vidal e Garda** coniugi della **Contrada di Sant'Aponal** donarono all'ormai solita **Amabile Badessa** una terra in Torcello, presso il Rio Piccolo.

Esco un attimo da questi avvenimenti antichi ... C'è qualcosa che mi attira e sorprende ... Un giovane Giapponese sorride e osserva il selciato divelto e rimosso. Sorride di nuovo e con totale disinvoltura raccoglie un bel intero mattone rossastro della strada, lo spolvera per bene, e se lo infila nella borsa a tracolla. Un pezzo di Torcello originale da portarsi a casa ... Un pezzo originale di storia tutto per se ... Non credo ai miei occhi, eppure è andata così ... Per fortuna il resto della compagnia non ha condiviso la stessa idea ... Se tutti facessero così ...

Nell'aprile 1191, a Torcello, **Wido Çerla da Torcello**, avendo ricevuto da **Amabile Badessa** una terra in località Pino, si obbligò a pagare annuo canone in generi. Il 24 novembre 1193, a Padova, **Ardigetto di Rolando e Oliviero** di lui figlio vendettero a **Giovanni Presbitero Procuratore di Amabile Badessa**, terre presso Piove per lire sette e denari otto di veneziani. **Lavinia, moglie al detto Aldrigetto, e Vivafontana**, moglie al detto Oliviero, ratificano la detta vendita.

Nel 1196 a settembre, sempre a Torcello, **Maria Waldo da Torcello** donò ad **Amabile Badessa** una terra in località **Zampenigo** presso la chiesa e **Monastero di Sant'Angelo delle campanelle** (oggi scomparsa). Tre anni dopo, a marzo: a Torcello per non cambiare, **Giovanni Pitulo da Torcello** abitante in Chioggia Maggiore, non avendo pagato un debito ad **Amabile Badessa**, le consegnò una terra e casa in Torcello già offerta in garanzia. In giugno, ancora a Torcello, **Maria Mudacio e Maria Greco**, ambedue Monache di San Giovanni Evangelista di Torcello, dichiarano che **Albacara Antiqui, vedova di Vitale Antiqui**, donò tutti i suoi beni al Monastero di Torcello all'atto di entrarvi come Monaca.

Nel 1202 a maggio, a Torcello, **Damiano Presbitero, Pietro Longo e Marco Scandolario** tutti da Torcello, attestarono d'essere stati nominati arbitri nella lite fra **Amabile Keulo Badessa** e **Deodata "Massara" di San Pietro di Casacalba**, circa due terre site presso San Pietro di Casacalba; e ne assegnarono una al Monastero di Torcello, l'altra a San Pietro. Sempre in maggio, la stessa **Doeodata "Massara"**, col consenso di **Pietro Ministro del Monastero**, donò ad **Amabile Keulo Badessa** la terra di San Pietro di Casacalba. In giugno, a Torcello **Pietro Civran** ora abitante a Murano, non avendo pagato un debito contratto con **Amabile Keulo Badessa**, le consegnò in pagamento una terra sita nell'isola di Casacalba di Torcello.

Nel 1203 marzo, a Torcello, **Maria Barozzi e Dalmatina vedova di Vitale Barozzi**, dalla **Contrada di San Moisè a Venezia**, donarono ad **Amabile Keulo Badessa** sette terre site a Vallonga nel Trentino Alto Adige, in località

Ronco Dentro, Albarellis, Salgario Gumbo, Montiano, Campo Antolino e Casale acquistate da *Paganino da Vallonga*.

Nel 1205 in gennaio, a Torcello: *Amabile Keolo Badessa e Pietro Prete recluso dell'isola di San Pietro di Casacalba di Torcello*, avendo contratto con *Buran da Burano* un debito di lire 100 di denari veneti per i rispettivi Monasteri con garanzia di una casa in pietra sita in Torcello presso il Rio Maggiore, e non avendo provveduto al pagamento, gli consegnava la casa medesima confinante con la palude, la proprietà *Andrea Donà* e degli eredi di *Trecento*.

Nel 1218, a Torcello, la *Badessa Adoalda Marcello* assieme a 14 Monache concesse a livello ad *Umberto Batacio da Piove di Sacco* una terra nel Padovano in località *Boçolus* per annui due staia di grano. Nello stesso anno, le Monache attraverso la Badessa acquistarono diverse vigne a *Capodistria in Slovenia* dai coniugi *Pietro Bove ed Iltia*, che presero in locazione la vigna venduta al Monastero. Altre due vigne le Monache le acquistarono da *Udorico Virelo* e dalla moglie *Manperga*, dalla Porta di San Tommaso di Capodistria, in località *Rivo Sanzeneto*, per lire 27 e 60 di denari veneziani, e una fu presa ugualmente in locazione per annuo canone in generi.

Due anni dopo, in giugno, a Piove di Sacco, *Vitaliano Berigola* locò per anni 20 a *Grimerio da Padova* cinque campi di terra siti a *Frassinello*, da lui tenuti per il Monastero di San Giovanni Evangelista di Torcello, per annui 15 staia di biada ed altri generi. Sempre a Piove di Sacco, l'anno seguente *Martino Clario da Piove* vendette a *Benecà Procuratore del Monastero* una terra sita in località *Fossa di Lovolo* per lire 73 di denari veneziani.

Nell'agosto 1221, a Torcello, *Adoalda Marcello Badessa* assieme a 17 Monache fece procura ad *Aurio Pievano di San Pietro di Mazzorbo* per riscuotere da *Grimerio di Padova* una somma dovuta al Monastero.

Nel 1225 a Torcello, il Nobile *Giacomo Badoer* dalla Contrada di San Giacomo dell'Orio donò alla *Badessa Adoalda Marcello* due saline site nel fondamento di *Bona Entrata*. Nell'aprile 1236 a Rialto, pure il Nobile *Giovanni Barozzi* abitante in Contrada di Santa Maria Formosa vendette ad

Adoalda Marcello Badessa, 23 saline *"in cauto da mare"* del **Fondamento di Rio Cocoso** ed altre 5 saline nello stesso fondamento *"in cauto de monte"*, per lire 350 di denari veneziani. In maggio, la Badessa diede a livello a Chioggia a **Steno Carnello** figlio del defunto Giovanni da Chioggia Maggiore, due saline site nel **Fondamento Tombastrio**, obbligandolo a pagare annui 3 giorni di sale.

Nel 1234, a Chioggia, **Domenico figlio del defunto Domenico Giustinian di Petracca** conferisce a **Menelda** sua moglie la metà di una terra e casa sita in Chioggia Maggiore, onde rifonderla nella dote di lire 100 di denari veneziani. Menelda consegnò alla **Badessa Adoalda** la terra e la casa di pietra. In novembre il **Decano Ottonello da Ca' de Foris** attesta che il giorno 8 del mese, d'ordine di **Ranieri Zeno Podestà di Chioggia**, s'investì *"sine proprio"* la **Badessa Adoalda Marcello** della terra con la casa di pietra a Chioggia Maggiore per lire 200 di denari veneziani.

L'anno dopo, nel marzo, sempre a Chioggia, **Menego e Griberto** figli di Siletto *"de burgo Turris Babie"*, ricevettero a livello da **Adoalda Marcello Badessa**, un casamento sito nel borgo di Torre delle Bebbe, per il quale si obbligarono a pagare annui soldi 25 di denari veneziani.

Mi fermo qua, perché la storia sarebbe lunghissima ... anzi: ancora di più. Che ve ne pare ? Erano si o no attivi l'Emporio e le Monache di Torcello ?

Oggi, tutto è scomparso, l'acqua delle lagune, l'interramento dei luoghi, la chiusura e scomparsa di alcune antiche bocche di porto e delle vie fluviali di navigazione, hanno ridotto quei luoghi a distese paludose, motte di fango coperte di canne e fiori di barena, reperti nascosti sotto a misure di terra ... niente persone, e tanto silenzio pesante.

Il sole tiepido del pomeriggio biscotta i prati di Torcello. Da qualche parte in giro è ancora possibile gustarsi il silenzio, e guardarsi intorno fantasticando su quanto è accaduto in passato ... Torcello tace, lascia fare, si lascia scoprire pur nascondendo gelosamente sotto di se gran parte del suo ricco passato.

Ma come sempre è già tardi ... Ci ritroviamo di nuovo intruppati e stipati nel vaporetto per tornare a Venezia. Ricompaiono di nuovo le donnine del mattino, rossicce in volto e allegre dopo la bella mangiata festosa.

"Cosa xe ste Isole in rete ... Una sagra, una gara, una gita o una festa per i pescaòri ?"

"Ma no ! ... I gira le isole !" le spiega una amica-comare.

"Come i gira le isole ? Ma perché non i me avverte mai ? Neanche un cartello, un avviso a casa, una telefonada ... Niente de niente. I me lassà sempre a casa senza dirme niente ..."

"Ma dai lassa perdere ! Che ti te diverti lo stesso senza andare ad ascoltàr tanti discorsi ! ... Ti gha magnà, bevùo, cantà e ballà in compagnia ... Non ti xe ancora contenta ? Cosa ti vol de più dalla vita ? ... Ti se sempre che ti te lagni..."

Battute estemporanee da commedia che coronano il nostro viaggio lagunare ... L'isola di Torcello è ormai lì in fondo, s'è fatto di nuovo piccolino e lontano, oltre la distesa dell'acqua. Venezia, invece, torna ad avvicinarsi, e con lei il rientro alle cose di sempre ... Però tendo ancora una volta l'orecchio nell'aria, e mi pare d'ascoltare un'eco lontana ... Sono forse le memorie e la voce di quella gente attivissima di quell'Emporio avvolto dal Tempo passato.

***

_____*Questa è la sintesi di due post pubblicati su Internet e scritti in origine come: "Una curiosità veneziana per volta." - n° 12 nel febbraio 2013, e come "Torcello in punta di piedi" inserito nel settembre 2014 nel blog: "IoStedrs" ospitato da Google.*

CI RITROVIAMO IN PIAZZETTA AD AMMIANELLA !

Ultimamente scherzando, Matteo, un mio amico e collega Fisioterapista, mi saluta spesso dicendomi proprio così:

"Ciao Stefano ! Ci rivediamo in piazzetta ad Ammianella !"

"D'accordo !" gli rispondo di solito, *"Passo per Torcello e Costanziaco, e andiamo a bere qualcosa in osteria in piazzetta ad Ammianella."*

"Ultimamente queste cose della Laguna di Venezia mi prendono davvero tanto ... Mi portano via ... e a volte mi perdo per ore in Internet a inseguire notizie, leggende e storie su quei luoghi e quelle vicende davvero curiose..."

"Vero Matteo ! ... Così si fa ! ... Siamo fortunati a vivere qui a Venezia con le sue storie e il suo sorprendente Isolario a portata di mano."

Con Matteo capita spesso così ... quasi ogni fugace volta che c'incrociamo fra le pieghe strette e intense delle ore di lavoro.

Lo sapete già, l'isola di **Ammianella** oggi non esiste più: è poco più di uno specchio d'acqua lucido nelle lagune dietro a **Torcello** sotto delle quali, immerse sotto a metri di fango delle barene, o ricoperte dalle Salicornie e dai Ligustri, riposano i resti di tanta Storia vissuta e accaduta dimenticata spesso dai più, e gridata in cielo solo dalle tornate Rondini che spettegolano coi Gabbiani, le Folaghe e i Cormorani ... che a loro volta le raccontano ai Tuffetti d'Acqua, ai Go', ai Scèvali, le Anguelle e ai rari Passarini immersi nell'acqua della Laguna.

Loro sì che sanno tutto ... Forse più di tutti noi messi insieme ... anche se solo nella mia fantasia.

Ammianella *coincideva precisamente con **Sant'Andrea e San Giacomo Apostoli** detti Sant'Andree e Jacopo de Torcello o Sant'Andrè Imani.*

Imani ?   Sì: Imani ... Non so bene perché ... Qualcuno sospetta per la presenza nell'area di un antico tempio Romano delle Lagune ... ma forse è solo un'ipotesi, e per di più anche un po' gratuita, poco fondata.

In verità non è che se ne sappia tantissimo di quell'angoletto remotissimo, di quello spicchio della Laguna Nord davvero tanto nascosto quanto dimenticato ... Personalmente ho trovato solo un centinaio di righe in tutto su Ammianella e i suoi segreti storici.

Eppure per certi versi quel posto è stato anche per un certo tempo un'eccezione: **Sant'Andrea di Ammianella** è stata l'unica **Comunità maschile di Monaci della Laguna Nord** di Venezia: c'erano i **Canonici Regolari di Sant'Agostino**.

Su Ammianella leggo in uno dei tanti vecchi testi che raccontano della Laguna di Venezia: ***"Piccola isola collegata ad Ammiana da un ponticello. Possedeva un proprio castello o castrum e formava una comunità separata ed un proprio nobile monastero dedicato a Sant'Andrea e San Jacopo dipendente dalla Matrice di San Lorenzo di Ammiana alla quale pagava annuo censo di 1 libbra d'olio ... Fu eretta in memoria dell'antico Oratorio costruito da Sant'Eliodoro ad Altino ... L'isola, infatti, si trovava ad appena un miglio da Torcello ... e si dice che le sei colonne in essa esistenti fossero costituite da raro marmo, tanto che fu promulgata una legge nel 1329 che ne impediva l'asportazione più volte tentata ..."***

Ecco qua ! ... Questa è più o meno tutta la Storia di Ammianella che sono riuscito a trovare.

Una storia collocata fra 1152 e 1455: trecento anni in tutto ... Quasi niente. In una mappa acquarellata presente nel fondo di San Girolamo, il luogo dove sorgeva Sant'Andrea di Ammianella viene presentato con un disegnetto. Ingrandendolo un poco *(ammesso che riporti per davvero qualcosa su com'era quel luogo realmente)* si notano solo due edifici **(chiesa e monastero ?)**, o magari erano solo due stanze l'una accanto all'altra, in riva a zone paludose affioranti appena emerse sul livello delle acque della Laguna: *"... sulla Palude di Sant'Andrea o Sant'Andrà e Giacomo di Ammianella di Limani oltre il Canale di San Lorenzo ..."*

Osservando ancora la stessa carta, Sant'Andrea sorgeva poco distante dalla chiesola di **San Anzollo Michele dei Nani** *(che era Monastero di Monache Benedettine)* ... Poco distante c'era la deserta isoletta di **Centranico** che dal nome sembra essere stato l'affioramento al centro del minuscolo arcipelago oggi scomparso del tutto. Al di là spuntavano dalle acque basse anche l'isoletta di **San Marco e Crestina,** e più oltre ancora, anche l'isola di **San Pietro di Casacalba** sull'attuale **Motta dei Cunici**.

Poi c'era **Ammiano**, come si legge su certe antiche carte, con **San Felice** collegata attraverso un sottile ponticello con l'isola di **Castrazio** dove sorgevano la **Pieve sulla motta di San Lorenzo**, e l'altra chiesetta dei **Santi Apostoli**. Appiccicata, c'era, infine: **Costanziaco** deserta su una mappa, e, invece, con la chiesetta di **San Giovanni o San Zuane** su di un'altra.

Insomma: quei luoghi emersi poco distanti dall'Emporio Torcellano era zone di: **Fondazzi**, secche, **Tumbae**, argini disfatti, *"Palùe de Paltàn seràe da grisiole"*, antiche torri d'avvistamento, e canali bassi come quello di **Gagìa o Gagiàn**, e *"pali fini incassai in gran numero per far valle"*, e rari Lavorieri ... Su una mappa si legge distintamente: *"Sant'Andrea di Ammianella: chiesa diruta in fazza al Fondazzo di Valle di Ca'Zane"*

Ossia già all'epoca di quel disegno, quel posto era rovinoso e malandato del tutto ... Altro che l'amena piazzetta con l'osteria di cui fantasticavamo insieme con **Matteo** !

Comunque quelle erano zone della Laguna su cui si avanzavano diritti, si contendevano acque, peschiere e mulini, e dove si provava a costruire e coltivare orti e vigne. Si conoscono anche alcuni nomi misteriosi di quei appezzamenti, che però ci suggeriscono poco o quasi nulla: *"Fundatium"* ... *"Piscaria Memo que est prope ecclesiam Sancti Andree de suprascripta Amiani"* ... poco distante della acque paludose *"... de Septem Salariis ... in començaria Sancti Andree de Amiana"* ... *"Vigno Storto"* ... *"Doça"*.

Una grande nebbia fumosa e incerta di una Storia che fu ... dentro alla quale fra storie dette e ridette, mezze sgarruffate e contorte, qualcuno ha scritto che il primo documento certo riguardante la chiesa di **Sant'Andrea e San Giacomo di Ammianella** sia stato del 1153, ma che chiesa e Monastero sono stati soppressi già nel 1180.

Ma come ? ... Neanche trent'anni di vita in tutto ? ... Com'è possibile ? Incredibile ! ... Il Monastero non ha neanche fatto tempo a nascere che era già morto ?

Poi si va a guardare meglio, e si trovano date cambiate e diverse: la prima notizia incerta su **Sant'Andrea o Ammianella di Torcello** è del 1170, mentre la soppressione è accaduta nel 1549 ... Da un'altra parte però si legge che quella data è riferita alla scomparsa di un'altra chiesa poco distante: forse **Sant'Anzolo di Ammiana** ... o forse a **San Pietro di Casacalba di Torcello** ... Che Ammianella coincida con la **Motta dei Cunicci**?

Che confusione ! ... Ma poco importa.

Sembra comunque che fra 1179 e 1180 un certo **Prete della Contrada di Santa Sofia di Venezia: Prè Domenico Franco**, abbia ottenuto in dono dal **Piovano di San Lorenzo di Ammiana: Prè Marco Greco**: chiesa e Monastero diroccati di Sant'Andrea Apostolo di Ammianella.

Quindi alla prima data utile riportata dalla Storia: Ammianella risultava già essere ormai rovinosa e arrivata alla fine di un suo primo misterioso ciclo di vita e storie di cui non si sa nulla.

Di certo poco importarono queste considerazioni a **Prè Domenico**, che si affannò a riedificare tutto, e introdusse in quel nuovo Monastero lagunare i **Frati Eremiti dell'Ordine dei Canonici Regolari di Sant'Agostino** ... gli Agostiniani ... e i Papi **Urbano III e Innocenzo III** si affrettarono ad approvare e confermare a più riprese la bontà di quella scelta.

In ogni caso qualche anno dopo, nel 1197, un altro documento si premura di confermare che era ancora il **Piovano Marco Greco**, succeduto nell'incarico agli Arcidiaconi Torcellani: **Domenico Memmo e Aurio Vitale** a comandare tutto e a gestire ogni acqua, pietra e tutti i beni di quella parte della Laguna: *"Si plebanus viveret ... nullum lapidem asportasset abbas ..."*

Che fosse chiaro per tutti ! ... In quella zona comandava soltanto lui.

Intanto **Prè Domenico Franco** divenne **Priore** ... Ma Priore di che ? ... Di niente ? ... Di pochi metri d'acqua, Cappelle dirute e aree paludose grondanti e stagnanti abitate da uccelli palustri e invase dagli insetti ?
Non solo ... non solo ... **Pre Domenico Franco** si diede parecchio da fare, perché sembra sia stato nel 1200 anche il primo Priore di un'altra isoletta posta fra due paludi, fra **San Nicolò del Lido** e **San Pietro di Castello**, dove c'era un'altra chiesetta soggetta al Vescovo di Olivolo-Castello col titolo di **Sant'Eufemia e Compagne Martiri**. Si trattava della futura isola di **Sant'Andrea della Certosa**.

E non è ancora tutto ! ... perché sempre gli stessi *Canonici di Sant'Andrea di Ammianella* crescendo d'importanza e consistenza economica, nel 1225, diedero in concessione tramite il loro **Priore Michael** le acque di **Sant'Arian** in cambio di 550 Cefali da corrispondere ogni anno nella Festa di San Michele.
I pochi Canoni dieci anni dopo erano diventati ormai più di una settantina, e con vari permessi rilasciati da **Papa Gregorio IX** iniziarono a ricevere sempre più elemosine e donazioni testamentarie da parte di persone e devoti di **Torcello, San Nicolò del Lido, Venezia, e perfino Aquileia,** e di conseguenza iniziarono ad acquisire rendite e terreni e proprietà un po' dappertutto spendendo 15.000 denari per acquistare nel **Padovano, Trevigiano, Concordiese e Cenedese** e fino in **Istria** ... Sant'Andrea di Ammianella possedeva anche l'**isola La Granza** ubicata tra il fiume Sile e il Siletto nel Trevigiano.

E' lunga la lista di coloro che continuarono a far donazioni a Sant'Andrè de Amiano: **Pietro Ziani** ... **Isabetta moglie di Marchesino da Mugla** della parrocchia di Santa Maria Zobenigo ... **Maria vedova di Giacomo Gradenigo** ... **Marco Bocasso figlio di Pietro Bocasso** residente in Contrada di San Simeone Profeta a Venezia ... **Zorzi Marsilio** ... **Miglano de Remondino da Verona** e molti altri ancora.

Gli stessi Canonici godevano della fiducia e della stima Papale, tanto che **Innocenzo IV** incaricò il Vescovo di Caorle, il **Priore di Sant'Andrea di Ammianella** e l'Arciprete di Torcello di gestire a suo nome la vertenza tra il **Monastero di Santa Margherita di Torcello** e il **Monastero di San Tommaso dei Borgognoni di Torcello** circa la soggezione del primo al secondo e la proprietà dei relativi beni.

Deduciamo perciò che in quei secoli quella parte della Laguna di Venezia davanti a Torcello e Burano era popolatissima e attivissima. In quelle plaghe bagnate e in quelle discoste contrade lagunari fervevano molto la vita e le attività economiche, commerciali, religiose e sociali: nel dicembre del 1269, infatti, a Torcello davanti all'Arciprete dell'isola e Notaio **Leonardus Deodato**: **Viola Coca** figlia del quondam *(defunto)* **Nicola Coca** del **Confinio di Sant'Andrea di Torcello** con il consenso di suo marito **Giovanni**, divise con **Giacomo** suo fratello del detto Confinio una terra e una casa lignea sita nel **Confinio di Sant'Andrea di Torcello** confinante col **Rio Maggiore**, la palude e la proprietà di **Giacomo Contarini**.

Nell'estate del 1251, invece, sotto ai Portici di Rialto davanti al banco del **Notaio Dominicus Russo Subdiacono di San Canciano** di Venezia: **Agnese Viaduri** figlia del quondam **Domenico Viaduri da Torcello**, abitante nel Confinio di Santi Apostoli, vendette a **Cecilia Dolfin Badessa di Santa Margherita di Torcello** e a **Palma Gradenigo** del Confinio di Santa Maria Materdomini una terra e casa sita nel **Confinio di Sant'Andrea di Torcello** per lire 115 e soldi 5. L'appezzamento confinava con la via Comune lungo il Rio, la palude, Santa Maria di Torcello, e le proprietà di **Palma Gradenigo**.

Ancora nel dicembre 1283, e sempre a Torcello davanti al **Notaio Matteo de Crescencio** Pievano di Santa Sofia di Venezia: **Cristiano Abate di San Tommaso di Torcello e Frate Michele Soranzo Priore di Sant'Andrea di Ammiana** esecutori testamentari di Palma vedova di Marco Cappello già abitante a Santa Maria Materdomini e poi a Torcello nel **Confinio di Sant'Andrea**, locarono dopo una lunga lite nata fin dall'agosto 1272, ad

Agnese Badessa di Santa Margherita un orto sito a Torcello confinante con la via ed il Rio Comune e il Monastero per lire 11 di annui denari veneti.

Sono solo alcuni esempi, per ricordare come ad Ammianella si viveva per davvero ... e chissà ? Forse esisteva anche quella micropiazzetta con l'osteria di cui scherzavamo con Matteo.

All'inizio del 1300, invece, si capovolse la Storia. Il **Monastero di Sant'Andrea di Ammianella** subì di certo, non si sa bene perché, una grave crisi economica: i Canonici da 30 diventarono solo 7, tanto che il Papa affidò la conduzione del Monastero ad **Alirone Vescovo di Torcello** nel tentativo di salvare il salvabile, e risollevare le sorti del Monastero con la sua isoletta.
Niente da fare ! Non si riuscì nell'intento, perché le cronache e i documenti raccontano di come Ammianella sia stata abbandonata del tutto dai Canonici-Frati fin dal 1340, e che nell'aprile 1355 il Monastero di Sant'Andrea di Ammiana era già segnalato come in rovina, e demolito per ordine del Senato Veneto: *"Inoltre si deliberò che i Procuratori della chiesa di San Marco possano prendere colonne, pietre e legnami del Monastero e della chiesa di Sant'Andrae de Aymanis che stanno andando in rovina e vanno dispersi per i restauri e i lavori e a beneficio e ornamento della chiesa di San Marco ... concedendo per tutto ciò che prendono un'equa e proporzionale elemosina al Monastero di San Girolamo secondo libertà e discrezione."*

Cento anni dopo di **Sant'Andrea di Ammianella** era rimasto solo il titolo con alcune rendite e le zone acquose limitrofe piene di fango e zanzare.

Nel 1423 l'***isola della Granza sul Sile*** appartenente a Sant'Andrea di Ammianella e descritta come territorio composto da più pezze di terra arativa e prativa coltivate e in parte incolte, e con boschi su cui esisteva una casa e certe teze di legno ... venne data *"a livello"* ai **Nobili Loredan** dal Priore del Monastero di Sant'Andrea: l'unico Frate titolare rimasto che però non abitava più i luoghi. Nel 1485 gli **Avogadori da Comun** della Serenissima, dopo aver condannato **Lorenzo Loredan** per aver derubato la Cassa dell'**Ufficio delle Cazude**, misero all'asta l'Isola de La Granza sul Sile

che venne assegnata per 4.200 ducati a **Nicolò Morosini** ... Cinque anni dopo una disposizione del **Doge Francesco Foscari** vietò di trafugare materiali dalle rovine dell'isola di Sant'Andrea di Ammianella, e fu necessario ribadire la cosa più e più volte minacciando pene severe ... Solo nel 1436 però **Lorenzo Giustiniani** non ancora Patriarca di Venezia *(1451)* e ancora solo Vescovo di Olivolo decretò la soppressione definitiva del **Priorato di Sant'Andrea di Ammianella** donandone le residue rendite al Monastero delle Monache di San Girolamo di Venezia da poco istituito e andato quasi subito disastrosamente in fiamme.
Il suo amico il **Nobile Gabriele Condulmer** diventato Papa col nome di **Eugenio IV** approvò e confermò immediatamente.

Poi: ... Tutto finì ... e basta ... Di **Ammianella** la Storia non ha detto più niente ... Si è trattato in definitiva di una brevissima parentesi di *"piccola Gloria"* di uno spicchietto di Laguna Veneziana presto tornato ad essere depresso e spento.

Nel 1832 durante un ciclo di scavi archeologici si è rinvenuta sul posto di Ammianella una fondazione ottagonale medioevale, ma si sospetta che **Sant'Andrea di Imani** possa aver avuto, invece, una normale pianta basilicale ... I documenti non dicono altro, e comunicano solo grande incertezza interrogativa.

Ammianella ? Boh ! ... Che è ? ...Dov'era ?

Era forse l'erede sovrapposto all'antichissimo **San Felice in Ducia** dove esisteva anche una sorgente d'acqua ?

Fra 1970 e 1980 sono state fatte prospezioni aeree individuando sentieri sommersi da almeno un metro d'acqua, resti di edifici, mura perimetrali oltre a quelli del Monastero e la chiesa, condotte per acqua dolce, pavimentazioni e tombe insieme a qualche sinuoso canale che serpeggia rincorrendo le ore della marea che per sei ore cresce ... e per altre sei cala, per poi tornare a salire, e poi ridiscendere di nuovo ... come un'infinita ninnananna senza fine che si ripete all'infinito sulla Laguna cantando antiche storie e leggende.

E' strana la sensazione che si prova oggi di fronte a tale spettacolo … Un tempo lì c'era tanto, anzi, tantissimo.

Un antico *"Manuale della guerra"* diceva che dentro alle vicende della Storia alla fine vincerà sempre colui che non solo avrà più carri, cavalli, armi, uomini, idee e vettovaglie:

"Non sarà vincitore colui che sarà più ricco in astuzia, consapevolezza, organizzazione, forza e intraprendenza … ma colui che avrà da mettere nella bilancia delle opportunità un retroterra esistenziale, culturale, interiore più ricco e variegato oltre al suo saper guerreggiare … Sarà tutto quello a far pendere la bilancia dalla sua parte come il peso di una libbra contro un solo chicco di grano."

La Serenissima di un tempo tutte queste cose le sapeva bene … Per questo aveva quella sua Laguna satura di un esercito di uomini e donne che pulsavano, vivevano, anelavano formando un grande cuore segreto potentissimo su cui Venezia poteva sempre contare.

Nella sola isola di **Torcello** oggi sparuta e deserta sorgevano almeno una decina fra chiese e Monasteri, un'altra decina a **Mazzorbo** proprio di fronte … cinque-sei a **Burano** al di là del canale, non meno di quindici a **Murano**, e non meno di un'altra dozzina nelle sommerse **Costanziaco e Ammiana** fra cui anche il nostro **Sant'Andrea e Jacopo di Ammianella**.

Insomma: un vero e proprio esercito d'insediamenti e persone … un patrimonio, un serbatoio immenso di storie, risorse e accadimenti che si fatica solo a immaginare.

Oggi è difficile cogliere i segni di tutto quel ricco passato trascorso per sempre: di fronte a noi c'è solo una distesa acquea liscia amena e silenziosa piena di niente … Però chissà, forse chiedendo alle Rondini, e ai Tuffetti d'acqua, o alle Salicornie e alle Anguelle del fondo … oppure fantasticando come con Matteo sull'osteria in piazzetta ad Ammianella … forse potremo riappropriarci di qualcosa che in fondo è ancora nostra … soprattutto di noi Veneziani.

Sognar non costa niente ...

***

_____Il post su Internet è stato scritto in origine come: "Una curiosità veneziana per volta." - n° 101, e pubblicato su Google nell'aprile 2016.

SAN BORTOLOMIO DI MAZZORBO

"Nei tempi felici la parte orientale del piccolo arcipelago dell'isola di Mazzorbo era divisa in due singole Parrocchie e Contrade: quella di San Pietro e quella di San Bartolomio unite e divise dal resto di Mazzorbo che stava oltre l'omonimo Canale da un paio di traballanti quanto esili ponticelli ..." fin qui le cronachelle storiche più che recenti.

Si sa bene che delle Contrade di San Bartolomio o *"San Bortolo e San Piero de Mazorbo"* facevano parte anche i **Monasteri di Sant'Eufemia** (il cui vero titolo sarebbe stato: *Sant'Eufemia Vergine e Martire e Santa Dorotea, San Tecla e Sant'Erasma ... un po' lunghino in verità*) e **San Maffio e Margherita**, mentre nella parte più nobile delle isolette, popolate, vive e attivissime, sorgevano le chiese e Monasteri dell'**Anzolo Michel, Santa Maria e Leonardo detta di Valverde, Santi Cosmo e Damiano, San Steno ossia Stefano** che era anche Parrocchiale, **Santa Maria delle Grazie** e **Santa Caterina** poi anche **Pietro** con tutte le loro ricche pertinenze.

Si trattava sicuramente di posti e Monasteri relegati in fondo alla Laguna di Venezia, ma non erano di certo Conventucoli di morti di fame e senza nome perché ospitavano e custodivano le figlie delle ricche e potenti famiglie Nobili di Venezia.

Solo a puro titolo d'esempio: nel **Santa Caterina** c'erano le figlie dei **Dolfin**, dei **Polo**, dei **Michiel** e dei **Da Lezze**, nel **Sant'Eufemia** c'erano quelle dei **Tasca, Pisani** e **Zeno**, mentre presso le Cistercensi e poi Benedettine di **San Maffio di Mazzorbo** c'erano le figlie dei **Morosini, Minio, Corner, Gabrieli** e **Selvatico**, e alla *"Valverde"* c'erano quelle dei **Donà, Zane e Baffo** e così via ...

Non c'è moltissimo d'eclatante da sapere sulle antiche Contrade delle isole di *"Mazzorbo o Maedium Urbis o Maiurbo"* perché oggi tutto è sepolto, cancellato e dimenticato ... Forse tanta Storia non è mai stata scritta perché fatta da cose ed eventi troppo piccoli, considerati forse banali o solamente quotidiani vissuti da gente qualsiasi senza nome e con un volto che si poteva dimenticare ... anche se Nobile.

Mazzorbo era *"luogo de barene, et terrae acquee et piscatorie ..."* dove venne concesso ai **Nobili Malipiero** d'ancorare alcuni loro molendini ad acqua su certi rami lagunari in cui scorreva *"acqua viva"* ... Lungo gli stessi canali bassi e incerti di Mazzorbo e di Torcello passavano già nel 1292 le barche clandestine dei **Lanieri di Treviso** che portavano i prodotti dalle loro *"folladure"* fino al neonato Emporio di Rialto spacciandole per pezzature Veneziane autentiche. Evitavano così l'esosità dei dazi della Serenissima, contrabbandando attraverso quei luoghi impervi e isolati, e sfidando gli occhi attenti e l'orecchio lungo dei Gabellieri di Venezia: *"... a cui uno sfuggiva ma trenta ne prendevano ..."* Infatti ancora nel 1480 gli integerrimi **Governatori alle Entrate** della Serenissima a cui non sfuggiva nulla, concessero agli abitanti di Murano, Torcello, Mazzorbo e Burano di trasportare nelle loro terre maiali per uso personale esenti da dazio.

Proprio in quei luoghi paludosi e remoti un primo documento incerto colloca nel 1244 l'esistenza della chiesa di **San Bartolomeo di Mazzorbo**, mentre si sa che venne certamente soppressa ufficialmente nel 1633. A dire il vero *"San Bortolo de Mazorbo"* non era neanche una vera e propria chiesa, ma sembra sia stato solamente un semplice Oratorio di campagna ... anche se lo Zanetti annota che dentro c'era una tavola con un *"San Bernardo"* dipinto da **Antonio Zanchi**.

In quello stesso documento del settembre 1244 si racconta che una certa **Alda da Ponte** del Confinio di San Pietro di Mazzorbo davanti al **Notaio Jacovus Corrado** Arciprete di Torcello vendette per lire 9 di denari Veneti a **Pietro Navager** della Contrada Veneziana di San Giacomo dell'Orio una terra sita nell'isola di Mazzorbo in zona San Pietro. Erano testimoni all'atto notarile: **Pietro Bonci** Piovano di San Pietro di Mazzorbo e **Coradinus Presbiter di San Bartolomeo di Mazzorbo**. Ecco qua citato il nostro San Bartolomeo !
Otto anni dopo, invece, nel maggio 1252, Siora **Aurifila Tomba** andata ad abitare a Candia, figlia del defunto **Pietro di Tomba** abitante nel **Confinio di San Bartolomeo di Mazzorbo**, fece procura davanti al Notaio **Nicholaus Iusto** Prete di San Nicolò, a **Giacomo Trevisan** del vicino Confinio di Santo Stefano di Mazzorbo per riscuotere alcuni suoi crediti e vendere una sua

casa sita nel Confinio di San Pietro sempre di Mazzorbo confinante col canale, il lago e le proprietà dei coniugi **Domenico e Matiliana Orso**.

Si viveva insomma, anche in quelle remotissime Contrade sperse in fondo alle Lagune di Torcello, Burano e Mazzorbo ancor più isolate di oggi. Infatti, nel 1564 i **Mazzorbesi di San Bartolomio** spesero ben 2 ducati per organizzare nella loro Contrada la Festa e la sagra di San Bartolomio … e qualche anno dopo, quando il **Vescovo di Torcello Grimani** andò in visita alla Parrocchiale contò che in **Contrada di San Bortolo de Mazorbo** vivevano perfino: … 30 Anime in tutto !

Nicolò De Curto pescatore della Contrada di San Nicolò dei Mendicoli di Venezia riferiva nel novembre 1578 al Magistrato alle Acque su Mazzorbo *"… già anno 10 o 12 era una vigna et al presente vi è acqua, e già anni 25 la casa era abitata, ma da poi disfatti gl'arzeri l'acqua è andata da per tutto … e la barena a San Civràn era longo per lo spazio d'un miglio e larga un trar de schiopo, et hoggi siamo passati con la barca dove a quel tempo era barena dura … dove haver giocato alla balla et alla mazuola …"*

Franco Aquarol riferì circa le stesse isole e barene: *"… possono essere diminuite per longhezza uno quarto di miglio e per larghezza un trar di frezza …"*

Marco Biondo aggiunse: *"… le barene delle Vignole che confinano con il canal del porto di San Rasmo che già anni 4 in 5 che fo fatta una cavana per li dacieri di quel tempo sopra la barena, io l'andai a desfar … et al presente essa barena dove era la cavana al presente è acqua …"*

Non poteva perciò andare diversamente: alla fine del secolo la **Contrada di San Bortolomio de Mazòrbo** si spopolò del tutto, la chiesa cadente venne smantellata e venduta pezzo dopo pezzo, e la zona venne unificata con quella di San Pietro Apostolo di Mazzorbo. Al suo posto venne costruito da un certo **Marco Antonio Maimenti** un Oratorietto Pubblico a ricordo al confine con le terre della parrocchiale di San Pietro, che il **Vescovo di Torcello Paolo Da Ponte** descrisse ancora nel 1775 come: *"Oratorio con Cappellano"*.

Nel maggio 1633, infatti, viveva ancora lì un Monaco Benedettino espulso dai Monaci Cassinesi: tale **Benedetto Zogia**, che s'era rifugiato in Laguna e prestava un qualche vago servizio alla diocesi di Torcello occupando l'Oratorietto di San Bartolomio di Mazzorbo come Rettore. Venne accusato da **Benedetta di Francesco Da Antivari** e da **Gaspare Gonda** oriundo di Padova residenti a Mazzorbo, di recarsi troppo spesso nel **Monastero di Santa Caterina delle Monache Benedettine** col pretesto di celebrare Messa, intrattenendosi troppo familiarmente a parlare alle finestre delle Monache non si sapeva bene di che cosa. Venne incolpato anche di aver aperto una bottega dove vendeva farina, formaggio, vino ed altre *"cose mangiative"* poco buone e a prezzi vigorosi dando anche da mangiare pubblicamente a chiunque si recasse da lui e gestendo anche un luogo dove era possibile giocare a carte. Il Frate-Monaco in un impeto d'ira aveva anche minacciato di uccidere chiunque lo avesse accusato di fare visita alle Monache claustrali ... ed era un uomo misero che sembrava essere tutore anche di alcuni nipotini abbandonati in età minore *(mai visti da nessuno)* che non poteva mantenere con le scarse elemosine dell'Oratorio di San Bartolomeo.

Ecco perchè andava spesso dalle ricche Monache del Santa Caterina !

... Perché andava a chiedere soldi ed elemosine.

E' del 1642-44 l'ultima immagine riguardante San Bartolomio di Mazzorbo. In quegli anni a Venezia nel Sestiere di Castello si andavano ultimando i lavori della Cappella del Santissimo nella chiesa della **Contrada di Sant'Antonin**. S'era restaurato il soffitto dell'intera navata, e si avviavano i lavori della Cappella della Madonna della Schola del Rosario, come scriveva il **Piovano Brunelli**: *"in tempo del principio dela Guerra col Turco"*. Era Procuratore della Fabbrica della chiesa insieme a molti altri, e dirigeva e progettava i lavori **Baldassare Longhena** il costruttore del grande tempio della Madonna della Salute sorto in Punta alla Dogana da Mar a causa del voto della peste del 1620. Il 26 aprile 1642 venne pagato dal Piovano di Sant'Antonin per il trasporto di colonne in marmo provenienti dalla chiesa di **San Bartolomio di Mazzorbo** da impiegarsi in chiesa. Immaginatevi perciò la pigra e pesante peata con l'architetto Longhena in persona che attraversava tristemente la laguna da Torcello e Mazzorbo portandosi via i resti di quella che era stata la chiesola di **San Bartolomio di Mazzorbo**.

Ancora nel dicembre del 1659, ossia più di una decina d'anni dopo, il **Piovano Domenico David di Sant'Antonin** sempre di Venezia continuava ad acquistare una partita di sette marmi greci a Mazzorbo rivendendoli alla Cassa della Fabbrica per costruire l'altare di San Michele in Sacrestia utilizzandole come sottobasi delle colonne.

Di San Bartolomeo rimase solo qualche rudere e il nome della Contrada Marrorbese, tanto che il Monastero di Santa Caterina di Mazzorbo affermava ancora nel 1768 d'essere proprietario di uno Squero in **Contrada di San Bartolomio** che confinava con una vigna appartenente al vicino Monastero di Sant'Eufemia sempre di Mazzorbo.

Nel giugno 1811: **Prè Luigi Pisani** era Parroco di San Michele Arcangelo di Mazzorbo ancora appartenente alla giurisdizione della Diocesi Torcellana. La popolazione della sua Parrocchia assommava a 150 Anime, e lui viveva usufruendo di lire 323,24 provenienti da *"livelli"* provenienti da lasciti testamentari, e dai magri *"redditi di stola"* ossia le elemosine dei suoi **"miserrimi fedeli"**. Secondo il Signor Ministro per il Culto della neonata gestione Francese dello Stato Veneto, lui era anche ufficialmente Piovano e godeva le rendite di San Bartolomeo di Mazzorbo che in realtà non esisteva più da moltissimo tempo, e i cui proventi erano pari a zero.

"In Mazzorbo esiste solo una cappelletta col titolo di San Bartolomio di proprietà regia, la qual è cadente ed inofficiata ... Lì non c'è niente e nessuno!" precisò il Prete difendendo e confermando le sue scarse economie.

Ciò nonostante, ancora nel 1818 nell'*Oratorio di San Bartolomeo* venne sepolto il **Nobile Antonio Grimani Patrizio Veneto**, la cui lastra tombale è conservata oggi nel pavimento dell'atrio di Santa Caterina di Mazzorbo ... Significa che in quel posto l'Oratorietto di San Bartolomeo c'era ancora ... almeno come piccola area cimiteriale ... Poi di certo si sa che prima del 1830 l'Oratorietto venne demolito del tutto ricavando la somma di lire 203 dalla vendita dei materiali di risulta della demolizione come è attestato nell'Archivio conservato a Santa Caterina di Mazzorbo.

Infine giungiamo ai giorni nostri d'oggi … quando di fronte alla citazione di San Bartolomio di Mazzorbo, diciamo tutti più o meno: *"Chi ? … e che è, dov'è ? … C'è forse mai stato ?"*

***

_____*Il post su Internet è stato scritto in origine come: "Una curiosità veneziana per volta." - n° 104, e pubblicato su Google nell'aprile 2016.*

L'ISOLA DI SANT'ANGELO DEL PECCATO

In realtà oggi il nome giusto, lo dico subito, sarebbe **Sant'Angelo della polvere** ... ma si potrebbe anche definirlo per diversi motivi: **Sant'Angelo pirotecnico o piroclastico**, anche se all'inizio i Veneziani finirono per chiamare quell'isoletta semplicemente: **San Michele Arcangelo in isola** per distinguerlo dall'altro Sant'Arcangelo che c'era a Venezia ossia quello della **Contrada e del Campo di Sant'Angelo o Sant'Arcangelo** situata vicino a **Santo Stefano, San Beneto** e l'attuale **Campo Manin** ossia l'ex **Contrada di San Paterniàn**. Inoltre in Laguna c'era anche un altro **San Michele**: quello dei **Frati Camaldolesi** di fronte a Murano *(oggi Cimitero)* dove abitò anche il famoso **Fra Mauro** ... il celebre cartografo della Serenissima, quello dei mappamondi ... e molto altro.

A dirla tutta e bene, i Veneziani tanto tempo fa chiamavano la stessa isola anche **Sant'Angelo di Contorta** probabilmente per via del vicino **Canale lagunare di Contorta** ... e alla fine della storia la nominarono: **Sant'Angelo della polvere**.

E fin qua c'è solo un nome.

Detto questo, c'è da aggiungere che oggi **Sant'Angelo della Polvere** è una di quelle isolette quasi dimenticate da tutti, Veneziani compresi, ed esiste relegata nelle sue amene solitudini quasi magiche ridotta a un cumulo di rovine, spazzature e macerie varie. Negli ultimi decenni è divenuta un sito utile da utilizzare come magazzino per rari pescatori, e se ne sta in fondo alla **Laguna Sud di Venezia** in attesa di tempi migliori sorvolata da rauchi Gabbiani incazzosi e da qualche Volpoca, specie d'anatra che sembra prediligere di deporre le proprie uova dentro a tane di Volpi ... che però non ci sono.

Un recente quanto vaghissimo accenno all'esistenza di quell'isola ci è stato dettato dalla cronaca veneziana recente in quanto si è ricordato che **Sant'Angelo di Contorta o Caotorta** si trova sul Canale che se scavato a fondo potrebbe essere utilizzato per il passaggio delle Grandi Navi giunte a

Venezia dalla **Bocca di Porto di Malamocco**, e dirottabili sulle banchine del Porto di Santa Marta deviandole appunto attraverso questo canale senza passare attraverso il mitico **Bacino di San Marco** e il **Canale della Giudecca** sconquassandone rive e fondali. Accadrà mai ?

Un secondo piccolo recente accenno all'isola di **Sant'Angelo di Contorta o delle Polveri** è stato fatto con la comparsa del suo nome nella lista dei beni che lo Stato vorrebbe provare a vendere a privati per convertirli in piccoli Paradisi monumentali destinati a pochi fortunati vacanzieri e ospiti. Alcune isole come **Santo Spirito** e **Sant'Angelo delle Polveri**, come è già accaduto a **San Servolo, San Clemente** e **Sacca Sessola** potrebbero diventare nuovi mega super alberghi di lusso forniti di ogni comodità e benessere da proporre a pochi vip per vivere giorni da sogno in luoghi da fiaba ... zanzare comprese.

Ma al di là delle battute, è interessante ricordare che questo sparso arcipelago secondario della Venezia Serenissima ora *"dal futuro interrogativo e sospeso"* ha vissuto tempi migliori ...

"Diverrà un altro albergo extralusso che finirà poi in fallimento come gli altri."

"Sempre meglio che lasciare le isole lì ferme, abbandonate a marcire e basta!" commenta qualche Veneziano.

"Sarebbe meglio aprire l'isola e darla in gestione ai Veneziani ... destinarla ad opere sociali utili." aggiunge qualcun altro.

Forse sì ... o forse anche no. Vedremo quel che succederà.

E' accaduto più di qualche volta che dopo l'iniziale entusiasmo per la riscoperta di un'isola associato a eclatanti iniziative, manifestazioni, petizioni, e comparsa di variopinte associazioni preposte a fantomatici recuperi e riutilizzi si sia ritornati, invece, al solito oblio e abbandono da parte di tutti. Il disinteresse per l'*Isolario Veneziano* credo sia una *"malattia di Venezia"*, un atteggiamento destinato a perdurare ancora a lungo ... e come si dice di solito: *"Occhio non vede ... cuore non duole"*, essendo certe isole davvero lontane, *fuorimano* rispetto al solito vivere che conta, si finisce sempre e inevitabilmente per dimenticarle ancora una volta.

Probabilmente il tempo delle isole è finito … anche se questo pensiero genera una certa mestizia nel considerarlo.

Ma torniamo al nostro **Sant'Angelo di Contorta** … che forse è meglio, ed è la cosa più interessante.

Facciamo un bel balzo indietro nel tempo di qualche secolo, quando i nostri antenati Veneziani astuti come volpi possedevano anche sensibilità interiori raffinate che forse noi di oggi abbiamo un po' perduto. I Veneziani non erano solo abilissimi Marinai, Artieri e Mercanti, ma credevano anche che in certi luoghi ameni e di grande solitudine si potesse esprimere meglio l'Animo umano tanto da poter quasi arrivare a toccare con un dito il Cielo di Dio … Lì uomini e donne andavano a isolarsi ed eremitarsi anche a nome degli altri Veneziani che rimanevano ad occuparsi d'interessi economici e di cose terrestri più concrete. I Veneziani di un tempo hanno sempre visto di buon occhio e favorito grandemente la costituzione di nuovi Monasteri nelle isole più remote della loro splendida Laguna … se non altro per spedirvi lì le loro Nobili figlie e i figli *"scomodi e in esubero"*.

Ha funzionato l'idea ? A volte sì, altre volte no perché qualche volta i Veneziani si sono ritrovati con qualche isola occupata da solo due tre Monache o Frati rimasti, vecchi e spelacchiati, e a volte un po' cenciosi e malconcia. Altre volte, invece, alcune isole sono state occupate per secoli da Comunità Religiose fiorenti e di successo che hanno riempito le cronache della Laguna con le loro curiose vicende storico-artistiche.

La storia dell'*isoletta di Sant'Angelo* era partita più che bene all'inizio. Infatti venne collocata lì dal **Doge Domenico Contarini** fin dal 1060 una dependance dei **Monaci Benedettini di San Nicolò del Lido** finanziandone la costruzione di chiesa e convento. Poco tempo dopo, i Monaci vennero sostituiti da un buon numero di **Monache Veneziane dello stesso genere ossia Benedettine,** che si dice all'inizio *"tenessero vita Santa e Devota"*. In quei tempi l'isola si trovava in una posizione strategica della Laguna di

Venezia, poco distante dallo sbocco delle acque del fiume **Brenta**, che uscivano attraversando le *"roste dei molini" del canale di Volpadego,* ultimo tratto del fiume che sfociava nelle secche omonime sulla gronda lagunare. Non lontano da **Sant'Angelo di Caotorta** sorgevano altre isole gemelle abitate e vivissime come **San Marco e Santa Maria in Boccalama**, e poco distante sorgeva anche l'insediamento monastico di **San Leonardo di Fossamala** collocato nel primo entroterra dei **Moranzani di Fusina** dove sorgeva soprattutto il potentissimo e ricchissimo **Monastero Benedettino di Sant'Ilario** le cui proprietà giungevano fino a Oriago e oltre arrivando fino a Padova.

Altri tempi ... oggi la stessa zona è attraversata dal **Canale dei Petroli**, è occupata da qualche barena e palude, da qualche stagno delle **Casse di Colmata**, e dal **Terminal di Fusina** sulla punta estrema della Terraferma ... Nello stesso posto della Laguna Sud di Venezia sorge anche l'isola celebre e altrettanto abbandonata di **San Giorgio in Alga**, poco più in là ci sono **Sacca Sessola** e **Santo Spirito** ... e più avanti ancora i ruderi delle **Batterie di Podo**, **Poveglia** e **Campana** andando verso la bocca di Porto di Malamocco.

In quell'area della sua Laguna la Serenissima alla fine del 1300 ordinò di modificare e costruire l'**Argine di San Marco** e la **Resta de Aio** costringendo i barcaroli del commercio a lunghi percorsi supplementari. Bisognava aprire bocche d'acqua diverse, e creare correnti pulite e scorrevoli che dessero vita e flusso a quella parte della Laguna mezza impaludata e intasata da mille laghi, deflussi lenti e innaturali, stagnazioni, paludi e canneti che procuravano la *"mala-aria"* oltre che le zanzare e tutto il resto. Nello stesso tempo sembra che nell'isola di Sant'Angelo fosse attiva una fornace, mentre di certo c'erano in zona diversi molini con prese d'acqua potabile, e diversi lavatoi per la lana ... Quello era anche posto di contrabbandi, agguati, e qualche bandito da quattro soldi ... ma qualche volta anche di vere e proprie bande organizzate che davano filo da torcere ai Fanti e ai Dazieri della Serenissima.

Nell'ottobre 1331 **Angelo Zuccato** depositò il proprio testamento presso il **Notaio Nicolò Bettini** dicendo di voler beneficare proprio il **Monastero di Sant'Angelo di Contorta** dove vivevano santamente come Monache quattro sue nipoti. L'isola quindi sembrava posta dentro a un quadretto idilliaco quasi perfetto … Invece, poco dopo si è rotto qualcosa, come è accaduto anche in altri siti dell'epoca non solo Veneziani.

L'immagine dell'isola e **Monastero di Sant'Angelo di Caotorta** finì in un certo senso capovolta del tutto, perché fra 1401 e 1487 il Monastero subì ben 52 processi per attività sessuali illecite con nascita anche di 4 bambini … le Monache che vivevano lì erano diventate per davvero donne scatenate.

Già nell'aprile 1401: **Giorgio barcarolo del Convento** venne prima giudicato dalla **Quarantia Criminal** e poi condannato a un anno di carcere per essere entrato più volte di notte nel Convento avendo rapporti carnali con una **Conversa Maria**. Fu solo l'inizio, perché l'anno seguente lo stesso uomo venne condannato a morte perché recidivo e per aver rubato gli arredi dalla chiesa del Convento.
Nel luglio di sei anni dopo, un altro barcarolo dello stesso Convento: **Nicolò de Alemagna** subì la sentenza di due anni di carcere per l'accusa di molestie e rapporti con la **Novizia Zaneta** … ma non fu tutto, perché accadde di peggio: si trascinarono a processo davanti alla Quarantia *"per eccesso di sessualità molesta"* le **Nobili Monache Filippa e Clara Sanudo** residenti nello stesso Convento. A Venezia ne derivò un putiferio e un gran casotto perché risultò essere coinvolto anche **Marco Bono Notaio di Palazzo Ducale** che era diventato amante della stessa **Filippa** trovata però in intima compagnia con un altro Nobile: **Andrea Valier**. Venne fuori che i fratelli **Paolo e Andrea Valier** erano andati più volte a *"visitare a fondo"* le Monache intrallazzando anche con **Suor Magda Lucia de Cha di Veglia**, perciò la Serenissima affibbiò loro una condanna di due anni di carcere … Dalle stesse indagini risultò anche che **Andrea Amizio** se la vedeva pure lui con la **Monaca Clara Sanudo**, e per questo la Serenissima condannò anche costui a due anni di prigione.
Benedetto Malipiero, invece, andò più volte a prendere in barca al Monastero le solite **Monache Filippa e Clara Sanudo** e le portò in gita e a

spasso per la Laguna fino all'isola di Ammiana dietro Torcello combinandone strada facendone *"tante, di cotte e di crude"* che non si possono raccontare ma solo intuire. Si beccò anche lui due anni di carcere ... mentre il **Nobile Rafeleto Moro** che finì con l'avere una figlia dalla **Monaca Costanza Balistario** venne condannato in contumacia dalla Serenissima a due anni di prigione se solo avesse osato rimettere piede dalle parti di Venezia e dintorni.
Nell'aprile 1431 **Luca Raffono** già Gastaldo dello stesso Convento di Sant'Angelo in isola, e il **Nobile Giovanni Minio** vennero accusati e condannati ai soliti due anni di carcere inferiore per aver *"conosciuto carnaliter"* la solita **Monaca Clara Sanudo** ... Caspita ancora lei ! ... Trent'anni dopo ! ... ed era intanto diventata anche Badessa del Convento. Nel maggio dell'anno seguente la solita **Quarantia Criminal** conferì un anno di carcere a **Jacobo Lanarius** per gli ormai soliti *"traffici carnali"* con **Donata Secolare addetta al Monastero**, e un anno fu dato anche a **Francesco Bonvesin** per lo stesso motivo insieme a **Eufemia servente di un'altra Monaca** sempre di Sant'Angelo in isola.

Questi sono solo alcuni esempi di tutto ciò che accadde nel Monastero di Sant'Angelo che venne considerato il Convento forse più libertino, inquieto e perverso della Laguna di Venezia ... Infatti poco dopo, fu la volta di **Antonio "famulus del Convento"** e di **Jacobo di Macario** che si beccarono i due soliti anni di carcere per essersela vista entrambi con **Suor Valeria Valier**, e qualche giorno dopo fu il turno di **Giovanni Strazzaròl** che prese anche 200 lire di multa per *"trafficato"* con la stessa Monaca avendo anche un figlio.
La lista sarebbe lunghissima, e non finisce di certo qui: **Marco de Buora** venne portato a giudizio insieme a una sua parente **Liseta Monaca a Sant'Angelo**, all'ormai immancabile **Suor Valeria Valier,** e a una fanciulla **Margherita da Murano** posta dalla famiglia in Convento per imparare un lavoro. La giovane era rimasta nell'isola solo 15 giorni, ma era finita presto a letto con la **Monaca Liseta** e violentata da **Marco de Buora** abituè ad entrare di notte nel Convento. Venne condannato a un anno di carcere e 200 lire di multa da destinare in dote a Margherita per trovarle un marito, mentre la **Monaca Liseta de Buora** venne espulsa dal Convento rea anche di *"traffici carnali"* anche con **Nicolò Strazzaruol** condannato a sua volta a

due anni e 100 lire di multa, e per essere finita a Venezia in casa di una certa **Tadhea Cortigiana o Compagnessa**. Si condannò ad un anno di carcere e 100 lire di multa anche **Simone il barcarolo** che aveva condotto tutti al Convento ingiuriando anche la Badessa e minacciando di bruciare l'intero Convento.

Dall'inchiesta venne fuori che anche **Zanino dal Sale** e i **Nobili Giovanni Valier e Marco Marcello** avevano *"baciato e toccato inoneste"* la stessa Monaca Liseta meritandosi multa e carcere, mentre **Giorgio della Scala** meritò il doppio della pena per aver eseguito *"l'opera completa"* sempre con la stessa donna.

Qualche anno dopo il **Nobile Girolamo Tagliapietra**, recidivo e già condannato al carcere in catene per incesto, subì una nuova condanna di tre anni da scontare nel Carcere Nuovo per le sue visite disoneste nel chiostro dell'isola di Sant'Angelo. Con lui si condannarono altri Nobili: **Luciano Franco, Francesco Turlano, Battista Viadana**, e perfino **Zazino Barberius** che si recavano in barca in isola a *"insolentàr e ingiuriràr le Muneghe"* e a rubare l'insalata nell'orto del Monastero.

Che ve ne pare ?

"Ma che avevano quelle Monache ? ... Il samòro ? ... Erano proprio assatanate!"

C'è da aggiungere che le **Monache del Monastero di Sant'Angelo** furono anche oggetto di una petizione alle autorità della Serenissima presentata dalle mogli dei pescatori Veneziani di **Malamocco e Pellestrina**. I pescatori di ritorno verso casa dalla pesca o dal mercato-pescheria di San Marco e Rialto usavano fermarsi troppo spesso presso quelle *"allegre Monachelle"* con le quali spendevano i pochi soldi guadagnati, o regalavano parte del pescato scambiandolo col loro *"turpe mercato"*.

"Quella è l'isola di Sant'Angelo del peccato !" dichiararono le mogli nella loro supplica.

Infine ... dal momento che anche in Laguna si diceva che: *"il troppo stroppia"* e che *"tutti i nodi vengono alla fine al pettine"* il **Vescovo**

Lorenzo Giustiniani inviò a Sant'Angelo di Contorta alcune **Monache Osservanti dal Convento di Santa Croce della Giudecca detto de Scopulo** per provare a riformarlo.
Niente da fare ! ... Si fece un *"buco nell'acqua"* ... le Monache del Sant'Angelo erano incontenibili oltre che incorreggibili perché cacciarono a sassate i Preti e le Monache inviati dal Vescovo per riformarle.

"Batti e ribatti ... si piega anche il ferro." si disse ancora ... Perciò nell'agosto 1440 **Papa Eugenio IV** in persona emise una sentenza, e lo stesso *Lorenzo Giustiniani,* ancora Vescovo e non ancora Patriarca di Venezia, ordinò la chiusura definitiva del Monastero incorporandone rendite e beni a quello di **Santa Croce della Giudecca**. Il Senato della Serenissima inizialmente aveva fatto *"orecchie da Mercante"* di fronte a quella situazione dilazionato i provvedimenti e pazientando senza fine con le Monache *(d'altronde era le figlie di Nobili ricchi e prestigiosi)*, ma nel giugno 1474 sollecitato dal Patriarca mandò i **Fanti della Serenissima** a *"prelevare di peso"* le Monache vincendo la loro fiera resistenza portandole nel **Monastero Osservante di Santa Croce della Giudecca**.

Finito tutto ? Macchè ! ... continuarono a fioccare ancora processi e condanne: nel dicembre 1477 si condannarono tutti a due anni di carcere **Vettor Ciocha Monachinus** per aver conosciuto ancora una delle Suore del Sant'Angelo, e altri 4 *"monachini"*: **Nicolò Fligerio, Alvise dal Monte, Feleto Feleti** e tale **Magister Matteus Murarius et Marangonus** tutti imputati di aver dormito in Convento ed aver avuto rapporti con le Monache e le loro domestiche. Fu poi la volta di condannare i **Nobili Paolo Soranzo, Gerolamo Barbarigo, Alvise Barbo e Domenico Trevisano** per lo stesso motivo, e infine s'appiopparono 4 mesi di carcere e 100 lire di multa a un altro Nobile: **Pietro Lando** per essere entrato nella cella di **Suor Visa Bianco** *"con mala intentioni"*. Costei era sorella di **Suor Orsa Bianco** per la quale nel luglio 1487 i Quaranta furono costretti a condannare il **Vicentino Angelo Buso** per averla conosciuta *"carnaliter"*.

Ma come mai ? direte ... Le Monache non erano state trascinate via dall'isola e s'era chiuso il Convento?

Vero ... solo che quelle donne Nobili erano così potenti e baldanzose da riuscire a far dichiarare nulli i provvedimenti nei loro riguardi dal nuovo **Papa Innocenzo VIII** che annullò la bolla della sentenza precedente permettendo alle Monache di ritornare tranquillamente a vivere nella loro isola.
Solo **Papa Sisto IV**, più tardi, tramite il **Patriarca Maffeo Girardi** rese definitiva la soppressione del **Convento di Sant'Angelo in isola** nonostante le suppliche delle Monache estromesse, che perseverarono comunque nel loro *"modus viventi"* e nelle loro *"pratiche"* fino al 1508 quando morirono le ultime Monache di quel tipo che lasciarono finalmente libero il Monastero.

La quiete dopo la tempesta ... L'isola dopo tanti traffici e casini divenne abbandonata, deserta e silenziosa, e venne data in concessione a tale **Prete Antonio** ... che ne fece: niente. E passò il tempo ...
Nell'aprile 1518 alcuni **Carmelitani della Sacra Congregazione di Mantova e di Brescia** ottennero di stabilirsi nell'isola con obbligo di accudirla e conservarla e dare ogni anno alle Monache di Santa Croce della Giudecca: *"due candelotti di cera da due libbre nei giorni tre di maggio e quattordici di settembre"*.
Otto anni dopo gli stessi Carmelitani furono costretti a far ricorso alla Signoria Serenissima contro le **Monache della Croce** che godevano ancora del Giuspatronato sull'isola perché avevano inviato dei loro messi per cacciarli dall'isola ... Non c'era ancora pace per **Sant'Angelo in isola**.

Chi vinse alla fine ? Apparentemente le Monache perché nel 1555 i **Frati Carmelitani** dovettero abbandonare l'isola e trasferirsi alla Giudecca in un piccolo Convento e chiesa abbandonati dai **Frati Cappuccini**. In realtà persero anche le Monache perché il Senato della Serenissima decise di sfollare l'intera isola con la scusa dell'insalubrità dell'aria, per: *"...installarvi una sua polveriera per fabbricar, soleggiar, asciugar e conservar la polvere da sparo dall'umidità della Laguna."*

C'era una cosa, una serie di vicende interne circa il suo celebre **Arsenale**, di cui la Serenissima amava poco parlare ... anzi non ne parlava affatto.

Intere parti dell'Arsenale erano saltate per aria non una ma diverse volte ... e non da sole, perché erano esplose in aria anche le mura di cinta, qualche torre, e perfino gran parte del vicino Convento delle **Monache della Celestia** e alcune case della Contrade vicine.

Nel 1440 era esplosa causando danni gravissimi la *"Caxa de le polveri"* dove c'era una grande macina azionata da cavalli per preparare la polvere da sparo. Fu necessario restaurare le officine nell'area est dell'Arsenale, costruire nuovi Squeri lignei per le Galee, e intervenire sulla trecentesca **Teza longa de la Tana** divenuta traballante. Erano poi trascorsi solo nove anni, e nonostante tutte le precauzioni adottate, era avvenuta una seconda esplosione altrettanto disastrosa: *"Di nuovo il 14 marzo del 1509, nonostante gli sforzi generosi delle maestranze, un violento incendio propagatosi nei pressi del deposito arrivò infine ad intaccare le polveri e a lambire il Tezon del salnitro; la terribile deflagrazione che ne seguì causò la distruzione degli edifici adiacenti, nonché il crollo di un lungo tratto del muro di cinta prospiciente il Rio de San Daniel..."*

Riparato tutto un'altra volta, l'Arsenale riprese la sua solita produzione mentre il Senato andava cercando soluzioni di sicurezza: decretò che la polvere da sparo venisse suddivisa in piccoli lotti da custodire ai piani alti di alcune delle numerose torri che scandivano il perimetro dell'Arsenale, e poi pensò bene di spostare il deposito del Salnitro al di fuori dell'Arsenale, suddividendolo in appositi *"Caselli da polvere"* costruiti nelle isole della **Certosa, San Secondo, Santo Spirito, Poveglia, Lazzaretto Vecio e Lazzaretto Novo** concentrando la maggior quantità della polvere nella remota isoletta disabitata di **Sant'Angelo di Contorta** che da allora si chiamò **Sant'Angelo de la polvere**.

Ma mentre si tergiversava con questi provvedimenti, nella notte tra il 14 e il 15 settembre 1569 una nuova esplosione dovuta a un violento incendio sviluppatosi dentro al **Recinto de le polveri** interessò l'Arsenale stavolta però senza gravi danni. Un manifesto affisso per le strade di Venezia, interpretò l'incendio dell'Arsenale come: *"... punizione divina per le ingiustizie et tirannie del Doge e dei Senatori Veneziani ..."*

"Fu un gran bel botto ! ... ma andarono distrutte solo le Teze ed edifici de le macine nonchè un tratto delle mura perimetrali appena completate nel

1535 per isolare dalla Laguna la nuova vasca de le galeazze". Poco tempo dopo, infatti, partirono i lavori per la costruzione di sei nuovi tezoni atti ad ospitare la costruzione di una innovativa galeazza armata da guerra.

Qualcuno parlò del classico mozzicone dimenticato da un Arsenalotto sbadato o forse ubriaco ... un incidente *"da sbadatezza"* insomma ... Altri parlarono della solita lanterna buttata a terra dal vento ... Altri ancora si spinsero a parlare di complotto e attentato organizzato dai Turchi o da parte di qualche rivoluzionario che voleva ribaltare lo Stato Serenissimo ... In ogni caso s'era evitato per un soffio l'ennesimo disastro e la tragedia, perciò Doge e Senato dissero: *"Mai più saltàr par aria!"* ... perciò tutte le polveri vennero distribuite ad equa distanza all'esterno dell'Arsenale, lasciandovi dentro la sola preparazione del Salnitro.

Trasformata l'isola di Sant'Angelo in polveriera, risale, invece, al 29 agosto 1689 la notizia del terribile incendio causato da un fulmine che provocò la distruzione quasi totale dell'isola di **Sant'Angelo della polvere** facendo esplodere 800 barili di polvere lì accumulati e causando la subitanea distruzione del muro di cinta dell'isola, delle quattro torri angolari del portale d'entrata del Forte e di tutto quanto rimaneva dell'antica chiesa e del Monastero delle Monache.

L'isola per un bel pezzo rimase una distesa bruciacchiata e brulla, e come tale venne anche rappresentata in alcune stampe e incisioni della stessa epoca. Da allora fino alla seconda Guerra Mondiale l'isola continuò ad essere utilizzata per scopi militari come dimostra la cartografia settecentesca.

Nella *"Biblioteca Universale Sacro Profana Antico Moderna appartenente a qualunque materia"*, al tomo 3 scritto da **Fra Vincenzo Coronelli Ministro Generale dell'Ordine de Minori Conventuali, Cosmografo della Serenissima Repubblica stampato in Venezia nel 1703 a spese di Antonio Tivani con licenza de Superiori e Privilegio dell'Eccellentissimo Senato**, si legge alla voce SANT'ANGELO DELLE POLVERI, ISOLA: *"... poco lungo da essa trovasi l'isola detta un tempo sant'Angelo di Contorta, e poscia Sant'Angelo della polvere. Ebbe quel primo titolo da un Monastero di*

Monache dedicato a San Michele Arcangelo, che nel 1474 si rese celebre per la scioltezza delle sue abitatrici e per la caparbietà ed ostinazione loro nel far fronte a quanti le volevano riformare. Fu forza levarle di là e concentrarle nel Convento della Croce della Giudecca. Per la qual cosa rimase bensì solitario il Monastero, ma bramosi i Padri Carmelitani della Congregazione appellata di Mantova di piantar sede in Venezia, lo chiesero alle Monache della Croce, e mediante piccoli censi presero ad abitarlo nel 1518. E lo abitarono pel' 55 anni finchè, avendo il Senato destinata quest' isola tanto discosta dalla città alla fabbrica della polvere, i Carmelitani passarono a Sant'Angelo della Giudecca e l'isola assunse il nome di Sant'Angelo della polvere. Nondimeno un fulmine caduto in que' magazzini incendiò tutta l'isola, che circondata dapprima da grossa muraglia, con quattro torri ai quattro angoli e con un solo portone magnifico non divenne più che un mucchio di sassi. Rimessa però nel miglior modo possibile fu destinata ad altri usi, ma sempre con vari lavori conviene difenderlo dalla corrosione delle correnti marine."

Con Napoleone all'inizio del 1800 l'isola di Sant'Angelo della Polvere divenne un *"Redoute"* ossia un presidio, un'installazione militare con intorno a un edificio centrale alcune costruzioni definite: *"caserma"*, *"polveriera"* e *"corpo di guardia"*. L'isola continuò ad essere circondata da una serie di bastioni con quattro torrette d'avvistamento poste sugli angoli già ricostruite e presenti alla fine dell'epoca della Serenissima.

Gli **Austriaci** e il **Regno d'Italia**, invece, non apportarono all'isola grandi modifiche sostanziali, ma costruirono qualche terrapieno e una nuova struttura militare proteggendo i magazzini delle polveri tramite un'armatura a prova di fulmine. Sant'Angelo delle Polveri venne considerato a tutti gli effetti un anello della collana-cintura delle Fortificazioni Lagunari, e nell'aspetto era molto simile a quanto è parzialmente visibile ancora oggi ... Nel marzo 1849 venne ritrovato nell'isola un'iscrizione Romana funeraria sprofondata sotto ad un terrazzo alla veneziana spesso 20 cm.

Nel 1° Volume del *"Fiore di Venezia ossia i quadri, i Monumenti, le Vedute ed i costumi dei Veneziani"*... una specie di guida storico-artistica di

Venezia e la sua Laguna scritto in cinque volumi da Ermolao Paoletti e stampato a Venezia nel 1872 si legge: *"Sant'Angelo della Polvere, Isoletta della Laguna di Venezia di figura quadrata, e di circuito di pass ... mezzo miglia distante da San Giorgio in Alga , ed uno e mezzo da San Marco in Lama . Fu prima abitata da Regolari sino al 1050 ... Come riferisce il Sansovino, poi assegnata per soggiorno di Monache, dalle quali essendo stata abbandonata a causa dell'insalubrità dell'aria, il Pubblico la destinò per la fabbrica della polvere dell'Arsenale, donde riportò la denominazione, e tuttavia tra le rovine si scoprono gran pietre di macine, ed altri stromenti di edifici erettìvi. Fu poi susseguentemente l'Isola convertita in Magazzini per solizzare e governare la stessa polvere e poi distribuirla ne depositi secondo le pubbliche indigenze; ma nel giorno fatale de 29 Agosto 1689 a ore 4 un fulmine avendo scoccato ne' Magazzini predetti ne' quali si trovavano 800 Barili di polvere, incendiò tutta l'Isola, e le Fabbriche restarono in un momento del tutto atterrate; di modo che al presente non si veggono che cumuli di sassi, e sulle di lei spiagge quantità di zolfo dal medesimo suolo liquefatto. Un vile Tugurio serve d'abitazione ad un Custode, mantenutovi dal Pubblico, che ha il comodo d'una Cisterna, come esprime il disegno da noi esposto nel nostro Isolario. Era prima tutta circondata di grossa, ed alta muraglia, con 4 Torri, che occupavano i 4 angoli dell'Isola, guardata in quel tempo con gran gelosia. Da un solo Portone ornato di marmi quadrati per mezzo d'un Pontile si aveva quivi l'ingresso, e vi era ancora una comoda Cavana con altro consimile Portone in parte rovinato. E' circondata l'isola suddetta da Canali nuovamente fatti, ed ingranditi dalla Natura, che hanno di molto migliorato la Laguna, e le Paludi fino a San Biagio e sono di quegli, che ultimamente furono saviamente ricordati da zelanti Senatori de' quali abbiamo parlato in altro incontro."*

Ancora nel dopoguerra del 1950 sull'isola ridotta a poco più di 5.000 mq c'erano ancora i Militari che usufruivano di strutture in cemento, mura di cinta, torre piezometrica e approdo ... Poi l'abbandono dell'isola fu totale fino al 1994, quando fu posta in vendita all'asta o proposta in affitto come diverse altre isole della stessa Laguna.

A seguito di questo ci fu un ultimo squillo storico di Sant'Angelo delle Polveri quando nel gennaio dell'anno seguente un **Veronese originario della Giudecca** ha ottenuto l'isola in affitto per un canone di poco inferiore ai 10 milioni annui ... Poi più niente ... solo abbandono e rovina ... e tanta Storia ormai trascorsa e quasi dimenticata.

***

_____*Il post su Internet è stato scritto in origine come: "Una curiosità veneziana per volta." - n° 106, e pubblicato su Google nel maggio 2016.*

Nobili e Palazzi

- *Il Casino Venier al Ponte dei Baretteri.*
- *Le sorelle Foscarini a San Lorenzo di Castello.*
- *Lobbie di potere al tramonto della Serenissima.*
- *Rumors sui Nobili Grimani.*
- *I Nobili Girardi, un Patriarca avvelenato (?), la Nave Girarda e San Saba degli Stioreri.*

IL CASINO VENIER AL PONTE DEI BARETTERI

Il Casino privato dei Venier, detto il Ridotto della **Procuratessa Venier Nobildonna Paolina Mocenigo**, moglie di **Girolamo Venier Cavaliere Procuratore di San Marco**, è un luogo seminascosto e quasi sconosciuto, conservato ancora quasi intatto al primo piano di un palazzo al centro delle Mercerie, gestito per un certo tempo dal Consolato di Francia, dopo l'Opera Pia Giustiniani e il Comune di Venezia.

Si tratta di un pregiatissimo ambiente d'accoglienza, con dentro un *"Portico"* a raffinata decorazione a stucchi e pastello impreziosito da caminetto in maiolica e specchi. Esistono quattro sontuose salette ai lati del portico centrale, una cucina da cui con un passavivande s'impediva anche a cuochi e camerieri di individuare i presenti, una sala da pranzo e due salotti da gioco. Gli stessi musici suonavano nascosti dentro a casse di legno del portico. Sul soffitto affrescato col *"Trionfo di Bacco"* e da quattro virtù mollemente sdraiate: *"Fortezza, Giustizia, Temperanza e Prudenza"*, esiste ancora oggi lo stemma dei Venier, retto da dei putti in volo.
Dal *"liagò"* gli ospiti potevano scrutare non visti nelle Mercerie sottostanti, un armadio ad angolo nascondeva un'uscita segreta, e sul pavimento a mosaico marmoreo verde, rosa, bianco, e oro armonizzato con gli stucchi, esiste ancora uno spioncino per vedere chi voleva entrare.
Un'alcova quindi, una bomboniera di gusto e di raffinatezza che solo il meglio del meglio della Nobiltà di Venezia si poteva permettere ... e anche indirettamente un *"inno in pietra"* alla libertà, all'avventura, alla caccia alle sensazioni più eterogenee, azzardate, esotiche e forse anche goderecce.

Nel 1707 era ancora proprietà di **Federico Venier**, ed era usato dalla moglie Elena per i suoi passatempi e gli appuntamenti personali.

Già nell'estate del 1527, il ***Diarista Marin Sanudo*** ricordava che: *"...a Venezia sono 19 le "Case Grandi" con più di 40 individui ciascuna, e formano il 45% del Nobile Patriziato di Venezia ... Fra questi c'è anche il Casato dei Venier con 69 individui ..."*

I Venier furono una casata davvero prestigiosa, in quanto furono per tradizione Notai, e coprirono nei secoli molte cariche ambite della Serenissima come: **Consiglieri Ducali, Savi del Consiglio Ducale, Zonta al Consiglio dei Dieci**. Non disdegnarono comunque d'essere anche: **Podestà di Murano, Gastaldo a Chioggia, Ambasciatori della Serenissima a Milano, Londra, Parigi, in Spagna, nei Paesi Bassi, a Roma dal Papa e presso l'Imperatore, Sopracomiti di Galea, Rettore di Zante e Bailo a Costantinopoli.**

I Venier erano ricchissimi: possedevano palazzi e case a Venezia, ville e terre in Terraferma, a Lonigo di Vicenza boschi e paludi per 2.300 ettari che bonificarono. Erano titolari dei diritti signorili di **Sanguinetto nel Veronese**, dove tenevano in affitto 650 campi di palude, erano presenti nella **Campagna di Sopra nel Trevigiano**, e **Provveditori di feudi nel Padovano**.

Viceversa, nel 1362, **Conte Venier ex Podestà dell'Istria**, venne processato con dieci capi d'accusa.

Nei suoi riguardi c'era l'estorsione di 100 lire a **Nicoletto Vito**, e due estorsioni di mercanzie a **Francesco Bonsignori** a un prezzo inferiore al loro valore. Inoltre era accusato di aver procurato lesioni ad una certa **Lucia**, perché questa non gli aveva permesso di fare quel che voleva di sua figlia … aveva ancora: imprigionato, multato e colpito di propria mano **Pencio da Pirano** … aveva fatto picchiare a morte **Guercio da Trieste** … battuto di propria mano un certo Frate mendicante e lo stesso aveva fatto con **Giovanni Scaliono**.

Si doveva aggiungere, che **Jacopo Groto Bechèr**, ossia Macellaio, aveva chiesto l'autorizzazione di trasportare animali a Venezia, e che il Venier non aveva voluto concederla, anzi, aveva imprigionato il Groto e poi lo aveva fatto cacciare da Venezia con i suoi animali.

La sentenza per il focoso Venier, fu il bando dall'Istria, l'esclusione a vita da qualsiasi incarico nel Dominio della Serenissima, dalle cariche di Ambasciatore, Provveditore e Console, con esclusione per 2 anni da tutti gli Uffici dello Stato e multa di 400 lire.

Nel 1385, invece, i **Signori di Notte** indagarono sulla morte di uno schiavo dei fratelli **Francesco e Lorenzo Venier.** Costoro ritenutisi offesi da tale indagine, insultarono e minacciarono uno dei Signori di Notte: **Pietro**

Michiel, che tutt'altro che intimidito li fece condannare dai **Quaranta** a una multa di 100 lire.

Tre anni dopo, **Alvise Venier figlio del Doge**, aggredì insieme a **Marco Loredan**, e affisse corna e versi ingiuriosi sulla moglie e la suocera di **Giovanni Delle Boccole ex Podestà di Valle**, abitante sul ponte Delle Boccole a Santa Ternita nel Sestiere di Castello.

Giunto circa il 1408, i Venier assieme ad altri Nobili Veneziani ottennero delle partecipazioni di proprietà sulla **ex Gastaldia Carrarese di Castelbaldo**. Acquistarono in consorzio il **Maglio di Padova** insieme a mulini, cartiere e folli da carta a **Battaglia**, e cave di pietra *"preara de schaia e da chalzina"* sui **Colli Euganei**. I fratelli Venier possedevano un'agenzia commerciale a **Valenzia**, mentre **Bernardo Venier**, che lavorava in Siria e Palestina per acquistare cotone, acquistò 115 sacchi di cotone da **Safed Emiro locale**.

Nel marzo 1433, **Marco Venier** venne accusato di aver corrotto due Notai manipolando i nomi nelle urne per favorire l'elezione di suo padre a **Governatore di Treviso**.

Il Senato votò l'esclusione per un anno dei Venier dal Maggior Consiglio, e gli inflisse una multa di 200 lire, mentre i due Notai vennero condannati all'esclusione perpetua dalla **Cancelleria Ducale**.

Nell'isola di **Cipro**, il 10 aprile 1480, **Anzolo Caravado de Pregadi** e **Marco Venier di Candia** furono impiccati come ribelli ... mentre nell'aprile 1543, alla **Visita del Vescovo di Torcello Girolamo Foscari** al Monastero di Santa Caterina di Mazzorbo, fra le 28 Monache Corali e le 11 Converse, riconobbe **Adriana** e **Maria Venier**.

Durante la famosa vittoria a Lepanto, il 9 ottobre del 1571, la flotta cristiana di 208 galere, di cui 110 veneziane, era comandata da **Sebastiano Venier** che sconfisse la flotta Turca bloccando l'espansione degli Ottomani nel Mediterraneo ... Nel 1580, invece, l'**Avogadore Marco Venier** fu molto criticato dal Nunzio Apostolico e dai Vecchi del Senato perché aveva osato far arrestare e bandire dal Dominio della Repubblica il **Vescovo di Spalato** per insolvenza tributaria. Per questo il Venier venne in seguito escluso

dall'accesso al prestigioso **Consiglio dei Dieci**, pur coprendo molte volte la carica di **Savio di Terraferma**.
Nel 1591: **Giacomo Venier figlio di Sebastiano** prese in affitto per 20 anni dagli uomini di **Longarone, Igne e Pirago** un loro bosco denominato *"Pestagolo"* per un canone totale di 70 ducati da lire 6 e soldi 4, acquisendo il diritto di *"... far tagliar tutta quella sorte et quantità di legname, così da opera come da fuogo..."*

Al tempo dell'Interdetto per Venezia di **Paolo V**, ossia nel 1607, fra i Patrizi più combattivi nel difendere i diritti della Repubblica Serenissima che ottennero di sopravalere sui Nobili Papalisti e sui timidi conservatori c'erano anche **Sebastiano Venier** e il più moderato **Alvise Venier**.

Nel 1711 **Paolina Venier** era Badessa del **Monastero di San Francesco della Croce** vicino all'attuale Piazzale Roma, *(dove sorgono oggi i giardinetti di Papadopoli)*, mentre nel 1746 in una Terminazione dei **Nobili Gradenigo** si accenna a un bosco a **Santa Caterina di Musestre** appartenente ai Nobili Venier in cui era proibito tagliare i tronchi di rovere, e dove il guardiano era autorizzato ad usare lo schioppo.

Il prestigio e soprattutto il patrimonio della famiglia dei Nobili Venier declinò e si ridusse a causa dell'arrivo dei Francesi e degli Austriaci a Venezia. Nel **Cavarzetano**, ad esempio, fra 1810 e 1840, dove i Venier possedevano un tempo 1.578 ettari di terra, rimasero con soli 70 ettari. Tuttavia nel 1850 circa, **Maria Venier Contarini**, possedeva ancora 1.000 ettari di terra nel **Polesine**.

Curiosi i Venier !

***

_____*Questo scritto è stato postato su Internet come: "Una curiosità veneziana per volta." - n° 13, e pubblicato su Google nel febbraio 2013.*

LE SORELLE FOSCARINI A SAN LORENZO DI CASTELLO

Si era a Venezia, nel popolare Sestiere di Castello, poco lontano dal laboriosissimo **Arsenale** e dalla magnifica sede del **Patriarcato di Venezia** che dall'8 ottobre 1451 unificava sotto un unico titolo e potere: l'antico **Vescovado di Olivolo ossia San Pietro di Castello** assieme a quello dell'altrettanto antico e prestigioso **Patriarca di Grado**, ed altri titoli minori come i **Vescovadi di Caorle, Eraclea ed Equilio** (ossia Jesolo).

L'anno dei fatti che voglio ricordarvi è il **1588**, e la sede era uno dei più rinomati, ricchi e prestigiosi Monasteri di Venezia: ossia il **Monastero delle Benedettine di San Lorenzo di Castello**.

Lì, fra le altre 100 Monache Nobildonne di Venezia, vivevano anche le sorelle **Angela e Diodata Foscarini**.

La cronaca racconta semplicemente, che le due donne cercarono di avvelenare le loro compagne Monache, servendosi dell'arsenico procurato loro da un Converso del **Monastero degli Agostiniani Eremitani di Santo Spirito in Isola**.

Per fortuna le Monache del San Lorenzo se ne accorsero per tempo, e denunciarono le sorelle all'autorità veneziana del **Patriarca Trevisan**, che punì il Converso e anche le due Monache, ma sempre con rispetto per la prestigiosa e nobile famiglia che rappresentavano, ossia senza grande scalpore e pesante rigore.

I Foscarini erano i Foscarini ! ... Guai a toccarli !

Erano Patrizi, aristocratici Nobilissimi dalle origini quasi leggendarie, divisi in sei diversi Rami: di *"Sant'Agnese o della Carità"*, di *"Santa Fosca"*, dei *"Carmini"*, di *"San Polo"*, di *"San Stae"* e di *"San Tomà"*, erano padroni di almeno sei palazzi a Venezia e di una ventina di Ville sparse per la Terraferma. Nelle loro genealogie annoveravano Giudici, Procuratori, Senatori, politici, letterati, diplomatici e militari *(ancora nel 1762 ci sarà un Doge Foscarini: Marco)*.

Intoccabili insomma !

Il *Capitolo delle Monache di San Lorenzo*, invece, punì le due donne con la peggiore pena prevista per delle Monache: ossia l'esclusione dalla *"voce in Capitolo"* e da ogni incarico dentro al Monastero. In pratica, lì dentro non contavano più nulla, peggio *"dell'ultima delle serve"*. Una punizione esemplare, una bella umiliazione … un'infamia e disonore indigeribile per un ceto nobile, che viveva praticamente di onori, blasoni, buona fama, prestigio … oltre che di ricchezza *(soprattutto)* che rendeva tutto possibile.

Le due sorelle Nobildonne e Monache Foscarini, *"… che mostravano segno di gran dolore …"* la considerarono comunque un'offesa paragonabile allo sfregio fisico del volto.

Con la nomina del nuovo *Patriarca Priuli* amico di famiglia, nel 1592, le due sorelle cercarono di recuperare dignità e posto, facendo *"archiviare definitivamente la loro pratica"*.

Le altre Monache, invece, tutte contro le due Foscarini, erano terrorizzante al pensiero che si potesse rimettere in moto la storia degli avvelenamenti, e scrissero perciò a Roma al Papa, minacciando di abbandonare in massa il Monastero di San Lorenzo.

Tre anni dopo, le due sorelle si mossero a loro volta, e inviarono al Patriarca la richiesta d'essere trasferite in un altro Monastero o d'essere reintegrate nel *Capitolo di San Lorenzo*.

"Siamo innocenti di quell'accusa del veleno … è sempre stata un'invenzione e un sogno … frutto di cause che per modestia si tacciono…" scrivevano.

Il Patriarca Priuli scrisse al Papa di Roma chiedendo lumi … perché la storia era davvero diversa da quanto si diceva e raccontava in giro.

Esisteva infatti una Nobildonna: la *Badessa Gabriella*, scriveva il Patriarca al Papa, che era *"avversaria"* delle Foscarini: *"… sdegnata con alcuna di loro di cosa che non si può con honestà riferire … per haver voluto la più vecchia di dette sorelle prohibir la prattica poco honesta con sua sorella più giovane ..."*

La Badessa si era insomma innamorata, forse corrisposta, della giovane **Angela Foscarini**. Ostacolata da **Diodata Foscarini**, la Monaca Badessa si era vendicata di entrambe le sorelle accusandole di mescolare veleno ogni volta che ne avevano occasione, ricoprendo ad esempio l'incarico di **Monache Speziali o Monache Cuciniere** del Monastero. La perfida Badessa giunse perfino ad accusarle anche di averla avvelenata personalmente.

Una storiaccia insomma ! ... che magari poteva essere anche vera ... perché a Venezia non sarebbe stata né la prima, tantomeno l'ultima volta, che accadevano fatti del genere dentro ai Monasteri o nei Palazzi.

Non so se il Papa rispose scrivendo al Patriarca ... probabilmente l'avrà anche fatto. Si sa soltanto che alla fine, Monache e sorelle convissero per decenni insieme ugualmente, fra animosità, sospetti e minacce, nonostante fosse morta per davvero la **Badessa Gabriella** ... ma non avvelenata. Infatti, le amiche Monache della Badessa defunta continuarono a denunciare al Patriarca Priuli di aver rinvenuto nei materassi della defunta delle *"strigarie"* secondo loro messe e nascoste lì dentro dalle due sorelle Foscarini.

Le due Monache e sorelle Foscarini quindi, oltre che avvelenatrici assassine, erano anche delle Streghe.

Niente male come biglietto da visita !

Il Patriarca furibondo corse allora al **Monastero di San Lorenzo** e interrogò tutte le Monache mettendole tutte sotto processo. Ovviamente non trovò alcun fondamento nelle accuse: non c'erano né veleni, né stregoneria alcuna.

L'impressione era, scriveva a Roma: *"... che le Monache non possono veder né sentir nominar le dette sorelle Foscarini ... e se quelle rimarranno là, finiranno col dannarsi l'Anima ..."*. Perciò il Patriarca chiese e concluse di trasferirle in un altro Monastero della stessa Congregazione Benedettina a Venezia ... o meglio, un po' più in là ... in disparte: in un tranquillo

Monastero dell'isola di Torcello … in fondo alla laguna, ossia fuori dal mondo della Venezia che conta.

Per le due sorelle Foscarini sarebbe stata la cosa peggiore, una grossa umiliazione in ogni caso.

La risposta latina del Papa di Roma fu laconica ma chiarissima: **"Nihil"**, rispose, ossia **"niente da fare"** … e le due sorelle Monache Foscarini trascorsero il resto della loro vita dentro allo stesso **Monastero di San Lorenzo di Castello a Venezia**.

Altro che pie Monache !

Comunque all'epoca, non solo a Venezia, ma in tutta Italia, Europa e intero mondo d'allora: **"si costumava così"** … Episodi simili erano abbastanza frequenti e diffusi, tanto da non meravigliare più di tanto l'opinione comune … e storie come questa finivano spesso col perdersi nelle pieghe e nei meandri vecchi della Storia di Venezia e soprattutto nei pettegolezzi delle **massère** e dei **bastàzi** *(facchini)* del Molo di San Marco, del Mercato, e sotto ai Portici di Rialto.

***

_____*Questo scritto è stato postato su Internet come: "Una curiosità veneziana per volta." - n° 25, e pubblicato su Google nel maggio 2013.*

LOBBIE DI POTERE ... AL TRAMONTO DELLA SERENISSIMA

Nella Venezia antica, dietro all'ufficialità legale esistevano lobbie e gruppi di potere che gestivano sistematicamente *"la cosa pubblica"* facendo funzionare un sistema politico-economico che era spesso appannaggio e interesse di pochi, soprattutto di una classe ricca imprenditoriale e mercantile gestita da pochi ... dai soliti Nobili.

Venezia è sempre stata *"una gallina dalle uova d'oro"*, da accudire amorevolmente fino all'ultimo uovo prezioso, per poi provare a spennarla ancora per il proprio tornaconto.

Se da una parte la Serenissima era meticolosa e spietata nell'esercitare e imporre le Leggi, il rispetto delle *"parti"* sancite dagli organi di governo, le tassazioni e l'applicazione delle consuetudini sociali, dall'altra, chiudeva entrambi gli occhi su un *"dietro le quinte"* ricco d'iniziativa e molto permissivo. A certi livelli di governo e di gestione dello Stato, si poteva esulare dalla norma e permettersi l'eccezione, bastava che servisse e contribuisse in qualche maniera a far *"girare meglio"* il sistema.

L'importante era che Venezia rimanesse Padrona e Serenissima ... non importava in che modo, e per secoli la Storia ha dato ragione a questo *"ragionar furbetto"* fatto d'ufficialità e retroscena.

Per esplicitare ... Documenti antichi riportano esempi lampanti di come la Serenissima si è comportata con se stessa in maniera opposta rispetto a quanto avrebbe dovuto fare per Legge.

Gli incarichi di alcune delle **50 Magistrature Veneziane**, ad esempio, funzionavano secondo regole spesso disattese e interpretate secondo l'opportunità del momento. Venezia sapeva affrontare qualsiasi situazione pubblica venisse a crearsi attraverso le sue istituzioni, ma perfino i Dogi, **"trascorrevano politicamente veloci"**, rimanendo relativamente poco in carica. Il mantenimento viceversa di alcune cariche pubbliche anche importanti, manteneva una costanza d'esercizio davvero impressionante: non contavano le persone in se e in quanto tali, ma la *"cosa pubblica"*, il sistema ... ossia la Serenissima. La persona era sempre sacrificabile a favore della norma e del successo di governo e soprattutto economico.

Secondo i decreti del 1632 del **Maggior Consiglio** e del 1664 del **Consiglio dei Dieci** si prevedeva una durata massima di 4 anni per la gestione di un incarico in Magistratura, seguito da un anno sabatico di *"contumacia"* e di attesa neutrale di un diverso e nuovo incarico.

Esisteva invece una nutrita, numerosa classe secondaria di uomini, neanche tanto segreta o occulta a dire il vero, fatta di **Notai**, **Avvocati**, **Segretari**, spesso **Cittadini Onorari**, non necessariamente Nobili o appartenenti alla facoltosa schiera dei Mercanti più facoltosi, che gestiva e spartiva di fatto la gestione ordinaria del potere di Venezia in maniera del tutto irregolare e illecita.

Nei documenti non ufficiali, il loro incarico veniva qualificato come *"perpetuo"*, nonostante la legge precisasse la durata maxima quadriennale. Accumulavano incarichi, parlavano di *"contrabbando di scritture"*, ed emanavano tutta una letteratura legale e decretale spicciola di comodo, inventata ad hoc per favorire il funzionamento di queste istituzioni legali sì, ma dall'attività fantasma o per lo meno di parte.

Dal punto di vista formale, ci s'incapponiva in asprissime lotte e diatribe sull'applicazione corretta del **Cerimoniale Pubblico Ufficiale**, sulle **Precedenze** e le **Apparizioni Pubbliche** accanto e insieme al Doge ... Si tralasciava invece di riferire alla Signoria e al Doge l'andamento delle Magistrature, l'applicazione stentorea delle leggi, le assenze, i tornaconti, i conteggi daziali contorti, le principali mansioni a cui si era deputati.

Venezia è stata per secoli decadente ... consapevolmente.

- **Guglielmo Maria Rubbi**: fu ininterrottamente e irregolarmente **Segretario della Magistratura al Coadiutor ai Savi alla Mercanzia** e contemporaneamente anche **Segretario della Magistratura al Montello** dal 1783 al 1796: incarichi incompatibili e non permessi.
- **Domenico Calliari Fantinelli** fu ininterrottamente e irregolarmente **Segretario della Magistratura all'Inquisitorato agli Ori e Monete**, e

contemporaneamente *Segretario alla Magistratura degli Scansatori* dal 1783 al 1795: dodici anni invece di quattro.

- *Santorio Santorio* faceva parte della turnazione dei *Segretari del Senato di Venezia* occupandosi invece delle pratiche e sedute di *"Vienna-Commissario ai Confini"*.
- *Antonio Maria Santorio* dal 1783 al 1796 era *Notaio Ordinario Ducale* ma fu ininterrottamente e irregolarmente *Segretario della Magistratura Sopra ai Monasteri*.
- La famiglia *Alberti* accedette fin dal 1725 alla Nobiltà Padovana, visto che quella Veneziana le era preclusa. Nel 1791: *Andrea Alberti* fu *Ambasciatore di Venezia a Milano*, nel 1794 lo fu *Francesco Alberti*, che nel 1797 era anche uno dei *4 Segretari del Consiglio dei Dieci*, mentre contemporaneamente *Andrea e Pietro Alberti* erano due dei *25 Segretari del Senato*. Girolamo Alberti e Giovanni Battista Alberti erano inoltre *Notaio Ordinario Ducale*, e *Carlo Alberti* era *Notaio Extraordinario Ducale*. Per tutti questi incarichi era indispensabile essere in possesso della Nobiltà Veneziana.
- La famiglia dei *Sanfermo* divenne parte dei Nobili di Padova dal 1772, e dal 1784 divennero anche Conti a Zara. Già nel 1737 *Marc'Antonio*, nato nel 1721, divenne *Segretario Ducale*. Suo padre era Avvocato e approvato solo come *Cittadino Originario*. Dal 1785 al 1796: *Zuanne Gerolamo Sanfermo* fu ininterrottamente e irregolarmente *Segretario della Magistratura alle Acque*. Nello stesso 1797, *Marc'Antonio e Rocco Sanfermo* furono due dei *25 Segretari del Senato*, *Giovanni Girolamo Sanfermo* fu *Notaio Ordinario Ducale*, e *Giacomo Sanfermo* uno dei *50 Notai Extraordinari Ducali*. Neanche uno di loro era ufficialmente Nobile di Venezia.
- I *Vignola* divennero Nobili di Padova dal 1679. Dal 1764, *Pietro Vignola* fece parte della turnazione dei *Segretari del Senato di Venezia* occupandosi delle pratiche e sedute di *"Roma-Malta-Materie Ecclesiastiche"*, di *"Costantinopoli"*, di *"Provveditor

General da Mar", di *"Scrittura"* e di *"Lettura in Pregadi"*. Nello stesso anno, **Cesare Vignola**, figlio del defunto Cesare, **Notaio Extraordinario Ducale**, fece parte anche lui della turnazione dei **Segretari del Senato di Venezia** occupandosi delle pratiche e sedute di *"Francia"*. Nel 1797, **Sebastiano Lorenzo Vignola** faceva il **Notaio Ordinario Ducale**, ed era uno dei **25 Segretari del Senato.**

- Secondo il censimento del 1761, i due cugini: **MarcoAntonio di Girolamo Trevisan** e **Gabriel di Camillo Trevisan** con seconda moglie e figlio, abitavano a San Stae. Possedevano fin dal 1740, 700 ettari di terra a **Portegrandi** ed altri 160 ettari nel Padovano, dove altri rami della famiglia possedevano altri 1.000 ettari. Nel dicembre 1775, **Trevisan Alessandro**, nato il 18 aprile 1759, era **Segretario Ducale**, già suo padre viveva d'entrata ed era stato approvato come **Cittadino Originario** di Venezia: niente Nobiltà quindi. Nel 1778: morì l'ultimo discendente maschio: **Camillo di Piero Trevisan**, che non si sposò mai e visse da Abate estinguendo la casata. Alla fine della Repubblica, nel 1797: **Alessandro Trevisan** era ancora uno dei **25 Segretari del Senato**. Nell'ottobre: **Trevisan Andrea** e il fratello **Pietro** furono fra i 35 nobili patrizi presi come ostaggi-complici e rinchiusi nel forte di San Giorgio Maggiore a Venezia in occasione della presunta congiura contro i Francesi. I loro beni furono tutti confiscati ... eppure non erano Nobili.

- Fin dal lontanissimo 1356, **Zuccato Giovanni** fu **Notaio di Venezia**. I *Zuccato* erano già Nobili a Roma dal 1294, e lo divennero anche a Padova dal 1722. Dal 1616 al 1763, **Zuccato Alessandro** appartenne al numero dei **25 Notai Ducali Ordinari** di Venezia. Dal 1764: **Giacomo Zuccato** fece parte, invece, della turnazione dei **Segretari del Senato di Venezia** occupandosi delle pratiche e sedute di *"Roma-Malta-Materie Ecclesiastiche"*, di *"Francia"*, di *"Milano-Sardegna-Napoli"* e di *"Lettura in Pregadi"*. Nello stesso anno, **Zan Girolamo Zuccato** faceva parte della turnazione dei **Segretari del Senato di**

Venezia occupandosi delle pratiche e sedute di *"Costantinopoli"*, di *"Francia"*, e di *"Milano-Sardegna-Napoli"*. Dal 1785 al 1796: **Alessandro Maria Zuccato** fu ininterrottamente e irregolarmente **Segretario della Magistratura alle Beccarie** ... Insomma: tutti incarichi legati alla famiglia, quasi un'eredità che passava di padre in figlio, più che legata e derivante dall'identità nobiliare.

- Dal 1764, **Zuanne Maria Zon Notaio Ordinario Ducale**, faceva parte della turnazione dei **Segretari del Senato di Venezia** occupandosi delle pratiche e sedute di *"Vienna-Commissario ai Confini"*, di *"Spagna"*, di *"Inghilterra"*, di *"Scrittura"* e di *"Lettura in Pregadi"*, mentre **Giovanni Francesco Zon** si occupava di *"Spagna"* e di *"Inghilterra"* ... sembravano affari di famiglia.

    Nel 1771, gli Zon divennero Nobili sì ... ma di Padova.

    Dal 1784 al 1796: **Zuanne Battista Zon Notaio Ordinario Ducale**, fu ininterrottamente e irregolarmente **Segretario della Magistratura dei Conservatori delle Leggi**, e ancora nel 1797, **Angelo Zon** fu uno dei **25 Segretari del Senato**.

- I *Legrenzi* furono Nobili dell'ultima ora a Padova fin dal 1787, ma già nel 1699, **Angelo Legrenzi**, nato nel 1680, fu **Notaio Ordinario Ducale** e **Segretario Ducale**. Suo padre era Massèr dell'Arsenale, e fu approvato solo come Cittadino Originario.

- I nobili **Combi** erano originari di Bergamo, e s'arricchirono a Venezia col commercio librario. Nel giugno 1616, **Pietro e Giovanni Battista dell'eminente famiglia Combi** si fecero seppellire nel Monastero del Sepolcro in Riva degli Schiavoni.

    Nel 1624: comperarono diversi stabili a Venezia fra cui il **Palazzo Ragazzoni** in contrada di Santa Caterina, nel Sestiere di Cannaregio. Nel 1662 divennero Cittadini Originari, ma nel dicembre 1755, **Sebastiano Combi** nato nel 1738, era **Notaio Ordinario Ducale** e **Segretario Ducale**. Suo padre era Avvocato e poi Fiscale, e fu approvato anch'esso solo come Cittadino Originario.

- *Vincenzo Vincenti* dal 1446 al 1495 esercitava da **Notaio a Venezia**, e anche **Antonio Maria Vincenti** fu **Notaio in Venezia** dal 1541 al 1566 come lo fu **Vincenti (de) Baldassare** dal 1562 al 1571.

  Dal 1665 al 1722, un altro **Vincenzo Vincenti** fu anch'esso **Notaio in Venezia**, e nel maggio 1693, **Ottavio Vincenti Ottavio**, nato nel 1672, era **Segretario Ducale**. Suo padre era **Quadernier al Banco Giro**, e fu approvato solo come Cittadino Originario. Di solito a Venezia per esercitare il Notariato, la Magistratura e il Segretariato di Palazzo si doveva essere Nobili o almeno Ecclesiastici.

  Dal 1790 al 1796, un altro **Ottavio Vincenti Foscarini**, fu comunque uno dei **50 Notai Extraordinari Ducali**, e fu ininterrottamente e irregolarmente **Segretario della Magistratura alle Pompe**, mentre nel 1797 **Pietro e Zuanne Vincenti Foscarini**, Nobili di Zara dal 1790, erano parte integrante dei **25 Segretari del Senato.**

- Dalla Dichiarazione fiscale fatta ai **Dieci Savi** nel 1713, risultava che **Salvatore Colombo** possedeva due case nella contrada di San Pietro di Castello. Nel 1726: **Giovanni**, uno dei figli di **Giacinto Colombo**, fu approvato con l'intera famiglia come Cittadino Originario il 10 aprile, ma fu **Gastaldo dei Procuratori De Supra** morendo come **Massèr all'Arsenale ...** incarichi per i quali era dovuta la Nobiltà Veneziana. Dal 1737 a 1790: vennero approvati Cittadini Originari anche **Andrea figlio di Giovanni, Pietro figlio d'Andrea e Giacinto**, figlio di Pietro e nato in parrocchia di San Giacomo dell'Orio. Costui esercitava da **Notaio Pubblico**.

  Dal 1764, **Girolamo Colombo** fece parte della turnazione dei **Segretari "di rispetto" del Senato** di Venezia occupandosi delle pratiche e sedute di *"Deputato all'Indice"*, mentre più di trenta anni dopo, nel 1797, **Nicolò Colombo** era ancora uno dei **50 Notai Extraordinari Ducali.**

- Solo nel 1805 si estinsero i **Nobili Gabriel**, di cui alcuni furono anche Vescovi. Dal 1784 al 1796: Vettor **Gabriel** fu uno dei **50 Notai Extraordinari Ducali**, e fu ininterrottamente e irregolarmente

Segretario della Magistratura al Provveditor della Zecca, e contemporaneamente esercitò da *Segretario alla Magistratura del Provveditor sopra Ori e Monete*. Nel 1797: *Giovanni Antonio Gabriel* era addirittura anche *Cancellier Grande*.

- I *Gislanzoni* erano: Nobili di Crema e Milano e Conti dal 1762 ma non Nobili di Venezia. Dal 1764 al 1765: *Bernardo Gislanzoni* fu uno dei *50 Notai Extraordinari Ducali*, faceva parte della turnazione dei *Segretari del Senato di Venezia*, e si occupava delle pratiche e sedute di *"Costantinopoli"*, di *"Provveditor General da Mar"*, di *"Dalmazia-Golfo-Cattaro"*, di *"Inghilterra"*, di *"Milano-Sardegna-Napoli"*, di *"Zecca-Savio Cassier"*, di *"Scrittura"*, di *"Lettura in Pregadi"* e *"Nelle funzioni di sua Serenità"*.

Dal 1797, **Nicolò Gislanzoni** fu uno dei **50 Notai Extraordinari Ducali** ... ma il titolo nobiliare Veneziano dov'era ?

- I **Nobili Cattaneo o Catanio** erano Conti e Nobili ma di Verona e Rovigo fin dal 1410. Già dal 1319 *Giovanni Cattaneo* agiva da *Notaio in Venezia*, e *Marco Cattaneo* lo fu dal 1451 in poi. Nel 1457 i Cattaneo erano soci del famoso mercante *Andrea Barbarigo*, e acquistarono con lui centinaia di campi dalla Comunità di Carpi di Castagnaro nel Veronese, e dai *Da Mosto*, una parte della possessione delle terre dell'ex patrimonio Estense ricche di boschi e paludi fra Tartaro, Po e Adige nel Veronese. Dal 1680 al 1712, *Cattaneo Vincenzo* esercitò da *Notaio* a Venezia.

Sebastiano Cattaneo, nacque nel 1754. Suo padre era Capitano del Reggimento di Rovigo e fu approvato come Cittadino Originario Veneziano. Sebastiano fu però uno dei *50 Notai Extraordinari Ducali*, dal 1786 al 1795 fu ininterrottamente e irregolarmente *Segretario della Magistratura dell'Inquisitorato sopra agli Ebrei*, e contemporaneamente ricoprì la carica di *Segretario della Magistratura della Milizia da Mar*, e dal 1772 anche quella di *Segretario Ducale*.

Insomma ! ... e i requisiti Nobiliari ?

- La famiglia dei **Lio** o **Da Lio** divenne Nobile di Padova dal 1752 e nominati Conti dal 1780. Sebbene nel luglio 1598 fosse accaduta a Venezia per ordine del Consiglio dei Dieci l'esecuzione capitale per impiccagione di **Benedetto Lio** di anni 36, e nel febbraio 1610 quella di **Fra Girolamo Lio**, laico dei Canonici di Santo Spirito, nel 1797: **Fabio Lio** fu uno dei **25 Segretari del Senato**, mentre **Zuan Antonio Lio** divenne uno dei **50 Notai Extraordinari Ducali** ... eppure la reputazione di quel Casato, e la devozione nei riguardi della Serenissima Repubblica era pessima !
- Nel 1696, **Pietro Illaris dei Nerini**, Mercante di gioie da Bergamo, venne a Venezia dove sposò **Paolina Da Brazzo**. Nel giugno 1720 i figli di Pietro traslarono a proprio nome alcune case in Rio Marin *"... pervenute loro dalla Pia Fraterna dei Poveri Vergognosi per testamento della Nobil Donna Girolama da Canal ..."*
Nel gennaio 1778 i **Nerini**, che secondo i registri dell'Avogaria abitavano ancora in Rio Marin nella casa domenicale, vennero approvati come Cittadini Originari. **Giuseppe Nerini**, nato nel maggio 1760, era comunque uno dei **50 Notai Extraordinari Ducali** e divenne in seguito **Segretario d'Ambasciata in Spagna**, mentre **Nicolò**, altro discendente del citato Pietro, fu perfino **Segretario Ducale**. E la dovuta Nobiltà Veneziana necessaria per interpretare l'incarico ?

La lista sarebbe ancora lunghissima: **Agazzi, Torniello, Guerra, Gradenigo, Cabrini di Santa Maria Formosa, Giacomazzi, Imberti, Contin, Corniani o Algarotti, Pizzoni, Busenello, Lavezzari, Cassina** ...

Insomma: soprattutto a Palazzo Ducale si era tutti una *"grande famiglia"*, dove da buoni fratelli si spartiva per decenni la gestione del potere interno della Serenissima senza badare tanto alla forma e a quelle che dovevano essere le doti necessarie per interpretarlo.

Il **12 maggio 1797**, accadde l'ultimo raduno del **Maggior Consiglio** in Palazzo Ducale, che mise fine a questa lunghissima catena dorata di accadimenti. Nello stesso giorno, il popolo veneziano saccheggiò negozi e alcune case in giro per le Contrade di Venezia.

Il 4 giugno 1797 in Piazza San Marco s'impiantò l'**Albero della Libertà** con molta festa. Venezia Repubblica non esisteva più ... e si spensero anche tutti quegli abili maneggi dietro al grande palcoscenico della Serenissima.

A pensarci, sembra che per certi versi i secoli siano trascorsi invano ... Molte situazioni si ripetono ancora oggi, con le stesse regole e le stesse incoerenze di un tempo.

***

_____*Questo scritto è stato postato su Internet come: "Una curiosità veneziana per volta." - n°33, e pubblicato su Google nel luglio 2013.*

RUMORS SUI NOBILI GRIMANI

Lo sapete meglio di me ... Su certi argomenti Veneziani si sa quasi tutto ed è stato detto e scritto intere biblioteche. Esistono *"fior fior"* di valenti ricercatori, studiosi e scrittori che con grande intelligenza e pazienza hanno scovato, riordinato e sistematizzato eventi, personaggi e vicende della nostra Venezia Serenissima.

A noi appassionati dilettanti tocca perciò di gustare i preziosi risultati di questo grande sforzo, e perché no ... godere delle *"chicche"*, delle curiosità e delle particolarità di quanto è stato scovato e abilmente riportato.

Perciò per me parlare di certi argomenti, è quindi come cogliere degli eco, dei rumors di rimbalzo e di sfuggita ... dei lampi solitari da quello che è un intero e immane temporale di contenuti e di notizie.

I **Nobili Grimani**, si sa, sono stati una delle più potenti e grandi Famiglie o Casati Nobiliari e Patrizi di Venezia.

Riassumerli come premessa in poche righe non è assolutamente facile, ma ci provo lo stesso.

Si dice che i Grimani inizialmente siano stati **Longobardi** giunti a Venezia ed entrati progressivamente a far parte del **Maggior Consiglio**, della *"fazione nobiliare"* dei *"Curti"* e delle *"Casate Nuove"*. **A dire il vero, l'inizio dell'ascesa della famiglia non fu proprio dei migliori, perché n**el 1388 **Jacopo Grimani** venne processato e condannato perché usava lettere contraffatte, sigilli e giuramenti falsi con lo scopo di creare documenti a lui favorevoli. I documenti furono annullati, e lui venne esiliato in perpetuo a Candia e condannato a 1 anno di prigione.

Ma fu solo l'inizio ... In seguito i Grimani risultarono regolarmente iscritti alla *"Balla d'Oro dei Nobili"* almeno con 2 Padri e 6 Figli ... Subito dopo la batosta di Agnadello **Alvise Grimani** faceva parte della **Zonta del Consiglio dei Dieci** della Serenissima: i vertici del potere di Venezia.

I fratelli Grimani erano definiti ricchissimi, fra i 18 membri che dichiaravano redditi annuali superiori a 3000 ducati ... ma si diceva che erano *"geneticamente"* tirchi e spilorci perchè quando il Doge lanciò un appello per concedere prestiti per risanare lo Stato, **Marino Grimani** offrì solo 13 ducati e **Francesco Grimani** la miseria di 10 ducati … briciole, insomma … Non sembravano molto interessati al benessere dello Stato.

I Veneziani di allora, notoriamente senza peli sulla lingua, li definirono subito: *"Grimani Avarizia pura" … non fanno nulla per lo Stato … Marco Grimani e suo fratello Piero pagano per una "Casa da Stazio" di Marin Cavalli a San Vidal 250 ducati annui di affitto … e neanche la abitano …"*

Anche il **Doge Gritti** in persona si aggregò *"al coro pubblico"* e deprecò davanti al Collegio il fatto che: *"… tre Case in questa città vogliono e ambiscono a tutte le cariche e i benefici episcopali disponibili con una fame senza fine … i Corner, i Pisani e soprattutto i Grimani."*

In seguito però, i Grimani: *"… avendo ben 27 membri presenti nel Maggior Consiglio erano fra i Primi nei 134 clan Patrizi di Venezia … Misero insieme un ingente patrimonio frutto dei commerci con l'Oriente … furono fra i più grossi commercianti di pepe veneziani …"* e vennero soprannominati *"Ducali"* per il fatto che la loro Nobilissima Famiglia annoverò ben tre Dogi: **Pietro** 76° Doge per due anni; **Marino 89° Doge** dal 1595, e **Antonio**: 115° Doge a quasi due secoli di distanza dal suo antenato … Niente male come prestigio ! … ma non è ancora tutto.

Fra i Grimani si furono anche: **2 Cardinali, 3 Patriarchi d'Aquileia, Procuratori, Militari, Cavalieri, Senatori, Podestà, Consiglieri** … una lista lunghissima. La Famiglia riedificò ed abbellì in Venezia diverse chiese, possedette vari palazzi e un'infinità di case, fece costruire ben tre teatri: quello in **Calle della Testa** che non esiste più, quello di **San Samuele** e quello a **San Giovanni Crisostomo** esistenti tuttora.

I Grimani erano acculturatissimi, mecenati generosi, forbiti pensatori e acuti economisti … Artisticamente prediligevano l'Arte Antica Romana e la *"pittura moderna all'epoca"* dei Nordici d'Europa: **Durer, Memlinc, Lucas van Leiden, Paulus Bril** tanto che vennero a più riprese tacciati e accusati d'essere *"filoprotestanti ed eretici"* nonostante i loro legami con Roma e il Papa fossero sempre stati non solidissimi … ma ben di più.

Invidia ? … Forse tentativo politico di scalzarli e ridimensionarli ? … Può darsi.

Probabilmente sarà stata una pura coincidenza anche il fatto che nello stesso anno in cui **Marino Grimani** divenne Doge (1595) l'Inquisizione della Curia di Rovigo processò una certa **Cecilia Grimani quondam Michele**, sorella di **Andrea e Marco Grimani**.
L'accusa era di aver mandato una certa *Fratirola* come esecutrice di un maleficio ai danni di **Orsina, figlia del Conte Guglielmo Bevilacqua e moglie di Giovanni Francesco Manfredini di Rovigo**, che pare s'intendesse o fosse l'amante della Grimana. Orsina Bevilacqua venne perseguitata dalla Fratirola anche nella sua Villa di Verona, e la stessa Fratirola venne giustiziata per aver compito numerosi altri malefizi anche su altre famiglie nobili locali: Mazza, Diedo e Durazzo. **Michele Grimani** padre di Cecilia probabilmente insieme ai **Roncali** era considerato parte di un movimento o cerchia di nobili ereticali, amici di famosi e pericolosi eretici veneti come **Alessandro Trissino da Vicenza e Francesco Emo**.

Coincidenza storica ? … Può darsi … Può darsi … ma di solito l'Inquisizione non si attivava per niente e a vuoto.

Non era un segreto che il nuovo Doge e le manovre di Venezia non godessero per niente delle simpatie del Pontefice di Roma. Tanto è vero che con il Doge Grimani iniziò una durissima querelle tra Papato e Repubblica che portò il Dogado sotto il successore del Grimani: **Leonardo Donà** a incappare nell'*Interdetto per Venezia*. La Serenissima non rimase per nulla apatica di fronte alle scelte del Papa, ma emanò leggi limitatrici del potere Ecclesiastico garantendosene il controllo su strutture, persone e soprattutto rendite. Nel 1605, ad esempio, due Preti e Frati vennero imprigionati come *"criminali comuni"* e senza concessione dei privilegi che gli spettavano, e **Paolo V** risentito e infuriato inviò a Venezia proteste formali il 10 dicembre … senza che la Serenissima si scomponesse più di tanto.

Capite allora perché l'Inquisizione era così interessata a controllare le vicende interne della famiglia Grimani ?

Cecilia Grimani ed **Elisabetta Grimani** facevano parte nel gennaio 1541 del numero delle 19 Monache Professe del **Monastero di Santa Caterina di**

Mazzorbo diretto dalla **Badessa Benedetta Michiel** ... mentre il **Monastero di Sant'Eufemia di Mazzorbo** tenne un processo per quattro anni contro i **Nobilhomeni fratelli Grimani** che lo disturbavano e inquietavano ... Nel 1596 **Zuan Grimani** fu **Rettore di Zante e Cefalonia** isole strategiche per le spezie: dove le entrate della Camera Fiscale compresa la Nuova Imposta fruttavano alla Serenissima: 24.500-25.000 ducati annui ... **Antonio Grimani Patriarca di Aquileia**, invece, aveva 18 servitori, e investì 12.000 ducati in un saponificio esortando i suoi eredi a rimanere nel commercio ... **Giovanni Grimani** fu Ambasciatore Veneziano presso l'Imperatore e poi a Parigi ... come **Alvise Grimani**, e **Antonio Grimani** furono Ambasciatori della Serenissima a Roma ... I Grimani a Venezia furono capaci di coprire e gestire qualcosa come quaranta prestigiosi incarichi di Stato durante una sola esistenza ... e ti par poco ?

Ma non è ancora tutto ... ci sono ancora altri *"flash curiosi"* provenienti da quell'immane *"mondo speciale e dorato"* che è stato la Nobiltà Veneziana.

Alla fine dell'epoca della Serenissima, nella primavera del 1788, la trentenne **Cattaruzza Grimani** del **Ramo III di San Boldo**, figlia di **Zuanne e Caterina Foscarini**, quinta figlia di cinque già tutte maritate, scrisse una supplica agli **Inquisitori di Stato** della Serenissima. Dichiarò d'essere stata indotta tre anni prima a sposarsi col Nobile Patrizio **Tommaso Giuseppe Farsetti del Ramo II di San Luca** di 66 anni per accedere al suo consistente patrimonio. Aveva celebrato il suo matrimonio **Don Jacopo Morelli** grande amico del Farsetti sposandola nella chiesa di San Gimignano in Piazza San Marco. Il vecchio Farsetti era uno spirito libero, un bibliofilo, amava viaggiare, era riluttante ad assumere le cariche di Stato e non amava gli impegni e la vita di società dei Patrizi di Venezia. In precedenza si era fatto anche Monaco Gerolosolimitano ma non disdegnava affatto frequentare il bel sesso, tanto da litigare a Parigi con lo stesso Casanova per ottenere i favori di **Giustiniana Wynne**. Temendo l'estinzione della famiglia, aveva chiesto e ottenuto la dispensa dall'Ordine di Malta e si era sposato per cercare di avere un erede.

Già pochi mesi dopo il matrimonio, la madre di Cattaruzza: Caterina Foscarini scriveva agli Inquisitori: *"... **vedo la minore delle mie figlie** *sedotta dalle mali arti di certo Vincenzo Medici che visita le Pizzoccare di San Gioacchino di Castello ..."* Cateruzza, infatti, si era rifugiata lì dopo aver presentato una richiesta di divorzio al Patriarcato e ottenuto il permesso dagli Avogadori da Comun di abbandonare la casa del marito.

Vincenzo Medici non la stava insidiando, ma era il suo amante forse già da prima del matrimonio. Gli Inquisitori ordinarono di arrestare il Medici e imbarcarlo per Zara dove avrebbe dovuto rimanere in residenza coatta, e di controllare se fosse rientrato a Venezia per rimandarlo di nuovo lì.

Nel gennaio 1788 la madre di Cattaruzza scrisse di nuovo agli Inquisitori informandoli che il padre del Medici stava giungendo a Venezia per aiutare il figlio nell'organizzare la fuga da Venezia di Cataruzza incinta. Gli Inquisitori intimarono a Cataruzza di non uscire dalle **Pizzocchere di San Gioacchino di Castello** se non con la madre o le sorelle invitando il **Capitano Grande dei Fanti** della Serenissima a vigilare sulla situazione.

In febbraio Caterina comunicò agli Inquisitori di essere in possesso di una prova del progetto di fuga di Cattaruzza: una lettera inviatale dal Medici che stava nascosto con un suo servo in Corte Pedrocchi a Castello a casa di una certa Bettina.

Nella lettera si leggeva: *"Cara ed amata anima mia fedelissima, mia unica felicità, mia vera sposa, mia cara moglie ... vivi certa che il caro tuo sposo ti adora e che più non può viverti lontano, prima per l'amore che ti professo e poi perché mi sento un desiderio d'abbracciarti al mio petto ... mia coccola ... In brevi giorni sarai felice e contenta ... ti prego di darti animo ... vedrai quanto il tuo sarò infallibile nell'esecuzione del mio dovere e della mia parola data ... Vivi tranquilla e contenta che con la direzione del tuo cocolo ogni cosa anderà bene ..."*

Gli Inquisitori inviarono un Fante in sopraluogo ad ispezionare la casa di Bettina che ospitava il Medici invitandola a non importunare la Nobildonna Grimani, e intimarono alla **Madre Ministra delle Pizzocchere di San Gioacchino** di non permettere a Cattaruzza di uscire e ricevere visite.

In aprile, la madre Caterina Grimani chiese con una nuova supplica agli Inquisitori un pluriconsulto di più medici sulla gravidanza di Cataruzza. Voleva che fosse visitata dai dottori: Varvè, Guelfi e Rizzo.

Cattaruzza rifiutò ogni visita e consulto lasciando tutti nell'incertezza e impedendo ai medici di rilasciare certificazioni e attestati di gravidanza. Questa volta gli Inquisitori si astennero dall'intervenire, e Cattaruzza si mise a scrivere anche lei agli Inquisitori recapitando una supplica tramite un amico Patrizio: *Giuseppe Gradenigo*.

Scrisse: *"... la morte potrebbe facilmente liberarmi dall'insoffribile peso di tanti crudeli affanni e dall'infamia che mi sovvrasta ... non ne posso più ormai di questa tirannia ... Ripongo, tuttavia, la speranza di Giustizia nel mio Principe il Doge di cui spero protezione e capacità di ridarmi onore, vita e libertà. Sciolta dal precedente vincolo matrimoniale sono ora libera di disporre del mio cuore come meglio voglio ... e se fosse per me sarei stata già da sei mesi sposa e fra pochi madre ... se la tirannia dei miei congiunti non mi avesse assolutamente impedito ..."*

Alla fine, **Cattaruzza Grimani** sposò **Vincenzo Medici** con rito segreto e l'approvazione del Doge.

E questo è un flash ! ... eccone un altro.

Quando **Gerolamo Grimani del Ramo dei Grimani di San Luca** s'invaghì e desiderò sposare, verso la metà del 1500, una giovane donna della **Nobilissima Famiglia Tiepolo**, il Patròn dei Tiepolo rispose: *"Non sarà mai dito vero che mi daga la man de mia fia a un desparà che no ga gnanga palazzo in Canal"*. Punto sull'orgoglio, *Girolamo Grimani*, padre del futuro Doge Marino, fece costruire su disegno del **Sammicheli**, non lontano da Rialto, un grandioso e imponente palazzo rinascimentale sul Canal Grande che divenne la dimora dei Grimani fino al 1806. Le singole finestre del nuovo palazzo risultarono essere ben più grandi del portone principale di *Ca' Tiepolo*: *"... poveri pezzenti !"* commentarono i Grimani.

E ora il terzo flash ...

Come dicevo, i Grimani ebbero ben tre Dogi in famiglia ... **Marino Grimani** è stato uno di questi. Vissuto sempre a Venezia dal 1532 al 1605, figlio di Girolamo e Donata Pisani, ebbe un'ascesa politica velocissima. Ricchissimo e abile, fu **Podestà, Ambasciatore a Roma, Consigliere Dogale, Savio e Cavaliere** ... Infine venne *"promosso"* a Doge dopo ben 70 scrutini andati a vuoto per gli ostacoli delle solite alleanze trasversali *(c'erano i liberi tiratori ieri come oggi ... in fondo niente è cambiato nella politica)*. Marino Grimani comunque, *"grazie a mirati regali e brogli"*, superò i suoi concorrenti e raggiunse l'ambito Dogado.

Uno dei motivi per cui venne storicamente ricordato furono le splendide feste per la sua incoronazione Dogale che lo resero amatissimo dal popolo dei Veneziani, e soprattutto la festa cittadina che diede per sua moglie **Morosina Morosini** quando divenne Dogaressa nel 1597. Spese in totale: 6.943 ducati ... e fino alla fine del 1600 non si ripeté più nulla di simile a Venezia.

"... qui successe la solenne incoronazione di Morosina Morosini moglie del Doge Marino Grimani. Approdarono perciò a queste rive il 4 maggio sulle ore diciotto, il Bucintoro e le Peate Ducali coi Consiglieri, altri nobili di Pregadi, il Cancellier Grande, i quali tutti, al suono di trombe, ed al tuonare delle artiglierie, ascesero le scale, e pervennero in sala. Allora il Cavaliere del Doge andò per la Principessa che venne tosto incontro alla comitiva, e poscia giurò quanto nella Commissione Ducale donando una borsa d'oro a ciascuno dei Consiglieri ed al Cancellier Grande, ove contenevasi un'aurea medaglia colla sua effigie e le parole: "Maurocena Maurocena" da un lato, e l'iscrizione:" Munus Maurocenae Grimanae Ducissae Venetiar 1597" dall'altra.

Dopo tale cerimonia, la Dogaressa montò in Bucintoro accompagnata da una folla di barche, e dai brigantini dell'Arti magnificamente addobbati. Discese poscia alla Piazzetta di San Marco nella quale per cura dei Beccai era stato eretto un grand'arco, e fece con tutto il suo seguito il giro delle piazze sotto un porticato di tende. Aprivano il corteggio trecento Bombardieri, a cui tenevano dietro le Arti coi loro gonfaloni; quindi i suonatori di pifferi e di trombe; quindi una schiera di Gentildonne giovani, a due a due, vestite di seta bianca, e seguite da altre Gentildonne più vecchie, vestite di verde, pavonazzo, e color di rosa secca. Dopo le

Gentildonne, venivano quattro Procuratesse, e la moglie del Cancellier Grande in abito di seta nera. Si vedevano in seguito sette tra figlie e nipoti della Dogaressa in vesti bianche ad argento ed oro. Finalmente, preceduta da sei damigelle vestite di verde, e da due bellissimi nani, maschio e femmina, compariva la Dogaressa col corno in testa, sotto del quale le scendeva sugli omeri un sottilissimo velo, e con manto bianco, e sottana di sopraiccio d'oro. Chiudevano la processione i Consiglieri, i Procuratori, e tutta la Signoria. Così accompagnata, entrò Morosina Morosini nella Basilica di San Marco, e di là al Palazzo Ducale, passando innanzi a tutte le 19 Arti in bell'ordine disposte. Giunta nella Sala del Maggior Consiglio, e seduta sopra il trono, successe un bellissimo festino, rallegrato da una refezione composta di confetture rappresentanti uomini, donne, barche, ed altri oggetti, la quale, al lume di più che 60 torce, era stata prima condotta in giro per la Piazza di San Marco. Morosina Morosini, rimasta vedova, chiuse i suoi giorni nel palazzo di San Luca il 29 gennaio 1614, legando alla Basilica di San Marco la "Rosa d'Oro" che le era stata spedita in regalo dal Pontefice Clemente VIII ..."

Non meno accattivante, curiosa e contorta fu la vicenda di un altro dei tre Dogi dei Grimani: **Antonio**, che abitava nel **Palazzo Grimani di Santa Maria Formosa**.

Antonio Grimani fu per davvero un personaggio !

Vissuto sempre a Venezia dal 1434 al 1523, si fece ritrarre a Palazzo Ducale da un certo **Tiziano Vecellio** insieme addirittura alla *"Fede"* nel 1575. Nato da **Marino e Agnesina Montanar**, un poveraccio inizialmente, lo chiamavano *"figlio della popolana"*. Ebbe successo col commercio dimostrandosi mercante abilissimo al punto di diventare riferimento per l'intera comunità mercantile di Venezia *(il potere economico che di fatto ha sempre governato la Serenissima)*. Astutamente sposò **Caterina Loredan** della potente quanto famosa e Nobilissima Famiglia, e da lei ebbe cinque figli che fece ascendere ad importantissime cariche amministrative e clericali. Poi fu tutta un'ascesa continua: **Ambasciatore Veneziano presso l'Imperatore**, comprò in contanti per il figlio Domenico il Cardinalato da Patriarca di Aquileia, e due anni dopo divenne **Capitano Generale da Mar** nelle battaglie di Morea ... dove però sbagliò tutto e fallì la strategia di battaglia in una situazione generale davvero convulsa e confusa portando a Venezia le due amare sconfitte di *Sapienza* e *Zonchio*.

I Veneziani non gliela perdonarono affatto: primo perché Antonio Grimani non aveva mandato nessuno in soccorso e a recuperare i superstiti dei due grandi vascelli veneziani incendiati ed esplosi insieme alla nave ammiraglia dei Turchi ... secondo perchè alcuni giorni dopo perse per ben due volte di seguito.

"Grande codardia ! ... si disse del Grimani a Venezia" ... S'era persa l'occasione di distruggere la flotta turca presso Chiarenza e Akra Papas nel golfo di Patrasso ... e Lepanto era caduta in mano turca.

Antonio Grimani venne perciò sollevato dal comando, e tornato a Venezia nell'autunno 1499 trovò il popolo in gran tumulto. Sulle porte delle botteghe c'era scritto: *"Antonio Grimani, nemico di Dio e dello Stato Veneziano"*, i suoi servi vennero bastonati per strada, e i figli temendo per la vita non osarono mostrarsi in pubblico.
Antonio venne tenuto in prigione: *"per difenderlo dall'ira della gente"*, mentre **Filippo Tron** e **Leonardo Loredan** antichi rivali del partito dei *"giovani"* gli si schierarono contro, e l'**Avogador da Comun Nicolò Michiel** riuscì a carpirgli il titolo e soprattutto la rendita di **Procuratore di San Marco**.
Poi si agì *"alla Veneziana"*: ossia il successore del Grimani al comando della flotta fece tagliare la testa ai subordinati colpevoli del fallimento della spedizione, il **Provveditore di Lepanto Giovanni Moro** venne rimosso perché accusato di aver lasciato cadere la città in mano dei Turchi, il **Provveditore Girolamo Contarini** venne condannato a 2 anni di esclusione da ogni Ufficio e da ogni Capitaneria accusato d'essersi ritirato a Corfù simulando malattia senza inseguire la nave portabandiera fino a Prevesa, e **Alvise Marcello** uno dei luogotenenti del Grimani venne condannato a carcere a vita. Antonio Grimani perse la carica di Procuratore e venne confinato al bando in esilio nell'isola di Cherso e Ossero da dove fuggì salvandosi alla Corte di Roma presso Domenico, il figlio Cardinale.

Fu macchinazione politica ? ... Probabilmente sì.

Negli anni seguenti Venezia incappò in una grave crisi economica generale con il tracollo totale dei mercati, fallimenti a catena, e perdita dell'egemonia del commercio col Levante, mentre i mari divennero insicuri. Scriveva **Girolamo Priuli** sullo stato dei Mercanti: *"... li marchadanti veneziani visto li viagii restricti et senza spetie et cum pocha utilitade se sono ritirati dali viagii et li loro danari posti in posesione cum sit che l'fusse meglio aver ogni piccola utilitate che niente et tenire li danari mortii..."*

Venezia aveva bisogno di uno come Antonio Grimani ... perciò grazie all'intervento dei figli venne graziato, richiamato dall'esilio, e gli fu restituita la carica di Procuratore. Tornato a Venezia, Antonio ricoprì varie cariche amministrative, si rimise sul mercato e aumentò i prezzi delle Spezie ricavando per Venezia un utile immediato di 200.000 ducati di cui 40.000 andarono in tasca ai Grimani. In breve si costituirono le circostanze favorevoli e le giuste premesse per il consenso necessario alla sua elezione a Doge ... cosa che avvenne puntualmente nel 1521 trovando e comprando col *"solito broglio"* i 25 voti necessari per l'elezione.

Per Venezia stavolta si gridava: *"Antonio Grimani ! ... Mercante felicissimo nella mercatura ... Bona parte dei mercanti veneti se governava per lui, che quando vendeva lui loro vendevano e quando el teniva loro renivano..."*

Come cambia presto e facilmente l'opinione della gente !
Si organizzarono feste grandiose e spesero fiumi di denaro per un Doge d'età avanzata che un po' tutti definirono già *"rimbambito"* ... Infatti, di lui si ricorda che attivò in città il gioco del Lotto ... e si disinteressò quasi del tutto, da buon Grimani, dello Stato e della *"cosa pubblica"* seguendo i conflitti familiari per l'eredità e assecondando la voracità economica dei numerosi nipoti. I Veneziani si riproposero di farlo abdicare, ma le cose si sistemarono da sole in quanto il Doge morì probabilmente d'indigestione dopo la partecipazione a un luculliano pranzo di nozze: *"Sic transit Gloria Mundi! ... l'avranno ingozzato a posta fino a farlo scoppiare ..."* commentò un cronista dell'epoca.

Il cospicuo patrimonio dei Grimani si trovava depositato nella Zecca della Serenissima, ed era investito in Palazzi e case zeppe d'Arte e cose preziose siti ovunque in Venezia. Buona parte del capitale Grimani si trovava però investito anche nella Terraferma: in Ville, terreni, campi, acque, boschi e fattorie.

Già nel 1406 **Nicola Grimani** subentrò al condottiero **Taddeo dal Verme** acquistando per 12.500 ducati la sua proprietà di **Pontepossero** nella bassa pianura sul fiume Tione, al confine col Mantovano, e le terre di **Cavalcaselle**, sulla collina Gardesana per altri 2.500 ducati ... I *Grimani di Santa Maria Formosa* nel 1482 comprarono per 8.300 ducati dal Monte Novo della Serenissima terreni a **Pontecchio nel Polesine** dove accanto alla loro possessione a **Boaria** fecero sorgere un loro complesso in centro al paese vicino alla chiesa dove si teneva il mercato del paese. Era: " ... *Palazzo murato, solarato e cupato, Barchessa, Casa per gastaldo e ortolano, Oratorio Chiesola, Colombara, Forno, Corte, Orto, Viale e Giardino sulle rovine di un antico castello distrutto dai Veneziani ...*"

"I Grimani furono investiti di una seriola detta "Grimana Vecchia roggia" che originava dal Brenta a Crosara e correva ad irrigare i terreni a Longa, Soella e Bressanvido e poi anche a Spessa ... Si univa alla Rezzonica ... Nel 1604 la "Grimana Nuova roggia", invece, si staccava dal Brenta a Friola e correva verso Belvedere e poi entrava in comunicazione con la Isacchina e la Contessa ... La "Grimanella", poi, era un collettore che a Grantorto univa la "Grimana Nuova" con la Candola ..."

Domenico Grimani Patriarca di Aquileia acquisì la proprietà di Villa Grimani-Vendramin Calergi con alcune centinaia di ettari intorno ... **Francesco Badoer** e il cognato **Vincenzo Grimani** acquisirono proprietà a **Fratta Polesine** ... I terreni erano di proprietà **Giorgio Loredan**, che alla morte suddivise il patrimonio fra le sorelle Lucietta e Lucrezia, mogli di Francesco Badoer e di Vincenzo Grimani. Giorgio Loredan e Francesco Badoer erano amici e alleati, e partecipavano entrambi alla **"Compagnia della Calza"** a Venezia. Grimani e Badoer fecero costruire nel centro del paese due splendide Ville. Quella dei Grimani era dotata di barchesse laterali simmetriche, facciata principale *"rivolta a Nord a guardare la Badoera"* con grande loggia a tempio greco su basamento bugnato, ampie scalinate laterali e sei colonne doriche. Ambienti interni decorati a grottesche e affreschi su temi dell'Amore e della Fecondità ... e tanto, tanto, tanto altro ancora.

I Grimani possedevano un altro complesso a **Grompo di Concadirame nel Polesine di Rovigo**: una grande fattoria con barchesse, torre, colombara e cantine ... Un terzo complesso Grimani con Villa a corte, annessi, brolo e orto sorgeva a **Polesella nel Polesine**, accanto alla piazza collegata da un portico e al ponte e all'acqua della confluenza della Fossa Polesella col Po ... Concessero inoltre terreno sufficiente in piazza per fabbricare chiesa, sagrato, campanile e casa per l'Arciprete-Parroco.

Ancora i Grimani ottennero investitura dai Provveditori di 6 feudi nel Padovano, Trevisano e Veronese, possedevano inoltre una *"casa da statio"* a Venezia, un'altra a Padova in Prà della Valle vicino a Santa Giustina, ville a Noventa Padovana e Bovolenta e 60 campi a Piacenza ... **Girolamo Grimani** ottenne un'investitura per una risaia abbandonando le vecchie coltivazioni a grano e sfruttando le acque del Brenta Padovano ... Nel 1613 i **Grimani** assieme ai **Tomaselli** estraevano 4 quadretti d'acqua dal Brenta per irrigare le loro proprietà a **Spessa, San Pietro in Gù ed Ancignano** ... **Giovanni Grimani quondam Vettor**, chiese al **Magistrato dei Beni Inculti** una concessione d'acqua del Canal Bianco per irrigare i suoi beni ad **Adria** riducendo a coltura prati e boschi, valli e paludi inutili per il bene comune e privato ... **Francesco Grimani quondam Zuanne** chiese, invece, la concessione di acque per mulini sulle sue terre presso **Giavera del Montello** nel Trevigiano ... In passato sorgeva sul confine fra Padovano e Veneziano a sinistra dell'Adige una torre malridotta e tozza: *"... una torrazza, ai piè della quale si radunavano marinai e popolani"*. Era la località di *"Pettorazza"*, che divenne: **Pettorazza Grimani**, mentre il territorio dall'altra parte del fiume si chiamava **Pettorazza Vecchia o Pettorazza Papafava** appartenente alla nobile famiglia Veneta ma Padovana. Si trattava di un piccolo borgo di case di paglia sorto attorno alle Corti e Ville dei Nobili Patrizi.

I Grimani avevano acquistato l'intero territorio a una asta battuta a Rialto con l'impegno della bonifica e la sistemazione idraulica dei fiumi, degli argini e delle terre. La zona era soggetta a continue e devastanti inondazioni *(tra 1654 e 1772 si verificarono ben 8 rotte dell'Adige in quel posto).*

Tra **Papafava Padovani** e **Grimani Veneziani** non corse mai *"buon sangue"* e per decenni accaddero lunghe lotte, dispute, processi e conflitti segnati da compromessi e tregue tra le due parti. I successori dei Grimani finanziarono la costruzione di una nuova chiesa dedicata a San Giuseppe detto: **San Giuseppe dei Grimani,** dopo la demolizione della vecchia chiesa pericolante di San Salvatore voluta e costruita dai Grimani, mentre i Papafava costruirono a Pettorazza una chiesa-santuario dedicata a Santa Maria delle Grazie ossia: **Santa Maria delle Grazie dei Papafava**.

Nel Santuario, dove secondo una leggenda un contadino donò una spiga d'oro perché la Madonna salvò raccolto e casa dall'inondazione del fiume, c'era *"un altare privilegiato in perpetuo"* dove i contadini andando a pregare potevano acquisire l'**Indulgenza Temporanea di 200 giorni**. Se aggiungevano, invece, Confessione e Comunione e debita elemosina potevano ottenere l'**Indulgenza Plenaria** nei giorni di Natale, Pasqua, Corpus Domini, Pentecoste, 8 dicembre: Immacolata Concezione, 8 settembre: Natività della Beata Vergine, 21 novembre: Madonna della Salute e 25 marzo: Annunciazione ... tutti giorni che divennero anche buoni per mercato, sagra e fiera del paese.

Solo nel 1519 si tracciò una netta e definitiva linea di confine tra le giurisdizioni delle Parrocchie di **Cavarzere dei Grimani** e **Agna dei Papafava** praticamente territori appartenenti alle due famiglie.

La *"Corte dei Grimani"* con la sua Villa a loggiato di 16 colonne detta *"il Palazzòn"*, con aia, due vere da pozzo, scuderie, stalle e due enormi granai è stata fino al Dopoguerra uno dei più grandiosi complessi rurali del Veneto, centrale per la sua produttività economica e l'influsso insediativo e aggregativo sociale.

Ancora nel 1750 i **Grimani dei Servi** erano annoverati fra le nove famiglie più ricche di Venezia ... Il Gradenigo nei suoi *"Notatori"* racconta che nell'agosto 1756 la **Pia Congregazione dell'Ospedale della Pietà** elesse 4 Governatori Patrizi fra cui **Lorenzo Grimani** per ultimare la fabbrica della nuova chiesa ... Nel 1761 i **Grimani di San Polo** Nobili di I° classe *"avevano al soldo"*: 39 fra barcaroli e servitori con 7 gondole, ed erano fra le 14 famiglie di Venezia che ne possedevano di più ... Nel 1797 la biblioteca dei **Grimani di San Polo** era aperta ad uso pubblico e considerata la prima fra le sette principali dei Patrizi Nobili di Venezia: dopo di lei veniva quella dei **Nani di San Trovaso**, dei **Pisani di San Vidal**, di **Sebastiano Zeno ai Gesuiti**, dei **Querini di Santa Maria Formosa**, dei **Corner di San Polo** e quella dei **Tiepolo di Sant'Aponal** ... Nel 1808, come ben si sa, la biblioteca Grimani era stata saccheggiata del tutto e dispersa.

Chi sarà mai stato ?

Infine, tristemente, nell'ottobre 1797, **Filippo Grimani del Ramo di San Girolamo** e **Zorzi Grimani del Ramo di San Polo** furono fra i 35 Nobili Patrizi di Venezia presi come ostaggi-complici e rinchiusi nel forte dell'isola di San Giorgio Maggiore a Venezia accusati di congiura contro i Francesi ... I loro beni vennero ovviamente tutti confiscati, e nel 1810 ai Grimani rimanevano solo le briciole dell'impero che possedevano: a **Quinto di Treviso sul Sile** possedevano ancora 40 ettari di campi. Nove anni dopo l'Impero Austriaco confermò ufficialmente la Nobiltà dei Grimani commentando dietro alle spalle nei corridoi di Corte: *"Tanto quei titoli ormai non contano più niente ... Sono solo fumo e specchietti per le allodole, valgono meno del più basso dei titoli imperiali ..."*

Nel 1919 **Filippo Grimani** fu il *"Sindaco d'oro"* di Venezia ... ma di dorato aveva probabilmente solo il soprannome.

Basta ! ... Mi fermo qui ... Ho provato a dir qualcosa sui Nobilissimi Grimani Veneziani di un tempo.

***

_____*Questo scritto è stato postato su Internet come: "Una curiosità veneziana per volta." - n° 74, e pubblicato su Google nel giugno 2015.*

I NOBILI GIRARDI, UN PATRIARCA AVVELENATO (?), LA NAVE GIRARDA E SAN SABA DEGLI STIORERI

Cominciamo con la **Nave Girarda** ... Anzi, da una cosa stranissima che accadde prima che la nave fosse acquistata dai **Nobili Veneziani Girardi**.

Accadde a Venezia che una sera di vigilia festiva, fra venerdì e sabato 28 maggio 1594, successe a Rialto un gran clamore in una locanda tanto da mandare a chiamare i **Birri della Serenissima** perché dopo un'intera notte di confusione, grida, minacce e botte, un uomo forestiero era caduto giù ... o forse buttato da una finestra ed era rimasto morto sulla pubblica strada.

Questi furono i fatti che dovettero costatare senza grandi indizi e testimoni il **Capitano della Ronda Girolamo Venier, Andrea Breani Coadiutore dei Signori di Notte**, e il **barbiere di Piazza San Marco di nome Lorenzo** precettato dai militari perché autorevolmente costatasse il decesso dello sconosciuto. La Locanda interessata dai fatti fu l'**Osteria all'Insegna dell'Aquila Nera in Contrada di San Bartolomeo** proprio quasi ai piedi del **Ponte di Rialto** e a due passi dal **Fondaco dei Tedeschi**. Dal resoconto dell'Oste, il gruppo dei quattro Marinai foresti aveva mangiato fino a tarda sera e s'era ubriacato alla grande prima di salire di sopra in una stanza a due letti per dormire, quando in realtà chiusa la porta scatenarono un finimondo di discussioni, parole oscene, maledizioni e offese che sfociarono in rissa, pugni e botte con lo sfascio completo di tutto l'arredo della stanza.

Tutti gli ospiti s'erano ampiamente lamentati di quella gran confusione, e le voci erano giunte fino in Piazza San Marco dove la gente gridava: *"I se mazza a San Bortolo ! ... e ghe xe uno sa morto."* ... e quando il Capitano giunse sul posto la gente in strada gli gridò: *"Andè su Capitano ! che i se mazza ...Tutta questa notte i se dà !"*

Ovviamente i Birri salirono di sopra nella Locanda, e dopo un ulteriore parapiglia con molteplici tentativi di fuga da parte dei Marinai che sfondarono porte, fracassarono sedie, letti, brocche e boccali da notte provando a scappare dappertutto, i gendarmi riuscirono finalmente a portarli tutti in Prigione dove rimasero fino al lunedì seguente quando dovettero presentarsi davanti all'*Avogador da Comun Corner* per ricostruire i fatti e pagarne le conseguenze.

Il fatto della rissa vicino a Rialto in se non era granchè di speciale, perché in quello stesso sabato si registrarono a Venezia altri dodici morti, fra cui più di uno ammazzato. Nell'intero mese di maggio di quello stesso anno i morti conteggiati furono oltre 300, ed era normalità che non meravigliava più di tanto.

Facendovela breve, i Marinai vennero a più riprese *"Interrogati alla maniera Veneziana"*, e indotti a confessare i dettagli dell'accaduto. Ma non ne venne fuori niente, se non il fatto sciocco che il Marinaio morto era solito tuffarsi dalla nave in acqua quand'era ubriaco, mentre questa volta prese viceversa la via della finestra aperta tuffandosi di sotto in calle. Rimase il mistero.

Quello che interessa per il nostro racconto, è che il Marinaio rimasto accoppato o ucciso era il **Nocchiero della nave San Nicolò**, ossia la nostra **Nave Girarda**.

"Una nave maledetta !" si diceva, perché era stata in precedenza anche attaccata dai Pirati. Così come non si escludeva che il movente di quell'omicidio fosse legato a *"movimenti e sotterfugi loschi"* legati ai traffici condotti da quella strana nave.

Poco dopo i fatti in questione, accadde, infatti, che quella stessa nave fosse venduta e comprata dalla Compagnia commerciale di cui faceva parte il **Nobile Veneziano Giovan Matteo Girardi** che si preoccupò di riequipaggiarla nominando un nuovo Patròn che la conducesse, e di assumere una nuova squadra di Marinai.

La *Girarda*, soprannominata anche *"Nave San Nicolò"*, non era un elegante Galea Veneziana, ma una nave tozza, una cocca dall'alto bordo, ossia una nave tonda commerciale capace di trasportare 600 botti. Era quindi di recente diventata proprietà del ***Nobile Veneziano Giovan Matteo Girardi*** e del ***Mercante Fiammingo Giacomo Van Lemens*** residente in ***Contrada di San Giacomo dell'Orio***, proprietario anche della ***Spezieria "All'insegna della Nave" a Rialto***.

Il Nobile Giovan Matteo Girardi abitava in ***Contrada di Santa Sofia a Cannaregio***, ed era armatore di navi, assicuratore, teneva un collegamento marittimo fra Venezia e Candia, gestiva affari, e commerciava in pellami, tessuti, sete, cotoni e generi alimentari insieme ad alcuni ***Fiamminghi*** residenti a Venezia, e con i ***Nobili Veneziani Zen, Corner e Morosini***. Gestì, inoltre, in tempi diversi anche altre navi, fra cui una marciliana e una galea, e nel 1594 fu anche proprietario insieme ai ***Correr*** della nave ***"Girarda et Correra"*** catturata dai Pirati a ***Creta*** nell'estate 1595.

La ***Girarda*** si trovava in partenza da ***Malamocco***, e partì effettivamente dalla Laguna di Venezia il primo settembre del 1594, anno del suo stesso acquisto, con destinazione: ***Cagliari*** ! ... Una rotta insolita, lontana, secondaria, diversa dai famosi e redditizi viaggi per ***Aleppo di Soria (la Siria), Alessandria d'Egitto, Londra***, o le ***Fiandre***. Niente aggregazione quindi alla nutritissima flotta della ***Muda*** composta dalle sontuose e ricchissime ***Galee di Stato*** della Serenissima. Niente scorta armata, o carico preziosissimo di sete, spezie, denaro, Mercadanti e soldati ... La ***Girarda*** non trasportava neanche ***Pellegrini*** a buon prezzo, disposti a sistemarsi alla bellemeglio sopra ai sacchi, le casse, o le balle delle merci ... ma trasportava solo ***legname*** proveniente dall'entroterra Veneto, mentre al ritorno dopo la pausa invernale portò a Venezia il 30 marzo 1595 solo un grosso carico di ***2.600 quartini di sale***, equivalente di 550 botti, e un po' di generi alimentari venduti in ***Dalmazia***.

Lo ***Scrivano*** imbarcato a bordo era ***Francesco Bonazzo*** che doveva descrivere nei suoi ***Libri di bordo***: il carico, le entrate e uscite di cassa, le spese per il vitto, quelle di carico e scarico delle merci, dei gondolieri, dei dazi, dei facchini-bastazi, e come altri Marinai era persona ambigua e ***"trafeghìna"*** perché si ritrovò debitore di 784 ducati dopo un viaggio fatto con la Girarda fino a Lisbona, e fu condannato a pagarli dai ***Consoli dei***

Mercanti *Nicolò Marcello* e *Pietro Benedetto* ... cosa che però probabilmente non fece mai.

Anche il **Patròn Gianuli Cosadino da Milos**, comandante della nave e dell'equipaggio di 40 uomini in prevalenza Italiani e Greci, non era persona molto diversa, perché si ritrovò anche lui a dover rendere conto di un'eccessiva spesa di 625 ducati di *"panaticho"* contestatagli durante lo stesso viaggio della Girarda fino a Lisbona in Portogallo.

La nave del nostro viaggio arrivò a **Cagliari** il 3 novembre dopo aver sostato per un mese intero a **Siracusa**, mentre al ritorno fece sosta e scalo a **Lissa**, in **Dalmazia**, a **Cittanova** e in **Istria**. In seguito compì di certo un altro viaggio raggiungendo **Lisbona**, mentre nel febbraio 1598 una nave diretta a **Corfù** di nome **San Nicolò** comandata dallo stesso **Gianuli da Milo** naufragò a **Curzola**. In quell'anno però la nave non apparteneva già più ai **Girardi** ma era stata comperata da un armatore Greco **Spilioti Tapinò**.

I **Nobili Girardi o Girardini o Gherardini** furono una famiglia annoverata fra le **Casate Novissime dei Patrizi di Venezia**. Probabilmente originari della **Romagna,** o forse da **Fano nelle Marche**, altri dicono, invece, di **Arezzo**; si dice abbiano vissuto e commerciato con poco successo prima a **Firenze e Verona**, e poi abbiamo raggiunto Venezia e la Laguna già nel 970 facendo grande fortuna con attività commerciali e finanziarie. I Girardi risultavano già ascritti fin dal 1297 al **Patriziato di Venezia** ed erano membri del **Maggior Consiglio della Serenissima** prima della famosa Serrata, ma ne furono successivamente esclusi e poi riammessi nel settembre del 1381 con **Francesco e Lorenzo Girardi** insieme alle altre 30 famiglie meritevoli di Nobiltà dopo il contributo economico offerto allo Stato e per essersi distinti in battaglia durante la guerra di Chioggia. I Girardi avevano servito l'esercito Veneziano con due famigli e 40 balestrieri imbarcati sulle navi impegnate a respingere l'assedio dei Genovesi.

In città i **Girardi** risiedevano in **Contrada di San Barnaba**, ed erano molto apprezzati dai Veneziani per il loro modo *"nobile e arguto"* di proporsi. Possedevano botteghe, terreni e proprietà date in affitto a **Venezia**, **Mestre, Carpenedo,** nell'**entroterra Veneziano** e a **Monselice**, oltre che alcune **Baronie a Corfù** dove i Girardi occuparono la carica di **Bailo** fra il 1598 e il 1599.

Nell'estate del 1527, il celebre **Diarista Marin Sanudo** descriveva così il Patriziato Veneziano: *"... almeno 150 Patrizi occupano cariche di governo nella Terraferma ed altrettanti nei Domini da Mar ... Alle riunioni solite del Senato partecipano di solito 180 su 300 membri ed il quorum è di 70 individui. Su un totale di 2700 membri Patrizi eleggibili con quorum di 600 persone, in Maggior Consiglio sono presenti in media 1.000-1.500 Consiglieri che salgono di qualche centinaio in occasioni particolari ... Numerosi Patrizi si trovavano e vivono fuori città per motivi ed affari pubblici o privati ... Alcuni Nobili pur essendo residenti in città non hanno mai messo piede in Palazzo Ducale, altri, almeno 46: non vi si recano da almeno 20 anni.*
I patrizi appartengono a 134 clan diversi, e solo 9 gruppi familiari non hanno maschi in età da entrare nel Maggior Consiglio. Alcune Famiglie di piccole o medie dimensioni godono di posizione di prestigio perché uno dei membri glielo conferiva col successo personale commerciale o acquisendo benefici importanti ... 30 clan ossia il 59% dell'intera Nobiltà sono costituiti ciascuno da oltre 30 membri ... Le Case Grandi sono 19 con più di 40 individui ciascuna formando il 45% del Patriziato. La Signoria ed i 50 Consiglieri Ducali sono rappresentati delle Casate Grandi mentre i Capi dei Quaranta provengono salvo eccezioni dalle Famiglie più piccole come: Lippomano, Bon, Calbo e Grioni.
Alcuni clan comprendono fino a 17 membri ciascuno, e raramente presentano le proprie candidature per incarichi importanti. Sono i Baffo, Cocco, Civran, Da Mezzo, Manolesso, Pizzamano, Semitecolo e i Viario. Altri Nobili, invece, vengono eletti solo a cariche di Sovraintendenti al Fondaco dei Tedeschi o ad uno dei Tribunali Minori di Palazzo Ducale comparendo raramente nelle liste dei Dieci o del Collegio, sono i Briani, GIRARDI, Zancani, Nadal e Belegno ... mentre altri 19 clan sono prossimi ad estinguersi avendo solo uno o due rappresentanti in età matura. Fra questi ci sono: Avonal, Balastro, Battaglia, Calergi, Celsi, Caotorta, D'Avanzago, Guoro, Lolin, Onorati, Ruzzini e Vizzamano ..."

Stupenda quest'analisi della Nobiltà Veneziana dell'epoca ... e nella lista come potete leggere appaiono anche i *Girardi*.
Non sono stati quindi dei Nobili fra i più potenti e importanti ... lo erano forse di *"serie B"*, ma contribuirono di certo in maniera significativa con le loro attività e l'ingente patrimonio a rendere grande e pingue la ricca e gloriosa Serenissima.

Il *"pezzo più pregiato"* dei *Girardi*, l'uomo più famoso della storia del Casato, è stato di certo **Maffeo Girardi** che alla fine è diventato anche **Patriarca di Venezia**. Nato probabilmente a Venezia nel 1406, secondo dei figli maschi di **Giovanni Girardi di Francesco** e di **Franceschina figlia di Maffeo Barbarigo**.
I Girardi allacciarono tramite matrimoni rapporti stretti con diverse famiglie ricche e influenti del Patriziato Veneziano: **Foscari, Barbo, Donà e Mocenigo**, e incamerarono molte risorse di quelle grosse famiglie i cui rami andarono progressivamente estinguendosi tra 1500 e 1600. Altre figlie dei Girardi, invece, si monacarono: **Laura nel Monastero di San Lorenzo di Castello, Prudenza e Fiorenza nel Monastero di San Jseppo di Castello, ed Elena e Cristina in quello di Santa Lucia di Cannaregio**.
Il patrimonio dei Girardi accumulato col commercio era ingente, e a quello associarono numerose proprietà immobiliari in **Venezia**, ma anche nel **Padovano**, **Trevigiano** e **Bellunese**, e nel **Dominio Oltre Mare** soprattutto a **Corfù**.
Maffeo Girardi cercò di entrare in Maggior Consiglio prima dei 25 anni previsti dalla legge, si laureò a Padova in Filosofia e Teologia, e scelse la carriera ecclesiastica entrando a trentadue anni nel 1438, come **Professo e Insegnante** nel **Monastero Camaldolese di San Michele di Murano** *(l'attuale isola del Cimitero di Venezia)*.

In quel periodo il Monastero stava vivendo una stagione fiorentissima sotto la guida dell'**Abate Paolo Venier** che lo guidò dal 1392 al 1448 riformando i costumi dei Monaci, ampliando gli edifici del Convento, e integrandone ampiamente il patrimonio fondiario e le rendite. Da San Michele in isola partì la Riforma che interessò e ispirò per decenni l'intero **Ordine Monastico dei Camaldolesi** che ne mantenne i dettami per secoli.

Dal 1448, **Maffeo Girardi** fu il successore per ben vent'anni dell'Abate Venier di San Michele in isola, continuò la sua opera riformistica, completò l'edificazione del chiostro, avviò la costruzione del nuovo campanile terminato nel 1456, e per testamento nominò il Monastero fra gli eredi della famiglia Girardi donando diversi legati in denaro per acquistare paramenti, libri sacri, e pietre con *"chalzìna"* per i bisogni della chiesa e del Convento. **Pietro Dolfin** fu uno dei suoi Monaci, e divenne in seguito protagonista della riforma dell'Ordine Camaldolese e **Priore Generale**.

Papa Niccolò V e la **Curia Romana** non furono affatto contenti di quella nomina ad Abate del Girardi, perché avevano in mente di nominare a San Michele un loro pupillo straniero. Perciò il **Senato della Serenissima** non perse tempo e il 26 maggio 1449 fece consacrare Abate il Girardi dal **Delegato Apostolico Martino de Bernardinis** … aggirando così le aspettative e i progetti del Papa.

"Una volta fatto l'Abate … l'Abate è fatto. Indietro non si torna …" si disse a Venezia non senza una certa soddisfazione di certo furbetta.

Nell'aprile del 1466, alla morte del **Patriarca di Venezia Giovanni Barozzi**, il Senato della Serenissima designò all'unanimità il Girardi come candidato alla successione e alla cura delle **69 Contrade-Parrocchie di Venezia con tutte le loro chiese, Monasteri e Isole**.

Nell'agosto 1464 era diventato Papa **Paolo II**, ossia il Veneziano **Pietro Barbo**, già in conflitto con Senato della Serenissima che si era opposto alla sua elezione a **Vescovo di Padova** quando era già **Cardinale e Vescovo di Vicenza**. Divenuto Papa, il Barbo *"che se l'era legata al dito"* nominò suo nipote Giovanni Barozzi già Vescovo di Bergamo come Patriarca di Venezia dopo la morte del **Patriarca Bondumier** e del successore **Gregorio Correr.** La Repubblica di Venezia si oppose perché voleva nominare a Patriarca un suo candidato gradito … Tira e molla, e molla e tira fra Roma e Venezia e fra Venezia e Roma … Alla fine la vinse il Papa che nominò Patriarca di Venezia suo nipote **Giovanni Barozzi** nel 1451, sanissimo di salute … ma già morto nel 1468 dopo essere stato assente per due anni dal suo incarico lagunare.

"Avvelenato dal Senato della Serenissima!" dissero subito a Roma ... ma intanto il Senato designò immediatamente **Maffeo Girardi** come nuovo **Patriarca** a lui graditissimo. Alla fine Papa **Paolo II** si rassegnò all'idea ... sperando di non far la fine del Barozzi, e confermò il Girardi ma solo dopo incessanti pressioni degli **Ambasciatori Veneziani**.

Poco dopo le relazioni fra Papa e Repubblica di Venezia divennero burrascose perché il Papa voleva espandere il proprio territorio a spese della Serenissima, non gli piaceva affatto le scelte e il modo di pensare del Senato, così come non mandava giù l'idea che Venezia imponesse a piacimento tasse e decime sugli Ecclesiastici e che scegliesse negli incarichi candidati non graditi alla Curia di Roma.

Maffeo Girardi venne consacrato Vescovo nella **Cattedrale di San Pietro di Castello** il 9 aprile del 1469, e per 25 anni non si allontanò mai da Venezia se non per una brevissima visita in Dalmazia alla fine della sua vita. Men che mai si recò a far visita al Papa di Roma ... chissà perché ?

Col costante appoggio del Governo della Serenissima supervisionò l'elezione di tutti i Piovani di Venezia effettuate dalle Collegiate e dai Veneziani e senza lo zampino di Roma. Contrastò con forza tutti coloro che approfittavano dello Status Ecclesiastico cercando forme d'immunità, così come ostacolò tutti i Preti, Chierici, Monaci e Monache Veneziani e Foresti che cercavano tramite esenzioni, favori, privilegi e bolle papali, di sottrarsi al suo controllo e a quello della Serenissima della quale però non si mostrò mai asservito del tutto. Trattò reati e cause giudiziarie in cui erano coinvolti Preti e Religiosi o in lotta con Capitani di navi, Mercanti, Artigiani e Stampatori, riformò diversi Monasteri di Venezia, e insieme all'**Arcivescovo di Spalato** e al **Generale dei Francescani Zanetto da Udine** introdusse l'**Osservanza nel Convento di Santa Maria dei Servi** inducendo i Frati riluttanti ad abbandonarlo.

Quando **Sisto IV** durante la guerra di Ferrara del 1481-82 decretò contro la Repubblica di Venezia censure spirituali e l'**Interdetto**, il Patriarca Girardi rifiutò di riceverne nel Patriarcato il Breve Papale di notifica, perciò il Senato, forte di questo, proibì la pubblicazione della comunicazione dell'Interdetto Papale sia a **Venezia** che in tutto il suo **Dominio da Terra e da Mar**, e giunse perfino a redigere un testo di protesta contro l'*Interdetto* si andò ad **affiggere tramite un corriere (!!!) sulle porte della Basilica di San Pietro in Roma** appellandosi all'istituzione di un **Concilio Generale della Chiesa**.

L'interdetto su Venezia venne tolto ufficialmente solo nel febbraio 1485 … il Papa ci mise un poco *"a digerire"* quella faccenda.

Maffeo Girardi ormai ultraottantenne e malfermo in salute venne promosso a **Cardinale dei Santi Nereo ed Achilleo** nel marzo 1489 da **Innocenzo VIII** insieme con altri sette esponenti di grandi famiglie Italiane, Spagnole e Francesi ma solo **"in pectore"** ossia senza pubblica proclamazione ufficiale della Chiesa, perciò il **Senato di Venezia** dovette inviare in tutta fretta a Roma le lettere e le credenziali del Girardi perché potesse essere ammesso a votare nel Conclave dei Cardinali per eleggere un nuovo Papa.

Il **Patriarca Girardi** si recò a Roma quando il Papa era ancora morente, e il 4 agosto venne accolto dal **Collegio dei Cardinali** guidati dal **Cardinale Giovanni Battista Orsini** che riconobbe come validi i suoi titoli. Poté così partecipare al Conclave scegliendo un Pontefice che fosse gradito anche alla Serenissima, e si elesse come Papa il 12 agosto: **Rodrigo Borgia** … ossia l'esatto contrario di quanto voleva Venezia che preferiva, invece, **Giuliano Della Rovere**.

Ritornando a Venezia il nostro **Maffeo Girardi** si ammalò di dissenteria e il 13 o 14 settembre 1492 morì a Terni … Anche qui si vociferò non poco insinuando che la morte improvvisa del Girardi durante il viaggio fosse stata causata da veleno propinatogli da **due Cancellieri** messigli accanto dal **Senato della Serenissima** poco soddisfatto e arrabbiato per il suo operato.

Povero *Girardi* ! … ma chissà se è vera questa diceria ?

Di certo si sa che il Senato fece trasportare a Venezia il corpo del suo Cardinale-Patriarca che venne accolto con tutti gli onori dal Doge in persona e tumulato nella Cattedrale di San Pietro di Castello.

Ma i **Nobili Girardi di Venezia** non furono soltanto questo: nel dicembre 1542, infatti, a proclamare in piazza a **Cison** una sentenza nella Contea sperduta di **Valmareno**, c'erano i Sindici Inquisitori: **Giacomo Ghisi, Mattio Girardi e Agostino Barbarigo** ... Nel 1579 e 1584, **Fra Stefano Girardini o Gerardino** o **Girardi** fu **Guardian Grando della Ca'Granda dei Frari** e **Ministro Provinciale dei Francescani** nel 1584 ... Essere Guardiano della Ca'Granda di Venezia non era cosa tanto da poco ... così come da poco non erano le investiture a Provveditori di feudi nel **Veronese** concesse ai Girardi.

Negli stessi anni, un altro Ramo dei **Nobili Girardi** abitava alla **Madonna dell'Orto** con i Mercanti **Lorenzo e Antonio Girardi** attivi da decenni sulla piazza Veneziana e Veneta. I fratelli Girardi stipularono ben 7 livelli da 550 ducati ciascuno con gente di **Chiampo e Arzignano** che erano loro debitori di forniture di lana greggia ... e **Johannes Paulus Veltronius**, Chierico di 45 anni da Arezzo, che insegnava Grammatica a 21 alunni abitava proprio a casa loro insegnando ai loro figli ed a altri cittadini di Venezia: *"...Alli mazzori Virgilio, hora leggo Oratio et Cicerone, Terentio. Alli più piccoli leggo l'Exercitation della Lingua Latina et le Epistole de Ovidio. I più grandi chi fano epistole, chi fano latini, i più piccoli concordantie ..."*

Esiste anche un altro dettaglio curioso da ricordare circa i **Nobili Girardi**, e per spiegarlo devo partire un po' da lontano.

Dovete sapere che una delle Reliquie più famose per la quale i Veneziani andavano fieri tanto da mostrarla a tutti i Pellegrini diretti in Terrasanta di passaggio o di ritorno a Venezia, era di certo il **Corpo prestigiosissimo di San Saba** conservato nella chiesa di **Sant'Antonin nel Sestiere di Castello**.

San Saba era stato **Abate, Archimandrita capo di tutti gli Anacoreti di Palestina, Monaco di Flavianae in Cappadocia**. Era quindi un *"Santo grosso"* in quanto era stato Eremita vivendo in grotte e capanne della **Giordania** e a **Gerusalemme nella Valle del Cedron** dove fondò una **Laura**, ossia un'aggregazione, un villaggio Monastico di grandissimo prestigio che contava più di 150 Monaci ed era famosissima ovunque nel Bacino del Mediterraneo, e l'eco delle sue gesta percorreva l'intera Europa. Anzi, alla fine San Saba di *"Laure"* ne fondò ben sette ... La sua guida spirituale era stata il **Monaco Eutimio detto "il grande",** altro pezzo da novanta della spiritualità e della cultura Monastica Orientale col quale condivise la vita eremitica.

Il Monaco **Saba** morì vecchissimo, ultranovantenne nel 532, e fu fatto presto Santo *"per meriti sul campo"* e per la grande difesa che fece dei Dogmi della Fede stabiliti dal Concilio di Calcedonia.

E che dovevano fare i Veneziani di fronte a tale immane *"monumento della Fede"* ... se non portarselo a casa ? Infatti si *"presero a prestito"* il **Corpo di San Saba** e se lo portarono a Venezia che ritenevano il posto migliore al mondo dove poter onorare quel Santo egregiamente e come meritava.

"Altolà !" aveva detto subito secondo la Leggenda il Santo-Angelo che vigilava sul **Corpo di San Saba** giunto navigando fino alla Laguna di Venezia sulle Galee che avevano saccheggiato e depredato Costantinopoli durante la Crociata.

"Voglio che il mio Corpo venga seppellito e conservato proprio qui ! ... in Contrada di Sant'Antonin!" sembra abbia precisato lo stesso Angelo rappresentante di San Saba in persona. E così accadde ... Perciò a Venezia si pensò bene di soprassedere tacendo del tutto sulla faccenda della Crociata *(gli affari erano affari)*, e di considerare venialissima la predazione di quelle Sante Reliquie, sottolineandone invece la presenza benefica e salutare per tutte le genti della Laguna.

Fu un'esplosione di fervore e interesse !

La devozione dei Veneziani verso quella Reliquia si avviò in fretta e non si è più fermata, anzi s'è allargata sempre più consigliandola e proponendola solennemente a tutti i **Pellegrini** che convergevano a Venezia ... La Serenissima era ovviamente consenziente e favorevole: gli affari continuavano ad essere affari, e non erano di certo poca cosa.

"Viva San Saba e i Veneziani !" esclamavano i Pellegrini.

Fatalità ... i Pellegrini entusiasti potevano scovare quella *"Speciale Presenza Miracolosa e Santa"* proprio accanto al **Molo di San Marco** da dove si sarebbero dovuti imbarcare diretti ai **Luoghi Santi della Palestina**. Quel *"Posto Santo di San Saba"* era considerato *"una manna"*, una fortuna, una comodità perché non era da tutti poter vedere e ossequiare quella **Preziosa Reliquia del Corpo di San Saba** ... Venerarla poi era anche facile e comodo perché ... sempre per pura casualità ... si potevano trovare proprio in quella Contrada un gran numero di accoglienti Ospizi, Hospedaletti, taverne e locande disposti ad accogliere favorevolmente e cordialmente molti Pellegrini anche per i tempi piuttosto lunghi necessari ad attendere l'imbarco ... Inoltre, sempre a pochi passi da Sant'Antonin con la sua preziosa Reliquia, abitavano anche i **Cavalieri Templari**, altra garanzia in fatto di TerraSanta.

A Venezia un tempo, si sa, si finiva sempre col mescolare un po' tutto: Sacro e Profano, Crociate, Viaggi, Mercandia, Economie e Affari ... che anche se venivano sempre citati per ultimi, in realtà contavano più di tutto. Perciò la Contrada di Sant'Antonin era luogo di Marineri, Artieri, Pellegrini, Osti, Mercanti, Armatori, Soldati, Foresti della Nazione Greca, Albanese, Schiavoni e di tanti altri Veneziani industriosissimi ... oltre che Contrada d'intensa Religiosità e Devozione.

Venezia era così: un cosmo fatto di tanti microcosmi fascinosi capaci di calamitarti, sorprenderti, prenderti e portarti via.

Oggi **Sant'Antonin** è un po' una chiesa e una Contrada tabù, nel senso che è una zona quasi dimenticata del tutto. Molti Veneziani odierni non sanno neanche dove si trova. Un tempo, invece, come abbiamo ricordato, Sant'Antonin era un luogo di grandissimo interesse soprattutto per via di quel **San Saba** che non era mica un Santorello da poco ... Anzi ! Pensate che in chiesa a Sant'Antonin c'era perfino una **Crocetta** appartenuta al Santo riposta in un pilastro attiguo al suo altare con la quale si segnavano gli infermi. Si diceva, infatti, che quella Crocetta era miracolosa e capace di guarirli tutti.

Figuratevi quindi i Pellegrini, i Devoti e i Veneziani ! ... era tutto un accorrere avanti e indietro senza fine.

San Saba divenne perciò anche Patrono fin dal 1399 dell'*Arte degli Stioreri*: fabbricanti di stuoie, cannicci, corde di paglia, sporte e paglia per sedie che avevano in Sant'Antonin la loro Schola. Erano tutta gente popolare e miserrima, l'opposto di tutto quello che erano i **Nobili Girardi** ... però confluivano e occupavano sgalosciando e odorando nello stesso luogo per celebrare Messa ogni giovedì per i propri Morti, e proprio dentro alla stessa Nobile Cappella di Famiglia che i Girardi riuscirono dopo un lungo tira e molla ad ottenere dal *Capitolo di Sant'Antonin* dove farsi seppellire poco distanti dal miracoloso e potentissimo *San Saba* di cui erano grandi devoti.

Ottenere quel privilegio non fu cosa affatto facile, perché **Francesco Girardi** dovette contribuire in maniera importante alle spese per la costruzione del nuovo Altare Maggiore in marmo della chiesa di Sant'Antonin, e finanziare una propria *Mansioneria perpetua di Messe* da celebrare quotidianamente.

Pensate quindi a quale grande contrasto e giustapposizione si poteva osservare lì dentro: i **Nobili Girardi** ricchissimi Mercanti giramondo stavano accanto e insieme ai miseri *Stioreri* che sopravvivevano lavorando le canne e la paglia senza probabilmente essere mai usciti dalla Laguna di Venezia. Chissà se s'incrociavano in chiesa o se evitavano accuratamente d'incrociarsi ?

In ogni caso, prestigio era prestigio, ed essere sepolti *"in faccia a San Saba"* era per i Girardi un biglietto da visita di grandissimo valore. Chiunque dei Pellegrini e Mercanti che entrava in Sant'Antonin per venerare San Saba doveva necessariamente volgere il pensiero e considerare anche a loro. E non era tutto ... perché un altro Ramo degli stessi **Nobili Girardi** ottenne di farsi seppellire anche nella *Cappella del Schola del Rosario* nella chiesa dei **Domenicani Predicatori e Inquisitori** ... i famosi Mastini di Dio residenti in **San Zanipolo** ossia San Giovanni e Paolo. Alla Confraternita e ai Domenicani *Ser Alvise Girardi quondam Antonio* nipote del padrone della **Nave Girarda** lasciò nel 1685 tutte le ingenti ricchezze di famiglia, e in cambio i Domenicani evidenziarono meglio che poterono la sua tomba con delle geometrie marmoree proprio al centro del pavimento della loro ricca e ambitissima Cappella del Rosario.

E i Veneziani fioccavano avanti e indietro ... a bocca aperta ed occhi spalancati, perché anche le pietre sapevano raccontare e spiegare.

Gli **Stioreri**, invece, trasferitisi di sede in **Contrada di San Silvestro** vicino all'Emporio di Rialto, nel 1773 erano ancora 55 con 52 Capimastri e 3 garzoni governati da 1 Gastaldo, 1 Vicario, 1 Scrivano e 10 decani. Gestivano 43 botteghe sparse in giro per le Contrade di Venezia, e pagavano 1 ducato di **Benintrada** per essere ammessi all'Arte, e 16 soldi annui più 8 soldi ulteriori di tassa Luminaria ... ossia per le spese di Candele e Luminarie per la Festa Patronale, i Funerali e le Messe ... e l'**Arte degli Stioreri** era orgogliosissima di contribuire a mantenere a proprie spese la Flotta Veneziana pagando 700 ducati annui per 10 anni, prolungati per altrettanti.

Tornando ancora una volta ai **Nobili Girardi** ... Nel maggio 1614 **Antonio Girardi** era **Podestà di Feltre**, carica di discreto prestigio, e scriveva sapientemente al Senato di Venezia: *"... s'io volessi rappresentare alla Serenità vostra quanto mi sono affaticato per ritener questi miserabilissimi popoli che tumultuosamente volevano ad esempio delli venuti in questa città a migliaia callare riuscirei non men longo che tedioso; li ho fermati et con il dare a molti di loro le farine di questo fontico in credenza et con promessa di non lascirli perire di fame si sono contentati godere nelle proprie case il frutto delle concessioni fattomi da cotesto eccellentissimo Senato ..."*

Qualche anno dopo, invece, **Giulio Trona da Milano** di anni 22 e **Egidio Gerardi** Ferrarese di anni 19, furono impiccati a Venezia per ordine del Consiglio dei Dieci ... Fortune alterne quindi dei **Nobili Girardi**, perché di nuovo nel 1656 fu tumulata in **Santa Maria delle Grazie** di Mestre: **Regina Girardi** che era moglie del **Segretario della Repubblica Serenissima**.
Fra 1666 e 1698 però, i Girardi risultarono già assenti dallo scenario della Nobiltà Veneziana che contava: **Iseppo Girardi** risultava essere solo un comune soldato di anni 22 che stava al Lazzaretto, e venne anche **"moschettato"** per ordine dei Provveditori alla Sanità ... Infine nel 1759 il **NobilHomo Claudio Girardini** si trovava sia nella liste dei **Provveditori da Comun** di coloro che dovevano concorrere al *"pagamento del grosso per*

ducato" per la spesa dei lavori della selciatura della Fondamenta di San Barnaba in cui risiedeva ... così come appariva nelle Anagrafi Sanitarie nel 1761, come Patrizio domiciliato ancora là: in **Contrada e Parrocchia di San Barnaba** ...

La storia dei tempi della *"Nave Girarda"*, del **Patriarca Maffeo Girardi**, e dei **Girardi sepolti a Sant'Antonin** era ormai *"acqua passata"*, trascorsa da tanto tempo ... quasi dimenticata del tutto ... Eccetto che da noi.

***

_____*Questo scritto è stato postato su Internet come: "Una curiosità veneziana per volta." - n° 107 pubblicato su Google nel maggio 2016.*

Piazza San Marco

- *I segreti dei mosaici di San Marco.*
- *Piazza San Marco ... in filigrana.*

I SEGRETI DEI MOSAICI DI SAN MARCO

Diversi anni fa mi è capitato d'incontrare e poi conoscere una signora veneziana d.o.c. che frequentava spesso, praticamente quasi tutti i giorni, la Basilica di San Marco a Venezia. Per la sua siluette affatto snella e prosperosa, per il suo incedere lento e solenne, e per il fatto che portava sempre al collo delle grosse collane vistosissime, l'avevamo soprannominata *"la Dogaressa"*.
Era simpatica, una donna alla buona, una vera veneziana cordiale e arguta di un tempo. Sempre pronta con la battuta, occhio vispo e buone maniere, aveva suscitato la nostra simpatia, e di volta in volta si passò dal semplice saluto frettoloso alle frasi di circostanza saltuarie, fino al soffermarsi volentieri e a lungo ad ascoltarla raccontare incuriositi.
I **Canonici della Basilica di San Marco** erano entusiasti di quella presenza assidua che sole o pioggia, vento o afa o acqua alta, non mancava quasi mai di presenziare alle loro celebrazioni quotidiane. Di solito gli alti prelati vivono un po' nell'ombra di chi conta più di loro, e avere quindi qualche fan che disertasse le grandi celebrazioni solenni col Patriarca per privilegiare le loro più modeste e quotidiane funzioni era per tutti un piccolo vanto e una soddisfazione. (*a volte ci si accontenta di poco per vivere e sentirsi bene*)

Di mattina presto *"la matrona"* si presentava, dunque, quasi ogni giorno nelle prime file quasi vuote della grande basilica dorata immersa nella tiepida penombra ovattata procurata dai pochi lumi rimbalzanti sui grandi mosaici che tappezzano la mirabile chiesa.

Veniamo al dunque ...

Un bel giorno, la **"Dogaressa"** confidò a noi **"giovinastri devoti"**, come ci chiamava lei, il perché di quelle sue assidue comparizioni in Basilica.
"I Canonici pensano che io sia qui per le devozioni, la Comunione e la Messa, ma non è così. Io vengo da anni qui dentro perché questa chiesa mirabile è piena di segreti e mi suggerisce in continuità numeri magici ... che uscendo vado prontamente a giocarmi al Lotto. Ogni volta non me ne esco se non ho chiari in mente tre numeri da andarmi a giocare.

Non è difficile, basta tirare un po' l'orecchio e stare attenti e il gioco è presto fatto ... A esempio, incomincio sempre con l'ascoltare attentamente quel che dice il Canonico che celebra la Messa: "Oggi celebriamo il 75° di fondazione dell'Ordine delle Suore ... Eccolo il primo numero da giocare: "75 !" mi dico.
Poi ascolto ancora ... e sento dire: "Abbiamo letto nelle parole del Vangelo del Cristo che è rimasto quaranta giorni e quaranta notti a digiunare e far penitenza nel deserto ..."

"Ecco il secondo numero: "40 !" ci siamo quasi.

"Le due sorelle di Lazzaro ... Marta e Maria ..."

" 2 !" e i numeri sono pronti.

Se le parole del Canonico non mi suggeriscono nulla, nessun problema ! Basta che alzi gli occhi in alto verso le volte e le cupole istoriate con i mosaici della Basilica d'oro, e la "cosa magica" continua ... Ci sono sempre numeri che emergono da tutta quella foresta di storie e d'immagini. Basta guardare attentamente ! ... "Dodici apostoli"... "Sette giorni della Creazione" ... "Pentecoste: Cinquanta giorni dopo Pasqua" ... "Sette doni dello Spirito Santo"... "Due" furono quelli che trafugarono il corpo di San Marco ad Alessandria d'Egitto ... e così via ... questa ricerca non sarà mai finita.
E se non bastasse ancora, guardo per terra sul pavimento dove c'è tutto un altro universo dipinto pieno di simboli, cabale, numeri, ghirigori e significati misteriosi ... San Marco è una miniera magica inesauribile ... E quel che è più curioso, è che finisco per vincere spesso ... perché quelli che trovo qui dentro sono "numeri davvero santi" ! "

"E brava la "Dogaressa" ! ... e poveri i Canonici che ci dicevano sempre d'avere di fronte ogni giorno un'assidua e squisita "Anima bella"."

Questo per dirvi e farvi osservare quali curiose interpretazioni sanno ancora suscitare a distanza di secoli i disegni prestigiosi della famosa ***Basilica Marciana***. Il bello però è, che spulciando le solite vecchie carte, mi sono reso conto che l'abitudine della *"Dogaressa"* non era per niente una novità, ma era la continuazione di quella di molti Veneziani di sempre che l'hanno preceduta.

I duemila mq del pavimento di San Marco, ad esempio, non sono stati collocati lì a casaccio, ma seguendo una loro precisa sequenza di significati molto ricca. Esistono almeno 14 disegni pavimentali precisi contornati da una giungla di geometrie e contorni davvero fantasiosi che determinano un tappeto musivo davvero prezioso.
Basti pensare che gli Antichi hanno inscenato per terra, sulle volte del soffitto e sulle pareti della Basilica tutti i **Numeri dell'Apocalisse**, del **Sapere Astronomico** e **Astrologico, e** delle **Tradizioni antiche** di sempre.
Ad esempio, il grande **Cristo Signore del Mondo, dell'Universo e del Firmamento** sostenuto da **Quattro** immense colonne se ne sta seduto in Maestà nel **Settimo Cielo** e oltre … Sta in mezzo al numero dei **Cherubini** … La **Terra** è un quadrato, il **Cielo** un cerchio … e il Cristo riesce nell'impresa di unificarli fra loro fondendo umano e divino insieme.
Non è solo Bibbia, perché con essa si mescolano e tornano e ritornano tutti i numeri simbolici della tradizione cabalistica, astrologica e magica di provenienza **Greca, Orientale, Mesopotamica, medio Asiatico-Cinese, Egiziana** e molto altro riassunta nell'arte pittorica, come nella scultura, nella poesia, nella letteratura e nella musica. E' un intero mondo onirico e di proporzioni matematiche che conserva intatto un suo fascino fortemente misterioso e tutt'ora non svelato del tutto.

Il *triangolo equilatero* della perfezione simboleggia la *Trinità divina*, massima espressione della proporzione e dell'armonia; la **stella a sei punte** è il doppio del triangolo, chiamato il **Sigillo di Salomone** sinonimo della **massima Sapienza**. In Alchimia la rappresentazione dei poliedri ha un significato misterioso-simbolico: il *cubo è la Terra*, il *tetraedo è il Fuoco*, l'*icosaedro è l'Acqua*, l'*ottaedro l'Aria*, il *dodecaedro stellato è l'Etere*: ossia la Quinta dimensione segreta che ci manca, l'incomprensibile, il mistero che ci sfugge.

Interessante, e un po' complicato vero ? … Ma nei mosaici e nel pavimento di San Marco c'è nascosto molto di più.

Nel 1509 Venezia subì la batosta della battaglia umiliante con la sconfitta di Agnadello.

"La prophetia di mosaicho della chiesia di San Marco aveva ragione !", commentò lo storico e diarista veneziano **Marin Sanudo**.
Perfino il **Doge Leonardo Loredan** citò il pavimento di San Marco dandogli ragione: *"Non si sa per quale sciocchezza ci si abbia tolti dal Mare e rivolti alla Terraferma ... Secondo le antiche indovinazioni della chiesa di San Marco il Leone posto in acqua è lieto, grasso e felice ... quello in Terra, invece, fra fronde e fiori è mesto, consumato dalla fame e rabbuffato ..."*

Negli stessi anni, infatti, lo scrittore francese **Jean Lemaire de Belges** era di passaggio a Venezia. Gli furono mostrati due leoni sul pavimento di San Marco: uno grasso e maestoso che sembrava nuotare sulle onde del mare, e un altro smagrito e malridotto che si poggiava sulla Terraferma. Significava che i Veneziani sarebbero stati prosperi finché fossero rimasti Signori del Mare, ma sarebbero finiti in rovina se si fossero interessati della Terraferma.
Il francese incuriosito e sorpreso osservò bene tutto il pavimento, e alla fine accennò a un gallo che cavava gli occhi a una volpe.
"Il Gallo è il re Francese e la Volpe è Venezia" concluse sorridendo ironico. Inconsapevolmente stava per davvero guardando una profezia.

Nel 1513 in Quaresima il predicatore **Fra Girolamo da Verona degli Eremitani di San Agostino** predicava nella chiesa di Santo Stefano a Venezia richiamando le profezie dipinte a San Marco avveratesi.

Allora il 22 dicembre del 1566 la Procuratoria di San Marco ordinò che: *"... **Non venisse cancellata nessuna scritta e mosaico di San Marco con profezie Gioachimite senza prima prenderne accuratamente nota in modo da poterci ritornare sopra ...**"*

Le cronache raccontano ancora che nel 1572 alcuni artigiani veneziani entrarono a ragionare in San Marco. Si trattava di **Benedetto Floriani** costruttore di clavicembali e arpicordi, **Lunardo Forlano** cimatore di panni, **Biagio Lancillotti** lavorante di seta, **Giovanni Battista Ravaioli** fabbricatore di cuoi d'oro e **Domenico di Lorenzo** calzolaio.

Da molto tempo a Venezia si era ormai certi che i mosaici di San Marco contenessero grandi rivelazioni future sul destino di Venezia nascoste dentro alle scene disegnate. Era addirittura scritto con grandi frasi sui mosaici stessi e sul pavimento che lì c'era nascosto il futuro e non solo di Venezia. Si diceva che l'**Abate Gioacchino da Fiore** avesse formulato un programma intero d'iconografia segreta da celare soprattutto dentro ai mosaici dell'Apocalisse realizzati in San Marco.

Il gruppetto degli artigiani Veneziani, allora, si mise a interpretare i mosaici realizzati dai *fratelli Zuccato* su disegni forse di Tiziano e di un certo *"Horatio forestier"*.

Guardavano i mosaici e li interpretavano secondo le indicazioni contenute in un certo libretto scritto a mano da un certo loro **Mastro Benedetto Corazzaro**.

Secondo il testo la **Donna** rappresentata nei mosaici dell'**Apocalisse** significava la **Chiesa**, il **Drago** era il **Turco** e **Martin Lutero** insieme, il bambino partorito dalla Donna non era il Cristo ma un **Capitano Generale da Mar**, un **Magno Pastor**, un **Servo Fidèl** forse un **Nuovo Papa** che doveva venire e arrivare, capace di vincere il Turco *(la Luna sotto ai piedi della Donna andrà in sangue)* e i **Luterani** riconducendo il mondo intero sotto un'unica fede e pastore governante.

Gli artigiani erano anche giunti a riconoscere nei volti dei mosaici i lineamenti della faccia di un certo **Cavaliere Priuli** di 25 anni, con barba tonda e bassa, che girava per Venezia con un pomolo di spada pieno di parabole e una spada di sette colori ... *"Vorrà andarsi al presentare al Papa Gregorio XIII ..."*

Che fosse lui il nuovo Papa ? Oppure si pensava che la somiglianza richiamasse **Gabriele Paleotti Vescovo di Bologna** ... o altri ancora ... Era tutto un congetturare e scommettere e intuire e interpretare.

Erano ascoltati ... e per quelle loro parole gli artigiani finirono tutti dritti dritti davanti al **Tribunale dell'Inquisizione** per avere dato interpretazioni politiche dannose per la Serenissima e soprattutto circa la Religione.

Il libretto scritto a mano da **Mastro Corazzaro** venne occultato e non consegnato nelle mani dell'Inquisitore: *"Perché finito nelle mani di una comare che l'ha venduto ... e non si sa più dove essa habita ..."* fu la spiegazione fornita.
La vittoria di Lepanto e dei Veneziani contro i Turchi venne considerata anch'essa a Venezia come l'avveramento di quelle profezie dipinte sui mosaici.

All'inizio del 1600 il **Canonico di San Marco Stringa** ricordò le cose venture nascoste e raffigurate negli animali simbolici del pavimento: *"Ci sono due galli che portano legata una volpe presso la porta di San Giovanni Evangelista di San Marco ... Sono Carlo VIII e Luigi XII che portano fuori dalla Signoria di Milano il Duca Ludovico Sforza che viene considerato astuto come una volpe."*

I *"Galli"* di San Marco che portano la *"Volpe"* al suo funerale è di certo un richiamo agli antichi Bestiari medioevali: la Volpe è simbolo dell'Astuzia, del Demonio e della persecuzione contro la Chiesa.

Ridendoci sopra, mi viene in mente un'altra cosa che da ragione alle antiche profezie di **Santo Johacchino** nascoste nelle rappresentazioni dei mosaici e nel pavimento di San Marco.
La *"Volpe"* rappresentata e portata al funerale dai *"due Galli"* è la profezia su Venezia che per ben due volte sarà distrutta, violentata e rovinata dai Francesi nel 1800. Ma questo i Veneziani del Rinascimento non potevano saperlo e prevederlo ... e poi chissà quali e quante profezie ci saranno ancora nascoste lì dentro ... Quasi quasi un giorno torno a dare un'occhiata ... Non si sa mai.

***

_____*Questo scritto è stato postato su Internet come: "Una curiosità veneziana per volta." - n° 44, e pubblicato su Google nel maggio 2014.*

PIAZZA SAN MARCO ... IN FILIGRANA

"E che diamine ! ... Per chi ci prendi ? ... San Marco è San Marco ! ... Sappiamo tutti che cos'è, com'è, dov'è ... Che ci sarà mai da aggiungere?" mi direte un po' infastiditi leggendo il titolo di questo mio post.

"E' da secoli e secoli che fiumane di gente di ogni razza si catapultano lì da tutto il mondo per ammirare la bella Piazza che è il "salotto buono" di casa nostra, e il cuore fascinoso della nostra città galleggiante e lagunare. Basta citarla soltanto, che subito nella mente di molti si accenderà in successione la mirabile visione delle vedute con cui Canaletto, Marieschi, Guardi, Bellotto e Bellini l'hanno ritratta ... Subito penseremo all'insieme plastico e familiare della Basilica col Campanile, al Palazzo Ducale e tutto il resto ritratti mille volte in ogni dettaglio da infiniti disegni e fotografie ... Chi vuoi che non ricordi Piazza San Marco con la famosa scritta "Coca Cola" realizzata concentrando i colombi ? ... o chi non ha mai visto la grande "Rosa Rossa" vista dall'alto nella celebre Piazza, composta da un nugolo di persone associate e compattate insieme ?

Dai ! Che vuoi aggiungere ? ... San Marco è San Marco !

La Piazza calcata da Re, Papi e Imperatori ... Quel formidabile gruppo chiuso dentro al rettangolo delle Procuratie, con la Torre dell'Orologio dei Mori, la Loggetta ai piedi del Campanile, la Biblioteca Marciana con la Zecca, il Ponte dei Sospiri, la Piazzetta con I Leoncini ... E' tutto quello insomma: la Piazza delle Piazze ! ... Tutte cose che conosciamo bene e sappiamo già quasi del tutto."

Vero ! Avete ragione: è la Piazza speciale di Venezia, anzi: la **"Piazza"** per antonomasia, perchè l'unica in quanto tutte le altre pur essendo a volte ampie, non sono piazze, bensì solo: **Campi, Campielli o piccole Corti** ... e anche questo lo sapete già. Su di un posto e tema del genere esistono già intere biblioteche e volumi ricchissimi, grossi "così", dedicati a volte a uno solo dei dettagli di quel formidabile complesso monumentale. Su San Marco si è già detto tutto e di più, *"in tutte le salse"* e per tutte le occasioni, che potrò mai aggiungere ?

Niente.

Volevo solo ricordare di un ometto che ogni tanto, soprattutto con la bella stagione, ma a volte anche col freddo e la nebbia, si reca di mattina presto proprio lì, proprio in Piazza San Marco. Rimane lì in solitudine, perchè gli piace moltissimo *"stare"* dentro a quella Piazza deserta che sente profondamente sua come fosse la sua culla.

Attraversandola tutta, si reca ogni volta a sedere sulla stessa panchina in marmo dello *"Stazio-Traghetto"* dei Gondolieri posta *"in Riva"* su quello che è stato il famoso **Molo di San Marco**, proprio accanto alle due immense colonne granitiche di **Marco e Todaro** condotte in Piazza con certe caracche da Costantinopoli.

"Todaro tiene in mano lo scudo per difendersi, ossia la Repubblica intende rifiutare la Guerra, ma difende accanitamente i propri interessi … Infatti, tiene pesto sotto ai piedi il suo nemico: il Dragone antico … Il "Leone Marciano alato", invece, guarda il Mare verso Levante: dove Venezia intende costruire il suo Impero sconfinato."

Si dice che negli occhi del Leone Marciano in pietra, un tempo ci fossero due grossi rubini che rilucevano nella notte verso l'entrata del Porto come se fossero un faro. Oggi l'ometto vede solo due occhiaie di pietra vuote che lo inducono ogni volta a voltare lo sguardo lontano.

Lontano significa un po' più avanti … dopo il ponte, verso il **Traghetto del Ponte della Paglia o delle Prigioni di San Marco,** che era uno dei *"Traghetti de Dentro"*, ossia uno di quelli che agivano prevalentemente sulle brevi tratte intracittadine Veneziane.

Il Traghetto aveva *"Stazio"*, ossia sede, ai piedi del **Ponte de la Pagia** che un tempo era liscio e in legno collegando come oggi il **Molo di San Marco** con la **Riva degli Schiavoni**. Nello stesso posto si ormeggiavano le barche che rifornivano di paglia l'intera città, anche se lì ne era vietata la vendita diretta al minuto. Servendosi di *"18 libertà"*, ossia le singole autorizzazioni dei Gondolieri per traghettare, il Traghetto era attivo con 6 barche anche di notte offrendo: *"barche a nolo per 3 bezzi"* portando verso l'isola di **San Zorzi Mazòr** e la **Zuecca** al di là del **Bacino di San Marco**, e all'occorrenza e a supplemento verso Traghetti vicini, e per ogni angolo della città e della Laguna seguendo un apposito tariffario esposto nello Stazio. Secondo la sua Mariegola, il **Traghetto della Pagia** ottenne fin dal 1576 l'autorizzazione di mantenere *"... **doi de loro barche alla detta Piazzetta davanti alle colonne de San Marco.**"* ... ed è proprio lì che il nostro ometto va spesso a sedersi.

Vicino al Ponte della Paglia sorgeva fin dal 1373 anche l'*"Osteria o Hospicium della Stella"* che nel 1483 ospitò un'Ambasceria dei Turchi. Secondo il Garzoni nel 1500: *"... il gestore della Stella era un Osto del mal tempo..."*, e circa la categoria delle Locande di Venezia in generale, lo stesso Garzoni, forse un po' con la puzza sotto al naso, lamentava: *"... i forestieri talhora gli rubano la penna del letto ... i coltelli dalla tavola ... i piatti di peltro ... Qui scorgi l'hosto per cornuto, l'hostessa per vacca, le figliole per le porcelle, i servitori per assassini ... In due parole onde veramente pare che le metamorfosi di Circe sia convertite addosso agli hosti e non ai forestieri ... Qui odi parole di mille ruffianesimi, motti di sfacciatissime cortigiane, inviti di sciagurate meretrici, sporchezze di lingue disoneste et vili, bestemmie horrende, imprecazioni horribili, giuramenti falsissimi, promesse piene d'inganni e di fallacia in tutto ... sugamani stracciati come tele di ragni, i lenzuoli tutti rappezzati, i letti duri come stramazzi, le coperte che san di tanfo per ogni banda ..."*

Poco più in là, sempre vicino all'**Osteria della Stella** e allo stesso Ponte della Paglia, sorgevano fin dal 1346 anche l'*"Osteria "a pluri" alla Serpa o alla Cerva"* dotata di buona stalla per cavalli, condotta nel 1365 da **Giovanni de Anglia** che ebbe una furiosa rissa con uno sconosciuto ... e l'*"Osteria "a pluri" alla Corona"*, il cui gestore secondo il solito Garzoni era: *"un furbo"*. Sempre lì nel 1579, in tempo di peste, alloggiò un Ambasciatore dei Turchi perché per timore del contagio nessun Patrizio di Venezia l'aveva voluto ospitare.

Tornando al nostro ometto rimasto assorto ad osservare la lunga fila delle gondole *"messe a notte"* che beccheggiano sulle onde alzando e abbassando sull'acqua il loro *"rostro lucido di ferro"* che rappresenta i Sestieri, la Giudecca e le isole, lo vedremo ogni tanto girare la testa e lo sguardo osservando in fondo e in lontanza la *"Torre dei Mori".*

Ogni volta ripensa alla leggenda che racconta di come è stato accecato col fuoco e poi gli sono stati strappati gli occhi all'autore di quell mirabile orologio perchè non potesse costruirne un altro di simile. E mentre pensa a questo, aspetta che i due Mori traballanti *"battano le ore"*, e che sotto *"girino i numeri"* dentro alla scenica festa astronomica e mitica delle **Stelle**, dello **Zodiaco** e degli **Astri**. Ripensa ancora a come la mitica Serenissima si sia preoccupata d'osservare a lungo il Cielo, abbia considerate l'Astrologia e l'Astronomia, gli anni, i mesi e i giorni valutandone il peso e il trascorrere potente, misterioso ed eterno ... come desiderava essere lei.

"In bocha de Marzaria" (ossia all'uscita delle Mercerie) **sorge come monumento trionfale la "Torre dell'Horologio multo excelente, fato cum gran inzegno et bellissimo" fabbricato a Reggio Emilia da ZuanPaolo Rainieri e suo figlio ZuanCarlo dal 1493 al 1496 ... La "Torre dei due Mori con la Campana" venne costrutta per collocare il mirabile orologio ... I due automi scuri vennero fusi in bronzo dal fonditore Ambrogio delle Ancore nel 1497, mentre la campana con sfera dorata e croce venne realizzata da un certo Simeone."**

La Torre dell'Orologio venne architettata forse da **Mauro Codussi** o da **Pietro Lombardo** che ne rifece di certo le parti laterali balaustrate demolendo i preesistenti fabbricati di fianco. Non essendovi ancora le Procuratie attuali, la Torre per più di un decennio rimase come monumento isolato sulla Porta di Piazza San Marco che ospitava il Potere Politico Serenissimo e la via del Porto e dei Moli di San Marco: *"... la nuova Torre voleva essere una sorta di manifesto della nuova stagione dell'architettura urbana dell'Umanesimo Veneziano".*

In effetti l'orologio è bellissimo, un capolavoro di tecnica e meccanica, arricchito anche dall'originale meccanismo della **Processione dei Magi** che

passano inchinandosi davanti alla statua dorata della Madonna col Bambino preceduti dall'Angelo Annunciante che suona una tromba uscendo e ripetendo il passaggio ogni ora.
(Ora lo spettacolo è visibile solo il giorno dell'Epifania e dell'Ascensione, e le attuali statue lignee dei Magi e dell'Angelo sono opera di GioBatta Alviero del 1755.)

Straordinarie sono le indicazioni astronomiche basate sull'antico **Sistema Tolemaico**: sul grande quadrante di 4,5 m di diametro, oltre alle fasi della **Luna** e alla posizione del **Sole** nello **Zodiaco**, si succedevano i cinque Pianeti conosciuti all'epoca, ossia: **Saturno, Giove, Marte, Venere e Mercurio** ruotando le loro posizioni nel tempo.
Dopo circa due secoli e mezzo il meccanismo del complesso orologio astronomico s'era guastato, perciò venne rinnovato dal meccanico **Bartolammeo Ferracina** con cinque anni di lavoro dal 1752 al 1757 apponendovi un pendolo, e in seguito ancora da **Luigi De Lucia** nel 1858 che vi aggiunse le *"tàmbure rotanti"* con i numeri ... esattamente cento anni prima che nascessi io.

Ancora il nostro ometto, sempre *"in attesa di qualcosa"*, tornerà ad osservare il profilo dei capitelli e delle colonne del Portico di Palazzo Ducale, e di nuovo giù in fondo oltre il ponte: la **Riva degli Schiavoni** con le **Prigioni** ... Si ritroverà a pensare di come proprio lì per secoli si metteva *"il Banco"* per arruolare rematori e marinai e di come su quelle rive s'apprestava la partenza delle squadre delle **Galee di Mercato**, le famose **Mude** che solcavano l'intero Mediterraneo recandosi fino ad **Aleppo in Soria, Alessandria d'Egitto**, nelle **Fiandre**, a **Londra, Cadice** e in mille altri porti dell'**Adriatico**, del **Mare Egeo** e fino alle **Terre del Nord** ... e chissà fin dove ? E non era tutto ... perchè giunti in quei posti, i Veneziani si lanciavano a seguire e percorrere faticosamente le **Vie della Seta**, la **Via dell'Incenso**, la **Via delle Spezie**, la **Via della Lana**, la **Via del Sale**, dei legni pregiati, dell'oro e degli oggetti preziosi ... I Mercanti-Esploratori Veneziani raggiungevano caravanserragli persi nel niente delle steppe immense, si spingevano fino alla **Cina** e alle **Indie** raggiungendo genti e posti inverosimili, e poi tornavano indietro carichi come muli per riempire

Fondaci su Fondaci e inviare poi il tutto nel denso e ricco **Emporio di Rialto**: *"caput mundi"*, centro mercantile d'irradiazione da cui tutto ripartiva arricchendo ulteriormente Venezia Serenissima e l'Europa intera.

Fin dal 1300 ogni anno la Serenissima esportava per 10 milioni di ducati d'oro e importava per altrettanti con un guadagno di 4 milioni: 2 sulle esportazioni e 2 sulle importazioni ossia il 20% del capitale. Per realizzare la **Mercandia**, la Serenissima utilizzava un naviglio di 3.000 bastimenti con 17.000 uomini e fino a 45 **Galee di Mercato** costruite da più di 5.000 fra **Arsenalotti** e **Calafati** e governate da 11.000 **Marinai**.

"Una macchina economica formidabile !", penserà il nostro ormai solito ometto *"... e anche uno spettacolo umano da vedere, vivere e immaginare."*
All'ometto fantasioso sembrerà di vedere le balle delle mercanzie, le botti e i barili rotolati e issati sulle rive, le casse ammassate in attesa dell'imbarco su un groviglio di navi, cocche e galee, o scaricate giù sul molo da un nugolo di **Marinai**, **Bastazi-Facchini**, **Senseri**, **Artieri** e popolani qualsiasi, tutti assiepati davanti al **Bacino di San Marco** dove sostava alla fonda il mitico **Bucintoro** dorato del Doge, orgoglio e simbolo della Repubblica Serenissima.

Scrutando ancora i **Moli di San Marco**, l'ometto vedrà anche file di **Pellegrini** pronti a partire entusiasti, o di ritorno esausti ma soddisfatti dalla **Terrasanta**. Penserà a come quella gente veniva come *"stuolo devoto"* intrattenuta ad arte in città dai Veneziani *"immagandoli"* con le bellezze e le suggestion delle mille chiese e processioni, e soprattutto con le amenità attrattive della **Fiera della Sensa** che si allestiva proprio in Piazza San Marco ... lì, solo a due passi.

Poi suoneranno finalmente *"le ore"*, prima quelle dei *"**Mori di Stato**"*, e subito dopo quelle dell'**Orologio di Sant'Alipio** collocato sull'angolo nord-occidentale della **Basilica Marciana**. Anche a Venezia si scandiva in parallelo il **Tempo dello Stato** e il **Tempo della Chiesa**, ciascuno scoccava la propria ora perché intendeva essere il depositario, il fautore e l'ispiratore della gestione del bene più prezioso e misterioso: il **Tempo**.

Il nostro ometto allora si riscuoterà dai suoi pensieri, e si alzerà finalmente dal suo posto entrando dentro alla **Libreria di San Marco**: la mitica **Biblioteca Marciana**, un tempo anche **Zecca** dello Stato Serenissimo. Lì s'intratterà a leggere e frugare faragginosamente dentro a qualche carta, assetato di saperne sempre un po' di più su quello spettacolo affascinante di Venezia su cui non è mai stanco di posare gli occhi.

"La Zecca o Cecha di Venezia fin dal 1300 coniava più di 1 milione di ducati d'oro l'anno, 200.000 monete d'argento, 80.000 di rame. Più di 1.000 Nobili Patrizi di Venezia depositavano e investivano lì le loro ricche rendite ricavandonde ingenti profitti e ineteressi. Dentro alla Zecca agiva e lavorava un vero e proprio esercito d'Artieri e "Ovrieri": Saggiatori, Pesadori, Bollatori, Fabbri, Mendadori, Fonditori e Cimentatori d'Argento e Oro, Cassieri e Scontri di Cassa e Fanti all'Oro e alle Monede ... e i vari Nobili Rizzo, Premuda, Leone, Bernardo, Zorzi, Oltremonti, Foscarini e altri ancora facevano "carte false" e s'inventavano di tutto pur di collocarsi dentro a lavorare con i loro figli e per intere generazioni dentro a quella formidabile "Officina della Moneda" della Serenissima".

Come spesso accadeva dentro a posti del genere, non mancarono di succedere in Zecca episodi eclatanti, bancarotte, debiti, speculazioni, raggiri, imbrogli e delitti di vario genere e natura.

Il Senato accettò l'offerta di alcuni **Mercanti Genovesi** di depositare 100.000 ducati al 6% o a vita al 12% di cui 60.000 di fermo ossia depositate subito e 40.000 di rispetto ossia depositate a distanza di tempo.

Nell'autunno del 1602, Venezia venne invasa da moneta straniera di bassa qualità e da monete adulterate emesse da Zecche di piccoli Principi Italiani, mentre era uscita dallo Stato una quantità eccessiva di buona moneta d'oro e d'argento.
Alvise Zorzi, eletto poi **Provveditore di Zecca**, si scagliò a ragione contro **Giacomo Foscarini** che attraverso il **Giro di Banco** che gestiva s'era procuratoro degli interessi del 6-7% a suo favore sfruttando le operazioni di cambio della moneta. Accusò anche i **Mercanti Fiorentini** che facevano operazioni simili insieme a **Mercanti Veneziani** conniventi come **Agostino**

Da Ponte e i *Mercanti Prezzati*. Divenuta pubblica *"la cosa"*, accadde in Venezia anche una sollevazione di 300-400 persone dell'*Arte della Lana* e dell'*Arte della Seda* perchè da quelle operazioni avevano riconosciuti lesi i loro interessi, ed erano stati costretti a licenziare diversi *Garzoni* e *Lavoranti*. Nello scandalo risultò coinvolto anche il Senatore *Alvise Bragadin* che aveva acquistato partite di monete di rame fuori commercio dello *Stato Pontificio* speculandoci sopra a discapito delle Casse Pubbliche e delle economie della Serenissima.

Non fu di certo un caso, se nello stesso tempo venne assassinato anche *Andrea Dolfin*, a causa probabilmente delle sue attività finanziarie rischiose e di certo losche ... Nè fu ancora una casualità se il 13 settembre 1644 proprio davanti alla *Zecca* per ordine del *Consiglio dei Dieci* si tenne l'esecuzione capitale per impiccagione di *Domenico Fonditor di Zecca* ... e che nello stesso anno s'impiccasse davanti alla stessa Zecca *Mattio Bergamasco* di anni 40, nonostante fosse stato già ammazzato dagli Sbirri nel prenderlo, perchè aveva ucciso un *Guardiano della Zecca* provando a entrarvi dentro di notte per rubare.

Nell'aprile 1630, poco dopo gli anni della terribile *Peste del Voto della Madonna della Salute*, ufficialmente risultavano depositati nella *Zecca dello Stato*: 2.662.131 ducati. In realtà: nelle *Casse della Zecca* c'erano depositati solo 265 ducati in contanti, perchè il resto consisteva in 2.062.202 ducati di debiti. Era accaduto che i *Mercanti* comprassero da Nobili in difficoltà economica *"Partite di Zecca"* a sottocosto, per poi rivenderle a prezzo maggiorato del 20% con guadagni del 30% e piu', mentre in realtà il valore di quelle partite era effimero, valeva quasi niente. Ancora nel novembre 1756, *Giovanni Francesco Magno* di anni 68, *Guardarnier al Marcato degli Ori et Argenti in Zecca*, fu preso in contraffazion di bando a Mogiàn per intacco precedente fatto in Zecca e impiccato per ordine del solito Consiglio dei Dieci.

Più tardi ... Uscendo di nuovo nel sole del mezzogiorno *"con la testa piena di cose"*, il solito nostro ometto, penserà che un tempo lì dentro, negli stessi luoghi attigui alla *Zecca* e alla *Pubblica Libreria*, fra 1557 e 1561 venne ospitata la strana e chiacchierata *"Accademia Veneziana della Fama"*.

Fu un'Associazione di Nobili che ebbe vita breve: solo tre anni. Venne chiusa obbligatoriamente su ordine del Senato della Serenissima con l'accusa di bancarotta fraudolenta, e il suo fondatore **Federico Badoer**, giovane politico promettente, già inviato da Venezia come Ambasciatore alla Corte dell'Imperatore, venne arrestato e gettato in prigione.
I Nobili che frequentavano quell' Accademia che intendeva darsi una sembianza scientifica multidisciplinare, enciclopedica anche a sfondo religioso, politico e filosofico, erano tutti nomi di rango altisonanti: ***Agostino Valier*** già appartenente al cenacolo *"Notes Vaticaneae"*, ***Alvise Mocenigo, Bernardo Navagero, Francesco Barbarigo, Jacopo Surian***.

"Io volo al cielo per riposarmi in Dio" era il motto dell'***Accademia della Fama***, e il palazzo di ***Federico Badoer*** era considerato il: ***"Teatro Universale del sapere"***.

Il gruppo si considerava il depositario del ***"Sapere Veneziano e di una Nuova Rinascita Culturale"***, e intendeva proporsi in questo in maniera superiore allo Stato stesso. Per essere concreta poi, l'Accademia aveva concepito un nutrito programma editoriale dentro al quale aveva pubblicato ben ***300 volumi*** di cui 66 erano riedizioni di opere dei Classici, e altri 103 consideravano ***"moderni temi scientifici"***.

Dietro a quel consesso Veneziano però, c'era lo *"zampino"* della **Chiesa di Roma**, e sapete bene come andavano le cose a Venezia in quei tempi: Doge e Papa erano un po' come Peppone e don Camillo, il Diavolo e l'acqua santa. L'Associazione, infatti, godeva dell'appoggio e del favore in città del **Nunzio Apostolico Facchinetti**, rappresentante a Venezia del Papa, e di diversi Cardinali che le scrivevano entusiasti: il ***Cardinale d'Este, Gonzaga, Ghisleri*** e ***Carafa*** e anche dello stesso ***Papa Pio IV*** che creò a Roma un sodalizio simile impiegando 10 dei suoi più svegli e dotati Cardinali.

In realtà l'Associazione rappresentava l'ennesimo schieramento politico di una delle due grandi fazioni e alleanze politiche dei Nobili Veneziani: quella **Romanista-Papalista** dedita a favorire la Sede Apostolica Romana a discapito di una Venezia piuttosto laica. Si trattava soprattutto di uomini e Casate Patrizie vecchie e aristocratiche, che nell'Accademia intrepretavano

Matematica, Scienza, Metafisica e Diritto in modo conservatore, tutt'altro che innovatore e moderno. In una loro pubblicazione del 1553: *"La Città Felice"* ipotizzavano e idealizzavano una Repubblica Serenissima ordinata e obbediente, governata secondo una ragione santa e illuminata.

Di solito Doge e Governo della Serenissima non erano tenerissimi con la fazione dei Romano-Papalisti, ed escludevano tutti i Nobili che vi facevano parte dall'accesso a tutte le prestigiose e remunerative cariche pubbliche. I vari Nobili: *Foscari*, *Barbaro*, *Badoer*, *Corner*, *Emo*, *Grimani* e *Pisani* non si preoccuparono affatto per quell'esclusione in quanto si rifecero ampiamente facendosi investire dal Papa di ancor più ricche cariche e benefici Ecclesiastici soprattutto di Vescovadi in Terraferma. Anzi, quei Nobili facevano di tutto anche nella città lagunare per mettersi in mostra e guadagnarsi la stima dei Veneziani comissionando artisti e opere prestigiosissime da collocare nelle chiese e nei luoghi di pubblico raduno.

Nel 1558 l'Accademia si offrì al Senato Serenissimo per raccogliere e riordinare e ristampare tutte le Leggi e i Decreti della Repubblica formulando una qualche timida volontà di riforma legislativa. Inizialmente il *Consiglio dei Dieci* accolse favorevolmente l'idea, e concesse all'Accademia il privilegio di curare e provvedere alla stampa. Lo fece anche per aiutare *Federico Badoer*, aiutandolo a sanare certi suoi debiti commerciali che aveva con gli Allemanni-Tedeschi, e per dimostrare nello stesso tempo che la Serenissima era aperta verso le nuove correnti ideologiche, culturali, umanistiche, scientifiche e teologico-religiose formulate dai Protestanti e dal resto dell'Europa moderna.

Due anni dopo, coerenti con le loro idee di considerarsi i *"Depositari del Sapere Pubblico"*, e volendo anteporsi ad altri circoli letterari Veneziani, gli associati chiesero ai Procuratori di San Marco di poter utilizzare come loro sede il vestibolo della *Libreria Marciana* dove Tiziano aveva appena dipinto *"La Sapienza"*.

Il Governo di Veneziano concesse, però fiutò dietro alle operazioni dell'Accademia l'influsso di stampo Papalista che intendeva intromettersi e interferire con le tradizioni, le consuetudini e le libere politiche di Venezia, e riconobbe infine anche tutta una serie di maneggi di *Federico Badoer,* dei suoi nipoti e dell'*Abate Marlopino* amico di famiglia, atti a

favorire interessi economici personali tramite l'attività pubblica dell'Accademia.
Perciò: *"Rivelato il mistero … Gabbato lo Santo"* … la Serenissima fece *"chiudere bottega"* all'Accademia e sbattè in prigione il suo *"Presidente"* Badoer poco attendibile.

"Venezia Serenissima non si smentiva affatto …" pensò il solito ometto, e riflettè anche sul fatto che nel luogo della stessa Libraria di San Marco, sorgeva un tempo *"di fronte a Palazzo Dogale"*, l' *"Osteria Al Pellegrino"*, un'altra delle *"Osterie a pluri"* che apparteneva ai **Procuratori de Supra**. Quando si costruì **Zecca** e **Libraria** nel 1554, l'osteria venne spostata in **Corazzaria** a cura dell'Oste **Zuane de Pedrezin da Bergamo** che spendeva 38 ducati annui per l'affitto.

A dire del solito Garzoni: *"… il gestore del Pellegrino è un assassino … e "Al Pellegrin" è un Albergo di Satana, poco lusinghiero, una locanda che offre anche "letto guernito" ossia fornito di cortigiana o meretrice … Il viaggiatore Adamo Ebert asserì di avervi trovato 2 dozzine di giovanotti Francesi che si davano ad amori diversi, e di essere stato piu' volte da loro tentato …"*
Nel 1544 la locanda dopo un grave incendio venne spostata in **Spadaria**, ricostruita addirittura sotto il controllo diretto del **Proto della Procuratia Jacopo Sansovino**.

Secondo la Gazzetta Veneta di Gasparo Gozzi dell'aprile 1760: *"… la sera della domenica, essendo il tempo sereno e un bel chiaro di luna, erano, com'è usanza nelle stagioni migliori, molte brigate di uomini e donne a passeggiare in Piazza San Marco verso l'ora terza di notte. Qualc che si fosse la cagione, si appiccò una questione di parole fra l'Oste del Pellegrino e un'altra persona; e come suole avvenire riscaldandosi nello svillaneggiarsi e vituperarsi dall'una parte e dall'altra, vennero all'arme. I Custodi della Piazza, usciti della loro abitazione con certi sani bastoni che usano, si diedero a sedare gli animi de' combattenti con la eloquente persuasiva del manare legnate quanto usciva loro dalle braccia, avendo prima per atterrire la calca sparato un archibuso in aria. Appena il tuono dell'archibusata ebbe tocchi gli orecchi delle donne, quelle sparirono di qua di là come colombe; onde gli uomini di civiltà per non lasciarle sole, volarono via con esse. In un momento nelle Botteghe da Caffè si gridò: "Acqua ! acqua !" e tutti i bottegai furono in faccende e si videro tazze per tutto, parte per dar da bere, e parte per gittare acqua nel viso dell'Oste mentre andava già condotto da Birri in prigione. Finita la zuffa, quelli che avevano più cuore, affacciavano il viso alla bottega e dicevano: "Non c'è altro ?" ... ed alcuni sopravvenuti chiedevano: "Ch'è stato ?" ... e già la storia è divenuta più storie, secondo le diverse lingue di chi la narra. Poi la moglie dell'Oste, uscita dall'osteria con l'animo di donna spartana, andò ad assalire la Guardia con le parole e con un romore che quasi pose di nuovo un sospetto e scompiglio di genti. Se non che, veduto quel ch'era, le si fece intorno una numerosa calca, finch'essa sfiatata rientrò nell'Osteria ... e venne l'ora che ognuno andò a casa a narrare l'avvenimento a suo modo ..."*

Lasciando perdere finalmente queste memorie, il nostro ometto riattraverserà di nuovo e ancora la stessa Piazza rivedendola ogni volta come in filigrana e trasparenza. Non dimenticherà di posare lo sguardo sul merletto della **Porta della Carta** di Palazzo Ducale, e dopo aver *"ripassato con lo sguardo"* il gruppo dei *Tetrarchi* incassato nel muro, vedrà anche le famose colonne dove s'inscenavano le condanne capitali.

Spinti avanti pochi passi, l'ometto non potrà non soffermarsi davanti allo splendido **Portale della Basilica Dorata** costruita con tutto quel *"Ben di Dio"* trafugato e saccheggiato dai Veneziani a Costantinopoli durante la **"devota Crociata"**, e *"pianterà di nuovo gli occhi"* sullo splendido capolavoro degli **Arconi dei Mesi e delle Arti e Mestieri**.

Come non poteva mancare d'incidere su Venezia il freddo Gennaio in cui si uccideva il maiale, o Febbraio, Marzo con i suoi risvegli, Maggio e tutti gli altri ... così Venezia non poteva fare a meno dei suoi **Botteri**, **Fabbri**, **Vignaioli**, **Orefici**, **Pescatori**, **Marinai** e di tutte le altre **Associazioni d'Arte e Mestiere**. Quella realtà impastata di lavoro e di tempo era un tutt'uno cosmico inscindibile da cui dipendeva tutta Venezia.

La ricetta, il trucco di Venezia, era che tutto quel corpo unito insieme, quel mirabile miscuglio di tutti, potesse far funzionare bene l'intera Repubblica Serenissima ... ovviamente con l'aiuto dell'immancabile Padre Eterno, dei Santi e della Madonna di cui non si sapeva nè si voleva fare mai a meno ... così come non si poteva rinunciare ai soldi, ai capitali e all'intraprendenza dei Mercanti di Venezia.

Al di là dell'aspetto prettamente artistico, quel **Portale dei Mesi e delle Arti** ha sempre avuto per i Veneziani una valenza davvero speciale, perchè in un certo senso in quella rappresentazione in pietra si condensava e riassumeva tutto quello che erano e in cui credevano i Veneziani e la loro Serenissima Repubblica insieme. Lì in quegli Arconi della Basilica di San Marco i Veneziani *"andavano a rispecchiasi"*, e si poteva vedere inscenato in quelle pietre scolpite il destino di Venezia, perchè dentro allo scorrere misterioso e arcano del Tempo con i Mesi e le Stagioni, si poteva vedere rappresentata come a completamento l'opera quotidiana della fatica di ogni Artigiano e Lavorante di Venezia. Quelle opera d'arte infisse negli Arconi di San Marco erano come due facce che sintetizzavano un'unica medaglia: quella del Tempo e quella della Vita vissuta e lavorata nella Laguna. Una ruota che ripeteva all'infinito le solite scadenze note del calendario, ma che si rinnovava ogni volta inventando il futuro sempre nuovo e diverso.

Come i Veneziani d'un tempo che si vedevano rappresentati in quelle sculture, così il nostro ometto di oggi rimane fermo lì davanti col naso all'insù, non riuscendo ogni volta a fare a meno di buttare l'occhio sulla facciata della Chiesa, in alto sulla sinistra, dove gli appare puntualmente il coloratissimo mosaico scintillante che rappresenta la **Risurrezione di Cristo**.

Ogni volta l'ometto si rimette a sorridere, perchè ricorda la leggenda che è legata da sempre a quello splendido scenario mosaicato.

Si racconta che quando alla fine della **Guerra di Chioggia** l'Ambasciatore di Genova si portò a Venezia per trattare la pace, costui attraversò sussiegoso e gongolante Piazza San Marco diretto a Palazzo Ducale dove aveva l'appuntamento col Doge e la Signoria.

Giunto ai piedi della splendida Basilica, si dice che indicando il Gonfalone imbracciato dal Christo Vincitore e Risorto realizzato sul mosaico del fianco destro della facciata: bianco con sovrapposta una croce rossa, in tutto simile al Vessillo della città di Genova, abbia affermato rivolto ai Veneziani che lo accompagnavano: *"Ecco ! Avete visto che anche il Padre Eterno sa bene da che parte sia giusto schierarsi ! ... Il Padre Eterno sta con Genova!"*

I Veneziani presi alla sprovvista non risposero ... ma non dimenticarono.

Rimasto lungamente dentro a Palazzo Ducale alla presenza del Doge e della Signoria, si disse ancora, che si giunse alla conclusione che era meglio sia per Venezia che per Genova seguire la via della Pace. Uscito allora da Palazzo Ducale, l'Ambasciatore di Genova ripercorse a ritroso la stessa strada fatta prima, ma giunto di nuovo sotto al mosaico della Basilica Marciana rappresentante il Risorto, lo stesso Nobile Veneziano che lo accompagnava già da prima, lo fermò dicendogli: *"Vede ! Anche il Padre Eterno a volte cambia opinione ... Ci ha ripensato ! ... Stavolta preferisce allearsi e appoggiarsi ad altri più meritevoli ... ossia a Venezia."*

E gli fece notare che sul mosaico della facciata della Basilica il Cristo Risorto imbracciava un nuovo Vessillo con al centro il simbolo del **Leone di San Marco** al posto della croce rossa sul fondo bianco che richiamava la bandiera di Genova. Per i mosaicisti di San Marco non era stato difficile modificarlo durante il tempo della seduta dell'Ambasciatore a Palazzo Ducale.

Divertito da quella vecchia leggenda, il solito ometto di prima ora volgerà le spalle alla **Basilica d'Oro** e s'incamminerà verso il centro della Piazza. Oltre a gustare il tanto che è rimasto, ripenserà soprattutto al tanto di più che c'è stato e oggi non esiste più. Passando fra **"Paròn de casa"** ossia il **Campanile** e le **Procuratie Nuove**, ricorderà che un tempo li sorgeva un Ospedaletto.

Si trattava dell'*Ospizio Orseolo o Ospedal da Comun o Hospitio de San Marco* fatto erigere dal *Doge Pietro Orseolo* tra 976 e 978 per accogliere Pellegrini malati e bisognosi di passaggio a Venezia o di ritorno dalla TerraSanta, e gestito da apposito *Priore*. L'Ospizio arrivò ad occupare gran parte del lato meridionale della Piazza San Marco in seguito ad ampliamenti e ricostruzioni eseguiti anche a spese della *Dogaressa Loicia Zeno* fra 1253 e1268. In seguito, trascorsa l'epoca dei Pellegrini, venne usato per dare ospitalità a 4 donne povere che divennero piano piano 54, e furono chiamate *Orsoline* in memoria del *Doge Orseolo* fondatore e benefattore dell'Ospizio.

Nel 1364, le Orsoline si spartivano annualmente 30 ducati provenienti dalle rendite dell'*Ospissio*, e altri 20 desunti da un Legato lasciato da un certo *Prete Zuane* che era Piovan della *Contrada di San Lunardo o Leonardo* nel Sestiere di Canareggio.

L'*Hospeàl* funzionò per secoli, e venne demolito nel 1581 per lasciar spazio alla costruzione delle *Procuratie Nuove* (oggi Museo Correr e Museo Archeologico). Le Orsoline, Ospissio compreso, vennero trasferite nel vicino *Campo San Gallo*.

Si può ammirare bene l'aspetto esterno dell'*Ospedaletto di San Marco* ritratto nel 1496 da Gentile Bellini nella sua famosa: "*Processione della Reliquia della Croce in Piazza San Marco*", conservato oggi presso all'Accademia di Venezia.

Alzando poi gli occhi sul massiccio Campanile che inonderà la Piazza col suono del mezzogiorno, il nostro solito ometto ripenserà che sull'imponente torre un tempo c'era sospesa la *"Chèba"* in cui i rei condannati dalla severa Giustizia della Serenissima venivano rinchiusi e sospesi al pubblico ludibrio fino a morire di stenti.

Il supplizio della *"Chèba"* ossia *"la gabbia"* detto alla Veneziana, era di legno rinforzato in ferro, e: "*... il reo esposto appeso con delle catene all'asprezza delle stagioni, ritirava il pane e l'acqua, unico suo nutrimento mediante una funicella che calava di sotto.*" A volte venivano appesi a tempo determinato, mentre in altre occasioni venivano ingabbiati a vita in attesa di un'improbabile sentenza di salvezza.

Sembra che nel 1518, forse per far cosa grata alla **Corte di Roma** che non sopportava tanto vedere lì rinchiusi e puniti certi Preti e Frati di Venezia, o forse adducendo al fatto che i civili Veneziani si vergognavano di quel crudele supplizio, si finì con l'abolirlo del tutto. Si trattava di una pena infamante, esposti al pubblico ludibrio, che non era solo Veneziana, ma utilizzata e presente anche altrove come a **Piacenza, Ferrara, Milano e Mantova**.

Nel **Diario Priuli** del marzo 1510 si legge: *"... avendo il Duca Alfondo D'Este di Ferrara scoperto due laici e due Frati, che con fuochi artifiziali volevano incendiare le Galee Venete, fece tosto impiccare i due laici; un Prete fuggì, e l'altro per essere in sacris fu posto in una gabbia a pane e acqua in vita..."*

La *"Chéba"* a Venezia stava appesa ad una trave che sporgeva da un buco a metà del **Campanile di San Marco** giusto sopra alle **19 botteghe dei Panettieri della Paneteria** da dove il popolo infieriva e dileggiava schernendo il malcapitato.

Alla *"Chéba"* venivano condannati soprattutto autori di delitti come omicidio, sodomia, bestemmia o falso compiuti in luoghi sacri o commessi da Religiosi.

Nel 1391, infatti, venne condannato al supplizio della *"Chèba"* il **Piovano di San Maurizio Giacomo Tanto**, che con la complicità del Nobile **Tommaso Corner**, aveva attirato con l'inganno in una casa alle Carampane vicino a Rialto un certo **Prete Giovanni Custode di San Marco**. Invece di dargli *"... quartas vini malvatici pro dicendis totidem Missis ..."* come gli avevano promesso, con l'aiuto del complice lo assassinò. Poi i due si recarono nella Canonica dove abitava il Prete e lo derubarono di tutti i suoi averi.

Scoperti entrambi, il Nobile Corner che era fuggito rendendosi introvabile venne condannato al bando perpetuo da Venezia, mentre il Piovano venne condannato: *"... ad finiendam vitam suam in cavea suspensa ad campanile Sancti Marci in pane et aqua ..."* ossia: alla *"Chèba"* ! La matrigna del Piovano non riuscendo a sopportare di vederlo così ridotto, riuscì a fargli avere con la complicità di un **Ufficiale dei Signori di Notte** e del **Capo delle Guardie di Piazza**: *"... fugacias fabricatas et pensatas cum nucibus, mandulis, et zucari pulvere, ac fritellas, et alias confetiones quibus produxit vitam in longum contra sententiam ..."* tentando di prolungargli la vita. Ma venne scoperto anche quell'imbroglio, e i due vennero processati. Il **Massaro dei Signori di Notte** perse l'incarico e venne imprigionato nei Pozzi per un anno. La Matrigna: ... boh ... non si sa.

Anche nel 1406 si usò la *"Chèba"* a Venezia per le conseguenze di un episodio scandaloso.
I **Signori di Notte** avevano scoperto in flagranza di reato un gruppo di giovani che si davano alla sodomia. Per la maggior parte erano figli di Nobili Veneziani influenti, Borghesi facoltosi, Ecclesiastici, o di funzionari della Signoria molto importanti. Avendo già condannato per lo stesso motivo diversi popolani, non si poteva ignorare i fatti del tutto. Essendoci poi Chierici di mezzo, la questione giunse ad interessare perfino **Papa Innocenzo VII**, ma nonostante si fosse tergiversato per almeno due anni, si dovette giungere ad una sentenza definitiva. Nel 1407, **Vito Memo Vescovo di Castello** acconsentì che il **Chierico Giacomo Barberio** venisse condannato alla *"Chèba"*, ma si riuscì a farlo fuggire per tempo lasciandola appesa vuota.

Ancora nell'aprile del 1518, si chiuse *"... in Cheba al Campaniel di San Marco ... un certo Prete Francesco della chiesa di San Polo ... d'anni 30 circa ... accusato di sodomia."* Qualcuno gli: *"... avea dato per carità un gabàn da Galia (palandrana di panno grosso e ruvido portata dagli schiavi forzati sulle Galee Venete) ... perché si riparasse dal freddo."*
Il Prete *"furbino"*, riuscì con pazienza a ridurre l'indumento in strisce ricavandone una lunga corda con la quale nella notte del 1° luglio cercò di fuggire calandosi fino a terra sulla Piazza San Marco. Solo che avendo calcolato male le misure, la corda era troppo corta, e si trovò appeso in aria ancora troppo lontano dal suolo.
"... mancava ancora buon tratto per arrivar ai Cambii ... (banchetti dei cambiavalute che si trovavano a piedi del campanile) ... ed essendo in pericolo di morte, gridò, e accorsero le Guardie notturne ..." che lo recuperarono e lo rinchiusero in prigione dove venne *"... largamente soccorso dalla pietà delle monache di San Zaccaria molto famose perché libertine e per la loro licenziosità."*

Nel 1542 venne condannato al supplizio della *"Chèba"* anche il **Prete Agostino della chiesa di Santa Fosca**, dopo essere stato portato legato in Piazzetta tra le colonne di Marco e Todaro, e messo alla berlina per sei ore.

"Si fece questo perché il Prete si consolava con diverse donne, e perché giuocando biestemmava."

Prete Agostino divenne famoso per i <u>versi</u> con cui descrisse la condanna subita: *"Prima mi missen fra le due Colonne della Giustitia, ben stretto ligato."* Gli fu messa in testa una specie di corona con dipinti dei Diavoli: *"... Imperator senza impero m'han fatto ... fui coronato, senza darmi il scetro, volendomi punir di mia nequitia ..."*
Venne quindi portato alla *"Chèba a mezzo il campanile"* dove rimase per quasi due mesi, fino a tutto settembre, prima di scontare il resto della pena di otto mesi nei *"gabioni della prexon forte di Terranova"*, dietro le Procuratie Nuove: *"... duoi mesi a pan et acqua sola et otto mesi star rinchiuso nella Forte."*
Al termine della detenzione venne colpito da bando perpetuo da tutti i territori dello Stato Veneziano, perciò concluse i suoi versi dicendo: *"... fuggite dal giuoco, non biastemmate i Santi, manco Idio ... lasciate il giuoco, biastemme e puttane."*

L'ennesima condanna alla *"Chèba"* venne comminata nel luglio 1510. Stavolta fu la donna **Adriana Misani** a subirla. Era moglie del **Banditore Andrea Massario**, e abitavano nella **Parrocchia di Santa Ternita** dove risiedeva anche un certo **Francesco, figlio di Magro** che faceva il **Barbiere**, con il quale la donna aveva intrecciato una relazione amorosa. Francesco aveva messo gli occhi non solo sulla donna ma anche sui suoi beni, le promise perciò di sposarla se lei si fosse liberata dalla *"zavorra"* del marito. Così in una notte dell'aprile 1510, donna e amante penetrarono in casa di **Andrea Massario** e lo uccisero a colpi di scure e spada mentre dormiva. Con l'aiuto dei due, il **Falegname Giacomo Antonio** e un certo **Sebastiano**, rinchiusero il cadavere in una cassa e lo gettarono in acqua nel **Canale dell'Orfano** per poi tornarsene sulla scena del delitto per fare razzia di quanto trovarono di prezioso. I due amanti poi, intendevano fuggire da

Venezia, ma giunti a **Santa Marta** per partire per la Terraferma, vennero arrestati sul sagrato della chiesa che fungeva anche da cimitero.
Sotto tortura confessarono il delitto, e con sentenza della **Quarantia Criminale**: il **Falegname Giacomo Antonio** venne condannato al bando di cinque anni da Venezia e dai suoi territori, e a Bando perpetuo anche il Sebastiano. **Francesco Barbiere** venne messo a morte, e **Adriana Misani**, dopo aver assistito all'esecuzione dell'amante, venne condannata a pane e acqua fino alla morte nella *"Chèba"* del campanile di San Marco. Tre mesi dopo, tuttavia, riuscì a fuggire dalla gabbia facendo perdere le proprie tracce per sempre.

Tornando al nostro ometto pensieroso, ripenserà udendo le campane suonare, anche al fascinoso suono notturno della *"Marangona"* che ancora oggi riempie il buio della mezzanotte di Venezia. Quante volte l'ometto è rimasto ad ascoltarla nel cuore della notte ripensando alla memoria legendaria della morte *"dell'innocente Fornaretto"*.

Lasciando finalmente perdere il Campanile e procendendo poi sui suoi passi, l'ometto sfilerà oltre sulla Piazza, e fissando gli occhi a terra per evitare le pozze dell'acqua alta che filtra su *"a fontanella"* fra le commissure dei masegni, riconoscerà le scritte per terra che ricordano ancora oggi dove un tempo gli uomini delle Arti e Mestieri andavano a collocare con precisione i loro banchetti nei giorni della **Fiera della Sensa**.

Provate ad andarli a riconoscere e vedere ... sono segni interessanti! E sempre rimanendo in tema di segni, vedrete anche i segni che ricordano dove un tempo scorreva il **Rio-Canale Badoario**, e noterete anche i segni rotondi che ricordano i due grandi pozzi che sorgevano una volta giusto a metà di Piazza San Marco.

Il **Doge Sebastiano Ziani**, divenuto Doge nel 1172, fece ingrandire la *"Piazza"* facendo interrare il **Rio Batario o Badoero o Badoario**, e fece demolire anche la vecchia chiesa di **San Geminiano**, che diversi secoli dopo venne ricostruita più indietro e incorporata nelle Procuratie su disegno del Sansovino.

Fu sempre lo stesso Doge a *"far cingere la Piazza da tre lati con una Galleria"* pensandola come serie di abitazioni per i ricchi e potenti **Procuratori di San Marco**, che per dirne una sola, ancora nel 1537 possedevano 587 campi in diverse località del **Polesine**.

Per questo l'ambiziosa costruzione prese il nome di *"Procuratie"*, e non fu affatto un lavoro facile e veloce, perchè fra rifacimenti e incendi, la serie monumentale delle **Procuratie Vecchie e Nuove** che cinge la Piazza venne terminata solo secoli dopo, ossia nel 1600. Tutto era iniziato circa nel 1500, quando la Serenissima aveva iniziato a seguire l'idea Sansoviniana dell'abbellimento della Piazza e dell'intera città concepita come *"Renovatio Urbis"*: *"…trovandosi l'anno 1529 fra le due colonne di piazza alcuni banchi di baccari e fra l'una colonna e l'altra molti casotti di legno per essendo delle persone per i loro agi naturali, cosa bruttissima e vergognosa, si per la dignità del palazzo e della piazza pubblica e si per i forestieri che, andando a Venezia dalla parte di S.Giorgio, vedevano nel primo introito cosi' fatta sozzurra: Jacopo mostrata al principe Gritti la onorevolezza ed utilità del suo pensiero, fece levae detti banchi e casotti, e collocando i banchi dove sono ora e facendo alcune poste per erbaruoli, acrebbe alla Procurazia 700 ducati d'entrata, abbelendo in un tempo istesso la piazza e la città…"*

Al termine di quella grande opera d'abbellimento, quando c'era già la **Torre dell'Orologio**, e i **Tre stendardi in Piazza**, l'area antistante la Basilica di San Marco aveva raggiunto la lunghezza di 175 metri ... La Piazza era sempre frequentata e vivissima, ricca di scambi e centro d'affari. Alla base del Campanile c'erano diversi **Banchi di Cambiavalute** e proprio lì vicino c'erano una **Macelleria** e una **Panetteria** cittadine, mentre poco distante di fronte alla Zecca c'erano altre **Botteghe di Formaggi** ... Quando venne restaurato il Campanile nel 1513 ponendovi sopra l'Angelo Dorato: *"… si gettarono vino e latte di sopra alla folla al suono di trombe festose."*... In Piazza San Marco accadevano spesso violenti scontri fra Confraternite e Schole: *"…che si davano addosso con candelotti e aste processionali per garantirsi la precedenza nel fare l'ingresso in Piazza."* ... Sotto ai portici di Palazzo Ducale svolgevano la loro attività i **Notai**, proprio accanto alle latrine pubbliche costruite attorno alle grosse colonne del palazzo ... qua e là per la stessa Piazza c'erano banchetti ambulanti di contadini che vendevano anche capelli finti per fabbricare parrucche da donna attaccati a lunghe pertiche ... davanti alla *"Basilica Dorata"* stazionava in continuità una folla di mendicanti e miseri di ogni sorta.

Il solito **Diarista Sanudo** raccontava di una tradizionale parata organizzata dalla **Corporazione dei Macellai** seguita da una *"Caccia al Maiale"* in giro per la Piazza, così come raccontò qualche anno dopo, nel 1521, di come in occasione dell'elezione del nuovo **Doge Antonio Grimani** si tenne il solito *"Giro d'onore"* del neoeletto portato a spalla dagli **Arsenalotti** mentre gettava monete alla folla osannante. Nella confusione, nella ressa e concitazione del popolo confluito in Piazza, uno degli Arsenalotti colpì e spinse via uno straniero perché lasciasse libero il passaggio al Doge.
Il forestiero allora gli staccò la testa con un colpo di spada gridandogli: *"Va al diavolo tu ed il tuo randello !"*
Venne subito catturato e decapitato subito dopo sulla Piazzetta: *"... perché chi non è di Venezia deve capire come ci si comporta in città."*

Sempre lo stesso Marin Sanudo racconta ancora oggi nei suoi Diari che:
*"...un violento terremoto fece suonare le campane da sole ... e in occasione di una coalizione Antifrancese sfilarono per 5 ore consecutive nella Piazza, addobbata per l'occasione con arazzi e drappi dorati, tutte le Schole e il Clero "in pompa magna", facendo girare in Processione: centinaia di pezzi di pregiatissime argenterie, enormi candele dorate, bambini vestiti da Angeli, donne vestite da Giustizia, effigi raffiguranti la Spagna, l'Inghilterra e il Papa, carri decorati che rappresentavano le Virtù Cardinali e numerose reliquie fra cui: la mano di Santa Teodosia, il piede di San Lorenzo, il braccio di San Giorgio e la testa di Sant'Orsola recentemente recuperata.
Nella circostanza si declamarono per ore componimenti poetici in lode della Lega Santa, viceversa numerose satire contro il Re di Francia, e si recitarono pantomime di San Marco che parlava col Cristo, con la Vergine e la Giustizia."*

Paradossalmente ancora lui, sempre il **Diarista Marin Sanudo**, descrisse con una crudezza esemplare la condizione della gente a fronte di tanto sfarzo e idealismo e gusto artistico della Venezia della sua epoca. Nel 1527

s'era presentata per la Serenissima la difficoltà storica d'importare grano dai tradizionali paesi d'importazione, perciò il prezzo del grano era cresciuto improvvisamente più di quattro volte, e la fame spingeva la gente verso la città dove c'erano i **Fondaci e Magazzini del Grano**.
Marin Sanudo scriveva: *"… ogni sera in piazza San Marco, sulle vie della città, su Rialto è pieno di bambini che gridano ai passanti. "pane ! Pane ! Muoio di fame e freddo !" E' terribile. Al mattino, sotto i portici dei palazzi vengono trovati cadaveri. Cosi' era nel dicembre 1527 a meno di una settimana da Natale. Arriva il tempo del Carnevale. Nei primi giorni di febbraio del 1528 " la città è in festa, sono stati organizzati molti balli in maschera e al tempo stesso, di giorno e di notte, è immensa la folla dei poveri; a causa della gran fame che regna nel paese, molti vagabondi si sono decisi di giungere qui, insieme ai bambini, in cerca di cibo…. Alla fine di febbraio: devo annotare qualcosa che rammenti che in questa città regna continuamente una gran fame. Oltre ai poveri di Venezia che si lamentano per le strade, ci sono anche i miserabili dell'isola di Burano, con i loro fazzoletti in testa ed i bimbi in braccio a chiedere l'elemosina. Molti arrivano anche dai dintorni di Vicenza e Brescia, il che è sorprendente. Non si puo' assistere in pace ad una messa, senza che una dozzina di mendicanti non ti circondi e chieda aiuto, non si puo' aprire la borsa, senza che subito un poveraccio non ti avvicini, chiedendo un denaro. Girano per le strade persino a tarda sera, bussando alle porte e gridando "muoio di fame !"*

Ancora alla fine del luglio 1594, continuava a scrivere: *"… soto el Portego de la Cecha si rinvenne morto un contadino sconosciuto probabilmente morto di stenti e di fame …"*

Verso metà della Piazza, sorgeva nelle **Procuratie Vecchie** l'**"Osteria "a pluri" Al Cappello Nero"**, il cui ingresso stava nella calle adiacente alla Piazza nel **Sottoportico e Calle del Cappello**.

"Nel 1453: si fa ricordo di essa osteria, che apparteneva alla Basilica di San Marco, ed era amministrata dai Procuratori de Supra, anche in una deposizione di un Giacomo servitore, fatta negli atti della Curia Castellana, il 20 luglio. Abitava costui col suo padrone Zanini da Crema in

casa di un Lazzaro Tedesco, il quale teneva ospiti a settimana in Contrada di San Luca, e colà eravi pure certa Chiara. Costei un bel dì chiamollo a testimonio delle nozze che contraeva con un certo Giovanni dicendo: "Io vuò che sia presente ancho ti a queste nozze", ed in quella ricevette da Giovanni l'anello nuziale, accompagnato dalle parole: "Chiara io te tojo per mia mujer"; dopo di che, sopraggiunta la notte, gli sposi novelli "se n'andà tutti do a dormir insieme". Senonché Giacomo confessò d'aver saputo che Chiara erasi antecedentemente maritata all'Albergo del Cappello con un giovane Rigo, e d'essere stato pregato da lei di tacere tale circostanza al momento del suo nuovo matrimonio..."

Fra 1483 e 1486: l'**Osteria del Cappello** è nominata anche in una sentenza criminale del 27 settembre colla quale venne condannato a morte *"nel carcere Catolda"* un **Capitano Turco per nome Iusuph**, che in detta Osteria aveva sodomitato un ragazzo. Il reo però nell'anno seguente, richiesto in grazia dal Sultano, gli venne rimandato.

Di nuovo nel maggio 1515, sempre il Sanudo dei Diari racconta della stessa Osteria dicendo: *"... il 5 maggio si espose al pubblico in essa un garzone, d'anni 14, nato in Piccardia di nome Jacomo, dal petto del quale usciva il busto d'un'altra creatura con piedi retrati e braze come dita un po' longhe ... e si pagava un soldo per vederlo, e parmi molto di novo quando lo vidi ... e guadagnava ducati assai andando di terra in terra con degli Spagnoli ... Esponevano una bandiera di tela fuori con il mostro dipinto sopra, e con le armi posticce del Papa e del Doge sopra, e con una scritta in latino e in volgare che diceva: "Ex matrimonius natus est in partibus Normandie, in civitate quo dicitur Drus 1500" ... Tutto oggi andarono molte persone a vederlo ... Questo mostro venne fatto la sera medesima partire per ordine del Consiglio dei Dieci."*

Tornando ancora una volta al nostro ometto di oggi, sentendo ormai il richiamo della fame proverà allora ad uscire dalla Piazza sotto alle colonne della **"bocca di Piazza"**. Anche qui sarà indotto a pensare che un tempo lì sorgevano ben due chiese *"incassate"* nel contesto urbano della storica Piazza: **San Gimignano** e **Santa Maria in Broglio o dell'Ascensione**.

Santa Maria in Broglio o dell'Ascensione o "in capo di Broleo", cioè giardino, era stata edificata nel lontanissimo 1120 *"a spese del Pubblico"* e consegnata in gestione ai *Cavalieri Templari* sotto la giurisdizione spirituale del *Primicerio di San Marco*.
Estinto l'ordine nel 1311 a causa di *Papa Clemente V*, l'ultimo Priore Templare di Venezia: il *Cavalier Emmanule* consegnò la Chiesa insieme agli altri beni dei Templari ai *Cavalieri Gerolosomitani*, che siccome erano pieni di debiti per 93 milioni di fiorini, ottennero da *Papa Giovanni XXII* di poter vendere tutto ai *Procuratori di San Marco* compresa la Chiesa e ogni immobile utile. La tutela del luogo di culto con annesso Convento, passò quindi ai Procuratori de Supra della Serenissima che lo concessero qualche anno dopo a una Confraternita di devoti di un certo *Frate Molano* che provvidero a riedificarla del tutto con l'obbligo di farlo officiare con continuità da almeno due Sacerdoti, di non tenere poveri mendicanti sulla porta, e dare alloggio nel contiguo ex Monastero Templare agli Ambasciatori stranieri che giungevano in visita a Venezia.
Il piccolo complesso con la chiesetta inizialmente non andò poi così male, perchè oltre ad ospitare la *Schola dei Ciechi "gente richiestosa, irrequieta e rissosissima cacciata via perfino dalla chiesa di San Vidal",* quella dei *Bossoleri*, dei *Frezzeri*, dei *Barcaroli del Fontego della farina di San Marco* e quella devozionale dello *Spirito Santo*, ospitava anche molti Nobili e Senatori prima di recarsi a Palazzo Ducale e in Maggior Consiglio.
Si diceva che lì dentro i Nobili si dedicassero oltre che a indossare le parrucche e loro *"toghe da comparsa a Palazzo",* anche ad accordarsi fra loro prima di presentarsi nella famosa assise di Stato dove si votava e si prendevano le grandi decisioni. Per questo molti Veneziani finirono per chiamare la chiesetta ironicamente: *"Santa Maria Imbroglio"* ... non più nel senso dell'orto o Brolo o Broglio, ma nel senso e riferendosi al *"taroccare e inciuciare politico-economico-istituzionale".*

Alla fine del secolo seguente però, i *Procuratori di San Marco* pensarono bene che fosse più opportuno affittare l'ex Monastero per farne una più comoda Osteria-Locanda, perciò aprirono la *"Locanda alla Luna"* che era una delle *"Osterie a pluri"* pubbliche veneziane, dove si aveva il privilegio esclusivo di offrire vini puri di Romania, Candia, Malvasia, Ribolla e Trebbiano a differenza delle *"Osterie a minori"* che offrivano vini terrani a basso prezzo e si rivolgevano a clientela popolare, spesso di bassa condizione.

Secondo il solito **Garzoni,** nel 1500, *"... il gestore della Luna è un re dei Turchi...",* mentre nel 1700 la locanda era fra le 7 migliori di San Marco segnalate dal **Coronelli** nella sua *"Guida de Forestieri per la città di Venezia".*
La Chiesetta dell'Ascensione o di Santa Maria in Borglio venne affidata a un apposito Rettore, che siccome era rimasto solo ad Officiare le Liturgie, si vide costretto nel 1591 a chiamare in aiuto i **Frati di Santo Stefano** per cantare il Vespro Solenne il giorno della **Festa dell'Ascensione**, che era quella del Titolare.
La Chiesa rimase in piedi come potè con poche rendite fino all'arrivo del solito Napoleone, che chiuse tutto trasformandola prima in comodo magazzino, mentre poi si decise di farla demolire per allargare il contiguo Albergo Luna, ex Monastero dei vecchi Templari *"ormai andati da secoli".* Divenuto con i Francesi *"Grand Hotel de la Lune"* ospitò personaggi illustri e famosi come Silvio Pellico e i filosofi Schopenauer e Nietsche, e la *"Corona Ferrea"* restituita dagli Austriaci prima di tornare a Monza.
Nel 1944, quando a Venezia il burro si vendeva al mercato nero a lire 270-300/kg, lo zucchero a lire 90-100/kg, la carne lire 140/kg e il lardo a lire 260-270/kg, l'**Albergo Luna** considerato di primordine era fra i locali frequentati da gente equivoca, giocatori d'azzardo e individui che esplicavano attività poco chiare disponendo di somme vistose. Fra questi c'era **Luigi Sandri** e suo fratello **Fortunato** che lo finanziava. Il primo era nato a Inkini nel 1900 e risiedeva a Trieste: conduceva vita dispendiosa, ostentava amicizie altolocate con i Tedeschi e le S.S., era giocatore di professione noto per la sua costante fortuna al gioco, viveva delle giocate e organizzava forti partite nell'albergo specie con persone facoltose di passaggio.
Oltre a lui all'**Hotel Luna** alloggiava con l'amante tedesca **Moller** nata a Coblenza, separata con 2 figli abbandonati, un certo **Doro Emilio detto Mino** nato a Venezia nel 1903. Attore cinematografico trasferitosi a Venezia con un gruppo di attori inviati dal **Ministero della Cultura Popolare**, era anche giocatore, cocainomane, sospetto pederasta, si dichiarava intoccabile e viveva in modo dispendioso giocando tutta la

notte. A seguito di contatti con la Marina Tedesca, ossia **Stang** dell'Intendenza di Venezia e **Esbergher** Comandante del Porto, e attraverso l'amante ottenne ingenti forniture e guadagni: depositò al *"Luna"* contanti per 700.000 lire, cambiò assegni Tedeschi per altre 800.000 lire, e portò a Roma in contanti in un solo viaggio 2 milioni di lire.

Sempre al *"Luna"*, alloggiava l'industriale di carburanti di Fiume: **Papetto Umberto**. Viveva con l'amante egiziana **Mohamed Ginevra detta Violetta** che aveva familiarità con gli alti Ufficiali Tedeschi e col mondo della finanza veneziana mentre in precedenza frequentava i ricchissimi Ebrei di Venezia. C'era infine al *"Luna"*: **Talillo Alberto da Casale Monferrato**, elemento dedito al commercio clandestino di generi contingentati, che venne rimpatriato a Padova dopo diffida.

Nel 1945 l'**Hotel Luna** fu il quartiere alloggio del Comando Tedesco a Venezia. Lì accaddero i colloqui di **Padre Giulio** rappresentante del Patriarca col Comandante tedesco e la **Resistenza di Venezia** per salvaguardare la città e la gente durante la ritirata dei Tedeschi. I primi colloqui al *"Luna"* furono fallimentari ed attendisti, perciò si attivò a Venezia l'attività della Resistenza che combattè a **Piazzale Roma, in Marittima e sul Ponte della Libertà**.

A soli due passi dal *"Luna"* sorgeva anche il *"Casino e Osteria "a pluri" del Selvadego o all'Homo Selvaggio "in cao o bocca de Piazza"* attiva fin dal 1369. Lo stabile dell'Osteria ad architettura veneto bizantina con finestre ad arco e loggia o liagò era posseduto anticamente dalla cittadinesca famiglia **Da Zara**, più tardi fu dei **Patrizi Giustinian**, e si diceva frequentata da uomini e donne discutibili che si recavano a giocare *"e non solo"* in alcune stanze segrete.

Come diverse altre Locande, nel 1560 l'Osteria-Locanda apparteneva ai Procuratori de Supra, ed era condotta da **Piero de Lombardi**. Dietro la Locanda c'era il **Casino del NobilHomo Gerolamo Mocenigo** figlio di Pisana di San Samuele, frequentato da personaggi mascherati tra i quali si riconosceva spesso la **NobilDonna Sagredo Pisani**.

Nel 1600 il satirico **Dotti** autore del *"Il Carnevale"* alludendo alle donne che frequentavano *"El Selvadego"* diceva: *"Se riesce a queste lamie d'allettar* *qualche mal pratico ... A commetter mille infamie lo conducono al Salvatico ..."*

A pochi passi da **Santa Maria in Broglio** sorgeva **San Gemignàn o San Ziminiàn.** In origine, quand'era fatta ancora di legno e paglia, era intitolata anche a **San Menna Martire.** Era chiesa antica edificata nel 554 di fronte all'altra altrettanto antica di **San Teodoro**, entrambe nelle vicinanze della sponda del **Rio Battario o Badoero** che scorreva nel mezzo della Piazza congiungendo l'odierno **Rio del Cappello Nero col Rio della Zecca**.
Su iniziativa del **Doge Vitale Michiel** venne riedificata quando venne ampliata la Piazza, e il Doge col Senato la visitavano ogni **Domenica in Albis dopo Pasqua**, quando i Musici della **Real Cappella Dogale** cantavano Messa Solenne, e terminata quella il Capitolo dei Preti di San Marco accompagnava in processione il Doge fino alla Chiesa Dogale di San Marco dove il Serenissimo rinnovava ogni anno il suo **Patrocinio**.

La **Parrocchia di San Ziminiàn** pagava 12 ducati annui per l'organista e 1 ducato *"a quello che mena li folli"*, pagava 10 ducati per i Cantori e i Strumentisti per la Festa di San Ziminiàn, compresa una **"distribuzione extra pro numeraria"** al Capitolo e ai Preti che intervenivano il giorno della Festa, o per la visita del Doge e del Senato la Domenica in Albis, e la tradizionale distribuzione di **"zuccheri lavorati"** ai Sacerdoti di chiesa il giorno di San Ziminiàn.

"Si spesero anche lire 20,4 per la Visita alla Chiesa del Patriarca ... che se si facesse ogni anno in questo modo sarebbe la rovina della povera Fabbriceria della Parrocchia ... Per conzare la chiesa di tappezzerie, far concerti di Suonadori e Cantori dell'organo, per la venuta del Doge nella domenica in Albis si spesero 5 ducati e piu' in quanto per onorare tante personalità occorre anche un Oratore che intervenga oltre la Messa Grande mentre prima si diceva l'Officio di Terza .... Si è fatto un organo nuovo a spese del Pievano del costo di 600 ducati e un Coro con banchi di noce di somma bellezza della spesa di 200 ducati sempre a spese del Pievano. Infine per aver il Piovano la casa e i balconi sulla Piazza: il Giovedì Grasso, il Giovedì del Corpus Domini, l'Ascensione cioè gli 8 giorni della Sensa e altre feste solenni la casa ospita in continuita: Cardinali,

Patriarchi, Vescovi, Abati e molti altri gentiluomini e gentidonne la cui accoglienza non passa certo senza spesa ... Povero Piovano !"

Nella Contrada di San Ziminiàn a ridosso di Piazza San Marco vivevano più di 1.200 persone ... vi era attivo **Palmerius Schardantes quondam Alfonsii da Lecce** di 53 anni, residente da 30 a Venezia, che insegnava *"Lettere Humane"* tenendo **Scuola Pubblica** per 22 alunni a cui spiegava: *"...Vergilii, Ciceron et Horatio ... li più minori fanno concordantie, li altri chi latina quasi per tutte le regole et chi fanno epistule."* ... Nella stessa Contrada erano attive anche 192 botteghe e un *"Inviamento da Forno"*, e almeno 6 dei 118 Casini censiti a Venezia ... In Chiesa di San Ziminiàn c'era una **Beata Vergine vestita** con abiti e ori ... e nel 1745 abitava in **Campo Russolo**, poco distante dalla chiesa, il pittore **Gasparo Diziani** che pagava 60 ducati alla **Fraterna dei Poveri di Sant'Antonin** per una casa dove abitava con la moglie, 5 figli e 1 serva ... Nello stesso periodo in **Corte San Zorzi** abitava anche il commediografo **Carlo Goldoni**, che pagava 32 ducati per abitare un 1/3 di casa con moglie, madre, serva e zia.

Nel 1552 **Tommaso Rangone** volle finanziare i lavori di restauro di San Ziminiàn a cura del **Sansovino** a patto che vi fosse inserita in facciata la sua immagine come s'era già fatto a **San Zulian**. Il Senato rifiutò seccamente anche se il munifico benefattore era già in possesso dell'autorizzazione del **Piovano Benedetto Manzini** e del Capitolo della Chiesa di San Ziminiàn, che dopo il restauro fecero installare sopra alla porta della Chiesa un organo coperto da portelle dipinte da **Paolo Veronese** che venne a costare tre volte il prezzo preventivato.
Lo stesso **Medico e Astrologo Tommaso Giannotti Rangone detto Philologus**, originario di Ravenna, Procuratore della Chiesa di San Giminiano lasciò Comissari in perpetuo della sua ricca eredità i **Piovani di San Geminiano, San Zulian e San Giovanni in Bragola** con l'obbligo che in alcuni anni, il 31 gennaio: giorno di San Ziminiàn, venissero imbossolati i nomi di sei donzelle per ognuna delle tre Parrocchie, e fra queste se ne estraessero sei da premiare con 20 ducati di dote ciascuna. Solo dopo la sua morte nel 1577, la Serenissima permise di erigere nel portico accanto alla chiesa un suo busto realizzato da **Alessandro Vittoria** con apposita iscrizione.

Giunti i Francesi a Venezia, in Chiesa di San Ziminiàn si aquartierarono i soldati per comodità sulla Piazza. La Chiesa venne chiusa, riconsacrata e poi riaperta, poi venne demolita del tutto: *"il 15 novembre 1814 era gettata giù del tutto, e il passaggio era libero delle Procuratie ora diventate Palazzo Regio ... Uno degli altari fu trasportato in Palazzo Patriarcale ... L'Altar Maggiore fu messo in Sacrestia nell'isola di San Giorgio Maggiore ... Le pitture depositate nell'ex Priorato di Malta ... L'organo ando' distrutto e le portelle d'organo del Veronese finirono chissà come alla Galleria Estense di Modena."*

Proprio accanto alla chiesa di San Giminiano, dalla parte delle Procuratorie Nuove, giusto dal lato opposto rispetto al **Ridotto dei Filarmonici** si trovava il **Casino o Ridotto dei Diplomatici**, dove per legge non potevano entrare e frequentare i **Patrizi Veneti** ai quali era vietato intessere relazioni con Ministri e Diplomatici di Stati Stranieri. Lo gestiva fino al 1796 l'**Abate Conte Cattaneo** che era stato investito dalla Serenissima del titolo d'Intendente del Governo Veneto presso il Corpo Diplomatico, e dopo di lui venne gestito da **Onorio Arrigoni,** uno che aveva fatto per mestiere il **Confidente degli Inquisitori di Stato**.
Il Ridotto dei Filarmonici dove **Francesco Guardi** inscenò il suo celebre dipinto *"Un concerto di Dame"* sorgeva, invece, dalla parte delle **Procuratie Nuove**. Era noto per la sua *"dignitosa morigeratezza"*, ed era considerato il maggiore *"Ridotto di Società"* di Venezia con appositi Statuti, capace di ospitare *"Libere Associazioni di Nobili"*.
Divenne famoso per le famose Feste di Ballo mascherate che vi si organizzavano, soprattutto quella offerta ai Nobili per la venuta a Venezia dei **Conti del Nord: Paolo Petrowitz con la moglie Maria Teodorowna.**

Poco più in là, sempre in Contrada di San Ziminiàn, sorgeva e c'è ancora l' *"Osteria "a pluri" "Al Cavalo poi Cavalletto".* Era una delle più antiche di Venezia ricostruita vicina all'**Oratorio di San Gallo in Campo Russolo**. In origine si trovava presso il Molo di San Marco, situata *"Sub Porticati Sancti Marci"*, e venne demolita quando fu costruita la Libreria del Sansovino.
"Giacomello De Gratia dal Cavalletto" della Contrada di San Geminiano era Confratello della **Scuola Grande di Santa Maria della Misericordia**, e

fece prestiti alla Repubblica Serenissima nel 1379 … Dopo che il Maggior Consiglio: condonò nel 1348 a **Benno de Sexo Oste al Cavallo**, la pena di 100 lire di piccoli comminatagli dai *Signori di Notte* per una rissa scoppiata nella taverna a causa di una misura non giusta di vino, nel 1398 un *"Zaninus dal Cavaleto tabernarius ad Cavaletum in San Marco"* ricevette una condanna per usare nella propria osteria vasi di vino di minor tenuta del prescritto … Un *"Armanus de Alemania hospes ad hospitium Cabaleti in Sancto Marco"*, violentò dopo averla ospitata **Catterina da Ferrara** di circa 10 anni, che, fuggita di casa per timore di percosse e trovata piangente presso la chiesa di San Marco da un **Nicolò Tedesco Prestinaio**. Perciò nel settembre 1413 venne condannato ad un anno di carcere, e alla multa di 100 ducati, da depositarsi alla *"Camera dei Imprestidi"* per maritare a suo tempo la fanciulla. Essendo questa morta, la multa si devolse al Comune e l'Oste potè pagarla in rate da 10 ducati l'anno.

Sempre nella stessa zona dell'Osteria: *"Avendo Messer Bernardo Giustinian dalla Contrada di San Moisè confabulato a lungo appoggiato al Ponte del Cavalletto con una donna colà presso domiciliata, già fantesca di Nicolò Aurelio Segretario del Consiglio dei Diecci, ed allora maritata con uno scrivano al Magistrato del Forestier, ed essendo per entrare in casa colla medesima, venne ferito mortalmente, per gelosia, da Messer Angelo Bragadin il 6 luglio 1515 alle tre ore di notte. Trascinatosi il misero fino in Campo Rusolo, colà ricadde morto, e la mattina dopo venne ritrovato freddo cadavere."* Precisa Marin Sanudo: *"E' stà acerbissimo e miserando caxo, tanto più quanto il Giustinian governava la famegia soa e havia optima fama fra tutti … Era bello et savio, ma avea la faza manzata da varuole; in reliquis ben proporzionato. Era in zipon co la scufia in testa, et senza arme"*. Per tale delitto il **Bragadin**, citato a comparire e resosi contumace, venne capitalmente bandito il 14 agosto dell'anno medesimo.

Nel 1566, infine, l'***Osteria al Cavalletto*** veniva condotta da un certo **Brunetto** *(non Brunetta !)* che conduceva anche la vicina **Osteria del Leon Bianco**, e nel 1873 la vecchia casa del Rettore di San Gallo venne utilizzata per allargare l'***Hotel Cavaletto*** che giunse fino al muro dell'altare di San Gallo.

Già nel 1683, sotto le **Procuratie Nuove** venne aperta la prima *"Bottega da Caffè"* di Venezia … mentre sotto alle **Procuratie Vecchie**, con l'entrata in **Calle Cappello** proprio di fronte al Campanile, sorgeva il **Casin dei Nobili chiamato poi Casin del Commercio** a causa di un'apposita sala notturna adibita a quello scopo. Il Casino era fornito di biblioteca specializzata, annoverava 12 illustri *"Soci Onorari",* era frequentato esclusivamente da almeno 200 Nobili Soci appartenenti alla categoria dei Mercanti, ed era caratterizzato da ambienti coloratissimi arredati sontuosamente con soffitti a stucchi a pastello: l'**Atrio** era dipinto di verde, la **Sala della Presidenza** era gialla, turchina la **Sala Giochi**, tapezzeria marrone per la **Sala del Bigliardo**. Nella **Sala della Musica** ornata alle pareti con ballerine affrescate dentro ovali incorniciati da lesene decorate a stucchi, dietro a una parete lignea agivano suonatori e cantanti, e spesso si tenevano spettacoli teatrali e concerti.

L'area delle **Procuratie Vecchie e Nuove** della Piazza progressivamente divenne tutto un susseguirsi di luoghi, Caffè, Ridotti e Osterie-Locande carichi d'aneddoti e note curiose.

A metà Settecento a Venezia c'erano 311 **Caffè**, uno ogni 500 abitanti, probabilmente il record europeo. Di questi, ben 34 si affacciavano su Piazza San Marco, mentre 18 si trovavano *"de là de l'acqua"*, sotto i portici di Rialto.
Nel aprile 1720 il **Capomastro Floriano Francesconi** aveva aperto un *"Caffè con Musica"* sotto le Procuratie chiamandolo *"Alla Venezia Trionfante"*, ma tutti lo chiameranno *"Florián"* come il proprietario. Il Florián era un locale molto alla moda in cui **Casanova** corteggiava le dame, **Goldoni** vi entrò ragazzo, e era frequentato anche da **Gozzi, Parini, Pellico, Lord Byron, Foscolo, Goethe, Rosseau** e da gente che sopra capelli tagliati cortissimi indossava parrucche incipriate, e vestiva *"l'Andrienne"* con due lunghe pieghe dietro.
Sopra il Caffè Florian stava il *"Casino della Società degli Amici"*, definito *"d'ottimo gusto"*. I nuovi soci era tenuti a una sorta di noviziato di due mesi entro i quali potevano ritirarsi, ma una volta ammessi dovevano pagare 28 lire e poi 6 lire al mese. I Soci erano gente illustre: **Angelo Querini** figlio di

Lauro, il **Conte Francesco Apostoli** confidente degli Inquisitori e amico di molti Patrizi, **Antonio Lamberti** celebre poeta vernacolare, **Giacomo Vallaresso** figlio dei Nobili Alvise e Maria Donà. Il Casino apparteneva a **Giuseppe Maffei** che faceva parte della **Compagnia dei Corrieri** di cui fu Gastaldo nel 1787, il quale lo vendette alla **NobilDonna Marianna Soranzo** che ne fece il suo Casino personale e privato.

Circa cinquant'anni dopo, quando nella Piazzetta si aprì un caffè-ritrovo per Marinai chiamato: *"Chioggia",* anche *Giorgio Quadri da Corfù* aprì un suo caffè, e a fianco se ne aprì ancora un altro meta dei Bastazi o Facchini di Piazza chiamato: *"Orso Coronato"* e in seguito detto: *"Lavena".*

Tutta la Piazza San Marco finì col diventare un tripudio di Ritrovi ed Esercizi in cui s'affollavano Veneziani e turisti. Sotto alle Procuratie Nuove s'allineavano: la *"Bottega al Melon prima dell'Ascension", "Alla Regina delle Amazzoni", "Alla Regina imperatrice di Moscovita", "Al Rinaldo Trionfante", "All'Angelo Custode", "Alla Generosità", "Alla Fortuna", "Al Gran Visir", "Alla Regina d'Inghilterra", "Alla Diana", "Alla Sultana", "Al Gran Tamerlano", "Alla Pianta d'Oro", "Al Dose" e "All'Aurora Trionfante".*
Appena girato l'angolo della Piazza per andare verso il Molo dalla parte della Zecca, s'incontrava il *"Al Mondo d'Oro", "Alla Madonna", "Al San Nicolò'", "Al Sant'Antonio", "Alla Volontà di Dio", "Al Cavalier San Zorzi"* e *"Al San Teodoro"* che era l'ultimo prima di andare verso la **Pescaria di San Marco**.
Dalla parte opposta, sotto alle Procuratie Vecchie, nei pressi della Torre dell'Orologio esercitata il **Capomastro Protestante Zorzi Planta** *"All'insegna della Corona"*. Poco distante sorgevano: *"Al Leon Coronato", "All'Aquila Coronata", "Al Coraggio", "Alla Regina d'Ongheria", "All'Arco Celeste", "Al Redentor", "Alla Realtà", "Alla Speranza"* e *"Alla Violaccia"* che siccome era gestito dalla Sjora Viola che zoppicava leggermente, i Veneziani lo rinominarono *"Alla Viola Sòtta".*

In quei locali, tuttavia, c'era anche un clima surreale che non piaceva per niente alla Serenissima. Sentite quest'Ordine emanato dagli Inquisitori di Stato il 20 giugno 1699: *"... il gravissimo disordine introdotto da qualche tempo in qua, che il concorso della nobiltà al Broglio, ch'è luogo venetabile, e sacro, rispettato da chi ci sia, e dove si deve coltivar, e mantenere quella perfetta unione, e sincera amorevolezza che ben conviene, che era messo in pericolo in gran parte del commodo, e dall'ozio, particolarmente nelle botteghe che vendono acque, caffè et altro, situate sotto le Procuratie vecchie e nuove, in Piazza et in Canonica, dove da molti nobili che vi vanno, usando anche discorso naturalmente senza la dovuta cautela, e circospezione d'ogni materia, ch'è molto facilmente rilevata dalla varietà delle persone otiose d'ogni conditione che vi capitano, et ancor di segretari, agenti e domestici di ministri di principi. Decidevano di ordinare a tutti li gestori di botteghe da acque, caffè et altro, in tutta la Piazza sino alla Piazzetta di San Basso, alla Canonica e appresso la bottega degli Armeni che fossero totalmente levati li banchi, e sedie di qualunque sorte, tanto esteriori, quanto interiori, et che le stesse botteghe alle 24 ore debbano essere assolutamente serrate ..."*

Si spense Piazza San Marco ? ... Ma niente affatto ! ... Anzi ! Fino al 1800 straripava d'iniziative e vitalità: in diverse occasioni come quando venne a Venezia l'**Imperatore Ottone**, in occasione del recupero dell'isola di **Candia**, per il matrimonio di **Jacopo Foscari figlio del Doge**, o per la **pace col Duca di Ferrara**, si organizzò in Piazza San Marco una spettacolare **"Caccia ai Tori"** ... Piazza San Marco fu da sempre considerate come un'arena o uno stadio dei Veneziani, per cui si organizzavano spettacoli come quelli del **Giovedì Grasso** e soprattutto quelli dell'annuale **Festa dell'Ascensione ossia la "Sensa"** quando si teneva una grandiose e frequentatissima **Fiera**.

"... il freddo, la neve e l'aria gelida rallentarono alquanto la Festa di Carnevale, ma le maschere in Piazza furono infinite ... Si videro molti tabarri da donna guerniti di gallon d'oro alto quasi mezzo braccio ... vi furono in piazza i cori degli "Orbi di Piazza" scritti, musicati e cantati da ciechi veri: "facevano ridere sbarellatamente gli uditori" ... un ciarlatano Fiorentino cavadenti, facendo pagare 2 zecchini, estraeva senza dolore i denti facendo masticare una strana radice ... Barbera Mantovana, "meretrice da balcone" residente in Contrada di San Moisè si recava a al

Caffè di Floriano in abito licenzioso ... Due Nobildonne in maschera se andavano in giro per la Piazza con le tette fuori e scapparono inseguite da Birri ... Si giocava alle "burelle" e alla "bazica" ..."

Alla **Fiera della Sensa** in certi anni c'era poco da vedere di bello: *"tre vasi o tre conche di fine porcellana cinese"* ... un ciarlatano Francese che vendeva una pomata per far crescere i capelli ... un Olandese in uno dei *"Sei casotti delle Meraviglie"* presentava uno strano animale detto Dromedario, e in un altro casotto c'era un meraviglioso globo di vetro in cui stavano rinchiusi Uccelli e Pesci, piante e fuoco acceso .... Il casotto di **Pellegrino Cavadenti** conteneva: animali volatili e quadrupedi: *"... un gran cignal, de belli cani, un orso che sbrana un cane, un bel macaco sopra un ramo con un pomo fra le mani, un bel gattone sopra un arbore con un pumer sotto che gli diede la fuga, una gatta con cinque o sei figlioli che lattano e gli scherzano attorno, una pollastra con i vari pulcini".* Negli altri Casotti c'erano *"cose minori",* come *"Ballatori di corda"* insieme ad equilibristi ... Si portava il cappello *"alla sgherra",* si camminava con andatura *"da Palladini",* e si beveva la bibita moderna chiamata *"Alfabeto"* che si vendeva *"Ai Do Mori"* a 5 soldi la chiccara.

Carlo Gozzi raccontava nella Gazzetta Veneta del 1760: *"... nell'ultimo giorno di carnevale, passate l'ora 24 un cert'uomo in maschera, grande e ben fatto nella persona, ben vestito e col cappello orlato d'oro, ando' alla bottega da caffè sotto l'Oriuolo tenuta da antonio Benintendi all'insegna della Provvidenza. Stabilì la maschera un contrato di 6 libbre di cioccolata a 4 lire la libbra. A pagare pose le mani nella scarsella e si dolse di non aver altra moneta fuorchè un'Osella d'oro da 4 zecchini che aveva poco prima riscossa. Aggiunse al bottegaio che sarebbe andato per altra moneta se quella non gli volesse cambiare. Il bottegaio la pesò e trovandola scarsa di 4 grani e si tenne il valente della cioccolata dandogli il resto in argento. La maschera andò per i fatti suoi. Come si sa alcuni astanti vollero vedere l'Osella per osservare il tempo in cui fu coniata, s'era del bel conio e latre circostanze. Dubitò alcuno che fosse falsa, altri che no e si faceano coscienza d'imputar la maschera. Il bottegaio andò al signor Moschini orefice che la trovò con l'anima d'argento e d'un valore di lire 26 circa. Dispiace molto al signor Benintendi che siasi verificato il proverbio: Non è tutto oro quello che splende ..."*

Nel 1740 si lastricarono in pietra i portici delle **Procuratie Nuove** su disegno di **Stefano Codroipo**, nel 1772 fu la volta dei portici delle **Procuratie Vecchie** pavimentati su disegno di **Bernardino Maccaruzzi**, e poi ancora nel 1876 a spese del **Cavalier Giovanni Busetto detto Fisola**, mentre il **Tirali** provvide a pavimentare l'intera Piazza sulla quale si apriva anche il **Ridotto della Società dei Carassi** ... Il **Doge Francesco Loredan** fra 1752 e 1762 usava come Ridotto una delle abitazioni delle Procuratie Vecchie da cui s'affacciava anche ad assistere anche agli spettacoli della Piazza ... e come raccontano i soliti *"Notatori"* del *Gradenigo* alla data 15 maggio 1760: *"... un clavicembalo del celebre Celestini, dipinto parte da Paolo Veronese e parte dal vecchio Giacomo Palma ... sta in vendita da Girolamo Marcon Caffettiere "All'insegna dell'Angelo Custode" sotto le Procuratie Nuove."*

Caduta la Repubblica e giunti i Francesi del *"Santo"* Napoleone con la loro *"Epoca Democratica"*, venne abbattuta la chiesa di **San Geminiano** e i **Granai di Terranova sul Bacino di San Marco**, e si trasformò una parte delle Procuratie compresa la Biblioteca per costruire *"la Nuova Fabbrica"* ossia il così detto *"Palazzo Reale"* con l'Ala Napoleonica e i suoi Giardini. Già che c'erano, I Francesi tolsero il Leone Marciano dalla Torre dell'Orologio dall'altra parte della Piazza *(ricollocato nel 1820)*, e abbatterono la statua lì incorporata del **Doge Agostino Barbarigo**.

In un apposito decreto si leggeva: *"Libertà, Eguaglianza! In nome della Sovranità del popolo, il Comitato di Salute pubblica... decreta... Sono aboliti i nomi di Procuratie Vecchie e Nuove; le Procuratie Vecchie si chiameranno Galleria della Libertà; le Procuratie Nuove Galleria dell'Eguaglianza... 22 Pratile 1797 Anno primo della libertà italiana, Falier presidente."*

Si dice che il 9 giugno 1796, i primi quattro ufficiali Francesi giunti in città nelle loro divise rosse e con pennacchi e coccarda tricolore girassero dappertutto protetti alle spalle da numerose persone. Ritrovatisi al **Florian** in Piazza con noto chirurgo **Francesco Pajola** Veronese che viveva a

Venezia, gli chiesero come curare le febbri che avevano colpito i soldati repubblicani sotto alle mura di Mantova. Sembra che lui abbia risposto: *"La miglior cura è forse quella di tornarvene a casa vostra a respirare le vostre arie native."*

Ripensando a quei tempi *"innovatori"* che costarono così tanto ai Veneziani, alzando ancora una volta gli occhi, l'ometto di sempre non potrà non notare davanti alle balconate dell'attuale **Museo Correr** in corrispondenza delle Sale Napoleoniche la lunga *"lista e rivista e sfilata in pietra"* delle statue degli **Imperatori Romani,** e soprattutto il posto centrale rimasto vuoto e privo della statua di Napoleone *"a cui i Venesiani misero un laccio al collo e la trassero giù felicemente in Piazza"*.

"Giustizia è fatta!" pensa ogni volta l'ometto di oggi.

Napoleone stesso definì Piazza San Marco: *"Il più elegante salotto d'Europa e forse del Mondo"* ... anche se poco dopo covava già il desiderio espresso di trasformare la Basilica di San Marco in *"Stazione Centrale"* della nascente ferrovia che avrebbe fatto il capolinea proprio in Piazza San Marco dopo aver attraversato la Giudecca e l'isola di San Giorgio.

Nel 1784 dalla **Piazzetta di San Marco** si levò in cielo il primo **Pallone Aerostatico**, e dieci anni dopo in città si contavano 130 Casini Pubblici fra quelli Nobili, aristocratici e volgari senza contare quelli numerosi delle Società e dei privati.

Infine nel triste 1943, le Procuratie Vecchie divennero sede come ai tempi degli Asburgo Austriaci, della Platzkommandatur tedesca presente a Venezia.

E adesso conclude per davvero …. Prima di lasciarvi andare, sapendo bene di avere abusato della vostra pazienza e voglia di leggere, il nostro ometto darà un ultimo sguardo alla Piazza, pensando al momento e alla prossima occasione in cui tornerà a riassaporarla un'altra volta. Penserà che in quella Piazza ha visto tante volte scendere la *"Colombina, l'Angelo"* nello sfarzo gioioso, allegro, musicale, danzante e colorato del Carnevale. Rivedrà anche la sua infanzia quando fra venditori di grano per i colombi, fotografi sotto il telone scuro della macchina a soffietto, lustrascarpe sotto ai portici, lui stesso attraversava di corsa la Piazza per andare a mettersi a cavalcioni dei **Leoncini della Piazzetta** ... gli stessi su cui andavano a trastullarsi i figli del **Doge Alvise III Mocenigo**.

Per l'ometto di oggi allora bambino, già quel gesto semplice era una festa, e cavalcando i marmi rossastri, già in quel tempo si sentiva orgogliosamente parte di quella Repubblica Serenissima, Leone indomabile, che aveva saputo cavalcare abilmente la Storia per tanti secoli.

Nella Piazzetta dei Leoncini lavorati da **Giovanni Bonazza** nell'antichità si teneva il *"Mercato dell'Erbe",* e c'era ancora quella fontana-pozzo ricordata dal Gallicciolli: *"Quel pozzo che è a San Basso nel rialto dei Leoni Rossi, egli è secondo alcuni il più profondo che siavi in Venezia, sebbene la sua acqua non sia molto buona."*

Sempre lì in Piazzetta vicino a **San Basso** sorgeva la *"Locanda-Osteria "a pluri" all'insegna della Rizza"* che apparteneva come: *"Al Pellegrin"*, *"Al Cappello"*, il *"Cavalletto"*, *"Alla Luna"*, il *"Lion"*, la *"Serpa"* e il *"Selvatico"* ai Procuratori de Sopra.

Nel gennaio 1773: *"Pietro Monaretti, capitano delli Ecc.mi Esecutori contro la Bestemia, mascheratosi in Bauta con altri sbirri, si portò alle ore 4 di questa sera in una camera dell'osteria che tiene l'insegna della Rizza appo San Basso, et ivi sorprese alquante persone che da qualche tempo erano solite giorno e notte trattenersi al giuoco di Bassetta e Faraone, et attrappategli circa 100 lire che avevano sul banco, asportò anche li tavolini, e sedili, indi citò li primarii, fra i quali alcuni preti, che il giorno seguente furono corretti dal Mag.to, e l'oste condannato a 6 ducati d'argento".*

Alla fine l'ometto, stanco finalmente anche di pensare e ripensare, si volterà e se ne andrà via, e strada facendo ritornando verso casa penserà infine che in quella Piazza superba e splendida ogni giorno suo padre si sedeva in un angolo a gustarsi semplicemente il tepore del sole.

"Il sole, la Musica in Piazza, i pittori che dipingono, la gente che passa sono cose belle che non costano ancora niente." amava ripetermi. Le sue tasche erano sempre rigorosamente vuote, lavorava dodici ore al giorno dentro al chiuso di un'asfittica cucina di un ristorante per racimolare

qualcosa per mantenere moglie e tre figli piccoli che nella sua isoletta spersa in fondo alla Laguna aspettavano di vederlo *"come la manna scesa dal Cielo"*. Anche lui in un certo senso, pur nella sua semplicità e pochezza è stato *"un Leone, un figlio di San Marco"* … perchè nel suo piccolo ha inventato la mia Storia.

Un tempo si viveva anche di questo: era festa anche il solo vedere in faccia e abbracciare una persona.

In conclusion, l'ometto rientra a casa, e finalmente la smette di pensare e ripensare … ma **Piazza San Marco** in ogni caso rimane non mai detta e vista abbastanza, ha sempre qualcosa da ricordare e rivelare, e di non raccontato ancora a sufficienza.

Me lo continua a ripetere sempre quell'ometto … con cui sono parecchio in confidenza, tanto da vivere insieme dentro allo stesso corpo da ben quasi sessant'anni.

***

Questo scritto è stato postato su Internet come: "Una curiosità veneziana per volta." - n° 84, e pubblicato su Google nel gennaio 2016.

CONCLUSIONE

Ecco qua ! … Qui termina la prima parte delle mie **"Una curiosità veneziana per volta."** che troveranno loro naturale seguito nella seconda parte che credo pubblicherò a seguire o molto presto. Quanto vi ho detto è solo un assaggio, una briciola di quanto è nascosto dentro alle pieghe della nostra magica e vispissima città immersa nell'acqua.
Credo non basti una vita intera per frugare dentro a sufficienza in questa bomboniera fragile e ricca di preziosità, con le sue contraddizioni, le sue aspettative e le sue amenità.
Per riuscire a farlo bisogna volerle un po' bene … e provare a gridare un po' a denti stretti e sottovoce, ma senza vergogna e con l'orgoglio dei vecchi tempi:

"Viva San Marco ! … Viva le Glorie del nostro Leòn !"

Ciao Venezia ! … Bondì Veneziani !

www.ingramcontent.com/pod-product-compliance
Lightning Source LLC
Chambersburg PA
CBHW071640160426
43195CB00012B/1312